HUANGHE WENMING YANJIU

黄河文明研究

（第一辑）

主　编　展　龙
副主编　闵祥鹏

河南大学出版社
HENAN UNIVERSITY PRESS
·郑州·

图书在版编目(CIP)数据

黄河文明研究. 第一辑 / 展龙主编. --郑州:河南大学出版社,2020.4

ISBN 978-7-5649-4210-6

Ⅰ. ①黄… Ⅱ. ①展… Ⅲ. ①黄河流域-文化研究 Ⅳ. ①K292

中国版本图书馆 CIP 数据核字(2020)第 055249 号

责任编辑 时二凤
责任校对 胡玲霞
封面设计 马 龙

出 版 河南大学出版社
地址:郑州市郑东新区商务外环中华大厦 2401 号 邮编:450046
电话:0371－86059701(营销部) 网址:hupress. henu. edu. cn
排 版 郑州市今日文教印制有限公司
印 刷 郑州印之星印务有限公司
版 次 2020 年 4 月第 1 版 **印 次** 2021 年 12 月第 1 次印刷
开 本 710mm×1000mm 1/16 **印 张** 33
字 数 622 千字 **定 价** 96.00 元

代　序

“黄河学”:黄河文明研究的创造性转化

任何一个国家的大学,在努力跻身于世界经济、社会、科技发展前沿的同时,都应该担负起传承与发展自己民族文化的责任。在有着5000年文明历史的中国,我们的大学更应具有这样的文化自觉。在国家实施中华优秀传统文化传承发展工程中,创新黄河文明知识体系,打造“黄河学”学科体系,努力推进“黄河学”学科化进程,在课程建设、教材建设、人才培养、公民文化教育与素质养成方面,全面发力,实现中华文明的创造性转化、创新性发展,是我们文史工作者的重大责任。

一

人类的早期文明发祥地大多与河流相关。5000年前,两河流域、尼罗河流域、恒河流域、黄河流域孕育的原生文明几乎同时跨入成熟文明的门槛,而由黄河流域孕育的中华文明是唯一延续至今仍生机勃勃的伟大文明。从远古传说时代到信史时代,中国原生文明呈现出以黄河中下游的中原地区为发育、发展的核心区域的基本态势。夏、商、周的历史遗迹,大多分布在黄河流域,黄河文明也因此成为中华文明中最有代表性、最具影响力的主体文明。依据国家夏、商、周断代工程的研究成果,以公元前2070年夏朝为起点,传衍近5000年的黄河文明可划分为早期中国、帝制中国与转型中国三个历史阶段。

早期中国。黄河中下游地区是形成早期中国最重要的区域。20世纪初殷墟甲骨文的发现,使黄河中游建立的商朝成为中国最早的半信史时代。甲骨文的识读与考古发掘,以双重方式印证了近600年历史的商王朝和商王朝之前近500年历史的夏王朝的存在。现存历史文献中,“中国”二字最早出现在周武王时期的“何尊”铭文中。夏、商、周三代将炎黄奉为祖先,而“三代”在春秋战国时期也成为各方诸侯纷纷追慕的“理想时代”。商周以来的文字、城址、遗存、青铜、信仰、制度等文明要素是早期中华文明逐渐形成、日益成熟的主要标志和重要基础,这些都无可辩驳地证明了黄河文明的原创性、真实性和先进性。公元前5世纪前后,老子、孔子、庄子、孟子等思想先哲将中国带入“轴心时代”,确立了中国文化的核心思想和基本理念,铺就了中华文明的文化底色和心理基础,从而成为中华民族生生不息、发展壮大的精神源泉。

帝制中国。秦统一与汉帝国的建立,使中国进入一个疆域统一、制度统一、学术统一、信仰统一的时代。自此,黄河流域一直是中国政治、经济、文化的中心,长期引领、主导着中华文明的发展方向。秦汉以至宋代,帝国的都城多沿黄河而建,并孕育出极具时代特色的国家制度、经济体制、宗法制度、社会习俗。制度文明之外,精神与技术文明也独树一帜:汉赋、唐诗、宋词等不朽的文学华章在此传承,经学、玄学、佛学、理学等独特的思想体系在此传衍,历法、医学、陶瓷、丝绸、造纸、印刷、建筑等技艺炉火纯青并远播世界。中华文明的基本精神、价值观念和民族性格,中华民族的生存智慧、思维方式与精神追求,中国帝制时期的政治制度、社会秩序和信仰世界,都可以从黄河文明的长河中找到源与流。

转型中国。鸦片战争之后,处于远东的中国被西方国家强行拉进殖民侵略的梦魇之中。经历过百余年的欺凌屈辱之后,中华民族在民族独立、民族解放的基础上,逐渐以全面开放的心态,借鉴世界文明成果,坚持走好中国道路,以政治、经济、文化、社会、生态文明的全面转型发展,实现着以国家富强、民族振兴、人民幸福为基本目标的中华民族伟大复兴的中国梦。以黄河文明为核心的中国精神,在支撑民族独立、人民解放、国家富强方面,表现出强大的生命力。黄河文明在转型中国时期与外来文明的交流互动中,再次表现出从容宽厚、兼收并蓄、包容开放的品格,从而成为世界上延续不绝仍具有强大思想活力的原生文明。

二

在世界思想文化交流、交融、交锋日益频繁的时代,在中华民族伟大复兴的历史转折点上，打通历史的文化血脉，构筑民族的精神家园，建设文化大国、强国，具有重要的历史与现实意义。2014 年 5 月 4 日，习近平总书记在北京大学师生座谈会上的讲话中指出："世界上没有两片完全相同的树叶。一个民族、一个国家，必须知道自己是谁，是从哪里来的，要到哪里去。"以黄河文明研究为切入点，回答好"我是谁""我从哪里来""我到哪里去"，构建"黄河学"学术体系与知识体系，培养致力于黄河文明传承创新的学术团队，推出中国风格、中国气派的黄河文明研究成果，一直是教育部普通高校人文社科重点研究基地河南大学黄河文明与可持续发展研究中心（本文以下简称"中心"）的根本任务。"中心"建立 20 年来，始终坚持把打造中华文明源流探索、世界文明交流互鉴的学术重镇，当作最重要的学术目标。"中心"在把黄河文明划分为早期中国、帝制中国、转型中国三个研究观察时段的基础上，着力围绕生态文明、政治文明、思想文明、世界文明比较四个研究方向创新黄河文明知识体系，构建"黄河学"学科体系。

黄河生态文明研究。黄河文明起源于农耕文明，在广泛分布于黄河中下游地区的文化遗址中所发现的家畜遗骸及农具、谷物遗存，证实着中原先民的生活方式。有定居的农耕生活，然后有聚集的村落城市。交流需要语言，记事需要文字；祛病需要草药，种植需分四时……华夏的先民在与自然的和谐相处中创造了物质与精神文明。黄河作为中华民族的母亲河，哺育了中华儿女，也孕育了中华文明。黄河流域的物种演化、生态变迁、时空转换就是一部流动的历史。在历史与现实的交会中，探寻黄河生态保护利用、人地关系和谐发展的根本途径，让黄河永续成为人类文明的载体，无疑应该成为黄河文明研究的重要课题。

黄河政治文明研究。政治文明与制度文明是紧紧连在一起的。早期中国"禅让"制演变为"世袭"制、"小康"替代"大同"的过程，记录着部落向国家演进的轨迹。由秦汉开启的帝制中国，建立了天下国家的体制。支撑天下国家体制的精耕农业、商业流通网络及文官制度，成为帝国文明最显著的特征。鸦片战争后，中国被迫卷入世界体系，中国人在落后挨打中形成了强烈的民族独立、民族解放的意识，并释放出巨大的能量；在面对人类共同历史，进行文明对比之后，转益多师，取长补短，建立了适应现代中国转型发展的中国制度和中国道路。黄河文明所承载、所创造的政治文明,在人类社会发展史上具有极其特别的历史价值和现实意义。

黄河思想文明研究。殷墟卜辞文字,已是成熟的文字系统。它完整地体现了汉字象形、形声、指事、会意、假借、转注的基本造字原则,其句法、文法也奠定了汉语表现的基础。在其他古老文明的承载体如楔形文字湮没在历史长河里、成为死去的文字之后,汉字在不断地丰富与发展中,一以贯之地成为中国思想文明的载体。文字之外,商朝的城市、青铜技术与农业成就,成为商代文明的标志及精神文化生成的基础。周朝代商朝而起,在前朝语言、仪礼、文化的基础上,更注重礼制、祖先崇拜,形成周人特有的礼乐文明。春秋战国到秦完成统一的三四个世纪中,中国经历了巨大的社会动荡、政治变革,也经历了百家争鸣的“轴心时代”,出现孔、孟、老、庄等一大批思想大师和思想流派,中国文化的核心得以形成。秦汉建立之后,在大一统的政治格局下,中华文明进入儒家文明的时代。魏晋时期,佛道大盛,给中国人的现实生活与精神世界带来极大的影响。唐宋思想家融合儒、佛、道,传承道统,重建儒学。新儒学重新调整定义中国价值体系,以新的伦理道德观和理性认识论,指导宋代以后中国人的公共领域和个人生活。近现代以来,中国思想文明在西风东渐的背景下得以重建,在经过古今中外思想文明的融合与选择后,重新站在思想文明大国的行列。中国思想文化中道法自然、天人合一的思想,和而不同、求同存异的思想,革故鼎新、与时俱进的思想,脚踏实地、实事求是的思想,家国一体、富民安邦的思想,对变革中的中国、动荡中的世界,都是具有建设性意义的思想成果。

世界文明比较研究。世界原生文明是多源的,其传衍发展也必然是多元的。公元前500年,曾是世界思想文明的“轴心时代”。古希腊的苏格拉底、柏拉图、亚里士多德,以色列的犹太教先知,古印度的释迦牟尼,中国的儒、墨、道、法诸家,他们提出的思想形成不同的文化传统,至今仍影响着人类的生活。古代文明不绝如缕的交往交流,在公元1500年后因为地理大发现而变得汹涌澎湃,不同文明的遭遇碰撞,给世界经济社会发展带来巨变,也引发了无休无止的冲突。在世界文明的比较与互鉴中更深刻地了解“我是谁”“我从哪里来”,在兼收并蓄的自信中更坚定“我到哪里去”,应该成为黄河文明研究的重要内容。

黄河文明是实现中华民族伟大复兴、坚定现代中国发展道路最为深厚、最为核心、最为可靠的文化根基和历史依据。在中华民族伟大复兴的历史转折点上，打通历史的文化血脉，构筑民族的精神家园，建设文化大国、强国，具有重要的历史与现实意义。通过黄河文明学术与知识体系的构建，深刻阐释中华文明的历史渊源、发展脉络、基本走向，揭示丰富多彩的多民族文化是中华文明形成的重要基础，描述中华文明在与其他文明不断交流互鉴中发展成长的历史过程，可以培养中华民族恢宏的气度胸怀与精神品格。我们同时呼吁：在国家实施的“双一流”大学建设过程中，注重中国底蕴、中国特色、中国气派的人文与社会学科的建设，将成为一项造福于千秋万代的伟大事业。

（作者：关爱和，系河南大学黄河文明省部共建协同创新中心教授）

目 录

黄河生态文明

黄河政治文明

黄河精神文明

黄河社会文明

短　论

黄河生态文明

宋代黄河上的三山浮桥*

周宝珠

一、问题的提出

中国古代为便利黄河两岸的交通，多利用黄河涨水季节过后，在水上搭建浮桥，创造了建造浮桥的方法。北宋以前，中国封建王朝的政治经济中心为长安、洛阳两个都城，关中、河东、河北、河南经济亦较发达，因此，黄河浮桥多建在今河南西部至潼关间，像著名的河阳、河中桥，就是其中的代表桥梁。

北宋时代，建都开封，这里北去的要道，一是通过澶州（河南濮阳），一是通过滑州（河南滑县）白马津，联系河北各地，并直通辽的南京（今北京），是宋辽两国交往的必经渡口。因此，在北宋时期，澶州、滑州均有黄河浮桥，在沟通黄河南北经济文化交流中占有重要地位。北宋中期以后，由于滑州黄河浮桥受季节性涨水的影响，致使辽使不得不改道河阳，以达宋都开封。及至宋徽宗政和年间，乃决定兴建滑州、浚州间的三山永久性浮桥，以代替原来的滑州旧桥，这是古代黄河建桥史上的一个重要事件。

然而，现今出版的历史著作中根本没有提到这一事件，甚至在《黄河古桥述略》①这样专门的论文中，也不曾提及此桥，确实是一件憾事。为弥补这一点，本文不揣冒昧，将黄河三山浮桥做一简要论述。

---

* 原载《史学月刊》1993 年第 2 期。

① 李祖桓：《黄河古桥述略》，载中华书局编辑部编《文史》第 20 辑，中华书局，1983，第 63－74 页。

二、孟昌龄的三山浮桥计划

北宋中期以来,滑州北边的黄河上原有一座浮桥,是京都通向北方的主要渡口。但黄河流经这里,正处华北大平原上,河面宽阔,激流滚动无常。黄河的枯水季节与涨水季节,水的流量悬殊,两岸多属嫩滩,建桥确实不易。因此,当时之滑州浮桥,是在枯水季节,利用船体组合成桥身,搭建成一种暂时性桥梁。每年夏秋涨水之前,往往要拆去浮梁,等涨水期过后,选择新的桥址,再搭浮桥。这样每年需要搭拆,人力、物力耗费巨大,又给交通造成困难。如果在涨水时不能及时拆掉浮桥,一旦大水冲毁桥梁,那损失就更加严重。有时辽国使臣入宋,在这一渡口遇到桥坏、水涨之际,为了安全问题,宋的官员们往往要取旨宋廷,绕道而行,既增加入京路程和时间,又给宋廷招来不少麻烦,这也是有关官员们最头痛的问题之一。

神宗元丰七年(1084 年),滑州齐雾下埽河水大涨,冲坏浮桥。宋廷下诏范子渊"相度以闻"。时任都水监丞的范子渊在考察情况后上奏宋廷,采取了一些积极的修复措施。据《宋会要辑稿·方域》(13 之 23)记载:"……后范子渊言:'相度滑州浮桥移次州西,两岸相距四百六十一步,南岸高崖地杂胶淤,比旧桥增长三十六步半。'诏子渊与京西河北转运司、滑州同措置修筑。"这一记载说明,元丰七年再修之滑州浮桥,已不在原址,而是"移次州西",州西河面较原址为宽,桥身自然增长了三十六步半。这次修桥仍是暂时性浮桥,缺点一如前述。

徽宗大观三年(1109 年)十月七日,尚书度支员外郎王革对这种浮桥的弊病做了详细的论述。据记载:

> 王革言:"滑州比年以来修整浮桥,所费工力、物料万数浩瀚,每岁虏使(指辽国使人——引者)到河,或不及事,或仅能了当,致一一上烦朝廷措置。乞诏都水监与滑州、通利军(河南浚县)当职官,于沿流上下从长相视,同状指定可以系桥去处,权暂系桥,水涨辄拆,以备后用。或令河北、京西路转运司相度增五宿顿,使虏使由孟津赴阙下。俟具办集,检会元丰四年因避冀州济渡改路诏旨施行,实为长久之利。"诏令京西、河北路转运司检会案例年分及所经由京西道路增添,

相度有无害程顿去处闻奏。①

怎样避开暂时性浮桥所造成的困难，宋廷官僚们最早考虑的办法，是在夏秋涨水季节不拆浮桥，以图节省人力、物力。据《宋会要辑稿·方域》(13之25)记载：

(政和四年)十一月二日，都水使者孟昌龄言："近承尚书省札子，滑州浮桥今岁已经涨水，不曾解卸，未见比每岁系桥计使若干工料、钱数，及今岁不曾解拆，计减省数目。昌龄契勘到：政和元年兵士一万余，工钱七万余贯。政和二年兵士三万余，工钱八万余贯。政和三年兵士四万，工钱七万余贯。今岁不曾解拆，将前项三年折计，减省兵士八万一千余，工钱二十二万八千余贯。今具保守过今岁夏秋涨水不曾解拆官吏职位、姓名。"诏昌龄、葛仲友及三等官吏、作头、壕寨，转官、支赐有差。

根据孟昌龄的这次上奏，可以确切得知，从政和元年(1111年)到三年(1113年)，每年因解拆黄河滑州浮桥所耗费的人力、工钱的具体数目。这是用士兵充役，不征民力，但工钱并未少支。政和四年(1114年)，不曾解拆河桥的原因，据孟昌龄言："今岁夏秋涨水，河流上下并行中道，滑州浮桥不劳解拆，大省岁费。"②因此，"诏许称贺，官吏推恩有差"③。由此可知，这年不拆河桥，是由于"河流上下并行中道"，没有大的滚动，才把费用省了下来。这种情况比较少见，或者说是一种例外，也可以说是一种侥幸，是无法长久保持的。不过，孟昌龄从不拆河桥可以省费中得到了启示，所以在政和四年十一月，提出一个建设黄河三山永久性浮桥的计划。《宋史》卷93《河渠志·黄河》这样记载：

昌龄又献议导河大伾，可置永远浮桥，谓："河流自大伾之东(东，疑为西之误——引者)而来，直大伾山西，而止数里，方回南，东转而过，复折北而东，则又直至大伾山之东，亦止不过十里耳。视地形水势，东西相直径易，曾不十余里间，且地势低下，可以成河，倚山可为马

① 《宋会要辑稿·方域》13之23、24。
② 脱脱等：《宋史》卷93，中华书局，1977，第2312页。
③ 脱脱等：《宋史》卷93，第2312页。

头;又有中潬,正如河阳。若引使穿大伾大山及东北二小山,分为两股而过,合于下流,因是三山为趾,以系浮梁,省费数十百倍,可宽河朔诸路之役。”朝廷喜而从之。①

这项计划的具体目标,是要建座“永远浮桥”,即每年不再拆卸的永久性桥梁。其办法为依照河阳三城,将黄河分成两股,利用“中潬”进行造桥。这是北宋以前河阳、河中等地黄河造桥的成法,但在具体建造三山桥上,却又有自身的特色。

三、三山浮桥计划的具体实施

宋廷在接纳孟昌龄的建桥计划之后,于政和五年(1115 年)初成立了提举修系永桥所,派官专门负责这一工程。从时间上看,大体是在这年春动工,六月中旬完成。这是宋代营造史上的一件大事,徽宗为此专门发布了德音,以示庆贺。为了清楚地知道工程的具体实施情况,不妨先看一下《三水永桥成河北京东西德音》:

门下,朕受天明命,若昔大猷,永惟神宗,杰立于三代之后,深悼禹绩,寖洎于六国之初,经渎坏于曲防,造舟废而病涉。適追先志,蔽自朕心,凿山釃渠,循九河既道之迹,为梁跨址,成万世永赖之功,役不二时,虑无愆素,人绝往来之阻,地无南北之殊,灵祇怀柔,庶民舞蹈。眷言朔野,爰暨近畿,畚锸繁兴,薪刍转徙,民亦劳止,朕是悯之。其(一作宜)推在宥之恩,仍广蠲除之惠,应河北、京西京东路云云。於戏,承天下之大利,以济不通,得万国之欢心,兹惟作解。更在百执,共思远图。塈妨功惑众之夸,守暂费永宁之实,不懈于位,永孚于休。②

这是宋廷在关于营缮方面所发布的少数德音之一。该桥梁是河北、京东、京西包括首都开封交通的重要通道,一年四季可以畅通无阻,修桥一事不

---

① 此见《宋史·河渠志》外,又见《历代名臣奏议》卷 253。《宋会要辑稿·方域》13 之 25 亦有简要记载。

② 《宋大诏令集》卷 180 将发布德音时间作政和五年六月十四日。而《宋史·河渠志》、毕沅《续资治通鉴》卷 92 将发布德音时间作六月癸丑。按六月己亥为初一,癸丑应为六月十五日。又《宋大诏令集》作“三水永桥”,与三山水桥、三山桥不同。

能不说是一大事件。

根据孟昌龄的修桥计划和桥成发布的德音，可以得知这次工程不同寻常，它包括“凿山”“酾渠”“为梁跨址”，以及黄河改道、修堤和迁移通利军（浚州）城等几个重要环节。

这里先说黄河改道。按孟昌龄建议修桥计划可知，当时之黄河在大伾山西数里，折而向南，再东转而过，之后又折北而东。距大伾山不过十里，就是说原河道在大伾山西、南、东之间形成一个小的弯道，孟氏建议将黄河的弯道取直，分河水为两股，穿大伾而过（即沿大伾山南北两侧而过）。要做到此点，一是要开挖新河道（即所谓“酾渠”），一是要堵塞旧河。尽管大伾山周围“地势低下，可以成河”，如不进行适当开挖也是不好办的，所以计划仍有“酾渠”这一工程。堵塞旧河方面，《宋史・河渠志》谓“长堤盘固，横截巨浸”，工程也是不小的。截断旧流，改用十余里的新河道，两岸还有个修堤问题。

关于“凿山”，与“为梁跨址”有关。修桥计划是以“三山为址”，三山即大伾山、居山、汶山（一名汶子山）。孟昌龄所谓大伾东北二小山，即指居山、汶山而言。黄河改道，是在大伾山之西分成两股，一股沿大伾之南侧折向东北，经大伾、汶山之间流过；一股沿大伾之北侧向东，从大伾、居山之间流过，然后二股合流回归旧河道。这种改道办法，其目的是将三座山作为搭建桥梁的岸址、马头，适当加以开凿，才能使用。

造桥。黄河改道后，大伾山处于黄河之中流，其目的是把大伾山当作河阳的“中潬城”来使用，那么造桥即成为两个部分。根据政和五年（1115年）六月二十九日宋廷所赐桥名可知，居山至大伾山之间的浮桥，属于浚州，赐名天成桥；大伾山至汶山之间的浮桥，属于滑州，赐名荣光，俄改荣光曰圣功。宋徽宗“御制桥名，磨崖以刻之”①。造桥仍是浮桥，用船多只在河流水面排列而成，并有桥缆相连，以便通行。

关于迁移通利军城。据《宋史・河渠志》记载，政和五年（1115 年）八月，“都水监言：‘大河以就三山通流，正在通利之东，虑水溢为患。乞移军城于大伾山、居山之间，以就高仰。’从之”。这虽是桥成以后的事情，但与

① 脱脱等：《宋史》卷 93，中华书局，1977，第 2313 页。

修桥有关,就整个工役来讲,应是其中的一部分。

以上是对几项主要工程的简要叙述,除此之外,还有三山名称的变化、位置、距离,以及桥的长短、走向等必须弄清,才能对整个三山浮桥做出应有的评价。

大伾山,亦名黎阳东山,或青坛山,为中国古代名山之一。它坐落在今浚县城东,由于历代城址的变化,各志书记载山与城的距离有所不同①。这里暂且不去管它。明清时代,大伾山高四十丈,周五里(一作十五里),“峰巘秀拔,若倚屏障”②。宋时,山的高度和范围可能会略大一些。这次修建三山浮桥,将黄河改道,把大伾山作“中潬城”,这应是一个创举。“潬”,通“滩”,所谓中潬,原为河流中间的泥沙淤积的陆滩。后人为了建桥方便,利用这种沙滩,垒石为固,甚至建城,把整个桥身分成两段,河阳之中潬城,即是一个典型。三山浮桥以大伾为中潬,这是一座石山,坚固险要,没有冲毁之患,是一般利用河滩建造之中潬所无法比拟的。大伾山周围地面广阔,可以屯兵屯粮,作为一个马头,那更是理想之地。

汶山与居山,宋元典籍屡见,而明清时代由于名称变化,地志中只见紫金山与凤凰山之称,连当地人亦不知汶山、居山之名。再加上黄河的多年冲积,已使这两座小石山埋于地下,人们难寻其处,更难识其面,只能借助于昔日之记载与金石资料来证明其确实存在了。

关于汶山。徐闳中于宣和元年(1119 年)所撰《白金泉铭》云:“汶山之阴,厥有一泉,出石亭间,世传玉女修真之地。泉之东有巨阪,伏如瓦沟,号拖裙石。而泉独无名,予慨然□笔,题曰白金。”③明代人看到的这一《白金泉铭》,尚存于紫金山之南壁上。④《大明一统志》卷 4《大名府·浚县》记载,明时之紫金山在浚县东北六里,位于大伾山之东,“山无余土,翠石棱

① 《大明一统志》卷 4 作二里,《寰宇通志》作三里,《嘉庆重修一统志》作二十里,熊象阶修《浚县志》作二里。

② 《读史方舆纪要》卷 16《大名府》。

③ 毕沅:《中州金石记》卷 4《白金泉铭》。由于石刻剥蚀关系,毕氏将宣和己亥误作乙酉而大加考证,前人已指出其误,此不赘述。黄叔璥《中州金石考》卷 4 亦云:“宋白金泉铭,徐闳中撰邑志:碑在悬崖上,苔藓封固。旧志失考,今录收之,内有三字未辨。”

④ 《寰宇通志》卷 6《大名府》。

峻可爱。相传古玉女修真于此，上有玉女观，白金泉，驼扆石，玉女岩仙迹”。这些记载，使人们得知紫金山即宋代之汶山，其位置是在大伾之东约四里之地（也即圣功桥的长度），也是一座石质小山，古迹相当多。

关于居山。天成桥在大伾山、居山之间属宋浚州所辖。南宋时范成大使金，路过此地，曾见天成桥碑石。他在《天成桥》一诗小序中说：“碑石，蔡京书，在浚州岗上驿中东庑下，旧浮桥在此，今河徙南行矣。”诗云：“一岗邑屋旧河滩，却望河身百里间。涌土涨沙漫白道，天成桥石在高山。”①这里所谓碑石在“浚州岗上”或“天成桥石在高山”，均应指居山而言。由于金代及其以后黄河改道和冲积，居山之名不显，而在明清两代均以凤凰山之名出现。《大明一统志》卷4《大名府·凤凰山》条记载：“在浚县故河东岸，与紫金山东西相对，碧石壁立，下瞰于河，相传昔有凤凰集此，因名。”但并未说明这个凤凰山是否为宋代之居山。清嘉庆七年（1802年）刻板的《浚县志》则完全肯定凤凰山一名居山，作者熊象阶在凤凰山条加按语云：“按居山，旧志及各地志书皆不载，土人亦不知其名……今考于《白金泉铭》而得之。”作者又在紫金山条引《名胜志》云：“大伾已东曰凤凰山，又东北曰紫金山，皆其（指大伾山——引者）支垄也。”显然，作者依据紫金山即汶山，而凤凰山与紫金山对峙等的事实和记载，断定凤凰山即居山，这是很有道理的，不过在叙述凤凰山与紫金山方位上似有问题。② 清嘉庆年间重修的《大清一统志》，是在乾隆八年（1743年）旧志和乾隆四十九年（1784年）续志基础上编纂的，它虽然完成于道光二十二年（1842年），却也反映了清官方修志者们的观点。该书在凤凰山条引《禹贡锥指》云：“宋河渠志有居山、汶子二小山，即县志之紫金、凤凰也。”③由此可知清代完全肯定凤凰山即居山，这是值得重视的。

据上所述，汶山在大伾之东，其间的圣功桥属于滑州，那么，居山与大伾山之天成桥又属于浚州，居山应在大伾山之东北，这才符合《宋史·河渠

① 范成大：《石湖诗集》卷12。

② 此见熊象阶《浚县志》卷9《山水》所引《名胜志》记载凤凰山与紫金山位置，正文已提出似有倒误。因浚在滑之北，紫金山（汶山）属滑，凤凰山属浚。

③ 此据《嘉庆重修一统志》卷199《卫府·山川》，并参考1986年中华书局影印出版该书之说明。

志》所谓大伾东北二小山之说。所谓紫金山与凤凰山东西相对,也只是大体而言,否则,那是无法以大伾为中潬修桥的。如果说紫金山在大伾东北,而凤凰山在大伾之东,那么天成、圣功二桥所属州县又不可理解了。

三山浮桥修成以后,宋廷官僚们曾大加歌颂:“禹迹湮没于数千载之远,陛下神智独运,一旦兴复,导河三山。长堤盘固,横截巨浸,依山为梁,天造地设。威示南北,度越前古,岁无解系之费,人无病涉之患。”①其积极作用是不能低估的。政和六年(1116 年)七月,“太师蔡京请名三山桥铭阁曰缵禹继文之阁,门曰铭功之门”②,作为纪念。

四、三山浮桥的管理

对于三山浮桥这一重要工程如何管理,它能否经得起黄河涨水的考验,这是一个不容忽视的问题。政和五年(1115 年),宋廷官员们在对徽宗歌功颂德之余,马上提出了“大功既成,愿申饬有司,以日继月,视水向著,随为堤防,益加增固,每遇涨水,水官、漕臣不辍巡视”③。宋廷立即将臣僚们的建议下诏文给都水监孟昌龄,由他具体筹划。

桥成后,孟迁官工部侍郎,他对这一工程的利害,自然比别人清楚得多。一接诏旨即刻上奏:

> 三山水桥、万年等新堤,前后役事,并各已成功。然大河非他水之比,或涨或落,掠岸冲激,势不可测。缓急若须令臣出入照管,即待班次朝辞,万一恐失期会。欲权依都水监官出入条例,逐急出门,只具奏闻,及申牒逐处官司,庶免临时误事。④

孟昌龄上奏的建议,获得了宋廷的同意。从这里可以看出,他在桥成之后,对于黄河这条桀骜不驯的巨龙可能出现的问题,是有充分认识的。尽管他已迁官工部侍郎,却随时做好应急准备,一旦出现险情,即可依都水监官出入条例,紧急出门,而不按官员们常规出门的种种手续办理。对

① 脱脱等:《宋史》卷 93,中华书局,1977,第 2314 页。
② 脱脱等:《宋史》卷 93,第 2314 页。
③ 脱脱等:《宋史》卷 93,第 2314 页。
④ 《宋会要辑稿·方域》13 之 25。

于皇帝，也只奏闻，不必面辞。这可以说，从宋廷到工部、都水监官衙机构等方面，对管理三山浮桥都是高度重视的。

河桥的具体管理上，依照旧滑州浮桥的办法成立有桥道司，并新设专管的提举官，增加各类管理兵工。据政和六年（1116 年）正月一日提举三山天成桥河事孟扩言：

> 契勘桥司道（应作桥道司——引者）旧两指挥，额计一千人。今来两桥四马头，窠占并差定看船守宿之人及祗补打凌整桥道用人甚多，即目尚阙人数，招填不足，盖因招军例物与黄河埽兵多寡不同，是致少人投充。欲乞将桥道司招军例物与黄河埽（兵）一般支给。①

这里所谓桥道司旧两指挥额计一千人，应是指滑州旧河桥所用之人数。新桥分两段，四个马头，看船守宿、打凌整道等，所用人数较前大增，这是理所应当的。开始，依招军例支与钱物的办法来招人投充，由于待遇较低，应募者自然不多。孟扩请求用黄河埽兵的待遇来招募，得到宋廷认可，才算解决了问题。据《宋会要辑稿·方域》（13 之 26）记载：

> （政和六年）七月二十日，提举三山天成桥河等司状："据管勾天成圣功桥、武节郎寇茂孙状：本桥近承朝旨添置人兵，马头作两指挥，已招到并旧管人兵，合行分拨于两马头，未审称呼为南北马头桥道，为复以第一、第二指挥为名。本司今相度，欲将天成桥东马头作桥道第一指挥，西马头作桥道第二指挥。"从之。

由上可知，天成桥东西马头的人兵就设两指挥，按宋制每指挥五百人，两指挥有一千人。那么，圣功桥应亦基本如此。这就证明，三山两桥管理人兵比滑州旧浮桥人兵增加了一倍左右。另外，天成桥之两马头，"未审称呼为南北马头"，还是其他称呼，最后定名为东西马头，看来是一座东北、西南走向的桥梁，两马头南北称亦可，东西称亦可，这对于确定居山的位置相当重要。

大概在建造三山桥的问题上，宋廷官僚内部意见分歧相当大，直到桥成之后，这种不同意见仍未平息，为了不使反对者有借口可言，也需要加强

① 《宋会要辑稿·方域》13 之 25、26。

河桥的管理。政和六年(1116 年)七月二十四日,宋廷下诏:

> 三山浮桥,万世永赖,造言者终未革心。可令都水监与当职官夙夜常切固护,如河流向,著或浅淀,即行疏浚,一有缺溢,并依旧法当行处斩。若或造言摇动,以惑众情,可立赏钱一千贯,许人告捕。其增修堤道,开分水河,依图相度,具工料以闻。①

在管理河桥方面,上至都水监,下至当职官,责任极其重大,要求亦相当严格。为了保护河桥,需要及时注意河流走向,一旦浅淀,即行疏浚,或增修河堤,或开分水河泄水等,宋廷都要在工料上加以保障供应。如果当职官不能尽职,黄河缺溢,“并依旧法当行处斩”,以此来保证管理制度的执行。

宣和三年(1121 年),黄河涨水,坏天成、圣功桥,“官吏行罚有差”②。据《宋会要辑稿·方域》(13 之 27)记载,具体处分如下:

> 本处当职官失职与免勘,监桥官二员各降两官,都大一员降一官、展二年磨勘,滑州知(州)、通(判)二员各降一官,应当官职各展三年磨勘,提举官、都大司人吏,滑州当行人吏、监桥官下军司桥匠、作头等,各科杖一百。

这次处罚面相当广,不过仅是桥坏,河并未决口,处分一般较轻。宣和四年(1122 年)四月,都水使者孟扬上奏,“奉诏修系三山东桥,凡役工十五万七千八百,今累经涨水无虞”③。宋廷亦根据孟扬上奏,下诏:“修系三山桥了毕,今累经秋河涨水,并无疏虞,赐都水使者孟扬以下转官、赐帛有差。”④孟扬自正议大夫(正四品下阶)转为正奉大夫(正四品上阶)。由此可见,在管理、维修河桥方面,奖惩分明,这是保护桥梁的有力措施之一。

以上诸种措施,基本上保证了河桥的通行,即如少有损坏,也能及时修复,在沟通大河南北交通、促进经济文化交流中起了应有作用。

---

① 《宋会要辑稿·方域》13 之 26。

② 脱脱等:《宋史》卷 93,中华书局,1977,第 2315 页。

③ 脱脱等:《宋史》卷 93,第 2315 页。

④ 《宋会要辑稿·方域》13 之 27。

五、三山浮桥的毁坏

三山浮桥建设之日，本想作为一座永远性桥梁保存下来，供人们长久使用。但好景不长，宣和七年（1125年），宋金战争爆发，金军长驱直入宋境，宋廷面临着一场灭顶之灾。这年十二月二十六日，宋廷遣步军都指挥使何灌率军二万驻守黄河北岸，武威军节度使内侍梁方平率军七千守浚州，以保护三山浮桥。可是，梁方平之流“日与其徒纵饮，探报不明，御敌无备”①。金军先遣二千人马在郭药师带领下，自安阳一日夜疾驰三百里，在次日黎明时直插浚州。梁方平部“仓率奔溃”②，何灌部亦“望风溃散”③，宋南岸守桥军队望见金军旗帜，立即烧断桥缆④，破坏河桥，仓皇逃遁，南岸竟无宋军一人。三山浮桥就这样被破坏了。

不过，作为桥梁来说，这次由于宋军慌张烧桥，破坏并不严重，《靖康前录》云：“桥虽已断，飘于北岸，犹二十八虹，敌少加葺，遂济河。”⑤这次金军是否修桥后过河，史料记载不一，这且不去管它，但破坏不重是可以断定的。因为金军过河围攻开封退兵时，李纲在靖康元年（1126年）二月十三日曾有这样的话：“初谓以其舡筏渡河，今系桥济师，一日而毕。”⑥据此可知，金军退兵时，是利用三山浮桥渡河的。此后，宋、金战争不已，这座桥不断遭到破坏而默默无闻了。

六、关于三山浮桥的问题与评价

如前所述，三山浮桥修建之日及其以后，持反对意见者终未间断。及至金兵攻宋，充分暴露宋廷政治腐败，一些官员要求追究某些当权人物的政治责任时，三山浮桥再次成为攻击的一个焦点。靖康元年（1126年）二月十九日，御史中丞许翰言：

---

① 《三朝北盟会编》卷26靖康元年正月二日。
② 《资治通鉴长编纪事本末》卷145《金寇》。
③ 《三朝北盟会编》卷26靖康元年正月二日引《靖康前录》。
④ 《续资治通鉴长编拾补》卷52靖康元年正月丁卯。
⑤ 《三朝北盟会编》卷26靖康元年正月二日引《靖康前录》。
⑥ 《续资治通鉴长编拾补》卷53靖康元年二月己酉。

> 保和殿大学士孟昌龄、延康殿学士孟扬、龙图阁直学士孟揆,父子相继领职二十年,过恶山积。妄设堤防之功,多张梢桩之数,穷竭民力,聚敛金帛。交结权要,内侍王仍为之奥主,超付名位,不知纪极。大河浮桥,岁一造舟,京西之民,犹惮其役。而昌龄首建三山之策,回大河之势,顿取百年浮桥之费,仅为数岁行路之观。漂没生灵,无虑万计,近辅郡县,萧然破残。所辟官吏,计金叙绩,富商大贾,争注名牒,身不在公,遥分爵赏。每兴一役,乾没无数,省部御史,莫能钩考。陛下方将澄清朝著,建立事功,不先诛窜昌龄父子,无以昭示天下。望籍其奸赃,以正典刑。①

宋代的御史言事,在攻击政敌时,往往捕风捉影,夸大其词,不达目的决不休止。关于孟昌龄父子三山浮桥以外的问题,这里暂且撇开,仅就三山浮桥本身而言,是不能用几句话全部加以否定的。

拿用桥时间来说,自政和五年(1115 年)到靖康元年(1126 年),前后 12 年,而许翰说"仅为数岁行路之观",这就不符合实际。况且,战争破坏,非建桥者所能承担的责任。

从用工上来看,许翰仅笼统而言"穷竭民力",并未提出用工之数。据《宋史》卷472《蔡京传》谓:"任孟昌龄为都水使者,凿大伾三山,创天成、圣功二桥,大兴工役,无虑四十万。两河之民,愁困不聊生……"是用四十万工日,还是四十万人,这里没交代清楚。按政和二年(1112 年)、三年(1113 年)之时,每年解拆滑州旧桥,用兵三四万这个标准计算,新桥十二年总数也不过用四十万人左右。如果四十万是工日,那恐怕新桥所用比旧桥就少多了。不过,旧桥所用人力为兵士,而修新桥时动用了大批民工,增加了农民的负担,当是一个事实。

费用方面,许翰提出"顿取百年浮桥之费",无具体数字,按政和元年(1111 年)至三年(1113 年),每年用于滑州旧桥的为七万至八万贯左右,若如许翰所言,每年按八万贯计,新桥当用八百万贯左右,这是宋朝财政承担不了的。况且,所用民工多为征发,费用较兵士为少是可以肯定的。至于说到孟氏父子从中"聚敛金帛","乾没无数",许或有之。

① 脱脱等:《宋史》卷 93,中华书局,1977,第 2316 页。

作为对三山浮桥的整个评价而言，全部否定某种意见和做法，也是不可取的。宋廷主张修桥者，当时耗费民力，甚至从中贪污，中饱私囊，这是应当批判的。而且，他们提出的大省劳费、永远用桥等目的，也没有实现，这就是说，成绩也不像他们原先吹嘘的那样。不过，从总体来看，三山浮桥的选址应当说是一种很好的设想，这在黄河平原地段是很难找到的。桥修成之后，十余年间，夏秋涨水之季节不再拆卸，一年四季可以畅通无阻，其所发挥的作用是巨大的，在建桥史上也有重要地位，这些都是应当充分肯定的。

黄河影响下开封城市的历史演变*

李润田　丁圣彦　李志恒

摘要：河流对城市的形成和发展起着重要的作用，古人形象地把其比喻为“城市之血脉”。文中从不同历史时期黄河及其分支对开封城市演变的影响进行分析，认为黄河与开封城市的关系存在利与害的统一。开封城市的历史发展，既得益于黄河充足的水源，又受害于其频繁的决溢、泛滥、改道。因此，要采用先进的科学技术对黄河进行综合治理开发，使其恢复应有的美好环境，更好地造福于人民。

关键词：历史演变；开封市；黄河

一、引言

城市是社会生产力发展到一定阶段的产物，但要有一定的自然条件作为基础。因此，如果说生产力发展水平和社会经济发展条件是城市产生和发展的决定因素，那么一定的自然条件就是城市产生、发展和经营必要的物质条件。在生产力发展水平较低的情况下，它的作用尤为显著。在自然条件中，河流对城市的产生、发展与衰落，更是具有不可低估的影响。几乎每一座城市的形成和发展都与其所在地的河流水域紧密相关。现代社会如此，历史上更是如此。

黄河，中华民族的母亲河，中华文化的摇篮，素有“四渎之宗”“百水之首”之尊称。在很长的历史时期内，黄河中下游一直是我国政治、经济和文化的中心。它对我国的发展曾经做出过不可磨灭的贡献。然而，由于它多

---

* 原载《地域研究与开发》2006 年第 6 期。

沙、善淤、善决、善徙，特别是下游改道频繁，又给沿河人民带来深重的灾难。

开封是我国一座历史文化名城，至今已有2700多年的历史。它始兴于战国，发展于晚唐时代，至北宋达于极盛；金、元之世，始趋衰落，明末后，元气大伤，一蹶不振，直至1949年中华人民共和国成立后才获得新生。纵观开封数千年的历史，可以发现开封这座城市，盛衰至极，反复变化，究其原因十分复杂。① 诸如政治、经济、军事、地理等各方面因素都在其中起着作用，而地理因素所起的作用应该说最为重要。地理因素无外山川、植被、水系等，对开封来说，则主要体现在河湖水系的影响上。因此，通过对黄河及其支流历史演变的研究，可以推知黄河在开封城市形成和发展史上的作用以及黄河对开封城市兴衰演变的影响。

二、黄河有利于开封城市不断向上发展的战国至北宋时期

从战国到北宋，是开封不断向上发展的时期。这个时期黄河除个别时期曾经南下汇淮以外，大都在现河道以北行河。黄河出了邙山后，总是往东北流去，从汲县、浚县一带，经濮阳、大名等地，由天津附近入渤海。今天的原阳、封丘、延津等地，当时都是在黄河以南。当时开封离黄河较远，黄河河道本身又较为稳定，再加上千百年来广大人民多次兴利除弊的行动，为开封城市的发展与繁荣创造了十分有利的条件。②

（一）大型引黄水利工程——鸿沟水系的开凿促使开封成为水上交通枢纽

战国魏惠王九年（前361年），为了避免西面秦国的侵扰，同时图谋向中原发展，魏惠王由安邑（今山西夏县西北）迁都仪邑，号称大梁。魏惠王迁都大梁，开封城市可考的历史从此开始。但当时开封地势低平，易积水成涝，自魏惠王建都大梁以后，开封城市的治水引水工程就不断进行。前363年，魏惠王自荥阳引黄河水入圃田泽，然后开大沟，引圃田水东流，经

---

① 张妙弟：《开封城与黄河》，《北京联合大学学报》2002年第1期，第133－138页。

② 李润田：《黄河对开封城市历史发展的影响》，《历史地理》1988年第6期，第45－56页。

大梁城北再折而南入颍水、涡河,这就是历史上著名的沟通黄河和淮河两大水系的鸿沟运河。这里所说的“大沟”即历史上有名的鸿沟。秦末楚汉相争,沟东属楚,沟西属汉,即此鸿沟,指的是大梁以南一段。

鸿沟全长约250千米,它把流经豫东黄河平原的主要河流贯穿起来,构成一个以大梁为中心,沟通黄河下游、淮河中下游之间的水运网。这个水系,除了鸿沟,还包括获水、睢水、沙水、济水等河流。《史记·河渠书》称“荥阳下引河东南为鸿沟,以通宋、郑、陈、蔡、曹、魏、卫,与济、汝、淮、泗会……”,概括地说明了鸿沟水系沟通黄、淮,联络东方列国的形势。鸿沟水系的沟通,使大梁成了四通八达的水运网中心,形成“北距燕赵,南通江淮,水路都会,形势富饶”的名都大邑。①

鸿沟建成以后,引黄河水为源,大大提高了各河道的通航能力,大梁因地处鸿沟水系的中心,遂成为中原水上交通的枢纽。鸿沟水系的建设还提高了开封地区的泄洪能力,排除了附近的积水,改善了农田的灌溉条件,大大促进了魏国的农业生产和经济发展。仅数十年间,大梁附近已成为魏国主要的农业区。经济实力的强大为大梁城市的发展奠定了稳固的基础。

前225年,秦将王贲久攻大梁不下,乃引鸿沟之水灌城,魏亡,大梁也惨遭破坏。魏都大梁历经130年繁荣,是开封历史上第一个兴盛期。

(二)黄河分支——通济渠的疏浚使开封逐渐成为中原军事重镇和政治、经济、文化中心

589年,隋灭陈,结束了西晋末以来长期分裂的局面。隋朝建立后,政治安定,经济发展,汴州很快出现生机。隋王朝为了加强对南方的统治,并从南方取得财富以支持北方的中央政权,于大业元年(605年),召集河南、淮北诸郡100万民夫,开挖通济渠(唐称广济渠)。该渠由洛阳开始,引谷水、洛水达于黄河,经过一段黄河后,于板渚(现河南荥阳西北)引黄河水东南行,经过开封城下,到现江苏盱眙县北入淮河。这条通济渠向南通过江淮之间的邗沟及江南运河可达杭州,向北通过永济渠可达涿郡(北京)。这就是历史上有名的隋炀帝时期开凿的南北大运河,通济渠是其中最重要的一段。当时的汴州位居该渠咽喉,在漕粮的运输上具有突出的地位。

---

① 李润田:《开封城市的形成与发展》,《河南大学学报》1985年第3期,第1-10页。

到了唐朝，它除了具有这种水路交通的枢纽地位，还是陆路驿道的一个枢纽。从长安东行至洛阳后，再向东、东北、东南行，有三条主要驿道，其中两条都必须经过汴州。特别是去当时唐王朝的财富要地长江下游三角洲和江淮地区，必须由此经过，所以，从那时起，汴州实际上已经开始逐渐成为国内水陆交通重镇和国家经济命脉的总关卡。以至于安史之乱之后，为免漕运中断、京都受困，唐王朝在此设宣武军，节度使李勉又于建中二年（781年）重筑汴州城，使汴州成为中原的军事重镇。这个汴州城是魏大梁城之后在史书上第二次有专门记载的开封城，也是开封城垣可考之始。

唐代后期，随着黄河流域和长江流域经济发展水平越来越悬殊，北方对南方财力的依赖越来越大，汴州的地位也越来越重要。当时人称："大梁当天下之要，总舟车之繁，控河朔之咽喉，通淮湖之运漕。"①因此，在唐末至五代的100余年间，当黄河中游的长安、洛阳由兴盛走向衰落的时候，汴州却蒸蒸日上，蓬勃发展。907年，驻在汴州的宣武军节度使朱温篡夺了唐的政权，建立后梁王朝，都汴京，称东都。这是自战国魏都大梁1200余年后，开封再次成为国家首都。在后梁之后相互更迭的政权中，除后唐迁都洛阳外，后晋、后汉和后周均以汴州为都，称东京。这样，开封就完全取代了长安、洛阳的地位，逐渐发展成为全国的政治、经济和文化中心。

（三）北宋以黄河汴河为主的四河漕运促使开封成为高度繁荣的经济都会

北宋时期，随着经济的发展和人口的迅速增长，开封已发展成中世纪世界上最大的封建性消费城市，全盛时"京师周围八十里，人口高达百余万"。当时开封经济能够达到这种繁华程度的根本原因，在于生产力发展水平和政治经济条件，但黄河及京城开封周围的水运条件也对东京的高度繁荣起着很大的促进作用。

北宋时期，开封周围的水运交通网更加完善。惠民河、汴河、五丈河和金水河从东京城里穿过，称"四水贯都"。而东京就成了汴河、黄河、惠民河和五丈河漕运四河的中心。当时的黄河由今河南荥阳广武山北向东北方向流去，故距开封稍远，不过黄河中的船运，还是由汴河到达开封。其他

① 刘宽夫：《汴州纠曹厅壁记》，载《文苑英华》卷803。

三河都是直接通达开封。可以说,当时开封的百万兵民皆赖四河的漕粮为生。

汴河在蔡河(又称惠民河)的北面,从相国寺门口由西向东横穿开封城,是黄河的分支,也就是隋代开凿的通济渠,自孟州河阴县即郑州西北引黄河水,经过开封东南流于泗州入淮。汴河的绝大部分水量都是由黄河供给的,是当时开封四水中最重要的一条河流,它在北宋的经济发展和物资交流中发挥了显著的作用。它上接黄河,下通淮河、长江,像输血管一样,将江淮一带的粮米,甚至四面八方的山泽之百货,源源不断地运入京城,供应宋朝统治者和100多万军民的需要。据《宋史·食货志》记载,太平兴国元年(976年),经汴河、蔡河、金水河、五丈河运往京师的550万石粮食中,有400万石来自汴河。至道年间(995—997年)达580万石,大中祥符初(1008年)多达700万石。《宋史·河渠志》在论及当时河道时说:"唯汴水横亘中国,首承大河,漕引江、湖,利尽南海,半天下之财赋,并山泽之百货,悉由此路而进。"可以毫不夸张地说,是黄河分支汴河为东京汴梁送来了繁荣昌盛。

汴河除以上所述的漕运外,还对开封的农业、手工业、居民用水和城市风貌的建设发挥了极为重要的作用,可谓功不可没。例如,宋王朝利用汴河在京畿一带发展农田灌溉事业,蓄水种稻,进一步加快了农业生产的发展。甚至在汴河上装置水磨,加工茶叶和粮食等,对开封工业经济的发展产生了深远的影响。这一切都充分说明黄河分支汴河确实成为北宋时期开封城市发展和鼎盛的生命线。

北宋京都开封,由于政治中心的形成及其水陆交通的发达,很快成为"八荒争凑,万国咸通"之地。当时的东京城(开封)已发展成为商业经济最发达的国际大都会,"是手工业和商业活动最为集中的地方。手工业分官营和私营两部分,包括丝织、造船、印刷、军器制造、织染、制药、笔墨制造和食品加工等,从业者超过8万人。商户2万多户,分属于160余行。东京年纳商税额55万贯,占全国商税的一半。州桥、相国寺一带是商业最繁华的地方"①。开封乃"天下富商大贾所聚"②之地,商人中"资产百万者至

① 张妙弟:《开封城与黄河》,《北京联合大学学报》2002年第1期,第135页。

② 丁特起:《靖康纪闻》,靖康元年十二月十九日,中华书局,1985,第17页。

多,十万而上,比比皆是"①。北宋开封商业经济的繁荣,延续了160多年,"确是历史上开封城最辉煌的大发展时期,也是中国城市发展史上辉煌的一页"②。

战国至北宋,这一漫长的历史时期,尽管黄河及其分支(如汴河)给开封城市的发展提供了多方面有利条件,起了加速的作用,但也必须看到由于封建制度的腐败,以及黄河及其分支汴河等泥沙问题不易解决等因素,河患也是经常发生的。比如,从建隆元年(960年)到太平兴国九年(984年)的25年中,黄河只有9年没有明确的决溢记载,其余年份大部是多处溃决、到处泛滥的。黄河在泛滥的过程中,曾有两次使开封城市受到了很大的影响。这一事实也深刻说明,黄河的利与害是并存的,所差之处,在于这一段历史时期内,黄河及其分支对开封城市的发展是利多害少而已,但也绝不是只有大利而无小害。③

三、黄河制约开封城市发展的金元明清及民国时期

北宋以前,由于黄河流域上中游地区长期过度开发,严重破坏了流域中的森林、植被,"引起水土流失加剧,下游河湖被淤被垦,最终引起环境的恶化"④。所以,北宋以后黄河下游"河患日益严重的趋势已不可逆转,灌溉系统破坏难以修复,土壤沙碱,水旱不时渐趋严重,整个生态环境不断恶化"⑤,对黄河下游城市(如开封等)的发展起了很大的破坏作用。

开封地处黄河下游地区,其受黄河水患的影响可谓深矣。自金初至清咸丰五年(1855年)的700多年间,黄河大都在现在河道之南行河,是黄河南下夺淮进入黄海的时期。在此期间,黄河河道变迁频繁,常多股并流,极不稳定,"是黄河逼近开封城甚至时而城北时而城南的时期,也是开封城市

---

① 李焘:《续资治通鉴长编》,上海古籍出版社,1986,第755页。

② 张妙弟:《开封城与黄河》,《北京联合大学学报》2002年第1期,第135页。

③ 李润田:《开封城市的形成与发展》,《河南大学学报》1985年第3期,第1-10页。

④ 邹逸麟:《我国环境变化的历史过程及其特点初探》,《安徽师范大学学报(人文社会科学版)》2002年第3期,第294页。

⑤ 邹逸麟:《我国环境变化的历史过程及其特点初探》,《安徽师范大学学报(人文社会科学版)》2002年第3期,第294页。

自北宋以后辉煌不再的时期”①。

(一) 黄河对开封城市的影响

黄河河道的南移,使开封城池紧靠黄河险工河段,因而使其成为首当其冲的徙决冲淤的最大受害者。据《开封府志》和《祥符县志》记载,从金明昌五年(1194 年)至清光绪十三年(1887 年)的近 700 年间,黄河在开封及其邻近地区决口泛滥达 110 多次,最多时每年一次,最少也是 10 年必泛。开封城曾 7 次[元太宗六年(1234 年)、明洪武二十年(1387 年)、明建文元年(1399 年)、明永乐八年(1410 年)、明天顺五年(1461 年)、明崇祯十五年(1642 年)、清道光二十一年(1841 年)]被黄河水所淹。明天顺五年七月,巡按河南监察御史陈璧同都布按三司奏文曰:“七月初四决汴梁土城,当时筑塞砖城五门以备。至初六日,砖城北门亦决,城中稍低之处,水入深丈余,官舍民居,漂没过半,公帑私积,荡然一空,周府宫眷并臣等各乘舟筏避于城外高处。”②灾情最严重的是明崇祯十五年,李自成围开封,明河南巡抚高名衡在城西北 8500 米的朱家寨扒开河堤,妄图淹没义军。洪水自北门冲入城内,水与城平,深 2—4 丈(1 丈约等于 3.33 米),全城尽为洪水吞灭,人口死亡达 34 万,城中建筑所剩无几。这是继秦将王贲灌灭大梁以后,开封成为第二个“地下城”。清康熙元年(1662 年)重建开封城。清道光二十一年,黄河决口张家湾,淤灌开封城,有些地方水深 1 丈多,庐舍尽灭,人都居在城墙上,孝严寺、铁塔寺、校场、贡院等建筑也被拆毁以作堵塞洪水之用。次年又一次重修了城池,周长 14 千米多,城门 5 座如旧,这就是我们今天看到的开封城墙。③

(二) 黄河对开封城市水域景观格局的影响

黄河自北宋以后的大规模泛滥在对开封城的形成和发展造成巨大危害的同时,还不断改变着开封城市的水域景观格局。

(1) 淤塞河道。如前所述,黄河是一条很独特的河流,一是水少,二是沙多。而开封附近的河流大都以黄河为水源,随着黄河的多次决溢泛滥,这些河道都摆脱不了黄河泥沙淤积的严重影响,虽然历朝历代都对河流的

① 张妙弟:《开封城与黄河》,《北京联合大学学报》2002 年第 1 期,第 137 页。

② 《明英宗实录》卷 19“天顺五年七月”条。

③ 张妙弟:《开封城与黄河》,《北京联合大学学报》2002 年第 1 期,第 135 页。

清淤治沙采取了一定的措施,但收效甚微,淤塞湮没仍在所难免,如北宋时期以黄河汴河为主的“四大漕运”都因黄河的泛滥而在元明时期逐渐淤没,从而使开封逐步成为不通航的城市。金都开封时,汴河尚能部分通航。至明及清初,能够通航的河流只有贾鲁河一条,其航运起点已不在开封,而移至城南20多千米的朱仙镇。清道光以后,贾鲁河因黄河多次泛滥也被淤塞,朱仙镇随之衰落了。开封的陆路交通虽曾号称“八省通衢”,实际吸引的范围主要限于河南省。开封赖以繁荣的交通、贸易条件,远远不如从前了。水运网络破坏的结果,使凭借水运枢纽地位先发展成为商业城市,尔后改建为都城的开封必然一落千丈,一直降为地区性政治中心。

(2) 湮灭湖泊。黄河的泛滥也造成开封周围湖泽的消失。如上文所说,历史时期包括开封在内的黄河中下游曾是湖泊密布的地区,圃田泽、逢池、牧泽、巨野泽等都是历史上非常有名的湖泊,但受黄河泛滥、泥沙淤积的影响,这些湖泽也随时存在着被淤平的危险。如位于开封附近的圃田泽在唐代已有沙冈,它与蓬泽、金明池都在金元时期被黄河淤平。12世纪以前在开封周围曾大量存在的池、陂、渚、潭、泊等也都荡然无存。曾堪称“北方水城”的开封周围成了茫茫一片沙海,对开封城市的区域生态环境系统造成了严重破坏。

(3) 使城区洼地积水成湖。黄河的多次决溢泛滥虽然造成开封周围地区的河道淤塞、湖泊湮灭,但在某种程度上又造成城区内水域景观面积的扩大。这是因为黄河每次决溢泛滥时都携带大量的泥沙冲向开封城墙,但由于护城堤或城墙的堵截阻拦,大量泥沙便落淤于城外,久而久之,城区与四邻比较起来,便成为一个低洼的盆地。而城区内部则又呈中央凸起、四周低下的形势。这种地势特点,使得城内地表流水由中心向四周分流,注入洼地及惠济河内。洼地内积水不易排出,便形成湖洼,如西北隅的潘杨湖、西南隅的包公湖和东北隅的铁塔湖等。

(三) 黄河对开封城市区域生态环境的影响

黄河下游河道南移和不断泛滥,必然引起开封城市周围区域生态环境日趋恶化,从而破坏城市的环境系统。如除了前文所述的淤塞河道、湮灭湖泊、水面缩小、出现大量排水不良的低平洼地,频繁的河患还使流域内的土质也发生了重大变化,给农业生产带来严重影响。每次洪水泛滥,土地受到长期漫流浸渍,低地土壤盐分积聚,矿化度增高,造成大面积沙地、盐碱地,“昔之饶腴,咸成磏卤”①。开封周围数千顷良田变成一片荒漠,膏腴之地尽成沙卤,飞沙滚滚,东作难望西成。

区域生态环境的恶化也促使开封城郊的旱涝、风沙等自然灾害加剧,农业生产水平越来越低。据《开封县志》和《祥符县志》记载,开封周围地区自汉至清的2100多年间,共发生特大旱灾43次,特大水灾26次(不包括黄河泛滥的水灾),而自金以后的800多年间,就发生大旱近30次,大水18次。至于一般的旱、涝和风沙、盐碱,则是连年不断。在这期间,开封附近的农业生产,除明代前期有较大恢复发展之外,总的来讲是停滞不前的,这大大削弱了开封城市存在和发展的最起码的经济基础。

总起来说,北宋以后,河患剧烈,决滥频繁。黄河灾害不仅威胁广大人民生命财产的安全,而且直接影响历代王朝的统治,记载河患的史籍更多,也更加详细。从北宋历金、元、明、清,到抗日战争初期,仅根据各地史书的不完全统计,黄河就有300多个年份发生过决溢灾害,为举世所瞩目。在这个过程中是以开封受害为最多。黄河愈演愈烈的泛滥,原因有自然的,也有人为的,但根本原因是人类不合自然规律的行为叠加于原本脆弱的生态系统之上,人类“超越自然”的行为是包括开封在内黄河下游一系列问题的真正根源。

四、开封在黄河趋利避害影响下的现代新生时期

中华人民共和国成立以后,社会性质的根本改变为黄河的趋利避害提供了先决条件。经不断治理,如培修加固堤防险工、修建虹吸涵闸工程等,黄河频繁决口的险恶局面得以扭转。开封城和整个开封市基本上脱离水患,城市的地理生态环境和建设条件也大大得到改善。

(一)培修加固堤防险工,确保防洪安全

开封附近的黄河大堤,1949年以来普遍进行了加高培厚。据统计,1949年后开封附近黄河上施工用的土石方达到3661万立方米,超过了1949年前这一带黄河堤的总体积。

---

① 《杞县志》卷7《田赋志·地亩》。

经过实地测算，现在开封附近黄河的河床底面高于开封城里地面10米左右。洪水水位有时高达4米。在这种情况下，黄河水面就要高出城里地面14米左右。① 为了确保黄河下游河段的安全，开封附近的黄河大堤普遍进行了加高培厚。通过“淤临淤背”等工程措施，现在的黄河大堤又高又宽，宽度至少都在50米以上，最宽达到200米。自1948年10月开封解放以后，大河上下无一处决口，黄河被控制在两堤之间，只有游荡而已。而后，随着堤防、险工和河道整治工程的进一步加强，这种游荡也逐步得到控制，再也不像脱缰之马任意驰骋了，从而保证了开封城市的安全。

（二）修建虹吸涵闸工程，发展引黄兴利事业

黄河的治理保证了1949年后开封城市的安然无恙。为了更广泛地利用黄河，从黄河向开封及其周围地区开辟了不少引水河道，从而为开封工农业生产的发展和居民用水提供了极其有利的条件。

首先，在引黄兴利方面，广泛利用黄河丰富的水沙资源，进行了淤灌改土。先后修建有黑岗口虹吸和引黄闸、柳园口引黄闸、三义寨引黄闸等工程，相应开辟有灌区。从中华人民共和国成立到20世纪80年代，共引黄河水2080747万立方米，灌溉农田5.2万公顷，淤土改土2.05万公顷，有力地推动了农业的发展。② 引黄淤灌对改变环境条件、发展生产的作用十分显著。沙荒盐碱地得到改良，试种推广水稻成功，粮食产量大幅增加，养殖黄河鲤鱼、种植莲藕、烧制砖瓦等均取得了较好的效益。当然，这些都是当代开封城市发展的基础条件。

其次，在引黄解决城市用水（工业和居民用水）上，平均每年达近2亿立方米。这是因为开封市区不仅拥有80多万人口，而且还建立了轻纺、化工、机械、食品等多种工业部门，尤以化学工业需水量为最大。因此，每年的需水量是相当可观的。黄河水哺育着古城开封人民，还促进了开封由一个消费城市逐步发展为行业门类比较齐全、产业结构基本合理的新兴工业城市。

---

① 李润田：《黄河对开封城市历史发展的影响》，《历史地理》1988年第6期，第45－56页。

② 开封市地方史志编纂委员会编《开封简志》，河南人民出版社，1988，第31页。

（三）以黄河为水源，开展水域生态旅游

开封城市环境系统，特别是其中最活跃的因素之一——水体（黄河）条件的广泛而合理的利用，使得生态系统结构日趋好转，再加上古都开封丰厚的历史文化底蕴，开封旅游业得以快速发展。自20世纪90年代以来，开封市提出了建设中国优秀旅游城市和园林城市的目标，把发展旅游业作为城市经济发展的重要组成部分，先后开挖了清明上河园、西顺城河等，金明池也正在建设，西北湖作为休闲观光农业园也得到了不断的开挖，形成了以历史名画《清明上河图》为依据，以四河沟通四湖（见图1）、开展乘船游览为手段，以重现宋代民俗民情为热点，充分体现"北方水城"特色的旅游工程。宋都景区水系通过清水河、利汴河以黄河水为补给来源，在阳光湖东部和包公湖东部各建有抽水泵站，将水系中的水分别输送到城墙外的护城河和黄汴河内，使水系内的水不断得到更新，大大改善了各个景区的旅游生态环境，从而促进了开封市水域生态旅游的发展。

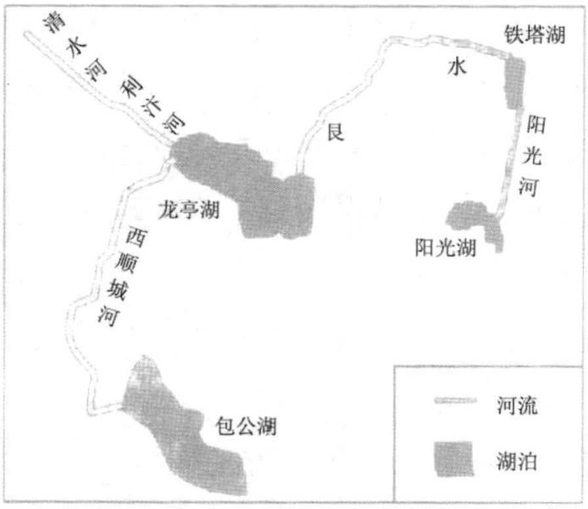

图1　开封市水域恢复计划

总起来说，中华人民共和国成立50多年来，黄河为开封城市的发展做出了巨大的贡献，对全市经济和发展起到了促进作用。但是，也必须充分认识到由于黄河已成为举世闻名的"地上悬河"，下游河床又不断增高，决口的危险尚没有得到根本的排除，加上开封、黄河之间仅有10千米的距离，就这一点来讲，黄河对开封的发展仍有其不利的方面，这是时刻不容忽视的，应保持适当的警惕。①

五、结论

通过分析黄河对开封城市历史演变的影响，可以得出以下几点初步认识：

（1）城市是生物圈的一个特殊组成部分。自古迄今，无数历史事实证明，城市建设和发展虽然取决于生产力发展水平和政治经济条件，但它也深受所在区域的生态系统环境条件的制约。其中，环境条件中最活跃的自然因素之一——水体更占有重要地位。水是影响城市的存在、布局、内外交通以及工农业生产发展等方面的重要因素，同时，它也是城市居民日常生活不可缺少的必备物质。因此，今后开封城市建设要走生态可持续发展之路，就必须高度重视黄河这一个巨大水体的作用。通过对其综合利用，创造出一个城市生物群体与环境系统之间的良好结合条件，为进一步促进开封经济的全面发展以及发挥它的区域中心城市的作用提供更大的可能性。

（2）人类与河流的关系历来就存在着利与害的统一。战国时期荀况于《荀子·王制》里说过“水则载舟，水则覆舟”。唐人魏征在《贞观政要》里也说过类似的话，早就指出水对人类有利也有害的两重性。作为人类活动的聚居区——城市与水的关系就更加密切。历史发展过程中的黄河及其分支与开封城市的兴衰关系就是有力的证明。“黄河百害，唯富一套”的时代已经过去，恰当规划、加强管理和提高技术的时代已经开始。因此，要采用最先进的科学技术对黄河开封河段进行遥控、模拟、地理信息系统分析，建立起“虚拟现实”和“数字黄河”，以更加精确和科学地控制黄河，使其趋利避害、变害为利，力争最大限度地做到开封城市与黄河水体的协调，从而优化整个开封城市的生态环境，为全市人民造福。

（3）从黄河及其分支与开封城市发展的历史关系看，一方面应看到黄河的多次泛滥破坏了许多地面上的建筑，另一方面也应看到地下又埋藏了不少珍贵文物。如1981年在龙亭前的潘家湖底，发现了宋宫和明周王宫

① 李润田：《黄河对开封城市历史发展的影响》，《历史地理》1988年第6期，第45－56页。

城遗址就是一例。因此,对开封地下“城摞城”的世界奇观,应引起高度重视。比如可以在大梁门北三层古马道外建“城摞城”博物馆;在古州桥遗址筑地下博物馆;在中山路立标牌,介绍叠压着的明清路面和北宋御街遗址;在龙亭前展示地下古代大殿,将“城摞城、墙摞墙、路摞路、门摞门、马道摞马道”等世界奇观珠串为旅游专线,让人们一睹开封地下景观的神奇,感受开封的文化底蕴。这样,一定能够把开封建设成为一座国内外瞩目的别开生面的旅游城市。

(4)黄河对开封城市历史演变的影响既是一个历史的过程,也是一个整体对部分的影响。要做到使黄河对开封城市发展的负面影响减到最小,还必须兼顾整个黄河流域的综合治理开发。历史上黄河上中游不合理的农业开发、植被破坏,是黄河下游泛滥成灾最重要、最直接的原因。只有弄清楚这一点,才能对症下药,进行彻底全面的治理。这样,不仅能使黄河流域中的城市(如开封、西安等)恢复其应有的美好环境,更好地造福于人民,而且更加有利于黄河文明的持续发展。为此,我们必须做到:第一,一定要搞好上中游地区的水土保持工作。水土保持是提高黄河水资源利用率、减少泥沙的重要措施,必须采取相应对策加以实施,如抓好小流域综合治理①,在黄土高原大量植树造林、防止土壤侵蚀、涵养水源、调节洪流等。第二,要做好下游地区的防洪、减淤、河口治理工作。通过修建小浪底、龙门、碛口等控制性水库工程,以及整治河道、加固加高堤防(如前文所述的开封段的河道整治等),达到确保下游人民生命财产安全和经济发展的目的。搞好黄淮海平原及河口区的治理开发,消除旱涝盐碱,减轻自然灾害威胁。第三,通过多种途径和措施解决20世纪70年代以来的黄河断流问题。如加强全流域水资源调度研究,合理安排上中下游各地区、各部门用水,提高水的有效利用率;开展工业和生活污水处理利用,增加水资源量等。

---

① 张彦军:《流域开发与可持续发展研究——以黄河流域开发为例》,《河海大学学报》1997年第6期,第67页。

黄河沿岸人地关系与发展*

李小建　许家伟　任　星　李　立

摘要：文明的产生与扩散是人地相互作用的反映，不同的文明与不同的地理环境密切相关，不同发展阶段的文明又反映了不同类别的地理要素的组合及其共同作用。产生古文明的区域，在新的发展阶段由于地理环境优势的变化，又面临着严峻的发展挑战。本文分析了黄河文明的起源、扩散与地理环境的关系，黄河特殊的"曲流"形式以及中国特殊的地形阶梯及气候带与晋商的形成，黄河沿岸东西、南北经济的相互作用及其现代发展滞后的地理因素的影响，得出了一些新的观点。在此观点的基础上，本文认为黄河沿岸的现代发展应该考虑：由河流治理为主转变为发展为主，重新认识黄河流域特殊的地理要素和社会文化要素的优势，充分利用黄河沿岸的上下互动、两岸腹地的左右互动，系统地考虑和反思黄河对国家和沿岸地区发展的综合作用，综合谋划黄河沿岸地区的发展。

关键词：黄河文明；地理环境；黄河沿岸地带发展；人地关系

进入21世纪，区域关怀逐渐得到重视，区域关怀的核心是区域之间的公平待遇，通过贯彻尊重原则、机会平等原则和合理补偿原则，实现区域间和谐发展。① 2011年中央一号文件《中共中央国务院关于加快水利改革发展的决定》，是中华人民共和国成立以来中央首个关于水利的综合性政策文件，明确了新时期的水利发展战略定位，为推进沿河（江）区域和全国经

* 国家自然科学基金项目（41071082），教育部人文社会科学重点研究基地重大项目（2007JJD790151）。原载《人文地理》2012年第1期。

① 李小建：《中国区域经济研究的新思考》，《经济学动态》2009年第3期，第64－67页。

济、社会、生态的可持续发展提供了支持。加快黄河沿岸地区的发展,无论是对黄河流域及沿黄地区,还是对全国经济社会发展,都具有重大的意义。

在黄河沿岸地区的发展考虑中,人地相互协调应成为一个重要原则。人地关系包括人类活动对环境的冲击及其引起的自然环境的变化和产生的影响、被改变了的自然环境对人类活动的反作用等①。中国学者强调“人地关系”为地理学研究的主要对象。历史传统奉行“天人合一”,但近一段时间支配思想都以“人定胜天”占上风。西方地理学中,强调地理环境对人类的影响,形成了法国维达尔(Vidal de la Blache)的“人生地理学”、美国亨廷顿(Huntington)的气候对文明影响学说②、美国森普尔(Semple)的地理环境对人类活动的影响的观点③、澳大利亚泰勒(Taylor)的“决定行至论”④等,但是在西方相关辞书中⑤人地关系并未被突出强调。在中国政界学界,环境对人类活动的影响从未得到应有的强调。基于此,本文从强调地理环境的影响基点出发,论述沿黄地区古文明的起源和扩散、黄河沿岸经济发展历史及黄河沿岸现代发展,力图重新认识产生古文明的环境,重新审视黄河沿岸地区的发展思路。

一、黄河文明起源与扩散

(一)黄河文明起源

文明产生于挑战⑥,黄河文明的产生和发展同样来自对大自然的挑战,尤其是洪涝和干旱的挑战。随着最后一个冰期的结束,全球的气候开

---

① 吴传钧:《地理学的特殊研究领域和今后任务》,《经济地理》1981 年第 1 期,第 5 - 10,21 页。

② HUNTINGTON E. *Civilization and climate*. New Haven: Yale University Press, 1915.

③ SEMPLE E C. *Influences of geographic environment on the basis of Ratzel's system of anthropo-geography*. New York:Henry Holt, 1911.

④ TAYLOR G. “Environment, village and city: a genetic approach to urban geography; with some reference to possibilism.” *Annals of the association of American geographers*, 1942,32(1):1 - 67.

⑤ GREGORY D, JOHNSTON R, PRATT G, et al. *The dictionary of human geography(5th Edition)*. West Sussex: Wiley-Blackwell, 2009.

⑥ 阿诺德 · 汤因比:《历史研究》,刘北成、郭小凌译,上海人民出版社,2005。

始转暖。中国农耕发轫于距今7000—5000年，为全新世的仰韶温暖期。当时黄河中游的气温比现在要高2—3℃，降水量也比现在要多，植被茂盛，土壤肥沃，黄土又易于开挖成窑洞供人类居住。从旧石器时代至新石器时代，黄河流域的地理环境比较适宜古人类的生存和原始农耕文明的产生。① 黄河中下游地区产生了裴李岗文化、磁山文化、后李文化、仰韶文化、北辛文化、大汶口文化和龙山文化。而中国东部地区地势低下卑湿，湖泽密布，河、济之外，又有淮、汉、泗、沂、汁、唯、涡、颍、汝等水流，大泽如钜鹿、巨野、菏泽、雷夏、孟诸、圃田、海隅等散布其中，居民主要从事渔猎工作。

气候突变导致自然环境的变化，人类活动也必然出现相应的调整。以人地相互作用的重要表现形式之一的聚落为例。依据谭其骧《中国历史地图集》②中原始社会遗址图、原始社会早期遗址图（旧石器时代）以及黄河流域原始社会晚期遗址图（新石器时代）三幅地图综合来看，在旧石器时代早期，聚落集中在黄河与渭河的交汇处以及黄河向南流动及外延区域，其他区域只有零星分布；在旧石器中期，聚落向北迁移至黄河南北流动以及邻近区域，其他区域基本上是一片空白；到了旧石器晚期，聚落增多并向上下游扩展，向上至甘肃、内蒙古和宁夏地区，向下至古黄河的下游（今北京、天津、河北）。4000年前，自青海经甘肃、山西到内蒙古东部，发生了由洪水到干旱的气候突变，山东、江苏地区发生了较大的洪水，致使当地文化没有延续。③ 而地处第二阶梯与第三阶梯交接部位的中原地区仰韶文化和龙山文化密集分布，时间上具有继承关系。经史前晚期的发展，在郑洛地区已产生中心聚落，大部分中心聚落位于山体南坡、坡度小于3°的地点。④ 中心聚落势力强大，最终影响、合并其他聚落群，逐渐形成了更大的政治同盟，征服了整个黄河中下游地区。

---

① 李玉洁主编《黄河流域的农耕文明》，科学出版社，2010，第13－37页。

② 谭其骧主编《中国历史地图集》，中国地图出版社，1982，第3－8页。

③ 王绍武、黄建斌：《全新世中期的旱涝变化与中华古文明的进程》，《自然科学进展》2006年第10期，第1238－1244页。

④ 毕硕本、郭文政、闾国年：《郑洛地区史前聚落遗址坡向坡度分析》，《测绘科学》2010年第6期，第139－141页。

黄河流域，特别是中游以及下游的上段地区成为文明起源地有以下三个原因：第一，地处中央。人类交往便利，为文明起源和发展创造了有利的区位条件。第二，适宜农业。黄土高原地区土地生产力等级最高（《尚书·禹贡》评定为“厥田惟上上”）。第三，氏族部落经受住了气候变化带来的水灾挑战。正是在治理洪水中，夏王朝得以建立。黄河泛滥的逆境加速了其文明进程的发展，使它的政治、军事和经济力量远远超过了其他局部文明。

（二）黄河文明扩散

气候变化引起文明中心的迁移，而文明中心的转移促使文明的扩散。古代文明中心一般是复合型的，兼具政治中心、经济中心和文化中心。全新世中期因气候的冷暖交替，尧舜部落和以尧舜部落为主体的部落联盟中心在晋南。禹夏部落、先商部落和先周部落均参加了部落联盟，然后迁徙四方：夏人南下渡过黄河，与豫西的氏族融合；商人先祖东迁至豫北；周人先祖则由晋南西渡黄河进入关中平原。① 禹都阳城（登封），之后夏都多次迁移，但一直在河洛平原。② 商人虽屡次迁都，但其政治中心皆在黄河和济水所在的华北平原。③ 至晚商盘庚时，旧都生态环境的破坏导致迁都于殷。④ 甚至古人有观点认为，气候的干旱导致了周人克商的牧野之战，即“河竭而商亡”（《国语·周语上》）。

尧舜部落联盟的形成和夏商周三代先祖的迁徙，是在炎黄集团东迁和东西两大部落集团融合的基础之上完成的，他们的活动和迁徙是黄河流域东西文化交往的新发展，这一发展直接推动了文明国家的产生和发展。夏商周奠定了黄河文明的根基之后，几次气候变冷干，使发端于黄河中游的古代文化向南传播，并与长江流域的文化结合而得到发展。北方少数民族

---

① 李民、王健：《略论黄河流域东西部落集团融合及其意义》，《中州学刊》1990年第2期，第107页。

② 陈淳、龚辛：《二里头、夏与中国早期国家研究》，《复旦学报（社会科学版）》2004年第4期，第82－91页。

③ 王星光：《商代的生态环境与农业发展》，《中原文物》2008年第5期，第57－62页。

④ 杨升南：《“殷人屡迁”辨析》，载胡厚宣主编《甲骨文与殷商史》（第二辑），上海古籍出版社，1986。

南下中原，各族人民在与汉族人民长期共同生活中与汉族文化相互吸收、融合，逐渐形成了中华民族的文化。这种文化的形成与扩散与我国幅员广阔、地理地形条件的多样性相关联。当气候变暖，降水量增大时，黄河下游频繁泛滥，黄河文明中心转移至中游地区的西安；当气候变冷，降水量减少时，黄河下游泛滥大大减少，黄河文明中心转移至中下游地区的洛阳。宋代是中国古文明，也即黄河文明的巅峰，当时的文明中心就是处于黄河沿岸的开封，也是在夏商周文明模式的基础上延伸和发展。

二、历史经济发展与黄河

（一）东西联系

中国早期的城市发展是沿黄河出现和发展的，文明中心在黄河流域东西迁移促使了东西联系的加强。黄河下游最早的河道主要有两条：山经河和禹贡河，两者都沿太行山与华北平原交接处向北流。① 战国中期（前4世纪40年代左右），齐与赵、魏各在当时河道的东西两岸修筑了堤防，此后山经河和禹贡河断流，使黄河下游逐渐转变为东西流向并成为地上河。②河道的变动，改变了河流地貌演变方向并对区域地理环境产生重大影响，以东西向为主的漕运、驰道和丝绸之路是黄河沿岸东西联系繁荣的明证。战国至秦汉时期黄河沿岸发展达到空前繁荣，交通枢纽城市或者被择为列国中心都邑，或者为商人会聚之所，成为有名的商业都会。秦统一中国后，大力修建直道、驰道、驿站、运河等，五大交通干道中的两条是围绕黄河流域而修建。其中，咸阳到琅琊的驰道以及与此驰道有联系的黄河和济水，在加强东西交往方面发挥了巨大作用。③ 之后在黄河中游及支流相继开凿了漕渠、六辅渠、龙首渠、白渠、成国渠、汴渠等大型水利工程。这些水利设施一方面使沿途的土地得以灌溉，同时又可作为运输的水道，有“河渭漕挽天下”（《史记·留侯世家》）之称。丝绸之路通过连接漕运和驰道，把黄

① 谭其骧：《西汉以前的黄河下游河道》，载中国地理学会历史地理专业委员会《历史地理》编辑委员会编《历史地理（创刊号）》，上海人民出版社，1981。

② 许炯心：《论黄河下游河道两次历史性大转折及其意义》，《水利学报》2001年第7期，第1－7页。

③ 曹尔琴：《秦始皇的驰道和法家路线》，《西北大学学报（自然科学版）》1975年第1期，第20－29页。

河沿岸东西贯串起来并与世界交往,直接造就了北宋汴京(今开封)的繁荣。① 文明是人的最高文化归属,是人必不可少的文化认同的最大层面,统一的文化内核是人的联系,也是区域联系的最高形式。在东西联系的强化及不同的自然地理条件下,黄河流域衍生出具有鲜明地方化特征的晋商文化、中原文化和齐鲁文化,但它们本质都是传统儒家文化,即黄河文明。

(二)南北联系

南北曲流形式使黄河没有完全东西直下,而是由北向南建立了南北联系的通道,黄河渡口是其主要表现形式。三门峡、风陵渡和蒲津渡一线的黄河渡口早在春秋时期就有"秦粟输晋,泛舟之役"的记载,之后一直作为历代漕运的重要码头。禹门渡、蒲津渡、吴王渡、风陵渡、大禹渡、茅津渡等本身就是中华文明不可或缺的重要角色。② 而晋商的兴起与沟通东西南北大动脉的黄河渡口有密切关系,晋商在黄河沿岸的活动打通了黄河沿岸及其腹地之间的联系,造就了晋商渡口、渡口商业的繁荣。明代晋商主要集中于晋西南、晋东南地区,清代主要集中于晋中地区。在晋商由晋西南到晋东南,由晋南到晋中的发展脉络中,黄河南北流向和相关渡口起到独特的影响作用。从大尺度来考察,这种黄河南北流向,联系了北部的牧业文明和南部的农业文明。两种文明的互补和交换需要进一步促进了晋商的形成和发展。

综观黄河流域发展,可以得出如下结论:早期的黄河沿岸城市 A、B、C(a、b、c)之间的联系大于其与两边腹地之间的联系,即联系程度 AB(ab)或 BC(bc) > AA′(aa′)或 BB′(bb′)或 CC′(cc′)。随着黄河流域环境的变化,伴随而来的政治、经济重心的转移,沿岸城市之间的联系逐渐被分割成相对独立的区域,沿河城市间的联系被城市及其腹地之间的联系取代,出现了 AB(ab)或 BC(bc) < AA′(aa′)或 BB′(bb′)或 CC′(cc′)的情况(见图1)。这对流域的整体发展产生了一定的不利影响,黄河流域难以整合成为一个完整的经济流域。特别是进入近现代,黄河流域被严重分割,成为东、

① 周建明:《论北宋漕运》,《中国社会经济史研究》2000 年第 2 期,第 57 – 65 页。

② 鲁顺民:《山西古渡口——黄河的另一种陈述》,辽宁人民出版社,2004,第 145 – 190页。

中、西梯度经济差异的典型区域。

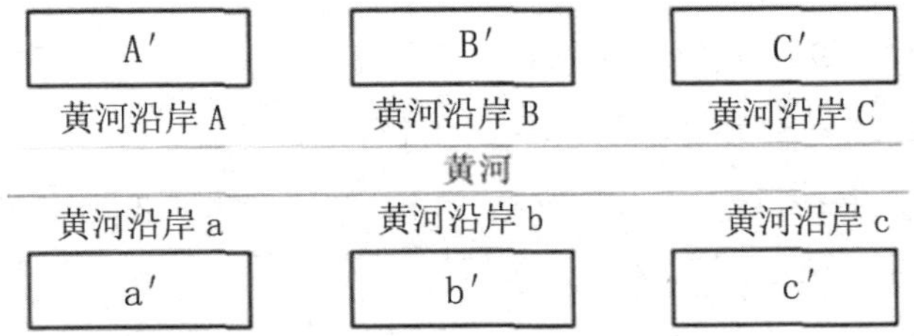

图 1　黄河流域联系强度示意图

三、黄河沿岸现代发展

(一) 沿河经济带缺失

黄河沿岸地区发展速度较慢,发展水平较低,在全国处于后序的地位。改革开放以来,以 20 世纪 80 年代建立深圳特区为标志的珠江三角洲和 90 年代以上海浦东开发为标志的长江三角洲的开放与开发,推动了沿海地区经济的发展。2010 年全国国内生产总值为 397983 亿元①,长三角地区 GDP 达到 69871.97 亿元,占全国的 17.6%;②珠三角地区(广东省)GDP 达到 45472.83 亿元,占全国的 11.4%;③而黄河三角洲地区 GDP 为 5678.5亿元,仅占全国的 1.4%。从整个流域来讲,黄河流经的 9 省(山东、河南、山西、陕西、内蒙古、宁夏、甘肃、四川、青海)GDP 共 117100 亿元,占全国国内生产总值的 29%,除去沿海的山东(9.5%)和黄河仅流经极少地区的四川(3.8%),黄河流经的其他 7 省仅为 15.7%。如果只考虑黄河沿岸地区的话,所占比重更小。

黄河沿岸各地区发展滞后的主要原因如下:第一,治理大于发展。自有文献记载以来,黄河决口泛滥和改道相当频繁。长期以来,对黄河以治理为主,黄河下游不稳,难以进行大规模开发。第二,三角洲发展滞后。黄

① 《2010 中国统计公报出炉　国内生产总值近 40 万亿》,中国新闻网,2011 年 2 月 28 日。http://www.chinanews.com/cj/2011/02-28/2873128.shtml.

② 《2010 年长三角经济高开稳走　GDP 达 69871 亿元》,新浪网,2011 年 2 月 11 日。http://finance.sina.com.cn/roll/20110211/08489360000.shtml.

③ 参见《2010 年广东国民经济和社会发展统计公报》。

河的下游改道,造成三角洲来回变动,黄河下游河道经历了从北到南,又从南到北的大循环摆动,大体上以孟津为顶点,在北抵天津、南界淮河的大三角洲上,不能形成一个稳定的三角洲,而现代的黄河三角洲又是有海无港,有港无航,一直缺乏通航功能,傍河靠海的优势一直未能发挥。第三,上下游分割。黄河因其含沙量大,水流较缓,丧失了大河所拥有的通航能力,流域的天然联系被阻隔,黄河沿岸只能通过纵向联系替代河道联系,致使黄河流域难以实现一体发展。第四,资源要素并未发挥优势。虽然黄河流域沿岸自然资源丰富,人文景观雄厚,但在新时期并未发挥其资源优势谋求发展。

(二)重新认识资源环境优势

不同时期的文明是特殊的人地关系相互作用的结果,资源环境所起的作用不同。在新的时期复兴黄河文明,重新认识形成文明的资源环境因素非常重要。首先,环境要素。古文明一般形成于中纬度地区的大河沿岸的内陆地区,适宜的气候、肥沃的土壤条件较适宜于人类活动。而随着科学技术的发展,这些要素逐渐被弱化,人类活动已经从内陆转向沿海,出现了沿海向内陆的经济梯度。对比古文明与沿海文明的环境差异,其中最核心的是交通和可接近性对相关环境要求的改变。但高速公路和铁路等陆上交通的发展,又使内陆地区发展面临新机遇。其次,资源要素。黄河流域农业资源丰富,为粮食主产区,对国家的战略安全至关重要。黄河流域煤炭储量占全国的46.5%,石油储量占26.6%,稀土资源占98%。同时,黄河流域独特的自然、经济、社会、历史形成众多饶有价值的风景点和风景区,构成了独具特色的、富有吸引力的旅游资源。这些资源对现代发展仍具有重要意义。因此,黄河沿岸地区可发挥资源环境的综合优势,构建大范围线状分布和小范围点状集中相结合的点轴系统,逐渐形成我国沿海、沿江、沿黄三大经济开发轴线的格局。①

(三)治理转向发展

在中华民族生存发展史中,有很大的篇幅与黄河治理有关。黄河一方面是中国文化的摇篮,另一方面又是中国的忧患。新中国治黄60年成就辉煌,基本上已经掌握了黄河洪水、固定河口和稳定河势的主动权,黄河的

① 魏心镇、韩百中:《沿黄河地带——我国国土开发布局轴线》,《地理学报》1992年第1期,第12-21页。

主要矛盾应由防洪减灾为主转化为增水兴利为主。① 过分宣扬黄河历史灾害，客观造成黄河在国家发展中的地位大大下降，十分不利于沿黄各省的经济发展，甚至国家经济格局的合理构建。应该逐渐把黄河作为一种“资源”而不是一个“灾害之源”。任美锷院士较早提出黄河建设地理的概念②。把黄河从治理转向发展或建设已经具备了现实条件。小浪底水库总库容126.5亿立方米，控制黄河流域面积的92.3%，控制黄河径流量的91.2%，下游防洪标准由60年一遇提高到千年一遇。我们应在科学发展观的指导下，把黄河治理转变为“沿黄发展”，把黄河沿岸地带承载力及其社会经济自然系统之间的协调作为考察基点，充分评估黄河在当代中国经济发展中的重大意义，勾画和实施黄河发展战略。

（四）加强纵横互动

“大江大河皆源于山行于地而归于海，人类进入近现代社会也是由封闭的内陆文明奔向开放的海洋文明的历程。在这一历程中，天然的流域必将发展为现代经济域”③。区域内沿河经济联系及其河流与腹地其他区域的联系不断发生变化。黄河流域及沿黄地区特殊的地理环境决定了其经济发展的特殊区域组合，既强调沿黄区域的纵向联系，又要加强各沿黄地区的横向联系，形成各具特色的发展模式。目前，既然黄河三角洲还担当不起引领黄河流域经济发展的作用，黄河流域广大的区域更不能等待黄河三角洲溯流而上的辐射带动，而应采取更加主动的方式重构现代黄河经济区域。黄河流域已经出现黄河三角洲高效生态经济区、中原经济区、国家资源型经济转型综合配套改革试验区、关中-天水经济区、循环经济示范区5个国家级发展规划战略。这些战略区域内以及区域之间的互动理应成为构建黄河沿岸经济域的重要内容。

（五）黄河沿岸发展伦理

黄河对现代中国的重要意义更多地体现在发展伦理上，不仅关系到防洪安全、供水安全、粮食安全，而且关系到经济安全、生态安全和国家安全，

---

① 李殿魁：《黄河治理论》，《发展论坛》1996年第2期，第7－10页。

② 任美锷：《黄河地理研究的若干问题》，《科技导报》2002年第9期，第3－7页。

③ 杨玉珍：《流域·经济域·辐射域——黄河流域经济发展断想》，《经济地理》1990年第3期，第28页。

尤其是她承载了炎黄子孙的精神凝聚力。作为海内外华人情系黄河的精神纽带,《黄河母亲》雕塑于2010年被国家文物局列为新品类文物。黄河沿岸的发展有三个方面的意义:第一,影响国家现代化。中国逐渐迈向现代化,但黄河流域农业仍占较大比重,工业化滞后,成为制约国家进一步推进现代化的问题区域。没有黄河流域的现代化,就没有中国的现代化。第二,有生态贡献。黄河流经干旱、半干旱等生态脆弱区,对维持这些地区的生态平衡有重要作用。通过引黄灌溉,对干旱地区的河套平原、半干旱地区的关中平原以及下游的天津、青岛等重要城市的经济发展提供了保障,改善了当地的生态系统。第三,有文明贡献。黄河流域是中华民族的摇篮和中国文明的发祥地。黄河文明是唯一没有中断的古文明,这里几千年前出现的东西,现在同样产生影响。虽然,从物质文明观察,黄河地区已经不是国家的中心,但从精神文明来看,黄河作为国家和民族的象征,其地位无可取代。“黄河流域所拥有的人文资源、历史遗迹、文化精华,是长江流域或者其他流域不能替代的,在文化传承中间所起的作用是任何其他文明所不能替代的”①。因此,黄河沿岸地区的发展具有十分特殊的精神意义。

四、结论及启示

基于黄河沿岸人地关系与发展的研究表明:黄河文明起源和扩散与其历史时期的地形地貌、气候水文密切相关。黄河文明能成为中华文明的直根系,成为中国古代文明发展的中心地区,与人类进入文明时期时的黄河中下游地区特殊的地理环境条件——气候温暖湿润,水量充沛,黄土冲积平原——最适合早期的居住和农耕有着直接的关系。黄河文明的扩散与黄河特殊的南北、东西交汇的流向形态密切相关。在夏商周文明模式的基础上,随着气候的寒暖交替,黄河文明中心在流域上下来回变动,扩大了黄河文明的影响范围,丰富了黄河文明的内容。环境变化和黄河泛滥,导致中国文明重心移出了黄河流域。黄河沿岸落后于其他地区的现状,要求重新认识黄河流域特殊的地理要素和社会文化要素的优势,转变河流治理为发展的观念,利用黄河沿岸的上下互动、两岸腹地的左右互动,系统地考虑和反

① 葛剑雄:《黄河:河流伦理与人类文明的延续》,《中国三峡》2009年第6期,第11页。

思黄河对国家和沿岸地区发展的综合作用,综合谋划黄河沿岸地区的发展。

不同的地理环境要素,在人类的利用下会导致不同文明形式的出现。在人类的早期,地理因素一定程度上对文明拥有决定性的作用,古文明产生于中纬度地区的大河两岸,形成大河文明,而气候的变化往往导致文明的中断和消亡。随着人类在人地关系中的作用不断增强,人类扩大了活动区域,在新的环境中形成新的文明。因此,从历史视角来看,在文明早期,地理环境在人地关系中起到主导作用。而随着人类利用环境能力的增强,人类在人地关系中的作用越来越大。但是,在反对"地理环境决定论"观点的同时,应当明确人类再强大,也属于自然的一部分。地理环境对人类文明发展的影响仍然应给予足够的重视。

相对优越的地理环境可使一个文明形成相对于其他文明的优势。文明的扩张带来对其他文明的冲击,在相对隔离的时代,这种冲击导致了一些落后文明的消亡。四大古文明都遭受过其他文明的冲击,只有黄河文明在漫长的发展中延续了下来,但又面临着海洋文明的冲击。海洋文明是以科技、商业为表征的文明,在现代发展中,具有黄河文明不具有的优势。但以科学发展观衡量,黄河文明更具有生态文明内涵,海洋文明中的科技、商业的发展并不能完全替代黄河文明所体现的人地协调。两大文明应该在更高水平上融合共存。

历经 105 万年的古老黄河,孕育了伟大的中华民族。黄河流域产生了中华民族灿烂的精神文明和物质文明。然而,黄河的璀璨,似乎已终归历史。在现代中国改革成就惊天动地带来的繁荣包围之中,"这片土地却成了例外"①。21 世纪,中国区域经济发展格局加快北移西进的步伐,建设黄河经济带是必然趋势。从敬畏黄河到亲近黄河,人们的观念因时代进步而改变。应以全新的视角重新审视这条交织着中华民族千年爱恨的大河,恢复和巩固黄河在国家的传统重要地位。在文明冲突和融合的时代背景下,我们期待黄河文明复兴和发展,再现光辉。

---

① 茅于轼:《是什么原因造成了这样的变化》,载张华侨、王健:《中国黄河调查》,湖北人民出版社,2006,序言。

黄河文明中心不断转移的生态环境研究*

张纯成

摘要:周朝至北宋的2000余年内,形成了多个黄河文明中心。由于生态环境的变迁,文明中心沿着黄河多次进行转移。当黄河中游的生态环境遭到破坏时,黄河文明中心转移到中下游;当黄河中下游泛滥频繁时,黄河文明中心转移至中游。如此循环,多次反复。我国气候曾三次出现寒冷时期,每次气候寒冷都导致了黄河文明中心的转移。西安和洛阳多次成为黄河文明中心,开封是黄河文明的最后一个中心,之后,黄河文明转移到长江中下游,成为中华文明的重要组成部分。把黄河的事情办好,才能实现黄河文明的伟大复兴。

关键词:生态环境;黄河流域;文明中心

产生于黄河流域的文明叫作黄河文明,其核心区域是黄河中下游,相当于当代行政区划的陕西省泾、渭水流域,山西南部,河北南部,山东东部以及河南北部。这一区域以函谷关为界,西部属黄土高原,东部属黄河平原。前4000年至前2000年,神州大地出现了许多地区性文明和考古学文化,这些地区性文明和文化,“都有自己的特色,同时又有不同程度的联系,中原文化区更起着联系各文化区的核心作用”①。各个地区的文明都发展到相当高的水平,但是,到后来这些地区性文明有的衰落了,有的中断了,

---

* 教育部人文社会科学规划项目“生态环境变迁与黄河文明发展研究”(05JA720005),国家软科学规划项目“生态环境视野下的黄河三门峡大坝工程研究”(2007GXQ4D171),教育部人文社会科学重点研究基地“河南大学黄河文明与可持续发展研究中心”资助课题。原载《自然辩证法研究》2009年第9期。

① 严文明:《中国史前文化的统一性与多样性》,《文物》1987年第3期,第48页。

有的走向低谷,而只有主要凝聚在黄河中下游大中原地区的黄河文明如中流砥柱,朝气蓬勃,在吸纳各地区文明精华的基础上,发展成为中华文明的直根系。黄河文明为什么历经5000年而不衰,一直延绵至今,这不仅与它本身所具有的旺盛生命力有关,而且和它不断选择适合自己生存和发展的生态环境紧密相连。笔者曾提出早期黄河文明中心随生态环境变迁而不断转移的观点①,这种观点将随着西周至北宋时期黄河文明的发展进一步得到验证。

一、西安:西周时期的黄河文明中心

前1046年,居于关中地区的周人发动了牧野(今河南卫辉北)之战,一举克商。周武王克商之后,定都在今陕西西安西南沣水东岸的镐,建立了西周王朝。西周王朝的建立使黄河文明迎来了又一个中心,这个文明中心的确立与古代关中地区优越的生态环境有着直接的关系。按照我国著名气象学家竺可桢先生对我国5000年来气候变迁历史的划分,随着周朝的建立,中国气候的演变进入物候期。所谓物候期,就是用人目来看降霜下雪,河开河冻,树木抽芽发叶、开花结果,候鸟春来秋往,并据此判断气候的时期。周朝建立初期,气候是比较温暖的。“当时官方文件先铭于青铜,后写于竹简。中国的许多方块字,用会意象形来表示……方块字中如衣服、帽子、器皿、书籍、家具、运动资料、建筑部分以及乐器等名称,都以‘竹’为头,表示这些东西最初都是用竹子做成的。因此,我们可以假设在周朝初期气候温暖,可使竹类在黄河流域广泛生长”②。

黄土高原区内黄河文明发展之地基本上是在高原南侧的渭河平原,亦即古代的关中。它因西有大散关,东有函谷关,北有萧关,南有武关,为四塞之地,故称关中。周人的先祖自公刘时代就迁至关中泾水流域的豳地,《诗经·大雅·公刘》记载这里“既庶既繁”,“逝彼百泉”。周人在古公时由豳迁岐,《诗经·大雅·绵》记载岐山之地是“周原膴膴,堇荼如饴”。以

① 张纯成:《生态环境变迁与早期黄河文明中心转移》,《自然辩证法研究》2007年第10期,第76-81页。

② 竺可桢:《中国近五千年来气候变迁的初步研究》,《考古学报》1972年第1期,第18页。

后周人又将都城迁于程邑,在程邑定居一段时间,又迁至丰镐一带。“商末周人(即先周时)从豳地迁至岐山,又从岐山迁至程邑,从程邑又迁到丰镐一带,迫使周人不断由北向南迁都,其主要原因应是气候干旱化”①。素有农业传统的周人多次迁都,一个重要原因是为了寻找优越的生态环境,以便更好地发展农业。在一个地方定居一段时间后,由于原始农业的耕作方式是“刀耕火种”,毁林种田,必然会对区域生态环境造成破坏,这就迫使他们不断迁徙都城,目的是寻找新的适合农业发展的生态环境。周人在不断迁徙的过程中创造了新的黄河文明中心——西安文明中心。但是,这个文明中心的创立是以生态环境的破坏为代价的。这正如安德鲁·古迪指出的那样:“尽管对于人类作用于环境引起的不希望有的结果的分析更多地集中在先进的工业社会方面,但是我们并不能无视这样的事实,即环境引起的很多重要的变化曾经是和正是非工业社会所造成的。”②西安地区毁坏性的农业种植,气候干旱化导致水土资源的严重退化,使具有农业传统的周人遇到生存危机,便由黄河中游向中下游寻找出路,于是便发生了牧野之战。

周朝刚建立时,尽管有些干旱,但是气候还是温暖的,比较适合农业生产,于是周朝迎来了盛年。然而到周孝王时,气候严重恶化了,在前1000年出现了一个寒冷时期。《竹书纪年》记载周孝王时,长江的大支流汉水发生两次结冰,分别发生在前903年和前897年。《竹书纪年》还提到结冰之后,紧接着就是大旱。西周后期气候的寒冷持续了大约100—200年,给西安地区的农业生产带来了极大影响,于是,黄河文明中心发生了东移,历史进入了春秋战国(东周)时代。

二、洛阳:黄河文明中心的东移

前770年,由于内乱和犬戎入侵以及气候生态环境的变化,周平王被迫将国都从镐京迁至洛邑,此后的周朝史称东周。它又分为两个时期,即

① 王晖、黄春长:《商末黄河中游气候环境的变化与社会变迁》,《史学月刊》2002年第1期,第18页。

② 安德鲁·古迪:《人类影响——在环境变化中人的作用》,郑锡荣等译,中国环境科学出版社,1989,第207页。

春秋时期和战国时期。“周朝早期的寒冷情况没有延长多久,大约只一二个世纪,到了春秋时期(前770—前481年)又和暖了”①。温暖的气候给黄河流域农业的发展提供了良好的环境,农业进一步得到发展。为了农业生产,首先需要把春分确定下来,因为它是农业种植的开始。据《左传》记载,郯国国君曾对鲁国国君鲁昭公说,他的祖先曾以鸟类的名称给官员定名,称家燕为“分”点之主。

洛阳曾经是早期(夏代)黄河文明的一个中心。在夏代末年,由于“刀耕火种”的农业生产和地震、干旱等生态气候环境的影响,文明中心转移到安阳。洛阳的生态环境经过800余年的复苏,特别是随着温暖气候的到来,洛阳再次成为黄河文明的中心。春秋时期,许多荒地被开垦后,耕作方式由粗放转向细作,农业产量大量增加。黄河中下游地区因温暖的气候和优越的生态环境成为人间乐园。“春秋五霸”之一楚国发展起来后,楚庄王曾向周定王的使者询问祭祀天地鼎的大小轻重,意在灭周自立,此即“问鼎”一词的来源,它反映的就是诸侯群雄对黄河中下游地区优越的生存环境的向往和占有欲望。到战国时期温暖气候仍在继续,适宜的气候使黄河流域的农业种植有了很大改变。温暖的气候和生产力水平的提高,使黄河下游齐鲁地区的农业种植可以一年两熟。②《荀子·富国》记载,“今是土之生五谷也,人善治之,则亩数盆,一岁而再获之”。黄河流域农业生产的发展使人们确定了二十四节气。“那时把霜降定在阳历十月廿四日。现在开封、洛阳(周都)秋天初霜在十一月三日到五日左右。雨水节战国时定在二月廿一。现在开封和洛阳一带终霜期在三月廿二日左右……这一切表明,在战国时代,气候比现在温暖得多”③。战国时期黄河中下游地区适宜生存的环境和发达的农业生产引起了诸侯群雄的垂涎,战国七雄问鼎中原、争霸天下的局面愈演愈烈。

---

① 竺可桢:《中国近五千年来气候变迁的初步研究》,《考古学报》1972年第1期,第20页。

② 潘鸿声、杨超伯:《战国时代的六国农业生产》,载中国农业科学院南京农学院中国农业遗产研究室编辑《农史研究集刊》第二册,科学出版社,1960,第59页。

③ 竺可桢:《中国近五千年来气候变迁的初步研究》,《考古学报》1972年第1期,第20-21页。

春秋战国时期,生活在黄河流域的华夏民族总是依山而建,临水而居,创造了灿烂的黄河文明。前4世纪前,黄河流经河北平原,在渤海湾西岸入海。《尚书·禹贡》中所记载的黄河径流被称为"禹河",它的下游部分就是在战国以前就存在的无数河道中的一条。① 在这个时期,黄河下游因堤防未筑,河道无所约束,漫流改途无定,或同时出现多股河道并存的局面。春秋时期的周定王五年(前602年),黄河发生了有史记载的第一次大改道,洪水从宿胥口(今淇河、卫河合流处)夺河而走,东行漯川至长寿津(今河南滑县东北),又与漯川分流,北合漳河至章武(今河北沧州东北)入海。黄河频繁的迁徙改道一方面形成了黄土冲积大平原,为农业发展提供了优越的环境条件,另一方面也影响了下游人民的生命安全。到战国中期,下游两岸开始全面筑堤设防。春秋战国时期一些诸侯国为消除本国的水害,不顾邻国的利益,采取"以邻为壑"的政策。前651年,当齐桓公在葵丘与诸侯会盟时,就将"无曲防"作为盟约的内容之一。此例足可以说明这一时期河水泛滥达到何种严重程度。更有甚者,有些诸侯还"以水代兵",给人民带来灾难。战国时代黄河溢了一次,决了三次,而三次决口都是为了以水代兵。如秦王政二十二年(前225年),秦将王贲率兵攻打魏国,引鸿沟水灌大梁。对此《国语·周语》记载说:"川壅而溃,伤人必多,民亦如之。"说明当时以邻为壑、以水代兵问题非常严重,否则没有必要专门研究。黄河泛滥尤其是人为造成的灾难也使黄河中下游地区文明中心的地位发生了动摇,黄河文明中心发生转移的潜在因素悄悄来临。

三、关中:黄河文明中心的西返

黄河中下游频繁泛滥的时候,黄河中游地区农耕经济发展了起来。农耕经济发展的原因除气候继续和暖之外,还与中游地区黄河不易泛滥有关。秦汉时期,黄河中游与下游地区气候是比较温暖的,《史记·货殖列传》描写了当时农业经济作物的分布:"蜀、汉、江陵千树橘……陈、夏千亩漆;齐、鲁千亩桑麻;渭川千亩竹。"竹子是亚热带作物,盛产于渭川,说明当时关中的气候比现今温暖。《战国策·秦策》记述了关中地区的生态环

① 葛剑雄、胡云生:《黄河与河流文明的历史观察》,黄河水利出版社,2007,第127页。

境:“田肥美,民殷富,战车万乘,奋击百万,沃野千里,蓄积饶多,地势形便,此所谓‘天府’。”关中优越的生存环境和不易受洪水侵害的地理位置,使它成为华夏各民族归于一统后的黄河文明中心。

与中游优越的生态条件相比,黄河下游却深受水灾之害。“从汉文帝十二年(公元前168年)起到王莽始建国三年(公元11年)止一百八十年中,黄河决溢了十次之多,其中五次都导致了改道,并且决后往往听其漫流,历久不塞”①。若决后即塞,决溢次数势必更多。据史料统计,西汉时期仅河南水患就发生了19次,并且大部分发生在豫西和豫东地区。河南水患频发的原因,一是温暖的气候带来丰富的降水,二是过度的农业开发,三是黄河中下游经常决溢改道。② 丰富的降水和黄河决溢改道等自然原因民众无法抗拒,它使灾区人民流离失所,向其他地区迁移,黄河中下游地区人口锐减。过度的农业开发等人为因素所引起的水患,人们在当时不可能认识到。

单一的农耕经济格局是黄河中下游决溢泛滥的关键因素。秦与西汉定都关中后,积极实行“实关中”和“戍边郡”的移民政策,为使中下游民众不受水患之害,多次由人口密集的黄河中下游向边郡即今陕北、宁夏、内蒙古河套等地大规模移民,每次多达数万至几十万,这一带人口迅速增长。迁到黄河中游的移民以农业为生,将黄河中游的草原开垦为耕地,发展农业经济,这就是“实关中”。“戍边郡”就是在边郡大规模屯兵,大量屯兵也使关中人口急剧增加。在垦荒为农的同时,一部分山林遭到破坏。秦汉为在关中营建都城,大量砍伐附近的森林,加重了原始森林的破坏。农业种植和森林砍伐引起的植被破坏,使黄土高原的侵蚀显著加剧,黄河泥沙加大,给下游带来了无穷的祸患。西汉时期,“黄河”的称谓已正式出现,说明黄河水中泥沙含量已达到相当严重的程度。秦至西汉的农耕经济促进了关中的发展,同时也形成了黄河中游新的文明中心。但是,很难想象当

① 谭其骧:《何以黄河在东汉以后会出现一个长期安流的局面——从历史上论证黄河中游的土地合理利用是消弭下游水害的决定性因素》,《学术月刊》1962年第2期,第23-24页。

② 张文安:《两汉时期河南地区的水患及其治理与救助》,《河南大学学报(社会科学版)》2008年第2期,第91页。

时的开垦和砍伐是有计划的,也不可能采取什么水土保护措施。因此,“西汉一代,尤其是武帝以后,黄河下游的决徙水患越闹越凶,正好与这一带的垦田迅速开辟、人口迅速增加相对应;也就是说,这一代的变牧为农,其代价是下游数以千万计的人民,遭受了百数十年之久的严重的水灾”①。中游的乱垦滥伐,使黄河泥沙含量增多,随着下游堤岸的增高,黄河成为高于平地的“悬河”由此开始。

西汉时期,黄河中下游决溢 13 次,最著名的是汉武帝元光三年(前 132 年),黄河先后在顿丘(今河南清丰县西南)、濮阳瓠子(河南濮阳市西南)决口,决堤之水流向东南,经巨野泽(今山东巨野东北),由泗水入淮河,注入大海,黄河在中下游漫流泛滥 23 年。黄河泛滥使中下游人民流离失所,西汉政权招募灾民,将其迁徙到中游,到中游后再垦荒种田,毁坏植被。如此循环,愈演愈烈,黄河愈来愈“黄”。元封二年(前 109 年),封堵瓠子决口时,汉武帝调集数万兵卒,并亲临现场,乘干旱之年斩伐河南淇园(今河南淇县西北)的竹子编为容器,盛石子堵塞决口,使黄河回归故道。当时河南盛产竹子,足以证明黄河中游地区气候温暖。

四、豫西:黄河文明中心的东回

王莽始建国三年(11 年),黄河在魏郡(今河南安阳、河北邯郸一带)决口。近年考古工作者发现的河南内黄三杨庄水灾遗址,就是这次黄河决溢造成的。“由于该遗址是因黄河洪水泛滥而被淤沙深埋地下,因此庭院布局、农田垄畦保存完好,屋顶和坍塌的墙体基本保持原状”②。内黄三杨庄水灾遗址,深埋距现今地表 5 米以下,可见西汉时期黄河泥沙含量之多,也说明黄河中游森林植被因农垦破坏得相当严重。黄河中游生态环境的变化,使黄河文明中心东移豫西的洛阳。

东汉初期,中国的气候又进入寒冷期,国都洛阳晚春降霜降雪,冻死不

① 谭其骧:《何以黄河在东汉以后会出现一个长期安流的局面——从历史上论证黄河中游的土地合理利用是消弭下游水害的决定性因素》,《学术月刊》1962 年第 2 期,第 29 页。

② 程有为:《黄河的历史演变与河南的兴衰》,载牛玉国主编《黄河与河南论坛文集》,黄河水利出版社,2008,第 190 页。

少穷苦百姓。225年，史料记载了淮河结冰现象。曹丕在淮河广陵（今之淮阴）视察10万兵士演习，淮河突然结冰，不得不终止演习。这次寒冷气候一直持续到南北朝。冰房是周代以来王朝备有的建筑，用以保持食物的新鲜度。南朝时曾在建康（今期南京）建立冰房，当时不可能人工制冰，冰又不可能从北方地区运来，只能说明南京当时寒冷。据北朝贾思勰的《齐民要术》记载，黄河流域阴历三月（阳历4月中旬）杏花盛开，阴历四月初旬（阳历5月初旬）枣树生叶，桑花凋谢，与现今北京的物候大致相似。这本书关于石榴树栽培的记载也表明6世纪上半叶山东、河南一带的气候比现在寒冷。

洛阳能够再次成为黄河文明中心，不仅与中国气候再次变得寒冷有关，还与黄河自东汉至隋朝500多年安流有着紧密联系。东汉初年，为了发展黄河中下游的农业生产，将关中居民迁徙内地。由于气候进入寒冷期，匈奴南单于率领部众数万人入居塞内。后以畜牧为主的匈奴、羌人大批迁入该地区，以农为主的汉族继续内迁，汉族人口急剧减少。“把所有这一带的边疆部族合计起来，总数当在百万左右”①。移居塞内的边疆部族基本上是游牧民族，生存方式是发展畜牧业。游牧民族大量迁入塞内，土地利用方式必然是耕地面积缩小、牧地面积扩大，使西汉时期“变牧为农”的土地利用方式又返回到“变农为牧”的状态。这是东汉至隋朝黄河长期安流的根本原因。谭其骧先生指出：“以务农为本的汉族人口的急剧衰退和以畜牧为生的羌胡人口的迅速滋长，反映在土地利用上，当然是耕地的相应减缩、牧场的相应扩展。黄河中游土地利用情况的这一改变，结果就使下游的洪水量和泥沙量也相应地大为减少，我以为这就是东汉一代黄河之所以能够安流无事的真正原因所在。”②黄河安流也与这一时期气候寒冷、降水量减少和王景治河有一定的联系。《后汉书·王景传》对王景治

① 谭其骧：《何以黄河在东汉以后会出现一个长期安流的局面——从历史上论证黄河中游的土地合理利用是消弭下游水害的决定性因素》，《学术月刊》1962年第2期，第30页。

② 谭其骧：《何以黄河在东汉以后会出现一个长期安流的局面——从历史上论证黄河中游的土地合理利用是消弭下游水害的决定性因素》，《学术月刊》1962年第2期，第31页。

河的记载是:“商度地势,凿山阜,破砥绩,直截沟涧,防遏冲要,疏决壅积,十里立一水门,令更相洄注。”王景亲临现场,商度地势,靠数十万人的力量,自河南荥阳以下东至千乘修筑长堤千余里。这项早期的大型治黄工程,给新的黄河文明中心的形成提供了优越的生态环境。

东汉至隋朝的500多年间,黄河见于记载的河溢仅有4次,即东汉1次,三国魏2次,西晋1次。东汉、三国魏、西晋、北魏等都曾在洛阳建都,洛阳成为全国乃至全亚洲的经济文化中心。隋炀帝杨广以洛阳为中心,开凿南达杭州、北抵涿郡(北京)的大运河,连接海河、黄河、淮河、长江、钱塘江五大水系,长达1000多千米。这一世上罕见的水利工程,不仅有舟楫之便、灌溉之功,也为洛阳乃至豫西黄河文明中心的确立提供了优越的生态环境。

五、秦川:黄河文明中心的三折

魏晋南北朝时期黄河中游地区由于受到严重战乱的摧残,社会经济发展相对迟缓,但是,黄河中下游地区毕竟在长期的发展中积累了深厚的农耕经济文化基础。在推翻隋朝的统治占据中原后,大唐将国都建在适合农耕经济文化发展的西安。“中国气候在第七世纪的中期变得和暖,公元650、669和678年的冬季,国都长安无雪无冰”①。在8至9世纪,西安的气候一直是比较温暖的。唐玄宗李隆基时,妃子江采苹因其住所周围种满梅花,称为梅妃。唐武宗李炎在位时,宫中种植柑橘并能结果。柑橘只能抵抗-8℃的最低温度,梅树只能抵抗-14℃的最低温度。现在西安不能大量种植柑橘和梅树,说明唐代西安比现在气候温暖许多。温暖的气候和黄河中下游形成的深厚的农耕经济文化基础,是西安继洛阳之后又成为黄河文明中心的重要原因之一,因为温暖的气候是发展农耕经济文化的重要条件。

唐代在西安建都之后,前期实行开明的农耕政策,使西安附近的地区经济迅速发展起来,重新确定了黄河中游的文明中心地位。特别是关中地区作为唐代的政治中心,其经济文化首先得到恢复和发展,八百里秦川很

---

① 竺可桢:《中国近五千年来气候变迁的初步研究》,《考古学报》1972年第1期,第22页。

快成为全国最富庶的地区之一,“闾阎相望,桑麻翳野”是黄河中游尤其是关中地区农耕经济繁荣的真实写照。长安(西安)居住人口已达百万,成为当时世界上最大的都市,中华民族迎来了它历史上的盛唐时期。

大唐时期,虽然定都长安,但也没有忘却东都洛阳,因为黄河中下游和中游的农耕文化一脉相承,紧密相连。为了大规模营建长安和洛阳,所需树木就近在黄河中游地带无节制砍伐。为了保证剧增人口的粮食供应,唐代在黄河中游地带大量垦殖,并在黄河中游地区逐步恢复了州县设置。唐中叶之前的农耕政策,使黄河中游有所恢复的森林植被遭到更大面积的破坏,草原牧区面积迅速缩小,生态平衡的自调节功能急剧衰退。当黄土高原失去绿色屏障之后,地表径流的侵蚀加剧,水土流失加快,黄河挟带的泥沙又淤积在中下游河道。从唐中叶起,黄河泛滥次数明显增加,据统计,从“安史之乱”到唐末,黄河在下游决溢16次,进入了黄河历史上的第二个泛滥期。黄河的频繁泛滥,使黄河下游流域的人口密度只有5.65人每平方千米。依靠优越的生态环境而发展起来的盛唐,由于对生态环境毁坏涉及的范围比较大,也导致了唐王朝和秦川黄河文明中心的衰落。同西汉的强盛一样,唐代的强盛也是以生态环境的破坏为代价的。

六、开封:黄河文明中心的辉煌与南迁

在唐代后期,关中因人口增多粮食不能自给,而开封由于处于水运中枢成为南粮西运的中转站。北宋没有在此建都前,它被看作“水陆要冲,运路咽喉,王室藩屏”。处于豫东平原的开封,“北通涿郡之渔商,南运江都之转输”,维系着中央王朝生命的血脉。当时的黄河由今河南荥阳广武向东北方向流去,距开封较远,不过黄河中的船运,由汴河到达开封。汴河自河南荥阳引黄河河水,东南至今安徽盱眙县北入淮河,流经开封,使开封成为水运要塞。北宋时开封周围的水运交通非常发达,惠民河、汴河、五丈河和金水河从城中穿过,史称“四水贯都”。汴河因“横亘中国,首承大河,漕引江、湖,利尽南海,半天下之财赋,并山泽之百货,悉由此路而进”①而居四渠之首。开封因其水运价值而成为宋代(北宋)国都,因其水生态环境

① 脱脱等:《宋史》卷93,中华书局,1977,第2321页。

发达而成为黄河文明中心。

唐代黄河流域是温暖的气候,到了宋代,又变得寒冷起来。梅是一年中开花最早的植物,被称为花中之魁,但到11世纪,华北已不知有梅树,气候和现代非常接近。宋代著名诗人苏轼曾吟出"关中幸无梅"的诗句,哀叹梅在关中的消失。因黄河流域无梅树,王安石曾嘲笑北方人常误认梅为杏,"北人初未识,浑作杏花看"。宋代黄河流域不热不冷的气候条件和现代非常接近,它为开封成为黄河文明中心提供了适宜的气候环境。

北宋时期,随着经济的发展和人口的增加,开封达到了它历史上最为鼎盛的时期,成为中世纪世界上最大的国际大都会,是国内手工业和商业活动最为集中的地方。桥路遍布城中,舟楫往返市内,大宋不仅国内四方商贾联系密切,而且与海外异邦礼尚往来。张择端的《清明上河图》真实地反映了北宋东京城内水陆商业生活的盛况。中国四大发明中的三项——火药、指南针和印刷术都产生于北宋,足可以证明开封是黄河文明的又一个中心。黄河中游地带森林植被进入宋代以后破坏更甚,因此北宋160年间,黄河决溢达80多次,曾三次南流夺淮入海,两次北流天津入渤海,平均两年一次。1048年发生的黄河商胡改道,是黄河历史上的第三次大改道。此后三四十年间,北宋王朝围绕是否堵塞决口、回河东流归故道,引发了三次大的争论,曾三次堵口,均以失败告终。频繁的河患与决口,严重破坏了黄河下游的水系环境,使漕运受到严重堵塞。天禧三年(1019年)六月黄河走汴河泛滥,危及京师开封。河水虽未淹没都城,但也淤塞了汴河等四条河流,开封水运中枢的地位发生了动摇。

12世纪初期,中国的气候加剧转寒,进入5000年来的第三个寒冷期。北方以游牧为生的少数民族受害尤重,因而大规模入侵中原,导致了北宋末年的"靖康之难"。关于这次中国气候转寒的情况,下面两个例子可以证明。1111年,拥有2250平方千米的太湖全部结冰,且坚实足可通车,太湖洞庭山的柑橘全部冻死。1153—1155年,金国使臣经过运河抵达杭州时,由于苏州运河常常结冰,船夫不得不备铁锤破冰开路。① 为阻金兵渡河南下,南宋建炎二年(1128年)冬,宋东京留守杜充在滑县以上李固渡

---

① 竺可桢:《中国近五千年来气候变迁的初步研究》,《考古学报》1972年第1期,第23页。

(今河南滑县南沙店)以西扒开河堤,决河东流,先注入泗水,再由泗入淮。“东京留守杜充闻有金师,乃决黄河入清河以沮兵”①。从此,黄河结束了东流北流的局面,黄河主流靠近开封,汴河等四河淤积严重,开封失去了水上交通枢纽地位,加之气候寒冷,黄河文明中心发生了根本转移,即由黄河流域转移到长江中下游流域。

七、结论:黄河文明中心转移的思考

通过对西周至北宋2000余年黄河文明和生态环境关系的系统分析,可以得出如下初步结论:

(1)黄河文明在夏商周时期于黄河流域确立后,经过秦汉至隋唐的发展,在北宋达到了高峰。其间形成了多个文明中心,每一个文明中心的形成,都与生态环境有着密切的联系。由于生态环境的变化,黄河文明中心不断转移,生态环境的变化是黄河文明中心不断转移的重要原因。

(2)黄河文明中心是沿着黄河转移的。当中游的生态环境遭到破坏时,黄河文明中心就转移到中下游;当中下游黄河泛滥频繁时,黄河文明中心就转移到中游。如此多次反复。

(3)黄河文明中心转移在西安和洛阳之间反复多次进行,即西安和洛阳多次成为黄河文明中心。开封是黄河文明的最后一个中心,它使黄河文明达到了封建时代的最高水平。继开封之后,黄河文明中心转移到长江中下游,成为中华文明的重要组成部分。

(4)气候的冷暖是黄河文明中心转移的重要因素。一般说来,当气候寒冷时,文明中心转移到黄河中下游;当气候温暖时,文明中心转移到黄河中游。中国气候曾出现三次大的寒冷时期,分别是前1000年(殷末周初)、400年(十六国)、1100年(北宋),与每一个寒冷时期相对应,黄河文明中心都发生了转移。

(5)黄河在今华北平原上不断上演“龙摆尾”的活剧。以洛阳孟津为顶点,北抵天津,南达江淮,形成了黄河中下游冲积平原。黄河在华北平原上频繁滚动,与生态环境的变化有着直接的联系。“多难兴邦”,华夏民族

① 李心传:《建炎以来系年要录》卷18,上海古籍出版社,1992,第286页。

就是在与大自然抗争的过程中形成和发展起来的。

“近年来,气候变化对历史上改朝换代或者文化兴衰影响的研究促进了社会科学家与自然科学家的合作,国际上最具影响力的杂志刊出了一些相关文章”①,生态环境变化对文化的影响引起了愈来愈多人的关注。黄河文明中心的转移是政治格局、经济形态、文化基础等多种因素综合作用的结果,但是,生态环境是影响这种转移的一种不可忽视的重要因素。这绝不是地理环境决定论,因为生态环境的变化没有影响到社会的性质,更没有引起社会形态的更替,而仅引起了黄河文明中心的转移。黄河文明中心不断转移的历史告诉我们,人类社会是在一定生态环境条件下生存和发展的。“只有在人学的意味上思考环境问题,才可能把握其最深层的秘密,从而为走出环境困境找到一条切实可行的道路”②。在科学发展观的指导下,人们可以通过“在提高生态系统组织水平和生产力的前提下,合理利用生态系统,从而有效地兼顾经济、社会和生态效益,实现人与自然的持续发展和协同进化”③。生态环境是人的生存环境,构建和谐社会,建设生态文明,是为建设中国特色社会主义服务的,这是研究黄河文明中心转移规律的意义所在。“生态文明是在实践基础上对环境问题的解读,它是人类文明的新发展”④,也是黄河文明延续至今表现出来的新形式,黄河文明的复兴也是中华民族的伟大复兴。

---

① 周力平:《读〈Nature〉Yancheva 等和张德二等论文有感》,《气候变化研究进展》2008 年第 2 期,第 130 页。

② 刘啸霆:《人学视野中的环境问题》,《河南大学学报(社会科学版)》2004 年第 4 期,第 8 页。

③ 雷毅:《生态学思维与生存方式》,《河南大学学报(社会科学版)》2004 年第 4 期,第 15 页。

④ 张纯成:《生态文明的自然观基础》,《河南大学学报(社会科学版)》2008 年第 6 期,第 14 页。

12世纪前后黄河在开封地区的安流与泛滥*

程遂营

摘要:在影响开封社会发展的诸多外部因素中,黄河在开封地区的安流与泛滥十分关键。春秋战国到唐代中期的绝大部分时间里,黄河相对安流;唐末、五代、北宋黄河虽然已进入第二个泛滥期,但由于开封距离黄河较远、政府重点加以保护等,开封的社会发展并没有受到黄河的直接威胁。12世纪以后,随着宋室南迁,元、明、清时期黄河在开封地区的泛滥加剧,严重制约着开封的复兴与进步。

关键词:12世纪前后;黄河;开封地区;安流;泛滥

黄河在历史上并非一直是一条害河,史念海先生把近4000年以来黄河的情况分为两个安流期和两个泛滥期,安流的前一时期为商周至秦代,后一时期则为东汉初年王景治河之后,历三国、两晋、南北朝、隋,直到唐中后期。两个时期合计,时间将近2000年。频繁的河患也可分为两个时期,其一是两个相对安流的中间时期,也就是由西汉初年到东汉初;其二则是从唐代后期直到20世纪中期以前。两个时期合计,不超过1500年。这就是说,商周以来,黄河的安流期相对要长于泛滥期。① 开封城市发展史的前一个重要时期——春秋战国,处于黄河的第一个安流期;东汉以后至隋及唐初、中期属于第二个安流期;唐后期、五代、北宋以后则已进入第二个泛滥期。不过,安流是相对的,并不说明此时就没有泛滥;而泛滥也有相

---

* 原载《河南大学学报(社会科学版)》2003年第6期。开封在历史上曾被称为启封、大梁、浚仪、汴州、东京、汴梁等,本文所论开封主要是今天的辖域,同时兼顾历史时期的实际情况。

① 史念海主编《中国历史地理论丛》第一辑,陕西人民出版社,1981。

对集中的时间和地点。本文对此做一探讨。

一、北宋以前黄河安流与泛滥对开封的影响

先秦时期的河患记载较少,春秋战国以后河事的记载逐渐增多起来。与开封发展有直接关系的有两件事,一是鸿沟的开凿,二是王景治河。鸿沟开凿于战国时期魏惠王迁都大梁①以后。前 225 年,秦大将王贲引鸿沟水灌大梁,灭魏。在此时,以黄河为主要水源的鸿沟既是大梁崛起与魏国强盛的条件,也毁灭了大梁。西汉以后黄河进入第一个泛滥期,决溢频繁起来。进入东汉,黄河在河北、河南北部地区决溢频繁,黄河、济水、汴水②交流,严重影响到黄河以南地区居民的生产和生活。永平十二年(69 年),汉明帝派王景整治河、汴,王景"商度地势,凿山阜,破砥绩,直截沟涧,防遏冲要,疏决壅积,十里立一水门,令更相洄注,无复溃漏之患"③。另外,他还"修(汴)渠筑(黄河)堤,自荥阳东至千乘海口千余里"④。王景采用修堤、护岸和疏浚等方法对黄河和汴河进行大规模治理,为后来黄河的安流及后人探讨治河方略提供了有益的借鉴。

王景治河以后直到唐代中期,黄河进入 800 年左右的安流时期。唐后期、五代黄河则又开始了第二次大的泛滥阶段。唐、北宋黄河对开封地区的影响,可参见以下各表。

表 1 显示,唐代 289 年中,黄河发生水灾的年份共 23 个,平均每 13 年决溢一次,其决溢地点多在河北、山东和河南北部。在涉及河南的数次决溢中,有明确记载泛及开封的只有一次,即开元十四年(726 年),"秋,天下州五十水,河南、河北尤甚,河及支川皆溢,怀、卫、郑、滑、汴、濮人或巢或舟以居,死者千计";有可能泛及开封的也只有一次,即贞元二年(786 年),"东都、河南、荆南、淮南江河泛溢,坏人庐舍"。

---

① 魏迁都大梁有惠王六年(前 364 年)、九年(前 361 年)与三十一年(前 339 年)诸说。

② 又称汴渠,原是鸿沟水系的一部分,流经彭城达泗水入淮水。

③ 范晔:《后汉书》卷 76,中华书局,1965,第 2465 页。

④ 范晔:《后汉书》卷 76,第 2465 页。

表 1　唐代黄河决溢统计①

时间	地点	决溢情况	备注
贞观十一年(637 年)	河阳	—	—
永徽六年(655 年)	齐州	—	—
永淳二年(683 年)	河阳	—	—
如意元年(692 年)	河阳	—	—
长寿二年(693 年)	棣州	—	—
圣历二年(699 年)	怀州	—	—
开元十年(722 年)	博州、棣州	—	—
开元十四年(726 年)	怀州,泛及汴州	秋,天下州五十水,河南、河北尤甚,河及支川皆溢,怀、卫、郑、滑、汴、濮人或巢或舟以居,死者千计。	《新唐书》卷 36《五行三》
天宝十三年(754 年)	济州	—	—
乾元二年(759 年)	长清	—	—
上元年间(760—761 年)	不详	—	—
大历十二年(777 年)	不详	河溢。	《新唐书》卷 36《五行三》
建中元年(780 年)	不详	黄河、滹沱、易水溢。	《新唐书》卷 7《德宗纪》
贞元二年(786 年)	不详,可能泛及开封	东都、河南、荆南、淮南江河泛溢,坏人庐舍。	《旧唐书》卷 36《五行三》
元和八年(813 年)	滑州	—	—
大和二年(828 年)	棣州	—	—

① 此表据周魁一《隋唐五代时期黄河的一些情况》(载谭其骧主编《黄河史论丛》,复旦大学出版社,1986)、水利部黄河水利委员会《黄河水利史述要》编写组编《黄河水利史述要》(水利出版社,1982)及岑仲勉《黄河变迁史》(人民出版社,1957)等综合统计。在资料的取舍上略作调整。“北宋黄河决溢统计”表主要取材于后两种材料。

续表

时间	地点	决溢情况	备注
开成三年(838 年)	滑州	—	—
咸通四至七年(863—866 年)	滑州	—	—
乾符五年(878 年)	不详	—	—
大顺二年(891 年)	河阳	—	—
景福二年(893 年)	不详	—	—
乾宁三年(896 年)	滑州	—	—
天祐元年(904 年前后)	棣州	—	—

据《旧五代史》《资治通鉴》等有关资料统计,五代 53 年中,黄河决溢共 19 个年份,平均不到 3 年就有一次,其决溢次数明显高于唐代。在 19 次决溢中,河水泛及开封的只有一次,即开运元年(944 年),“滑州河决,浸汴、曹、单、濮、郓五州之境,环梁山合于汶”①。

北宋 167 年间,黄河决溢的年份达到 73 个,平均两年多就有一次,其决溢的频率高于五代。在 73 次决溢中,有明确记载在开封府②决溢的有 7 次,分别是:乾德三年(965 年)、开宝五年(972 年)、太平兴国二年(977 年)、太平兴国八年(983 年)、淳化二年(991 年)、嘉祐三年(1058 年)、元丰五年(1082 年)。(见表 2)

① 司马光编著《资治通鉴》卷 284,中华书局,1956,第 9273 页。

② 据《宋史 · 地理志》,开封府属京畿路,辖县十六:开封、祥符、尉氏、陈留、雍丘、封丘、中牟、阳武、延津、长垣、东明、扶沟、鄢陵、考城、太康、咸平。以上地区河有决溢,或河水泛滥,均计入在内。

表 2　北宋黄河决溢统计

在位帝王	决溢次数（共 73 次）	在开封决溢情况	资料来源
宋太祖（960—976 年）	11	乾德三年(965 年)，开封府河决，溢阳武。开宝五年(972 年)六月，河又决开封府阳武县之小刘村。共 2 次。	《宋史·五行志》《宋史·河渠志》
宋太宗（976—997 年）	11	太平兴国二年(977 年)秋闰(七)月，河溢开封等八县，害稼。太平兴国八年(983 年)，是夏及秋，开封、浚仪、酸枣、阳武、封丘、长垣、中牟、尉氏、襄邑、雍丘等县，河水害民田。淳化二年(991 年)六月，河水、汴水溢。共 3 次。	《宋史·太宗本纪》《宋史·五行志》
宋真宗（997—1022 年）	10	—	—
宋仁宗（1022—1063 年）	13	嘉祐三年(1058 年)七月，原武县河决汴堤长城口，漂浸封丘等处苗稼。共 1 次。	《续资治通鉴长编》卷 187
宋神宗（1067—1085 年）	11	元丰五年(1082 年)八月，河决郑州原武埽，溢入利津、阳武沟、刁马河，归纳梁山泺。共 1 次。	《宋史·河渠志》
宋哲宗（1085—1100 年）	9	—	—
宋徽宗（1100—1125 年）	8	—	—

综合统计，在唐、五代、北宋的 500 多年中，黄河决溢的年份有 115 年，但只有 10 个年份（贞元二年还是估计）河水泛及开封地区，且没有一次泛水袭城的记录。这就表明，虽然唐后期、五代、北宋时期已进入黄河的泛滥期，且泛滥的规模有逐步扩大的趋势，但黄河决溢的地点多在远离开封的

河北、山东和河南的北部、西部地区,黄河在这一时期并没有对开封构成直接威胁。其原因有以下几个方面。

第一,黄河中下游地区自古以来就是经济较为发达的地区,到唐代中期,全国的经济重心仍然在这一地区,所以,保证这一地区免受或少受黄河泛滥的影响,是历代封建统治者关注的焦点问题之一。隋代没有治理黄河的记载,唐代已设立主管水利的专门机构——都水监,并在工部设置水部郎中和员外郎。但经常地、大量地维护和整治堤防的工作则由各地地方官负责。在唐代的史籍中已有一些关于治河的记载,如开元十年(722 年)六月,“博州黄河堤坏,湍悍洋溢,不可禁止”①。唐玄宗下令按察使萧嵩总领博州刺史李畲、冀州刺史裴子余、赵州刺史柳儒,负责治河。可见其规模不小。五代时期,后梁、后晋、后汉、后周都定都开封,黄河下游河道的安危直接关系到统治者的切身利益,加之这一时期黄河泛滥的加剧,所以对河患的治理力度比唐代更大一些。后晋天福六年(941 年),黄河于滑州决口,东流濮州、兖州,第二年,“命宋州节度使安彦威率丁夫塞之。河平,建碑立庙于河决之所”②。开运元年(944 年)六月,“滑州河决,浸汴、曹、单、濮、郓五州之境,环梁山合于汶。诏大发数道丁夫塞之”③。后周时期,太祖和世宗对黄河的治理更加重视,显德元年(954 年),“河自杨刘至于博州百二十里,连年东溃,分为二派,汇为大泽,弥漫数百里……朝廷屡遣使者不能塞……帝(太祖)遣李谷诣澶、郓、齐按视堤塞,役徒六万,三十日而毕”④。北宋是河患较为频繁的一个时期,有人统计,自商周至中华人民共和国建立的 3000 多年间,黄河决口泛滥约有 1500 余次,较大的改道有 26 次,重大改道 6 次。⑤ 而北宋 167 年中,黄河决溢泛滥 73 次,较大的改道有 3 次[景祐元年(1034 年)、庆历八年(1048 年)、嘉祐五年(1060 年)],重大改道 1 次(庆历八年)。因此,治理河患成为始终困扰北宋政府的一件大事,其治河方略和措施更加多样化,并趋于合理化。

---

① 王钦若等编《册府元龟》,中华书局,1960,第 5951 页。

② 王溥:《五代会要》,上海古籍出版社,1978,第 181 – 182 页。

③ 司马光编著《资治通鉴》,中华书局,1956,第 9273 页。

④ 司马光编著《资治通鉴》,第 9519 页。

⑤ 水利电力部黄河水利委员会编《人民黄河》,水利电力出版社,1959。

第二，堤防工程的修建。黄河从中游带来大量泥沙①，到下游以后进入平原，水速减缓，大量泥沙淤积河床，西汉末年部分河段已形成地上河，到6世纪以后地上“悬河”的形势已经十分明显。为了整治河水，东汉王景治河时已开始较大规模地修建黄河大堤，隋、唐、五代、北宋时期，治河的重点工程仍是筑堤。唐代堤防已有较大规模，堤顶可兼作通衢大道。② 至迟到北宋时期，黄河大堤已全面贯通。③ 从上文看，北宋政府规定了明确的堤防责任制，这对于减少黄河泛滥的可能性及其造成的损失，都会起到不小的作用。北宋时期，河患虽已频繁，但开封乃都城所在地，保护开封以北地区河堤的安全、加强南岸堤防工程，也自然会受到政府的特别重视。④同时，鉴于河患频繁，宋代落实了一系列治河的责任制度，《宋史》卷91《河渠志·黄河》记载：乾德五年（967年），“帝（太祖）以河堤屡决，分遣使行视，发畿甸丁夫缮治。自是岁以为常，皆以正月首事，季春而毕”。同时，“诏开封大名府、郓澶滑孟濮齐淄沧棣滨德博怀卫郑等州长吏，并兼本州河堤使”。开宝五年（972年），宋太祖又诏：“自今开封等十七州府，各置河堤判官一员，以本州通判充；如通判阙员，即以本州判官充。”淳化二年（991年），宋太宗诏令：“长吏以下及巡河主埽使臣，经度行视河堤，勿使坏隳，违者当置于法。”咸平三年（1000年），宋真宗又有诏规定：“缘河官吏，虽秩满，须水落受代。知州、通判两月一巡堤，县令、佐迭巡堤防，转运使勿委以他职。”以后北宋历代帝王几乎都有针对黄河治理的一些诏令和规定。对此，岑仲勉先生评价说：大约治河的行政，到北宋才开始走上轨道去。

第三，治河的辅助措施。如北宋开宝五年（972年），诏令：“应缘黄、汴、清、御等河州县，除准旧制种艺桑枣外，委长吏课民别树榆柳及土地所宜之木。仍案户籍高下，定为五等：第一等岁树五十本，第二等以下递减十

---

① 现在黄河每年挟带16亿吨泥沙流向下游，其中4亿吨沉积在河床，12亿吨冲到海口。

② 李昉等编《文苑英华》，中华书局，1966，第207页。

③ 周魁一：《隋唐五代时期黄河的一些情况》，载谭其骧主编《黄河史论丛》，复旦大学出版社，1986。

④ 《文苑英华》卷524《津吏告下方伤水判》有关判文中记载，东汉明帝时已有“左堤强则右堤伤，左右俱强则下方伤”的理论。在不可能免除河患的情况下，封建统治者必然会牺牲部分地区的利益，来保证政治经济重心的安全。

本。民欲广树艺者听,其孤、寡、茕、独者免。"①另外,在北宋,"旧制,岁虞河决,有司常以孟秋预调塞治之物,梢芟、薪柴、楗橛、竹石、茭索、竹索凡千余万,谓之'春料'。诏下濒河诸州所产之地,仍遣使会河渠官吏,乘农隙率丁夫水工,收采备用"②。

第四,黄河距离开封较远。现在黄河距离开封只有 9 千米,这是清咸丰五年(1855 年)河决兰考铜瓦厢(今兰考县东坝头西)形成的状况。然而在唐宋时期,黄河自郑州以下折向东北流经河南北部、河北,从山东或天津入海,在唐宋绝大部分时间里黄河都流经河南滑县以北。滑县在开封北部偏西,直线距离近 100 千米。这个距离意味着黄河即使在河南决溢,也极少祸及开封。

二、12 世纪以后黄河在开封地区的泛滥

唐末以后,黄河进入第二个泛滥期,但由于黄河距离开封尚远、政府着力保护京城等因素,黄河并没有对开封造成直接的威胁,汴河引黄的巨大水量也在一定程度上缓解了黄河对下游的危害程度。③ 12 世纪以后,黄河河患加剧。在金、元以前,决溢的河道多向北滚,而元、明、清建都北京,联系南北漕运的京杭大运河中段的会通河、通惠河改走山东,保护山东境内黄河下游河段和加固黄河北堤,成为政府的工作重心。因而,明清河道多向南徙,河患重心也逐渐移至以开封为中心的河南地区。据《黄河水利史述要》统计:从 1127 年宋室南迁到 1911 年清朝灭亡的 784 年间,黄河决溢的年份有 267 年,其中有 99 年决溢的地点都在开封附近,占了总决溢年份的 1/3 还要多。④ 另据程子良、李清银主编《开封城市史》统计:元、明、清三朝,黄河在开封决溢的次数达 300 多次,其中在近郊决溢的有 88 次之多,这其中又有数十次泛水袭城,7 次水淹开封城。其中较严重的几次水

---

① 脱脱等:《宋史》卷 91《河渠志 · 黄河》,中华书局,1977,第 2257 页。

② 脱脱等:《宋史》卷 91《河渠志 · 黄河》,第 2265 页。

③ 也有学者认为,鸿沟、汴河等人工运河的开凿加速了黄河的河患。参见郑肇经:《中国水利史》,商务印书馆,1939,第 4 页。

④ 水利部黄河水利委员会《黄河水利史述要》编写组编《黄河水利史述要》,水利出版社,1982。由于统计方式不同,关于黄河在各个朝代决溢的年份和次数会有所差异。

患主要出现在明清时期:

(1)洪武三十年(1397年)八月决开封,城三面受水。诏改作仓库于荥阳高阜,以备不虞。①

(2)永乐八年(1410年)秋,河决开封,坏城二百余丈。民被患者万四千余户,没田七千五百余顷。②

(3)天顺五年(1461年)七月,河决汴梁土城,又决砖城,城中水丈余,坏官民舍过半。周王府宫人及诸守土官皆乘舟筏以避,军民溺死无算。③

(4)成化十四年(1478年),河决开封,坏护城堤五十丈。④

(5)弘治二年(1489年)五月,河决开封及金龙口,入张秋运河,又决埽头五所入沁。郡邑多被害,汴梁尤甚,议者至请迁开封城以避其患。布政司徐恪持不可,乃止。⑤

(6)崇祯十五年(1642年),流贼(李自成农民军)围开封久,守臣谋引黄河灌之。贼侦知,预为备。乘水涨,令其党决河灌城,民尽溺死。⑥

(7)道光二十一年(1841年)六月,(河)决祥符,大溜全掣,水围省城。⑦

上面所列7次大的水灾中,又以明末崇祯十五年的水灾最为严重。李自成农民军曾三次攻打开封,第一次(崇祯十四年二月)和第二次(崇祯十四年十二月)均以失败告终。崇祯十五年四月,李自成集中主要军事力量,军队号称百万,第三次攻打开封。鉴于开封城池坚固,易守难攻,李自成采取围困战术。开封城内官军在内无粮草、救兵不济的情况下决定扒开黄河大堤,试图水淹农民军。九月十五日夜,官军乘阴雨连绵、黄河秋水大涨的

① 张廷玉等:《明史》卷83,中华书局,1974,第2014页。
② 张廷玉等:《明史》卷83,第2014页。
③ 张廷玉等:《明史》卷83,第2019-2020页。
④ 张廷玉等:《明史》卷83,第2020页。
⑤ 张廷玉等:《明史》卷83,第2021页。
⑥ 张廷玉等:《明史》卷84,第2073页。
⑦ 赵尔巽等:《清史稿》卷126,中华书局,1976,第3739页。

时机，在开封西北 4 千米左右的朱家寨①决开黄河；农民军以牙还牙，在上游与朱家寨相距 15 千米的马家口决河，两股河流在开封城外合二为一，直冲开封而来。时值深夜，大雨，百姓不为防备。《明史纪事本末》载："河流直冲入城，势如山岳，自北门入，穿东南门出，流入涡水。水骤长二丈，士民溺死数十万……城中遗民尚余数万，贼浮舟入城，尽掠以去。"明末清初佚名作者仿照孟元老《东京梦华录》所著的《如梦录》对这次惨祸追忆道：

> 九月十七日（一说十五日），扬波鼓浪，洪水泼天，汹涌泛涨，倾陷城垣。
>
> 居人溺死者十有八九，救援不及一二，叫苦连天，呼救满河，如鱼之游于沸鼎之中，可怜数十万无辜生灵，尽葬鱼腹之内。

开封城内原有 37 万居民，逃生者不足 3 万。这次决口到清顺治元年（1644 年）才堵塞。白愚《汴围湿襟录》记载，到清初时开封城内仍"悉为潦水泥沙，官民不能栖止"，黄沙遍地，苇蒿丛生，狐兔出没，人烟断绝。河南省署、开封府、祥符县等衙署不得不在外县办公。从此以后，开封城内便形成"无风三尺土，微雨一街泥"的景况，其生存、生活环境已相当恶劣。

频繁的河患，导致黄河不断地改道，黄河与开封之间的距离也越来越近。在北宋以前，黄河在河南滑县以北流过，距离开封有 100 千米之遥。金、元以后，随着黄河的决溢，河道逐渐南徙，据黄河水利委员会黄河志总编辑室编《河南黄河志》记载，金世宗大定六年（1166 年），"河决阳武……其间经兰阳、考城（今河南兰考）之北"，兰考境内开始形成河；金明昌五年（1194 年），河再决阳武，黄河已南徙至经开封城北 20 多千米而东流；金天兴三年（1234 年），河决寸金淀（在开封城北 10 千米），河道已移至开封城北 10 千米；到明崇祯十五年（1642 年），"开封城北十里枕黄河"，黄河仅距开封 5 千米之遥；清代以后，黄河又屡溢屡徙，到咸丰五年（1855 年）河决兰考铜瓦厢（今兰考县东坝头西），形成今日河道，黄河距开封城 9 千米。

12 世纪以后开封地区河患频仍的原因是多方面的，都城的转移，封建政府对开封附近堤段治理不力，固然是不能忽视的因素，但是，出于政治、军事需要的人为扒决也不小于自然溃决的危害。从史料记载来看，人为扒

① 《明史纪事本末》载："朱家寨距（开封）城八里……开封城北十里枕黄河。"

决黄河的情况在唐末、五代时就已出现，金、元以后则更甚，表3是笔者对12世纪前后7次大的人为决河所做的统计：

表3　人为决河情况

时间	地点	扒决情况	资料来源
唐昭宗乾宁三年(896年)	滑州	夏，四月，辛酉，河涨，将毁滑州城，朱全忠命决为二河，夹滑城而东，为害滋甚。	《资治通鉴》卷260
后梁贞明四年(918年)	杨刘	天祐十五年二月，梁将谢彦章率众数万来迫杨刘，筑垒以自固。又决河水，弥漫数里，以限帝(后唐庄宗)军。	《旧五代史·唐书·庄宗纪》
后梁龙德三年(923年)	酸枣	是时唐已下郓州，(段)凝乃自酸枣决河东注郓，以隔绝唐军，号护驾水。	《新五代史·段凝传》
金天会六年(南宋建炎二年，1128年)	不详	是冬，(东京留守)杜充决黄河，自泗入淮，以阻金兵。	《宋史·高宗本纪》
金天兴三年(南宋端平元年，1234年)	寸金淀	八月……蒙古兵又决黄河寸金淀之水，以灌南军(南宋军队)，南军多溺死，遂皆引师南还。	《续资治通鉴》卷167
明崇祯十五年(1642年)	开封	十五年，流贼(李自成农民军)围开封久，守臣谋引黄河灌之。贼侦知，预为备。乘水涨，令其党决河灌城，民尽溺死。	《明史》卷84《河渠二·黄河下》

续表

时间	地点	扒决情况	资料来源
民国二十七年(1938 年)	郑州花园口	六月九日,国民党在郑州花园口炸开黄河大堤,水势所至,"不为溺鬼,尽成流民"。	《黄河水利史述要》

从统计中看,历次扒决都发生在战乱年代,而且每次决河都向南泛滥,开封及其周边地区所受的危害越来越大。

在黄河安流与频繁决溢的理论探讨方面,今人已得出基本一致的结论,即地处中游的黄土高原植被状况的好坏乃是下游决溢与否的关键因素所在,每一个相对安流的时期,几乎都是中游植被保护较好、水土流失较小的时期;相反,中游地区森林、草场破坏较严重的时期,大量泥沙到了下游,在水流较缓的情况下,淤积下来,使河床日益增高,形成地上河、悬河,一般要高出两岸城市、村庄数米。顾炎武在考察黄河堤岸时就曾在《日知录》卷 12 中写道:"金、元之间,河渐南决,始合汴、泗……岁增月益,高于民田庐舍,且与(开封)城平矣……欲其无决溢之害,不亦难乎?"加上黄河下游地区雨量多集中在夏秋季节,且多以暴雨的形式出现,当暴雨范围大时,中游几条大的支流同时涨水,下游流量比平时大十几倍,甚而几十倍、上百倍,河床不堪承受,形成决溢也就在所难免。

三、结语

总体而言,12 世纪以前黄河的泛滥基本没有对开封造成直接影响,相反,鸿沟与唐宋汴河的开凿使开封成为中原地区水上交通的枢纽,为战国大梁的强盛、隋唐汴州的崛起以及北宋东京的繁荣打下了良好的基础。宋室南迁以后,黄河在开封地区决溢频繁,开封周边的自然与人工水系遭到破坏,湖泊消失殆尽,土壤大面积沙化、盐碱化,严重制约着明清以后开封的复兴与进步。

东汉至唐黄河"安流"问题研究述论*

闵祥鹏

摘要：东汉至唐黄河安流问题是自宋以来诸多学者关注的重要问题。千百年来，围绕黄河在东汉至唐是否安流以及安流的原因，学者们展开了长期的争论。文中对历代学者的不同观点进行了梳理、总结与辨析，在此基础上赞同黄河在东汉至唐确实出现了相对安流的局面，但应以唐为界分为前后两期；重申了部分学者强调的相对安流的两点标准：一是主流是否有重大变迁，二是要考察决溢频次、受灾范围以及受灾程度，其中第一点尤为重要。同时，文中提出东汉至唐黄河安流是水土保持、工程防护、支流湖泽分泄多种因素平衡下的结果，而唐以后黄河决溢频繁也是水土流失、支流湖泽淤塞等各种因素累积所形成的局面，由此分析了黄河在东汉至唐800年保持相对稳定的原因，而不同意过分强调某个方面而试图抹杀其他方面的"单因论"说法。

关键词：东汉；唐朝；黄河安流

黄河自古决溢频繁，"黄河平，天下宁"是千百年来华夏儿女孜孜以求的梦想，治理黄河也成为兴国安邦的一件大事。① 但自宋以来诸多学者也发现：黄河在东汉至唐出现800年相对安流的局面，因此他们试图通过对该时期黄河安流问题的研究，探索唐以前安流的原因，寻找五代以后决溢频繁的答案，破解黄河长达千年的危局，为治理、开发黄河提供理论依据。

---

* 国家社会科学基金青年项目（10CZJ001）资助。原载《历史教学》2010年第16期。

① 河南大学黄河文明与可持续发展研究中心编著《黄河开发与治理60年》，科学出版社，2009。

这其中包括宋代的程颐、宋敏求,清代的靳辅、胡渭、魏源,民国的李仪祉、张含英,以及现代的谭其骧、岑仲勉、任伯平、邹逸麟、史念海、王质彬、姚汉源等,他们中有耗尽一生精研黄河的学者,有实际治理黄河的官员,还有学贯古今的名家大师。但论者熙熙,却众说纷纭,直至今天仍然争议不绝。在探讨与争论中,中华人民共和国已经悄然度过了六十华诞,黄河也再次安流了整整一个甲子,而距离谭其骧先生在中华人民共和国成立后展开的黄河安流问题的讨论也恰恰过去近半个世纪。千年争论表面似乎依然是众说纷纭、莫衷一是,但实际上许多问题的答案在探讨中已渐清晰,因此让我们在这里重新梳理回顾一下这长达千年的争论——东汉至唐黄河安流问题。

一、东汉至唐黄河是否安流

从史书记载来看,黄河决溢频次在东汉至隋减少了,唐代虽有所增加,但也远远少于五代以后,且无重大改道。多数学者认为黄河在这一时期是相对安流。但也有部分学者从安流时间、标准或者史书记载疏漏等方面提出了不同意见。

(一)黄河安流的时间与分期

黄河千年无恙是历代多数学者论述东汉至唐黄河问题的基本出发点和共识,表面看来这一论断似乎无须争论,但实际上确应深入探讨。因为其中包含着黄河在东汉至唐 800 年间安流的时间分期、界定及定性问题,多数学者并没有认识到这一问题的重要性。

早在清代,许多学者就认为东汉至唐黄河千年安流,如胡渭就认为“唐自长寿以来,时有溢决,见之于史而无大变迁……禹功既坏,河行未久辄复徙,远者数百年,近者或百余年,或数十年,独东汉之河垂千岁而后变”①。魏源也认为王景治河后,“行之千年”②。直至近代持此说者仍是多数,李仪祉延续了这一说法,称黄河“历晋、唐、五代千年无恙”③。

---

① 胡渭:《禹贡锥指》卷 13,文渊阁四库全书本。

② 魏源:《古微堂集》外集卷 6《寿河篇》。

③ 李仪祉:《黄河之根本治法商榷》,载李仪祉原著,黄河水利委员会选辑《李仪祉水利论著选集》,水利电力出版社,1988,第 19 页。

但也有学者并不同意安流的说法①,其中有学者提出:从永平十二年(69 年)至宋仁宗庆历八年(1048 年)黄河改道北徙共计 979 年间,有决溢记载的年份 99 年,决溢处数 205 处,平均约 10 年即有一年发生两处决溢,不能算千年无患。② 但此论一出,反驳者即提出两点意见:一是"历史研究治黄史的学者,尤其是近代李仪祉、张含英、岑仲勉等人,都知道从东汉到北宋黄河下游改道北徙,不到一千年;也都知道其间曾发生过决溢灾害,至于次数多几次或少几次,这是占有资料多少的问题,不致影响定性"③。二是东汉至唐的千年安流是"与以前的西汉和以后的五代、北宋相比,无疑是一个稳定时期"④,即与其他朝代比较而言,东汉至唐相对安流。⑤ 其实除了上述两点错误,该观点在决溢统计过程中也出现了偏差,将发生 87 次决溢的唐宋时期与发生 10 次决溢的魏晋南北朝及隋时期一起计算,即把唐宋时期的决溢次数分摊到极少发生决溢的魏晋南北朝及隋时期,这就产生了东汉至隋也是平均约 10 年即有一年发生两处决溢的假象。

虽然该观点存在错误,但有一点是值得肯定的,即明确提出了黄河在该时期存在决溢的事实,只是未能将东汉至唐的黄河安流进行细致的定性或者分期。那么怎样对这一时期进行划分呢?其实这一点谭其骧先生早就谈过,他曾将东汉至唐代 800 多年具体划分为两个阶段,"前五百多年黄

---

① 王涌泉、徐福龄:《王景治河辨》,《人民黄河》1979 年第 2 期,第 73 – 77 页。赵淑贞、任伯平:《关于黄河在东汉以后长期安流问题的研究》,《人民黄河》1997 年第 8 期,第 53 – 55 页。赵淑贞、任伯平:《关于黄河在东汉以后长期安流问题的再探讨》,《地理学报》1998 年第 5 期,第 463 – 469 页。赵淑贞、任世芳、任伯平:《北魏时期黄河下游水患问题的再探讨》,《人民黄河》1999 年第 4 期,第 36 – 38 页。

② 王涌泉、徐福龄:《王景治河辨》,《人民黄河》1979 年第 2 期,第 73 页。

③ 彭应仁:《王景治河浅析——读〈王景治河辨〉后》,《人民黄河》1981 年第 3 期,第 60 页。

④ 邹逸麟:《东汉以后黄河下游出现长期安流局面问题的再认识》,《人民黄河》1989 年第 2 期,第 61 页。

⑤ 谭其骧:《何以黄河在东汉以后会出现一个长期安流的局面——从历史上论证黄河中游的土地合理利用是消弭下游水害的决定性因素》,《学术月刊》1962 年第 2 期,第 23 – 35 页。李湘、姜同:《也谈魏晋南北朝时期黄河安流问题》,《人民黄河》1981 年第 6 期,第 67 – 70 页。

河安稳得很,后三百年不很安稳,但比第二期(西汉)要安稳得多”①。因为黄河在有唐一代虽然没有如五代时期决溢频繁,也没有如西汉出现较大改道,但决溢次数较魏晋以来明显增加,频率上也并不逊于西汉,所以将唐代黄河问题与魏晋南北朝以及隋朝相提并论,是明显不合适的。因此在论述东汉至唐的黄河安流问题时,东汉指的是永平十二年(69年)以后,具体应分为两个时期加以区别。不过这样一来是否就可以认为唐代不属于相对安流时期呢?这就涉及黄河安流标准的争论。

(二)相对安流的标准

学者们在探讨东汉至唐黄河安流问题时存在一定的争论,其中一个重要原因是对安流的认识缺乏统一的标准。多数学者的看法是应该以河道基本稳定作为标准,部分学者则以黄河在该时期决溢频率作为尺度,少数学者则认为应该以整个沿黄地区的水患来衡量。那么黄河相对安流的标准应该是什么?

衡量的标准应该有两点:一是河道的基本稳定。何谓安流?当然是指主流相对平稳,未出现较大改道,而东汉至唐的黄河河道即未出现较大改道。在这几百年内,史书没有黄河改道的记述,成书于东汉三国的《水经》和北魏的《水经注》,与唐代的《元和郡县志》中所记的沿河州县几乎可以说完全相同,这表明了该时期河道的相对稳定。② 二是要考虑决溢的频次、范围与受灾的程度。这两点中显然应以第一点为主,即河道基本稳定,长期没有变迁,是“安流论”的主要内涵,而决溢次数较少,则是第二位的问题。③ 从这一标准来看,前文所提到的唐代“论次数不比西汉少,但从决

① 谭其骧:《何以黄河在东汉以后会出现一个长期安流的局面——从历史上论证黄河中游的土地合理利用是消弭下游水害的决定性因素》,《学术月刊》1962年第2期,第24页。

② 谭其骧:《何以黄河在东汉以后会出现一个长期安流的局面——从历史上论证黄河中游的土地合理利用是消弭下游水害的决定性因素》,《学术月刊》1962年第2期,第24页。《黄河水利史述要》编写组:《黄河水利史述要》,黄河水利出版社,2003,第129页。

③ 李湘、姜同:《也谈魏晋南北朝时期黄河安流问题》,《人民黄河》1981年第6期,第67页。

溢的情况看来，其严重程度显然远不及西汉"①，且无重大改道，应该算相对安流。

对于第三种意见，即不少学者将沿黄地区的水灾或者支流决溢视为衡量该时期黄河状况的标准②，这确实应该作为研究黄河状况的参考，但不宜作为安流的主要评判标准。原因有三：其一，水灾本身有多种类型，比如涝灾、山洪、雨灾等，河流决溢只能算其中的一种。因此将沿黄地区的水患全部认为是黄河水灾，进而推定该时期"可能""或许"发生决溢无疑是不正确的，也是不符合科学精神的。况且即使发生区域性水灾或者支流决溢，未必会造成黄河主流的决口，更未必会造成主流改道或者不再安流。因此将黄河的河流水患与沿黄地区的水灾等同，无疑混淆了两者概念上的区别，这是此观点最明显的错误。其二，既然要将整个沿黄地区的水灾纳入衡量范围，那么标准就应统一。如有学者曾对东汉水灾进行了详细考证，对其他时期的水灾却有所遗漏，在这种史料统计标准不一的基础上，得出东汉水患频率高于西汉或者唐代水患远轻于东汉的结论，③就稍欠妥当。另外从黄河及其主要支流渭、洛来看，隋唐五代时期虽然涨溢频繁，间有摆动侵蚀，比秦汉及魏晋南北朝时河道变迁程度更趋加大，但无论如何变化，三河基本上还是循其故道，特别是渭、洛两河。黄河局部河段有所变化，但变化的范围远较宋、元、明、清要小。④ 所以在标准统一的前提下即

---

① 谭其骧：《何以黄河在东汉以后会出现一个长期安流的局面——从历史上论证黄河中游的土地合理利用是消弭下游水害的决定性因素》，《学术月刊》1962 年第 2 期，第 24 页。

② 《黄河水利史述要》编写组：《黄河水利史述要》，黄河水利出版社，2003，第 110、129 页。王质彬：《对魏晋南北朝黄河问题的几点看法》，《人民黄河》1980 年第 1 期，第 59 - 63，68 页。王质彬：《论隋唐五代的河患及治河活动》，《人民黄河》1980 年第 4 期，第 77 - 82，76 页。赵淑贞、任伯平：《关于黄河在东汉以后长期安流问题的研究》，《人民黄河》1997 年第 8 期，第 53 - 55 页。赵淑贞、任伯平：《关于黄河在东汉以后长期安流问题的再探讨》，《地理学报》1998 年第 5 期，第 463 - 469 页。

③ 王尚义：《两汉时期黄河水患与中游土地利用之关系》，《地理学报》2003 年第 1 期，第 73 页。王尚义、任世芳：《唐至北宋黄河下游水患加剧的人文背景分析》，《地理研究》2004 年第 3 期，第 389 页。

④ 王元林：《隋唐五代时期黄渭洛汇流区河道变迁》，《陕西师范大学学报（哲学社会科学版）》1997 年第 2 期，第 138 页。

使衡量其主要支流,也难以改变黄河主流相对安流的事实。其三,假设(只是假设)结论正确——史书记载沿黄水灾或者支流水患在东汉或者魏晋南北朝时期较为严重,但史书也明确记载此时黄河决溢明显少于西汉或者五代以后。如此“严重”的水灾却没有造成如黄河在西汉一样出现改道,这说明了什么?无疑更有力地证明了黄河主流在该时期是相对安稳的。其实在很多讨论东汉至唐黄河安流问题的论著(像《黄河水利史述要》)中,虽然也将沿黄水灾资料或者支流决溢收录,但目的仅仅为拓宽史料范围,以此为基础对当时的河流状况进行推测,但最终结论却并不否认这一时期相对安流的史实。

因此相对安流的标准应该有两点:一是主流是否有重大变迁,二是要考察决溢频次、受灾范围以及受灾程度。其中第一点尤为重要,所以东汉至唐相对于后代,黄河水灾的记载较少,主流也无重大的变迁;五代以后,黄河决溢记载明显增多,主流变迁频繁。①

(三)史书记载是否完整

否定东汉至唐相对安流的学者还有一个观点,即怀疑该时期水患较少可能为史书记载疏漏。其实这一观点早在宋代就已经被学者提出,宋敏求就认为“唐河朔地,天宝后久属藩臣,纵有河事,不闻朝廷,故一部《唐书》所载者仅滑帅薛平萧仿二事”②。而之后的胡渭也觉得这种推测是可能的,他说:“肃、代以后,强藩跋扈,并帝制,自为决道,云纵有河事不闻朝廷是也。而愚更有说焉,河灾羡溢,首尾亘千里之外,非一方可治,当四分五裂之际尔诈我虞,唯魏、滑同患,故田弘正从薛平之请,协力共治,否则动多掣肘,纵有溢决,亦迁城邑以避之而已,此河功所以罕纪也。据史所书,谓唐少河患亦未为笃论云。”③近代一些学者如钱穆先生也认为,“此说实在是一种极合理的推测”④,直至当代仍有不少学者坚持此说。安史之乱以后,黄河下游的一些地区为藩镇所据,政令不畅,因此黄河水患被漏记的可

① 周魁一:《隋唐五代时期黄河的一些情况》,载谭其骧主编《黄河史论丛》,复旦大学出版社,1986,第108页。

② 胡渭:《禹贡锥指》卷13,文渊阁四库全书本。

③ 胡渭:《禹贡锥指》卷13。

④ 钱穆:《古史地理论丛》,生活·读书·新知三联书店,2004,第243页。

能性是存在的。但我们也应该看到唐朝前期统一强盛时，发生河患的情况同样较少，而在五代时期，战乱纷扰，河患的记载却要远远超过唐代，这就不能仅仅用漏记来解释。

同样有学者在探讨魏晋南北朝黄河问题时也认为，“当社会趋于安定、统一时，统治者对水害比较注意，记载就可能多些；当社会处于混乱状态时，统治者忽视水灾，记载就可能相对少些”①。

针对这些观点，史念海先生进行了解释：“我国历来都极为重视史事的记载，虽在分裂割据时期亦并未有所忽略，三国和十六国时期都不例外，更不必说南北朝了。当时割据政权历年即使不甚长久，也都各有其史籍，往往还不止一种。书名俱在，可以覆案。……史籍现在已经失传……黄河较大的决溢往往漂没人口，形成一方的危害。割据时期的一些霸主固然不会关心人民的疾苦，可是漂没人口却一定要减少兵丁和赋税的来源，所以不会不引起注意，史家也无由不加以记载。河患不见于史籍的记载，正是说明当时并未发生过值得记载的河患。当然不能因此而轻下结论，认为这是虚假的安流现象。”②

其实所有提出漏记看法的学者都仅仅是推测，并无任何史料佐证，这是最关键的一点，因此也就不能改变黄河在这一时期相对安流的基本史实。所以在讨论东汉至唐黄河安流问题时，必须以尊重史实、讲求证据为根本出发点，除非从文献史料或者考古等其他方面找到更多黄河改道或者决溢的新证据，否则无法改变黄河在东汉至唐相对安流这一基本看法。

总之，通过多年的争论与研究，东汉永平十二年（69 年）以后至唐的黄河相比其他朝代而言，确实出现了一个相对安流的局面。具体来讲，东汉、魏、晋、南北朝、隋时期黄河水患相对较少，而唐以后黄河水患逐渐增多，但明显少于五代及宋以后。

二、由相对安流至决溢频繁的原因

东汉至唐少河患而五代以后多河患的原因，也引起了诸多学者的思

① 王质彬：《对魏晋南北朝黄河问题的几点看法》，《人民黄河》1980 年第 1 期，第 60 - 61 页。

② 史念海：《河山集》（二集），生活 · 读书 · 新知三联书店，1981，第 365 - 366 页。

考。许多学者都提出了自己独到的见解。阎若璩曾提到宋代人对此有两种看法,一种是程颐说的“汉火德,多水灾,唐土德,少河患”①,而“宋多河患,以火德故”②,这是用五德说来解释;另一种看法是宋敏求所说的战乱导致记载疏漏。清代以来,胡渭、魏源、李仪祉等认为王景治河功不可没,谭其骧先生认为土地利用方式的转变是决定性因素,岑仲勉先生认为河汴分流是其最要,史念海先生着重强调森林的植被保护,另外还有其他学者从气候变迁、土地沙漠化等诸多方面展开了深入探讨。但究竟是何种因素导致黄河在东汉至唐出现安流,而在五代以后决溢频繁呢?总结诸说,主要包括以下五个方面。

(一)河道治理修护

在宋代人的两种看法中,胡渭是不同意五德终始说的解释,他说:“宋多河患,以火德故,然东汉亦火德,而河患绝少,何也?”③所以他在赞同唐代河患较少可能为漏记的同时,也认为“王景之功不可诬也”④。薛凤祚在《两河清汇》中也同样称赞:“自明帝及魏晋六朝至唐开元数百余年,数书连雨大水,而河无横决之患,(王景治河)其功大矣!”魏源将王景治河看作黄河千年无患的保障,他说:“汉明帝永平中,王景治河,塞汴归济,筑堤修渠,自荥阳至千乘海口千余里,行之千年。阅魏、晋、南北朝,迨唐、五代,犹无河患,是禹后一大治。”⑤

东汉时期王景治理黄河所修筑的系统防洪工程对维护东汉至隋唐河道起到了重要作用。这次工程动用了数十万人,“自荥阳东至千乘海口千余里。景乃商度地势,凿山阜,破砥绩,直截沟涧,防遏冲要,疏决壅积,十里立一水门,令更相洄注,无复溃漏之患。景虽简省役费,然犹以百亿计。明年夏,渠成”⑥。如此耗费财力、物力、人力的大规模系统防洪工程无疑是东汉至唐最大的水利工程之一。尤其是“十里水门法”,被明代的徐有

① 胡渭:《禹贡锥指》卷13,文渊阁四库全书本。

② 胡渭:《禹贡锥指》卷13。

③ 胡渭:《禹贡锥指》卷13。

④ 胡渭:《禹贡锥指》卷13。

⑤ 魏源:《古微堂集》外集卷6《寿河篇》。

⑥ 范晔:《后汉书》卷76,中华书局,1965,第2465页。

贞，清代的魏源、刘鹗，以及民国的李仪祉等看作治水成功的关键。李仪祉更是评价："王景治河必有其切中肯要之处。以十里水门之法固堤防而深河槽，以疏导之法减下游盛涨，下游减则在其上游溃决之患自弛。本此法也，故能使河一大治，历晋、宋、魏、齐、隋、唐八百余年，其间仅河溢十六次，而从无决徙之患。"①当然"十里水门法"史书并无明确记载，虽然魏源、李仪祉、岑仲勉曾进行了详细考证，但却如王质彬先生所言有理想化的成分②。不过这次修筑对于稳定黄河河道近千年的作用仍是不容置疑的。

但另一点也不容忽视，即随着历史地理环境的变迁，对这条历经千年的河道的大规模系统修护却较少，"唐代河患记载虽有增加，但治理的事迹却寥寥，见于史籍的治河活动不过三四次"③。而且只是在河流出现决溢的情况下，才被动地进行防护。唐代这种被动的修复规模也极其有限，如元和八年（813 年）曾对黄河进行了一次比较大的维护，观察使田弘正及郑滑节度使薛平采取分流的方式，修葺了长七千米、阔六十步、深六米的河道，这种规模与王景治河千余里的规模是无法相提并论的。到了五代时期河床抬高，加之中原地区长年战乱，黄河不仅疏于防护，且多次人为决堤，近千年的防洪工程至此遭到彻底破坏。

（二）土地利用方式的转变

不过对王景治河还是有不少学者提出了异议，其中谭其骧先生就认为："这种看法是不符合于历史真实情况的。即令王景的治导之法确乎比历史上所有其他治河工作者都远为高明（其实未必），他的工程成果顶多也只能收效于一时。要说是一次'合乎治导之理'的工程竟能使黄河长期安流，'功垂千载'，这是无论如何也讲不通的。"④

---

① 李仪祉：《黄河之根本治法商榷》，载李仪祉原著，黄河水利委员会选辑《李仪祉水利论著选集》，水利电力出版社，1988，第 153 页。

② 王质彬：《对魏晋南北朝黄河问题的几点看法》，《人民黄河》1980 年第 1 期，第 61 页。

③ 王质彬：《论隋唐五代的河患及治河活动》，《人民黄河》1980 年第 4 期，第 79 页。

④ 谭其骧：《何以黄河在东汉以后会出现一个长期安流的局面——从历史上论证黄河中游的土地合理利用是消弭下游水害的决定性因素》，《学术月刊》1962 年第 2 期，第 25 页。

因此1962年谭其骧先生在《学术月刊》上发表了《何以黄河在东汉以后会出现一个长期安流的局面——从历史上论证黄河中游的土地合理利用是消弭下游水害的决定性因素》,认为东汉至唐黄河水患较少在于中游土地利用方式的改变,这是消除黄河水患的决定性因素。尤其是以务农为本的汉族人口的急剧衰退和以畜牧为生的羌胡人口的迅速滋长,反映在土地利用上,当然是耕地的相应减缩、牧场的相应扩展。黄河中游土地利用情况的这一改变,结果就使下游的洪水量和泥沙量也相应地大为减少,他认为这就是东汉一代黄河能够安流无事的真正原因所在。而到了唐代后期,黄河中游地区土地利用的发展趋向中,农业比重增加,为下游伏下了祸根。“五代以后,又继续向着这一趋势变本加厉地发展下去,中游的耕地尽‘可能’地无休止地继续扩展,下游的决徙之患也就无休止地愈演愈烈”①。谭先生从水土流失与植被保护的角度出发,论述人类活动与黄河中游生态环境的互动关系,这是前辈学者所忽视的。但把农牧之间土地方式的转变作为决定性因素也引起了一定的争论。任伯平先生就提出了三点质疑:一是以下游河道决溢次数的多寡来说明洪水的大小,进一步用以推断中游水土流失的程度,这种推论是不很可靠的。因为河道决溢与否不仅取决于洪水流量的大小,而且还取决于河道宣泄能力的大小。二是如果东汉以后800多年的安流局面归功于中游土地利用方式的改变和水土流失程度的减轻,那么由于人口密度和开垦率的减少、自然植被率的恢复都是逐渐进行的,因此下游的河患也应该是逐渐减少才对。可是情况并非如此。西汉河患严重,人所共知,王莽始建国三年(11年)复发生了第二次大改道。河患在王景治河以后,就突然销声匿迹了,这显然不是由于水土流失逐渐减少,而是防洪标准有了一个很大提高的缘故。三是对于晋、陕、甘黄土高原来说,无论是不合理的开垦,还是过度放牧,都会造成严重的水土流失。究竟哪一种后果更坏,这是很难比较的。② 邹逸麟先生则支持谭先生的观

---

① 谭其骧:《何以黄河在东汉以后会出现一个长期安流的局面——从历史上论证黄河中游的土地合理利用是消弭下游水害的决定性因素》,《学术月刊》1962年第2期,第34页。

② 任伯平:《关于黄河在东汉以后长期安流的原因——兼与谭其骧先生商榷》,《学术月刊》1962年第9期,第51－52页。

点，对任文的三点质疑进行了回应：一是谭文推断西汉时代中游的水土流失相当严重，只是说相对地比东汉以后要严重，并没有说比历史上任何时期都来得严重。历史上各个时期黄河中游的水土流失有多大？下游的宣泄能力有多少？多大的洪水会造成灾害？这些问题由于记载缺乏，很难做出正确的量的估计。但西汉时代黄河的洪水与泥沙问题确乎很严重。而且当时黄河下游还存在许多分支和湖泊，其宣泄调节能力肯定也不会很小。在这样的情况下，黄河的决溢不可能不与中游的水土流失无关，也不能仅仅归结为下游的宣泄无力。二是西汉平帝（1—5 年）至东汉永平十二年（69 年）的 60 余年的河患只是长期未予治理，并不是新的河患。因此就是在这 60 余年间，中游的耕垦面积已经逐渐缩小，自然植被已经逐渐恢复，水土流失已经逐渐减轻，所以才能使王景的治河工程一经告竣，就出现了长期安流之局。三是过度放牧和不合理开垦一样，也会破坏植被引起水土流失，但过度放牧相对于农业耕作后果更为严重。另外从东汉到南北朝黄河中游一带的载畜量也并非过度。① 无疑邹先生做了相对合理的解释，黄河水患的症结在于泥沙，因此中游的水土保护至关重要。土地利用方式的转变也应该是黄河安流的一个重要原因。

但要将土地利用方式的转变认定为东汉至唐黄河安流的决定性因素，无疑还欠实证。首先，东汉与西汉相比黄河中游人口出现明显减少，而人口减少也确如谭先生所言会带来耕地面积缩减，但缩减的耕地可能会成为游牧民族的牧场，也可能直接荒芜。而不管是成为牧场还是直接荒芜，人口减少导致的耕地面积缩减本身就有利于植被的恢复，进而减少水土流失，为安流创造一个良好的生态环境。因此无须再过多地解释为，游牧人口增加与农耕人口减少带来的土地利用方式的转变是消弭黄河水患的决定性因素。如果一定要得出此结论，则需要具体考证农耕土地缩减的数量、牧场增加的数量以及荒芜土地的数量，即是否大部分农耕的土地转变成为牧场，而不是单纯荒芜了，但这一点受史料局限是难以做到的。其次，相对于放牧，农耕的破坏可能较为严重，但多大数量的农耕人口会导致黄河改道、频繁决溢？农耕、游牧这两大土地利用方式对当时水土破坏的严

① 邹逸麟：《读任伯平“关于黄河在东汉以后长期安流的原因”后》，《学术月刊》1962 年第 11 期，第 49－50 页。

重程度该如何衡量？这种耕作破坏与河流决溢之间存在怎样的必然关系？这不能建立在推测的基础上,都需要进行审慎的量化分析,因此多年来,任伯平、王尚义、赵淑贞等学者对谭先生观点提出的质疑也是不能回避的。最后,将黄河中游土地利用方式的转变认定为消弭黄河下游水害的决定性因素,无疑是忽视了工程防护在黄河安流中不可或缺的重要作用。中华人民共和国成立60年来岁岁安澜,黄河的工程性措施历来都被认为是治黄的重中之重。

（三）中上游水土保持

谭其骧先生在20世纪50年代也曾将五代以后黄河河患增多的因素归结于整个流域内森林、草原的逐渐破坏,只是在以后的思考上进一步认为土地利用方式的转变是其决定性因素。史念海先生一方面赞同土地利用方式对于减少黄河泥沙的作用,另一方面更多地从森林植被保护方面进行论述。他认为东汉至唐黄河安流的原因还在于“这一时期对于森林的破坏还未显得严重。森林地区的基本完整,在阻遏侵蚀方面也起到了相当的作用”①。史先生认为促成黄河决溢的因素主要是河床的抬高,河床如果抬得更高,原来的堤岸就难以再有多大的作用。河床抬高源于泥沙的堆积,而泥沙来自中游。因此这一时期黄河中游部分农田改成草原和森林没有受到严重破坏,起到了阻遏侵蚀、减少泥沙的作用。东汉王景治河时在下游新河道修筑千里长堤,此时的河床未能成为悬河。同时黄河支流如泾河在西汉时期混浊,在西晋时期变清。支流的转清,在一定程度上说明输入黄河的泥沙减少,因此河床抬高速度就显得缓慢。史念海先生虽然是在谭先生观点的基础上进行论证,但论证得更为具体、严谨,也点明了东汉至唐黄河安流问题的许多关键问题:人口减少使中上游植被在该时期得到恢复,导致进入黄河的泥沙减少,使得河床抬高速度缓慢,是形成这一时期黄河安流局面的重要因素。

到了唐代以后,黄河中游和上游部分地区都出现了水土流失、沙漠化现象,包括河湟及其以下地区、黄土高原北部、泾河流域三个地区。首先是河湟及其以下地区。黄河在流经青藏高原时,为高山融化的雪水,较为清

① 史念海:《黄土高原历史地理研究》,黄河水利出版社,2001,第826页。

澈，在经过多条河流汇集后，逐渐开始混浊，唐朝后期刘元鼎出使吐蕃时就已经看到了这个问题，他说黄河在这一地区“流澄缓下，稍合众流，色赤，行益远，它水并注则浊”①，可见黄河在唐朝后期水质最早变浊，主要在其支流湟水。而河湟以下的河道也是风沙较多的地区，刘元鼎曾说“河源东北直莫贺延碛尾殆五百里，碛广五十里，北自沙州，西南入吐谷浑浸狭，故号碛尾”②。而从现在的地图看，黄河在出河湟以后，经过面积较广的戈壁及沙漠地带。唐肃宗在天宝十五载（756年）“行至丰宁南，见黄河天堑之固，欲整军北渡，以保丰宁，忽大风飞沙，跬步之间，不辨人物”③，当地多风沙天气，黄河在经过这一地区已经变混浊。其次是黄土高原北部。王守春等学者认为唐代后期至北宋，即7至10世纪，榆林、横山、环县一线以北，自然环境明显地表现出恶化趋势，④特别是夏州一带，《元和郡县图志》中曾引《十六国春秋》曰：“赫连勃勃北游契吴，叹曰：美哉！临广泽而带清流，吾行地多矣，自马领以北，大河以南，未之有也。”契吴山距朔方县城35千米，这一地区在南北朝时期水草丰美。《魏书》中更有记载：“世祖之平统万，定秦陇，以河西水草善，乃以为牧地。畜产滋息，马至二百余万匹，橐驼将半之，牛羊则无数。高祖即位之后，复以河阳为牧场，恒置戎马十万匹，以拟京师军警之备。每岁自河西徙牧于并州，以渐南转，欲其习水土而无死伤也，而河西之牧弥滋矣。”这里的“河西”指的是今陕山峡谷陕西一侧的地区，也说明了北魏时期这一地区水草丰美，适于放牧，是北魏畜牧业的重要地区。而到了唐朝，这一地区的地理情况发生了较大变化，在贞元十三年（797年），夏州地区在当时人的眼中，已经成为一个“沙碛之地，无耕蚕生业”⑤。而且在长庆二年（822年）更受到了沙暴的袭击，“飞沙为堆，高及城堞”⑥。在中游的其他地区，如在今陕山峡谷的山西北部一侧，李德

① 欧阳修、宋祁：《新唐书》卷216，中华书局，1975，第6104页。

② 欧阳修、宋祁：《新唐书》卷216，第6104页。

③ 刘昫等：《旧唐书》卷10，第241页。

④ 吴祥定、钮仲勋、王守春等：《历史时期黄河流域环境变迁与水沙变化》，气象出版社，1994，第75页。

⑤ 刘昫等：《旧唐书》卷162，第4247－4248页。

⑥ 欧阳修、宋祁：《新唐书》卷35，第901页。

裕曾提到“杷头峰北便是沙碛”①。可见唐朝时期黄河中游两侧沙化严重,水土流失加剧。最后是泾河流域。这里是关中地区开发较早的地区,人口较为稠密,泾河河水在唐朝以前就比较混浊,唐朝以后更为严重,而且唐诗中强调“泾渭分明”的诗歌竟多达数十首,柳宗元更曾专门说道,“泾水黄,陇野茫”②,足见唐朝时泾水的泥沙含量。从这三个地区生态环境的变化,可见黄河在经过这一地区时夹带的泥沙增多,黄河总体的含沙量增加。古代文献中的那条“大河”在唐朝也就成了名副其实的“黄”河,水土流失的加剧,使得河床抬高,为唐代以后决溢频繁直至改道埋下了伏笔。③

(四)支流湖泽分滞洪水

在东汉至唐的安流原因中,岑仲勉先生着重强调汴水分流的重要作用,他认为:由三国初至唐末几近700年,是黄河最安靖的时期。黄河为什么能够安靖,最要在分汴,曹操治睢渠,邓艾治百尺渠,虽志在通漕,实际上仍替分汴做工作。一直到5世纪初,凭着军事利用,屡加调浚;中间沉寂了约150年,因南北统一,汴河又一跃而成为南北灌输的大动脉。唐、宋两代之注重治汴,无异于明、清两代之注重治黄,治汴比治黄容易得多,汴治可以分黄,跟着可以分淤,分黄、分淤便大大降低了黄河正流的危险。④ 彭应仁也认为东汉至唐的黄河安流中,王景的汴济分流和十里设一水门这些分水分沙措施起着决定性的作用。⑤ 王质彬则强调下游河流分洪分沙的重要作用,“东汉以后,一直到魏晋南北朝,黄河下游仍有许多分支,如汴水、济水、濮水等。这些分支在洪水期间,一方面能从大河分出部分洪水,削减洪峰;另一方面又可分出部分泥沙,对防洪是有利的”⑥。

谭其骧先生也曾经将五代以后黄河河患增多的因素归结于流域内沟

---

① 刘昫等:《旧唐书》卷174,中华书局,1975,第4522页。

② 彭定求等编《全唐诗》卷350,中华书局,1960,第3918页。

③ 闵祥鹏:《中国灾害通史·隋唐五代卷》,郑州大学出版社,2008,第65-67页。

④ 岑仲勉:《黄河变迁史》,中华书局,2004,第330页。

⑤ 彭应仁:《王景治河浅析——读〈王景治河辨〉后》,《人民黄河》1981年第3期,第60-63页。

⑥ 王质彬:《对魏晋南北朝黄河问题的几点看法》,《人民黄河》1980年第1期,第62页。

渠、支津、湖泊的逐渐淤废①。《水经注》里黄河中游各大支流都有不少湖泊，汾、沁各五六个，渭、洛各十余，下游则自鸿沟以东，泗、济以西，长、淮以北，大河以南，共有较大的湖泊一百四十个，五代以后逐渐淤塞。姚汉源也从《水经注》的记载中分析了当时黄河的状况，他认为：一是能分疏洪水的分支较多；二是连通黄河能容蓄洪水的湖泽较多；三是黄河下游的旧河道较多，也能分泄大洪水。② 因此，黄河洪水可以通过支流、旧河道、湖泽等多种方式分泄③。

到了唐代，黄河南北分洪的主要河流是汴水和马颊河，但这两条河在唐末以后先后曾不同程度地出现淤塞，分流作用开始降低。马颊河为久视元年（700 年）开凿，被称为“新河”，有利于分洪，但分流作用历代史书记载较少，仅《元和郡县图志》与《新唐书》寥寥数语提及，诗词中有一些记载④，至宋代淤积。相比而言，汴水的作用更为明显，汴水是通济渠的一段，据《元和郡县图志》记载，“通济渠自洛阳西苑引谷、洛水达于河，自板渚引河入汴口，又从大梁之东引汴水入于泗，达于淮，自江都宫入于海。亦

---

① 谭其骧先生认为这些原因基本不错，但仍然解决不了黄河史上一个很突出的问题，即黄河灾害按理应该是一贯直线发展，何以会在中间（东汉至唐）出现大曲折？因此他在之后的论文中认为土地利用方式的转变是决定性因素。

② 姚汉源：《中国水利史纲要》，水利电力出版社，1987，第 97 页。

③ 姚汉源先生的这些解释却得出另一个结论，即“从上段的分析可以想象黄河洪水时分入各分支，还可能进入故河道，窜入海河水系。从分支又分入各湖泽，北面入海河下游沼泽；东面漫衍至济南以东，泰山北麓；稍南面可以溢入巨野泽，巨野泽广大，南连孟诸等泽，几乎可以漫溢到整个鲁西南地区。在汴渠流域，当时人已说，下至彭城‘秋夏霖潦，千里为湖’。如果这样在广大面积上平铺，可能有两种结果：一是各河都有洪水，不大可能指出哪里是黄河来的洪水，哪里是本河的洪水；二是伏秋汛期恰值北方雨季，降水较多时也很难分出哪是洪水，哪是涝水。所以当时的很多记载仅记某些州大水，而不能分辨是涝是洪；明确可指为黄河溢出只能从它与渭、或汾、或伊洛等支流同时暴涨时看得出”。不过姚先生在具体论述这一观点时，也觉得这只是一个没有史料证明的猜测，所以将该段论述为“对当时黄河洪水为患情况的推测”，将“可能是水灾的史料”进行整理，称为“黄河下游水灾臆测表”。（姚汉源：《中国水利史纲要》，水利电力出版社，1987，第 97 页）

④ 周魁一先生在《隋唐五代时期黄河的一些情况》（载谭其骧主编《黄河史论丛》，复旦大学出版社，1986，第 118 页）中，曾以多首诗歌来印证马颊河在唐代的分流作用，可见其确实是这一时期黄河下游的一条重要的分流干渠。

谓之御河,河畔筑御道,树之以柳”,是唐代黄河下游南岸最主要的分流干渠。但汴水的水流较少,在枯水期要堵住其他河流以保持汴水的漕运。这就使得黄河南岸其他分流河流大多改流或者淤塞。随着这些分流的河流相继淤塞,起到的分流作用也日渐降低。同时自唐以后,水门逐渐湮没失效,渠塞泽垫,河害日趋严重,治河官员和研究治黄的学者,开始认识到黄河下游分水分沙的重要性。故五代时的后汉乾祐二年(949 年),卢振“沿汴水访河故道陂泽处,置立斗门,水涨溢时以分其势”①。无疑支流与湖泽对于黄河洪水的分滞具有重要意义。

(五) 人为决河

东汉至唐,人为决河偶有为之,影响并不严重。但唐末、五代出现的三次人为决河,却是开启了黄河频繁决溢的肇端。从 896 年到 923 年的近 30 年间,除了三次人为决河之外,黄河出现自然决溢的情况极为少见。而就在 923 年的人为决河以后,黄河水患骤增,人为决口处也是频频复决,安流局面再也难以为继。

唐乾宁三年(896 年)四月,“河圮于滑州,朱全忠决其堤,因为二河,散漫千余里”②。朱温掘开滑州堤防所造成的严重后果,长期以来备受后世学者的抨击,靳辅的《治河奏绩书》中说“朱全忠决为二河夹城而东,为害滋甚”。之后的龙德三年(923 年)后梁因无力抵挡后唐的进攻,又“自滑州南决破河堤,使水东注,曹、濮之间至于汶阳,弥漫不绝,以陷北军”③。这两次在滑州周围的决河,给黄河下游堤防带来极大的破坏。其后虽屡次堵住决口,但滑州在该时期还是出现了七次决堤,是当时出现决溢最多的地区。还有一次人为决河发生在贞明四年(918 年),谢彦章在杨刘一带又“决河水,弥浸数里,以限晋兵,晋兵不得进”④。《资治通鉴》评价说:“梁所决河连年为曹、濮患。”⑤同光二年(924 年),后唐庄宗曾“命右监门上将

① 曹金:《开封府志》卷 32,明万历十三年刻本。

② 欧阳修、宋祁:《新唐书》卷 36,中华书局,1975,第 935 页。

③ 薛居正:《旧五代史》卷 29,中华书局,1974,第 403 页。

④ 司马光编著《资治通鉴》卷 270,中华书局,1956,第 8824 页。

⑤ 司马光编著《资治通鉴》卷 273,第 8923 页。

军娄继英督汴、滑兵塞之。未几,复坏”①。同光三年(925 年)正月又“诏平卢节度使符习治酸枣遥堤以御决河”②。可见人为决口的滑州、杨刘屡塞屡决,成为频繁决溢之地。史念海先生就说:“五代时,这种人工决河的事例更加频繁出现……黄河安流的有利因素,至此已难于保持。”③唐末、五代的多次人为决河,成为黄河由安流到决溢频繁转折的重要原因。这些人为决堤彻底破坏了已经岌岌可危的黄河整体性生态体系,也在一定程度上导致了黄河在后唐同光二年以后水患骤增。

通过这些争论与探索,东汉至唐黄河相对安流及其以后决溢频繁的原因大体可以总结为:东汉以后黄河中上游人口出现了明显下降,森林、草地的植被得以恢复,减少了进入下游河道的泥沙,河床抬升减缓;同时通过王景治河修堤通渠、十里立水门、河汴分流,稳定了千年河道;加之下游的支流湖泽较多,有效地分滞了洪水。而唐代以后,中上游人口增多加剧了土地利用,引发水土流失与沙漠化,黄河泥沙逐渐增多、河床抬高,同时河道修护不能适应河床抬高的变化,支流湖泽淤塞难以及时有效分泄洪水,加之人为决河等因素导致黄河在唐代以后由相对安流转向频繁决溢。

所以说黄河在东汉至唐 800 年保持相对稳定,是因为整个黄河流域的生态环境与工程体系都保持了相对的稳定。而唐以后黄河的水土流失、泥沙淤积、河床抬高,带来了整个生态体系的恶化,工程性措施难以维持,支流湖泽分泄能力不再,加之战乱带来的人为决河,终于在五代以后出现完全崩溃的局面。由此可见,东汉至唐黄河安流是水土保持、工程防护、支流湖泽分泄多种因素平衡下的结果,而唐以后黄河决溢频繁也是水土流失、支流湖泽淤塞等各种因素交织累积所形成的局面,过分强调某个方面而试图抹杀其他方面的“单因论”做法都是不妥当的,这也是许多学者在讨论黄河安流问题时,只论及一点却总不能自圆其说的重要原因。

历代学者对东汉至唐黄河安流问题所进行的争论,加深了对黄河河流规律的种种认识;也正是在对包括黄河安流等历代治黄问题总结的基础

① 司马光编著《资治通鉴》卷 273,中华书局,1956,第 8923 页。

② 司马光编著《资治通鉴》卷 273,第 8929 页。

③ 史念海:《隋唐时期自然环境的变迁及与人为作用的关系》,《历史研究》1990 年第 1 期,第 57 页。

上,我国当前形成了“上拦下排,两岸分滞洪水”的治黄方针,通过实施中上游水土保持,中下游干支流水库、堤防、河道工程整治,东平湖等分滞洪工程分泄洪水等措施进行综合治理,构建出我国系统的防洪体系,取得了中华人民共和国成立60年黄河岁岁安澜的伟大壮举。这一壮举背后体现了人民治黄的伟大成就,也体现了千百年来诸多学者为实现黄河安宁这一梦想的孜孜追求,以及为探求黄河河流规律而进行的前赴后继、探赜索隐的不懈努力。

1841 年黄河决溢围困开封城的空间再现及原因分析*

吴朋飞　陆　静　马建华

摘要：开封城市的兴衰与黄河变迁关系密切。道光二十一年（1841年）黄河决溢围困开封洪水事件，是开封城市发展史上黄河7次入城中仅次于崇祯十五年（1642年）的重大城灾事件，亦是距今最近的一次灾害，对开封城市影响深远。结合《汴梁水灾纪略》绘制出多幅黄水决溢围困开封形势图，总结出灾害的发生具有漫水灌城、大溜分股浸城、大溜冲射危及西北城隅和堵御黄河决口等阶段性特征。从水情、地形以及人文因素等探讨灾害发生的原因，"虽由天灾，实为人祸"，是这场灾害的真实写照。通过现代技术手段复原出灾害的地理空间场景，为重新解读灾害事件拓宽了学术视角，也可为今日黄河水患治理提供借鉴。

关键词：黄河；开封；1841年；洪水；空间再现

历史时期的地理环境处在不断的变化中，只想了解它的今天，而不过问它的"昨天"和"前天"，显然是不够的。因为只有了解了它的"昨天"和"前天"，才能更好地了解它的今天。① 开封是中国著名的八大古都之一，2005年曾因《从开封到纽约——辉煌如过眼烟云》一文而成为城市"衰落典型"轰动全球。近年来，开封经济社会综合实力取得明显进步，但由于历史累积太深，出现城市发展的瓶颈。基于演变视角长时段分析影响开封城

---

* 教育部人文社会科学重点研究基地重大项目（12JJD790023），国家自然科学基金项目（41171409），河南省与教育部共建河南大学项目（SBGJ090101），教育部人文社会科学研究项目（13YJAZH098）。原载《河南大学学报（自然科学版）》2014年第3期。

① 侯仁之：《历史地理学四论》，中国科学技术出版社，1994，第4页。

市兴衰的因素,兴利除弊,可为当今城市发展提供对策。黄河与开封城市的关系,即战国至北宋时期黄河有利于开封城市的发展,北宋都城辉煌过后的12世纪以来,开封地理环境的变迁很大,主要是受黄河泛滥的影响①,黄河制约了金、元、明、清及民国时期的开封城市发展②。金、元以来,开封城遭受黄河泛溢洪水进城灾害主要有1283年、1387年、1399年、1461年、1642年、1841年等年份,其中1841年是距今最近的一次灾害,灾后重塑的城市格局至今仍影响着古城风貌,是推进探讨黄河对开封城市兴衰影响的典型案例。

道光二十一年(1841年),黄河在开封市附近决口南泛,波及苏、豫、皖三省,而以豫、皖受灾最重,约计8府45州县程度不同地受灾。③ 其间,自六月中旬至次年二月,开封城被黄河水围8个月之久,这在中国灾荒史上甚为罕见。在抗灾过程中,开封市的许多标志性建筑物,如城墙的望楼、城垛、校场、演武厅、孝严寺、西北城庙宇、东棚板街阴沟石块以及贡院经房、号房等,因应急堵御被拆除,造成了城市景观和文化事业的一大浩劫。灾后,“城则断雉颓垣,几同废垒矣”④。这是开封城市发展史上城市衰落的关键节点事件之一。前人的论著,也曾涉及这次洪涝灾害,但重点多为灾

① 李长傅:《李长傅文集》,河南大学出版社,2007,第432-443页。

② 李润田、丁圣彦、李志恒:《黄河影响下开封城市的历史演变》,《地域研究与开发》2006年第6期,第1-7页。程遂营:《12世纪前后黄河在开封地区的安流与泛滥》,《河南大学学报(社会科学版)》2003年第6期,第32-36页。

③ 李文海、林敦奎、周源等:《近代中国灾荒纪年》,湖南教育出版社,1990,第9页。

④ 邹鸣鹤:《修复城垣略》,载痛定思痛居士:《汴梁水灾纪略》,李景文、王守忠、李湍波点校,河南大学出版社,2006,第161页。

害描述①,或探讨决口原因②,或着力于危机的应对③。任何灾害的发生都是在特定的地理空间上展开的,本文拟以《汴梁水灾纪略》(本文以下简称《纪略》)为蓝本,在1∶ 10000 地形图上对这次大洪水在开封附近的决口位置、具体流路与范围等予以空间再现,并结合黄河秋汛、地形以及诸多人为因素探讨灾害发生的原因,以便能加深这场洪水灾害对开封影响的认识程度。

二、研究资料和方法

(一) 研究资料

1841 年黄河决口南泛的这场罕见灾害,在《清宣宗实录》、道光《起居注》和《上谕档》、《再续行水金鉴》、《清代黄河流域洪涝档案史料》、《清代淮河流域洪涝档案史料》、《清史稿》、《续碑传集》、光绪《祥符县志》、《辛丑河决大梁守城书事》、《防守省城情形略》、《纪略》等资料中都有记载。其中,尤以《纪略》最为详细和具体。

清代开封痛定思痛居士的《纪略》长达 5 万余字,它以日记形式,逐日记载,并将当时所能见到的有关资料加以补充和整理。该书记载的洪水事件,自道光二十一年(1841 年)六月十六日起,到道光二十二年(1842 年)二月十六日止,历时 8 个月。由于作者对待这一历史事件是持“只记所闻所见”和“事实无饰”的严肃态度,因此记载的事实是真实可靠的。此日记有内部发行本《道光汴梁水灾》④和公开发行本《纪略》,本文采用公开发

---

① 王宗虞:《记道光二十一年开封张家湾河决》,《中国科学院河南分院历史研究所集刊》1960 年第 1 期,第 33 – 37 页。郑师渠:《论道光朝河政》,《历史档案》1996 年第 2 期,第 88 – 94 页。王守忠:《一部值得重视的文献——〈汴梁水灾纪略〉》,《河南大学学报(社会科学版)》1982 年第 2 期,第 112 – 116 页。

② 王质彬、王笑凌:《清嘉道年间黄河决溢及其原因考》,《清史研究通讯》1990 年第 2 期,第 14 – 18 页。

③ DODGEN R A. *Controlling the dragon*: *Confucian engineers and the Yellow River in late imperial China*. Honolulu: University of Hawaii Press, 2001: 69 – 169. 陈业新:《道光二十一年豫皖黄泛之灾与社会应对研究》,《清史研究》2011 年第 5 期,第 90 – 101 页。田冰、吴小伦:《道光二十一年开封黄河水患与社会应对》,《中州学刊》2012 年第 1 期,第 141 – 144 页。

④ 黄河水利委员会档案馆编《道光汴梁水灾》,2000。

行本。

(二) 研究方法

根据《纪略》对灾害的描述,结合有关历史文献,考证出清代地名在今开封市的具体位置,再利用 Corel-DRAW12.0 绘图工具在开封 1:10000 地形图上,对黄河决堤,洪水围城、入城,以及洪水阶段性变化路线等进行空间场景再现。现以清代地名红沙湾为例,说明本研究的工作方法。据《开封市郊区黄河志》①,今日汪屯乡的横船湾村原名红沙湾,位于开封市东南护城堤的外侧,距市区约 7 千米。此处原为北宋蔡河河道经过之地,洪武二十年(1387 年)黄河决口,这里被水淹了一次;永乐二十二年(1424 年)九月初八黄河再次决口,祥符、陈留被淹,浊流顺蔡河向东南流去。今横船湾正处于蔡河的转弯处,水退之后,这一段河道变得又浅又窄。据说,有一艘大船航行到这个河道拐弯的地方,被卡搁浅,就横在那里。时间长了,人们就以船代桥,于是就有了"横船湾"这个地名。

二、大水围城的阶段性特征

(一) 漫水灌城阶段(六月十六日至二十二日)

道光二十一年(1841 年)六月十六日午刻,祥符十一堡(今开封市北张湾东)决口。黄河水溢出南下,冲坏护城堤(今北官庄附近),6 小时后,大水直冲城墙,整个城市被浸泡在洪涛之中。十七日,"城外黄水弥望无际,四顾不见村落。沿城壕一带,大柳树皆径十围,干杈俱没"②。

此时,黄河大溜尚未掣动,属漫堤决溢之水,故水流不急,但水量很大,整个护城堤内全是河水(见图 1)。开封城东南的水门涵洞,因堵御不及时,大水灌进城内。开封城南因有护城堤阻挡,水无退路;城内西南地势低洼,产生回溜,进而冲破南门,城外之水遂灌进城内。

对十六日至十九日入城河水的流向,光绪《祥符县志》卷六《河渠 · 黄河》记载:"由南门溢入,分东西两股:西股由城根注西南坡,经臬署、抚署、

① 开封市郊区黄河志编纂领导组:《开封市郊区黄河志》,内部资料,1994,第 290 页。

② 痛定思痛居士:《汴梁水灾纪略》,李景文、王守忠、李湍波点校,河南大学出版社,2006,第 2 页。

城隍庙、行宫，逾西北至龙亭、满营与东水合；东股由城根入蔡河，折而东北，逾宋门、曹门，经县学、梓潼阁、司备仓、相国寺、七神庙、眼光庙、铁塔寺至北门与西水合。”依之可绘制成图2。至此，城内积水严重，除布政司署、粮道署、开归道署、开封府署和数条街道无水外，余皆水深八九尺、四五尺、二三尺不等。民房倒塌无算，城内居民纷纷登上鼓楼、城墙等高处避水。

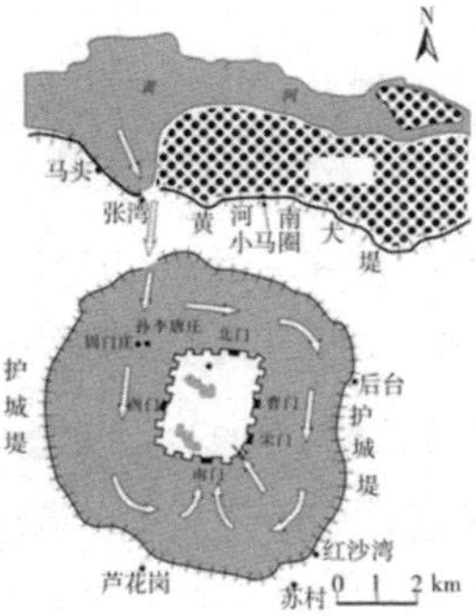

图1　黄河决溢水围开封城示意图

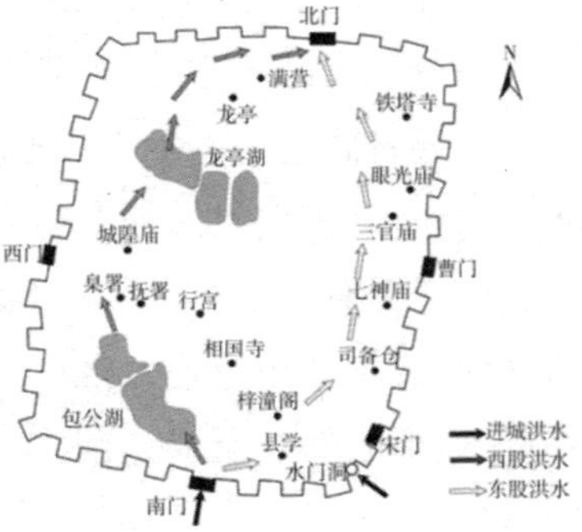

图2　大水在开封城内流向示意图

十九日，因东南隅苏村口、红沙湾以北冲开堤口数处，护城堤内水大落，南门水势渐缓，才将南门堵御完固。城东南隅的水门洞口，内外潭深丈余，水如鼎沸，经过两昼夜奋战，至二十二日，才堵塞坚固。至此，入城洪水才被完全堵挡在城墙外面。此阶段，城墙被水损坏严重，城内四面皆水，难民露栖无所，二十二日被迫开放城东北最高处的贡院，供官民避水。十六日至二十日是黄河涨发的一个汛期，灌堤入城的大水属于漫水决堤。从整个洪水灾害事件来看，这是唯一的一次大水灌进开封城内。

（二）大溜分股浸城未入城阶段（六月二十二日至七月十五日）

六月二十二日夜酉刻，河水复发。时值夏汛，水势较大，黄河大溜偏南，“由东北大沟直趋下注，缺口立即刷宽八十余丈，掣溜七分”①。二十三日70%的黄河水南下，“自城北护城堤入，斜向南行，刷成深槽，直冲而下，顺堤由西南一带（注：应为东南一带）苏村缺口而出”②。因城西北孙李唐

① 中国水利水电科学研究院水利史研究室编《再续行水金鉴·黄河卷2》，湖北人民出版社，2004，第801页。

② 中国水利水电科学研究院水利史研究室编《再续行水金鉴·黄河卷2》，第806页。

庄附近地势较高的阻挡,城外之水实际分为三条:“一条正南去,由苏村缺口而出。一条斜趋东南,分溜抵东城下。一条直射西门。”①大水入堤后的行经路线如图3所示。此时,黄河大溜掣动,口门增大,河水灌进护城堤内,因固门庄、孙李唐庄附近地势较高,形成三股洪水,危害城垣严重,河南巡抚牛鉴率军民进行了多次堵御。据《纪略》记载,西门堵御洪水8次,北门8次,东门11次,主要措施为抛砖,筑砖坝、挑水坝、磨盘鸡嘴坝、月坝等。大溜分股实际上起着分泄洪峰的作用,未能全射城垣。

二十五日之后,黄河口门搜刷愈宽(一百余丈),下游正河已断流。②溜势全逼城垣,三股洪水对开封西、北、东三门的威胁陡增。如三十日,“大溜自城西北复分二道:一由北门而东,一由西门而南。西门水势偏近城墙,大溜汹涌,砖坝数道复被冲散……时水溜过大,城内危险,官弁议决城南芦花岗堤,以泄其势。乘船是前往,而堤外居民防守甚严,置鼓为号,遇有船只即鸣鼓惊众,千余人持械以待,终不能决”③。后经采取不间断的抛砖、修筑挑水坝等,开封城西、北、东三面的防洪工程设施得到不同程度的加强。

(三)大溜冲射危及西北城隅阶段(七月十六日至八月十五日)

七月中旬,黄河来水甚旺,以开封城西北隅的险情最为突出。根据《纪略》记载,此阶段(30天)西城(包括西北隅)针对洪水冲击所采取的应急措施共计13次。这一阶段的严重灾情归咎于七月十七日洪峰势无阻挡,孙李唐庄被冲走,“西股北股并归中股,直冲省城西北角第九炮台至十四炮台一带。大溜奔腾,排山倒峡,城根刷动坐蛰之处比比皆是”④。蒋湘南在《辛丑河决大梁守城书事》中也记载:“孙李唐庄被冲去,三条归一,直注城西北角,城根倏圻,抛砖压石均不能胜。不得已,以用砖用石之法,改为沿

① 蒋湘南:《辛丑河决大梁守城书事》,载谭其骧主编《清人文集地理类汇编》(第四册),浙江人民出版社,1987,第691页。

② 中国水利水电科学研究院水利史研究室编《再续行水金鉴·黄河卷2》,湖北人民出版社,2004,第810页。

③ 痛定思痛居士:《汴梁水灾纪略》,李景文、王守忠、李湍波点校,河南大学出版社,2006,第26页。

④ 邹鸣鹤:《防守省城情形略》,载痛定思痛居士:《汴梁水灾纪略》,李景文、王守忠、李湍波点校,河南大学出版社,2006,第154页。

城厢埽。”此后，黄河洪峰三股并为一股，直冲城西北隅（见图4），城市危在旦夕，全城的防护重点遂以西北城隅为中心。巡抚牛鉴自七月十七日“住宿城西北隅，不下城矣”①。

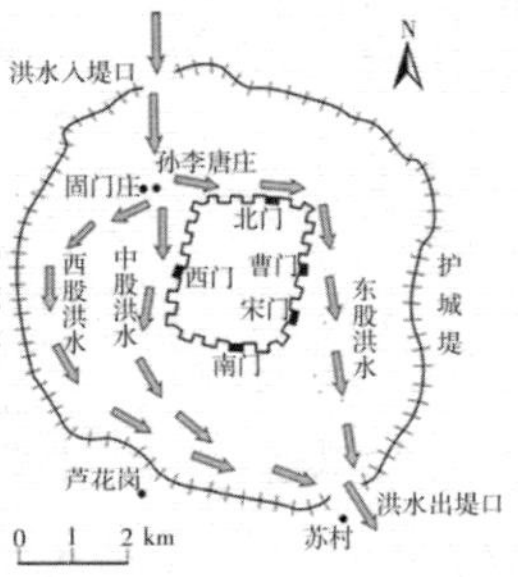

图3 大溜入堤后三股洪水行经路线示意图

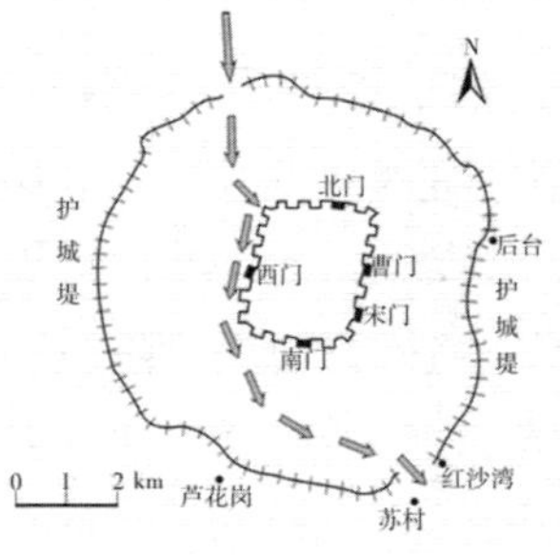

图4 护城堤内大溜三股并流示意图

七月二十日，城西北隅“塌去城墙五丈余，立土存者仅厚三尺”②。巡抚牛鉴甚至做好了城不可保的准备，“已密派兵二百名持铁镢赴南门，约以放炮为号，水进城时，听号炮一响，即速决东南隅，以疏水势”③。二十一日同样危险，“水势直射西城……西城倾塌凡数处，自五丈至十余丈不等，土不崩者仅余尺许厚”④。后百姓踊跃，众志成城，才堵御稳固。二十二日，五门居民俱自备资粮赴西北城隅助工。在各阶层的努力下，开封城艰难地挺过了一次次的险情。

八月二日，曹、宋、南三门去河水皆远，均次第露成干滩。整个城市的防护中心，主要集中在西门和北门。因特殊的水灾环境，造就了东乡后台、南乡芦花岗两个渡口，形成交通要口。《纪略》云：“连日城内铺店逃者愈众，其不去者，或移于东西城上贸易，或移至东乡后台庄。是时东河附堤而行，后台依附东堤已成渡口，城内店铺多半移于此处，人烟丛集，几成大镇。”

---

① 痛定思痛居士：《汴梁水灾纪略》，李景文、王守忠、李瑞波点校，河南大学出版社，2006，第38页。

② 痛定思痛居士：《汴梁水灾纪略》，第39页。

③ 痛定思痛居士：《汴梁水灾纪略》，第40页。

④ 痛定思痛居士：《汴梁水灾纪略》，第41页。

此阶段黄河正河断流,黄河大堤决口的口门进一步被刷宽,全河之水灌入护城堤内,将孙李唐庄冲走,使得城堤内洪峰三股合一,直冲城垣西北隅,这是整个水灾事件中开封城池遭受河患破损最为严重的阶段。在城池吃紧之际,开挖引河,起到了挑水远离、疏泄洪水的作用。如七月二十七日,“筹派夫千余名,持长铲于西门外挖掘沟渠”①;八月二日,民夫数千人于“西门外窑庄口开支河,自龙门口起约十六七里”②。官民、绅士协力采取多种非常措施,才将城市保护下来。

(四)堵御黄河决口阶段(八月十六日至次年二月八日)

道光二十一年(1841年)中秋节之后,黄河大汛已过,开封城市遭受的水灾逐渐减轻。《纪略》对灾情的记录不再像之前一样几乎每天记载,而是选日记载。如八月十六日至三十日,只记载了3次水灾。十六日,前任两广总督林则徐抵达开封,驻扎在祥符六堡(今小马圈,见图1)参与堵口工程。二十一日,北河水复西趋,逼近城墙。二十五日,河水复大发,近城。二十六日,东河水复涨。是时,河溜稍平,东西两股洪水渐成河形,由城西北隅分路,一路自西门外南趋,依南堤而东;另一路自北门外东趋,依东堤而南。两股洪水汇于东南苏村堤口及红沙湾堤口而出。据此可绘出该阶段开封护城堤内水流形势图(见图5)。

九月之后,黄河长水递消,大溜日渐松缓,水情趋于稳定,很少会发生大的涨水,加上经过前三个阶段的城池“沿城厢埽”防护,洪水已被逼而远离西、北、东三门。东西两股渐成河形,实际上起着引洪分泄作用,故开封城池渐趋稳定。虽时有水灾发生,但已构不成对城市的重大威胁,工作重点逐步转移到以堵御黄河大堤决口为中心。九月一日,筹备堵口工程。十月二十日,西坝开工。十一月二日,东坝开工。道光二十二年(1842年)正月初四合龙时,由于引河水流不畅,故合而复开,大溜仍拥逼口门。直到二月八日寅时才完成合龙。

今日开封黄河南大堤从马头至小马圈一段(约7千米),被称为前进堤或林公堤,就是当时林则徐主持堵御黄河决口而新筑的黄河大堤。因当时

① 痛定思痛居士:《汴梁水灾纪略》,李景文、王守忠、李湍波点校,河南大学出版社,2006,第49页。

② 痛定思痛居士:《汴梁水灾纪略》,第53页。

决口的口门较大,堵御困难,遂在马头和小马圈分别筑西坝、东坝,最后在柳园口附近合龙(见图6)。

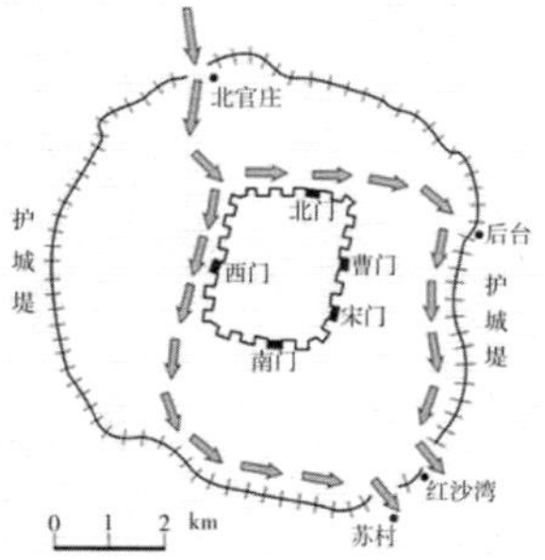

图5 河溜平稳后护城堤内水流形势图

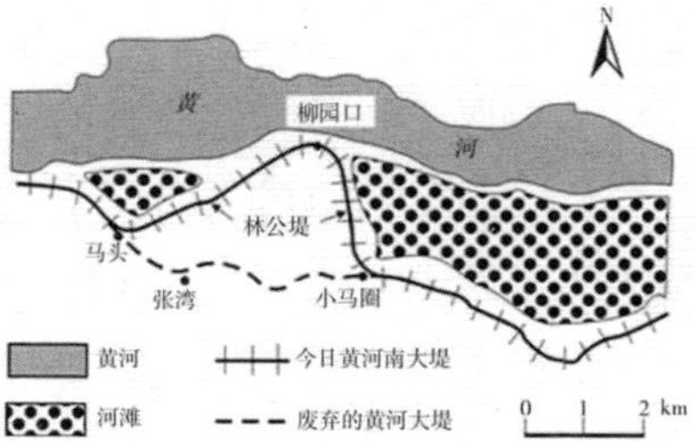

图6 合龙后(今日)的黄河大道

三、黄河洪灾发生的原因

(一) 自然因素

(1) 水情。道光二十一年(1841年)桃汛至伏汛,黄河水势陡涨,大河奔涌,险象迭现。时任东河总督的文冲奏称:“本年入夏以来,黄河来源甚旺,各厅纷纷报险。”宁夏硖口、陕州万锦滩、武陟县沁河、巩县洛河等处水尺记录显示水情异常。统计豫省黄河及沁洛长水四十六次共十一丈三尺一寸(37.7米),较从前盛涨最大之年尤为猛骤,以致溃坝、塌堤生工极险之处,不一而足。以万锦滩水尺记录为例,“实属从前所未有”“罕见”之语很多。祥符三十一堡决口前,报告水尺记录异常的有五月的一、六、十、十八日,六月的五、六、八、九、十一、十四日。决口后,陕州万锦滩的黄河水仍在异常涨发,主要有六月的十八、二十二、二十四、二十九、三十日,七月的四、七、十一、十二、十六、十七日,以及八月的二十九、三十日涨水记录。有研究①表明,1841—1843年是黄河连年大水的年份,根据1841年万锦滩最大的涨水记录,即六月十一日(7月28日)一日间“九尺六寸”(3.2米),求得1841年最大洪峰流量为2.95×10^4立方米/秒。黄河决口前后万锦滩水尺记录表明,1841年黄河中上游的连续降雨,导致黄河水多次涨发,形成

① 王涌泉、侯琴:《黄河1841—1843年连年大水与地震》,《气象与减灾研究》2008年第3期,第57-62页。

异于平常年份的洪峰和泥沙,使得开封附近疏于管理的黄河河道的水量亦异涨,加速了黄河决溢的过程。另据《纪略》记载,开封自六月十八日起连续阴雨、雷电天气,直至七月十三日“天大晴明,万里无云。自被水以来第一良辰”①。显然,灾后开封的气候因素一定程度上加重了灾害的灾损度。

(2) 地形。开封城北的黄河河道,在明弘治八年(1495 年)经刘大夏治理后,已相当于今日的河道。后虽时决时塞,但没有大的改变。② 河道是基本固定了,但河身却在不断地壅高。明末实际已形成“悬河”景观,至清代中期更为明显。《纪略》中很清楚地记录了黄河、护城堤与开封城市的地形情况,即“地濒大河,居非乐土。岸崩具建瓴之势,城卑有游釜之忧”③,“就目下漫口形势而论,河身高于堤外数丈,水势建瓴下注”④。省城形如釜底,城外地势节节较高,“城内形势中高四洼,而西南尤洼,东北隅独高”⑤。今若以龙亭周王府为水平基准面,与黄河柳园口高程相差近 12 米。这样的地形,黄河一旦决口,开封城市必遭殃。黄河大堤与开封城之间的护城堤,城北的一段最早修建于元延祐六年(1319 年),明正统年间于谦在城西、北、东三面修筑长 20 多千米、宽 20 米、高 7 米多的护城堤。景泰二年(1451 年)王暹又在城南续筑护城堤,使之成为开封城外一个环形的大围堤。这个护城堤现高 5—6 米,底宽 20 米,周长 40 千米,全部用夯土筑成。环形护城堤的修筑,确实对城市防洪起到了作用,此后至 1841 年,只有 1642 年和 1841 年两次黄河洪水入城事件。但也正因为护城堤的存在,使得 1841 年灌入护城堤内的河水苦无出路,或灌入城内,或浸城 8 个月。护城堤的存在,也是开封城市致灾不可忽视的因素。

(二) 人为因素

如前所述,1841 年自春汛至秋汛期间,黄河水尺记录的涨水异常,且已有预报,但并未引起河督和河南巡抚的足够重视,也没有采取相应措施,

① 痛定思痛居士:《汴梁水灾纪略》,李景文、王守忠、李湍波点校,河南大学出版社,2006,第 36 页。

② 李长傅:《李长傅文集》,河南大学出版社,2007,第 432 – 443 页。

③ 痛定思痛居士:《汴梁水灾纪略》,序,第 1 页。

④ 痛定思痛居士:《汴梁水灾纪略》,第 29 页。

⑤ 痛定思痛居士:《汴梁水灾纪略》,第 4 页。

这是导致黄河决口的重要原因。

黄河大堤祥符三十一堡(张湾口门)属无工之堤,土性沙松,东高西低。决口之前,厅官高步月曾请于河督文冲划拨护堤经费加固堤防,文冲"以其地为无工处所,不介意"①,"视河工为儿戏,饮酒作乐,厅官禀报置不问"②。决口后,河官步际桐目睹水势浩大,恐冲开大堤,省城受害,出300贯钱付河营守备王进孝,责令防守河堤,以保省垣。王进孝则"尽肥己囊……归家聚赌"③,错失机会。另外,六月十九日之后值决口水落,步际桐和高步月复请河帅赶紧堵御口门,河帅择期二十五日才准开工,以致有二十三日大溜掣动全河复围汴梁之险。黄河大堤决口之后,布政司张祥河与知府方宗钧迅即赶赴城西北护城堤,发现"河兵无一人在者"④。方宗钧欲雇民夫堵御,民夫"以不饱所欲,不肯为力"⑤,导致失事,坏护城堤。此外,信息不畅也影响到灾害的迅速解决,如六月十六日黄河决堤,到二十六日开封城内官员才得到确切消息。受行政管理条块分割的影响,面对河患,"同在一省"的河督文冲与豫抚牛鉴难相谋事,堵口、迁城、防御重点等存在差异,很大程度上影响到这次灾害的迅速解决。⑥

所以,整个灾害的人为因素,不外无工之堤、缺少物料、护河官员贪污腐败、信息不畅以及行政管理条块分割等。"虽由天灾,实为人祸",是这次大水灾害的真实写照。

四、结语

黄河与开封关系密切。开封城市的衰落,除政治因素外,很大程度上是黄河作用的结果。1841年黄河决溢围困开封洪水事件,是开封城市发展史上黄河7次入城中距今最近的灾害,对今开封城市结构仍产生一定的

① 痛定思痛居士:《汴梁水灾纪略》,李景文、王守忠、李湍波点校,河南大学出版社,2006,第24页。

② 《李星沅日记》(上册),袁英光、童浩整理,中华书局,1987,第280页。

③ 痛定思痛居士:《汴梁水灾纪略》,第2页。

④ 痛定思痛居士:《汴梁水灾纪略》,第1页。

⑤ 痛定思痛居士:《汴梁水灾纪略》,第1页。

⑥ 陈业新:《道光二十一年豫皖黄泛之灾与社会应对研究》,《清史研究》2011年第5期,第90－101页。

影响。灾害是在区域地理空间展开的,本研究对本次开封洪水灾害发生的地理空间进行了再现,根据灾害特征将灾害划分为漫水灌城、大溜分股浸城、大溜冲射危及西北城隅和堵御黄河决口4个阶段,其中漫水灌城是整个灾害事件中唯一一次洪水灌入城内,破坏了城市的生存环境,其他3个阶段尽管未见洪水入城,但水围城池,险象环生,情急之下诸多城市主要标志性建筑物被拆毁,对城市造成了更大的损失。灾害的发生是自然因素和人为因素综合作用的结果,该年黄河水情异常,清中期开封附近壅高的地形和疏于管理的黄河河道,受灾之后开封持续的阴雨天气,以及决口后不断增大的口门等是重要的自然因素。黄河与开封之间的黄河大堤、护城堤、城墙3个关键节点,在灾害发生前后又疏于管理和及时堵御,是最主要的人为因素。

限于文献资料,本文仅对1841年河决开封的流路进行了空间再现,而对不同阶段洪水的具体淹没范围缺乏定量表达,这将是今后进一步的工作方向。总之,本文的研究,对重新解读这场灾害事件及其发生的地理背景、今日黄河水患治理具有重要的参考价值,也为黄河变迁对开封城市兴衰影响提供了一个重要案例。

黄河下游断流的成因分析与对策*

马建华　钱新强　陈兴民

摘要：本文从自然和人为因素全面分析了黄河下游断流的形成原因，并指出人类活动大量利用黄河水资源是导致黄河下游断流的主要原因。针对黄河下游断流成因，从科学调度和管理黄河水资源，推广节水技术、提高水资源利用率，兴建调蓄工程，加强黄河中游水土保持等方面提出了减缓或遏制黄河下游断流的对策性措施。

关键词：黄河断流；引黄用水；水土保持

自1972年黄河下游河道首次出现断流以来，黄河下游断流（以下简称断流）的时间不断前提，历时越来越长，长度逐年上溯，情况越来越严重。在20世纪70和80年代，断流主要发生在每年雨季之前的5、6月，进入90年代以后，断流历时迅速向冬春季的2、3、4月和夏季的7、8月延伸转移。70年代首次断流时间发生在5月，80年代在4月，而90年代提前到2月。90年代最晚断流时间发生在10月，1992—1998年汛期均发生断流。① 据中央电视台1998年3月9日《新闻联播》节目报道，1997年黄河下游利津断面断流历时达226天，断流河长达700多km，占黄河下游河道的91%左右。笔者曾根据1972—1997年黄河断流数据，在假定黄河流域自然、经济和社会在未来一二十年无重大变动的前提下，运用多种预测模型进行过预

---

* 原载《河南大学学报（自然科学版）》1999年第2期。

① 张学成、王玲：《黄河下游断流预测与对策》，《水资源研究》1996年第4期，第23－28页。林秀芝、苏运启：《黄河水资源利用及其对断流的影响》，载国家环境保护局自然保护司编《黄河断流与流域可持续发展——黄河断流生态环境影响及对策研讨会论文集》，中国环境科学出版社，1997，第118－122页。

测。结果表明,在 2004 年或 2006 年可能出现全年断流的局面,2021—2030 年年平均断流河长可达 927km,即黄河下游河道在此期间的某些时段将全部断流。① 断流已经给沿黄地区带来了诸如河道淤积、水质污染、地下水位下降、土壤沙化和盐碱化、河口海域生物数量下降、河口海岸侵蚀后退、三角洲和背河洼地湿地生态系统逆向演替等生态环境问题。断流也给下游引黄区域的工农业生产带来了巨大的经济损失。据报道,1972—1996 年因断流农业累计受旱面积为 469 万 hm^2,减产 98.6 亿 kg,直接经济损失 122 亿元;1972—1996 年因黄河断流导致的城乡工业直接经济损失高达 146 亿元。② 因此,正确分析断流的发生机理,有针对性开展对策研究具有重要的理论和现实意义。

一、断流的原因分析

断流的原因非常复杂,有自然因素,也有人为因素,二者相互交织、相互影响,但以人为因素为主。黄河流域在历史上极端干旱时期(1632—1642年),黄河中上游降水量和径流量均小于20 世纪 70—90 年代的水平,黄河下游也没有出现断流的情况。可见导致断流发生的根本原因是人类活动,特别是近些年来沿黄地区工农业生产及城市引黄水量的大幅度增加。

(一)中上游天然来水量减少

根据花园口近 50 年的观测资料分析,20 世纪 60 年代以来黄河流域的天然径流量逐渐减少。③ 由表 1 可以看出,花园口断面径流量在 60 年代以前都超过多年平均径流量,而 70 年代以后都低于多年平均径流量,90 年代仅相当于多年平均径流量的 65% 。黄河中上游来水量骤减的原因很多,但主要有以下三个方面。

---

① 马建华:《黄河下游断流趋势初步分析》,《河南大学学报(自然科学版)》1998 年第 4 期,第 59 - 63 页。

② 吴凯、谢贤群、刘恩民:《黄河断流概况、变化规律及其预测》,《地理研究》1998 年第 2 期,第 127 页。

③ 张学成、王玲:《黄河下游断流预测与对策》,《水资源研究》1996 年第 4 期,第 23 - 28 页。

表 1　20 世纪 50—90 年代花园口断面实测径流量及其占多年平均径流量的百分比

单位：m^3、%

年代	实测径流量	占多年平均径流量百分比
50 年代	482×10^8	107
60 年代	506×10^8	112
70 年代	381×10^8	84
80 年代	413×10^8	91
90 年代	295×10^8	65

1. 中上游流域天然降水量减少

黄河水量主要来自兰州以上的上游流域，约占黄河总水量的 56.2%。最近十几年来，兰州以上区域天然降水量明显偏少。据有关资料①，20 世纪 30—70 年代兰州以上流域天然降水量基本上都比多年平均降水量高，80 年代降水量比多年平均降水量少约 6%，而 90 年代比多年平均降水量少约 25%。再以花园口断面以上流域来看，60 年代以前均比多年平均降水量高，70—80 年代基本上相当于多年平均降水量，而 90 年代（1990—1995 年）则比多年平均降水量少 14%。（见表 2）

2. 地下水开采量增加导致地下水向河谷的排泄量减少

黄河流域 1980 年以前的地下水年开采量大约为 80 亿 m^3，1990 年以后粗略统计为 123 亿 m^3。兰州以上地区，地下水年开采量为 2.9 亿 m^3，占地表径流量的 0.8%，主要集中在高原盆地和河谷阶地中，使地下水向河谷的排泄量减少。黄河中游地区，地下水开采量为 72.4 亿 m^3，占地表径流量的 25.7%，对河川径流，尤其是枯水季节的流量有明显影响。例如汾河流域的地下水年开采量为 19.6 亿 m^3，导致地下水向河谷的排泄量减少

① 张学成、王玲：《黄河下游断流预测与对策》，《水资源研究》1996 年第 4 期，第 23 – 28 页。

约 85%,沁河流域地下水向河谷排泄量减少 80%—90%。① 地下水开采量的增加,不仅使地下水向河谷的排泄量减少,阻滞地下水向地表水转化,而且使地下水水位下降,包气带增厚,蓄水能力增强,降水产流减少。

表 2　20 世纪 30—90 年代兰州和花园口以上流域降水量及其占多年平均值的百分比

单位:mm、%

年代	兰州以上流域		花园口以上流域	
	降水量	占多年平均值百分比	降水量	占多年平均值百分比
30 年代	492	101.65	434	97.07
40 年代	500	103.30	463	103.57
50 年代	481	99.38	465	104.02
60 年代	505	104.33	471	105.36
70 年代	492	101.65	445	99.55
80 年代	458	94.62	447	100.00
90 年代	362	74.79	384	85.90

3. 地表拦蓄工程的增加使入黄径流减少

目前黄河流域有大中型水库 159 座,总蓄水库容 427.8 亿 m^3,兴利库容 273 亿 m^3。此外还有小水库、塘、堰、坝等小型蓄水工程 12691 处,蓄水 85.59 亿 m^3。这些水利工程拦蓄了大量径流,使其不能注入干流或其下游河道。如刘家峡水库建设前,利津站年入海水量为 508 亿 m^3,建成运行后入海水量锐减为 316 亿 m^3。再如甘肃定西 1983—1993 年因小型拦蓄工程年平均拦蓄径流 0.47 亿 m^3。径流被拦蓄后,由于水面蒸发和下渗,地表水转化为地下水和大气水,从总体上减少了入黄径流。几十年来,黄河流

① 刘少玉、王昭:《黄河流域水资源利用与断流影响因素初探》,载国家环境保护局自然保护司编《黄河断流与流域可持续发展——黄河断流生态环境影响及对策研讨会论文集》,中国环境科学出版社,1997,第 131 - 139 页。朱延华:《黄河流域水资源利用及对下游环境生态影响的初步分析》,载国家环境保护局自然保护司编《黄河断流与流域可持续发展——黄河断流生态环境影响及对策研讨会论文集》,中国环境科学出版社,1997,第 99 - 109 页。

域的水土保持工作取得了巨大成绩，约有三分之一的面积得到了治理，大量拦蓄了地表径流。据朱延华研究①，全流域因水土保持拦截地表径流每年大约为 41.45 亿 m^3。近几年来，由于黄河中上游干旱缺水，许多地方实施了"雨水工程"，以水窖为主的雨水利用工程削减了部分地表径流，使黄河总径流量减少。需要说明的是，黄河流域的水土保持和雨水利用工程对改善流域生态环境和干旱缺水状况都是有益的，虽说在一定程度上削减了黄河径流量，但不是黄河断流的主要原因，其生态和生产效益是第一位的，今后还应加强这方面的工作。

（二）沿黄地区引黄水量大幅增加

1. 引黄灌溉用水

我国的引黄灌溉开始于 20 世纪 50 年代，后来几经反复，1965 年又恢复引黄灌溉，并且引黄水量不断上升。② 由表 3 可见，1949 年后全流域引黄水量增加 3.6 倍，尤其是 70 年代以后增加速度大大加快。目前面积 20000hm^2 以上的灌区引水能力已达到 3100m^3/s，大大超过了黄河的平均天然径流量（1800m^3/s）。

表 3　不同年代黄河各河段年平均引黄灌溉水量

单位：m^3、%

年代	上游		中游		下游		全河合计
	水量	占全河	水量	占全河	水量	占全河	水量
1950—1959	79.1×10^8	58.6	39.6×10^8	29.4	16.2×10^8	12.0	134.9×10^8
1960—1969	99.2×10^8	62.0	50.0×10^8	31.3	10.8×10^8	6.8	160.0×10^8
1970—1979	102.3×10^8	43.7	60.1×10^8	25.7	71.6×10^8	30.6	234.0×10^8
1980—1989	121.4×10^8	44.3	57.5×10^8	21.0	95.4×10^8	34.8	274.3×10^8
1990—1992	138.8×10^8	45.1	50.5×10^8	16.4	118.5×10^8	38.5	307.8×10^8

① 朱延华：《黄河流域水资源利用及对下游环境生态影响的初步分析》，载国家环境保护局自然保护司编《黄河断流与流域可持续发展——黄河断流生态环境影响及对策研讨会论文集》，中国环境科学出版社，1997，第 99－109 页。

② 阎文哲、赵光耀、马国力：《黄河流域水土保持综合效益分析》，《人民黄河》1996 年第 5 期，第 7－11，39 页。郝金之、宋圣家：《黄河断流对国民经济的影响及对策》，载国家环境保护局自然保护司编《黄河断流与流域可持续发展——黄河断流生态环境影响及对策研讨会论文集》，中国环境科学出版社，1997，第 40－45 页。

2. 城市及工矿业引黄用水

随着城市数量的不断增加和城市规模的不断扩大,以及工矿企业的快速发展,引黄水量也大量增加。据不完全统计,1950—1959 年沿黄城市和工业年平均引黄水量为 0.23 亿 m^3,1960—1969 年为 2.97 亿 m^3,1970—1979 年为 9.15 亿 m^3,1980—1989 年为 17.22 亿 m^3,1990—1995 年增加到 21.45 亿 m^3。在 45 年中,城市和工业引黄水量增加了 93 倍。

3. 向流域外输水

黄河水资源量本来就紧缺,近些年来又不断向流域外输水。如已建成的“引黄济青工程”1990 年引水 3.4 亿 m^3,预计到 2000 年达到 10 亿 m^3;“引黄济冀工程”年平均引水 3 亿 m^3。另外还有“引黄济津工程”“引黄济秦工程”“引黄济淄工程”“引黄济潍工程”“引黄济烟工程”等。这些工程都是必要的,为推动这些地区的经济发展起到了很好的作用,但更加加重了黄河下游缺水的局面。

(三) 黄河水资源管理调度失控

黄河水资源管理中多头管理现象比较突出,其责任、目标、权力和利益不清。为了加强管理,1987 年国务院办公厅下发了“国发 1987 年 61 号文件”,就有关省区和部门利用黄河可供水资源分配方案做了明确规定。但此方案只是多年平均情况的宏观分配指标,没有制定不同来水年的分配指标,特别是没有制订枯水年份水量分配方案和控制意见,更没有一个统一的权力机构指挥用水。因此,遇到枯水年份或季节,容易出现上、中、下游争水的局面,往往是上、中游无节制大量引水,而下游来水量大大减少,甚至无水可引,出现断流局面。

另外,黄河流域水资源本身就比较匮乏,且时空分布不均;水利工程调节能力低,汛季弃水较多,而春季用水高峰期水量不足;水资源浪费严重;等等。这些都是引发黄河断流的重要因素。

二、遏制或减缓黄河断流的对策

（一）统筹规划，科学调度和管理黄河水资源

虽然黄河跨越八个省区，分上、中、下游三段，具有灌溉、发电、航运、输沙等多种功能，但它是完整的水资源系统。因此，必须从系统论的角度出发，优化水资源配置，使沿黄地带的经济和社会持续发展。为此，今后要做到以下几点：

（1）科学合理地制订各省区和部门利用黄河水资源的分配方案。尤其是规定不同来水年份和不同季节的用水量，保证输沙用水和流域的生态用水，确保流域生态平衡和下游河道安全。

（2）加速黄河水资源管理的法律体系建设。在原有黄河水资源管理法规和条例的基础上，尽快颁布黄河水资源管理法，将黄河水资源利用、河道管理、水土保持等以法律的形式规定下来。最近，刘昌明院士建议制定《黄河法》，这将是我国第一部以一条河流为对象的法律，具有深远的意义。

（3）建立权威性的黄河水资源管理机构。其职能是理顺关系，将黄河流域环境保护、防洪防灾和水资源调度等方面统一起来管理，协调各用水部门的关系，严格执法，保证国家黄河水资源调度方案的贯彻落实。

（二）大力推广节水技术，提高水资源利用率

目前黄河水资源浪费严重。由于近二三十年来，水利建设投入不足，黄河灌区水利设施不配套，年久失修，渠道衬砌状况差，渗漏严重。很多地方仍采用大水漫灌和串灌的灌溉方式，水利用系数仅为0.5—0.6。工业用水浪费现象也相当严重。例如大中城市的工业用水重复利用率一般只有50%—60%，小城镇只有20%—30%，和先进地区相比差距很大。所以，大力推广节水技术，提高黄河水资源利用率，潜力巨大，从一定程度上说是遏制黄河断流的最有效、最现实的措施。引黄灌溉是黄河水资源利用最主要的方面，约占全河用水的90%，也是节水潜力之所在。今后要对灌区渠系进行修整，减少水的渗漏，大力推广滴灌和喷灌技术，降低灌溉耗水定额。若将目前渠系水有效利用系数从0.4—0.55提高到0.6—0.85的话，则每年可节约灌溉用水50亿—60亿 m^3；若将目前耗水定额从7500—

16500m^3/hm^2 降低到 5250m^3/hm^2 的话,则每年又可节约灌溉引水 50 亿—60 亿 m^3。仅此两项每年即可节约用水 100 亿—120 亿 m^3,相当于黄河水资源量的 1/5。在工业企业中,大力推广节水新工艺、新技术和新器材,提高工业用水的重复率,节水潜力也是很大的。

(三) 建设调蓄工程,提高调节能力

目前在黄河干流建成的八大水利枢纽中,只有龙羊峡、刘家峡和三门峡水库有调节能力,远不能满足黄河水资源的调节。正在建设的李家峡、万家寨和小浪底枢纽水利工程,以及 2000 年以后拟建的大柳树、碛山、龙门等骨干工程,届时黄河干、支流水库的总库容将达到 980 亿 m^3,相当于花园口多年平均天然径流量的 1.74 倍。这将大大提高黄河的调节能力。在汛期蓄水,在下游水资源紧缺的干旱季节开闸放水,防止断流发生。

由于地表拦蓄是使黄河下游来水量减少以至断流发生的原因之一,因此有人认为今后应慎重建设黄河水利工程。① 笔者认为,只要有强有力的管理措施,水利工程的调节对断流的遏制作用远大于对断流的贡献。

(四) 进一步加强中游地区的水土保持工作

黄河多年平均天然径流量为 580 亿 m^3,目前扣除 200 亿—240 亿 m^3 的输沙水量,可供水量为 340 亿—380 亿 m^3。若中游地区水土保持工作做得好,夹带泥沙数量下降,就可减少输沙用水,增加可供水量,减少黄河断流的机会。计算证明,若将中游产出的 15 亿 t 泥沙全部控制在流域内,需拦蓄 34.5 亿 t 高含沙洪水,可增加可供水量 160 亿—200 亿 m^3。事实上全部拦蓄是不可能做到的,但总能增加一些可供水量。

(五) 从流域外调水

调水资源丰富的长江之水北上补充北方水资源不足,是长期争论的问题。有人认为,该工程耗资巨大、建设周期长、运行费用高、防治污染难度

① 国家环境保护局自然保护司:《黄河断流影响及其对策调研报告》,载国家环境保护局自然保护司编《黄河断流与流域可持续发展——黄河断流生态环境影响及对策研讨会论文集》,中国环境科学出版社,1997,第 245 - 264 页。

大、伴生诸多环境问题等，是解决黄河断流认识上的误区。① 笔者认为，尽管南水北调工程存在上述问题，但从长远观点看，利大于弊。首先，华北地区是我国重要的产粮区，城市密集，人口众多，水成了制约经济发展的重要因素，南水北调经济效益明显。其次，该工程是线状工程，不会对沿途环境造成太大的影响。最后，随着科学技术的发展，有些问题是可以逐步得到解决的。对黄河断流来说，虽说南水北调工程不能从根本上解决问题，但可以起到缓解作用，同其他措施配合可以收到良好的效果。东线一期工程耗资较少（约 75 亿元），可给黄河下游山东段输水 37.8 亿 m^3，是比较容易实现的。中线工程可给黄河下游河南段输水 52.9 亿 m^3，但耗资较大，可缓期实施，待以后国力允许时建设。

此外，黄河断流对策还有应用经济手段调节水价、深入研究黄河水沙运行规模以减少输沙用水、优化区域产业结构、加强宣传教育等，受篇幅所限，此处不再论述。

---

① 杨朝飞：《黄河断流的生态思考》，载国家环境保护局自然保护司编《黄河断流与流域可持续发展——黄河断流生态环境影响及对策研讨会论文集》，中国环境科学出版社，1997，第 1－9 页。

黄河政治文明

炎帝传说考述*

——兼论姜炎文化的源流

唐嘉弘

一

人们常说汉族或中华民族均为“炎黄子孙”并以此为豪。“炎黄”不仅仅是作为一个共同体的凝聚力和向心力的需要，同时也是作为一个文化发达的光辉灿烂的文明古国的代表性远祖；他们既是远古的传说人物，同时也是人类所有共同体社会心态的普遍反映。从中国第一部纪传体通史《史记》开始，伟大的史学家司马迁在《五帝本纪》中较详细地描写了黄帝的史迹。虽然他说“百家言黄帝，其文不雅驯，荐绅先生难言之”，但他基本上肯定华夏共同体远祖之一——黄帝，并按照大一统需要及共同体增殖裂变、渗透融合原则，将唐尧、虞舜、夏、商、周、楚等均定为黄帝子孙。他撰编黄帝的历史时，“择其言尤雅者”，“总之不离古文者近是”。并且进行调查研究，访问各地长老，先后“西至空峒，北过涿鹿，东渐于海，南浮江淮”，远到西南；同时，还查考文献典籍，参阅《春秋》《国语》《五帝德》《帝系姓》等。十分遗憾的是在司马迁的笔下直接提到炎帝的仅十多个字，只有两句话。在此种情况下，科学系统地梳理关于炎帝的传说，就显得非常必要了。

当前我们看见的中国最早的文字是甲骨文，在此以前通称为传说时代，当时有不少原始人群缓慢地形成了氏族、部落以至部落联盟，由此进入国家阶段。夏商时代所说的“万邦”“万方”“万国”，大体上是从部落联盟阶段向国家过渡，夏商周三代似即属于早期国家的“共主”体制。各个方国多有自己祖先感生的故事，并有各自祖先源流的传说，在通婚、联盟、战

---

* 原载《史学月刊》1991 年第 1 期。

争、移徙、通商等过程中，相互交往、渗透、同化或融合，社会形态、经济生活和文化、历史诸方面均打破了早期的单一型局面，逐渐向复合型发展；祖先源流的历史也像滚雪球一样，将东、西、南、北众多氏族部落的英雄人物及其事迹，混糅组合成为一个体系，人为地制造一个传承的序列，世界上许多民族均有类似现象和类似的传说时代。此时尚无文字，人们世代口耳相传，特别是氏族部落的老人承担了宣讲传习历史的重任，以便将祖先艰难创业的事迹保存下去。这类口头历史，一样能够起到总结经验、鼓舞斗志的重大作用。由于人类在童年时期主观认识上的局限性，巫术统治着人们，很自然地在历史里面夹糅许多神话，辗转传闻，难免有遗漏或增益。传说时代的历史可以归纳出以下八个特点：

（1）神、人难分，从而不必拘泥谁神谁人；

（2）人、地混称，从而更应灵活考察理解；

（3）时间不准确，从而不必强定绝对时间；

（4）地域难肯定，从而大体确定相对空间；

（5）人名、部落名和地名常常混一；

（6）事件、当事人和序列往往错乱；

（7）“三皇”“五帝”反映出“后来居上”的趋势；

（8）纷歧复杂的传说反映出矛盾统一的趋势。

是否能够由此全盘否定传说时代的历史？不能。我们应当历史主义地、实事求是地看待这个历史阶段的有关史迹，主要应从人类社会发展演进大事、阶段、框架、模式上着眼，运用辩证法和唯物主义，运用民族学的有关理论和资料，去粗取精，去伪存真，既不应全盘否定，亦不宜全盘肯定，应一分为二地在基本素材上探究基本线索。

二

炎帝的传说从战国经两汉、晋、唐、明、清以来，约两千余年，众说纷纭，莫衷一是。如治乱丝，如堕烟雾，确有目迷五色、言人人殊势态，这里不拟全面系统分析所有关于炎帝的传说史迹，只就较为可信的典籍清理他的基本素材，从而探究他的源流的基本线索。

《国语·晋语》记：“昔少典娶于有蟜氏，生黄帝、炎帝。黄帝以姬水成，炎帝以姜水成。成而异德，故黄帝为姬，炎帝为姜，二帝用师以相济也，异德之故也。”此则史料的解释，历来分歧紊乱，我以为将炎、黄二氏作为一个部落的两个半边理解，是较为合理的，是符合当时历史实际的。姬（黄帝母姓）、姜（炎帝母姓）长期互通婚姻，从一个重要的侧面论证了上述观点。据说神农氏（从汉代开始与炎帝合而为一，通称炎帝神农氏）的母亲，乃是黄帝族姓的妇女；周祖后稷，生于姜嫄；周祖太王之妃有大姜；周祖武王之妃有邑姜；西周春秋之时，王室与诸侯间通婚基本范定在姬、姜二姓，史不绝书。类似情况，人类学上已成为含有普遍性（大多数）的事物，这是因为作为一个氏族共同体的必要条件之一就是实行外婚制，一般情况下姬姓男女的婚配对象不应在本群体内寻找，而是到另一共同体物色，远古传说这个共同体就是姜姓群体，一直延续到东周时代。传说黄帝之子有二十五宗，其得姓者十四人，为十二姓：姬、酉、祁、己、滕、箴、任、荀、僖、姞、儇、依；其中有史迹见于记载的有姬、祁、己、任、姞五姓，皆互相通婚，如后稷娶于姞，王季娶于任，春秋时栾与祁通婚，鲁之孟与己通婚，姬、刘、祁、范之间亦世通婚姻。树枝状的谱系框架及相对的外婚制，是人类社会共同体在增殖、裂变过程中的自然模式。史称殷人五世之后即可通婚。在进入政治社会后，人们仍然长期保留这一风习——注重婚姻和血缘关系，可见它的社会功能的长期性和超稳定性。

“炎帝以姜水成”，从各种有关史册分析，炎帝故地之一似当以今陕西宝鸡地区近是，姜水应在此地区。《水经注·渭水》记：“岐水又东径姜氏城南，为姜水。”按，羌氏城在今陕西岐山，与宝鸡毗邻，《帝王世纪》记“炎帝神农氏姜姓母女登游华阳，感神而生炎帝，长于姜水”，即系此地。

世传炎帝生于姜水，一迁至陈（今河南淮阳），再迁营都于鲁曲阜，有由西向东之势。如果将炎帝神农氏作为一个部落或部落联盟的共名，他们世代相续，不断绵延，并多次迁徙远征，也是人类学上常见现象，合情合理。传说炎帝神农氏有七世：帝临魁、帝承、帝明、帝直、帝厘、帝哀、帝榆罔。榆罔居空桑（传在曲阜）为苗族蚩尤所伐，复争于涿鹿之野，为黄帝所灭杀。如果是所说由西往东的长征，完全可能。

钱宾四先生对先秦历史颇有研究，他在解释“华夏”时认为在《周礼》和《国语》中，华即华山，古代华山在今河南，很可能即今嵩山，故今密县附近有古华城;而夏则为水名,古之夏水即今汉水。华夏民族很可能是指今河南嵩山山脉西南直到汉水北岸一带的民族而言。黄帝、神农的姬、姜两族在华夏系里是比较重要的两支,他们的居地大抵全在今河南,黄帝族稍偏东,在今河南中部襄城、许昌、新郑一带;神农族稍偏西,在今河南西部南阳、内乡一带,或直到今湖北随县境。我们约略可以说,黄帝部族在淮水流域,神农部族则在汉水流域,两部族东西对峙而又互通婚姻。古史又说黄帝与神农氏后裔战于阪泉之野,阪泉应在今山西南部解县境。大抵二族势力均向北发展,渡过黄河。解县附近有著名的盐池,或为古代中原各部族共同争夺的一个目标。因此,占到盐池的便表示他有为各部族共同领袖的资格。黄帝、神农二族在此作战,殆亦为此。此后华夏族势力向西伸展到渭水流域,华山便成为陕西的山名。华夏族向北伸展到汾水流域,今山西南境在古代也称为夏墟了。钱先生的有关见解,某些方面有一定根据,可备一说。从种种迹象看来,炎帝和黄帝作为氏族部落的代表象征人物及后嗣,世代活动地域应为黄河中下游地区至汉水流域。

炎帝称号不少,乃后世史家各自的理解或各自所据史料来源不同所致。《礼记·祭法》曰:“厉山氏之有天下也,其子曰农,能殖百谷。”《国语·鲁语》作“烈山氏”。郑注:“厉山氏,炎帝也,起于厉山。或曰有烈山氏。”韦注:“烈山氏,炎帝之号也,起于烈山,《祭法》以烈山为厉山。”烈山地即后世赖国,在今湖北随县。历来不少学者认为此乃音读附会,烈山即《孟子·滕文公上》所记“益烈山泽而焚之”的烈山,乃古代田猎、原始农耕的“焚田”“火种”的常见现象。此说甚是。《左传·昭公十八年》记梓慎登大庭氏库,注:“大庭氏,古国名,在鲁城内,鲁于其处作库。”疏:“先儒旧说,皆云炎帝号神农氏,一曰大庭氏。”《月令》疏引《春秋说》:“炎帝号大庭氏,下为地皇,作耒耜,播百谷,曰神农。”古代史册多认为炎帝、赤帝、神农氏、烈山氏、连山氏、石耳氏、魁隗氏、大庭氏均为一个氏族部落或一人的不同名号。还有人认为炎帝与神农当为一人;炎帝与蚩尤亦为一人即阪泉氏;“蚩尤初为少昊”;“蚩尤似即赤帝之子”;“庖羲氏之非太皞,神农氏之非炎帝也明矣”。各种说法,纷然杂陈,看来属于主观臆测者多,具有史实根据者少。历代辗转附会,难免歧说并存,确为传说时代的历史共相。

三

在历史序列的安排上，古代史家大多看法一致。如《易·系辞传》："伏牺氏没，神农氏作……神农氏没，黄帝、尧、舜氏作。"《战国策·赵策》："伏牺、神农教而不诛，黄帝、尧、舜诛而不怒。"《庄子》《商君书》《史记》《淮南子》《越绝书》等均有类似记载。炎帝神农氏共名之下，还衍生出许多支姓分族。

《左传·昭公十七年》记：在祖先崇拜盛行的初民社会，世代绵延奉一共祖，以英雄人物为部落名号，子孙繁衍达几百年甚至千年，屡见不鲜，是具有共性的事物。郯子（约在今山东郯城）到鲁国朝贺，昭公宴请时，大夫昭子问郯子：为什么少皞氏以鸟名官？郯子答复："吾祖也，我知之。昔者黄帝氏以云纪，故为云师而云名；炎帝氏以火纪，故为火师而火名；共工氏以水纪，故为水师而水名；太皞氏以龙纪，故为龙师而龙名；我高祖少皞挚之立也，凤鸟适至，故纪于鸟，为鸟师而鸟名……颛顼以来，不能纪远，乃纪于近，为民师而命以民事。"这里所说似均为各个族群的图腾。古史有称伏牺氏、女娲氏皆蛇身人首，神农氏人身牛首，可能为增殖裂变。郯子古史中并无"五帝"或"五德"的迹象。《左传·哀公九年》记："炎帝为火师，姜姓其后也。"炎帝从火，与古代火正、火师有相当关系。《山海经·海内经》中记炎帝之后生祝融，祝融生共工，祝融传说为远古著名火正，能光融天下，炎帝当然也能光融天下。范晔《后汉书·西羌传》记："西羌之本，出自三苗，姜姓之别也。"看来，西羌、三苗似本为姜姓支系。尧舜时期的"四岳"亦为姜姓。如按《国语·周语下》所记，"四岳"还是"共工"的从孙，即为共工后嗣。所以蚩尤三苗、共工、四岳以及一些戎、羌等可能均有姜炎因素，包括文化上与血缘纽带上。

共工氏不以火纪而火名，却以水纪而水名，似与其治水有关。综合诸家所记，共工氏亦当为氏族部落的共名泛称。古人或以为三苗同族支裔，延续时间颇为久远，曾经做过联盟首领。或称为康回，有子名后土，是古代一个重要部落和联盟首领，怒触不周之山，以洪水迫穷桑（约今曲阜），地倾东南等神话，均归属于共工氏。《国语·周语下》记："昔共工弃此道也……欲壅防百川，堕高堙庳……皇天弗福……共工用灭……其后伯禹念前之非度……共〔工〕之从孙四岳佐之,高高下下,疏川道滞……皇天嘉之……胙四岳国,命为侯伯,赐姓曰姜,氏曰有吕……申、吕虽衰,齐、许犹在。”东周时的齐、许、申、吕均当为共工族系。所以,《左传·隐公十一年》记:“夫许,太岳之胤也。”“太岳”即“四岳”。《左传·庄公二十二年》记:“姜,太岳之后也,山岳则配天。”姜炎后嗣齐、许、申、吕,直到春秋战国时仍然是中原华夏的诸侯之国,是华夏族的支柱和重要组成部分。

《史记·齐太公世家》记述了姜太公称吕尚,名望,其先祖尝为四岳,佐禹平水土,虞夏之际,封于吕,或封于申,姓姜氏。夏商之时,申、吕或封枝庶,子孙或为庶人,齐祖吕尚即其苗裔。《国语·郑语》记“姜,伯夷之后也”,伯夷又称大岳,或称四岳。孟子曾经以善辩著称,和陈相辩论时,提到“有为神农之言者许行”,他主张“贤者与民并耕而食,饔飧而治”。许行和神农似有密切关系。一系列史料均说明姜炎族系源远流长,其传说故事确有相当历史实际,不应全部视为神话虚诞无稽之谈。

除中原的大量姜炎族群人民外,杂居的异族——主要为戎人和周边的少数民族中,亦有不少姜炎支裔子孙。如《左传·襄公十四年》记晋国将执戎子驹支,范宣子谴责他:“来！姜戎氏,昔秦人迫逐乃祖吾离于瓜州,乃祖吾离被苫盖,蒙荆棘,以来归我先君。我先君惠公有不腆之田,与女剖分而食之……”驹子答道:“昔秦人负恃其众,贪于土地,逐我诸戎,惠公蠲其大德,谓我诸戎是四岳之裔胄也,毋是翦弃,赐我南鄙之田,狐狸所居,豺狼所嗥,我诸戎除翦其荆棘,驱其狐狸豺狼,以为先君不侵不叛之臣,至于今不贰……”姜戎部落在春秋时的史迹说明他们本是姜炎后裔的分化,戎人首领驹子直认不讳,原先早已和华夏先民融合的部分已经变作华夏不可分割的组成部分;另一些处于山区封闭状态的部分,都还保留不少原始因素,他们在长期的演变中,社会制度、生活方式、风俗习惯以及共同心态上都和华夏出现颇大的差别,即古人所说:“进于中国(中原)则中国之,进于夷狄则夷狄之。”姜炎后裔可为戎人,姬姓诸族也有称为戎狄的,如《左传》《史记》所说的“大戎狐姬”、骊戎之女“骊姬”等属于同样情况。

东汉时期的羌人约有一百五十种,还有一些未经了解不知名号的部落,其中一部分是“三苗之后”“姜姓之别”,完全可能羌人中的一部分就是姜炎后裔分化出来的,因而被范晔撰编羌人历史时记录下来。他们和姜戎一样，在增殖裂变中已经演变得面目全非了。有人将甘青地区的考古文化称为西戎文化，或称为西羌文化，均忽略了氏族部落共同体在运动中的极大衍变，忽略了民族史上的共名、专名、泛称、专称的具体事实，忽略了各共同体交互渗透影响的共性和个性，忽略了民族史上的同源异流和异源合流，因而这类提法自然和历史实际产生距离，陷于似是而非的泥坑，把极为复杂的历史简单化了。

传统的说法，从炎黄开始到夏后禹，三苗与九黎长期和炎、黄、少昊、颛顼、尧、舜、禹等发生战争，几起几落，他们的代表人物就是蚩尤。一说炎帝即蚩尤，或为神农。《逸周书·尝麦解》："昔天之初，诞作二后，乃设建典，命赤帝分正二卿，命蚩尤宇于少昊，以临四方……蚩尤乃逐帝，争于涿鹿之河，九隅无遗。赤帝大慑，乃说于黄帝，执蚩尤，杀之于中冀……名之曰绝辔之野。"《盐铁论·结和》："轩辕战涿鹿，杀两皞、蚩尤而为帝。"《尚书·吕刑》："若古有训，蚩尤惟始作乱，延及于平民……苗民弗用灵……皇帝哀矜庶戮之不辜，报虐以威，遏绝苗民，无世在下……伯夷降典，折民惟刑。"《墨子·非攻下》："昔有三苗大乱，天命殛之……高阳乃命禹于玄宫，禹亲把天之瑞令以征有苗……禹既已克有三苗……天下乃静。"《史记·五帝本纪》记黄帝征师诸侯，在涿鹿擒杀蚩尤。类似的故事，战国秦汉间记载不少，约十余种。看来，似经长期争斗，蚩尤和炎帝当属同族，或说蚩尤袭炎帝之号，二者均有可能（在一些情况下，炎帝、黄帝、蚩尤乃一族系的代表共名，并非专指某人）。当时的主要敌对双方，以姜炎为一方，黄帝轩辕氏为另一方。姜炎一方的蚩尤统领三苗、九黎（二者实属一系），与以黄帝为首的一方争做联盟首领（古称天子）。早在部落联盟的军事民主主义阶段，氏族部落以掠夺为荣，常进行血亲复仇，既相互通婚又兵连祸结，在庞大的繁衍的两大共同体内同时出现，是符合历史规律的。在尧、舜、禹时互斗厮杀缓和，出现所谓的"禅让制"——民主推选联盟首领，如《尚书·尧典》记尧"让"位于舜时，放齐、驩兜、四岳等均提出候选人名单，应做到"克明俊德，以亲九族，九族既睦，平章百姓，百姓昭明，协和万邦"。从氏族部落内部协调开始，从而逐步推广到邻区和边区，正是解决当时军事掠夺互争雄长的良法。三苗平服后，一部分"流于三危"，《尚书今古文注疏》中《尧典》疏释"三危在岷山西南"，甚为恰当，不可能远到更为西鄙的敦煌或黄河上源的三危山。今西南地区苗族种类繁多,其中一些苗族关于人类由姜良、姜美衍生而出的民间传说,可从侧面论证苗人中一部分很有可能乃三苗后裔所增殖。《岭表纪蛮》研究苗人社会历史后,认为“蚩尤为姜姓”,苗族为其后裔。从古今材料综合推断,姜炎后裔的一部分已远赴西南横断山区。有人将古三苗活动地区放在长江中游,非是。《燕京学报》1932 年第 12 期《古三苗疆域考》已有详密论证,从古地理考查洞庭、彭蠡的实际地望,说明此说不能成立,“古者三苗疆域,盖在今河南鲁山、嵩县、卢氏一带山脉之北,今山西南部诸山,自蒲坂、安邑以至析城、王屋一带山脉之南,夹黄河为居,西起蒲、潼,东达荥、郑,不出今河南北部、山西南部广运数百里间也”。此说较符合古代历史实际。炎帝神农氏成长于宝鸡,此后沿黄河向东移徙,长时间在上述豫西等地域增殖裂变,蚩尤作为姜炎一个分族,率领三苗、九黎等争做联盟首领,和黄帝族群及其分支构成敌对双方,姜炎遗族迁往西南,部分移徙远赴山东曲阜,也不是不可能的。特别是姬、姜二大族系一直作为华夏的两大组成部分,在矛盾统一中融合前进,完全可以作为上述传说故事的合情合理的时代背景。

综上所述,姜炎族群确属源远流长,其所形成的姜炎文化,内涵自然丰富多样。作为与黄帝族系通婚的两个半边之一,二族既相互斗争又渗透融合,矛盾统一。毫无疑问,姜炎族群已经成为华夏文化框架中的重要组成部分,成为中国古代最为长久的王朝——周王朝的中坚力量,属于华夏文化或黄河文明。在增殖裂变的漫长过程中,另一部分姜炎族群或久居山间,或远徙边陲,从而形成与华夏文化有所区别的异族文化,同时形成与华夏族群不同的少数异族——戎或羌、苗。但是,无论是不同族群,还是不同文化,都为缔造我们伟大的祖国和缔造我们光辉灿烂的古代文化做出了重要贡献,都是我们祖国不可割离的重要组成部分。

四

宝鸡地区处于黄土高原的西南端,渭河平原的西侧,有山林川泽之利,为东西南北交通孔道,条件得天独厚。早在旧石器时代中更新世时,渭河流域的“蓝田人”文化既有原始性,又有一定的进步性,其生存年代距今约一百万年,是黄河流域重要的早期人类,也是亚洲北部迄今已知的最古老的直立人。当年“蓝田人”生活的环境是一派亚热带风光，气候温和，雨量充沛，森林茂密，地广人稀，他们使用打制石器，过着采集、狩猎的生活。除此之外，陕西、甘肃的不少地区还发现了旧石器时代文化遗存或人类化石。到了原始社会后期的新石器时代，宝鸡地区的考古文化呈现出多样性和复杂性，有不同的文化和不同的文化类型。

从地理上看，宝鸡地区西北有六盘山；西南有岷山；南边有秦岭，秦岭之南为大巴山；北边有千山；东面为黄土地带和次生黄土地带，高原、平原相接，为黄河中下游的中原大地。渭河支流众多，南北纵贯，河流台地与山前地带都是颇为适合远古人类生活的地区。嘉陵江、汉水、岷江、洮河在这一地区的西面和南面弯曲流泻，“羌”“戎”“巴”“蜀”“党项”“六夷”“七羌”“九氐”等许多不同“族类”“种姓”及其先民均在此诸河流上游一带长期活动，因此，在古代历史上这一广大地区曾经作为民族走廊地区和尾闾地区，从而呈现出古代人们共同体的特殊庞杂现象。考古文化的多样性和上述情况完全一致，有不可分割的密切联系。

中国新石器时代早期的文化，迄今发现较少，大量的是中期和晚期的文化遗存。在这较少的文化遗存中，宝鸡地区及其毗邻地区却有一些重要的遗址，如宝鸡北首岭、秦安大地湾、西乡李家村等。

宝鸡北首岭遗址大体可分为三大文化层，上层为仰韶文化晚期堆积，中层为仰韶文化半坡类型，下层文化面貌使我们对关中地区早于半坡类型的遗存有了进一步的了解。北首岭下层发现七座墓葬，头向西北，以单人仰身直肢葬为多，也有多人二次葬，随葬品的基本组合为三足器和陶钵。下层 ZK510 为前 4515 ± 120 年，校正为前 5150 年；ZK534 为前 4375 ± 120 年，校正为前 5020 年。秦安大地湾发掘了一批丰富的仰韶文化遗存，在下文化层发现了早于仰韶文化的遗存。有十一座墓葬，能辩白葬式的均为单人仰身直肢葬，随葬品有陶器等生活用具、生产工具，还有猪下颌骨。大地湾时代有两个数据，一为前 4780 ± 90 年，校正为前 5405 ± 90 年；一为前 5200 ± 90 年，校正为前 5850 年。李家村遗址位于陕西省南部西乡县，发现房基残迹一处，陶窑一座，瓮棺葬三个，还有一些灰坑，主要收获则是发现了一类以圈足钵及三足器为代表的早于仰韶文化的遗存。有人认为李家村遗存是探索仰韶文化前身的一个比较可靠的新线索。也有人认为李家村、老官台等遗存可能是与仰韶文化等长期并存的另一支文化,它们之间有早有晚。李家村标本 ZK169 为前 2240 ±95 年(未经校正),测定结果偏晚。或认为北首岭下层陶器的质色、类别、器形及装饰风格诸方面与仰韶文化有明显的不同,而某些陶器如深腹环底钵以及葬俗方面又与仰韶文化半坡类型有比较密切的联系。或认为大地湾文化与陕西渭南北刘的某些文化遗址基本相同,经调查,出土陶器具有同样的特征。或认为李家村、北首岭下层及大地湾一期遗存之间,存在许多共同特征,初步可以归为同一时期的遗存,见于报道的同期遗存目前已有二十多处,主要发现于关中地区,西及甘肃陇东地区,东达陕豫接壤地带,南逾秦岭抵达汉中地区。或认为这些遗存是以关中地区为中心早于仰韶文化的一批有独自特点的原始文化,它是目前已知的这一地区中最早的新石器时代文化。或认为北首岭下层与中层文化遗存的比较考察,它与仰韶文化半坡类型之间有传承关系。有人提出"老官台(陕西华县)文化"的命名,认为它与黄河下游的磁山文化属于同一时期东西并列的两种古老的文化。有人认为这类遗存从陶器的质料、纹饰和器形观察仍属于仰韶文化的范畴,而将其命名为仰韶文化的"北首岭类型"。或主张暂作为仰韶文化的"北首岭下层类型"。或认为李家村遗存的陶器、石器具有自己的特点,又主要分布在汉水上游地区,与大溪文化早期某些陶器有密切关系,而与"老官台文化"有别,应另成系统,命名为"李家村文化"。① 看来要做出确切定论,还要等待更多的田野考古材料来论证。

鉴于以上歧说并存,现在田野工作所提供的材料,似还不足以确切论定老官台、大地湾、北首岭下层以至李家村等遗存间的关系,包括它们的命名、是否属于同一文化、时间和地域上的联结等问题。如果从传说时代到古代的历史实际考虑,宝鸡地区及其毗邻地区确实有许多不同的共同体,他们相互渗透融合,增殖裂变。或累代定居,或四处移徙,其中主要的氏族部落当为姜炎族系,其中的主要文化当为姜炎文化。值得特别提出的是,文化本身一直是在运动过程中不断地冲突、吸收、扩大或缩小,有时母系统的文化特征长期保存,有时由母系统所孕育发展的子系统已变得面目全

① 中国社会科学院考古研究所编著《新中国的考古发现和研究》,文物出版社,1984。

非。此类情况,史籍斑斑可考,当另行论述。黄河中下游流域中原大地及华北冲积平原上的新石器时代文化中多元现象更为突出,其中许多肯定均为炎黄族群或其分支的文化,如果要定点判断某遗址为炎帝或黄帝氏族部落的文化,目前显然属于臆测,实在是可资论断的材料太少了。

五

田野考古文化与文献所记传说的结合问题,类似高等数学上的"$x+y$"的公式,存在很大的不稳定性和偶然性,难免主观臆断,因此应当采取十分慎重的谨严的科学态度和方法,也许稍能具备一定的说服力。

我的老师徐中舒教授在他的《周原甲骨初论》中指出周原文化的两个来源,具有相当根据,可备一说。徐老按地下发掘所得信息,认为周原文化有东西两个来源,东面的姬族来源于晋陕之间的光社文化,西面的姜族来源于甘肃地区的辛店文化和寺洼文化,二者融合形成周原文化。这个认识乃由大量地下出土遗物、遗址中的器物形制的演变、地层叠压关系和碳 14 的测定而综合研究以及大量文献史料所形成。山西太原北郊光社首先发现并命名的光社文化,分布于晋西北、陕东北的黄河两岸直到河套地区,这里广阔的黄土高原就是周人先祖的生息之地。周人居邠(豳)时还过着穴居野处的生活,《诗经·大雅·绵》记:"民之初生,自土沮(同徂,往也)漆。古公亶父,陶复陶穴,未有家室。""陶"与"窑"同,古谓之陶,今谓之窑;"穴"是窑洞;"复"是半穴居。姬姓族群迁居岐山以后,他们最初还自称为"京",《诗经·大雅·大明》记:"挚仲氏任,自彼殷商,来嫁于周,曰嫔于京。"大任是文王之母、王季之妻,所以《诗经·大雅·思齐》又称大任为"京室之妇"。此时"京""周"并称,说明王季时代姬、姜两族即炎黄互通婚姻,还没有进行较深的融合。

"邠"从分声,又与"汾"通,《尔雅·释地》曰"西至于邠国";"邠"国之"邠",《说文》引作"汃","汃"即"汾"之省形。《诗经·大雅·韩奕》称韩侯娶"汾王之甥"为妻,此汾王即周厉王。"豳"象持杖焚林驱捕野猪之形,是较原始的会意字,"邠"则是后起的形声字。古代黄土高原,穴居或半穴居,焚林田猎,移徙不定。过去一些史籍只以泾水上游一隅之地作为邠地,不够全面,不合历史实际。"周"象农业发达地区之形,农田整饬,中有作物。姜姓族群,原居于此,周原农业应属他们的功绩。

辛店文化和寺洼文化很有可能就是一部分羌族的文化,其年代不会晚于西周早期。周原姜族当来源于西羌,他们定居于渭河流域时,还停留在母系社会中,“姜嫄”就是他们的始祖母。《诗经·大雅·生民》记姜嫄庙之所在“即有部家室”。有部在今陕西武功,家室即地上建筑,羌族定居于渭河流域时,这里已有地上建筑。

甲骨文有关周侯的记载,举以下数例:

令周侯,今姓(晴)无祸。甲四三六

勿令周侯往于𦕏。续三、二八、三

贞𤰔弗戈周。十二月　铁二六、一

已卯卜充贞,令多子族从犬侯璞(扑)周,叶王事。五月　续五、二、二

以上卜辞皆属武丁时代第一期甲骨,这个周侯就应是姜族所建的女国——母系社会的姜嫄国。因为姬族自邠迁居周原,尚在此时一百余年之后。这个周侯当然不是姬族,而是和他们世为婚姻的“有部家室”。自公亶父迁居周原以后,姬、姜二族世相通婚,共同促进,姜族由母系转为父系,姬族农业提高,于是这两个不同的共同体逐渐融合成为一个新兴的周民族。长期外婚,避免近亲通婚。一个具有活力的优秀民族,翦灭殷商,建立了周王朝。

按照徐老的意见,周人建国前的先公先王已与羌人中的一个分支——姜族由居住地域的邻近或同一关系而互相通婚,并进而取长补短,渗透融合。这个时代显然远在炎帝神农氏之后,姜炎文化与周原文化当然存在或多或少的联系;而姜炎族系的支裔分族与姜嫄族群及其以后陇东之羌的具体关联,限于材料,一时尚难以讲说清楚。

有一问题与姜、周文化有关,在此附带论及,加以澄清。

一些论著将宝鸡西周文物与巴蜀文化比较研究,认为巴蜀文化内容中的“柳叶形剑”、“手、心纹”、一部分陶器与青铜兵器等,与宝鸡地区出土的西周时期同类器物有相似或同一的现象,并进而认为宝鸡地区的这些西周文物当来源于巴蜀文化。实际上,恰恰相反,巴蜀文化中的上述器物及其纹饰来源于宝鸡地区的西周同类器物。所谓“柳叶形剑”正如有的论著所

说，应订名为“钺”，此兵器本系中原所有；而手纹、虎纹等更具普遍性，早在新石器时代，手、虎等纹已为原始人群所注意，并图画于器物或崖壁之上，带有世界性，并非某一局部地区的文化特色。巴蜀文化中兵器上的手、心纹可能来自洮河流域的遗俗，我在青海塔尔寺考察时，见许多短剑上均有手纹，其中一些与巴蜀文化相同，老人相传来自夏河，是师父世代相传。

汉水流域南郑地区为早期蜀人故地，与宝鸡地区毗邻，后来蜀人南迁于成都盆地，从时间和地域分析，巴蜀青铜文化为晚起事物，不应置于宝鸡地区出土的西周文物之上。有关论述可参阅《古代楚蜀的关系》(《文物》1981 年第 6 期)和《论青川墓群文化及其木牍田制》(《西南民族研究集刊》1985 年第 1 期)，这里就不赘述了。

商族起源地望发微*

——兼论山西垣曲商城发现的意义

陈昌远

商族起源地望问题，是商史研究中的一个重要问题。近年来，《历史研究》先后发表王玉哲先生《商族的来源地望试探》和干志耿等同志《商先起源于幽燕说》两文①，两文提出两种截然不同的观点，其将有助于商族起源问题的解决。为了促进商族起源地望问题的深入讨论，我也想把自己多年积累的一点看法写出，不正确之处，望同志们批评指正。

一

1949年前后关于商族起源的地望问题，历史学界的讨论，可以归纳为以下几种观点：

（一）东方说。首先开创此说的是王国维，他认为商族早期居留地“商”和“亳”绝不在关中，商在河南商丘，亳在山东曹县。② 以后郭沫若先生和徐中舒先生也都主张此说③。王玉哲先生在总结前人研究成果的基础上进一步发挥，认为：“商族最远的祖居地可能是山东，后来才向西北转移，达到河北省的中部，即游牧于北至易水南至漳水等流域，到夏的末叶才把主力定居于河北省南部，和山东省的西部，卒能西向灭夏，建立商王

---

* 原载《历史研究》1987年第1期。

① 分见《历史研究》1984年第1期和1985年第5期。

② 《观堂集林》:《说商》《说亳》。

③ 郭沫若主编《中国史稿》(第一册)，人民出版社，1976。徐中舒:《殷商史中的几个问题》,《四川大学学报(哲学社会科学版)》1979年第2期,第108－112页。

朝。”①

关于商朝起源于东方说，现已证明没有任何考古材料作为基石。最近邹衡先生到河南大学历史系讲课，谈到近年来在山东的考古发掘工作情况时，他肯定地说在山东地区根本没有发现先商文化。我们从夏鼐先生所著《中国文明的起源》一书中，也可以商族起源地望发微清楚地看到山东近年来考古发掘的新石器时代文化序列：北辛文化，大汶口文化（早、中、晚），龙山文化（早、中、晚），岳石文化。因此，夏鼐先生说：“山东地区史前文化的发展自有演化的序列，与中原地区的和长江下游地区的，各不相同。”②这样看来，商族起源于山东是不可能的，它得不到考古学的支持。

（二）北方说。如果细分起来有渤海湾说③、幽燕说④、东北说⑤。诸说中影响比较大的是金景芳先生主张的东北说，他认为商远祖昭明所居砥石在辽水发源处，即今内蒙古昭乌达盟克什克腾旗的白岔山。此后张博泉同志在《关于殷人的起源地问题》一文中进一步阐述了金景芳先生的观点。干志耿等同志认为商先起源于幽燕。他们吸收前人的研究成果，进一步从考古学的角度，证明红山文化应是商先事迹。笔者对这个观点不敢苟同。虽然红山文化与商人有着密切的文化联系，但它根本不同于先商文化。因为先商文化、早商文化、晚商文化的特征和文化序列排列非常清楚，与红山文化完全不同。正像邹衡先生所说的：“寻找先商文化，即寻找商文化的来源，以往的学者也曾做过种种推测。多数认为商文化来自东方（即古黄河以东），包括古青州和兖州之域。有的则认为来自河北省北部，或者关内外地区。但是，从 1949 年以来的考古材料得知，以上这些地区，不仅没有找到先商文化遗址，甚至连早商文化的早期（即二里岗下层）遗址迄

① 王玉哲：《商族的来源地望试探》，《历史研究》1984 年第 1 期，第 77 页。

② 夏鼐：《中国文明的起源》，文物出版社，1985，第 99 页。

③ 李亚农在《殷代社会生活》（上海人民出版社，1955，第 3 页）一书中说：“殷人的发祥地是在易水流域和渤海湾。”

④ 干志耿、李殿福、陈连开：《商先起源于幽燕说》，《历史研究》1985 年第 5 期，第 21－34 页。

⑤ 金景芳：《商文化起源于我国北方说》，载朱东润主编《中华文史论丛》第 7 辑（复刊号），上海古籍出版社，1978，第 65－70 页。张博泉：《关于殷人的起源地问题》，《史学集刊》1981 年复刊号，第 7－10 页。

今也还没有找到,特别是在拒马河以北,现在还没有发现任何早商文化遗址。可见这些论点,都是得不到考古上的支持的。”①

(三)西方说。这是传统的说法。《史记·殷本纪》中说商族的始祖契“封于商”。《集解》引郑玄曰:“商国在太华之阳。”皇甫谧曰:“今上洛商是也。”这就说明,商族的居地在陕西。司马迁在《六国年表序》中说:“故禹兴于西羌,汤起于亳,周之王也以丰镐伐殷,秦之帝用雍州兴,汉之兴自蜀汉。”太史公这几句话,说明汤所居之亳在西方。以后许慎《说文》称:“亳,京兆杜陵亭也。”《史记·六国年表》《集解》引徐广曰:“京兆杜县有亳亭。”所以,汉晋间司马迁、许慎、郑玄、皇甫谧、徐广等人,都说商兴起于西土。此说仍然没有考古材料证明,虽然近年来在上洛地区发现一些商文化,但时间却比较晚,没有先商时期的东西。因此,不能证明商族起源于西土。

以上诸说,都不足以说明商族起源的地望。那么商族起源于何地呢?邹衡先生说:“商文化是来自黄河西边的冀州之域,是沿着太行山东麓逐步南下的。”②又说:“先商文化与山西境内的古代文化的确是有着密切关系的。”③这个意见对于我们探讨商族起源的地望有重要意义。

二

我认为商族起源地应在晋南,从文献和考古材料可以举出以下四证:

(一)从图腾信仰上看。《诗经·商颂》说:“天命玄鸟,降而生商。”《楚辞·天问》《吕氏春秋·音初》《史记·殷本纪》也有同样的记载。这些文献记载说明,商族是以玄鸟为图腾的。胡厚宣先生认为,王亥的“亥”字,在甲骨文中从鸟,是商人以鸟为图腾的确证。④ 这观点也为古史家们所承认。可是一般在论证这个问题时,学者都认为这是北方民族、东方民族所具有的特点,认为从文献上看:“以鸟为图腾的古部族,有淮夷、夫余、

① 邹衡:《关于探讨夏文化的几个问题》,《文物》1979 年第 3 期,第 67 - 68 页。

② 邹衡:《关于探讨夏文化的几个问题》,《文物》1979 年第 3 期,第 68 页。

③ 邹衡:《夏商周考古学论文集》,文物出版社,1980,第 161 页。

④ 胡厚宣:《甲骨文所见商族鸟图腾的新证据》,《文物》1977 年第 2 期,第 84 - 87 页。

高句丽、嬴秦等族。"①然而在这里他们没有注意到:居住在古代山西的部族,同样也都是以鸟为图腾的。山西汾河的得名,与凤鸟有关系,就是甲骨文的"凤方"。卜辞常有凤方,凤方之"凤"字,通假为"风"。现在山西晋南仍有很多以凤鸟命名的地名,如凤凰山、凤凰原等。而《诗经·商颂》"天命玄鸟,降而生商"的"商"字,本身就有以凤鸟为图腾崇拜的含义。甲骨文的"商"字,其形状王玉哲先生说得很清楚,上部分,"即凤凰的凤字上部之鸟冠……代表他们所崇拜的鸟图腾"②。王先生这个解释正说明商族起源于晋南,以凤鸟为图腾。而甲骨文"商"字下部分字形,徐中舒先生说似穴居形③。这个意见甚确。不过在这里应该指出,穴居只能是在古代黄河流域黄土高原地带才有可能,而黄河下游地区的土质是不能穴居的。商人穴居,正可证明商族起源于黄河流域黄土高原地带,其区域就在晋南。

(二)从始祖契看。《史记·五帝本纪》《索隐》引皇甫谧曰:"帝喾名夋也。"《礼记·祭法》曰:"商人禘喾而祖契。"《国语·鲁语》则作:"商人禘舜而祖契。"韦昭认为"舜当为喾字之误也"。其实夋字就是舜字。它说明商人与舜有一定的关系。根据孙作云先生考证:"舜族以凤凰(孔雀)为图腾,但此族人不自称为凤凰,而曰'俊鸟';后代人又把它写成一个字,就成了'鵔'字,其义亦为凤凰,其读音如'舜'。古代氏族酋长的名字就是图腾的名字,因此,此酋长就是'帝俊','俊'字又音假而写成'舜'字。"④它说明商人是舜之后。传说舜和其他氏族部落的活动中心也都在晋南。《尚书·尧典》曰:"帝曰,我其试哉!女于时,观厥刑于二女。厘降二女于妫汭,嫔于虞。"这是说舜居住在妫汭。妫汭在何处?《帝王世纪》曰:"妫水在河东虞县历山西。汭,水涯也。"《括地志》曰:"妫源汭水出蒲州河东南山。"这样看来,妫汭当在今晋南。又据《史记·五帝本纪》曰:"舜,冀州之人也。舜耕历山,渔雷泽,陶河滨。"此处所言的冀州,非《禹贡》所说的冀

① 王玉哲:《商族的来源地望试探》,《历史研究》1984 年第 1 期,第 64 页。

② 王玉哲:《商族的来源地望试探》,《历史研究》1984 年第 1 期,第 66 页。

③ 徐中舒:《殷商史中的几个问题》,《四川大学学报(哲学社会科学版)》1979 年第 2 期,第 108 - 112 页。

④ 孙作云:《诗经与周代社会研究》,中华书局,1966,第 16 页。

州,而是《左传·哀公六年》引夏书曰的“冀方”。郑玄曰:“两河间曰冀州。”①孔颖达曰:“东河之西,西河之东,南河之北是冀州之境。”②《史记·五帝本纪》《正义》曰:“蒲州河东县本属冀州。”雷泽又名雷水,“在永济县南四十五里雷首山下,一名雷泽,相传即舜所渔处”③。“历山在永济县东南六十里,《后汉书·郡国志》蒲坂县南二十里有历山。《水经注》,历山谓之历观,舜所耕处也。”④陶滨,《括地志》曰:“陶城在蒲州河东县北三十里,即舜所都也,南去历山不远,或耕或陶。”⑤所以,《宋永初山川记》云:“蒲坂城中有舜庙,城外有舜宅及二妃坛。”⑥由上可见,舜的活动当在晋南,而商始祖契为舜后,也应在晋南。

(三)从契母简狄看。《史记·殷本纪》曰:“殷契,母曰简狄,有娀氏之女,为帝喾次妃。”据《史记·夏本纪》记载:“羽畎夏狄。”《集解》引孔安国曰:“夏狄,雉名也。”“狄”与“翟”古字相通。《说文》:“翟,山雉尾长者。”《集解》谓:“狄,雉名也。”这正可说明雉鸟为狄或翟族的图腾。可见狄也是以鸟为图腾的。《淮南子·地形训》曰:“有娀在不周之北。”同书又谓不周“在海隅”。海隅即今山东半岛的内泻湖,不可信。从共工的活动来看,不周山应在今太行山一带。在今河南辉县有共山,实为古共国,“谓即共工氏之旧地”⑦。所以,我认为不周山也应在这里不很远,说明有娀氏部落应在今辉县西北。故《史记·殷本纪》《正义》曰:“按:《纪》云,‘桀败于有娀之墟’,有娀当在蒲州也。”

(四)从“契居蕃”和“汤居亳”看。《世本·居篇》曰:“契居蕃。”丁山疑“蕃”可能为“亳”的音讹,博、薄、蒲、番、蕃五个字,汉初写法尚无刻定之形,可以相通。王玉哲先生也认为“古地名中的博、蒲、薄、番,以声类韵部求之,可能都是‘亳’,字一音之转”,又说“博水、蒲水、蒲吾、番吾都可能是

① 《史记·夏本纪》《集解》。
② 《尚书·尧典》《正义》。
③ 《大清一统志》卷140。
④ 《大清一统志》卷140。
⑤ 李泰等:《括地志辑校》卷2,贺次君辑校,中华书局,1980,第52页。
⑥ 《史记·五帝本纪》《正义》引。
⑦ 邹衡:《夏商周考古学论文集》,文物出版社,1980,第283页。

商族最早居地‘亳’字一音之变”。① 金景芳、张博泉等人皆持相同看法。此“蕃”到底应在何地呢？主张北方说的，认为在东北，或河北平山附近。主张东方说的认为是在山东。我认为“契居蕃”，就是“契居蒲”“契居薄”，其地应在今晋南。蕃，《说文》曰：“草茂也。从草，番声。”蒲，《说文》曰：“水草也……从草，浦声。”可见“蕃”“蒲”都是一种草，这种草喜水，而山西境内特多，故山西地区以蒲命名的地名很多。因此，舜都蒲阪，“契居蕃”“汤居亳”当在晋南。

《史记·殷本纪》谓：“成汤，自契至汤八迁。汤始居亳，从先王居，作帝诰。”到底亳在何地？具体已有 6 种说法：①关中亳说，这是传统的说法；②偃师西亳说；③河南商丘南亳说；④山东曹县北亳说；⑤河南内黄说；⑥郑州南亳说。这些说法都不能很好地解释说明“汤始居亳，从先王居”这一句话。因为在这些地方，都不能确切地找到商先族居地的具体位置。所以我认为，“汤始居亳”，就是“汤始居蒲”。所谓“汤始居亳，从先王居”，就是因为商祖契曾经在“蒲”这地区居住过，而汤现在又在这里居住，所以叫“从先王居”。应该看到这就是商族的发祥地。商汤灭夏以后，商人势力不断发展，不断迁徙，因此，在它所迁徙的地方，都留下了商人活动的痕迹，其中又把原来的一些地名，搬到新的地方，同样也叫这个地名，这表示商人不忘祖先，而后成为祭祖的专称。所以春秋时代，商人之后有不少“亳社”。《史记·殷本纪》曾记载：“汤既胜夏，欲迁其社，不可作夏社。”“社”是祭祖庙的地方，夏人把祭祖庙的地方，称为“夏社”，自然商就称为“亳社”。“汤居亳”，最早应是“汤居薄”。《荀子·议兵篇》曰：“古者汤以薄，武王以滈（镐）。”《管子·轻重》曰：“夫汤以七十里之薄，兼桀之天下其故何。”可见“汤居亳”，最初应为“汤居薄”。《括地志》曰：“蒲州河东县雷首山，一名中条山，亦名历山……亦名薄山。”②“汤居薄”，应离“薄山”不远。据《山西历史地名录》记载，历山“在垣曲县东北九十里，俗称舜王坪，相传舜帝躬耕于此。海拔 2321 米，为本县最高的山峰。山上树林茂密，盛产药

① 王玉哲：《商族的来源地望试探》，《历史研究》1984 年第 1 期，第 74 页。

② 李泰等：《括地志辑校》卷 2，贺次君辑校，中华书局，1980，第 51 页。

材"①。此历山,应即是薄山。

成汤又名成唐,其名当与唐地有关。《史记·晋世家》说:"唐在河汾之东,方百里。"具体地望有晋阳说、永安说、安邑说、翼城说等。最近黄盛璋先生在《夏虚、唐国与晋都之历史地理研究》②一文中,以考古材料为依据,断定唐当在翼城周围一带,是比较可信的。翼城为古唐国,与垣曲相距不远。

《左传·昭公四年》曰:"夏启有钧台之享,商汤有景亳之命,周武有孟津之誓。"景亳,《史记·殷本纪》《正义》曰:"宋州北五十里大蒙城为景亳,汤所盟地,因景山为名。"由此可知景亳是以景山得名。可是景山并不在宋州,因为宋州根本没有山。《太平寰宇记》曰:"景山在闻喜县东南十八里。"《大清一统志》曰:"景山在闻喜东南三十里,即中条最高峰,一名汤寨山,又名汤王山,上有汤庙,下有葛寨村。"

由此看来,汤王景亳之命,应在晋南,与山西垣曲紧相连,不在宋州。

"亳"之具体地望应在何地?

根据《山西历史地名录》记载:"在垣曲县古城北的亳城村北处。相传汤王都亳即此。元致和二年(1329 年)在此竖立石碑一通,镌'商烈祖成汤居亳故都'。"③历史上称为汤王坪。我们知道今垣曲县在历史上曾设亳城县,"在垣曲县西十里。《旧唐书·地理志》:隋义宁元年(617 年),置亳城县,武德五年(622 年)废。《太平寰宇记》:古亳城在垣县西北十五里。《县志》:城周百四十步,今谓之'下亳里'"④。《山西志辑要》曰:"亳城,西北十五里,《隋志》后魏置邵郡及白水县,后周改白水县为亳城,大业初改亳城为垣县,西有亳原,汤于此誓众。"可见今垣曲县城北,在历史上曾名亳城县,其设亳城县是与汤居亳有关系,故古城北为亳村,仍称汤王坪,当为汤都亳地。这些记载为我们寻找"汤始居亳"提供了可靠的证据。最近考

① 刘纬毅编《山西历史地名录》,郝树侯校,山西省地名领导组《地名知识》编辑部,1979,第 244 页。

② 载朱东润、李俊民、罗竹凤主编《中华文史论丛》(1984 年第 1 辑),上海古籍出版社,第 1-21 页。

③ 刘纬毅编《山西历史地名录》,第 244 页。

④ 《大清一统志》卷 155。

古工作者在垣曲县古城镇发现一座相当于早商文化的古代夯土城址。初步进行钻探和试掘，城垣平面为平行四边形，城内面积约十二万余平方米，四面城墙中以北墙较为完整，迄今仍保存在地上，长约三百三十米，高三至五米，宽五至十二米。其余三面均存在于地下。以西墙保存较好，长约三百九十五米，东墙仅存北段四十五米，南墙中段及东段外侧则被黄河冲毁，墙基石和墙体为夯土筑城，土色棕红，细密坚硬，夯窝为圆形尖孔，排列十分紧密。城垣内部布局为：东南部有密集的灰坑和窖穴等遗迹，文化层堆积较厚，可能是居住区。中部偏东有一组夯土建筑墓址，分为六块，较大的一块为长方形，长约五十米，宽约二十米，还有的为曲尺形，可能是宫殿区。从地层关系和墓群判断，当属于商代二里冈时期。① 根据邹衡先生研究，郑州二里冈时期相当于成汤时期，称为殷商早期文化。因此，我们初步可以断定：此遗址当为"汤始居亳"的最早"亳"都。

三

"汤始居亳"在今山西垣曲县古城镇，那么又将如何理解商汤灭夏呢？

商汤是开国之君，《史记·殷本纪》曰："桀败于有娀之虚，桀犇于鸣条，夏师败绩。"《正义》引《括地志》曰："高涯原在蒲州安邑县北三十里南坂口，即古鸣条陌也。鸣条战地，在安邑西。"孔氏传曰："桀都安邑。"又曰："鸣条地在安邑西。"《大清一统志》曰："鸣条岗，在猗氏县南三十里。南接绛州安邑夏县界。"那就自然在今安邑西。今山西涑水与青龙河之间的丘陵地带，现在仍名鸣条岗。

《尚书·汤誓》曰："伊尹相汤伐桀，升自陑，遂与桀战于鸣条之野，作《汤誓》。"陑（音"而"）即陑山，即雷首山，在山西永济县。《太平寰宇记》曰："尧山，在河东县南二十八里，即雷首山……汤伐桀，升自陑。"由此可见汤伐桀，升自陑，与桀战于鸣条之野，皆在今晋南。而商汤居亳伐夏应西行，其誓师处也在今山西垣曲县。孟子说："汤居亳与葛为邻。"古代名葛的地方与亳一样是很多的，人们不能只相信今河南宁陵为葛乡。其实在晋南才能真正找到它的原生地址。当时"汤居亳"的范围仅有"七十里"。

① 刘汉屏、佟伟华：《山西垣曲县古城镇发现一座商代城址》，《光明日报》，1986年4月8日。

“汤居亳与葛为邻”,其地域应是很近的,他才能够由童子饷耕。所以,清人俞正燮在《癸巳类稿》卷一《汤从先王居义》中早已指出:“岂得汤始终皆绕葛居? 又今山西垣曲西北有亳城,即后周亳城县。西南有葛城,即《史记》赵成王十七年与魏惠王遇葛孽者。亳葛岂得必近宁陵?”俞正燮的意见没有引起人们重视,今山西垣曲商城的发掘,应当引导我们由此去寻找葛的地址。《大清一统志》曰:“葛城,县南五里,距亳十五里,土人名葛伯寨。”《山西通志》曰:“《旧通志》:县南四十里葛伯寨,在汤山下,相传葛伯阻兵。据张象蒲以亳在垣曲,则葛当在此处,盖童子可以饷耕理不得远也。”可知与亳为邻的葛,应在今山西垣曲县邻近。

成汤居亳,在今山西垣曲,而他所伐之三嵏、韦、顾、昆吾、夏桀所处的地理位置,应如何理解呢?

《史记·殷本纪》曰:“汤遂伐三嵏。”《集解》孔安国曰:“三嵏,国名,桀走保之,今定陶也。”《括地志》曰:“曹州济阴县即古定陶也。”①均不可信。其实,三嵏就是嵏山,应在山西“闻喜今县东五十里”②。这是西进伐夏桀的必经之路。

《诗经·商颂》曰:“韦顾既伐,昆吾夏桀。”韦,我同意邹衡先生的意见,应是“《吕氏春秋·具备篇》‘汤尝约于郼薄’的郼”③。其地望不在今郑州北,应是陈奂《毛诗传疏》卷三十所说的“今河南卫辉府滑县东南五十里,有废韦城”,即汤伐韦处。

顾,据王国维、陈梦家等人的考证,就是杜预所说的荥阳卷县之北的扈亭,在怀庆府原武县境(今黄河北原阳、武陟一带)。顾,即甲骨文中常见的雇,其地据李学勤先生认为是“滨于黄河的地名”④。当可证明顾在今原武县西北。商汤灭韦、顾是为了巩固后方,蓄积力量,然后西向灭夏。

昆吾,其地有三说:一说在许(旧许),二说在卫、帝丘(河南濮阳),三说在魏(安邑)。

从文献上看昆吾与夏桀相距不远。《淮南子·天文训》以日(太阳)运

① 《史记·殷本纪》《正义》引。

② 《山西通志》卷28。

③ 邹衡:《夏商周考古学论文集》,文物出版社,1980,第200页。

④ 李学勤:《殷代地理简论》,科学出版社,1959,第43页。

行所经各地定其方位时，曾谓昆吾居“正中”①。“正中”就是天下之中，即所谓中国。而古之中国是指“冀方”，即今晋南。杨伯峻《春秋左传注 · 哀公六年》曰：“冀方即中国，说详顾炎武《日知录》卷二。”这说明古昆吾不在“旧许”“帝丘”，而应在安邑。所以皇甫谧在《帝王世纪》中指出：“今安邑见有鸣条陌、昆吾亭，左氏以为昆吾与桀同以乙卯日亡。韦顾亦尔。故《诗》曰：韦顾既伐，昆吾夏桀。”《永初山川记》曰：“安邑有昆吾亭，古昆吾国也。”这应是昆吾的最早居地，而商汤灭夏以后，昆吾余部才开始迁徙，故《竹书纪年》曰：“昆吾氏迁于许。”以后又发展到帝丘（河南濮阳）。

从以上史实看，“商汤灭夏”当在晋南，“汤都亳”在晋南自然顺理成章。在这里我们切不可以后人的地理观念去代替、扩大古人的地理观念和疆域观念。历史明显记载，汤是以“七十里”的亳而灭夏的。因此，汤居西亳、北亳、南亳，而灭昆吾，都是以后人的地理观念去探讨古人的活动，那是离题太远了。由于“汤居亳”在晋南，这是商人最早的活动居地，尔后灭夏建立商朝，因而商汤在晋南影响很大。后世人们为了纪念商汤，建立了不少祖庙以祭祀汤。在甲骨文中我们常见有唐地的记载。此唐地，应在晋南。据胡厚宣先生考订，𢀛方为武丁时卜辞中最常见之一国，其地在殷之西方（今陕西）。𢀛方内侵，常至唐地。可知唐在今山西（晋南）。② 卜辞曰：作大邑于唐土（《金》611）。唐土即唐社，也就是春秋时期的“亳社”，在甲骨文中又称为“唐宗”，就是在唐地建立祭祀汤的祖庙。据《大清一统志》记山西“汤庙有二，一在虞乡县东十里故市镇，一在荥河县东北十里。以伊尹仲虺配享，宋开宝六年敕修，本朝屡遣官致祭”，又曰“汤庙，在闻喜县有二，一在南关外，宋元祐间建；一在中条山中峰，前有湫池，祷雨辄应。又垣曲县汤庙有三，一在县西下亳村，一在县北塔坂村，一在县东北峪子村”。③ 从以上记载来看，晋南汤庙的分布以垣曲最多，当与汤始居亳地有关。

商汤灭夏后，商族势力不断发展，逐渐向东南扩张。最早迁徙地应是

① 《淮南子 · 天文训》曰：“至于昆吾是谓正中。”

② 胡厚宣：《殷代𢀛方考》，载氏著《甲骨学商史论丛初集》，成都齐鲁大学国学研究所 1944 年影印版。

③ 《大清一统志》卷 140、155。

西亳,今河南偃师。《书序》云:“汤既胜夏,欲迁其社,不可,作夏社。”夏社即夏人祭祀的土地神和五谷神。汤自命“致天之罚”而伐桀,胜利后自然把夏代国家的权力社稷,变为商族供奉的那一套神灵。随着商人势力的发展,自然要准备迁都。有的同志在讨论此问题时也承认汤灭夏后,的确迁了都。可是他们不承认汤迁到今河南偃师西亳,认为是“迁到了原夏桀的地方”①。这是不对的。汉董仲舒在《春秋繁露·三代改制质文》一文中说:“汤受命而王,应天变夏作殷号……作宫邑于下洛之阳。”《括地志》曰:“亳邑故城在洛州偃师县西十四里,本帝喾之墟,商汤之都也。”《汉书·地理志》注曰:“偃师,尸乡,殷汤所都。”《后汉书·郡国志》曰:“偃师有尸乡。”刘昭注:“《皇览》曰:偃师有汤亭。”为什么偃师的汤亭,而后又改成尸乡?《晋太康记》《地道记》曰:“田横死于是亭,故改曰尸乡。”可见汤亭之名起源甚早,当与汤迁都偃师称亳有关。汤迁都西亳后,垣曲地就变成亘的封地,武丁时有亘,封于今山西垣曲县。② 亘方据陈梦家先生考订,就是山西之垣,地在垣曲西二十里,并据春秋时期的文献记载,认为这一地区是赤狄皋落氏之都。③ 这个论断是正确的。

四

综上所述,商的始祖“契居蕃”,就是“契居薄”“契居蒲”,也就是“契居亳”。而汤“始居亳”,就是“始居薄”,其地应在今山西垣曲县。

这里应该指出,“契居蕃”以后,商族不断迁徙。契子“昭明居砥石”。砥石的地望,丁山先生考证甚详,认为是古泜水、石济水所流经之地,约在今河北石家庄以南、邢台以北一带,④甚确。这一带地区,正是先商文化漳河型分布的中心区。以后“相土徙商丘”,此商丘应是帝丘。因古商、帝二字形近而讹。帝丘即今河南濮阳。在濮阳地区,我们也曾发现先商文化遗址。这说明商人在此活动。根据邹衡先生的分析,夏商文化的分界线是以

① 孙飞:《论南亳与西亳》,《文物》1980 年第 8 期,第 79 页。

② 胡厚宣:《殷代封建制度考》,载氏著《甲骨学商史论丛初集》,成都齐鲁大学国学研究所 1944 年影印版。

③ 陈梦家:《殷墟卜辞综述》,科学出版社,1956,第 276 页。

④ 丁山:《商周史料考证》,龙门联合书局,1960。

武陟沁水为界，沁水以东为商文化，沁水以西为夏文化。① 这样一个分析论断，当有助于我们理解汤灭夏以前商族的迁徙活动。所以在今山西晋南没有发现先商文化，而只有早商文化。在这里我们应该看到，夏、商两族文化之间有着强烈影响和模仿的关系。所谓“殷因于夏礼”②，正说明商文化是吸收了夏文化，而同时夏文化也吸收了商文化。例如作为夏文化代表的二里头文化三、四期，很明显是吸收了商文化，因而有的同志把它作为先商文化，其实仍然是夏文化。而有的同志在探讨郑州二里冈时期的文化来源时，认为是直接从二里头三、四期而来，于是把二里头三、四期误作为商文化，是由于商文化也吸收了夏文化。夏、商文化这种错综复杂的关系，说明夏、商两族的活动在夏末和商王朝建立前，并没有泾渭分明的界线。

---

① 《晋豫鄂三省考古调查简报》（邹衡执笔），《文物》1982 年第 7 期，第 1 – 16，97 页。

② 《论语·为政》。

中国王权的诞生*

——兼论王权与夏商西周复合制国家结构之关系

王震中

摘要：上古中国，真正的王权是夏商西周王朝国家之王支配天下的最高统治权，它与三代多元一统的复合制大国家结构联系在一起，它的诞生以夏王朝的出现为标志。王权与王的称谓有联系，但又并非绝对等同。这一方面是在甲骨文、金文和传世文献中，凡是直言王者皆指商王、周王；另一方面是金文中还存在某些边远地区的小邦邦君称王的旧俗。王朝的最高统治者称王，体现的是王朝的王权；个别的边远小国也自称为王，体现的是小国的邦君君权。“王”的称谓之所以并存于这两类不同形态的国家之中，是因为“王”字和“王”的称谓起源于作为军权象征的斧钺。夏王朝并非中国最早的国家，尧舜禹时代是已形成国家的邦国林立并组成族邦联盟的万国时代，夏王朝“天下共主”的王权源于万国时代族邦联盟的盟主权，是由盟主的霸权转化而来的。

关键词：王权；王朝国家；复合制结构；华夏礼制

一、上古中国王权与王朝国家及复合制结构之关系

何谓王权？何谓中国上古社会的王权？这看似清楚，实际并非如此。在一般意义上讲，王权似乎是古代王国国家权力集中的一种表现。然而，是否一有国家就有王权，先秦时期的王权与夏商西周王朝国家及多元一统（也称为“多元一体”）的复合制国家结构有什么关系，西周时期一些小国

---

* 本文为教育部人文社会科学研究“海岱早期文明的演进及其与中原的互动”项目（13JJD780007）阶段性成果。原载《中国社会科学》2016 年第 6 期。

邦君称王者是否也可视为拥有王权,这些都值得讨论。

在中国历史实际中,王权首先与夏商西周王朝国家联系在一起,是指夏王、商王和周王在其统治的王朝国家所具有的最高支配之权。但是,由于夏商西周王朝国家形态和结构并非单一制的中央集权的一元结构,而是多元一统的复合制结构,使得王权与王朝内的王国有联系,但其支配范围又不仅限于王国之内①。

关于夏商西周王朝的复合制国家结构,商周材料远比夏丰富,所以仅就从已知推及未知的论证逻辑而言,我们应先讲商周然后再讲夏;又由于商与西周相比较,西周的复合制国家结构是与其分封制联系在一起的,而学术界对分封制是很熟悉的,因此,对于夏商西周三代的复合制国家结构,讲清楚商代复合制的王朝国家结构,又成为问题的关键。

商王朝多元一统的复合制结构,可以从两方面得以说明:一是商王朝的“内外服制”问题;二是外服的诸侯邦国在王朝中央任职为官的问题。

商王朝的“内外服制”,《尚书·酒诰》说得最清楚:“在昔殷先哲王……自成汤咸至于帝乙……越在外服:侯、甸、男、卫、邦伯;越在内服:百僚、庶尹、惟亚、惟服、宗工,越百姓、里居(君)。”这里的“内服”就是王国(王邦)之地,王的百官居邑分布在这里,是王直接控制之地,亦即后世所谓王畿之地。这里的“外服”就是受王支配调遣的诸侯邦国之地。整个商王朝由“内服”和“外服”这两大部分组成。《尚书·酒诰》所说内、外服这样的结构,还可以由青铜器铭文和甲骨文得到印证。如《大盂鼎》有“惟殷边侯甸与殷正百辟”这样的铭文。所谓“殷边侯甸”,即《酒诰》所说的“侯、甸、男、卫、邦伯”等外服诸侯;所谓“殷正百辟”,即《酒诰》所说的“百僚、庶尹”等内服百官。此外,在甲骨文中,我们可以看到“商”与“四土四方”对

---

① 参见王震中:《夏代“复合型”国家形态简论》,《文史哲》2010 年第 1 期,第 87 -91页;《论商代复合制国家结构》,《中国史研究》2012 年第 3 期,第 31 -46 页;《中国古代国家的起源与王权的形成》,中国社会科学出版社,2013,第 436 -440,471 -502 页。

应并贞的卜辞。① 这里的“商”,是指包括商都在内的商王国,即商朝的王邦,也即《酒诰》所说的内服之地;这里的“四土”则是附属于商的侯伯等诸侯邦国,也即《酒诰》所说的外服之地。所以,《尚书》(而且是成书年代较早的篇章)、青铜器铭文和甲骨文这三方面的材料一致说明:商王朝国家由“内服”和“外服”构成。

联结商王朝“内服”与“外服”的纽带之一,是“外服”的诸侯邦国之人在朝为官者。《酒诰》说王朝百官集中在“内服”,但“内服”中执掌各种官职的贵族大臣有相当多的是来自“外服”的侯伯邦国之人。例如,卜辞中有“小臣醜”(《合集》36419),这位在朝廷为官者,就属于来自今山东青州苏埠屯一带侯伯之国的人。山东青州苏埠屯一号大墓是一座有四条墓道、墓室面积达 56 平方米、殉犬 6 条、殉人多达 48 人的规模极大的墓葬②。由该墓的规模、带有四条墓道的规格、出土铸有“亚醜”族徽铭文的大铜钺以及五六十件传世铜器中都有“亚醜”铭记③来看,墓主人身份应是侯伯之类诸侯,是商王朝在东土的重要依靠。其家族或宗族的族徽是“亚醜”④,

---

① 如《甲骨文合集》36975 号卜辞:“己巳王卜,贞,[今]岁商受年。王占曰:吉。东土受年。南土受年,吉。西土受年,吉。北土受年,吉。”《小屯南地甲骨》1126 号卜辞:“南方,西方,北方,东方,商。”(郭沫若主编《甲骨文合集》,中华书局,1979 – 1982 年,下文简称《合集》。中国社会科学院考古研究所编《小屯南地甲骨》,中华书局,1980)

② 山东省博物馆:《山东益都苏埠屯第一号奴隶殉葬墓》,《文物》1972 年第 8 期,第 17 – 30 页。山东省文物考古研究所、青州市博物馆:《青州市苏埠屯商代墓地发掘报告》,载张学海主编《海岱考古》第 1 辑,山东大学出版社,1989。

③ 殷之彝:《山东益都苏埠屯墓地和“亚醜”铜器》,《考古学报》1977 年第 2 期,第 23 – 34 页。

④ “亚醜”族徽铭文是由“亚”形徽记与“醜”形徽记组合而成的复合型族徽铭文。此“亚”即《尚书·酒诰》“越在内服:百僚、庶尹、惟亚、惟服”之“亚”,它原本是内服之职官中的武官。由于古代有以官职为徽号的情况,如《左传·隐公八年》众仲所说的“赐姓”,“命氏”,“因以为族。官有世功,则有官族,邑亦如之”。所以,“亚”与“醜”相结合的这种带有“亚”符号的族氏徽记,就属于因官有世功而形成官族后将其族氏徽号铸在铜器上,以显示自己身世尊荣的一个例证。这样的情况在商周青铜器铭文中很多,下文将要说到的殷墟花园庄 54 号墓的“亚长”族徽铭文也是如此。从“亚醜”族徽铭文来看,“亚醜”最初可能是商王派遣到东土、驻在苏埠屯的武官,随着时间的推移,后来发展成外在的诸侯,但同时还在王朝兼任小臣之职,称为“小臣醜”。

而该家族又在王朝担任小臣之职，称为“小臣醜”，是典型的“外服”诸侯邦国之人在朝为官者。此外，安阳殷墟花园庄 54 号大墓也是一座“外服”侯伯在朝为官显赫贵族的墓。在该墓出土的 570 余件随葬品中有多件青铜礼器上铸有“亚长”族徽铭文①，它与甲骨文武丁时期的“长伯”（《合集》6987 正）、廪辛康丁时期的“长子”（《合集》27641），以及卜辞中“长友角”、“长友唐”（《合集》6057 正、6063 反等）等长族将领之“长”是一族，也属于“外服”诸侯。② 还有，殷墟西区第三墓区 M697 出土“丙”族徽铭文的墓主人③，则来自今山西灵石旌介的“丙国”。④ 丙族在商王朝曾担任“作册”一职，如《丙木辛卣铭文》即写作“丙木父辛册”。⑤ 罗振玉《三代吉金文存》收录有在鼎和卣上铸有“丙”形徽铭的两篇长篇铭文⑥，鼎铭记载作器者在某地受到商王赏赐而为父丁作器，卣铭记载作器者在廙地受到商王赏赐而为毓祖丁作器。这些都说明：丙国丙族的邦君或贵族接受商王职官封号，为王服务，受王赏赐，其宗族的本家远在今山西灵石旌介，而其中一个家族则因在朝为官而族居族葬于安阳殷都。再如，位于殷墟刘家庄南的 M63

① 中国社会科学院考古研究所安阳工作队：《河南安阳市花园庄 54 号商代墓葬》，《考古》2004 年第 1 期，第 7 – 19 页。

② 关于“长伯”的封地，即长在何地的问题，已故的林欢博士认为“长”族原居于今山西长子县，河南鹿邑县太清宫的长子口墓墓主人是商亡国之后南迁的“长子”族首领。（林欢：《试论太清宫长子口墓与商周“长”族》，《华夏考古》2003 年第 2 期，第 64 – 67，104 页）此外，对于长子口墓，也有一种观点认为它是周初封于宋地的微子启的墓葬。（王恩田：《鹿邑太清宫西周大墓与微子封宋》，《中原文物》2000 年第 4 期，第 41 – 45页。松丸道雄：《河南鹿邑县长子口墓をめぐる诸问题——古文献と考古学との邂逅》，《中国考古学》第 4 号，2004 年 11 月）

③ 中国社会科学院考古研究所安阳工作队：《1969—1977 年殷墟西区墓葬发掘报告》，《考古学报》1979 年第 1 期，第 27 – 146 页。

④ 山西灵石旌介商墓的出土物中，在铸有族氏徽记铭文的 42 件铜器中，“丙”形徽铭竟有 34 件。所以，“丙”这一国族的本家即宗族在山西灵石旌介。［李伯谦：《从灵石旌介商墓的发现看晋陕高原青铜文化的归属》，《北京大学学报（哲学社会科学版）》1988 年第 2 期，第 15 – 29 页。殷玮璋、曹淑琴：《灵石商墓与丙国铜器》，《考古》1990 年第 7 期，第 621 – 631，637 页］

⑤ 中国社会科学院考古研究所编《殷周金文集成释文》第 4 卷，香港中文大学中国文化研究所，2001，第 84 页。

⑥ 分见罗振玉：《三代吉金文存》，中华书局，1983，上册卷 4 · 10 · 图 2，第 391 页；中册卷 13 · 38 · 图 6，第 1400 页。

出土有2件“息”铭铜器,这是位于今河南罗山县的息国之人在朝为官者之器。① 息国的邦君在甲骨文中称为“息伯”(《合集》20086),也是侯伯之类的“外服”诸侯。在安阳梅园庄村墓葬中出土有“光”族徽铭文,而在卜辞中有称为“侯光”(《合集》20057)的诸侯,所以,死后葬在殷墟的“光”族徽铭文的墓主人是被称作“光”的诸侯国中在朝廷为官者。在文献中,《史记·殷本纪》记载商纣王曾以西伯昌、九侯(一作鬼侯)、鄂侯为三公,这也是“外服”的侯伯之君担任朝廷要职的例子。这些“外服”的诸侯邦国,在王朝中央任职,既是对王朝的国家事务的参与,亦是对中央王国这个天下共主的认可,并成为在复合制王朝结构中联结王与诸邦的纽带。

从商代到西周,多元一统的复合制王朝国家结构又有进一步发展,其最具特征的就是西周实行的分封制结构:一方是周王直接掌控的周邦(王邦即王国),另一方则是周王分封的、主权不完整(不具有独立主权)的诸侯邦国,二者在王权的统辖下构成多元一统的王朝国家。

西周分封(“封建”)的目的:一是分封诸侯以捍卫王室王邦;二是与宗法形成一体,以“减少贵族之间在政权传递上争夺的矛盾”②;三是使政治权力有序地“层级分化”,并在分封的诸侯国实现“统治族群与各地土著族群的重叠关系”。③ 周王正是通过这种重新封邦建国,将商王朝的天下秩序转换为周王朝新的天下秩序。在这样的天下秩序的转换过程中,起主导作用的当然是“一统”的王权,而各诸侯邦国在接受新王朝体系时对其的认可程度及其互动作用,也是至关重要的。在这方面,新王朝建立伊始,周王除强化当时社会意识形态中的“王权神授”观念,确立自己的正统地位

① 息族息国的铜器集中发现于河南罗山县蟒张乡天湖村的晚商墓地,在发掘的晚商墓葬中,出土有铜器铭文的铜器共40件,其中有“息”字铭文的共26件,占全部有铭文铜器的65%;出土“息”铭文铜器墓有9座,占全部商代墓的41%,特别是10座中型墓中有8座出土“息”铭铜器,占80%。(河南省信阳地区文管会、河南省罗山县文化馆:《罗山天湖商周墓地》,《考古学报》1986年第2期,第153-197页)所以,李伯谦等认为罗山县天湖墓地为息族墓地,应该没有什么疑问。(李伯谦、郑杰祥:《后李商代墓葬族属试析》,《中原文物》1981年第4期,第33-35,46页)

② 王玉哲:《中华远古史》,上海人民出版社,2000,第577页。

③ 许倬云:《西周史》(增订本),生活·读书·新知三联书店,1994,第144,146页。

之外，从武王到周公再到成王，所采取的持续大规模的分封，无论是在政体上，还是在名分上，都是对多元一统的复合制王朝的强有力的保障。所谓名分，是指被分封诸侯邦国国君的身份地位。它既体现了新王朝的秩序和新的礼制，也包含了相应的责任和义务。被分封的诸侯邦国的国君在从周王那里获得相应的身份地位时，也确立了对周王忠诚、向周王守土有责的义务。所以，被分封的诸侯邦国的名分与义务是相辅相成的，也是复合制结构所需要的。

关于分封诸侯以拱卫王室王邦，《左传·定公四年》明确说："昔武王克商，成王定之，选建明德，以藩屏周。故周公相王室以尹天下，于周为睦。分鲁公以大路、大旂……因商奄之民，命以伯禽而封于少皞之虚。分康叔……命以《康诰》而封于殷虚……分唐叔……命以《唐诰》而封于夏虚。"《左传·僖公二十四年》也说："昔周公吊二叔之不咸，故封建亲戚，以蕃屏周。管、蔡、郕、霍、鲁、卫、毛、聃、郜、雍、曹、滕、毕、原、酆、郇，文之昭也；邘、晋、应、韩，武之穆也；凡、蒋、邢、茅、胙、祭，周公之胤也。"这样的分封，既实现了"以藩屏周"、拱卫王室王邦的目的，又使得王位由嫡长子一人继承，其余兄弟分封为诸侯，把分封制与宗法制很好地结合起来。

但是，周朝的分封不仅限于王室兄弟亲戚之间，而是广泛的分封。如《荀子·儒效》说："（周公）兼制天下，立七十一国，姬姓独居五十三人。"《史记·周本纪》曰："武王追思先圣王，乃褒封神农之后于焦，黄帝之后于祝，帝尧之后于蓟，帝舜之后于陈，大禹之后于杞。于是封功臣谋士，而师尚父为首封。封尚父于营丘，曰齐。封弟周公旦于曲阜，曰鲁。封召公奭于燕。封弟叔鲜于管，弟叔度于蔡。余各以次受封。"《吕氏春秋·先识览》说："周之所封四百余，服国八百余。"可见，周的分封是涉及整个"天下"的。在周分封的这些诸侯邦国中，有的属于新建之邦，也有的属于把原来就已存在的旧邦加以确认而纳入新王朝的体系之中。分封制既是政体，也构成一种国家结构，是一个问题的两个方面。

对于西周的复合制国家结构，也可以用内服和外服来概括，这也属于周承商制的一个方面。① 对此，除上引的《尚书·酒诰》和《大盂鼎》铭文外，尚有如下几条可做补充：

惟三月哉生魄，周公初基，作新大邑于东国洛。四方民大和会，侯、甸、男、邦、采、卫，百工、播民，和见士于周。（《尚书·康诰》）

越七日甲子，周公乃朝用书命庶殷：侯、甸、男、邦伯。（《尚书·召诰》）

舍三事令，众卿事寮，众里君，众百工，众诸侯：侯、甸、男，舍四方令。（《矢令方彝》铭文）

在这些史料中，《尚书·康诰》铭文所说的“侯、甸、男、邦、采、卫”，《尚书·召诰》所说的“侯、甸、男、邦伯”，《矢令方彝》铭文所说的“侯、甸、男”，都与《尚书·酒诰》“侯、甸、男、卫、邦伯”外服诸侯体系是一致的。文献和金文中的“邦”“邦伯”“邦君”，都是指诸侯之外而服从于周王的邦国邦君或方国首领，因为他们从属于周王，所以也都属于外服诸侯系统。而《矢令方彝》铭文所说的卿事寮、里君、百工，与《尚书·酒诰》说的百僚、庶尹、惟亚、惟服、宗工、百姓、里居（君）一样，都是在朝为官者，属于内服的朝官系统。

关于西周王朝的复合制结构，《周礼》使用的是“王国”与“邦国”概念，说明王朝国家是由“王国”和众多“邦国”这两大类构成的。如《周礼·地官·大司徒》说：“乃建王国焉，制其畿方千里而封树之。凡建邦国，以土圭土其地而制其域。”②

“王国”一词，《周礼》之外，在其他先秦文献和青铜器铭文中也经常使用。如《诗经·大雅·文王》：“思皇多士，生此王国。王国克生，维周之桢。”《诗经·大雅·江汉》：“四方既平，王国庶定……王命召虎，式辟四方，彻我疆土。匪疚匪棘，王国来极。于疆于理，至于南海。”金文也有“保

① 如刘源教授就曾正确地表述为：“商周王朝的政体均为内外服制，诸侯属于外服系统。”（刘源：《“五等爵”制与殷周贵族政治体系》，《历史研究》2014 年第 1 期，第 74 页）

② 虽说《周礼》成书于战国时期，它糅合了西周、春秋和战国时期的一些概念和制度，但关于“王国”与“邦国”的划分，因为与金文和《尚书》中周初诸诰的记载相一致，所以这样的划分和分类是对商周多元一统的复合制王朝国家结构的总结概括。

辟王国”(晋公盆,《集成》10342,春秋中期)。对于上引文献和金文中的“王国”,作为最一般的理解,应该指的是“王之国”,即王都,亦即国都。但作为其引申义,于省吾先生认为这个“王国”与《尚书》中的“四国”“周邦”“有周”一样,不是单指国都,也不包括四方在内,而为京畿范围,即王畿之地①。确实,根据《诗经·大雅·江汉》中“王国”与“四方”对举,可以认为这个“王国”就是指“周邦”,即周国,亦即周王直接治理的地区,后世所谓“王畿”。比照商代,商的内服之地,即商的王畿地区,亦即甲骨文中与“四土”对贞的“商”,就相当于《尚书·召诰》所说的“大邦殷”之殷邦或战国时吴起所说“殷纣之国”②的商国,为此可称之为商王邦或商王国。

王国及其内服的朝官体系与邦国及其外服的诸侯体系,这二者的空间合起来就是王权所支配的“天下”。从王权角度,或者说站在王的立场,王朝国家的国土等同于“天下”。这就是《诗经·小雅·北山》所谓“溥天之下,莫非王土;率土之滨,莫非王臣”。对此,《左传·昭公九年》的另一种表述是:“我自夏以后稷,魏、骀、芮、岐、毕,吾西土也;及武王克商,蒲姑、商奄,吾东土也;巴、濮、楚、邓,吾南土也;肃慎、燕、亳,吾北土也。”也正因为此,夏商西周三代之王还有一个“天下共主”的身份。

比照商周王朝中王国与诸侯邦国相结合的复合制国家结构,夏王朝也是如此。在夏朝的复合制结构中,既有作为王国(王邦)的“夏后氏”,也有“以国为氏”的“有扈氏、有男氏、斟寻氏、彤城氏、褒氏、费氏、杞氏、缯氏、

① 于省吾:《双剑誃尚书新证》,北平直隶书局,1934,第237–238页。

② 《战国策·魏策》吴起说:“殷纣之国,左孟门,而右漳、滏,前带河,后被山。有此险也,然为政不善,而武王伐之。”这是战国人吴起所谈及的商之直辖地区,即商的王国(王邦),而不是整个殷商王朝国家。漳、滏二水在殷之北,距殷墟不远。若以北边的漳、滏二水为右的话,那么位于左的孟门,就应在其南边,在太行山东,即今河南辉县西,它位于殷墟的西南。“前带河”之河是指安阳殷都东侧由南向北流的古黄河。“后被山”之山是指安阳西边的太行山。《战国策》中吴起说的这段话,在《史记·孙子吴起列传》中作:“殷纣之国,左孟门,右太行,常山在其北,大河经其南。”在这里,司马迁把《战国策·魏策》中的“后被山”即太行山置换为“常山在其北”,那么“大河”当然就要经其南了。这里的常山即恒山,但不是今山西境内的恒山,而是主峰在今河北保定西境曲阳县西北的恒山。孙星衍在《尚书今古文注疏》中引《水经·禹贡·山水泽地所在》云:“恒山为北岳,在常山上曲阳县西北。”(孙星衍:《尚书今古文注疏》上册,中华书局,1986,第184页)

辛氏、冥氏、斟戈氏”①等同姓附属国,还有“韦、顾、昆吾”(《诗经·商颂·长发》)和“薛”(《左传·定公元年》)、“商侯”(今本《竹书纪年》)等异姓附属邦国。再如,夏朝时也已出现像商周时期那样某些邦国的国君或贵族在王朝内担任官职的情形(即在朝为官者)。其中,今本《竹书纪年》说商族祖先“商侯冥”担任过夏朝管理或治理水的职官,《国语·周语上》说“冥勤其官而水死”,这是说他因治水而殉职。《左传·定公元年》说:“薛之皇祖奚仲,居薛,以为夏车正。”薛国因造车技术高超而其国君奚仲担任夏朝造车的官职。《墨子·耕柱》说秦的祖先蜚廉在夏朝负责采矿冶金②。《清华大学藏战国竹简(五)》说咎繇(即皋陶)担任夏启的卿事③,这是东夷在夏朝为官者。诸如此类,这些附属的诸侯邦国之人在朝为官,也构成王与诸邦的纽带。

夏商西周三代王朝均为复合制国家结构,只是就其发展程度而言,商代强于夏代,周代又强于商代。三代王朝中,夏王、商王和周王所具有的“天下共主”的地位和“支配天下”的王权,都是在复合制大国家结构中得以固化和传承的。仅就王权与王朝国家内王国的关系而言,由于王国并非王朝国家的全部,而是王朝国家的主体和核心,因此作为王朝的王权,强有力的王国是其根本性的依托,但又不能等同于王国的君权。因而从王国与诸侯邦国的关系上讲,是复合制国家结构产生了夏商周三代王朝的王权。夏商周三代王权与其复合制国家结构具有互为依托的辩证关系:强大的王权使复合制国家结构中的“多元”得以“一统”,而合法的王权也需要众诸侯邦国的高度认同,这二者的辩证统一构成华夏礼制中的王朝政治等级秩序。从反面讲,随着时代的推移,因王国综合实力的显著下降而造成的王朝王权的衰落,与复合制国家结构的名存实亡以及所谓“礼崩乐坏”,将是一体三面的关联关系。

那么,面对复合制国家结构,夏商西周时期的王权与王国及其王朝国

① 《史记》卷2《夏本纪》。

② 《墨子·耕柱》说:“昔者夏后开使蜚廉折金于山川,而陶铸之于昆吾。”

③ 清华大学出土文献研究与保护中心编《清华大学藏战国竹简(五)》,中西书局,2015,第110页。咎繇(皋陶)属于一个沿袭性人名,既有尧舜禹时期的皋陶,也有夏启时的皋陶。

家的关系,如何表述才会更准确?笔者认为,在先秦时期,王权首先是王国的最高统治权,但它又不仅仅局限于王国,它不但支配着王国(王邦),也支配着从属于王的其他诸侯邦国,是对“天下”的支配之权。也就是说,它是复合制王朝国家的最高统治之权。

王朝的王权之外,中国古代诸侯邦国国君(邦君)之君权,也是诸侯邦国权力集中的表现。但是,由于夏商西周时期的诸侯国是王朝国家的组成部分,它的主权不独立,因而诸侯所具有的君权不属于独立国家之权。至于那些不属于诸侯的邦国,分为两种情况:一种是独立的,乃至与王朝敌对的邦国;另一种是从属于王和王朝的邦国。① 前者的君权是独立国家之权,后者的邦君因被纳入王朝体系,其君权不是完整的国家之权。鉴于复合制国家结构就像复合函数一样,函数中套着函数,因而笔者把诸侯国和从属于王的其他邦国称为王朝国家内的“国中之国”;把王国(王邦)称为王朝国家内的“国上之国”,在复合制中二者处于不平等的地位。这样,从王权和国家权力的性质来讲,上古时期,作为国家最高权力,就有王权与非王权的君权这两种类型;而在“非王权的君权”中,又有独立国家的邦国君权和被纳入王朝体系的不具有独立主权的诸侯国或邦国君权这样的区别。如果我们把独立于王朝之外的邦国与王朝国家看作发展程度(也即发达程度)不相同的两种国家形态的话,那么,前者代表原始的简单的国家形态,后者代表进一步发展的复杂的国家形态。② 因而,笔者认为那种主张一有国家就有王权的观点,或者说王权是国家最原始的最高权力的说法,并不符合上古中国的历史实际,是需要重新加以探讨的。

诚然,也许有的学者,特别是研究世界古代史的学者,更倾向于把古代国家的君权统称为王权,包括笔者所说的邦国、王朝及其内的王国,以及帝国。亦即认为无论是小国寡民的邦国的国君,还是王朝国家的最高统治

---

① 有些邦国与王朝处于“时服时叛”的关系。在“叛”时,它与王朝对立,脱离王朝体系,是独立国家;在“服”时,它被纳入王朝体系之中,不属于独立国家。所以,“时服时叛”构不成一种分类标准。

② 邦国是单一制的,夏商西周王朝国家是复合制的,也是多元一统的。与小国寡民的单一制相比较,多元一统的复合制王朝国家,当然要复杂许多。而且,从出现的时间讲,尧舜时期单一制的邦国产生在前,夏商西周王朝国家产生在后。所以,无论是在时间先后上,还是在政体与国家结构上,二者都代表了前后演进的两种形态。

者,乃至帝国的最高统治者,其权力都可称为王权。而在笔者看来,对于王朝之前的简单的邦国、复合制的王朝国家以及大一统的帝国这三种国家形态,研究者若能把其最高权力的称谓加以区别的话,这对理解当时社会特点和时代特征是有益的。其中,对于帝国的最高统治者,如秦汉以后帝制社会中的皇帝,其权力应称为皇权,并以此与夏商西周的王权相区别;同样的理由,把王权仅限于与王朝的最高权力相联系,而不用它来称呼普通邦国或诸侯国的君权,更接近于中国古代历史的实际。

二、王权与称王之关系

夏商西周时代的王权与王的称谓有联系,但又并非绝对相等同。说王权与王的称谓有关系,是因为从有文字记载的商代和西周来看,作为王朝国家的最高统治者都是称王的。在甲骨文中,凡是直言王者皆指商王,如“王曰”“王占曰”“王……”者,都指商王。这一点与《史记·殷本纪》等文献所载有关商王的称谓是完全一致的。西周时的情形也是这样。张政烺先生曾指出:“周金文中直言王者皆指周王,乃姬姓天下之大宗。”①张先生的看法是正确的。在西周青铜器铭文和周代文献中,周王朝的最高统治者称为王,这既是“姬姓乃天下之大宗”的表现,也是王朝礼制的规范。不仅如此,周王也称天子。周王尊称为天子,意味着周王并非一般意义上的王,而是独一无二的最高统治者,这是西周王朝国家礼制较商代又有加强的反映。

但是,在西周的青铜器铭文中,也有很小邦国的邦君称王的例子。例如,在陕西宝鸡市贾村塬上官村出土的夨王簋盖等青铜器铭文中,有“夨王”的称呼。② 这位夨王并非周王中的某一王,而是西周中期“位于汧水上

---

① 张政烺:《夨王簋盖跋——评王国维〈古诸侯称王说〉》,载陕西省考古研究所、中国古文字研究会、中华书局编辑部编《古文字研究》第13辑,中华书局,1986,第178页。

② 卢连成、尹盛平:《古夨国遗址、墓地调查记》,《文物》1982年第2期,第48-57页。王光永:《宝鸡县贾村塬发现夨王簋盖等青铜器》,《文物》1984年第6期,第18-21页。

游的陇县南坡和下游的宝鸡县贾村"①一带的古夨国的邦君。此外,青铜器中的䜌王、几王等称呼,以及邵王鼎、吕王鬲、吕王壶等称王者,也都是邦君称王的事例。䜌王的称呼见于录伯簋盖,铭文中有一句话写作"用作(朕)皇考䜌王宝尊簋"。② 几王的称呼见于乖伯簋,铭文有"用作朕皇考武乖几王尊簋"(《集成》04331,西周中期后段)。在文献中,《史记·吴太伯世家》有吴王。据张政烺先生考证,邵王鼎是楚昭王母之祭器;夨王是姜姓,是夨国称王者;吕为姜姓国,是四岳之裔;录伯簋之䜌王、乖伯簋之几王,也都是周代异姓之国,录伯之国可能在陕西,乖伯之国可能在甘肃灵台县。③

关于周代异姓之国称王者,王国维在《古诸侯称王说》中曾提出:"盖古时天泽之分未严,诸侯在其国,自有称王之俗,即徐楚吴楚(越)之称王者,亦沿周初旧俗,不得尽以僭窃目之。苟知此,则无怪乎文王受命称王而仍服侍殷矣。"④对此,张政烺先生提出质疑:

> 周时称王者皆异姓之国,处于边远之地,其与周之关系若即若离,时亲时叛,而非周室封建之诸侯。文王受命称王,其子孙分封天下,绝无称王之事。周之同姓称王者只一吴王。吴之开国史很不清楚,泰伯、仲雍……各书记载皆强调二人"文身断发",则是已经彻底"蛮化"了。处蛮夷之间,位不尊则权威轻,不能镇伏百越,甚至不能自保,称王由于客观需要,而不关"天泽"或"僭窃"问题,也并非"沿周初旧俗"。古代同姓不婚,而吴则否……韩愈《原道》:"孔子之作《春秋》也,诸侯用夷礼则夷之。"吴正是这样一个样本,也就不必以常理论了。

张先生的意思是:周时一些称王的邦国,多为处于边远之地的蛮夷戎狄之

① 卢连成、尹盛平:《古夨国遗址、墓地调查记》,《文物》1982 年第 2 期,第 48 页。

② 中国社会科学院考古研究所编《殷周金文集成》(下文简称《集成》)04302,中华书局,1987。

③ 张政烺:《夨王簋盖跋——评王国维〈古诸侯称王说〉》,载陕西省考古研究所、中国古文字研究会、中华书局编辑部编《古文字研究》第 13 辑,中华书局,1986。

④ 王国维:《观堂集林》第 4 册,中华书局,1959,第 1153 页。

国,称王是其旧俗,“由承袭而来,非僭王号,也不是由于周王的锡(赐)命”,①周王称王“乃姬姓天下之大宗”的表现。显然,张政烺的见解较王国维更符合当时历史实际。就王朝礼制和宗法而言,周王称王又称天子,周王分封的诸侯不得称王。夨王之类的称呼,来自该邦国邦君的旧称。由于夨国起初不属于华夏体系,不受华夏礼制和周人宗法的约束,因此,在夨国的青铜器中出现“夨王”,这只不过是沿用了它以前的称呼而已。其他称王者,诸如鼄王、几王、邵王、吕王,也都是如此。它们原本不属于华夏系统,后来才被周王朝所接纳,但在习惯上它们在自己铸造的青铜器中仍沿用该国以前的旧称。这种称王者并不体现支配天下的王权。商周王朝的最高统治者称王,这是夏商西周时期华夏礼制所规范的,也是华夏正统的一种体现。

正是由于夏商西周王朝的王权与华夏礼制联系在一起,因此春秋时期的“礼崩乐坏”是与周王权的衰落相辅相成的。春秋时期,在王权衰落的同时,华夏诸国的独立性也在逐渐增强,但这些诸侯国的国君之权也还是不能称为王权的。也就是说,在这些诸侯邦国内部,其国君之权当然是该国的最高权力,但对于原来的西周王朝而言,或者对于春秋华夏集团而言,它却不属于王权。

在王的称谓上,春秋时期华夏诸侯国争霸却不称王,这守住了华夏礼制的底线。非华夏集团的楚、越、吴、徐等国有称王的情况。关于吴国,我赞成张政烺先生的分析论述,不再赘述。楚、越、徐等国非华夏国之所以称王,是因为它们不守华夏礼制体系,有的还明显地出于与中原分庭抗礼的目的。以楚国为例,周人和华夏民族一直把楚国国君称为“楚子”。例如,周原出土的甲骨文中就是这样称呼楚国国君的。② 在《春秋》中,楚国国君被称为“楚子”。而孔子对《春秋》的修订,使《春秋》体现或遵循了华夏礼

① 张政烺:《夨王簋盖跋——评王国维〈古诸侯称王说〉》,载陕西省考古研究所、中国古文字研究会、中华书局编辑部编《古文字研究》第13辑,中华书局,1986,第179-180页。

② 陕西岐山凤雏村出土甲骨有“楚子来告”(H11:83)。(王宇信:《西周甲骨探论》,中国社会科学出版社,1984,第296页)

制。但楚国却自行称王①,甚至在楚庄王时还有试图取代周王而问鼎中原的故事②。楚国国君自己称为楚王,就是要突破华夏礼制体系,但由此也使得中原华夏民族把楚视为蛮夷。例如,《左传·襄公二十六年》有“楚失华夏”一语,这是把“楚”与“华夏”相对立的一种表达。

从春秋史反观夏商西周史,我们深深感受到夏商西周的复合制大国家结构是与中央王国强盛和王权强大密不可分的;王权是包括中央王国和周边诸侯邦国在内的多元一统的王朝国家的最高统治权,但中央王国却是其最重要的支撑、依靠和保障。到春秋时期,作为支撑王朝王权的周王国,其直接统辖的地域大为缩减,政治、经济、军事等综合实力还不如一个强盛的诸侯国,因而其王权大为衰落,复合制大国家结构也与其王权一样,名存实亡。与此相反,原本在西周时期作为复合制国家结构的“国中之国”一员的诸侯国,其国家主权却逐渐由不独立走向独立,但受华夏礼制的制约,被纳入华夏体系的诸侯国依然不称王;而那些非华夏集团的国君不受华夏礼制的束缚,在称王的同时也与中原分庭抗礼。

三、“王”称谓的起源

如前所述,西周时期,某些边远地区的小邦邦君也有称王的旧俗。也有学者认为在商代有称王的小国,但因所用资料零碎,有的属于残辞,说服

① 关于楚国称王,《史记·楚世家》曰:“当周夷王之时,王室微,诸侯或不朝,相伐……(楚国国君)熊渠曰:‘我蛮夷也,不与中国之号谥。’乃立其长子康为句亶王,中子红为鄂王,少子执疵为越章王,皆在江上楚蛮之地。及周厉王之时,暴虐,熊渠畏其伐楚,亦去其王。”是说楚在西周后期周夷王时趁着周王室衰弱,已自行称王,后在周厉王时害怕周王讨伐而自己取消王号。到春秋初年,《史记·楚世家》说:“(楚君蚡冒)卒。蚡冒弟熊通弑蚡冒子而代立,是为楚武王。”所以,楚国真正的自行称王是从春秋时期开始的。春秋战国,楚国称王的青铜器有《楚王钟》等铭文(《集成》00072、00085、11381)。(李峰:《论“五等爵”称的起源》,载李宗焜主编《古文字与古代史》第3辑,中研院历史语言研究所,2012,第159-184页)

② 参见《左传·宣公三年》《史记·周本纪》《史记·楚世家》。

力不强,因而笔者赞成宋镇豪、刘源两位教授的看法,对此不敢苟同。① 对于商代究竟有无称王的小国,这里暂且不论。仅就西周而言,王朝的最高统治者称王,这样的“王”体现的是王朝的王权;个别的边远小国也自称为王,这样的“王”体现的是小国的邦君君权。如果我们考虑到有的学者把凡是称王者的君权都视为“王权”的话,那么,王和王权就可分为性质不同的两种类型:一种是王的原始形态,其称王者所掌握的国家权力若非要称之为王权的话,这样的王权只是该国君权而已,该君权所在的国家是一种结构单一、形态原始的国家;另一种是建立多元一统的复合制结构的王朝国家之王,这是一种支配天下的王权,在传统认识中,这样的王才是真正之王,这样的王权才是真正的王权。

在先秦时期,有两种不同类型的国家和“王”是客观存在。那么,为何“王”的称谓可以并存于这两类不同形态的国家之中?究其原因,笔者认为:一是“王”的称谓起源于作为军权象征的斧钺;二是无论是作为初始国家的邦国的君权还是作为王朝国家的王权,其权力来源和组成都是军权、神权和族权三者的合一,其中军权即掌握武力是其权力的根本。这样,无论是邦君的称谓出现“王”还是天子称王,都是因为王的原始含义是掌握武力者。

关于“王”字起源于作为军权象征的斧钺,20 世纪 30 年代时,吴其昌提出“‘王’字之本义,斧也”,并从甲骨文、金文、文物、文献等 8 个方面证明其字形亦斧之象形。② 60 年代,林沄《说“王”》一文发展了此说,并在学术界产生广泛影响。他进一步论证说:王字像斧钺之形,还在于斧钺在古

① 主张商代有小国称王的有:齐文心:《关于商代称王的封国君长的探讨》,《历史研究》1985 年第 2 期,第 63 - 78 页;高明:《商代卜辞中所见王与帝》,葛英会:《殷墟卜辞所见王族及相关问题》,两文均载北京大学考古系编《纪念北京大学考古专业三十周年论文集》,文物出版社,1990。对于这三篇论文,宋镇豪、刘源评述说:“卜辞中是否存在多王的确切证据,还是一个需要谨慎对待的问题。齐、高、葛三氏所举诸例中,有的属残辞、孤证,有的则可作不同理解,目前相关材料也较少,而且殷墟卜辞中方国首领多称为‘白(伯)’,即便卜辞中真的存在商王以外称王者的证据,也不可把多王视为商王国内的普遍现象。”(宋镇豪、刘源:《甲骨学殷商史研究》,福建人民出版社,2006,第 262 页)笔者认为这一分析、评述是有道理的。

② 吴其昌:《金文名象疏证 · 兵器篇》,三晋出版社,2009,第 41 - 51 页。又见周法高主编《金文诂林》(第 1 册)卷 1,香港中文大学,1974,第 210 - 219 页。

代“主要是用于治军的,因为斧钺不仅是武器,而且是砍头的刑具”①,斧钺曾长期作为军事统帅权的象征物。用象征军事统帅权的斧钺构成王字,“说明中国古代世袭而握有最高行政权力的王,也是以军事首长为其前身的”②。到80年代和90年代,林沄③、王震中等④还先后为王字乃斧钺之象形又增添一证:在70年代发表的加拿大安大略博物馆藏甲骨文拓片中,有“成祟王”一词,王字作(《合集》32444),为一装柄的斧钺象形。确实,从字形看,甲骨文、青铜器铭文中的王字,与自新石器时代以来作为武器、礼仪性武器乃至象征军事统帅权的钺,有渊源关系。《成王尊》铭文有“成王尊”三字,其(王)字形与考古出土的从新石器时代到青铜时代的钺(特别是装柄的钺)的形状是吻合的。

关于中国上古社会权力的演进轨迹,似可概括为三大阶段:史前社会最高酋长之权—早期国家的邦国君权(邦国国君之权)—夏商西周王朝国家的王权。⑤ 这三种权力既有联系又有区别。区别在于:最高酋长的权力不具有强制性;作为早期国家的邦国国君的权力具有强制性,它是凌驾于全社会之上的具有强制性的公共权力,但其权力的支配空间仅限于本邦本国;夏商西周王朝国家的王权,不但支配着本邦(王邦,即王国),也支配着王朝体系内的其他诸侯邦国,是凌驾于王朝国家社会的强制性的公共权力,在古人的眼里它是支配天下的合法权力。这三种权力的联系和共同点则在于:三种权力各自都含有军权在其中,都是集军权与神权于一身,充分显示了“国之大事,在祀与戎”(《左传·成公十三年》)的社会特征。

我们以史前社会最高酋长为例,来说明“王”字以及“王”的称谓与钺的渊源关系。在中国几十年的考古发掘中,有关史前社会中心聚落遗址的资料是很多的。这些中心聚落相当于人类学家所说的酋邦(酋长制社

---

① 林沄:《说“王”》,《考古》1965年第6期,第311页。

② 林沄:《说“王”》,《考古》1965年第6期,第312页。

③ 林沄:《甲骨文中的商代方国联盟》,载四川大学历史系古文字研究室编《古文字研究》第6辑,中华书局,1981,第67-92页。

④ 李学勤主编,王震中、罗琨、王宇信等著《中国古代文明与国家形成研究》,云南人民出版社,1997,第242页。

⑤ 王震中:《中国古代国家的起源与王权的形成》,中国社会科学出版社,2013,第287-292页。

会)。例如,安徽含山凌家滩遗址就是距今5300年的史前中心聚落。① 在该遗址的墓地中,有两座随葬品最丰富的墓葬(87M4和07M23)。1987年发掘的87M4号墓葬,出土玉器103件、石器30件、陶器12件,合计145件。玉器中最著名的是一件玉龟②,以及在玉龟的背甲和腹甲之间夹的一块刻有“天圆地方”“四维八方”宇宙观图像的玉版③。此外,还有8件玉钺、18件石钺也十分醒目④。从87M4号墓随葬的玉龟和表示“天圆地方”“四维八方”的玉版来看,该墓主人是执掌占卜、祭祀的重要人物;墓中出土的所谓“玉簪”,其形制与07M23出土的置于玉龟及玉龟状扁圆形器内的玉签是一致的,故它也是与玉龟配套作为占卜工具使用的。墓中随葬玉钺8件、石钺18件,说明他也执掌着军事方面的事务。墓内还出土6件颇为精致的石锛、5件精致的石凿,似乎象征着其人对手工业的重视,并未完全脱离一定的生产劳动。墓中的玉璜达19件之多,还随葬4件玉镯、3件玉璧、1件玉勺、1件人头冠形饰、1件三角形饰,都可说明其社会地位甚高。所以,随葬品达145件的87M4号墓主人生前应以执掌宗教占卜祭祀为主,也兼有军事之权,并对手工业生产相当重视,掌管酋邦的生产组织管理。2007年发掘的07M23号墓葬,随葬有330件器物。⑤ 其中,1件玉龟和2件玉龟状扁圆形器及其内置的玉签都属于占卜工具,说明他与87M4号墓主人一样都属于宗教领袖一类的人物。墓内出土2件玉钺和53件石钺又说明他也执掌着军事之权。墓中还随葬1件玉锛、10件玉斧、30件石锛、9件石凿等工具,也显示出他对生产的重视。随葬玉环84件,其中在墓主头部位置密集放置了20多件玉环,而且是大环套小环,这大概是墓主佩戴的项饰。墓内出土玉玦34件。墓内共出土玉镯38件,其中在墓主双臂位置,左右各有一组10件玉镯对称放置,是套在手臂上的臂镯,其情形

① 安徽省文物考古研究所编著《凌家滩——田野考古发掘报告之一》,文物出版社,2006。

② 安徽省文物考古研究所编著《凌家滩——田野考古发掘报告之一》,彩版21。

③ 安徽省文物考古研究所编著《凌家滩——田野考古发掘报告之一》,彩版20。

④ 安徽省文物考古研究所编著《凌家滩——田野考古发掘报告之一》,彩版27,37-42。

⑤ 安徽省文物考古研究所:《安徽含山县凌家滩遗址第五次发掘的新发现》,《考古》2008年第3期,第7-17页。

与98M29号墓出土的三件玉人手臂上刻的臂镯是一样的,显示了他作为宗教领袖人物的形象。

从安徽含山凌家滩墓地墓葬资料可知,在史前社会中,最高酋长的权力由三个方面构成:神权、军事统帅权和生产的组织管理的民事权。如果再联系辽河流域的红山文化中女神庙、大型祭坛和积石冢的考古学材料以及人类学中的酋邦社会材料,可以看出,在神权、军事统帅权和民事权中,是以神权为主。以神权为主,这是中心聚落社会(即酋长制社会)最高酋长的权力特征之一,其根本缘由即在于史前社会最高酋长的权力不具有强制性(酋长制社会与国家的根本区别即在于:国家权力是凌驾于全社会之上的强制性的公共权力)。但在由史前的中心聚落形态向早期国家的都邑邦国的转变过程中,作为凌驾于全社会之上的强制性的公共权力的重要支柱,主要是以行使武力为特征的军权,而钺既是一种武器,亦为军权和武力的象征。因而,自称为王者实际上是在凸显自己在该政治实体中握有最高的军事武力,"王"的字形和称谓即渊源于此。

四、夏代王权源于万国时代族邦联盟的盟主权

夏王朝并非中国最早的国家。夏朝之前,史称为"万国""万邦",①这是一个邦国林立并组成联盟的时代。先秦文献中,"邦"在一般意义上是指国家,②是说这种小国寡民的邦国甚多而已。在古人眼中,是把夏代之

① 例如,《尚书·尧典》说帝尧能"协和万邦"。《左传·哀公七年》说"禹合诸侯于涂山,执玉帛者万国"。《战国策·齐策四》颜斶云:"大禹之时,诸侯万国……及汤之时,诸侯三千。当今之世,南面称寡者,乃二十四。"《荀子·富国》篇也说:"古有万国,今有十数焉。""万邦"的概念,在青铜器铭文和《尚书》中周初成书的一些篇章以及《诗经》等早期文献中也是比较流行的。如《墙盘》铭文:"曰古文王……匍有上下,迨受万邦。""匍"字,杨树达说当读为"抚","迨"即会字,"迨受万邦"意为文王为万邦所拥戴。《尚书·洛诰》说:"曰其自时中乂,万邦咸休,惟王有成绩。"文中的"时",是也;"乂",治也。这是周公说的话,大意为周王如果能够在这天下之中的洛邑治理天下,那就会"万邦咸休",大功告成。《诗经·小雅·六月》:"文武吉甫,万邦为宪。"这是西周末叶的诗,称颂尹吉甫可以作为万邦的榜样。

② 王震中:《先秦文献中的"邦""国""邦国"及"王国"——兼论最初的国家为"都邑国家"》,载陈祖武主编《从考古到史学研究之路——尹达先生百年诞辰纪念文集(1906—2006)》,云南人民出版社,2007,第325-333页。

前乃至夏代之后所有的政治实体都称为“邦”或“国”。它们当中,应该既有属于早期国家的政治实体,也有尚属于氏族、部落、酋长制社会(即现一般所谓的“酋邦”或“中心聚落形态”)等类型的政治实体,当时呈现为包括早期国家在内的多层次、多种形态的政治实体共存的格局。其实,这种多层次、多种形态的政治实体共存的局面,也见于夏商周时期。至于夏代之前的“万邦”格局,虽说不能因“万邦”一词的使用即认为当时所有的氏族部落都已转化成国家,然而它也暗示出当时出现的国家绝非一个而为一批,属于邦国林立。这种情形就像甲骨文中的“邑”,它表示某种居住点,其中既有“大邑商”“商邑”这样的王都之邑,也有诸如唐国之都邑的“唐邑”、丙国之都邑的“丙邑”这种侯伯都城之“邑”,还有像“鄙二十邑”这样的边鄙小邑。在这里,我们自然不能因为“邑”中有属于村落的小邑,就否定它也表示着王和侯伯之都邑的事实。

文献所说的尧舜禹万邦时期,大体相当于考古学上龙山时代①的中晚期。在中国的黄河、长江两大流域发现这一时期的城址几十座,可以与文献所说邦国林立的“万邦”“万国”相对应。这些城址中有一些属于早期国家——邦国的都城。例如,山西襄汾陶寺遗址,城内面积达 280 万平方米,有大规模的城墙、宫殿和宫殿区、仓储区、天文建筑和祭祀区,从中反映出在强制性权力支配下的人力、物力之集中和行政控制与组织管理之存在;陶寺的经济生产不但有发达的农业和畜牧业,而且制陶、制玉、冶金等手工业也已从农业中分离出来;生产的专门化使产品空前丰富,但不断增多的社会财富却愈来愈集中在少数人手中,陶寺墓地金字塔式的墓葬等级制就表明社会存在着阶级和阶级分化;陶寺发现的两个朱书文字已说明城邑内文字的出现和使用。因而,陶寺城邑可以判定为临汾盆地陶寺文化聚落群内的都城,陶寺文明是当时众多邦国文明的佼佼者。河南新密古城寨、山东章丘城子崖、浙江余杭莫角山、陕西神木石峁等城邑遗址,从城邑的规模、城内的宫殿和已经发掘出土的各种现象上看,都应是龙山时代都邑国

---

① 所谓“龙山时代”,可分为广义与狭义两个概念。广义的龙山时代是指前 3000—前 2000 年。在中原地区,它包括庙底沟二期文化时期,庙底沟二期为龙山时代的早期。狭义的龙山时代是以山东龙山文化(又称为“海岱龙山文化”)的出现为开始的时代,是指前 2600—前 2000 年。这里所说的是广义的龙山时代。

家(都邑邦国)的都城,而陶寺则是这些早期国家都城的典型代表。①

从文献上看,邦国林立和族邦联盟是尧舜禹时期中原地区的两大政治景观。《尚书·尧典》等文献所讲的尧舜禹禅让传说,生动地描述了族邦联盟的盟主职位在联盟内转移和交接的情形。此外,古本《竹书纪年》②、《韩非子·说疑》③等文献有"舜逼尧,禹逼舜"等记述。尧舜禹相互争斗的这种传说,从一个侧面反映了黄河中下游地区各个邦国之间势力消长的关系。对于这两种截然相反的古史传说,我们是否可以这样看:当时族邦联盟领导权的产生,多以和平推举的方式进行,这就是尧舜禹禅让传说的由来;也许有的时候,盟主的产生需要依靠政治军事实力,这就会出现所谓"舜逼尧,禹逼舜"这种事情。

对于尧舜禹时期的联盟,过去史学界一般以摩尔根《古代社会》中的"部落联盟"来对待。"部落联盟"属于原始社会的范畴。既然尧舜禹时期的所谓"万邦"是多层次、多种类型的政治实体的共存,其中最高政治实体是邦国,而我们又知道矛盾的性质是由主要矛盾的主要方面来规定的,那么,对于尧舜禹联盟就应该称之为"族邦联盟"或"邦国联盟",而不能称为"部落联盟"。当然,笔者也不赞成像《尚书·尧典》《尚书·皋陶谟》《史记·五帝本纪》等文献那样,把尧舜禹联盟看成是一个朝廷。传统史学都是比照夏商周三代王朝的情形来谈论尧、舜、禹、皋陶、四岳、契、共工、夔等传说人物之间的关系的,把这些传说人物都安排在一个朝廷内同朝为官,只是其最高"统治"的职位是通过禅让交接而已。对于《尚书·尧典》《尚书·皋陶谟》等文献,笔者认为它们固然保留了相当多夏商之前的远古社会资料,但由于其成书年代是战国时期,生活在战国时代的人在其著述时,不可能不受王朝政体和制度的影响,因而把尧舜禹族邦联盟当作一个朝廷来对待,这是后来成书典籍的通病。这就是笔者曾指出的,古史传说有

① 王震中:《中国古代国家的起源与王权的形成》,中国社会科学出版社,2013,第293-357页。

② 古本《竹书纪年》记载:"舜囚尧于平阳,取之帝位。"

③ 《韩非子·说疑》曰:"舜逼尧,禹逼舜,汤放桀,武王伐纣,此四王者,人臣弑其君者也。"

“实”有“虚”、历史与神话相交融的问题。① 春秋战国乃至秦汉时代的学人并没有近现代人类学的知识和“联盟”之类的概念,因而我们不必苛求他们。

在邦国林立并组成族邦联盟这样的社会中,尧舜禹具有双重身份,即既是本邦的国君,又都担任过联盟的盟主。因此,所谓唐尧禅位给虞舜,所传的是联盟的盟主之位,而不是唐国君主的君位。在尧舜禹的两种身份中,前者是以“部族国家”权力的最高所有者出现的;后者所谓联盟盟主实即霸主,是以黄河中下游地区霸主形式出现的。② 但由于族邦联盟只是各个邦国、酋邦、部落等政治实体的联合关系,而不是一个国家,因此盟主所具有的权力尚不能称为王朝国家的王权。

族邦联盟的盟主权虽然不是王朝国家的王权,但从历史演变的逻辑来看,这些盟主是夏商周三代之王所具有的“天下共主”之前身。也就是说,夏商周三代之王的“天下共主”地位,就是由尧舜禹时期族邦联盟的“盟主”或“霸主”转化而来的。

一般而言,联盟成员理应是平等的。尧舜禹族邦联盟之盟主,之所以亦可称为霸主,其逻辑依据是:即使尧舜禹禅让传说反映了当时族邦联盟领导权在其产生过程中是以和平推举的方式产生的,然而进入早期国家的阶级社会,作为族邦联盟(主要是邦国之间的联盟)盟主,在其获得联盟领导权之后,是很容易将这种领导权引向霸权的,更何况有的时候,联盟领导权的获得也是依靠其政治军事等实力才得以实现的。

尧舜禹族邦联盟盟主即霸主的特征之一,就在于他们可以号召、命令或率领联盟的诸部族对敌对部族进行征伐。例如,帝尧时,既有“尧伐驩兜”的传说(《荀子·议兵》《战国策·秦策》),也有“尧乃使羿诛凿齿于畴华之野,杀九婴于凶水之上,缴大风于青丘之泽,上射十日而下杀猰貐,断

① 王震中:《古史传说中的“虚”与“实”》,载孟世凯主编《赵光贤先生百年诞辰纪念文集》,中国社会科学出版社,2011;《三皇五帝传说与中国上古史研究》,载中国社会科学院历史研究所学刊编委会编辑《中国社会科学院历史研究所学刊》第7集,商务印书馆,2011。

② 王震中:《中国古代国家的起源与王权的形成》,中国社会科学出版社,2013,第358－388页。

修蛇于洞庭,禽封豨于桑林”(《淮南子·本经训》)的传说。这里所说的“凿齿、九婴、大风、猰貐、修蛇、封豨”,都是一些部落首领。凿齿即凿齿民①,是流行拔牙风俗的部族②;大风可能就是风夷;修蛇为三苗;封豨当是有仍氏,或作封豕,即野猪;③猰貐、九婴也是一些以野兽为图腾的部落④。再如,《孟子·万章上》说:“舜流共工于幽州,放驩兜于崇山,杀三苗于三危,殛鲧于羽山,四罪而天下咸服,诛不仁也。”到禹时,《墨子·非攻下》说:禹亲自挂帅,并在玄宫举行接受天之瑞令等宗教仪式。当时还有“人面鸟身”者,奉珪瑾以侍。在神的佑护下,战争大获全胜。⑤

尧舜禹通过对联盟内外对立或敌对部族的征伐战争,确立了自己的霸主地位。如前所述,“王”的称谓起源于象征武力的钺,王权是由军权、神权和族权这三个来源组成的。尧舜禹率领族邦联盟的对外战争,就使得他们具有超越本邦本国的军权。这样的军权很容易转化为王朝国家王权中的军权。

在由尧舜禹族邦联盟盟主的霸权转化为夏王朝王权的过程中,夏禹是最关键的过渡性人物。对此,《左传》和《国语》有两条史料很能说明问题。《左传·哀公七年》说:“禹合诸侯于涂山,执玉帛者万国。”禹在涂山会合诸侯,前来参加会合的诸邦是“执玉帛”来相见,反映了一种礼制。在这种礼制中,尊卑、等级和不平等是显而易见的。而前来会盟者竟有“万国”(包括酋长制酋邦和部落)之多,这说明此时禹已有号令天下的权力。《国语·鲁语下》记载,仲尼曰:“丘闻之,昔禹致群神于会稽之山,防风氏后

---

① 《淮南子·坠形训》有“凿齿民”。《山海经·大荒南经》说:“有人曰凿齿,羿杀之。”

② 严文明:《大汶口文化居民的拔牙风俗和族属问题》,载山东大学历史系考古教研室编《大汶口文化讨论文集》,齐鲁书社,1979,第260页。

③ 田昌五:《古代社会形态研究》,天津人民出版社,1980,第152页。

④ 严文明:《大汶口文化居民的拔牙风俗和族属问题》,载山东大学历史系考古教研室编《大汶口文化讨论文集》,齐鲁书社,1979,第254页。

⑤ 《墨子·非攻下》:“昔者三苗大乱,天命殛之,日妖宵出,雨血三朝,龙生于庙,犬哭乎市,夏冰,地坼及泉,五谷变化,民乃大振(震)。高阳乃命(禹于)玄宫。禹亲把天之瑞令,以征有苗。四电诱祇。有神人面鸟身,若瑾以侍。搤矢有苗之祥(将),苗师大乱,后乃遂几。禹既已克有三苗,焉磨(历)为山川,别物上下,卿制大极(乡制四极),而神民不违,天下乃静。”

至,禹杀而戮之。"孔子说禹在会稽山会见诸邦时,防风氏只因迟到就被禹斩杀,可见此时的禹对于联盟内诸邦诸部已具有生杀专断之权。禹杀防风氏所表现出的对于其他邦国或部族所具有的生杀专断之权,就是王权的雏形。因此,笔者认为在夏禹的后期完成了由邦国联盟的盟主权走向王权的步伐,而作为"家天下"王朝王权的世袭制也正是从禹到启完成转变的。

论西周晚期成周的位置及营建背景*

侯卫东

一、问题的提出

《尚书·召诰》《尚书·洛诰》《左传·昭公三十二年》《逸周书·作雒解》《史记·周本纪》等早期文献都记载了西周初年在洛阳盆地营建洛邑或成周的事件①,何尊②等西周早期金文已经记载成周,说明周初确实存在营建成周之事。

李民先生在1982年提出西周的成周和洛邑是一回事。③ 叶万松等先生在1984年通过考察洛阳盆地西周时期的考古材料并结合相关文献,把"洛邑城址"的位置指向洛河北岸的"瀍河之滨",初步提出周初营建的洛邑和成周为一城。④ 叶万松等先生在1991年重申周初营建的洛邑和成周为一城,并详细考证其大体位置在洛河之北的瀍河两岸。⑤ 张剑先生在1999年更加明确地指出西周早期营建的洛邑和成周为一城,其位置最大的可能性是在洛水北瀍河的两岸。梁云先生在2002年提出西周时期的洛

---

* 本文系国家社科基金重大项目"大遗址与河洛三代都城文明研究"(13&ZD100)的阶段性成果。原载《考古》2016年第6期。

① 《尚书·召诰》《尚书·洛诰》称为"新邑"。

② 马承源:《何尊铭文初释》,《文物》1976年第1期,第64-65,93页。

③ 李民:《说洛邑、成周与王城》,《郑州大学学报(哲学社会科学版)》1982年第1期,第13-19,7页。

④ 叶万松、余扶危:《关于西周洛邑城址的探索》,载人文杂志编辑部编辑《西周史研究》,1984,第317-324页。

⑤ 叶万松、张剑、李德方:《西周洛邑城址考》,《华夏考古》1991年第2期,第70-76页。

邑只有一个城,位于瀍水两岸,又叫成周;春秋时期敬王之前成周与王城同指一地,位于涧河东岸。① 朱凤瀚先生在 2006 年对成周问题进行了系统研究,也认为周初营建的洛邑和成周为一城,具体位置当在涧水东、洛水北岸之瀍水东、西两岸。② 2007 年,徐昭峰先生在诸家研究的基础上,结合考古材料,对成周和王城做进一步的综合研究,也认为西周早期营建的洛邑和成周是一回事,位置在今瀍河两岸。③ 2012 年,魏成敏、孙波先生通过对洛阳盆地西周时期材料的分析,进一步论证洛邑、成周在瀍河两岸的北窑一带。④

根据上述诸位学者的研究,笔者认同周初营建的洛邑和成周在一处,位于洛河之北的瀍河两岸。根据《洛阳皂角树》⑤一书和刘建国等对洛阳盆地的环境考古研究⑥,周代之前,最迟在仰韶晚期,洛河故道在隋唐洛阳城之南,北距今瀍、洛交汇处约 5 千米,瀍河两岸之成周可能部分被现在的洛河占压或冲毁。

刘富良先生认为"成周城的兴盛在西周早、中期,到晚期已经衰落"⑦。这是根据洛阳西周时期的陶器墓和遗址,即以普通墓葬为代表的基层社会的材料得出的认识。以铜器墓为代表的贵族阶层最能反映成周作为都邑的兴衰,以它们为研究对象得出的认识,是否与前述认识相符呢?

查考历年发表的洛阳盆地西周时期墓葬材料,属于西周早期或中期的铜器墓主要有下面几处:集中分布的为北窑 M1、M6、M37、M347、M418、

① 梁云:《成周与王城考辨》,《考古与文物》2002 年第 5 期,第 54 – 55 页。

② 朱凤瀚:《〈召诰〉、〈洛诰〉、何尊与成周》,《历史研究》2006 年第 1 期,第 3 – 14 页。

③ 徐昭峰:《成周与王城考略》,《考古》2007 年第 11 期,第 62 – 70 页。

④ 魏成敏、孙波:《汉魏洛阳西周城与西周洛邑探索》,载山东大学东方考古研究中心编《东方考古》第 9 集,科学出版社,2012,第 288 – 295 页。

⑤ 洛阳市文物工作队编《洛阳皂角树》,科学出版社,2002。

⑥ 刘建国、张蕾:《遥感与 GIS 支持的洛阳盆地聚落与环境研究》,载中国社会科学院考古研究所考古科技中心编《科技考古》第二辑,科学出版社,2007,第 155 – 160 页。

⑦ 刘富良:《洛阳西周陶器墓研究》,《考古与文物》1998 年第 3 期,第 67 页。该文也指出西周成周在洛河北的瀍河两岸。

M686、M701、M112、M299、M368、M385、M389、M410、M452 等①,比较零散的有老城北大街 C2M130②、洛阳机车工厂托儿所 M13③、唐城花园 C3M417④、中窑村 C3M575⑤、洛阳东车站 M567⑥、钢铁厂西周墓⑦、五女冢 IM1505 和 IM1519⑧、涧滨 AM21⑨ 等。上述墓葬中,依叶万松、朱凤瀚、徐昭峰等先生所划成周的范围,钢铁厂西周墓在东方,距离成周最远,北大街 C2M130、五女冢 IM1505 和 IM1519、涧滨 AM21 在西方,距离稍远,其余都在成周之内或附近。传洛阳马坡出土的令方彝⑩应代表了一座高规格铜器墓,马坡一带在成周之北,距离较近。

西周晚期的铜器墓主要有北窑 M68 和 M501⑪、盛世唐庄 C1M8633⑫、

① 洛阳市文物工作队编著《洛阳北窑西周墓》,文物出版社,1999。

② 洛阳市文物工作队:《洛阳老城北大街西周墓》,《文物》2010 年第 8 期,第 4-7 页。

③ 张剑、蔡运章:《洛阳东郊 13 号西周墓的发掘》,《文物》1998 年第 10 期,第 38-41页。

④ 洛阳市文物工作队:《洛阳市唐城花园 C3M417 西周墓发掘简报》,《文物》2004 年第 7 期,第 4-11 页。

⑤ 洛阳市文物工作队:《洛阳瀍河东岸西周墓的发掘》,《文物》2006 年第 3 期,第 17-19,71 页。

⑥ 洛阳市文物工作队:《洛阳东车站两周墓发掘简报》,《文物》2003 年第 12 期,第 4-11 页。

⑦ 傅永魁:《洛阳东郊西周墓发掘简报》,《考古》1959 年第 4 期,第 187-188 页。

⑧ 洛阳市第二文物工作队:《洛阳五女冢西周早期墓葬发掘简报》,《文物》2000 年第 10 期,第 4-11 页。

⑨ 梁晓景、马三鸿:《洛阳涧滨 AM21 西周墓》,《文物》1999 年第 9 期,第 16-18,33 页。

⑩ 陈梦家:《西周铜器断代》,中华书局,2004,第 35-36 页。

⑪ 洛阳市文物工作队编著《洛阳北窑西周墓》,文物出版社,1999。

⑫ 洛阳市文物工作队:《洛阳涧河东岸西周晚期墓》,《文物》2007 年第 9 期,第 38-42,62 页。

洛阳东郊 C5M906① 和 C5M1135②、白马寺 M1 和 M21③ 等。北窑 M68、M501 为代表的墓地紧邻成周,白马寺 M1、M21 距离较远,其余与成周也有一些距离。

西周早、中期铜器墓比较多,并且大多在瀍河之成周附近,而同期陶器墓也较多;西周晚期铜器墓很少,且与瀍河之成周也更加离散,同期陶器墓也较少。单就北窑墓地而言,可以分期的西周铜器墓从早期、中期到晚期依次递减,与陶器墓数量变化一致。可见,洛阳西周的铜器墓与陶器墓共同反映了瀍河之成周的兴衰。此外,以洛阳东郊 C5M906 为代表的杨文墓地和东方更远的白马寺墓地表明西周晚期贵族有东移的趋势。西周晚期,瀍河之成周在考古学层面上已经失去早、中期的地位,功能应该发生了变化。

二、西周晚期成周城的位置

在洛阳盆地的大量田野考古工作中,寻找西周城邑是重要学术目标。迄今发现年代可推断为西周时期的城邑仅有汉魏洛阳城下叠压的韩旗周城④(见图1)。根据试掘报告,该城在春秋晚期和春秋晚期之前有两次大的修建。

学界对韩旗周城春秋晚期扩建后的年代和性质意见非常一致,认为是《春秋》经、传记载的鲁昭公三十二年(前510年)周敬王"城成周"的反映,即该城是周敬王以来周王所居的成周城。但对春秋晚期扩建以前城址的建筑年代和性质却有很大的分歧,试掘报告认为该城"原筑夯土"的年代

① 洛阳市文物工作队:《洛阳东郊 C5M906 号西周墓》,《考古》1995 年第 9 期,第 788－791,801 页。

② 洛阳市文物工作队:《洛阳东郊西周墓》,《文物》1999 年第 9 期,第 19－28 页。

③ 张剑、蔡运章:《洛阳白马寺三座西周晚期墓》,《文物》1998 年第 10 期,第 33－37,66 页。

④ 中国社会科学院考古研究所洛阳汉魏城队:《汉魏洛阳故城城垣试掘》,《考古学报》1998 年第 3 期,第 361－388 页。该文报道的汉魏洛阳城下叠压的西周城址,现在一般称为"韩旗西周城址",该城在春秋战国时期仍然扩建沿用,本文称之为"韩旗周城"。

不晚于西周中晚期，与周初营建成周的关系应引起重视；段鹏琦先生称该城为洛邑成周之外的西周城；①梁云先生认为该城始建于春秋早期或两周之际，是周平王东迁之后修建的驻扎诸侯国军队的翟泉城；②徐昭峰先生认为该城始建于西周晚期，城名为“周”；③魏成敏、孙波先生否定其为周初成周的可能性。④

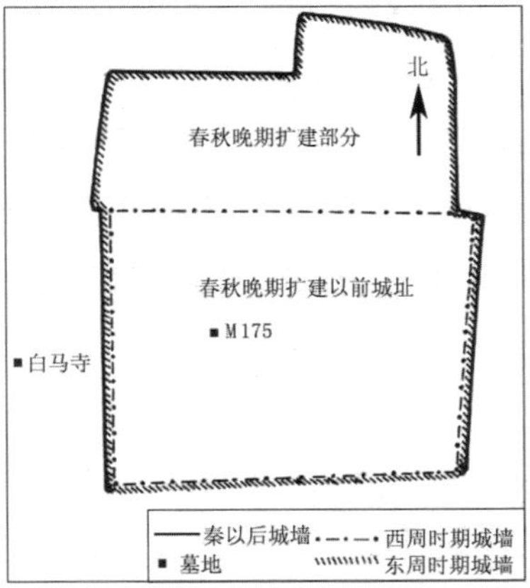

图1　韩旗周城平面示意图

本文赞同春秋晚期扩建之后的韩旗周城为周敬王以来的成周城。春秋晚期扩建以前的韩旗周城年代可能推到西周晚期，是规模较大、规格较高的城邑聚落。在瀍河之成周衰落的西周晚期，最初营建的韩旗周城或许从西周晚期就是新的成周城。下面通过分析城址与周围遗存的关系、对比同时期相关的城址，结合西周金文和可信的传世文献，讨论韩旗周城与西周晚期以来成周城的关系。

春秋晚期扩建以前的城址平面为横长方形，北、东、南、西四面城墙分别长约2600、1800、2400、1940米。夯土中未见晚于春秋早期的遗物，其包含物的年代不晚于西周晚期，城墙的年代下限应为西周晚期。城址中西部

① 段鹏琦：《洛阳古代都城城址迁移现象试析》，《考古与文物》1999年第4期，第40－48页。

② 梁云：《成周与王城考辨》，《考古与文物》2002年第5期，第54－55页。

③ 徐昭峰：《成周与王城考略》，《考古》2007年第11期，第62－70页。

④ 魏成敏、孙波：《汉魏洛阳西周城与西周洛邑探索》，载山东大学东方考古研究中心编《东方考古》第9集，科学出版社，2012，第288－295页。

发现西周晚期铜器墓 M175 及相关墓葬①,白马寺西周晚期墓地位于城址西约 500 米处。刘富良先生指出汉魏故城一带发现少量西周陶片,特征属于西周晚期。② 城内及附近有西周晚期高规格墓地和西周晚期遗物,说明该城代表的聚落体系在西周晚期已经使用,但尚无将其使用年代前推的依据。

目前发现的西周时期周文化系统的城址主要有北京琉璃河董家林燕国城址③、高青陈庄齐国城址④、山东曲阜鲁国城址⑤等。董家林燕国城址南部破坏比较严重,难以作为比较对象。陈庄齐国城址面积不足 4 万平方米,规模与韩旗周城春秋晚期扩建之前的城址相差太大,但从城址平面图来看,其南、北城墙略长于东、西城墙。曲阜鲁国城址是迄今发现的城墙保存最好的西周城址,平面为横长方形,北、东、南、西四面城墙分别长约 3560、2531、3250、2430 米,规模也和韩旗周城春秋晚期扩建之前的城址接近。可以确定曲阜鲁城在西周晚期进行过一次修建,推测该城的始建年代可能更早。根据《史记·鲁周公世家》,鲁国是西周封国中与周王朝最亲近的诸侯国,也是最遵循周王朝礼制的国家。因此,曲阜鲁城的形制至少代表了西周晚期周文化系统都邑的标准。曲阜鲁城宽与长之比约为0.73;韩旗周城春秋晚期扩建以前的城址宽与长之比约为 0.75。二者都为横长方形,宽长比又相近,后者城墙内包含物的年代不晚于西周晚期,说明二者年代相近,可能皆为西周晚期。

---

① 中国社会科学院考古研究所洛阳汉魏城队:《河南洛阳市汉魏故城 M175 西周墓发掘简报》,《考古》2014 年第 3 期,第 13 – 23 页。

② 参见刘富良:《洛阳西周陶器墓研究》,《考古与文物》1998 年第 3 期,第 65 页。另外,中国社会科学院考古研究所二里头工作队在汉魏洛阳城附近调查到很多两周时期遗存,但由于调查简报没有对两周遗存进行更详细的分期,不清楚西周早中期和晚期遗存的分布情况。参见中国社会科学院考古研究所二里头工作队:《河南洛阳盆地 2001—2003 年考古调查简报》,《考古》2005 年第 5 期,第 18 – 37 页。

③ 中国社会科学院考古研究所、北京市文物研究所琉璃河考古队:《琉璃河燕国古城发掘的初步收获》,《北京文博》1995 年第 1 期,第 24 – 27 页。

④ 山东省文物考古研究所:《山东高青县陈庄西周遗存发掘简报》,《考古》2011 年第 2 期,第 3 – 21 页。

⑤ 山东省文物考古研究所、山东省博物馆、济宁地区文物组等编《曲阜鲁国故城》,齐鲁书社,1982。

从形制、原筑城墙的包含物、城址代表的聚落体系以及洛阳盆地西周晚期文化东移的趋势来看，韩旗周城春秋晚期扩建以前的城址始建年代无疑为西周晚期。原筑城墙内包含物有西周晚期特征，筑城年代应与包含物代表的时间相同或略晚，可能是西周晚期后段。

春秋晚期扩建后，该城为周敬王以后的成周城，循着此时的成周城之名向上追溯，并参考可信的早期文献①，可以探讨该城的性质。

春秋时期提到成周的文献，最多、最可信的就是《春秋》经、传。左氏《春秋》经、传提到成周的如下。《左传・隐公三年》：郑国“又取成周之禾”。《左传・庄公二十年》：“遂入成周，取其宝器而还。”《春秋・昭公二十六年》：“天王入于成周。”《春秋・昭公三十二年》：“晋合诸侯于狄泉，以其地大成周之城，居敬王。”《左传・昭公三十二年》：“秋八月，王使富辛与石张如晋，请城成周。”《左传・定公元年》：“晋魏舒合诸侯之大夫于狄泉，将以城成周。”这些文献说明周敬王时期在原来成周城的基础上扩建，“城成周”是当时的大事。《公羊传・昭公三十二年》《谷梁传・昭公三十二年》也都有此事之记载。《春秋》经、传非常重视记载修建城邑的事，《左传・隐公三年》第一次记载成周到周敬王时期“城成周”之前，《春秋》经、传都没有关于修建成周的记载，说明隐公三年至昭公三十二年成周没有进行大规模修建，所言成周为同一处，就是韩旗周城。

《春秋・宣公十六年》公羊和谷梁经曰：“夏，成周宣谢灾。”左经曰：“夏，成周宣榭火。”公羊传：“宣谢者何？宣宫之谢也。”说明此成周有宣王时期的建筑，宣王以来成周的位置没变，这与韩旗周城的始建年代相合，该城的年代上限至少能到周宣王时期。《竹书纪年》记载：“（平王）元年辛未，王东徙洛邑，赐文侯命。晋侯会卫侯、郑伯、秦伯，以师从王入于成周。”②说明平王东迁之前存在一个成周，从文献上能够把宣王时期的成周和《春秋》经、传提到的成周联结起来。如此，则西周初年始建之成周（洛

① 使用的文献为西周金文以及《尚书》《诗》《左传》《竹书纪年》等书的相关章节，其可信性参见李峰：《西周的灭亡——中国早期国家的地理和政治危机》，徐峰译，上海古籍出版社，2007，第12－23页。

② 《尚书》有《文侯之命》，结合《左传・隐公六年》《国语・郑语》《书序》的记载，《竹书纪年》这条记载比较可信。

邑)与宣王以来的成周城就不是一处了,后者是前者衰落后营建的。

西周晚期瀍河之成周的衰落、韩旗成周城的始建以及瀍河两岸北窑墓地代表的不少西周晚期贵族墓葬,说明并不是简单的一衰一兴。“瀍河之成周”在西周晚期的衰落,并不代表宗庙也东迁或拆除了,春秋早期,在“瀍河之成周”西方不远的涧河之东营建周王所居王城,证明平王东迁前这一带仍是宗庙所在,是周王室的“神圣地带”。因此,西周晚期成周的宗庙仍然在瀍河一带,成周城迁建至汉魏洛阳城一带,春秋早期以来王城和成周显然是同时的两座城。

关于春秋早期以来成周和王城的关系,最可信的是《春秋》经、传。《公羊传》最早明确指出成周和王城为两地,《公羊传·宣公十六年》及《公羊传·昭公二十六年》都记载:“成周者何?东周也。”《公羊传·昭公二十二年》说:“王城者何?西周也。”《汉书·地理志》把成周和王城作为两地,分别指认为西汉洛阳县与河南县。西晋初年杜预也把二者作为两地,《左传·隐公三年》载:郑国“又取成周之禾”,杜预注:“成周,洛阳县。”《春秋·昭公二十二年》载:“秋,刘子、单子以王猛入于王城。”杜预注:“王城,郏鄏,今河南县。”公羊、班固和杜预都把成周和王城作为两地。这受到了一些学者的质疑,他们认为王城是成周的内城。① 近年有学者赞同这种看法,并进一步指出王城和成周是周敬王前的春秋时期对涧河东岸同一都城的两种称呼,周敬王时期才分为两地。②

考证《春秋》经、传中周敬王之前的王城和成周是两地还是一地,最重要的首先是解读原文。《左传·僖公十一年》载:“夏,扬拒、泉皋、伊雒之戎同伐京师,入王城,焚东门。”说明王城是“京师”的一个地点。《春秋》经、传中记载诸侯或其使臣到周都,均表述为“如京师”③,王后、王子等王

① 童书业:《春秋左传研究》,上海人民出版社,1980。

② 梁云:《成周与王城考辨》,《考古与文物》2002年第5期,第54-55页。

③ 相关记载见于《春秋·僖公三十年》《春秋·文公元年》《春秋·文公八年》《春秋·文公九年》《春秋·宣公九年》《春秋·成公十三年》《左传·襄公二十四年》《左传·昭公二十二年》《左传·成公十三年》《左传·襄公五年》《左传·昭公三十二年》《左传·哀公十九年》。

室成员回到周都均表述为“归于京师”①,诸侯、他国国君或大夫到周都也表述为“归于京师”②。可见“京师”是春秋时期周都的统称。周王、王子或外敌进入王城或成周,分别表述为“入于王城”“入王城”③或“入于成周”④,说明他们进入的具体地点是王城或成周。

《左传·昭公二十二年》载:“单子使王子处守于王城,盟百工于平宫。”《左传·定公七年》载:“(十一月)己巳,王入于王城,馆于公族党氏,而后朝于庄宫。”说明平宫(周平王宗庙)和庄宫(周庄王宗庙)在王城内,而王城在春秋早期已经是周王所居的都邑。有学者以为“庄宫”同在王城和成周,从而推论二者为一地。《左传·昭公二十六年》曰:“十一月辛酉,晋师克巩。召伯盈逐王子朝。……召伯逆王于尸,及刘子、单子盟。……癸酉,王入于成周。甲戌,盟于襄宫。晋师使成公般戍周而还。十二月癸未,王入于庄宫。”上引《左传·昭公二十二年》和《左传·定公七年》能够说明平宫和庄宫在王城内,在于人物在“王城”“平宫”或“王城”“庄宫”的活动是短时间内连续的,而《左传·昭公二十六年》所记载“王入于庄宫”已经在“王入于成周”十天之后,并不能说明庄宫在成周内。因此,“庄宫”并不能把王城和成周联结为一地。

如果王城和成周为一地,就会出现矛盾。第一,如果涧河东岸的周代城址是王城和成周,据上文所论春秋时期的成周城至少始建于西周宣王时期,而涧河东岸周代城址的年代上限为春秋早期。第二,春秋早中期涧河东岸周代城址遗存的规格远超过韩旗周城,表明此时前者有都邑的性质而后者没有,把王城和成周都指认到后者显然不合适。

综上,春秋早期以来的王城和成周为两地,王城为春秋平王至敬王之

① 相关记载见于《春秋·桓公九年》《左传·桓公九年》《左传·庄公十八年》《左传·僖公二十二年》。

② 相关记载见于《春秋·成公十五年》《左传·庄公三十年》。

③ 相关记载见于《春秋·昭公二十二年》《左传·僖公十一年》《左传·昭公二十三年》《左传·定公七年》《公羊传·昭公二十二年》。

④ 相关记载见于《春秋·昭公二十六年》。

前的都邑。西周宣王以来的成周即韩旗周城,学界多认为其主要是军事功能,①本文认同此说。由于平王、庄王等春秋早中期诸王的宗庙在王城内,西周晚期宗庙也应在瀍河一带,则宣王至敬王时期的成周城不是具有宗法和政治意义的“王都”。②

三、西周晚期营建成周城的历史背景

成王营建成周(洛邑)作为“东都”③或称“东部的行政中心”④,西周早期金文和洛阳西周早中期的考古发现都证明了成周为周王朝的重要都邑,《尚书》《逸周书》《史记》等早期文献也记载了成周在征服东方、管理“天下”过程中的重要作用。

上文结合考古材料、西周金文和《春秋》经、传,提出西周晚期成周城东移至汉魏洛阳城一带。重新营建成周城是周王朝的大事,其历史背景或许能帮助我们理解重新营建成周城的原因,还会帮助理解其年代和性质。

西周晚期的金文反映出周王室与成周东南方的淮夷(也称“南淮夷”)战争频繁,如厉王时期的翏生盨载:“王征南淮夷。”⑤淮夷有时甚至逼近成周,厉王时期的敔簋记载南淮夷内伐至伊、洛之间,当时“王在成周”。⑥ 西周晚期的金文也反映出周王室和宗周西北方的玁狁有较多战争,宣王时期的兮甲盘载:“隹五年三月既死霸庚寅,王初格伐玁狁于……”⑦虢季子白

① 刘富良:《洛阳西周陶器墓研究》,《考古与文物》1998 年第 3 期,第 67 页。该文指出西周晚期金文中的成周都是作为战争的指挥所。梁云:《成周与王城考辨》,《考古与文物》2002 年第 5 期,第 54 – 55 页。该文提出韩旗周城在敬王之前的春秋时期为诸侯驻扎军队的地方。

② 《左传·庄公二十八年》曰:“凡邑,有宗庙先君之主曰都。”

③ 朱凤瀚:《〈召诰〉、〈洛诰〉、何尊与成周》,《历史研究》2006 年第 1 期,第 3 – 14页。该文对成王营建成周的性质做了系统讨论。

④ 李峰:《西周的灭亡——中国早期国家的地理和政治危机》,徐峰译,上海古籍出版社,2007,第 74 – 78 页。

⑤ 张懋镕:《试论西周青铜器演变的非均衡性问题》,《考古学报》2008 年第 3 期,第 337 – 352 页。该文把翏生盨定为厉王器。《殷周金文集成》4459 著录铭文。

⑥ 陈梦家:《西周铜器断代》,中华书局,2004,第 229 – 231 页。李学勤:《新出青铜器研究》,文物出版社,1990。

⑦ 陈梦家:《西周铜器断代》,中华书局,2004,第 323 – 326 页。

盘记载子白“薄伐猃狁,于洛之阳”。① 西周晚期,周王室处于东西两线防御作战的状态,厉王时期战争压力加大,宣王早期更达到高峰。②

在此种艰难背景下,宣王时期有很多建城事件。《诗经·大雅·崧高》记载周王命令召伯(虎)帮助申伯建城,《诗经·大雅·韩奕》记载“燕师”帮助韩侯建城,《诗经·大雅·烝民》记载周王命令仲山甫帮助齐国建城③,《诗经·小雅·出车》记载周王命令南仲到“方”建城。宣王时期的建城是对四方的布防,这对理解重新营建成周城大有帮助。在受到淮夷严重威胁的成周地区建城,也属于大势所趋。因此,结合韩旗周城的始建年代为西周晚期(倾向于后段)、城内有宣王时期的建筑,甚至可以把该城的始建年代推断为宣王时期。《竹书纪年》记载成王七年(前 1036 年)营建成周之后“王如东都,诸侯来朝”,宣王“九年,王会诸侯于东都”。宣王也很可能如成王一样在重新营建的成周朝会诸侯。

西周晚期重新营建成周城,还应当提到厉宣时期重要的卿士召穆公(召虎、召伯虎)。根据宣王时期的五年琱生簋、五年琱生尊、六年琱生簋④铭文以及《诗经·大雅·江汉》的记载,召穆公是召公奭(召康公)的后代,并且是召氏宗君,在宣王时期有很高的地位。⑤ 北窑墓地西周早期墓葬 M161 出土“太保”铭文铜戈,M347 出土“叔造作召公宗宝尊彝”铭文铜尊,朱凤瀚先生指出两墓墓主应为召公宗族成员⑥,说明召公宗族的一支西周早期葬在成周,显然也应生活在成周。北窑墓地东北约 3 千米的洛阳东郊西周晚期墓 C5M906 出土 1 件铭文为“召伯虎作朕文考”的铜盨⑦,墓主也

---

① 陈梦家:《西周铜器断代》,中华书局,2004,第 327 – 330 页。

② 李峰:《西周的灭亡——中国早期国家的地理和政治危机》,徐峰译,上海古籍出版社,2007,第 120 – 122,157 – 159,171 – 200 页。

③ 《竹书纪年》载:宣王七年“王命樊侯仲山甫城齐”,可互证。

④ 王辉:《琱生三器考释》,《考古学报》2008 年第 1 期,第 39 – 64 页。关于琱生三器的年代和召伯虎身份地位的认识从该文。

⑤ 《竹书纪年》记载厉王二十六年“周定公、召穆公立太子靖为王”,宣王元年“周定公、召穆公辅政”。

⑥ 朱凤瀚:《商周家族形态研究》(增订本),天津古籍出版社,2004,第 628 – 630 页。

⑦ 洛阳市文物工作队:《洛阳东郊 C5M906 号西周墓》,《考古》1995 年第 9 期,第 788 – 791,801 页。

应是召氏宗族成员,并与召伯虎有很重要的关系。《左传·僖公二十四年》记载富辰的追述:"召穆公思周德之不类,故纠合宗族于成周而作诗……"可见整个西周时期召氏宗族都有一支生活在成周地区。《尚书·召诰》记载召公(召康公)营建洛邑,提到"惟太保先周公相宅"。《诗经·大雅·崧高》记载召穆公(召伯虎)受宣王之命帮助申伯建国,"王命召伯,定申伯之宅"之语和《尚书·洛诰》相似,说明召康公、召穆公都有"相宅"或"定宅"的本领。结合召穆公宗族有一支生活于成周,召穆公或其宗族应该参与了宣王时期重新营建成周城的活动。

上述各种信息把西周晚期重新营建成周城的时间指向宣王时期。宣王时期在战争压力下四处建城进行防御,重新营建成周城显然是为了加强东方的安全。宣王五年(前 823 年)的兮甲盘记载周王命令兮甲负责"成周四方"的赋收,特别提到如果淮夷不纳赋就可以征伐。① 可见,宣王时期通过成周管理淮夷包含了强烈的武力因素,与成王和周公东征后"王初迁宅于成周"的西周早期相比,"自之乂民"的能力大大减弱。因此,成周由西周早期在军事上镇抚东方转变为西周晚期的防御东方,其行政管理的有效程度也随之大大降低。

春秋早期在周初成周的西南方重新营建王城,也可证略早于春秋王城的西周晚期成周城主要用于军事目的,直到敬王时期扩建之后,行政才成为其主要功能。

四、结语

始建成周是周王朝早期统治天下的重要战略,该城在西周早中期是两个行政中心之一,在管理的功能上甚至强于宗周,兼有军事上镇抚东方的作用。随着形势的变化,西周晚期重建成周城,从洛河之北的瀍河两岸东移至汉魏洛阳城一带,其行政管理功能减弱,军事防御功能加强。西周晚期重新营建成周城具有复杂的历史背景②,最突出的就是周王朝处于东、西方战争的高峰期。韩旗周城的始建年代很可能是宣王时期,宣王最重要

① 陈梦家:《西周铜器断代》,中华书局,2004,第 323 - 326 页。

② 李峰:《西周的灭亡——中国早期国家的地理和政治危机》,徐峰译,上海古籍出版社,2007,第 106 - 220 页。

的卿士召穆公的宗族可能参与了成周城的重新营建。平王以来的东周时期,成周城位置一直未变,春秋早期在涧河一带修建的王城是周王朝的政治中心。成周城当时的主要功能是军事防御,敬王扩建之后才成为周王朝的政治中心。

北宋开封府管理制度研究*

贾玉英

在北宋历史上，东京开封是政治经济文化最发达的地区，“八荒争凑，万国咸通”。在开封的封建社会城市发展史上，北宋是最灿烂辉煌的时期。对宋代开封府的研究，学术界虽已有论著，但有些问题仍有待于深入研究。本文拟就北宋开封府的组织结构、主要职能、管理方式等问题做些探讨。

一、北宋开封府的设置与组织结构

（一）北宋开封府的设置

中国古代行政区性质的府制创建于唐朝。隋以前，我国封建社会的地方行政体制中尚没有“府”的名称，“其以京郡名府者自唐始”①。唐初，京都长安所在地本为雍州，开元元年（713 年）改雍州为京兆府，陪都洛州改为河南府，并州改为太原府。唐代的西京京兆府与东都河南府、北都太原府，合称“三京府”，或称“三都府”。此后，皇帝曾驻跸政治经济地位重要之州，也建立府制。唐代地方行政区府制的建立，对后世产生了深远的影响。五代十国时期，府的建制基本上承袭唐制。宋朝凡军事或经济较为重要的城市，一般均设府进行统治。顾炎武曾评价说：“唐制，京郡乃称府。至宋，则潜藩之地皆升为府。”②纪昀等人也曾评价说：“至宋，则潜藩之地皆升为府，而府之名遂众。”③北宋开封府为当时全国府中之冠，号称“天府”。

---

* 原载《史学月刊》2001 年第 6 期。

① 纪昀等：《历代职官表》卷 53，上海古籍出版社，1989，第 1036 页。

② 顾炎武：《日知录》卷 9，清乾隆文渊阁四库全书钞内府藏本，第 20 页。

③ 纪昀等：《历代职官表》卷 53，上海古籍出版社，1989，第 1036 页。

开封设府的历史始于五代后梁。907 年 4 月,朱全忠废掉唐哀帝,建立后梁,定都开封,把汴州改升为开封府。923 年 12 月,唐庄宗李存勖定都洛阳,开封府被改降为汴州。936 年 11 月,石敬瑭建立后晋,定都开封,汴州再次被改升为开封府。后汉、后周两朝均定都开封,开封府一直作为京府而存在。北宋王朝建立后,开封府进入了新的发展阶段。

(二)北宋开封府的组织结构及其官衙

北宋开封府的组织结构,以徽宗崇宁三年(1104 年)为界分为前后两期。北宋前期,开封府设官主要有牧、尹、权知开封府、推官、判官、司录参军、六曹参军、左右军巡使、左右军巡判官、勾当左右厢公事等。官衙主要有潜龙宫、厅事、左右厅、使院、司录司(也称府院)、六曹(即功、仓、户、兵、法、士)、左右军巡院、勾当左右厢公事所等。崇宁三年,宋徽宗根据蔡京的建议,对开封府的组织结构进行了更改:"罢权知府,置牧一员、尹一员,专总府事;少尹二员,分左右,贰府之政事……以士、户、仪、兵、刑、工为六曹次序,司录二员,六曹各二员,参军事八员。"①改制后,仅六曹以上就比过去增要官十一员。自此,北宋地方统治体制也变为"府分六曹,县分六案"②。

1. 开封牧、尹与潜龙宫

北宋前期,开封府牧、尹不常置,"惟亲王乃除尹,余但为权知府事"③。北宋有四位亲王任过开封府尹:建隆二年(961 年)七月,太宗赵光义以晋王为开封府尹;太平兴国元年(976 年)十月,赵廷美以齐王(后封秦王)为开封府尹;雍熙二年(985 年)十月,赵元僖以陈王为开封府尹;淳化五年(994 年)九月,真宗赵恒以寿王(曾封襄王,后改为寿王)为开封府尹。自宋太宗至道元年(995 年)以后,皇太子任开封府长官者,称"判开封府事"或"牧"。如至道元年八月,"真宗以皇太子为判开封府";宣和七年(1125 年)十一月,"钦宗以皇太子为开封牧"。④

① 脱脱等:《宋史》卷 166,中华书局,1977,第 3943 页。

② 脱脱等:《宋史》卷 161,第 3770 页。

③ 陆游:《渭南文集》卷 22,四部丛刊景明活字本。

④ 岳珂:《愧郯录》卷 2,四部丛刊续编景宋本。

按照宋朝制度,“尹有品秩”①。太宗至道元年(995 年),真宗立为皇太子,仍兼领开封府尹,有臣僚提出,“尹有品秩,非太子所宜兼领”②,所以太宗将真宗任开封府长官的称谓,由“开封尹”改为“判府事”。南宋人陆游认为,“开封尹之上有牧”,而“牧故事序位在太子少保之下,御史大夫、六曹尚书之上,亦非太子所宜兼”;宣和末年,钦宗自东宫为开封牧,是“有司失考至道判府之制也”。③ 在陆游看来,宋钦宗以东宫出任开封牧,不合典制,也应称“判开封府事”。

总之,宋代开封府从太宗至道元年(995 年)到徽宗崇宁三年(1104 年),以皇太子为长官时,称“判开封府事”或“开封牧”;以亲王为长官时,则称“开封尹”。

北宋开封府的潜龙宫,即真宗昔日为开封府尹时处理政务及居住的廨舍,也是宋真宗即位以前的开封尹大厅。宋太宗为开封府尹时,“乃就晋邸视事”④,不到开封府廨去治事。秦王赵廷美、许王赵元僖为开封府尹,因袭这一惯例,“皆在南衙视事”⑤。至道元年(995 年)八月,宋真宗判开封府,“始复居府廨”⑥,处理政务。真宗即位后,于大中祥符三年(1010 年)到开封府巡幸,权知开封府周起上奏道:“陛下常所听事,臣不敢居,遂空之。”⑦显然,这里周起说的“不敢居,遂空之”,指的是真宗判开封府时处理政务及居住过的廨舍。生活在宋仁宗时代的江休复在《嘉祐杂志》一书中更具体地记载说:“开封府尹大厅自周起侍郎奏真宗云,‘陛下昔日居此,臣不敢坐’,自尔遂空,不复居。”这条史料明确地告诉我们,真宗昔日为开封府尹时治事、居住过的廨舍,就是其即帝位以前的开封府尹大厅,真宗即帝位后,因知府无敢坐此处理政事者,遂空之。嘉祐年间,宋仁宗令“修潜龙宫,潜龙宫者,真宗为开封府尹时廨舍也”⑧。也就是说,真宗昔日尹开

① 陆游:《渭南文集》卷 22,四部丛刊景明活字本。
② 陆游:《渭南文集》卷 22。
③ 陆游:《渭南文集》卷 22。
④ 陆游:《渭南文集》卷 22。
⑤ 李焘:《续资治通鉴长编》卷 73,上海古籍出版社,1986,第 643 页。
⑥ 李焘:《续资治通鉴长编》卷 73,第 643 页。
⑦ 李焘:《续资治通鉴长编》卷 73,第 643 页。
⑧ 李焘:《续资治通鉴长编》卷 189,第 1745 页。

封府时治事、居住的廨舍，即潜龙宫的前身。元祐七年（1092 年），礼部侍郎范祖禹曾说，“潜龙故迹，至今存焉”①。足见潜龙宫在宋哲宗元祐六年（1091 年）开封府遭火灾之前仍为府治的一重要建筑。

2. 权知开封府与厅事

北宋开封府的长官，“尹阙，则置权知开封府事一人，以少卿以上充，兼功德事及畿内劝农使”②。按照宋代的制度，凡命开封府知府，“必带权字，以翰林为之，翰林学士及杂学士；若待制，则权发遣而已”③。顾炎武认为，宋代开封府的知府必带“权”字，是“以避京尹之名也”④；若职为待制，“以资浅，皆号权发遣”⑤。

据北宋人杨亿记载，当时开封府府治的建筑，“堂皇有炜，厅事斯严；廊回合以四周，庭清虚而中敞”⑥，十分威严。厅事是权知开封府的官衙，每逢知府升厅事，“则有衙吏前导告喝”，“所经过处，阍吏以梃扣地警众，谓之‘打杖子’”。⑦

3. 判官、推官与左右厅、使院

北宋开封府的判官、推官的员数多有变化。宋初，开封府判官、推官各一人，以朝官充任；如果亲王尹京，则以给事中或谏议大夫充任。淳化五年（994 年）宋真宗为开封府尹时，置判官二人、推官三人。真宗即位后，判官、推官的员数又恢复至各一人。因开封府政务繁多，又不常设通判，景德四年（1007 年）七月，推官、判官各增置一人，“掌府事，并以常参官充，以狱讼刑罚为生事，户口、租赋为熟事，分主之”⑧。自真宗天禧四年（1020 年）始，判官、推官职能分工“无生、熟事之别”⑨。英宗治平三年（1066 年）二月，根据权知开封府沈遘的请求，增置开封府判官一员，此后一直到北宋末

① 李焘：《续资治通鉴长编》卷 469，上海古籍出版社，1986，第 4392 页。
② 孙逢吉：《职官分纪》卷 38，中华书局，1988，第 697 页。
③ 马端临：《文献通考》卷 63，清乾隆文渊阁四库全书钞内府藏本。
④ 顾炎武：《日知录》卷 9。
⑤ 陈师道：《后山谈丛》卷 3，学海类编清朝道光本。
⑥ 李濂：《汴京遗迹志》卷 18，中华书局，1999，第 351 页。
⑦ 沈括：《梦溪笔谈》，清乾隆文渊阁四库全书钞两江总督采进本。
⑧ 孙逢吉：《职官分纪》卷 38，第 698 页。
⑨ 孙逢吉：《职官分纪》卷 38，第 698 页。

年,判官、推官的编制没有大的变化,即多为五员,少为二员。

北宋开封府“自祖宗以来,并分左、右厅置推官各一员”①。此后左、右厅又增置判官各一员“共治职事”②。开封府左、右厅对京畿诸县的管理“事当共行者”,也采用“通签”的体制。③ 这种左、右二厅“共治职事”的体制,虽有利于防范偏听独断之弊,但官员之间,“多为异同,或累日不竟”,使吏人“疲于咨禀”,直接影响了行政效率。④ 哲宗元祐六年(1091 年),知开封府王严叟“创立逐官分治之法”⑤,左、右厅“通管分治”,“除事系朝省及奏请逐厅通管外,其余公事词状并据分治号”⑥,各司其职。改制后,开封府左、右二厅体制由“共治职事”改为“通管分治”。此体制实行了三年之久,也被废除。绍圣元年(1094 年),根据知开封府钱勰的请求,又恢复了“两厅共治职事”的体制。

北宋开封府的使院,置“十一案,每日行遣钱谷、税赋及刑狱诸般文书”⑦,是协助权知府办理政务的重要机构。宋初,使院由推官或判官掌领。真宗景德四年(1007 年),推官、判官增至四员,其中三员“日视推鞫,分事以治,而佐其长。领南司者一人,督察使院,非刑狱讼诉则主行之”⑧。英宗治平三年(1066 年)二月,增置判官一员,“专管勾使院诸案公事”,原判官、推官各二员仍主管狱讼,“诸案多留滞为奸”的问题得到了解决,“人皆便焉”。⑨ 开封府使院的吏职主要有都孔目官、勾押官、前行、后行、行首等。

4. 司录参军事与司录司(府院)

五代后梁开平元年(907 年)四月,开封府置司录参军事。北宋因袭后

① 脱脱等:《宋史》卷 166,中华书局,1977,第 3942 页。
② 脱脱等:《宋史》卷 166,第 3942 页。
③ 李焘:《续资治通鉴长编》卷 226,上海古籍出版社,1986,第 2116 页。
④ 脱脱等:《宋史》卷 342,第 10895 页。
⑤ 脱脱等:《宋史》卷 342,第 10895 页。
⑥ 李焘:《续资治通鉴长编》卷 454,第 4260 页。
⑦ 徐松:《宋会要辑稿》职官 48,上海古籍出版社,2014,第 4374 页。
⑧ 脱脱等:《宋史》卷 166,第 3942 页。
⑨ 李焘:《续资治通鉴长编》卷 207,第 1926 页。

梁之制，设“司录参军一人，折户婚之讼，而通书六曹之案牒”①。这里所谓的“折户婚之讼”，不仅是指“竞田宅婚姻债负之类”②的民事诉讼，而且还包括差科赋役不均及擅敛增税等案件。“通书六曹之案牒”，则指通签功曹、仓曹、户曹、兵曹、法曹、士曹的案牒。

司录参军事的治所称司录司，也称府院，是京师刑狱的管理机构之一。需要指出的是，北宋开封府监狱所关押的是没有审判的犯罪嫌疑人、证人及案件牵连者，和现代监狱的含义不同。

5. 诸曹参军事与六曹

宋代开封府诸曹参军事，徽宗崇宁三年（1104 年）五月以前，是指士曹参军事、户曹参军事、功曹参军事、兵曹参军事、法曹参军事、仓曹参军事。士、户、功、兵、法、仓六曹机构，各置参军事“一人，视其官曹分职莅事”③。宋代府州级官衙中，只有开封府置功、仓、兵、士四曹，其余府州均不置，只设户、法二曹。崇宁三年五月，根据蔡京的请求，开封府以“士、户、仪、兵、刑、工为六曹次序，司录二员，六曹各二员，参军事八员”④。崇宁五年（1106 年），六曹编制又恢复了旧制。

6. 左右军巡使、判官与左右军巡院

宋代开封府因袭五代后梁之制，左右军巡院置左右军巡使、判官各一人。“军巡使掌京城内风火盗贼及推鞫之事，判官为之副”⑤。宋初，左右军巡使“选牙校为之”⑥。开宝六年（973 年）六月，改为“选士流任之”⑦。

此外，宋神宗熙宁年间，开封府置“左右厢公事干当官四人，掌检覆推问，凡斗讼事轻者听论决”⑧，官衙为勾当左右厢公事所。宋徽宗大观元年（1107 年）十二月，置开封府学。北宋开封府置吏六百人。

① 脱脱等:《宋史》卷 166，中华书局，1977，第 3942 页。
② 窦仪等:《宋刑统》卷 13，中华书局，1984，第 207 页。
③ 脱脱等:《宋史》卷 166，第 3942 页。
④ 脱脱等:《宋史》卷 166，第 3943 页。
⑤ 孙逢吉:《职官分纪》卷 38，中华书局，1988，第 699 页。
⑥ 孙逢吉:《职官分纪》卷 38，第 699 页。
⑦ 高承:《事物纪原》卷 6，中华书局，1985，第 227 页。
⑧ 脱脱等:《宋史》卷 166，第 3942 页。

二、北宋开封府的主要职能

北宋京师开封是全国的政治、经济、文化中心,人口众多。开封府“典治京师”,政务“浩穰为天下之极”,担负着京师的治安管理、刑狱案件审理、救灾恤民、环境治理、平抑物价、发解本府举人、交通管理、所辖县赋税征收等众多职能。①

(一) 维护京师的社会治安

维护京师的社会治安,是宋代开封府的首要职能。京师人口众多,阶层复杂,开封府打击各种刑事犯罪任务艰巨。

宋太祖、太宗两朝,开封府治安实行严打政策。开宝四年(971 年)正月,“开封府捕获京城诸坊无赖恶少及亡命军人为盗并尝停止三百六十七人”,宋太祖命令,“以其尤恶二十一人弃市,余决杖配流”。② 同年十月,“开封府捕得伪造黄白金王元义等十二人,案问具伏”,“并决杖,流海岛”,太祖为此下诏警告天下云:“自今民敢复造伪金者弃市。”③太宗淳化二年(991 年)闰二月,“京城无赖辈相聚蒲博,开柜坊,屠牛马驴狗以食,销铸铜钱为器用杂物”,严重影响了社会治安,宋太宗“令开封府戒坊市,谨捕之,犯者斩,匿不以闻及居人邸舍僦与恶少为柜坊者同罪”。④

宋真宗朝,开封府的治安职能增多,如京师捕贼等事务全由开封府掌领。咸平五年(1002 年),亲从第二指挥使马翰称京城有群盗,且愿意“自缉逐收捕”⑤。针对军将以捕贼为名,骚扰京师治安的问题,宋真宗对辅臣说:“联尹京日,闻(马)翰以缉贼为名,乃有三害。都市豪民惧其纠察,常厚赂之,一也;每获贼赃,量以当死之数送官,余悉入已,且戒军巡吏不令穷究,二也;常畜无赖十余辈,俾之侦察,其扰人不下于(马)翰,三也。顾其事未彰败,不欲去之。自今捕贼,止委开封府,勿使(马)翰复预其事。”⑥自此,京师捕贼之事,多由开封府负责。大中祥符元年(1008 年)四月,“京城

① 郑獬:《郧溪集》卷 4,清乾隆文渊阁四库全书钞永乐大典本。
② 李焘:《续资治通鉴长编》卷 12,上海古籍出版社,1986,第 99 页。
③ 李焘:《续资治通鉴长编》卷 12,第 104 页。
④ 李焘:《续资治通鉴长编》卷 32,第 274 页。
⑤ 李焘:《续资治通鉴长编》卷 52,第 438 页。
⑥ 李焘:《续资治通鉴长编》卷 52,第 438 页。

宣化门外,有军人死,焚其骨成佛像,愚民兢趋视施财",谣言一时四起,严重影响了京城的社会安定,宋真宗下诏令"开封府禁止之"。① 翌年二月,"京师有壮年为盗被黥者,多纵不逞",真宗"令开封府具名捉搦,配隶外州"。② 仁宗天圣三年(1025 年)八月,京师开封"奸人伪为皇城司刺事卒,恐民以取赇者,权知开封府王臻募得其主名,黥窜三十余人,都下肃然"③,严重打击了假冒皇城司刺事卒以勒索钱财者。景祐三年(1036 年)七月,开封府上奏说:捕得逃卒张兴等人,"常集同类匿内城前渠中,谓之'无忧洞',请修闭京城里外渠口"④。宋廷同意了开封府的请求。为了加大对造假、杀伤等案件的打击力度,维护京城的社会安定,哲宗元祐元年(1086 年)十月,根据刑部的提请,朝廷同意,"开封府告获造伪、杀伤等事,合官给赏钱者,并于本府贼盗赏钱内支"⑤付。

宋代京师开封对盗窃者实行重法,"在京犯盗,一贯至徒即无编管,六贯已合刺配",然而"行此重法,尚无畏惧"。⑥ 尤其是宋哲宗元祐年间,开封"都城群偷所聚,谓之'大房',每区容数十百人,渊薮诡僻,不可胜究",权知开封府王严叟"掩捕撤毁,随轻重决之,根株一空"。⑦

宋代京师开封打架斗殴案件经常发生,每逢节假日更甚,使开封府长官假期也不能休息。根据宋人江休复的记载,"京师四门外赤尉专决斗竞事;城里悉府尹主之,每三大节,他官皆休暇,唯府事愈多,节日清明尤甚,斗竞日至数百件"⑧。明道二年(1033 年)八月,殿中侍御使张奎上奏说,"京师斗讼尤繁",并"请置内外左右厢受事判官各一员,乃诏近臣举官,而士人多耻为之",不久,左右厢受事判官一职又被罢去。⑨

宋代京师少年小偷入官民之家,聚群而盗,影响治安。北宋末年,"恶

---

① 李焘:《续资治通鉴长编》卷 68,上海古籍出版社,1986,第 596 页。
② 李焘:《续资治通鉴长编》卷 71,第 617 页。
③ 李焘:《续资治通鉴长编》卷 103,第 916 页。
④ 李焘:《续资治通鉴长编》卷 119,第 1071 页。
⑤ 李焘:《续资治通鉴长编》卷 389,第 3663 页。
⑥ 李焘:《续资治通鉴长编》卷 402,第 3802 页。
⑦ 脱脱等:《宋史》卷 342,中华书局,1977,第 10895 页。
⑧ 江休复:《嘉祐杂志》,清乾隆文渊阁四库全书钞内府藏本。
⑨ 李焘:《续资治通鉴长编》卷 113,第 1009 页。

少年怙乱,尽为盗,入官民家攘金帛;且去,辄自缚党中三两辈,声言擒盗,持仗部走委巷,乃释缚,分所掠而去。人不奠居”①。开封府尹聂昌“悉弹治正法”②。

历宋一代,开封对赌博的政策多有变化。北宋初年,严禁赌博活动。淳化二年(991 年)闰二月,太宗曾下诏,“京城蒲博者开封府捕之,犯者斩”③。北宋末年,对赌博的政策较为宽松,史载,“纵博弈不之问,或谓令所禁”,开封府尹聂昌回答说,“姑从所嗜,以懈其谋,是正所以禁其为非尔”。④ 对不为非作歹及闹事的赌博活动,一般不予禁止,当时打击的重点主要是“盗贼”。

为了加大京城开封治安的力度,宣和七年(1125 年)二月,开封府向朝廷上奏道:“乞应在京犯盗配降出外之人,复走入京投换者,许人告捕,科以逃亡捕获之罪,酌情增配。其官司及本营典首人员、曹级容庇收留,各杖一百;因致为盗者,依差使配军入京作过法,与犯人同罪……及在京犯罪编管出外逃亡入京之人,虽有断罪增加地里条法,缘止是募告赏格太轻,是致往往复走入京。欲乞元犯杖罪赏钱十贯,徒罪二十贯,流罪三十贯,并以犯事人家财充。”⑤宋徽宗采纳了开封府的建议,加大了对罪犯逃亡至京城作案的打击力度。北宋末年,对在京城开封府作案的“盗贼”,采用刺充厢军的处治办法。宋钦宗靖康元年(1126 年)六月,开封府尹聂山上奏说:“今京城里外间有盗贼,皆是豪猾,无所畏惮,虽经断罪,顽恶弗悛,若依上条刺充厢军,不惟得强壮之用,又且收集奸黠不复为盗。”⑥宋政府采纳了聂山的意见,把开封府的一些“盗贼”刺充厢军。

宋代开封府出现了一批在治安管理方面做出政绩的知府。宋仁宗时,权知开封府吴育,“得巨盗,积赃万九千缗”,“时岁饥多盗”,吴育又“严赏功之法,尝得盗而未赏者,一切赏之,以明不欺”,使京师开封的治安状况相

① 脱脱等:《宋史》卷 353,中华书局,1977,第 11143 页。

② 脱脱等:《宋史》卷 353,第 11143 页。

③ 脱脱等:《宋史》卷 5,第 87 页。

④ 脱脱等:《宋史》卷 353,第 11143 页。

⑤ 脱脱等:《宋史》卷 193,第 4816 页。

⑥ 脱脱等:《宋史》卷 193,第 4809 页。

对好转。① 宋徽宗朝,“都城苦多盗,捕得,则皆亡卒,吏惮于移问,往往略之”②。时彦为开封尹后,“始请一以公凭为验,否则拘系之以俟报,坊邑少安,狱屡空”③。当然,开封府也有因治安问题而被贬的官员,如石扬休为开封府推官,“坐前在开封尝失盗,出知宿州”④。

尽管开封府对京城治安问题非常重视,但历北宋一代,京城处处有不安定的地方。即使皇帝御驾之处,也有亡命之徒骚扰。宣和六年(1124年)“御楼观灯,时开封尹设次以弹压于西观下”⑤。宋徽宗“从六宫于其上,以观天府之断决者,帘幕深密,下无由知。众中忽有人跃出,墨色布衣,若寺僧童行状,以手画帘,出指斥语”⑥,被开封府捉拿于楼观下。宋徽宗十分生气,“令中使传旨治之。棰掠乱下,又加炮烙,询其谁何,略不一语,亦无痛楚之状。又断其足筋,俄施刀脔,血肉狼藉”,宋徽宗“大不悦,为罢一夕之欢,竟不得其何人,付狱尽之”⑦。而偏僻之地更不安全。陆游《老学庵笔记》卷 6 中记载:“京师沟渠极深,广亡命多匿其中,自名为‘无忧洞’,甚者盗匿妇人,又谓之‘鬼樊楼’,国初至兵兴常有之,虽才尹不能绝也。”

(二) 审理刑狱案件

宋代开封府职能中,最令知府头疼的是繁复的刑狱案件,素有“京师狱市剧天下”⑧之称。从开封府审理刑狱案件的类别上看,有一般的狱讼,也有大奸慝的诏狱,正如马端临在《文献通考》卷 63《京尹》中所概括的,“中都之狱讼,皆受而听焉,小事则裁决,大事则禀奏,若承旨已断者,刑部、御史台无辄纠察”。所谓的“承旨已断者”,即诏狱。据文献记载,宋代的“诏狱,本以纠大奸慝,故其事不常见”,“群臣犯法,体大者多下御史台狱,小

① 脱脱等:《宋史》卷 291,中华书局,1977,第 9729 页。
② 脱脱等:《宋史》卷 354,第 11168 页。
③ 脱脱等:《宋史》卷 354,第 11168 页。
④ 脱脱等:《宋史》卷 299,第 9930 页。
⑤ 脱脱等:《宋史》卷 65,第 1419 页。
⑥ 脱脱等:《宋史》卷 65,第 1419 页。
⑦ 脱脱等:《宋史》卷 65,第 1419 页。
⑧ 郑獬:《郧溪集》卷 5,清乾隆文渊阁四库全书钞永乐大典本。

则开封府、大理寺鞫著名治焉”。①

北宋前期,京师狱囚大多关押在开封府的司录司及左、右军巡院中。开封府是当时京师刑狱最主要的管理机构,“大理寺谳天下奏案而不治狱”②。熙宁九年(1076年)恢复了大理寺狱,宋神宗下诏:“京师官寺,凡有狱皆系开封府司录司及左右军巡三院,囚逮猥多,难于隔讯,又暑多瘐死,因缘流滞,动涉岁时。稽参故事,宜属理官,可复置大理狱。”③北宋后期,京城治狱机构主要有御史台、大理寺、开封府、四排岸司等。开封府的刑狱管理机构仍为司录司和左、右军巡院,合称三院。

开封府的左、右厅历北宋一代为判官、推官的官衔,是辅佐长官处理政务的机构。判官、推官系开封府的副长官,既审理刑狱案件,又具有其他行政职能。宋代开封府审理的案件中大多为田宅诉讼,其主要是田宅边界不清造成的。太宗朝的知开封府司录参军事赵孚曾上奏说,“庄宅多有争诉,皆由衷私妄写文契,说界至则全无丈尺,昧邻里则不使闻知,欺罔肆行,狱讼增益”④。

北宋开封府审理刑狱案件的职能极为繁重,仅真宗景德年间,在帐府囚“日系二百余人”⑤。如此繁重的刑狱职能,是擅长审狱知府施展才华并获升迁的好地方。仁宗朝的知府程琳,“一岁中,狱常空者四五,迁工部侍郎、龙图阁直学士”⑥。神宗朝的知开封府王安礼,“事至立断。前滞讼不得其情,及具按而未论者几万人,安礼剖决,未三月,三狱院及畿、赤十九邑,囚系皆空。书揭于府前,辽使过而见之,叹息夸异”⑦。徽宗朝,“府事浩穰,讼者株蔓千余人,缧系满狱”,权知开封府王襄“昼夜决遣,四旬俱尽;又阅月,狱再空。迁龙图阁直学士、吏部侍郎”。⑧ 再如摄开封府徐处

① 脱脱等:《宋史》卷200,中华书局,1977,第4997页。
② 脱脱等:《宋史》卷165,第3900页。
③ 脱脱等:《宋史》卷165,第3900页。
④ 李焘:《续资治通鉴长编》卷24,上海古籍出版社,1986,第206页。
⑤ 李焘:《续资治通鉴长编》卷61,第530页。
⑥ 杜大珪:《名臣碑传琬琰集》中卷20,宋刻元明递修本。
⑦ 脱脱等:《宋史》卷327,第10555页。
⑧ 脱脱等:《宋史》卷352,第11126页。

仁,“裁决如流,囚系常空。进户部尚书”①。当然,也有不擅长刑狱而丢丑甚至被降官的知府。如真宗朝的张雍,权知开封府时,因“京府囚二百余人,以为淹系”②而降职。

宋代开封府长官审判案件失误,要受惩罚。神宗朝的苏颂,权知开封府,“会有人告僧犯法,事连祥符旧令孙纯,而所告法不当治”,苏颂“杖告者遣之”。③ 有人提出苏颂“纵(李)纯罪”④。皇帝下诏推鞫此案,“狱成”,苏颂“坐失出杖罪”。⑤

宋代开封府在审理刑狱中,出现了一批能公允而断的长官,如知开封府薛奎,“击断无所贷”⑥。知开封府王存,“听断明允,都人顺赖,县尝上大辟”,王存“疑其冤,一问果平民,纵去”。⑦ 哲宗朝的知开封府钱勰,审狱铁面无私,“宗室、贵戚为之敛手,虽丞相府谒吏干请,亦械治之”⑧。

宋代开封府在审理刑狱案件的过程中,弊端甚多。首先,吏横民冤的现象不时发生。太祖、太宗、真宗三朝,开封府“凡讼诉,不得径造庭下,府吏坐门,先收状牒,谓之‘牌司’”⑨。仁宗朝包拯为知府后,进行了改革,“开正门,径使至前,自言曲直,吏民不敢欺”⑩。宋神宗统治初期,开封府“狱有小疑,辄从中覆”,陈绎权知开封府后“特听便宜处决”。⑪ 当时开封府吏横民冤现象严重,如权监察御史里行蔡确“尝论开封府讼不能决者,悉付司狱,民冤吏横,不可不戒”,神宗下诏命令“轮推官一员监勘”。⑫ 宋徽宗朝,开封府吏人左右刑狱的问题更为突出。据《宋史》卷322载,“故事,尹以三日听讼,右曹吏十辈列庭下,自占姓名,一人云‘某人送某狱,某人当

① 脱脱等:《宋史》卷371,中华书局,1977,第11518页。
② 脱脱等:《宋史》卷307,第10122页。
③ 杜大珪:《名臣碑传琬琰集》中卷30,宋刻元明递修本。
④ 杜大珪:《名臣碑传琬琰集》中卷30。
⑤ 杜大珪:《名臣碑传琬琰集》中卷30。
⑥ 脱脱等:《宋史》卷286,第9630页。
⑦ 杜大珪:《名臣碑传琬琰集》中卷30。
⑧ 脱脱等:《宋史》卷317,第10350页。
⑨ 朱熹:《五朝名臣言行录》卷8,商务印书馆,海盐张氏涉园藏宋本,第161页。
⑩ 朱熹:《五朝名臣言行录》卷8,第161页。
⑪ 脱脱等:《宋史》卷329,第10614页。
⑫ 杜大珪:《名臣碑传琬琰集》下卷18。

杖,某人去',而尹无所可否"。其次,宋代开封府审狱逼、供、信现象严重。神宗朝,开封"府中每有诉讼,官吏止略取问,而所不能决者即付司狱,谓之'入纱子'。鞭笞束缚,既得以自专,往往颠倒曲直,使无罪诬服,一有翻异,复加锻炼,益甚于前"①。宋哲宗朝,开封府审狱过程中,甚者把犯人拷掠至死。

(三) 赈灾恤民

赈灾恤民是宋代开封府的一项重要职能。每逢遇到灾荒,开封府要奉朝廷之命赈灾恤民。皇祐四年(1052 年)八月,京师开封遇到了大风雨,宋仁宗诏令开封府,"民庐摧圮压死者,官为祭敛之"②。崇宁元年(1102 年)七月,京师开封大雨,冲毁民房,宋徽宗诏令开封府"振恤压溺者"③。宣和二年(1120 年)六月,京师遇到了灾荒,宋徽宗诏令开封府赈济饥民。

(四) 管理科举政务

北宋前期科举中,开封府"解额稍优,四方士子多冒畿县户,又隶太学不及一年不该解试者,亦往往冒户"④。哲宗时,"取太学额百人还开封府"⑤。开封府举子多,科举的政务相对也比较繁重。

宋太宗淳化末年,开封府和国子监一样,"始命遣官别试"⑥。景祐初年,宋仁宗诏令"开封府、国子监及别头试,封弥、誊录如礼部"⑦,并根据韩琦的请求,设置了誊录司,掌管考生试卷的誊录事务。

(五) 按察赋税、平抑物价

宋代开封府具有按察京畿宅税、地税及其所辖县两税的职能。如太宗端拱初年,知开封府司录事窦玭按察京畿诸县田租,"专务苛刻以求课最,民实逃亡者,亦搜索于邻里亲戚之家,益造新籍,甚为劳扰"⑧。

物价昂贵,特别是食品价格猛涨,直接威胁着京城的社会稳定。北宋

---

① 李焘:《续资治通鉴长编》卷 235,上海古籍出版社,1986,第 2186 页。
② 脱脱等:《宋史》卷 12,中华书局,1977,第 233 页。
③ 脱脱等:《宋史》卷 22,第 406 页。
④ 脱脱等:《宋史》卷 157,第 3661 页。
⑤ 脱脱等:《宋史》卷 157,第 3661 页。
⑥ 脱脱等:《宋史》卷 155,第 3609 页。
⑦ 脱脱等:《宋史》卷 155,第 3612 页。
⑧ 脱脱等:《宋史》卷 173,第 4159 页。

末年,京师“物价腾贵,至有十倍于前者”①,笼饼每枚二十钱。开封府长官宗泽平抑物价先从食品入手。他令人计值做笼饼,发现每枚饼只需六钱,便对卖笼饼者说:“此饼与汝所市重轻一等,而我以日下市直会计新面、工直之费,枚止六钱,若市八钱,则已有两钱之息,今为将出令,止作八钱,敢擅增此价而市者,罪应处斩,且借汝头以行吾令也。即斩以徇,明日饼价仍旧,亦无敢闭肆者。”②

宋代开封府除上述职能之外,还要负责京城环境治理、各种庆典的礼乐事务,参与京师的宗教管理,迎接契丹使节等。

开封府“府事繁剧”,职能众多,长官上班时间,一般“禁宾友相过”,不许会客,不许酗酒。③ 如知开封府李绚,虽“治有能名”,但夜酗酒,“晨奏事酒未解”,仁宗斥责他道:“开封府事剧,岂可沉湎于酒邪?”④李绚因此而被降官。知开封府陈尧咨、判官张宗诲等都是因“日嗜酒惰事”⑤而被罢职降官的。

三、宋代开封府的管理方式

宋代开封府的治理尽管有不少属于封建政治糟粕的东西,但也积累了一些经验,尤其是使京师肃然称治的名知府的管理方式,更有其借鉴意义。

(一)果断高效治京师

果断高效的管理方式,是宋代管理开封府重要的经验之一。仁宗朝的开封知府沈遘,“旦暮视事,日中则廷无留人,出谢诸客,从容笑语”⑥,在繁杂的府务中,“沛然有余暇,士大夫交称其能”⑦。范仲淹知开封府,宰相本想“挠以剧烦,而不暇他议,亦幸其有失即罢去”⑧。范仲淹却“威断如神,

① 何薳:《春渚纪闻》卷4,中华书局,1985,第41页。

② 何薳:《春渚纪闻》卷4,第42页。

③ 脱脱等:《宋史》卷284,中华书局,1977,第9582页。

④ 脱脱等:《宋史》卷302,第10028页。

⑤ 脱脱等:《宋史》卷300,第9958页。

⑥ 杜大珪:《名臣碑传琬琰集》中卷14,宋刻元明递修本。

⑦ 脱脱等:《宋史》卷331,第10652页。

⑧ 杜大珪:《名臣碑传琬琰集》中卷12。

吏缩手不敢舞其奸,京邑肃然称治”①。程琳知开封府,“前为府者,苦其治剧”②,而程琳却“在府决事神速”③,“治益精明,盗讼稀少,狱屡空”④,曾得到皇帝的多次表彰。吴奎权知开封府时,“应事敏捷,吏不敢欺。富人孙氏辜榷财利,负其息者,至评取物产及妇女”,吴奎“发孙宿恶,徙其兄弟于淮、闽,豪猾畏敛。居三月,治声赫然”。⑤ 钱勰第二次知开封府时,“临事益精。苏轼乘其据案时遗之诗”,钱勰“操笔立就以报”。⑥ 苏轼感叹地说:“电扫庭讼,响答诗筒,近所未见也。”⑦

(二)以威严治京师

在北宋一代的历史上,出现了以威严治理京师的府尹。包拯“知开封府,为人刚严,不可干以私,京师为之语曰:‘关节不到,有阎罗包老。’”⑧。薛奎知开封府,“以严为治,肃清京师,京师之民相戒曰:‘是不可犯也。’”⑨,“人相与畏惮,至私与俚语,目为‘薛出油’”⑩。魏瓘知开封府,“政事严明,吏民惮之”⑪。北宋末年,金兵包围了京师,京城内“兵民杂居,盗贼纵横,人情恟恟”,社会秩序混乱,知开封府宗泽,以威严治京师,“首捕诛舍贼者数人”,并下令“为盗者,赃无轻重,并从军法”。⑫ 京师“盗贼屏息,民赖以安”⑬。

(三)以宽平简明治京师

宋代接任威严治京师之后的知府,多采用宽简之管理方式。欧阳修知

---

① 杜大珪:《名臣碑传琬琰集》中卷12,宋刻元明递修本。
② 杜大珪:《名臣碑传琬琰集》上卷4。
③ 杜大珪:《名臣碑传琬琰集》中卷20。
④ 杜大珪:《名臣碑传琬琰集》上卷4。
⑤ 脱脱等:《宋史》卷316,中华书局,1977,第10320页。
⑥ 脱脱等:《宋史》卷317,第10350页。
⑦ 脱脱等:《宋史》卷317,第10350页。
⑧ 朱熹:《宋名臣言行录》前集卷8,影印四库全书文渊阁本,1986。
⑨ 朱熹:《宋名臣言行录》前集卷5。
⑩ 李焘:《续资治通鉴长编》卷100,上海古籍出版社,1986,第891页。
⑪ 脱脱等:《宋史》卷303,第10035页。
⑫ 脱脱等:《宋史》卷360,第11279页。
⑬ 脱脱等:《宋史》卷360,第11279页。

开封府,“承包拯威严之后,简易循理,不求赫赫名,京师亦治”①。“有以包公之政厉公者”,欧阳修回答道:“凡人材性不一,用其所长,事无不举,强其所短,势必不逮,吾亦任吾所长耳。”②欧阳修所谓的宽简,并不是对政务的放纵和简略。他认为,“以纵为宽,以略为简,则弛废而民受其弊;吾所谓宽者,不为苛急耳;所谓简者,不为繁碎耳”,只有做到“明不及察,宽不至纵”,才能使“吏民安之”。③ 范纯礼知开封府时,面对“前尹以刻深为治”④的局面,采用的也是宽简方式。范纯礼认为:“宽猛相济,圣人之训。今处深文之后,若益以猛,是以火济火也。方务去前之苛,犹虑未尽,岂有宽为患也。”⑤韩贽权知开封府,“政简而治”⑥。吴育知开封府,也是“为政简严”⑦。

(四)以诚信治京师

推诚信于政事,是北宋开封府治理京师的重要方式之一。宋仁宗朝的开封知府陈尧佐认为:“治烦之术,任威以击强,尽察以防奸,譬于激水而欲其澄也。”⑧他任知府时,“一以诚信”,当时京师开封“每岁正月夜放灯,则悉籍恶少年禁锢之”,他告谕恶少年说:“尹以恶人待汝,汝忍为恶耶,因尽纵之。凡五夜无一人犯法者。”⑨哲宗朝曾任开封府推官的上官均也认为:“以诚待人,则人思竭忠。”⑩

(五)以认真强记治京师

邵亢知开封府,“遇事敏密,吏操辞牍至前,皆亲阅之,至于反覆,人或以为劳”,他说:“决是非于须臾,尔初虽劳,后乃省也。”⑪认真处理政务,既可减少失误,又可一劳永逸。

---

① 脱脱等:《宋史》卷319,中华书局,1977,第10378页。
② 朱熹:《宋名臣言行录》后集卷2,影印四库全书文渊阁本,1986。
③ 朱熹:《宋名臣言行录》后集卷2。
④ 脱脱等:《宋史》卷314,第10278页。
⑤ 脱脱等:《宋史》卷314,第10278页。
⑥ 脱脱等:《宋史》卷331,第10667页。
⑦ 朱熹:《宋名臣言行录》前集卷8。
⑧ 朱熹:《宋名臣言行录》前集卷6。
⑨ 朱熹:《宋名臣言行录》前集卷6。
⑩ 脱脱等:《宋史》卷355,第11178页。
⑪ 杜大珪:《名臣碑传琬琰集》中卷19,宋刻元明递修本。

北宋开封府每逢新的知府上任,吏民拭目以待,观其能否。仁宗朝的开封知府张方平为了使吏民畏服,采用强记法治府。据文献记载,开封府"府事至繁,为尹者皆书板以记事",张方平为知府后,"独不用,默记数百人以次决遣,不遗毫厘,吏民大惊,以为神,不敢复欺"。①

(六)抓典型以治京师

面对繁多的政务,有些知府采用抓典型的治理方式。如蔡襄知开封府,府"事日不下数千,每有日限事,拣三两件记之,至其日问人,不测如神"②,"吏不能欺"③。贾昌朝知开封府,在处理诉讼案件时也采用抓典型的方式。"有禁卫卒告军中敛率缗钱,本属以其事移(开封)府,众皆伏府门惴恐不自安",贾昌朝只盘问"其告者,不实,坐之,余置不问"。④ 钱勰知开封府,"老吏畏其敏,欲困以事,导人诉牒至七百",钱勰"随即剖决,简不中理者,缄而识之,戒无复来"。⑤

四、结语

综上所述,北宋开封府为当时府中之冠,管理结构完备,官衙规模宏大,职能繁杂。威胁京城社会治安的"穿窬之盗"、人命关天的"囹圄之系","乃京邑之先务",⑥是开封府众多管理职能的重心;果断高效、威严、宽平简明、诚信、认真强记及抓典型等管理方式是宋代开封府行政管理之精华。"日不下数千"⑦件的繁忙公务,及"日有公事上殿"⑧的特殊地位,使北宋开封府成为精明能干的长官升迁执政的"四入头"⑨之一。然而,地处天子脚下的开封知府,要做到既秉公执法,又不得罪皇亲国戚是很难的,

---

① 杜大珪:《名臣碑传琬琰集》中卷22,宋刻元明递修本。

② 晁说之:《晁氏客语》,中华书局,1985,第8页。

③ 脱脱等:《宋史》卷320,中华书局,1977,第10400页。

④ 杜大珪:《名臣碑传琬琰集》中卷17。

⑤ 脱脱等:《宋史》卷317,第10350页。

⑥ 沈遘:《西溪集》卷8,影印四库全书文渊阁本,1986。

⑦ 晁说之:《晁氏客语》,第8页。

⑧ 李焘:《续资治通鉴长编》卷154,上海古籍出版社,1986,第1431页。

⑨ 洪迈:《容斋续笔》卷3,影印四库全书文渊阁本,1986。

加之当时开封府的诸曹参军多为“贵游子弟”①,和官场上层势力关系密切,知府一旦被罢官,“吏率掉臂不顾,至或欺侮之”②,只有包拯等少数知府的管理方式,既为统治阶级接受,又被老百姓称颂,是值得深入研究的问题。

① 脱脱等:《宋史》卷302,中华书局,1977,第10010页。
② 叶梦得:《石林燕语》,中华书局,1984,第144页。

明代分封制与黄河水患影响下的开封城*

刘春迎

摘要:明代开封城的形势特点,是明代皇室分封制下的产物,也是明代频繁的黄河水患和开封城安危二者休戚与共关系的缩影。明代开封城具有五个鲜明的形势特点:第一,为防御日益严重的黄河水患,形成了由护城大堤、土城、砖城、萧墙、紫禁城五重城垣层层围护的崭新的城市格局;第二,明朝初年朱元璋定金陵、大梁为南、北京,开府后成为周王朱橚及其后世子孙封地,王府林立,势若两京;第三,历次水患将城内低洼之处渐次淤平,原城内著名的三山逐渐不见踪迹;第四,"五门不对"的格局得以保持和延续,旨在凝聚、圈住城中的王气;第五,卧牛之势的营造和镇河铁犀铸造,系因牛为土属,土能克水,意在镇压河水泛汜。

关键词:明代;开封;周王府;城市格局;卧牛城

洪武元年(1368 年),朱元璋推翻元政权,重新恢复汉人统治。在尚未定都之前,"故高皇时已有都汴、都关中之意",并颁诏曰:"江左开基,立四海永清之本;中原图治,广一视同仁之心",并最终"以金陵、大梁为南、北京"。① 洪武十一年(1378 年),朱元璋又撤销开封陪都称号,封其第五子朱橚为周王,就藩开封。明代开封城既为周王的封藩,其形制与布局自然与周王联系起来。周王系在宋、金故宫基础上改建府第,因而有别于其他新建的藩王府;此外,明代频繁的黄河水患,严重威胁了开封城的安全,亦

* 国家社科基金重点项目"河南开封潘湖遗址考古发掘报告"(15AKG002)阶段性成果,2016 年黄河文明协同创新中心规划项目"中原考古系列丛书编著工程"阶段性成果。原载《河南大学学报(社会科学版)》2016 年第 5 期。

① 郑晓:《今言》卷 4,中华书局,2007,第 158 页。

对城市建设提出了新要求,为其增添了新元素。目前学术界对于明代开封城关注不多,现有的研究成果大多内容较为简略。① 对明代开封城的形势特点缺乏系统性阐述和形成原因剖析。本文拟在前人研究基础上,结合文献记载和考古材料对明代开封城独特的形势特点进行深入的探讨和研究。

一、五重城垣

明代开封城从里向外有紫禁城、萧墙、砖城、土城四重城垣,总体布局类似明代南京城的宫城、皇城、内城、外城的四重形制。明朝末年,迫于黄河水患的威胁,又在四重城垣外围增筑了护城大堤,至此,形成了五重城垣层层围护的新格局。

(一) 紫禁城

明代开封城的核心是周王府,位于全城的偏北处。洪武十一年(1378年),太祖封其第五子朱橚为周王,建藩开封。周王府的修筑时间,应在洪武十二年(1379 年)下半年或十三年(1380 年)初春。② 洪武十四年(1381年)四月周王府落成,十月周王"就藩开封,即宋故宫地为府"③。周王府的规模与布局,参见《如梦录 · 周藩纪第三》记载:

> 周府本宋时建都宫阙旧基,坐北朝南,正对南薰门,即宋之正阳门也。北有大门五间三开,即宋之大宋门也。周围萧墙九里十三步……正北为紫禁城,高五丈,上有花垛口,内有拦马墙。南门,曰端礼门;北门,曰承智门;东门,曰礼仁门;西门,曰尊义门。殿曰:存信殿。存信殿前,旧有银安殿……端礼门上供明太祖画像,有释、道二教藏经,外有城濠一道与大海子同,濠内地基宽阔,俱是内使居住,东亭后有内书堂,外典宝官二员,候上奏章用宝,端礼门三瓮三开,金钉朱户,红花涂

---

① 明代开封城的相关研究,大致分为两类:一是通史类研究,如李长傅的《开封历史地理》、单远慕的《开封史话》、程子良和李清银的《开封城市史》、刘春迎的《考古开封》等,涉及明代开封城的内容较为简略;二是专题类研究,有孔宪易的《试谈〈如梦录〉与明代的开封》、李伟敏的《明清时期开封城市发展研究》和武明军的《明清开封城市研究》等,多集中阐述了明代开封城墙、周王府、商业和文教等领域的内容。

② 范沛潍:《周王与明代开封》,《史学月刊》1994 年第 4 期,第 112 页。

③ 张廷玉等:《明史》卷 116,中华书局,1974,第 3566 页。

墙,立砖铺地。①

明初朱元璋实行分封制,明朝政府对诸王府规制陆续颁布了一系列制度,如洪武四年(1371 年)规定了王城城墙的高阔、大殿廊房台基的高度及社坛、宗庙的位置:

王城高二丈九尺五寸,下阔六丈,上阔二丈,女墙高五尺五寸,城河阔十五丈,深三丈。正殿基高六尺九寸五分,月台高五尺九寸五分,正门台高四尺九寸五分,廊房地高二尺五寸,王宫门地高三尺二寸五分,后宫地高三尺二寸五分。正门、前后殿、四门城楼饰以青绿点金……立社稷山川坛于王城内之西南,宗庙于王城内之东南。②

洪武七年(1374 年),规定了诸王府城门和主要大殿的名称:"定亲王国中所居,前殿曰承运,中曰圆殿,后曰存心。四城门,南曰端礼,北曰广智,东曰体(疑为礼)仁,西曰遵(尊)义。"③洪武十一年(1378 年),又规定了诸王府的占地规模:"周围三里三百九步五寸,东西一百五十丈二寸五分,南北一百九十七丈二寸五分。"④然而,据《如梦录·周藩纪第三》记载可知,周王府筑有萧墙和紫禁城两重城垣。中心的紫禁城(即王城),只有四个城门名称符合明朝政府的藩王府定制,城高五丈,大大超过了"王城高二丈九尺五寸"的标准。周王紫禁城的规模虽不见文献记载,但据近年来的考古勘探与试掘资料可知,其遗址完全叠压在宋东京皇城遗址之上,"今龙亭公园南大门以北,龙亭大殿后墙以南,包括潘湖、杨湖在内的区域即为明周王府紫禁城的范围。经实测,其形制呈南北稍长、东西略短的长方形。东墙南起开封市图书馆北围墙附近,北至开封市豆制品厂北侧,长约 690 米;西墙北起龙亭公园西南侧,南至开封市麻刀厂西墙附近,长约 690 米;南墙东起开封市图书馆北围墙附近,西至开封市麻刀厂西墙一带,长约

---

① 孔宪易校注《如梦录·周藩纪第三》,中州古籍出版社,1984,第 6 - 8 页。

② 《明实录·太祖实录》卷 60,洪武四年正月戊子,"中央"研究院历史语言研究所,1962,第 1169 - 1170 页。

③ 《明实录·太祖实录》卷 87,洪武七年正月乙亥,第 1546 - 1547 页。

④ 《明实录·太祖实录》卷 119,洪武十一年七月乙酉,第 1938 - 1939 页。

570 米；北墙位于龙亭大殿北侧的东西一线，长约 570 米”①。紫禁城周长约 2520 米，即 5 里左右，远超王府“周围三里三百九步五寸”的定制。

为进一步了解明周王府紫禁城的内部结构，1981—1984 年考古工作者在排干水后的潘湖湖底进行了大规模的发掘工作，发掘面积近 4000 平方米，初步揭示了紫禁城的基本面貌和范围内的多处重要遗迹，“紫禁城中的地面多系青砖铺地，局部房基门前等重要位置为青石条铺地，铺地地面距潘湖底部 1.5—2 米。地面之上至今仍散落着大量的瓦当、板瓦、筒瓦、砖块等建筑构件和脱落的红墙皮残块等，从中可以看出当时的建筑是被洪水冲毁的。发掘过程中共清理出 12 座房基、2 座花坛、2 条排水沟和 1 处南北向廊庑台基”，其中房基均为高台建筑，“有的房基高出当时地面约1.6米，从中可以想见明周王府紫禁城内的建筑之高大”。②

（二）萧墙

紫禁城外围的城墙名曰萧墙，《如梦录·周藩纪第三》亦有记载：

> 周围萧墙九里十三步，高二丈许，蜈蚣木镇压，上覆琉璃瓦，下有台基高五尺，上安栏杆，栏杆外街宽五丈，方是居民，四周有井七十二眼，谓之七十二神煞。向南是午门，东曰东华门，西曰西华门，北曰后宰门。层层宫门殿宇上，斗拱俱用铜丝网罩，名为𣏌(字书无“𣏌”字，疑当音风)衣，下有白石一方，名曰足石，取丰衣足食之义。（门）极大宏敞，碧瓦朱门，九钉九带。门内东西承奉司，承奉内官，掌管阖府事务，传递本章，与在京东厂司礼监同。往北有直房百余间，中有东西二过门，乃宋时科道衙门也。明朝断间为一二三间，各官进内，候朝于此，停息更衣。东过门往南通宗庙。西过门往西通天地坛。东有马厩，直房东西二库，罪宗所禁之地。③

明代开封以萧墙南墙以外的东西大街为标志，将整个城市分割为南、北两大部分，以南为居民区和商业区，以北主要是王府宫殿区。由王府南

① 开封市文物工作队：《河南开封明周王府遗址的初步勘探与试掘》，《文物》2005 年第 9 期，第 49 页。

② 开封市文物工作队：《河南开封明周王府遗址的初步勘探与试掘》，《文物》2005 年第 9 期，第 54－55 页。

③ 孔宪易校注《如梦录·周藩纪第三》，中州古籍出版社，1984，第 6－7 页。

门午门通向砖城南门的大道,则是开封城布局的中轴线,这条大道两旁的大街小巷,形成了城内的商业中心,多为专供王公贵族消费的作坊、店铺所占据。

按《如梦录》的记载,萧墙的周围是“九里十三步”。萧墙遗址也已被考古探明,和以上记载基本吻合:“遗址的平面略呈南北长、东西短的长方形。南墙东起今开封市南京巷南口,向西经西大街、新街口、前营门一线,至河南大学医学院西墙止,长约 1150 米;东墙位于南京巷至开封市第二十八中学南北一线,长约 1420 米;西墙位于大兴街向北至开封渔场一线,长约 1400 米;北墙自开封市第二十八中学向西经人民体育场、文昌小学至汽车公司停车场,长约 1340 米。四墙周长约 5310 米。萧墙遗址残存墙基宽 8—10 米、高 3—6 米。”①

周王府的萧墙,在明诸王府定制中是根本就没有的,且其周围“九里十三步”的规模,几乎是规定王城规模的三倍,应是明显的逾制行为。因此,当年周王在为萧墙的取名、修建过程中,还颇费了些心机。萧墙,也叫门屏,原意是指古代宫室用以分隔内外的小墙,周王府的外围城墙以此为名,应有故意遮掩、避嫌的寓意。同时,在修建过程中,因越制过多,为避免引起中央政府的注意,还用心良苦,制定了严密的对策,如尽量降低高度,仅二丈许,尚不及紫禁城高度的一半,同时在墙体上沿不用花垛口,而是用“蜈蚣木镇压,上覆琉璃瓦,下有台基高五尺,上安栏杆”,也是为了进一步淡化其视觉效果,以掩人耳目。

周王为修建王府可谓煞费苦心,却为其政治上的不安分以及王府规制上的僭越付出了惨痛代价,苦心经营的王府遭到铲毁。“(紫禁城内)存信殿前,旧有银安殿。因周藩王气太盛,敕贬诸蒙化,即复取回,将银安殿拆毁,并将唱更楼,及尊义门楼拆去”②,此即开封历史上著名的“铲王气”的故事。孔宪易先生在校注《如梦录》时引用《皇明通纪》,详述了周王被“敕贬诸蒙化”的原因及经过:“建文即位,以明年洪武三十二年(1399 年),为元年。废周王橚为庶人;先是周王与燕、齐、湘、代、岷五府通谋,至是,乃命

① 开封市文物工作队:《河南开封明周王府遗址的初步勘探与试掘》,《文物》2005 年第 9 期,第 46 页。

② 孔宪易校注《如梦录 · 周藩纪第三》,中州古籍出版社,1984,第 7 页。

曹国公李景隆调兵猝至河南,围之,执周王及世子,阖宫眷属,送至京师,削为庶人,迁之云南。”①朱橚被废为庶人发配云南后,建文帝认为开封周王府王气太重,遂在开封大铲王气。“铲王气”是我国封建社会的一种特殊的政治现象,历代屡有此事,此次在开封针对周王的“铲王气”大有讲究:“毁银安殿所以去龙心,拆唱更楼所以去龙眼,定四角石所以制龙爪,推土作台所以克水,使龙不能飞腾。东华门不许开,谓之文官闭口;拆尊义门楼,谓之武将去头。”②后燕王朱棣发动“靖难之役”,即皇帝位后,方才下令恢复周王爵土。

（三）砖城

由里向外的第三重城垣叫“砖城”,是洪武元年(1368 年)朱元璋确定开封为北京时,在原金汴京里城的基础上修建而成的。明初把开封作为陪都,具有强烈的政治和军事目的,因而重修的开封城不仅比当时国内其他城池更为坚固,而且和其自身以往的格局和特点也不同。据明李梦阳《河南省城修五门碑》中云:“河南省城者,宋之内京城也。是城也,起自五代,至宋而益饬……我高皇帝定天下也,跸于汴驻焉。但遣将北伐,于是升汴为京,设卫十有六,填实之守焉。是故,是城也缮之视他城坚,甃皆砖也。然又重砖而城,根砖若石,入之地又数尺。”③明代以前的历代开封城池均为土筑,即以土和泥,经层层夯打版筑而成,并在夯土之中浇以猪血、米汤、白灰等物以增加其牢固性,最多只是在城门一段才用青砖漫砌。明代开封城外则全部用青砖包砌,只有墙心和内侧仍为夯土,极大地增强了其坚固性和防御能力,这不仅是技术上的进步,也是生产力发展的结果。

经洪武元年(1368 年)重修后的开封城“周围二十里一百九十步,高三丈五尺,广二丈一尺”,城外有护城河,“深一丈,阔五丈”,共有城门 5 座:其中东边 2 座,偏南的为丽景门,俗称宋门,偏北的为仁和门,俗称曹门;南边为南薰门;西边为大梁门;北边为安远门。④ 每门“各建月城三重”,城上

① 孔宪易校注《如梦录·周藩纪第三》,中州古籍出版社,1984,第 7 页。

② 孔宪易校注《如梦录·周藩纪第三》,第 8 页。

③ 李梦阳:《河南省城修五门碑》,载李濂:《汴京遗迹志》卷 16《艺文三》,周宝珠、程民生点校,中华书局,1999,第 303 – 304 页。

④ 王士俊:《河南通志》卷 8,文渊阁四库全书本。

还有“角楼四座,敌台八十四,警铺八十一,甚称严密”。①

明朝政府对开封城的政治、军事地位高度重视,故在洪武年间大修的基础上多次进行增筑维修,其中规模较大的有两次:一是嘉靖元年(1522年)太监吕宪重修五门城楼:“夫门者,城之喉;楼者,门之冕也。城修宜自门始……是役也,始于东门,程能计日,经费节力,奖勤黜惰,勾稽有簿,大持小维,工佣称事,执信布义,听其自来。凡城之材,砺锻、砖垩、木石、櫘炭、胶角、颜采,皆公市平取,官靡告困,民罔知劳。一门既,一门继,五门既。”②另一次是万历二十八年(1600 年),“巡抚曾如春增建敌楼”③。故至明朝末年,经重修后的砖城变得更为高大严整,《如梦录·城池纪第一》记:“(土城)内有砖城一座,高五丈,敌楼五座,俱有箭炮眼,三方四正,十六邪。大城楼五座,角楼四座,星楼二十四座,俱按二十八宿布置,样铺十座,窝铺五十四座,炮楼十座,周围四千七百零二丈,垛口七千三百二十二,城兵一百五十名。”④

开封城高大雄壮,月城、敌楼、炮楼、护城河、吊桥等各类军事防御设施一应俱全,并有守兵常年防守,可谓城高池深,戒备森严。明人陈所蕴《增建敌楼碑记》描绘开封城“万雉云连,屹屹言言,望若列嶂,壮都会也”,“登楼四望,太行嵩室,居然在几案间,大河汤汤,仅如衣带,城之大观,于是乎备矣”。当时,在开封城楼上可远眺黄河,在黄河河床中也可遥望高大的开封城。明代于谦《黄河舟中》一诗写道:“顺风吹浪片帆轻,顷刻奔驰十数程。舵尾炊烟犹未熟,船头已见汴梁城。”⑤

(四)土城

由里向外的第四重城垣是土城。土城,亦即始筑于后周、北宋时期又多次增筑的外城,是五代、宋金时期开封城军事防御的首道屏障。外城在

---

① 黄舒昺编《新修祥符县志》卷 9《建置志·城池》,光绪二十四年(1898 年)夏六月刊成本。

② 李梦阳:《河南省城修五门碑》,载李濂:《汴京遗迹志》卷 16《艺文三》,周宝珠、程民生点校,中华书局,1999,第 304-305 页。

③ 陈所蕴:《增建敌楼碑记》,载黄舒昺编《新修祥符县志》卷 9《建置志·城池》,光绪二十四年(1898 年)夏六月刊成本。

④ 孔宪易校注《如梦录·城池纪第一》,中州古籍出版社,1984,第 1 页。

⑤ 李濂:《汴京遗迹志》卷 24,周宝珠、程民生点校,中华书局,1999,第 492 页。

北宋末年和金代末年围绕开封城的战争中都曾受到重创。元至正年间，刘福通率领的农民起义军据守开封，元军围城达三个月之久，起义军和元军在城下展开了数场激烈的战斗，外城再次损坏惨重。元末，“尽毁天下城隍，开封城亦仅余土阜”①，明人李梦阳也曾留下“宋亡，入金历元，外城毁而内城存”②的感叹。

明代，原外城部分城门故迹尚在，少数仍保留着北宋时期的名字，“去城七八里许，有土城，仅有土基，孔道存焉。周围约四十余里，其门尚有存宋时之名，如东南陈州门，东北酸枣门而已。其北为陈桥门、封丘门、卫州门，南则戴楼门，西则今称为郑门，本顺天门；固子门本金耀门，歇兹门本万胜门，水门本利泽门，并其名而亦不存矣，城之变迁有如此”③。《如梦录》中亦载：“外城曰土城……仅余基址，有门不修，以土填塞，备防河患。”④可见，昔日高大雄壮的外城至此已沦落为开封周围的一条土堤，也叫土城，在明代连年不断的黄河水患中，只是在抵御洪水、捍卫开封城安全中还发挥着一定的作用。

（五）护城堤

最外围的城垣是护城大堤，其修建最早可以追溯到元代。宋代以前黄河距离开封较远，对开封尚构不成直接威胁，金代明昌五年（1194 年）黄河改道，逼近开封，始有黄河之危。元代延祐六年（1319 年），为了防止河水侵蚀农田，开封城北人民在地势低洼地段构筑土堤抵御黄水，虽然规模不大，却成为后来开封护城堤的雏形。

明代黄河河务成为河南地方官的主要职责，河南巡抚于谦对此尤为重视，他下令在原筑御黄土堤的基础上修筑更大规模的护城堤，从开封城西修起，延至城北，再扩至城东三面。正统五年（1440 年），黄河水势上涨，逼近开封城垣，于谦亲临抗洪第一线，指挥开封人民与洪水做斗争，利用城西

① 顾祖禹：《读史方舆纪要》卷 47，清稿本。

② 李梦阳：《河南省城修五门碑》，载李濂：《汴京遗迹志》卷 16《艺文三》，周宝珠、程民生点校，中华书局，1999，第 303 页。

③ 郑之鎏：《续东京梦华录》，载黄舒昺编《新修祥符县志》卷 9《建置志 · 城池》，光绪二十四年（1898 年）夏六月刊成本。

④ 孔宪易校注《如梦录 · 城池纪第一》，中州古籍出版社，1984，第 1 页。

和城北尚未完工的护城堤拦住了洪水,保卫了开封城的安全。此后,他更是加快对护城堤的建设,至正统十一年(1446 年),城西、城北、城东三面的护城堤胜利完工,全长 20 余千米,堤宽 20 米,高 7 米左右。堤上 2.5 千米一亭,派专人看守,护堤巡防。堤两侧则广植树木,防止堤土流失,形成了一道护城的绿色屏障。

正统十三年(1448 年),于谦离汴赴京供职。是年,黄河在荥阳姚村决口,经开封城西之杏花营、城东之陈留,向东汇涡河入淮,此次黄河改道使开封城一度处于黄河北岸,开封城南因没有护城堤而变成了黄泛区。景泰二年(1451 年),河南巡抚王暹又在开封城南筑堤约 15 千米,堤东西两端与原护城堤接连在一起,至此开封城周围形成了一道周长约 40 千米的环形护城堤,时刻守护着开封城的安全。弘治六年(1493 年),黄河再次改道,从开封城北约 10 千米处向东流去,政府又在开封沿黄河两岸筑起一道新的黄河大堤,护城堤才退居为开封城抵御黄河水患的第二道屏障。

自五代时期后周扩筑了外城之后,开封城始成为由外城、内城、皇城三重城垣层层围护的城市格局。后至金完颜亮时期在开封大肆营建皇宫,开封又演变成为由外城、内城、皇城、宫城构成的四重城垣之制。至明代护城堤合拢之后,又与位于其内的土城、砖城以及周王府的萧墙和紫禁城一起共同组成了五重城垣的平面形态,这一崭新的城市格局,不仅是明代开封城形态布局一大特色,甚至在中国古代城市建设和规划营造史上都是较为罕见的。

二、王府林立

明代出于巩固皇权的需要,在进一步加强中央集权、完善官僚系统的同时,对皇族子孙实行分封制度。洪武三年(1370 年)四月乙丑,太祖开启封藩制,“诸子当封以王爵,分茅胙土,以藩屏国家”①,首次分封其诸子和一个重孙(靖江王)到全国战略要地为王,“皆据名藩,控要害,以分制海内”②。当时,因开封系陪都未封。洪武十一年(1378 年),太祖取消开封

---

① 《明实录·太祖实录》卷 51,洪武三年四月乙丑,“中央”研究院历史语言研究所,1962,第 1000 页。

② 王世贞:《弇山堂别集》卷 32《同姓诸王表》,中华书局,1985,第 562 页。

北京称号后，遂于同年正月封吴王朱橚为周王，建藩开封。第一代周王朱橚为朱元璋的五子，初被封吴王，建藩钱塘，后因“钱塘财赋地”①不可封，遂被改封周王，并于洪武十四年（1381 年）就藩开封。明朝的分封制度效法周代的嫡长子继承制，规定：“皇子封亲王，授金册金宝，岁禄万石，府置官属。护卫甲士少者三千人，多者至万九千人，隶籍兵部。冕服车旗邸第，下天子一等。公侯大臣伏而拜谒，无敢钧礼。亲王嫡长子，年及十岁，则授金册金宝，立为王世子，长孙立为世孙，冠服视一品。诸子年十岁，则授涂金银册银宝，封为郡王。嫡长子为郡王世子，嫡长孙则授长孙，冠服视二品。诸子授镇国将军，孙辅国将军，曾孙奉国将军，四世孙镇国中尉，五世孙辅国中尉，六世以下皆奉国中尉。其生也请名，其长也请婚，禄之终身，丧葬予费，亲亲之谊笃矣。”②也即亲王嫡长子为世子，袭封亲王，其余子为郡王，郡王嫡长子袭封郡王，余子封镇国……依次下推。开封自第一代周王朱橚开始，到明朝末年第十一世周王朱恭枵因洪水灌城出逃，共传十一世十一王，这样朱氏子孙世代相藩，在开封形成了一个庞大的“周藩”系统，周王成为开封城的统治者，周王府也占据了开封城。孔宪易校注《如梦录》时如是说：“‘周藩’，他不仅统治了这座城市，占据了这个城市，而且在这座城市的周围土地几乎都归他所有。”③开封城成了名副其实的“王的城”。

周王妻妾成群，子孙众多，“诸藩惟周府最为蕃衍”④。据统计，至明末除袭亲王周王外，“历代周王位下分封郡王 70 余府，合计追封郡王共有 270 余位”⑤。按明末清初王紫绶的考证，仅明开封城中的王府竟有 72 家之多，系全国之最，故当时就有“天下藩封数汴中”⑥之说。这些郡王府以周王府为中心，左右拱卫，自成体统。其中较为著名的有原武王府、西亭王府、应城王府、柘城王府、小山王府等，这些“群王门第，亦是金钉朱户，琉璃

① 张廷玉等：《明史》卷 116，中华书局，1974，第 3565 – 3566 页。

② 张廷玉等：《明史》卷 116，第 3557 页。

③ 孔宪易校注《如梦录》，中州古籍出版社，1984，前言，第 2 页。

④ 王士性：《广志绎》卷 3，周振鹤点校，中华书局，2006，第 225 页。

⑤ 孙凯：《明代周藩王陵调查与研究》，中州古籍出版社，2014，序，第 1 页。

⑥ 郑廉：《豫变纪略》卷 6，浙江古籍出版社，1984，第 139 页。

殿宇。宫中皆有内景,郊外皆有花园”①,建筑得豪华壮丽。此外,开封城还有一些开国元勋后代的王府,如徐达的后代修建的徐府,大门金钉绿户,匾额“大功坊”,两侧门联书“春王正朔颁千载,开国元勋第一家”,府外东西街道取名“徐府街”,也极其繁华。②

周王世系的郡王、将军等数量众多,大多没有就藩封地,仍居于开封城中,只是食其封地地租,故明末时其宫眷等约有两万人以上。这些庞大的皇亲国戚、世袭贵族不仅要建造众多府第,占用大量土地,还要配套宗庙、寺院、牌楼等,因而明开封城内可谓王府林立,遍地楼宇。城中凡街市繁华之处,皆为诸王府所占据,反之,凡是王府集中之地,也自然成为街市繁华之处,正如《如梦录》所描绘:“大街小巷,王府、乡绅牌坊,鱼鳞相次。满城街市,不可计数,势若两京。”③城市的经济、文化都紧紧围绕着王府而展开,使明代开封城成为一座典型的封建消费城市。如果说在无数劳动人民智慧和辛劳的基础上建立起来的周藩群府建筑,构成了明代开封城建筑的主体,成为那一时代开封城的象征的话,那么,以周王及其子孙所组成的王公贵戚,则无疑也成为那一时代开封城最主要的消费群体。傅衣凌先生曾将明清时代的城市经济分为两种类型:开封型城市和苏杭型城市,所谓的开封型城市就是指典型的亚洲消费城市,又是封建地租的集中地,工商业是为这个城市的地主服务的。④ 韩大成先生将明代城市分为“政治型城市”和“经济型城市”,将开封与北京、南京两个政治型城市并列,意指该城是典型的政治型大城市,以纯消费为主。⑤

三、“三山不显”

有人用两句话高度概括明代开封城的形势,分别是“三山不显”“五门不对”。

根据《如梦录》记载,所谓“三山”是指“土街为一山,爪儿隅头为一山,

① 孔宪易校注《如梦录·周藩纪第三》,中州古籍出版社,1984,第12页。
② 孔宪易校注《如梦录·街市纪第六》,第29页。
③ 孔宪易校注《如梦录·街市纪第六》,第57页。
④ 傅衣凌:《傅衣凌治史五十年文编》,中华书局,2007,第197页。
⑤ 韩大成:《明代城市研究》,中国人民大学出版社,1991,第47页。

夷山为一山”①。“土街一山”,位于今开封的南北土街一带,从鼓楼街东口向北至东司门一段,宋代名叫“土梓山”,也称“土市子街”;明代,“土市子街”简称“土街”;清代光绪年间,土街从河道街东口、理事厅街西口处分开,分别称为“南土街”和“北土街”。“爪儿隅头一山”,在今开封大梁门内北仁义胡同至玉皇庙街一带。据清代开封府地图显示,在大梁门里尚有仁义胡同和玉皇庙的标记,此即爪儿隅头山的位置;至民国元年(1912 年)所绘地图显示,玉皇庙已经消失,但位于玉皇庙遗址处并以此命名的玉皇庙街却一直保留至今,为界定爪儿隅头山的位置提供了明确的坐标。“夷山一山”,位于今开封北门内的铁塔公园一带。根据明人李濂《汴京遗迹志》所记:“夷山在里城内安远门之东,以山之平夷而得名也,亦名夷门山。古有夷门,乃侯嬴监守之处。《史记》云:‘夷门,汴之城东门也。’而安远门乃汴之北门,今北门内地势颇高,似是夷山。而司马迁乃云东门,意者古今城垣改徙不一,今莫可考矣。”②李濂所记是可信的,然而他评述说“安远门乃汴之北门”,“而司马迁乃云东门”,“今莫可考矣”,是李濂误将“安远门”和“夷门”混为一谈。司马迁所说的“东门”是指夷门,为战国时期魏大梁城东墙上的城门,李濂所说的“安远门”是指开封城里城北墙东部的一座城门,即今开封城之北门。③ 今开封铁塔即建在夷门旧址夷山之上:“上方寺。在城之东北隅安远门里夷山之上,即开宝寺之东院也,一名上方院。宋仁宗庆历中,开宝寺灵感塔毁,乃于上方院建铁色琉璃砖塔,八角十三层,高三百六十尺,俗称铁塔。”④

开封城里并没有山,之所以说以上三地为山,实际上是因为上述三地较城内其他地方地势稍高,而又高出不了多少,故而又说“不显”。郑之鎏在《续东京梦华录》中曾对此有详细的解释:“三山陂,夷门三山在府城之内。大梁门南有山之形,今业已成城矣,不谓之山。通衢里巷,夷坦迤衍,更不见夫山;迨河水入城,滂没有深至三四丈、二三丈者,自西门迤逦东来,

① 孔宪易校注《如梦录·形势纪第二》,中州古籍出版社,1984,第 3 页。

② 李濂:《汴京遗迹志》卷 4《山岳》,周宝珠、程民生点校,中华书局,1999,第 54 页。

③ 刘春迎:《考古开封·魏大梁城》,河南大学出版社,2006,第 17 页。

④ 李濂:《汴京遗迹志》卷 10《寺观》,第 155 页。

至大爪隅首,水仅二三尺深者。通藩府东折至山货街水仅一二尺,再东折而北去,至土街水不盈尺而止,高下起伏,观夫水而从可知山矣。”①从中可知,明开封城中所谓的山,充其量比城内其他最低洼处高出十几米,且相对而言,土街一山较爪儿隅头一山稍高,但高出也不过一米而已。高低落差如此之小,除非是认真地测量,平时人们用肉眼是根本无法辨别出的。

在历代文人的诗词中也能找到开封三山的影子,如金代诗人元好问的《梁园春三首》中就有“上苑春浓昼景闲,绿云红雪拥三山”的诗句;明朝大诗人李梦阳在《春日游三山陂》中写道:“崔嵬艮岳他年笑,寂寞三山后代思。湖色春光净满眼,古城风暮几人悲。”《汴京遗迹志》的作者李濂在《西江月・汴秋古怀二首》中也有“五代古城残角,三山废垒寒葩”的描述。由此可见,关于开封城三山的说法,应是由来已久,且最迟在金代就有,并非明代才出现的。

笔者认为,明代形容开封城“三山不显”的说法,重点并不在于说开封城内有三山,而是刻意强调其“不显”。准确解读隐含在其中的深刻寓意应该是:古城开封很早就有三山的说法,在明代之前,城中的三山固然也不怎么高,然其地势的起伏还是比较明显的,但是到了明代,因为城内除三山之外他处地势不断抬高,和三山的高差在不断缩小,三山地势之高遂变得越来越不明显,故而才说是“三山不显”。这不仅是对明代开封城形势特点的高度概括,更是对黄河和明开封城微妙关系的真实写照。黄河的频繁泛滥和改道,使位于其脚下的开封城深受其害。仅有明一代,黄河在今开封辖境决溢 86 次,其中在开封城近郊就达 58 次。自洪武元年(1368 年)至弘治十八年(1505 年)的 138 年间,黄河在开封城周近有决溢的年份达 59 年,其间有两次水淹开封城区:一次是洪武二十年(1387 年)六月,河决开封城,泛水由安远门(北门)冲入城内,淹没官舍民房,冲毁街道店铺,“城中如釜底,民屋廛市尽沉水中,中原财赋聚集之地一没而尽”②,损失十分严重;“另一次是天顺五年(1461 年)七月初四日,河水决开封土城,城中

① 郑之鋆:《续东京梦华录》,载黄舒昺编《新修祥符县志》卷 9《建置志・城池》,光绪二十四年(1898 年)夏六月刊成本。

② 康基田:《河渠纪闻》卷 8,中国水利工程学会影印本,民国二十五年(1936 年)初版。

军民当即用砖堵塞五门,防备水袭城内。至初六日,风激浪涌,大水冲入北门,平地水深丈余,官宅民舍一空,藩府宫眷及城内官员乘舟避于城外高处,百姓死者不可胜数"①。其间,"还有8次黄河泛水袭城"②。在洪水反复肆虐之下,每次挟带而来的大量泥沙将开封城内的低洼之处渐次淤平,原城内的三山自然不见了影踪。

四、"五门不对"

"五门不对"是对明代开封城形势特点的又一高度概括。明代的开封城开设五座城门:

> 东门名仁和门,内匾"迓祥"二字,月城一座,有门三重,北、南二水门,以通曹州,俗呼曹门。小东门名丽景门,内匾"宜春"二字,月城一座,有门三重,北、南二水门,以通归德。归德古宋地,俗呼为宋门。南门名南薰门,内匾"中原胜概"四字,月城一座。有门四重,东、西二水门,俗呼为南门。西门名大梁门,内匾"永丰"二字,月城一座,有门二重,南、北二水门,俗呼为西门。北门名安远门,内匾"拱宸"二字,月城一座,有门四重,东水门一座,俗呼北门。③

《如梦录·形势纪第二》中对五门的总结是:"东门(曹门)偏北,宋门偏南,南门偏西,西门正直,北门偏东,谓之五门不对。"④

北宋时期开封内城之中,原有十二座城门:"旧京城方圆约二十里许,南壁其门有三:正南曰朱雀门,左曰保康门,右曰新门。东壁其门有三:从南汴河南岸角门子,河北岸曰旧宋门,次曰旧曹门。西壁其门有三:从南曰旧郑门,次汴河北岸角门子,次曰梁门。北壁其门有三:从东曰旧封丘门,次曰景龙门,次曰金水门。"⑤金代末年,宣宗迁都开封之后,"再筑子城",但也不过是使原宋内城的南北两墙向外拓展而已,在城门的设置上,应无

---

① 刘春迎:《考古开封·明代的开封城》,河南大学出版社,2006,第236页。

② 刘春迎:《考古开封·明代的开封城》,第236页。

③ 孔宪易校注《如梦录·城池纪第一》,中州古籍出版社,1984,第1-2页。

④ 孔宪易校注《如梦录·形势纪第二》,第3-4页。

⑤ 孟元老:《东京梦华录全译》卷1《旧京城》,姜汉椿译注,贵州人民出版社,1998,第5页。

大的变化。① 那么,开封城是何时何故减至五座城门了呢?考之史实,这一变化发生在元代。元至正年间,刘福通率领的农民起义军和元军在开封城下曾展开数场激烈战斗,至正十七年(1357 年)义军攻打开封时,纵火烧汴梁诸门城楼,当时城内元军为了加强防守,“元将泰不花等以汴梁四面城门,止留五座,以通往来,余八门俱塞”②,至此,开封城墙减至五门,即《如梦录》所记的东门、宋门、南门、西门和北门。至正十八年(1358 年)刘福通攻进开封城后,并未将那些堵塞的城门重新扒开。

明初洪武年间,曾在开封大规模整修城池,并将沿袭使用多年的里城外侧全部用青砖包砌,工程可谓浩大,按理应将元代堵塞的城门重新扒开,以方便城市交通。当时仍保留五门格局,推测应源于以下两方面原因:一是明初曾以开封为北京,作为明军继续北伐、收复北方的根据地,保留五门的城市格局,有利于战时开封城的军事防御;二是仅设置五门,并使其互相之间都不对照,还应和时人的一种迷信说法有关:“汴梁地脉,原自西来,故惟西门直通,余四门皆屈曲旋绕,恐走泄旺气也。”③

早在我国中古时期,注重聚气以防泄气,就已经成为营建城邑时必须考虑的一个重要因素。如隋文帝修建大兴城时,便下令宫城、皇城之南,朱雀大街两侧四列坊,“每坊但开东西二门,中有横街而已,盖以在宫城直南,不欲开北街,泄气以冲城阙。棋布栉比,街衢绳直,自古帝京未之有也”④。此后在长安城布局设计中,该理念终唐一代得到沿袭。⑤ 其后,开封无论是作为五代、北宋、金时期的京都或是明代的王府,均认为城中的王者之气是自西来,加之开封地处中原腹地,四周地平无山,因此各代在规划、营建开封城时,自然会对凝聚王气一说倍加重视。

开封城“五门不对”的原因,与开封历代皇宫的位置以及明代周王府的设置有很大关系。六朝(五代时期的后梁、后晋、后汉、后周和北宋、金)

---

① 刘春迎:《考古开封·金代汴京城》,河南大学出版社,2006,第 196 页。

② 黄舒昺编《新修祥符县志》卷 23《杂事志·识遗》,光绪二十四年(1898 年)夏六月刊成本。

③ 孔宪易校注《如梦录·形势纪第二》,中州古籍出版社,1984,第 3 页。

④ 宋敏求:《长安志》卷 7《唐京城》,中华书局,1991,第 84 页。

⑤ 王静:《中古都城建城传说与政治文化》,社会科学文献出版社,2013,第 169 页。

皇宫均位于今开封城北部正中的龙亭公园一带,历代皇宫南门通往开封城正南门(南薰门)之间的大街(御街)是开封城传统布局中轴线,这条重要的中轴线大街和皇宫前的东西大街相交,再向北因为是皇宫所在,自然不能直通,而开封城的北门也不得不设置在皇宫的东北部,此即开封城南门偏西、北门偏东的原因;历代皇宫前的东西大街横贯西门和曹门,将开封城分为南北两大部分,北部即为皇城宫殿区,南部则为官府和居民区,本来开封城西墙的西门(大梁门)与东墙的曹门之间并无障碍阻隔可以直通,然或受风水之说,为使自西门进入城内的王气不致泄漏,故意让该大街的东段向北偏斜,致曹门位置较西门偏北;宋门是东墙上偏南段的一个城门,较西门而言位置偏南自然在情理之中。明代的周王在营造王府时,冒着僭越的风险营造了萧墙和紫禁城两重城垣,基本保持了与宋、金皇宫大致相同的格局,其目的也是圈住开封城的王气,如此,也自然延续了开封城传统的城市结构,使得"五门不对"的格局得以保持和传承。

周王朱橚及其后世子孙是明代开封城政治上的特权者,他们不仅使开封城保持着"五门不对"的总体结构,而且在城内主要街道的布置上也煞费苦心:"城内周府前有兴龙桥,又有左右两龙须。东自锭匠胡同,往南至大店,过鼓楼而东,由鹁鸽市迤南,东至第四巷,南抵宋门大街止;又自鼓楼往东至五圣角,向南抵宋门大街止,谓之左龙须。西自武庙,往南,至钟楼。一折向西,复南折至半截街南,一由钟楼口往南,过馆驿街西口,折向西,过开封府署西南抵城墙。一自馆驿街西口,由延庆观西南,抵雷家桥南,谓之右龙须。"①以上两龙须均以龙头周王府为中心向外延伸,体现出周王府所在位置不仅依然占据全城核心,而且对全城的形态和空间布局影响深远,可见从古代堪舆学角度上讲,全城所谓的汴梁地脉仍然是以周王府为中心建构的。

明代开封城五门外的道路,分别通往当时开封周围各县,其中"曹门通兰阳(今兰考),宋门通陈留,南门通尉氏、通许,西门通中牟,北门通延津,谓之五门六路,八省通衢"②。可见明代的开封仍然占有重要的交通地理位置,古人称开封为豫州分野,天地之中枢,八方之要冲,腹心之要地,从明

① 孔宪易校注《如梦录·形势纪第二》,中州古籍出版社,1984,第3页。

② 孔宪易校注《如梦录·城池纪第一》,第2页。

代开封城五座城门的开设上,可以窥见上述说法并非夸张之词。当时全城的五座城门,再加上城门外的月城和两侧的水门,共有二十五个门洞,每个门洞有铁裹门两扇,这样全城“五处共铁裹门五十扇”①。城外还环绕有护城河,称作海濠:“口宽五丈,底宽三丈,深二丈。”②在护城河与五门外道路交会处,“五门外跨濠,俱有板桥,俗名活吊桥”③,可见开封城各类防御设施依然一应俱全,俨然屹立于中原大地上的一座封建军事堡垒。

五、卧牛之城

明代开封城的平面图形状像一头卧牛,西门像牛头,其余四门像牛足,所以又称“卧牛城”。

开封为“卧牛城”的说法,在宋、元时期广泛流传。如南宋徐梦莘的《三朝北盟会编》记载:“先是,术者言京城(开封)如卧牛,贼至必击善利、宣化、通津三门,善利门其首也,宣化门其项也,通津门在善利、宣化之间,而此三门者贼必攻之地。后如其言。大臣虽预知,亦不以为意。”④此外,这种说法还散见于我国古代戏曲和小说话本之中,如元曲《西华山陈抟高卧杂剧》第一折有台词“欲寻那四百年兴龙地,除是这八十里卧牛城”⑤,《喻世明言》第36卷《宋四公大闹禁魂张》有对白“……东京百八十里罗城,唤作‘卧牛城’”⑥。另元人张宪题《宋宫观潮图》中亦有“磁州夜走泥马驹,卧牛城中生绿芜”之句。

《如梦录》中称明代开封城“势如卧牛,故名卧牛城”⑦。

明代李濂《汴京遗迹志》中亦有多处明代开封卧牛城相关的描述,如据其记载,在明开封城四周有望牛冈、牛尾冈、牵牛冈等:“望牛冈。在城西南十里。汴京城形势如卧牛状,登是冈以望之,则居然可见,故名牛尾冈,

① 孔宪易校注《如梦录·城池纪第一》,中州古籍出版社,1984,第2页。

② 孔宪易校注《如梦录·城池纪第一》,第2页。

③ 孔宪易校注《如梦录·城池纪第一》,第2页。

④ 徐梦莘:《三朝北盟会编》卷66,上海古籍出版社,1987,第498页。

⑤ 马致远:《西华山陈抟高卧杂剧》第1折,载臧懋循辑《元曲选》,明万历刻本,第679页。

⑥ 冯梦龙:《喻世明言》,北方文艺出版社,2013,第313页。

⑦ 孔宪易校注《如梦录·形势纪第二》,第3页。

在封丘门外东一里许，俗以汴城为卧牛城，而此冈则牛之尾也……仙游冈。在城东北二十五里，一名牵牛冈。”①可见当时开封卧牛城的形势还直接影响了城四周一些冈、坡的命名，足以证明代卧牛城之说早已深入人心。

宋、元、明时期刻意将开封城营造为卧牛之势用意何在呢？从郑之鎏《续东京梦华录》中可以找到答案：“城以卧牛名者，城枕大河，牛土属，土能克水也。西城重门相向（明开封城的五座城门皆瓮城形制，其中仅西门为直门二重，其他均为三重或四重、屈曲开门），其牛之首乎，直吞河洛而来王气也。余则三四重门，转折而不冲向，其牛之足乎。盘曲卧镇、参差其形，唯静可以制动也。城外东北堤畔仍有一大铁牛，遥望河浒镇之，是有取乎名之也。”②和维《愚见纪忘》亦云：“汴城卧牛之形，北视黄河为子，而子不敢来害其母，此臆度之说，无所据。”③尽管和维文中强调此说为“臆度之说”，但也并非空穴来风，反倒说明该理念在当时社会上的普遍存在。由此看来，开封城又称卧牛城，除形制像牛外，应系金、元以来黄河为患的产物，因按旧说，牛为土属，土能克水，取名卧牛城，当可镇河水泛汜。

不仅如此，在明代黄河多次肆虐为患的时代背景下，于谦任河南巡抚期间，还令人铸造了一尊铁犀安放在黄河南岸，以镇黄河泛汜，保佑开封城的安全。因时人认为，黄河屡屡泛滥，是河妖作怪的结果，只有铸造一尊铁犀，才能镇服黄河里的妖孽。“铁牛作为压胜之物，在其他方面的用法有镇城之物、镇辟河水之患，特别是河水之中的压水之功用更是常见……以铁牛作防洪、治水之法被历代采用”④。古人镇水多用“犀”或“牛”的形象，主要源于我国古代两种带有强烈巫术色彩的传说：一是《吴越志》所载“钱武肃王（钱镠，852—932 年，五代吴越国的创建者、吴越文化的主要开创者）时有献云鹤水犀带者，武肃登碧波亭，命许彦方系带试水，水开七尺

---

① 李濂：《汴京遗迹志》卷 9《冈》，周宝珠、程民生点校，中华书局，1999，第 129－130 页。

② 郑之鎏：《续东京梦华录》，载黄舒昺编《新修祥符县志》卷 9《建置志·城池》，光绪二十四年（1898 年）夏六月刊成本。

③ 李濂：《汴京遗迹志》卷 1《宋京城》，周宝珠、程民生点校，中华书局，1999，第 4 页。又参见周城：《宋东京考》，单远慕点校，中华书局，1988，第 5 页。

④ 孟原召：《唐至元代墓葬中出土的铁牛铁猪》，《中原文物》2007 年第 1 期，第 77 页。

许”,因此历代相传犀能镇水;二是,远古犀、牛不分,本同种,牛能耕田,属坤兽,坤在五行中为土,土能克水。至于为何很多镇水物均以石、铁等制成,除了此类材料厚重不易被激流冲走外,明人冯梦祯在《快雪堂漫录》中的解释最具代表性:古人认为,洪水起,多因蛟龙生,“蛟木类,畏五金”,故以金压之。我国古代以犀、牛或其他铁、石质物件来镇水的例子有很多,如西汉蜀人杨雄《蜀王本纪》载,“江水为害,蜀守李冰作石犀五枚,二枚在府中,一枚在市桥下,二枚在水中,以厌(压)水精”。又《华阳国志》言,李冰“外作石犀五头,以厌(压)水精。穿石犀溪于江南,命曰犀牛里。后转置犀牛二头,一在府市桥门,今所谓石牛门是也,一在渊中”。再如北宋皇祐元年(1049 年),京城开宝寺上方院曾建造一座琉璃砖塔,因塔外表呈铁褐色,俗称铁塔,按清代学者常茂徕的解释:“汴城北临黄河,塔以铁名,盖镇压黄河之义。铁属金,金为水之母,取子不犯母也。又在艮方,艮为土,取土能克水也。”①由此可见,于谦接任开封后,为了祈求神灵庇佑,增强百姓治黄信心,铸铁犀镇河患当属顺应民心之举。

正统十一年(1446 年)五月铁犀铸成,安放在当时黄河南岸新建成的回龙庙中,于谦亲撰《铁犀铭》铸于犀背,其铭文曰:

> 百炼玄金,镕为真液。变幻灵犀,雄威赫奕。镇厥堤防,波涛永息。安若泰山,固如磐石。水怪潜形,冯夷敛迹。城府坚完,民无垫溺。雨顺风调,男耕女织。四时循序,百神效职。亿万闾阎,措之枕席。惟天之休,惟帝之力。亦尔有庸,传之无极。②

铁犀坐北向南,面城背河,享受沿河人民的供奉,安放铁牛的村庄被称为“铁牛村”。天顺元年(1457 年),于谦在“夺门之变”中遇害,开封人民又在回龙庙旁建造了一座庇民祠,祭祀于谦和治豫名臣年富。回龙庙和庇民祠俱毁于崇祯十五年(1642 年)的黄河水患中,镇河铁犀也深陷泥淖。清代顺治年间,才将铁犀掘出。康熙年间,河南巡抚阎兴邦治豫三年幸无大水患,阎兴邦认为有神灵庇佑,又于康熙三十年(1691 年)重修庙宇。他

① 常茂徕:《石田野语》,河南省立图书馆刻本影印本,1934,第 11 页。

② 李濂:《汴京遗迹志》卷 18《艺文五 · 杂文 · 铁犀铭》,周宝珠、程民生点校,中华书局,1999,第 333 页。

认为原回龙庙面城背河,失其方位,将重建的庙宇改为背城面河、坐南向北之势,并改回龙庙为铁犀镇河庙。道光二十一年(1841 年)黄河再次在张湾决口,洪水围困开封城长达 8 个月,铁犀镇河庙在这场浩劫中被黄沙掩埋,仅有铁犀露出地表。1940 年,侵占开封的日伪军为了收敛铜铁铸造枪炮子弹,用汽车将铁犀掠至城内,妄图将铁犀砸烂,后在铁牛村人奋力抗争下,铁犀才免遭冶熔之灾,重新回到了铁牛村。①

1949 年后,河南省人民政府对镇河铁犀进行了重新修缮,将其公布为河南省第一批重点文物保护单位。目前该铁犀仍然蹲踞在开封城东北约 2 千米铁牛村北的杨树林中。整尊铁犀由翻模工艺铸成,造型浑厚,威武雄壮,神态逼真。犀高约两米,独角朝天,双目炯炯,两肢前撑;犀体魁伟,有擒妖搏怪之力;面容端庄,呈永镇波涛之势。铁犀安放在高约 1 米的青石礅上,下为正方形须弥座月台,四周砌有水泥围栏,东、北、西三面砌有蹬道,蹬道的东西两侧立有康熙三十年(1691 年)河南巡抚阎兴邦所立的石碑两座。镇河铁犀表达了开封人民祈盼根除河患、安居乐业的强烈愿望,也承载着开封人民同黄河水患进行顽强抗争的大无畏精神,给河南人民留下了永久的纪念。

六、结语

明代的开封城,不仅是河南行省的省城,也是明初的陪都北京,还是周王朱橚及其子孙的封地。自北宋以后,开封城作为一代皇城的顶巅之势开始下落,呈现出明显的下降趋势,虽一代不如一代,但明代的统治者、开封城的经营管理者并未失去信心,从明代开封城的形势和特点看,无论是其“五重城垣”气势的彰显、“卧牛之城”形势的营造,还是其“五门不对”格局的承袭,都说明统治者在竭尽全力地凝聚、保持、延续开封城中尚存的王者之气。总的来说,在明代以前,开封城在其自身兴衰演替的进程中尚能保持着城池的规模、众多的人口和繁华的经济。明代开封城依然“王府林立”,并被赋予“天下藩封数汴中”“势若两京”的美誉,在一定意义上可谓继北宋灭亡之后开封城市发展史上的又一高峰时期。然而,明朝末年的一

① 开封市地方志编委会、开封市文物管理委员会编《开封文物胜迹》,中州古籍出版社,1988,第 49 页。

场特大洪水将全城覆没,也使千百年来开封积蕴的王气瞬间化为乌有,标志着皇城时代的彻底终结。

明代开封城的形势特点,是明代黄河和开封城休戚与共关系的缩影,是明代日趋严重的黄河水患对开封城造成越来越大威胁的产物,更是古城人民同黄河水患不屈抗争、祈求根治水患、保佑古城平安美好愿望的体现。金、元之后,黄河改道,逼近开封,之后开封的兴衰便与滔滔黄水结下了不解之缘。黄河,这条举世无双的地上悬河在缔造了五千年光辉灿烂中华文明的同时,也给位于它脚下的古城开封带来了严重的安全威胁和无数次的生死劫难。明代,无论是护城大堤的修筑,还是镇河铁犀的铸造,其背后都折射出滔滔不息的黄河洪水的影子。时至今日,依然屹立在中原大地上的开封城墙、守护在开封城周边的护城大堤、蹲踞在黄河岸边的镇河铁犀,在经历了数百年的风雨沧桑、无数次的战争和水患洗礼之后均安然无恙,不仅成为古城开封珍贵的历史文化遗产,更将成为那个时代、那段历史的不朽见证。

黄河农耕文明辉煌和衰落的制度性和经济性原因分析*

宋丙涛

摘要:东西方文明比较曾经引起了社会科学家们的普遍关注,但并没有引起经济学界的足够重视。传统文化的回归在东亚大陆激起了层层涟漪,却没人能从现代经济学的角度对传统文化的价值及其与现代文明的关系进行分析。本文从公共经济制度变迁的角度,考察了整个农耕文明演变的历史。本文的结论表明,农耕文明是人类历史上公共经济制度变迁的第一次飞跃,而以文官官僚体制为特色的黄河文明则是其中最为有效的创新与尝试。

关键词:黄河文明;公共经济;制度变迁

一、问题的提出:文明冲突还是制度变迁

近20年来,由于冷战的结束与意识形态对抗的消退,国际上各文明之间,特别是现代的工业文明与传统的古老文明之间的关系再次引起了人们的关注。对文明比较的升温首先是从文明的冲突讨论开始的。不管亨廷顿的判断是否符合现实,他所提出的话题引起的巨大反响肯定了他在《文明的冲突与世界秩序的重建》中文版序言中所做的判断,即“人们正在寻求并迫切地需要一个关于世界政治的思维框架”。

当然,正是由于缺乏这样一个新的国际政治单位与分析对比框架,因

* 本研究作为教育部人文社科重点研究基地重大项目“黄河下游农区工业化与社会转型路径研究”(06JJD770009)的阶段性成果受到了教育部基地研究基金的资助,特此致谢。原载《黄河文明与可持续发展》2008年第2期。

此尽管德国学者米勒①一再强调文明的共存特征,反对亨廷顿仍把宗教文化作为国际政治关系的基础,尽管赤裸裸的利益关系在国际政治斗争过程中仍是那么鲜明与突出,但以文明对垒与文明冲突为主题进行分析讨论的学者仍然大有人在。② 这些学者不仅从文明的演变历史中寻找文明冲突的理论基础,而且强调不同文明体系之间的不相容性;他们不仅把东西方的冲突定义为文明或文化的冲突,把西方文明等同于基督教文明,而且对于已经在西方的现代化道路上获得成功的德国、日本与东亚地区的经验视而不见。有的学者甚至预言,在新文明或现代化的过程中人类各大文明再也难以走向实质性的整合,并指出西方化的道路并不能解决自己国家和地区的根本问题,坚信自己能够选择一条与西方不同的以传统文化为基础的现代化道路。对于新的现代文明的本质是什么、起源于西方的现代化与西方的基督教文明究竟有没有关系却并没有进行深入的研究,只是把基督教文明视为与西方现代化成功必然相关的西方文明,并强调"从此以后文明的基本单位就不再像神话时代和英雄时代那样是政治学意义上的国家,而是以信奉共同的宗教-伦理价值系统作为精神纽带而被联结在一起的文化联合体"③。似乎在已发展到全球化时代的21世纪,人类之间的冲突主要不是利益的冲突,而仍然是以神学体系为基础的精神向往的冲突;似乎人类文明不能在纵向的升级变迁中相互融合,而只能在横向的对比冲突中消亡自己。

其实,即使不说各大精神或宗教体系的核心内容都是一样的,我们也应该知道作为人类解决人与人之间、人与外界之间关系的重要哲学体系,文明的内涵与级次肯定是在不断地发生着升级变迁的变化的,它们不可能总在同一个级次上进行着无休止的比较与冲突。尽管对于已经进入宗教体系的个人来说很难改弦更张笃信新说,但作为人类的圣贤睿智的哲学家们肯定清楚,面对不断出现的新情况、新问题,面对以网络为信息渠道的日

① 哈拉尔德·米勒:《文明的共存——对塞缪尔·亨廷顿"文明冲突论"的批判》,郦红、那滨译,新华出版社,2002。

② 塞缪尔·亨廷顿:《文明的冲突与世界秩序的重建》,新华出版社,2002。赵林:《告别洪荒——人类文明的演变》,武汉大学出版社,2005。

③ 赵林:《告别洪荒——人类文明的演变》,第168页。

益全球化的形式，一种更能在全球传播交流的哲学体系是不可避免的，一个相互包容的精神体系必然会取代旧的相互冲突的宗教伦理体系，而不能在这些不同时代的文明之间做出区分肯定会令人产生误解。正如赵林教授所说，人们“把数千年前的文明和现代的文明看作同一种文明”其实是一种误解，“产生这种误解的原因在于，在近代历史角逐中败下阵来的非西方文明为了保持一种心理平衡，因而试图用昔日的光荣来掩饰当下的窘迫”。①

当然，试图掩盖窘迫的并不只是早已日落西山的古代文明发源地，作为现代文明发源地的欧美各国学者同样在有意无意地误导听众，掩盖自己的窘迫，寻求心理平衡。比如像亨廷顿、韦伯这样一些西方学者在今天仍把文明冲突作为主题来进行讨论，或仍把基督教文明等同于现代文明或工业文明，就是这样一种明显的误导。因为现代的工业文明早已是一种典型的世俗文化，是一种典型的经济文明，其核心是市场经济制度与宪政基础上的公共经济制度。西方学者把西方文明等同于基督教文明来与伊斯兰教文明、儒教文明相提并论首先是为了掩盖窘迫的历史，追求心理平衡。第一，他们试图用现代文明的成功来掩盖基督教文明在农耕文明时期的失败。因为作为一个公共产品的提供者，基督教无论是和中国的帝国官僚体制比较，还是和伊斯兰教的政教一体的帝国体制相比，都是非常失败的，不仅解决不了国防，也解决不了内政。有这样一段失败历史的以基督教文化为精神根基的西方“优等”民族，总是让人不够理直气壮。第二，也可能有意，也可能无心，西方人没有把现代文明与基督教文明区别开来，从而使现代西方文明有了历史，有了传承，有了在人类历史上可以骄傲的资本，特别是借此还能与希腊、罗马文明攀上血缘关系，从而把自己的成功通过和中东、地中海闪族文明的联系归结为人种的优劣。只不过令人失望的是，现代西方文明，或源于英国的工业文明，其实是落后的原始军事贵族文化与市场经济嫁接的结果，既与基督教文明没有太大的文化关系，也与希腊、罗马文明没有紧密的血缘纽带。② 当然，这样窘迫的历史并不能掩盖住现代

① 赵林:《告别洪荒——人类文明的演变》，武汉大学出版社，2005，第79页。

② 宋丙涛:《财政制度变迁与现代经济发展——英国之谜的财政效率解释》，河南大学研究生博士学位论文，2007。

文明的光芒,因此西方的学者本没有必要去攀一个远亲,更没必要把自己近代奋斗的崛起史归结为别人祖先的优秀。

其实,人类文明的变迁历史就是一部利益关系冲突调解方法改进的历史,就是一部公共经济制度变迁的历史,尽管宗教伦理体系曾经是一种比较有效的组织方式与解决办法,尽管国家并不是最终的最佳方案,然而,就我们近代以来所看到的历史来说,国家已日益取代了宗教成为基本的国际政治单位或公共经济单位。近代以来,世界上再也没有发生过大规模的以宗教为单位、以教义为目的的战争,相反,大多数战争是在同一个宗教文化体系内部进行的。不论是两次世界大战,还是日俄之间、中日之间、两伊之间的战争,其实质都是国家利益之争,都是国家之间的公共经济制度垄断地位之间的竞争,因为国家才是现代公共经济的基本单位,国家政府才是公共经济行为的主体。因此把宗教时代与工业时代混在一起,既可能是某些西方学者的无知,也可能是这些学者有意欺骗非西方国家的伎俩。其目的是让我们在传统的精神领域中去和那些早已退居山野乡林的基督教文化相竞争,而他们却在世俗的世界里、在公共经济制度改进的道路上大步前进!因此非西方学者的如下强调似乎恰好中了他们的圈套:“由于这些互异的宗教-伦理价值系统的影响,各大文明体系开始越来越明显地分道扬镳,他们之间的殊异性因素日益超越了他们之间的共同性因素。”

然而,如果去掉利益的冲突,去掉那些领袖人物因个人私利而有意误导的成分,这些文明体系的真正差别又是什么呢?人类活动追求的目标难道不都是现世的经济利益?人类文明的变迁难道不正是利益冲突解决办法的改进?现代文明不正是一种新的制度体系与解决办法?如果知道了这一点,我们有什么理由不去把最新的、最好的解决方案引进来保护自己的利益?我们为什么要抱住自己早已被证明在新条件下是不成功的旧体系、旧办法不放呢?其实,经济学家的研究结果已经表明,国家、宗教与意识形态都曾经是或仍然是一个重要的基本经济单位①,并且作为人类文明内涵的公共经济制度很有可能成为市场机制之外新的经济发展的关键因素。但在新的文明比较研究中,不仅传统的市场经济主义、欧洲中心主义与雅利安民族优越论日益趋向边缘化②,以亨廷顿为代表的学者开始隐约透露出一丝悲观主义情绪,而且在经济学史界甚至还出现一股矫枉过正的修正主义思潮③,试图否定西方文明制度在经济发展方面的先进性。

另外,在当前的对比中处于劣势的发展中国家的民族,也总是喜欢从优秀的传统文化中寻找自尊与自信心。因此,当中国、印度等东亚、南亚国家和地区在经济上开始崛起时,它们不愿也不可能将自身的崛起归结为“东方的欧洲人”特征,于是越来越多的学者开始把目光聚焦在古代文明与国学传统的开发上,试图否定西方文明先进性的思潮也开始出现。西方文明与中国本土的传统文明之间究竟是一个什么关系?中国是否应该或是否有必要进行全面的制度改革?这些曾持续了100多年的讨论再次引起了社会的普遍关注。尽管大多数人都接受了必须学习西方先进经验的共识,中国也在搁置争论、边走边看的改革开放中取得了经济发展的初步成功,但这些现代化过程中的初步成绩也使压抑了100多年的中国人的民族主义自信急于通过传统文化的复兴与国学回归④表现出来,而在经济急剧发展的过程中产生的经济利益矛盾也想借助传统文化精神与价值观念来予以缓解,于是传统文明优劣的争论⑤就与赤裸裸的民族主义宣泄⑥一

---

① 里亚·格林菲尔德:《资本主义精神:民族主义与经济增长》,张京生、刘新义译,上海人民出版社,2004。马克斯·韦伯:《新教伦理与资本主义精神》,黄晓京、彭强译,四川人民出版社,1986。道格拉斯·C. 诺思:《经济史中的结构与变迁》,生活·读书·新知三联书店,1994。OLSON M. *The rise and decline of nations: economic growth, stagflation, and social rigidities*. New Haven: Yale University Press, 1982.

② 孟德斯鸠:《论法的精神》,孙立坚、孙丕强、樊瑞庆译,陕西人民出版社,2001。摩尔根:《古代社会》,杨东蒪、张栗原、冯汉骥译,商务印书馆,1971。

③ KENNETH P. *The great divergence: China, Europe, and the making of the modern world economy*. New Jersey: Princeton University Press, 2000.

④ 主要表现为传统文化丛书的火爆、《论语》现象与国学大讲堂的建立。

⑤ 赵林:《告别洪荒——人类文明的演变》,武汉大学出版社,2005。

⑥ 其典型表现是娱乐明星对黑头发、黄皮肤的歌颂及其在东亚听众中引起的强烈共鸣。

起迸发出来。然而,在全球化、现代化与世俗化发展早已成为全人类共同的追求目标的今天,仍然把传统文明对比而不是新文明的创造作为自己的关注焦点无疑会阻碍我们的现代化步伐,使我们像两千年来那样在传统文明的、低层次的竞争陷阱中循环往复,不能自拔,以至于最后和竞争对手一起被历史所抛弃。① 特别是在民族主义与种族主义警惕早已成为国际政治关系中的一个重要原则的今天,在中国日益成为一个经济上、政治上与军事上的大国的21世纪,我们过分强调传统文化回归与直白的民族主义精神的宣泄很可能会引发不必要的内部摩擦与外部疑虑。

因此,用一个以效率为基础的公共经济制度变迁理论对传统文明与现代文明的历史贡献分别进行客观的评价,并对它们产生、存在与变迁的经济合理性与内在逻辑性做出分析就是非常必要的。它不仅有利于我们正确认识中国传统文化的历史价值与现实意义,而且有利于我们从经济效率的角度对以黄河文明为代表的传统文明与以英国工业文明为代表的现代文明之间的优劣进行对比,从而对中国的现代化与经济发展进程中的文化创新与文明变迁工作的促进提供一定的帮助。

二、公共经济活动中的专业化分工与集权专制的农耕文明的产生

众所周知,社会科学的研究成果早已表明,人类社会在经济效率方面的进步是由不断累积的劳动分工带来的。但传统的人类社会发展常识却只是强调生产过程中农业与畜牧业、手工业与农业之间的分工带来的技术进步,而对意义更为重大、影响更为深远的人类社会大分工——私人产品与公共产品生产两大类型的经济活动之间的分工却不够重视,很少有所论及。实际上,沿着从大到小、从宏观到微观的逻辑顺序,首先出现的社会大分工就是专业化公共经济活动的出现,即公共产品的生产从部落集体经济活动中分离出来并成为社会组织出现的经济基础。

---

① 在现代市场营销里有一个很重要的基本原则,那就是将市场竞争的目标定位在为消费者解决问题而不是为消费者提供更好的产品,否则当行外的竞争对手用一种全新的办法解决了消费者的问题时,关注产品质量竞争的双方都会同时被市场所抛弃。盒式录音带与照相胶片工业的衰落就是典型的例子。

其实，考古学家与人类文化学专家一再表明，在文明出现以前的人类社会早期，经济活动首先表现为产权无法界定的公共经济活动，人类社会的文明前历史首先是一部公共经济与私人经济不加区分的部落社团经济的发展历史。① 只有那些最先在私人经济与公共经济间实行了专业化社会大分工的部落才出现了人类最早期的文明形态，更为准确地说，是那些少数人首先从集体性生产劳动中退出来专门从事公共经济活动的部落最先出现了文明的曙光，并以社会组织结构残骸的形式保留下来。美国学者摩尔根先生对北美印第安人的考察、对希腊与罗马部落社会的考证，河南大学学者张振犁先生对中国中原神话内涵的考究都表明，在文明出现以前的人类社会中，生存是文明前人类经济活动的主要目标，而产权不分的社团部落集体经济活动是那时人类唯一的经济活动形式。而社会组织的出现，特别是考古学家发现的9000年前出现在地中海沿岸的巴勒斯坦村社遗址、5000年前出现在中国中部的二里头古城遗址以及3000年前出现的安阳殷墟遗址与甲骨文，反复表明这些为社会分工服务的社会组织的建立与改进正是公共经济活动脱离集体经济活动而成为专业化分工与效率提高的体现，是人类文明出现的基础。

在人类社会的早期，与社会大分工相一致的公共经济体制大多是以神话（迷信）欺骗与恐吓为手段的准自愿交换的部落推举式半民主半强制的政治体制，而私人经济活动则仅表现为统治者及其家庭占有的战利品，大多数社会成员在早期是没有私人经济活动的。在文明形成与变迁的过程中，为了尽量减少公共经济提供与社会分工中的交易成本，提高公共经济活动的效率，不同时空领域的成功的政治家与圣贤哲人几乎无一例外地想到了同一个手段，即借助于世俗社会的武力强制与神话世界的精神强制来实现分工的顺利进行与持续发展。于是在今天的全球，人类考古可以发现的人类文明的遗迹无不表现为两类财富的堆积：统治者或公共产品提供者的生前死后的建筑物与用品，用于和神灵世界交流的各种庙宇设施与宗教学说。正是为了维护这种分工，为了完成这些公共经济活动所需要的物质与文化事业，人类社会才对科学技术的发展投入了大量的人力与物力，并

① 宋丙涛：《关于公共财政与市场经济关系的思考》，《湖北财税（理论版）》2001年第5期，第13－15页。

取得了辉煌的成果。在这些科学技术的进步中,很少能看到纯粹是为了市场,或是为了大多数人的日常生活水平的提高而进行的技术改造。

虽然除了北美的印第安人与太平洋岛屿的原始部落,我们很少有直接的文献资料来确定人类的文明前历史,但许多民族都保留下来的较为完整系统的神话传说给我们传递了许多史前文化的信息。① 由于神话传说生动地折射出了史前文化部族发展的历史,是原始人日常生活经验事实的反映,主宰一切的神灵明显带有人类部落首领的特定性格,因此用神话来研究史前人类的思想与历史发展本身就是一门科学。② 正如美国学者戴维·利明、埃德温·贝尔德③所说,许多神话事件显然是以历史为依据的,因此一般地说,神话的确有助于人们解释古人的习俗、信仰、制度。而无论是纷繁复杂的中原神话传说,还是光辉灿烂的希腊神话体系,它们的内容无一不在向我们展示一幅原始部落集体经济向专业化分工基础上的公共经济过渡的图景,民族英雄、神圣巫师与部落首领的丰功伟绩无一不是与部落生存这个公共经济活动目标密切相关的,而这些史前人物在公共经济活动方面的专业化水平又无不是与该民族后来的繁荣与在文明诞生中的贡献息息相关的。因此,与北美印第安人仍在部落联盟中寻求发展相比,中原神话中的炎黄伏羲折射出华夏领袖的权威与定制功勋、希腊神话中宙斯万神体系反映出的雅典先人的秩序功能必然为人类文明的诞生奠定了公共经济制度发展与效率提升的基础。④ 然而,人类文明诞生过程中的这些公共经济制度发展的贡献却一直没有得到经济学家们应有的研究与理解。

当然,社会大分工带来的专业化极大地提高了人类的社会文化水平与科技发展水平,并体现为劳动工具的改进与劳动生产力的迅速提高,这些技术的进步又进一步使大多数人的私人经济独立分离出来成为可能。科学技术与劳动生产力的提高还使农业的收成很快达到一个新的高度,于是农业

① 张振犁、陈江风等:《东方文明的曙光——中原神话论》,东方出版中心,1999。

② 爱德华·泰勒:《原始文化》,连树声译,上海文艺出版社,1992。

③ 戴维·利明、埃德温·贝尔德:《神话学》,李培茱、何其敏、金泽译,上海人民出版社,1990。

④ 摩尔根:《古代社会》,杨东蒪、张栗原、冯汉骥译,商务印书馆,1971。

与畜牧业的分离才逐渐有了可能,而农业劳动生产力的提高又进一步使手工业与农业的分离成为现实。于是不同地区的农业文明古国相继出现,以家庭为基础的农业经营成为私人经济的主要内容,以军事武力强制为基础的中央集权帝国财政体制成为农业文明中主要的公共产品供给形式。

实际上,尽管人类文明的起步正是来源于它在公共经济与私人经济之间进行的社会劳动大分工,然而也正是这个分工使公共经济活动效率的进一步提高遇到了难以逾越的障碍。公共经济学的发展已经表明,专业化分工基础之上的公共经济效率的提高大体上依赖以下几个机制的健全:第一是需求偏好整合与代理机制,第二是偏好显示与供求双方讨价还价机制,第三是执行主权强制与付费者或消费者事后监督机制。在这些机制中,最后一个机制是问题的关键,也是悖论的源泉。因为这个机制中的两方面恰恰是相互对立的,给了执行者以强制力,需求者就会坐以待毙;不给执行者强制力,公共经济活动的执行就会大打折扣。当然,在人类社会的早期,由于需求内涵的单一,偏好显示与事后监督的重要性一直较弱,当外来竞争压力与内部协调矛盾急剧上升时,世界各地的许多民族都不约而同地用强制机制与手段代替了原始社会民主的偏好显示机制,从而解决了这个问题,也推动了农耕文明的出现。

确实,公共经济效率提高主要依赖于收入强制与供给执行的能力,曾经在原始部落的公共经济民主制度中发挥过作用的偏好显示与执行监督机制在部落相互之间的征战与竞争中逐步退出了历史舞台,并且,在这个追求人类生存的过程中,集权专制的种群生存体系要远胜过分权封建的家庭生存经济体系,并表现为人口的大量增长。由于专制减少了财政活动中的内部协调成本,提高了公共产品供给方面的执行效率,集权的农耕文明不仅使其种群中能生存下来的人口急剧增加,而且使种群内部的社会分工得到充分的扩展,经济效率大大提高。虽然个人的自由与人均的福利未能大幅提升,但人类的生存目标却得以实现,并在保证人口增长的同时还能有余力修建大量的人文工程(战争工程、神庙工程与等级象征工程),并成为人类文明的见证。

那么为何有些地方成功地发展出了集权专制的农耕文明,有些地方在分崩离析的内部争斗中趋于消失了呢?答案当然不可能在于孟德斯鸠所鼓吹的决定种族特征的地理环境,而在于决定制度演变方向的社会囚笼效应。社会学家曼恩认为是自然地理环境带来的社会囚笼效应决定着一个民族是否能在早期的竞争中尽快实现有效率的专制集权统治,并获得农耕文明的成功。① 由于东亚大陆特殊的地理环境②,囚笼效应使中国人像古埃及人一样较早地用神话强制或军事强制建立了有利于种群生存的专制政体,并使黄河文明成为人类历史上最早实现农耕文明的具体体现之一。

三、文明本质、普世文明与文明比较的经济制度内涵

尽管人类的历史一再表明,公共经济效率的提高,特别是强制性权威的出现是人类文明诞生的前提,但在部分西方学者的概念体系中,文明似乎只是欧洲文明或工业文明的代名词,并且文明这个概念似乎是法国思想家在 18 世纪提出来之后才存在的。事实上,无论是作为一种意识、一种理论,还是一种现实,文明与野蛮的对比,即使不考虑更早的埃及文明与两河流域的古巴比伦文明,在希腊、罗马时期之前的中国,至少是在 2500 年前的春秋战国时代就存在了。因为正如亨廷顿③所说,人类的历史从一开始就是文明的历史,不可能用其他任何思路来思考人类的发展。

但文明的本质是什么?隐藏在彬彬有礼的文明礼仪背后、隐藏在金戈铁马的战争与腥风血雨的统治背后,人类追求的又是什么呢?

---

① 宋丙涛:《财政制度变迁与现代经济发展》,河南大学研究生博士学位论文,2007。MANN M. *The sources of social power*: *volume I. A history of power from the beginning to AD 1760*. New York: Cambridge University Press, 1986.

② 欧亚大陆上的六大古代文明都依赖于自然环境提供的社会囚笼,即在生存竞争中战败的一方不可能寻求新的生存环境,而只能在屈服与灭亡之间进行选择。在这六个古代文明中,罗马、希腊与中东周围的自然屏障主要标志为地中海与原始森林,但这些屏障在铁器技术与航运技术的改进中很快消失,因此它们的集权专制帝国在公元元年之后很难再长期维持下去。埃及、印度与黄河文明则一直持续到外来工业文明的影响。特别是黄河文明,由于东南面的太平洋、西南面的喜马拉雅山与西北面的戈壁沙漠不仅形成最为坚固的社会囚笼,而且提高了与其他文明交流的成本,阻隔了与其他文明交流的机会,因此黄河文明在中世纪到来前的一千多年中已经完全演化出来最为科学的专制政体与官僚机构相结合的公共经济制度,从而确保了黄河文明虽然在后来一再受到野蛮民族的冲击却始终能保持农耕文明的内核不受影响,并使黄河文明成为唯一没有中断的古代文明。

③ 塞缪尔·亨廷顿:《文明的冲突与世界秩序的重建》,新华出版社,2002。

从20世纪早期以来，受冷战思维与意识形态竞争的影响，对于希腊是否是第一个人类文明以及希腊文明是否是近代文明的先驱，几乎所有的学者都给出了肯定的回答。① 因为在许多学者的脑海里，似乎只有民主才是文明的内涵与本质，任何其他的政治形式，特别是独断专制的君主制不可能是文明的起源，不可能是文明的表现形式之一。但对于已经有了民主政体的希腊与罗马为何会不约而同地转向专制的贵族寡头统治，他们却无法回答，历史学家只能无奈地归之于人性的堕落与历史的倒退。只有头脑清晰的历史学家西塞罗对这种倒退进行了赞扬，并清楚地看到了古希腊、古罗马民主政体的落后与无效。② 近年来历史学家也逐渐认识到，希腊人与罗马人不仅不是文明的先驱，实际上是文明的后来者。因为罗马人和希腊人都希望自己属于与“蛮族”相对的“文明世界”，而罗马人（较希腊人尤甚）认为，有的民族能够摆脱“野蛮状态”，他们的文明界限不是由地理方面的考虑决定的，而是由他们的生活方式固有的特点决定的，这就是要有城市、道路、行政官员、法律力量、固定的农业。很显然，希腊与罗马当时虽拥有民主制度，但它们自己也不认为这些东西属于文明的内涵，也没有把民主政体列为文明的特征之一，更不要说将民主作为文明的唯一标准了，何况希望成为文明社会恰恰说明它们尚不是当时所普遍认可的文明社会。

虽然拥有民主，却并不具有文明，而其所羡慕的种种特点恰恰是东方文明专制政体所拥有的内涵。难道文明不是民主，竟是人人痛恨的专制？

确实，在人类的大多数文明社会中，文明的要件不是民主，而恰恰是专制的政体。为什么会这样？

原因在于所有这些文明制度在实现种群生存目标过程中的效率差异，是效率的优势决定了文明制度的内涵。对于人类历史上的文明社会，尽管不可能有一个定论，但多数的学者都同意某些共同的标准，比如定居、识字和城市的出现，比如米勒的文化六方面——技术、经济方式、政体、社会阶

① 斯科特·戈登：《控制国家——从古代雅典到今天的宪政史》，应奇、陈丽微、孟军等译，江苏人民出版社，2005。易中天：《帝国的终结：中国古代政治制度批判》，复旦大学出版社，2007。

② 摩尔根：《古代社会》，杨东蒪、张栗原、冯汉骥译，商务印书馆，1971。

层结构、法律与价值体系①,比如森哈斯的文明六边形——国家垄断权力、法制、民主参与、协调矛盾的文化、社会公正和感情控制。然而,不管是以定居、识字和城市为标志,还是以文化宗教为标识,文明肯定是公共经济制度变迁与效率提高的产物,文明肯定是早就存在的人类社会发展的产物,文明的本质是独立的、实现了专业化分工的公共经济体制。尽管在不同的历史时期,随着人类公共需求内涵的变化,公共经济体制的方式可能发生变化,但独立有效的公共经济体制的出现与发展正是人类文明的表现。因此,正如摩尔根早就表明的那样,发源于17、18世纪英国的近代工业革命不可能是人类文明的起点。

其实,在人类一万多年的社会发展历史中,长期以来他们孜孜以求的文明制度的目标一直就是实现公共经济分工中产生的效率提高。而在人类早期的大多数发展过程中,种群生存始终是人类唯一的经济活动目标。正是在这种前提下,人类的祖先在不同的时空条件下进行了反复的试验,最后得出结论:对于种群生存的目标来说,民主体制远不如专制政体更为有效。实际上,对于远古时期的人类来说,脱离了集体的生存是根本不可能的,因此文明与发展的唯一含义就是种群的生存与壮大。今天被全世界津津乐道的所谓文明古国无一不是在种群生存竞争中获胜的民族,而种群生存恰恰是人类追求的第一个公共产品,也是人类第一个有意识存在的、主动追求的经济活动,这个经济活动效率的高低决定了该种群能否生存下去被历史所记录、能否发展壮大并成为一个文明古国。

米勒在批评亨廷顿过于狭窄的文明内涵时指出:“动物依靠自己的本能努力生存下去,而人类在生物性的直觉方面确实不太灵敏。于是他们用‘文明的仪器’来弥补自己的不足。主要的表现是‘集体概念’的产生……它大体上是指社会分工的形式,诸如统治方式、抗御外界危险的安全措施、平息争端的方法、如何组织年轻一代参加某种社会活动等等——如果一个社会团体想要生存下去,就必须准备好所有这些条件。”②很显然,所有这

① 哈拉尔德·米勒:《文明的共存——对塞缪尔·亨廷顿“文明冲突论”的批判》,郦红、那滨译,新华出版社,2002。

② 哈拉尔德·米勒:《文明的共存——对塞缪尔·亨廷顿“文明冲突论”的批判》,郦红、那滨译,新华出版社,2002,第33页。

些活动正是为追求种群生存所进行的公共经济活动,也是人类社会早期最为主要的经济活动,因此对有效率的公共经济组织形式的探讨就构成了人类文明发展史及思想学说史的主要内容与追求目标。确保种群生存既要解决对外防御问题,也要解决对内秩序问题。而在社会大分工的基础上解决这些问题,就是文明的内涵,因为只有效率因分工提高了,种群才可以扩大并延续下来。正是在这个意义上讲,我们认为农耕文明是人类第一个普世文明,专制的集权统治是人类第一个文明的政治体制。

正是为了追求这样的文明,古希腊与古罗马的政治家才会百折不挠地进行反复的政治改革,放弃原有的原始部落民主,实行权威的贵族专制政体,并迅速进入了他们梦寐以求的文明社会。但在其他更为古老、更为成功的文明中,人类文明的演变过程已经很难在文献典籍中找到确凿的证据,因此人类文明的“脚印”只能在神话传说与北美印第安人的失败教训中找到蛛丝马迹。

几乎所有的原始信仰都首先是由于对神灵的超自然的神力崇拜和畏惧而产生的,它们都试图通过原始的祈祷仪式从神灵处获得生命保护之类的公共产品。中原神话中那些创世造人的大神无不对华夏民族的种群生存这个最根本的公共经济活动做出了巨大的贡献,而对龙的图腾与崇拜不仅有对强制性权威的祈求,也有对自然条件控制的奢望。各个神话对炎黄、宙斯的崇拜同样体现了对公共经济制度发展所需要的权威、能力、道德的呼吁,而神话仪式的历史化,正是世俗君主对神话人物权威的巧妙利用。当然,无论是中原神话中的女娲,还是希腊神话中的普罗米修斯,抑或是中国哈尼族神话中的阿扎,这些神话中的英雄无一不是为了民族的共同利益而舍生取义,对他们的崇敬正是对公共经济利益与集体主义精神的肯定与追求。到后来,文明起源过程中的专制权威正是以这些神话崇拜为基础的。正如人类文化学专家所说,社会状况的落后、思维形式的不发达,使得这些公共产品或社会秩序的提供手段也相当原始,文化与精神成为主要的强制力与执行保证。在原始社会中,神话作为社会意识形态的统一体,对于社会秩序的提供具有绝对权威的作用,并且随着神话的叙述与解释权归统治者所垄断,世俗的专制政权逐渐形成了,文明也就出现了。①

希腊、罗马在农耕文明出现过程中的相对落后,正是标榜为希腊、罗马文明复兴的现代文明几乎遭到了所有已有古老文明抵制的真正原因。一个落后的、被自己人所反复抛弃的民主政治制度如何会是先进文明的代表?已经被许多民族反复尝试过的伟大的、古老的文明政治体制如何会落后了呢?思维深处的疑问一直阻碍着古老的四大文明(中国、印度、埃及与中东的文明),甚至是六大文明(再把希腊与罗马的文明包括进来)在现代化中追赶的脚步。

或许米勒的看法是切中要害的:"西方从文化的启蒙时期开始进入现代主义,工业革命的巨大成果震撼了世界的每一个角落,所有同时代的文化都是与这种宏伟的、历时几世纪之久的现代化过程进行'争辩'的产物。反对这种进程、梦想回到真正'黄金时代'的尝试,是所有倒退思潮具有的基本特点。"②确实,英国、美国是从文明前状直接进入了工业文明,它们的文明内涵不仅与农耕文明没有任何联系,而且与古希腊和古罗马的民主政治也几乎没有任何瓜葛。意大利的罗马文化与希腊的古老文化像东方古老的文明遗产一样,不仅必须在与这种工业文明的"争辩"中实现现代化,而且也曾经因对现代文明不屑一顾而在犹豫与反思中落伍。

因此,尽管在与现代工业文明的比较中处于下风,但传统的农耕文明与现代的工业文明一样都是文明的一种形态,并且是更为原本、更为原创的文明。它们都是文明,因为它们都用某一种政治体制成功地解决了不同时期、不同条件下的同一个问题,即公共经济的效率提升问题。它们是不同的文明,因为它们面临的背景与条件互不相同,它们的解决方案互不相同。很显然,文明要解决的问题具有时空上的普适性,不同的文明只是不同的方案与体制尝试,并且若以公共经济制度的出现或改进为标志,人类文明是以定居农耕文明为起点的,工业文明仅仅是一次新的文明转换,是公共经济体制的一次变迁。

因此,如果我们认识到我们所要分析的问题是人类的文明问题,即公

① 张振犁、陈江风等:《东方文明的曙光——中原神话论》,东方出版中心,1999。

② 哈拉尔德·米勒:《文明的共存——对塞缪尔·亨廷顿"文明冲突论"的批判》,郦红、那滨译,新华出版社,2002,第36页。

共经济体制本身的问题，而不是公共经济所要追求的公共产品或公共利益的分配问题，那么在现实国际局势中就既不会有文明的冲突问题，也不会有文明的共存问题，我们真正想追求的是文明的变迁。因为一旦新的更有效率的公共经济体制出现了，所有的民族都会愿意选择这个新体制的。在这一点上，不管是已变迁成功的发达国家，还是尚未变迁的不发达国家之间并不会有大的分歧。至于在这个变迁的过程中涉及的内部的公共利益分配与国家之间的公共利益竞争问题，仅仅是利益的分配，与文明变迁的本质并不相关，但这些内部的政治斗争与外部的国际关系肯定会影响作为政治体制变革结果的文明变迁的进程。

正是这个原因，我们不认为“18 世纪以后的世界历史，就是西方怎样把自己的文化影响强加于非西方国家和地区的历史”，尽管我们今天所使用的各种器物和所遵循的各种几乎都是“源于西方”。① 因为实际的进程很可能是这样：欧洲大陆国家从英国抄袭来一个公共经济制度与重商主义体系以促进市场经济的发展，然后再像英国人那样把斯密教条与市场经济制度推向全球，而并没有舍得把公共经济制度与重商主义推向全球。发达国家在公共经济制度与现代政治文化传播方面的保守在英国表现得最为典型，因为英国连当年的北美殖民地都不愿意强加这样一个先进的公共经济制度，甚至还试图用斯密的自由贸易理论欺骗当时的追随者。因此，如果有所谓的文化强加，可能也只是落后的基督教文化试图搭车来狐假虎威并展示其落伍的传统文化，而与真正的现代文明变迁与传播没有太多的关系。因为这些传统的文化没有一个是真正的近代工业或现代文明的内涵，所以在这种背景下，不仅引进“西方文化”没有成功并不为怪，而且在引进过程中的“文化溶血”现象也一点都不可怕。至于传统的文化体系与精神根基要不要被改造或替代，与传统文化之间的冲突与共存没有太大的关系，有关系的是是否与现代文明体系要求相吻合。而面对这个要求，不仅传统的伊斯兰教、佛教、儒教文化要改造，基督教本身也反复改造了许多遍。

当然，希腊、罗马由原始部落民主向贵族专制的变革过程和中世纪后期的欧洲宗教史告诉我们，这个改造过程是艰辛与痛苦的，因为一个文明

① 赵林：《告别洪荒——人类文明的演变》，武汉大学出版社，2005。

体系的精神根基是不可能轻易地被抛弃和被替代的,这种精神根基就是文明赖以维系的宗教-伦理价值系统。但我们也看到,逃避这个痛苦的蜕变过程或没有蜕变成功的民族,要么成了文明的活化石,像埃及人与北美印第安人;要么被从肉体上消灭了,比如玛雅人与苏美尔人。

其实,在各个民族相互竞争的过程中,他们真正关心的公共利益主要是种群的生存问题,文化体系与精神根基只是服务于这个目的的手段。但一方面是对旧有成功方法的依恋,另一方面是既得利益阶层的阻挠,传统文化体系往往被作为目标本身来与新的方法体系相对立。更何况,各个民族的生存问题正是最为重要的公共经济对象之一,或者是主要的公共利益之一。虽然工业文明的繁荣已有了近200年的历史,但因为人类仍然被生存的危险所困扰,旧的体系在一定的范围内还能够苟延残喘,因此有利于人类文明变迁的政治制度并不能轻而易举地被建立起来,无论是国内政治,还是国际政治,传统文明中虽不利于效率提高,但却有利于种群生存的旧原则与旧机制仍在发挥作用,并阻碍着现代文明的扩散与推广。①

不了解文明的这些特征与文明目标的普遍性,亨廷顿却借助于奈保尔之口,强调了普世文明在当代的出现,并强调普世文明是西方文明的独特产物,即西方文明的普遍适用性。这种以西方文明,特别是以基督教文化为基础的文明为普世文明的做法当然遭到了其他文明的反对。因为即使西方是第一个现代文明,也不能因此就认为现代化就是西方文明,西方文明就是普世文明。因为在西方文明出现之前,专制帝国文明早就存在了几千年,现代文明不可能是第一个普世文明。

关于西方文明或现代文明与传统文明的区别,米勒的认识是非常到位的。他强调,这个区别主要是个人主义文明与集体主义文明的关系②,而不是宗教文化之间的关系,因为基督教本身也和伊斯兰教、儒教一样是一个集体主义文化,也试图以集体主义救济和独裁统治来提供公共产品。米勒用大量事实精确地说明了西方的传统文化也是集体主义文化和独裁统

① 哈拉尔德·米勒:《文明的共存——对塞缪尔·亨廷顿“文明冲突论”的批判》,郦红、那滨译,新华出版社,2002。

② 这也正是德国历史学派老前辈Sax(Pickhardt,2005)所曾坚持的人本性的两面性。

治政治，而不是希腊文明的民主精神。然而，一方面由于与东方相比，西方的传统文化远未获得成功；另一方面由于政府主导的东亚近年来在工业文明中获得了超乎寻常的成功，因此近年来人们对集体主义文明的内涵与作用的认识再次陷入混乱。

实际上，现代文明的核心是一个以市场经济为基础的议会式公共财政体制，现代社会对个人主义的强调是以新型公共经济组织的建立为基础的，而绝不是一个抽象的个人自由的目标。而传统文明是以农耕经济为基础的，传统社会对集体主义的强调也是以旧的公共经济组织为基础的，集权专制政体是以提供公共产品为目标的，而不可能是为了满足君主的个人需要。此外，即使像亨廷顿那样，把大宪章视为西方文明的本质，英国大宪章的原始军事民主制的特征表明，它很显然并不是基督教文化的产物，而是野蛮的日耳曼留下来的文明前遗产，同样，被西方学者奉为至宝的希腊民主也不过是原始部落社会政治转型迟缓的产物。①

四、传统农耕文明的发展与制度探索之一：军事强制

尽管传统文明的具体表现与成功程度互不相同，但对生存目标的追求却并无太大的差异。文明社会对种群生存的追求，对保护种群生存所做贡献的尊重，不仅表现在传统农耕文明对集体主义与英雄主义的崇拜上，表现在传统文化对神话传说的怀念上，而且表现在人民对统治者的全面评价上。1000多年前，现代文明发源地的英格兰人民尽管深受征服者威廉的横征暴敛之苦，尽管他们曾把这种不满变成儿歌在街头巷尾传唱，但在对威廉国王的盖棺定论中他们仍然明白无误地表达了对其在保护人民生存方面所做贡献的尊重："在其他事情当中，我们也不要忘记他在这个国家所建立的良好的稳定局面，因而任何一个怀里揣满黄金的老实人都可以在国内旅行而不受到伤害。"②其他事情是指"肯定无疑的是，在他统治时期人民深受压迫，而且受到很多伤害"③。1000多年后的今天，在唯一的世界霸主、最为典型的现代文明与发达经济的集中地美国，安居乐业的人们仍然

---

① 摩尔根：《古代社会》，杨东莼、张栗原、冯汉骥译，商务印书馆，1971。

② 《盎格鲁－撒克逊编年史》，寿纪瑜译，商务印书馆，2009，第251页。

③ 《盎格鲁－撒克逊编年史》，寿纪瑜译，第251页。

无法忘怀对生存危险的恐惧,不仅学者们写出《文明的冲突与世界秩序的重建》来提示大众危险的存在,而且艺术家们也一再用最先进的、最有影响力的好莱坞电影来宣传生存危险的长期性。《独立日》《世界大战》《第五元素》等科幻大片对人类未来生存的担忧实际上是人类80万年、人类社会8000多年对生存方式及效率探索的继续。正是这些潜意识中对种群生存孜孜不倦的追求才引发了人类对集体主义与英雄主义的崇敬、对古代文明在生存方面所做贡献的尊敬与怀念,才导致了古代农耕文明的后人们始终恋恋不舍地小心呵护着祖先的丰功伟绩与不朽的杰作。当然,这些依恋与怀念也肯定会影响这些传统文明的现代化进程,也肯定会使这些民族的学者在对传统文明的定位与处理方面产生争议。这正是中国的国学与埃及的埃及学一再被放弃又一再被捧起的根本原因。那么,古埃及文明、古巴比伦文明、古印度文明与古老的黄河文明为何能在农耕文明的发展过程中成为人类文明史上璀璨的四颗明珠呢?答案就在公共经济体制产生与演变的历史之中。

尽管考古学家与人类学家还没有完全达成一致,但大体上他们都同意,人类是在80万年前经由埃及、中东而向欧亚大陆扩散开来的。法国学者拍摄的纪录片《智人》,生动地再现了人类的演化扩散过程。在人类的演化过程中,以百人为单位的智人群落不断地向北部温带与寒带扩展延伸。迁徙途中,天然的植被、气候与水源条件决定了不同种群部落的生存机会与发展的可能性。在这个阶段,智人的社会组织水平几乎没有什么区别,公共经济活动的效率主要依赖于自然的赏赐,而不是人为的努力。此后由于机缘的巧合,少数种群幸运地发现并利用了丰富的自然动植物资源,并使他们种群的人数迅速扩张。奥尔森与诺斯的研究早就表明,在一个群落内部是典型的公共经济,又不存在任何高级的公共利益协调机制,因此内部的决策与执行完全是直接的民主协商机制与全体一致同意的决策机制,而内部协调成本的存在限制了群落规模的大小。在人类社会早期的这些群落扩张过程中,大集团很难生存,于是人数不断增加的群落不断进行分化就成为文明出现以前第一个公共经济效率保证的主要手段。这一点不仅已经为摩尔根对北美印第安部落的考察所证实,而且可以在希腊部族分化的推测与张振犁等人对中原神话中炎、黄华夏始祖进行的分袭裂变的传说中得到印证。自然资源的存量确保了不断分化的群落在不增加公共利益协调成本的前提下实现了人口的增长——早期的经济增长。这样一种前文明的先进制度通过相互交流与各自探索在许多群落中得到推广，人类的数量第一次在自然条件允许的地区获得了迅猛增长。然而，自然资源的有限性很快使这个群落分化的进程受到了限制，人口进一步增长必然带来了人类历史上第一次的公共经济效率下降的考验。由于新分化出去的群落有可能找不到新的资源，分化开始受到抑制，群落规模开始扩大，内部协调成本迅速上升，内部民主协商机制的有效性开始受到挑战，政治体制改革第一次摆在人类的面前。同时，各个群落的人数扩张必然需要占用更多的资源，而闲置资源的减少使得现有不同群落之间的竞争不可避免，人类第二个外部协调机制的政治体制改革同样摆在了古代人类面前。面对这两个人类社会发展中的困境，不同的民族进行了不同的尝试，但只有那些外部条件合适、改革方向正确的民族才进入了文明阶段，而其他的民族要么被其他民族所消灭，要么还在混乱的竞争中挣扎着。

进入文明的民族首先是那些在内部实行了社会大分工的民族，即在群落内部人数增长的前提下为了确保协调效率与决策效率而对公共经济活动的参与进行了限制与分工，作为人类第一个制度创造的结果——社会管理组织与专业化的公共经济活动开始出现。当然，正如下面所要证明的那样，先从正常的生产性公共经济活动中分离出来从事内部协调与外部战争的“政府工作人员”只可能是人数较少的部落首领与巫师。社会管理及非生产性公共经济活动职能从生产过程中分离出来，不仅极大地提高了部落的生存战斗能力，而且改善了全社会的宏观效率状态，特别是这种分工使科学与文化的发展成为可能。正是协调与防御职能从生产过程中分离出来，才使适合生产者从事生产，适合管理者从事管理，适合战斗者从事战斗，既减少外部威胁，又减少内部矛盾，从而促进社会经济发展水平进一步提高。

社会学家曼恩认识到，人类迄今为止能辨认的历史其实就是一部专业化分工与社会化合作的历史，从早期的狩猎，到后来的纷争，为了生存而进行暂时的分工与合作是人类一个早已熟知的技术。但因为合作成本与成果的外部性所导致的分配难题，在公共经济活动中，为避免搭便车行为，强制性权力的存在就成为一个既明显又痛苦的文明前提。因为与自愿交易的市场过程不同,没有强制的权威做保证,专业化分工基础上的公共经济活动就无法进行,但强制性合作不仅使被强制者遭受痛苦,而且会因为与强制者内在的暴力、压制他人的倾向相耦合而得到放大。

因此在这次大分工中,由谁分离出来从事专业化的公共经济活动,如何确保其他人愿意提供足够的供应以保证这些不直接从事生产的暴君能够衣食无忧地从事公共经济活动,并不是一个简单的问题,不同的民族都经过了长期努力与尝试才初步获得了一个共同的办法。依赖人类社会之外的神灵欺骗与对外战争过程中的优胜劣汰来进行分工的安排是一个普遍的选择。于是,正如曼恩所说:"尽管详尽的过程不得而知,但人类历史上的第一个国家就是作为神庙出现的。"那时的神父尽管担负着与上天联络的任务,但他们更主要的任务则是借助上天的威严与强制力从事人间的管理与协调任务。考古学家在两河流域的发现同样表明,类似神庙一样的祭祀场所总是和村庄同时出现,并成为人类的第一个投资对象,它不仅掌管着资源的分配,而且从事粮食的储存。① 此外,早在8000至10000年前,尚在新石器时代的中国古代人就开始用玉器来祭祀,并通过垄断这种与天交流的工具,来达到垄断强制力——财政执行与社会组织存在基础的目的。在中国的红山文化与良渚文化,巫师与首领很有可能是一体的,巫师用巫术来减少内部协调成本,提高组织效率或财政活动效率,这时一定形式的神秘仪式是维持恐吓强制力所必需的。埃及的金字塔、英国的巨石阵、希腊的神庙,所有人类早期文明痕迹中的这些超时代技术的结晶的唯一目的就是保持俗人对神与统治者的敬畏。

"在神话时代的各个古老文明国家中,唯一的特权阶层就是祭司集团。祭司集团作为一个专门从事沟通神与人之间联系的社会阶层,具有至高无上的权力。……这种特殊的身份和职责就决定了祭司集团在现实生活中的特权地位"②。在中国商周时代,在苏美尔与古巴比伦时代,在古埃及的

① HOLE F. "Investigating the origins of Mesopotamian civilization." *Science*, 1966, 153(3736):605-611.

② 赵林:《告别洪荒——人类文明的演变》,武汉大学出版社,2005,武汉大学出版社,2005,第108页。

法老国家中,“国王本人往往就是最大的祭司,甚至被看作是神,他之所以成为世俗首领,首先因为他是宗教领袖”①。这些祭司不仅拥有公共经济执行所需要的强制力与特权,而且也确实从事着公共产品的供给活动。因此它们确实是最早的以专业化社会大分工为基础的公共经济制度。而当时战争的目的同样是要更换公共产品提供者,因此“在征服任何一座城市时,一个具有重大政治意义的行动是将该城的神像移到征服者的庙中作为一个从属的神。这是比一个国王臣服另一个国王更为重要得多的事情”②。

“正因为神与人有着如此密切的联系,所以祭祀占卜活动构成了日常生活的一个重要组成部分。祭祀即向神灵奉献牺牲以换取神佑,这是人与神之间的一种赤裸裸的物质交换关系,远不如宗教时代的祈祷活动来得高尚纯洁”③。换句话说,这种直接性远不如宗教伦理时代的交换更具欺骗性和隐蔽性。当然,后来的具有欺骗性的宗教伦理制度因为带来了执行能力的提高以及效率的提高,从而促进了文明的发展,只是供求关系对立性的消失也使讨价还价的可能性消失了,只有等到议会民主时代,赤裸裸的公共产品供求交换过程与讨价还价过程才又在预算过程中表现出来。

然而,依赖神话与欺骗的“神庙国家不可能是一个特别有强制力的国家”。因此在中国,早在商周时代,神话强制开始向社会制度化强制转变,贵族的武力优势逐渐替代了巫师的欺骗伎俩,公共经济就实现了第一次大的制度飞跃。而《封神演义》所描绘的正是为中国君权神授寻找证据的最后一次尝试,从上天得到权力的帝王们的解释的合法性与可信度从此开始松动,军队武力的重要性正在被认可为统治权力的基础。于是《三国演义》与《水浒传》这两部主要以战争技术而不是以法理合理性或神授正义性为题材的文学作品在中国取得了巨大的成功,不仅佛经与《圣经》不可能在中国获得成功,即使是土生土长的《封神榜》也很难再让大多数中国人相信了,唯一可信的就是军事实力。这个规律在中国农民的起义中反复得到体现——枪杆子里面出政权,既不需神授,也不能仅靠意识形态的理

① 赵林:《告别洪荒——人类文明的演变》,武汉大学出版社,2005,第108页。

② 赵林:《告别洪荒——人类文明的演变》,第110页。

③ 赵林:《告别洪荒——人类文明的演变》,第111页。

想或正义的说服。

从此,在失去了对神的敬畏的中国大地上,不仅每一个王侯将相,而且市井之徒都开始对帝位抱有幻想,这种所有人对战争的态度与参与者人数的众多不仅增加了内部协调的难度,而且使战争与独裁成为唯一可能有效的博弈工具。对外战争中的优胜劣汰不仅能解决内部分工与内部秩序问题,而且也解决了对外竞争问题,因此获胜的军队与军事首领向专业化的公共经济活动从事者的转化就成为所有文明社会的一种共同尝试。于是以暴力威胁为基础的军事专制统治就成为古代文明的一个普遍现象。无论是中国商周的君王,还是罗马的皇帝,他们都逐渐感觉到神权的欺骗越来越不可靠,于是对军队的依赖成为一个普遍的选择,而常备军的出现又进一步强化了已经出现的专制独裁的帝国体制。罗马与秦汉因为缺乏更多的神授性质,因而被迫更多地依赖于军队与后勤给养的改进,这反而使他们的权力更加牢固与强大。

社会学家曼恩十分关注人类历史上的这种权力倾向的发展历史,但这种令人厌恶的强制性权力既然能长期存在下去,除了强制者的意愿,也一定有被强制者一定程度的默许与认可,并且作为大多数的被强制者默许的原因不可能仅仅是其奴性或力量弱以及组织成本高这么简单,被强制者一定从强制者手中拿到了一定的好处,这种好处使之甘愿忍受被强制的痛苦,这种好处就是统治者提供的必需品——确保生存的公共产品。

确实,正如社会学家指出的那样,在这个集权与分层的过程中,不平等的格局确实有弱势者自愿或同意的成分在内,欧洲中世纪的封建割据为这个同意的原因提供了很好的经济理由——保护或公共产品的提供。而洛克、霍布斯与卢梭甚至将集权者的功能进一步从人身保护扩展为产权保护,并强调了这个扩展的进步意义——促进私人市场经济的发展。马克思则看到了这个组织的消极面,即布坎南所分析的政治人的经济私利性导致的超经济剥削的扩展。在马克思主义者无法解释被压迫者为何长期甘愿受剥削的人类历史时(他们归结为被压迫者的无知与愚蠢),自由主义者却沿着功能主义的路线明确发展出了公共经济理论的基础。

但强制何以能发展成极权的帝国专制政权?被强制者为何总是愿意逆来顺受安于现状?难道真是天生奴性所使?为何有的强制产生了辉煌

而又持久的文明，而有的只是产生了昙花一现的文明火花，还有的始终未能结出文明之果而长期在混乱中挣扎呢？社会学家曼恩提出的社会囚笼理论给出了较为合理的回答。曼恩指出①，在人类的史前时期，虽然为了追求公共利益或公共经济的效率提高，人类尝试了有权威存在的社会组织形式，进行了公共产品提供方面的合作与协调，但在缺乏外部逃离限制的部落群体中，这些合作均是以自愿为基础的，强制的国家政权一直未能出现。

曼恩相信："尽管难以确证，雅各布森的观点还是广为接受：第一个永久性的政治组织具有原始民主的性质，其中的国民大会由全城的成年男性自由人构成，并决定公共事务。"最起码，也有一个各个家庭首领组织的立法机构或决策机构。强制性的集权组织是逐渐出现的，刚开始时有一个类似英国贵族的集团行使着祭祀、分配、调解与作战指挥的职能，并且为了稳定产权、权威关系以及确保对与上天联络通道的垄断，文字或记录工具开始被创造出来。

"雅各布森在此基础上推测到，国王在开始时是被城市的民主寡头大会暂时推举为军事首领的。在冲突与不稳定时期，这些首领因为战争与堡垒往往需要很多年的经营而获得了长期的权威"。"逐渐地，国王获得了垄断的权威，尽管神庙还保持着一定的独立性"。军事的胜利、战利品的分配强化了军事首领的权威与强制力，暂时的权力渐渐固化为永久的制度，政治国家与分层的社会相继出现，文明形成了。

曼恩指出"与所有生态与经济条件普遍演化的史前历史不同，古代的农业文明与集权制度的成功仅仅出现在少数几个冲积平原的河谷可浇灌地区"。农业条件的改善带来的剩余导致常备军的出现、人数的增加导致的合作均衡与内部协调成本的急剧上升、生存条件的地区局限性带来的部落分裂与逃离的限制，共同促成了集权专制的帝国成为各个文明古国的共同制度特征。公共产品的提供与决策开始进入长期的制度化轨道，并演变成唯一可能的独裁专制政体，执行权力的集中与决策权力的集中开始重合，并固化成为一种长期流行的文明模式。再加上农业技术的提高使人的

① MANN M. *The sources of social power: volume I. A history of power from the beginning to AD 1760*. New York: Cambridge University Press, 1986.

生存对环境的依赖度增加,战争中的失败者与内部的不同政见者逐步失去了逃避的可能,社会囚笼与文明同时形成了,或者说,自由的丧失是与文明的出现同步进行的。因为舒适的生存环境(可浇灌的河谷冲积平原)或差异过大的生存环境将被统治者限制在一个地域范围之内,不能逃离,或逃离的成本过高,从而使分层的社会与强制的国家权力逐步被接受,并长期化、制度化为一种组织模式。

由于未认识到国家与制度强制力对公共经济发展的决定性作用,未认识到公共经济发展对人类福利(在原始社会就是大多数人免于因饥饿而死亡或免于被异族人杀死的威胁)的提高、人类进步或文明形式变迁的重要意义,曼恩在结论中不无伤感地指出:"文明是一个例外现象。它表现为国家与社会分层的出现,尽管这两个是人类一直在努力避免的社会现象(很可能它们只是现代社会中理想主义者追求的虚幻的目标,在原始的野蛮社会中人类首先、主要或最重要的避免对象是死亡,而不可能是被强制或差异——社会地位的不平等。同时避免国家与社会分层也可能是个人短视的结果,而不可能是人类对自己的前途深思熟虑的结果)。在当时的条件下,只有少数几个地方因具备了难以逃避的环境制约条件才发展出了古老的农耕文明。冲积河谷平原带来的自然约束与生产剩余促成了所有早期文明的出现,灌溉农业的出现强化了社会限制的程度,并进一步将人民束缚在社会囚笼之中。"

曼恩强调,尽管常备军对贵族与平民军队的替代是专制出现的前提条件,但没有地理环境的囚笼效应,专制的制度就不可能持续地维持下去。印度河流域与中国商代的文明演变有着类似的经历,神庙、地理条件带来的社会囚笼,地缘政治带来的战争共同促成了文明的诞生。而尼罗河边的绝对环境制约使这里的社会囚笼源于天然的自然屏障,人类最辉煌的文明也自然首先在这里取得不朽的成功。曼恩指出,交通通信技术的制约、天然屏障的保护,使社会囚笼在长达数千年的时间里在缺乏内部法律与组织结构的条件下,确保了内部的中央集权统治并独立于其他文明。

相反,社会囚笼的缺乏或被统治者逃跑可能的存在限制了美洲文明的发展与持续。由于缺乏世俗强制力——生存环境的制约或社会囚笼限制的配合,玛雅文明仅仅在一个较低的水平上就衰落了,从来没能达到一个制度化强制的水平，更未能出现拥有固定的常备军的国家政权，公共经济也就从未发展到制度化、规模化的程度。因此，美洲的历史从相反的角度表明，没有地缘环境产生的社会囚笼或对逃跑的制约，就不可能有公共经济合作中所需要的强制执行力的持续，制度化的国家、分层的社会就难以出现，人类文明就无法存在。

而在欧亚非大陆，社会囚笼结构很快带来了集权的急剧增长。非洲、欧洲与亚洲都出现了延续数千年的帝国体制。在这里，原始部落之间的资源争夺战争导致了社会组织的合并或一体化过程，特别是处于文明边缘地带的半野蛮民族的掠夺更进一步促进了文明地区在战争中联合起来的决心，国防与战争的公共产品需求与社会囚笼提供的集权的可能使军事征服基础上的大一统帝国先后在不同的文明地区纷纷出现。

然而，军事征服与控制带来的强制严重依赖于后勤供给与交通通信技术。秦汉帝国与罗马帝国在这些方面的改进扩大了社会囚笼的范围，使帝国的扩张达到了前所未有的高度。但阿拉伯人与维京人的进攻，地中海与波罗的海两个内海的存在与航海技术的提高很快腐蚀了罗马的囚笼；相反，青藏高原、戈壁沙滩与太平洋的波涛却始终维持并强化着中国的社会囚笼。于是，在欧洲反复追求统一失败的同时，中国却一直体验着大一统的成功与文明的延续。因此，相对有利于私人市场经济尝试的欧洲多元化环境而言，中国早就在享受着市场统一与拥有执行强制力的公共经济的效率成果，但原始民主过程中的偏好显示与决策效率却因为需求的长期单一与偏好的长期无差异而逐渐被遗弃了。

对生存方式或手段的追求是人类最基本的发展动机，因此大众为此而让渡一部分权力就具有经济合理性。这种权力的合理转移构成了社会组织与制度变迁的主线，实现了公共经济效率的提高。在这个变迁的过程中，人类经过反复的尝试得出结论，以暴力为基础的军事方法是最为快捷有效的。但由于军事技术与通信技术的限制，军事统治的有效严重依赖于个人之间的忠诚关系，因此其风险与成本都太高，可靠性与可持续性也较差，这限制了以军事统治方式为基础的公共经济体制的延续能力。实际上，军事统治既不是最早的，更不是唯一的公共经济组织方式，人类对不同的公共经济制度的尝试从来就没有停止过，而古埃及的法老王朝统治却是一个明显的例外。

由于埃及的法老更早,更具神性,因此他们对军队与法典的依赖就很小。地缘政治决定了他们基本上没有国防需要,法老只需控制尼罗河与神灵就能控制整个埃及,地方势力因依赖唯一的尼罗河作为生产资源而受制于法老,于是埃及的历史相对简单,封建割据与相互竞争的城市邦国从来就没有出现,竞争与尝试主要集中在一神教与多神体系的斗争上。相反,在苏美尔、中国、古希腊与古罗马,在帝国诞生的过程中,军事贵族总是因为战功而在战争结束后拥有较强的独立地位。这种军事统治对部下的严重依赖性削弱了帝国统治的稳定性,并成为各个帝国衰落的重要因素之一。

五、传统农耕文明的发展与制度探索之二:四大宗教体系

虽然在社会囚笼的帮助下中国的黄河流域早就取得了农耕文明的巨大成功,但在缺乏社会囚笼的中东与印度,军事强制帝国的效果一直不好。尽管偶尔也能形成一个统一的帝国统治,但像罗马帝国一样,由于外部冲击与内部分裂的因素几乎从来就没有停止过,帝国的维持与生存一直不太成功,混乱的政局成为一种常态。于是创建新型的公共经济制度体系就成为这些地区文明发展的迫切需要,也成为这些民族哲学家的首要任务。早期《圣经》故事花费大量篇幅讨论政体等公共产品问题,正是失去家园的犹太人对公共产品渴望的反映。时势造英雄,需求创造供给,社会的需要引导着一大批圣贤睿智去思考公共经济制度的新形式,去探索在缺乏社会囚笼与军事强制有效性的情况下文明发展的新方向。

在这个探索的过程中,埃及法老的神性威力与希克索斯王朝的一神教尝试给逃出埃及的犹太人留下了深刻的印象。由于神性使统治者完全可以不依赖军事手段而单独垄断强制力,并通过神的意志进行跨越时空的统治,因此神的集权统治与军事强制相比更为容易一些。于是如何利用精神世界中神性的集权专制来达到世俗世界提供公共产品的目的就成为这些哲学家思考的主要方向。然而,在当时广为流传的神话传说中,以自然崇拜为对象的神学体系极为混乱,不仅神灵众多,而且关系复杂,根本不能满足一元化集权统治的需要。为了实行集权统治,就必须有一个独一无二的

神灵能够垄断整个精神世界，因此在神的世界里创造出一个唯一的权力中心就成为两千年前西亚、南亚哲学家们的唯一选择，上帝、佛祖与真主等一神教主宰就这样诞生了。

但在早期出现的犹太教与佛教体系中，由于创建者主要解决的是内部结构与秩序问题，因此除了用精神联系将世俗大众联系在一起缓和矛盾，这些宗教并没有试图去直接干预世俗的生活。而缺乏世俗生活调整办法的佛教与犹太教很显然并不能解决现实生活中的生存——公共产品问题，因此与混乱政局中的世俗政体相比，它们不能提供人民群众迫切需要的公共产品，当然也就不能对广大群众有太大的号召力。于是逐渐被印度人所抛弃的佛教只得背井离乡流落海外，并在异乡的施舍与贪图回报的现世交易中苟延残喘。而坚持以原始部落血缘为基础的犹太教同样未能发展成与世俗政权相抗衡的公共经济制度，并被迫开始了两千多年颠沛流离的流浪生活。面对混乱依旧的政局，不满于无所作为的犹太教的部分哲学家开始了改革的尝试，并在抛弃部落血缘关系的基础上创立了全新的基督教。以舍生取义、解救众生为目的的基督教不仅试图解救人的灵魂，而且还试图通过教堂的现世经营来为信徒的肉体生存提供帮助，这就使得被犹太教赶出中东的基督教像一团圣火，经过之处无不所向披靡，基督教很快传遍了整个欧洲。然而，缺乏世俗保护手段却又要与世俗统治者争夺臣民的基督教既要面临犹太教的追赶，又要面临世俗政体的迫害，虽然在提供内部秩序方面基督教的公共经济制度小有成效，但面对外来的迫害与冲击基督教却并不成功，特别是它不能抵挡外部入侵者对信徒们肉体的消灭。

目睹了这些不成功经历的伊斯兰教创始人充分汲取了前辈的经验教训，因而从创建伊始，伊斯兰教就不仅要为它的信徒提供来世的精神归宿，而且要用它所创立的武装社团为其信徒提供实实在在的公共产品，既提供外部的保护，又提供内部的秩序与财富。因此，一经创立，伊斯兰教就获得了巨大的成功，并很快用几十年的时间取得了其他文明用几百年才取得的极大成就。正如文化学家所说：“伊斯兰教文明虽然是宗教时代中最晚出现的文明体系，然而它却是最强烈地体现了宗教时代的时代精神的文明体系。”①最完美的宗教体系不是因为它的来世有更大的吸引力,而是因为它为现世提供了最完整的公共经济制度体系。或许是看透了犹太人的颠沛流离,或许是有感于基督教面对军事帝国的无能为力,尽管在宗教大义上,伊斯兰教和犹太教或基督教并无本质区别,但在保护自己的利益方面,在对军事手段的利用方面,它无疑是最成功的。“与其他宗教的传播方式不同,在伊斯兰教刚刚产生的数百年间,它对异教世界的精神传播过程与阿拉伯帝国的物质征服过程是同步进行的,伊斯兰教的兴盛与阿拉伯帝国的崛起紧密相关”②。或者说,伊斯兰教的产生本就是为阿拉伯半岛上的居民寻找生存空间的公共产品提供过程,这是一个典型的军事专制帝国的扩张过程,其目标是典型的世俗问题,伊斯兰教只是解决战争动员与组织的手段而已,缓解交通通信技术落后带来的跨时空控制问题。

“在伊斯兰教创立之初,皈依安拉的‘顺服’精神与建立家园的‘圣战’意识毫无龃龉地融合在一起”③。前者是对内的秩序需要,正如儒教的君臣体系;后者是国防的需要,正如军事专制的流行。穆罕默德很显然从一开始就清楚地表明,他想提供的是一个新的公共经济制度,而不是一个新的彼岸的精神家园。因此,“穆罕默德在麦地那建立了政教合一的宗教公社,组织武装,确立各种制度律例,以实力作为传播新宗教的坚强后盾,以坚忍不拔的斗志不懈地争取生存权利……保护他们(信仰者)的生命和财产”④。而这种生存的权利与空间恰恰是阿拉伯人所急迫需要的公共产品,在这种巨大需求拉力下,供给的迅猛扩张就是顺理成章的了。再加上在战争的军事工具中注入了无所畏惧的来世观念,使这个战争与专制工具为许多有政治野心的社会精英所倾心。“这种顽强的‘圣战’精神使得伊斯兰教迅速地发展成为阿拉伯半岛各部落共同信仰的精神旗帜”⑤,“在短短一百多年的时间里,就迅速地发展成为一个世界性的大宗教……几乎囊

① 赵林:《告别洪荒——人类文明的演变》,武汉大学出版社,2005,第 198 页。
② 赵林:《告别洪荒——人类文明的演变》,第 198 页。
③ 赵林:《告别洪荒——人类文明的演变》,第 198 页。
④ 赵林:《告别洪荒——人类文明的演变》,第 199 页。
⑤ 赵林:《告别洪荒——人类文明的演变》,第 199 - 200 页。

括了整个文明世界的三分之一的地区"①。

然而,尽管宗教与伦理体系在这些新型公共经济制度的产生过程中做出了巨大的贡献,但从历史的角度来看,人类文明的历史仍主要是以现世的公共经济制度演变为主线的制度变迁的历史,而不是精神变革的历史,因此强调"高级宗教–伦理价值系统的确立可以视为各个文明体系最终形成或成熟的精神标志"②,文明体系从此开始有自己的不可毁弃的精神根基或脊梁,完全是误解了文明的本质内涵,把作为工具手段的宗教视为人类社会发展追求的终极目标。

事实上,即使在宗教时代,人们对理想世界的痴迷也不可能超过对现实功利的追求。不要说,正常的国内政治与国内、国际战争都是利益矛盾激化的产物,即使是宗教战争,如果没有物质利益的诱因,哪一次能组织起来,更不要说不分教派地对自己人的随意抢劫了。何况,宗教信仰的内涵本身又有什么本质差异?它们难道不都在试图提供一个现实的公共产品与来世精神寄托吗?除了利益冲突,这些宗教本身还有什么必要进行争斗与对立?

如果不了解这一点,我们就无法解释宗教发展史中的种种矛盾。当俗人们听从教会的呼唤把目光投向彼岸时(同时,也是更为重要的,把财富交给教会时),教皇和主教们却时时觊觎着世俗的权柄(并把世间将近三分之一的财富占为己有)。这种理论与实践的背离造成了基督教的深刻矛盾,使它成为一个徘徊于出世与入世之间的"痛苦"的宗教。但这种痛苦并不是基督教徒自己的独特经历与烦恼,而是所有价值体系忠实信徒的共同烦恼,无论是中国传统的伦理道德与男盗女娼之间的冲突,还是共产主义信仰与党内腐败现象之间的矛盾,以及伊斯兰教内部教派之间的争权夺利与武力冲突。所有这些矛盾都是对这些价值体系真实目的不甚了解的忠实信徒试图在现实与理想之间寻求平衡的产物。如果了解了这个价值体系就像残暴的独裁专制政体一样试图为芸芸众生提供一个可以共同生存的公共经济制度,那么这种痛苦与矛盾就会消减许多。

实际上,宗教的统治者像世俗的统治者一样,在提供了一定的公共产

① 赵林:《告别洪荒——人类文明的演变》,武汉大学出版社,2005,第198页。

② 赵林:《告别洪荒——人类文明的演变》,第77页。

品之后,都想获得世俗的、可证实的、可感觉的立即回报,把投入与回报在现世与来世之间进行分离是这些高层的价值体系创造者与执行者所不能忍受的。因此宗教价值体系之间的斗争从根本上讲是公共经济垄断权与公共经济回报权的竞争,而不是精神理念的竞争。因为从文化信仰与精神依托方面来看,伊斯兰教与犹太教、基督教的差异远小于与佛教和儒教思想的差异,但由于它们三家之间有直接的生存空间竞争与公共经济垄断权方面的利益冲突(谁才是公共经济的唯一正统提供者、垄断者?),因此在历史上它们之间的斗争要远比与佛教和儒教之间的斗争惨烈得多,也长久得多。所谓的文化差异与信仰差异只是政治家的借口而已,只是被他们利用的工具而已。因为不仅在"伊斯兰教刚刚创立的时候,穆罕默德曾从犹太教和基督教的圣典中得到一些启示,他自称是《圣经·申命记》中预言过的先知"①。而且"伊斯兰教的许多教义信条、律例仪制均源于犹太教和基督教,而《古兰经》中所讲述的传说故事有相当大一部分可以在《圣经》中找到原型。穆罕默德初迁麦地那时,为了得到在经济、政治和宗教等方面均颇有实力的犹太人的支持,曾采用过犹太教的一些习俗和礼仪。随着伊斯兰教的迅速传播和穆斯林公社(乌玛)的发展壮大,穆斯林与犹太人以及基督教徒的矛盾日益显露并逐渐加深,他们开始指责犹太人和基督教徒篡改经文、背离正教,并极力强化伊斯兰教的阿拉伯民族色彩"②。"学生"指责"先生"背离教义,同时利用民族主义,这是典型的政治手腕,与宗教文化本没有什么联系。因此,历史上的西方三大宗教之争纯属公共经济利益(生存空间)、政治利益(公共产品提供者的垄断地位)之争,并无文化宗教的本质差异,只是被政治家们有意渲染而已。

当然,由于犹太教未能在现实的公共经济领域中占有一席之地,因此所谓的三大宗教冲突在历史上主要表现为伊斯兰教与基督教之间的冲突,犹太教始终处于寻求生存空间的被动地位,根本不具有对立冲突的资格。因此文化学者所强调的"宗教情感上的隔阂与政治经济上的利益冲突搅和在一起,导致了中世纪穆斯林与基督教徒(包括拜占庭的希腊正教徒和西

① 赵林:《告别洪荒——人类文明的演变》,武汉大学出版社,2005,第200页。
② 赵林:《告别洪荒——人类文明的演变》,第200页。

方的天主教徒)之间旷日持久的暴力冲突"①,其实是源于公共经济利益以及想垄断公共经济提供权的政治家们的野心。这些政治家有意扩大宗教隔阂,充分利用历史仇恨情绪。如果世俗的公共经济制度已经比较有效,如果不被别有用心的人所利用,这些文化宗教方面的"文化壁垒"本来是很容易消除的。因为在心理慰藉领域的合作是没有太多隔阂与障碍的,关于来世的彼岸选择完全可以和平相处,就像我们在火车站等车,尽管我们的车次不同,目的地也不同,却并不影响我们可以在上车前和平相处,热烈讨论。为了世俗的目的大打出手,肯定不是各个宗教的教义,而只是试图借助宗教达到世俗目的的政治家的手段。

相反,我们看到,"尽管印度的宗教具有极其顽强的生命力和令人陶醉的感召力"②,但因为它只关心来世,不干预现世,无法被政治家所利用,也不能在关键时刻为人民大众提供公共产品,因此,不仅在它的发源地无人问津,而且在流落到其他地方时也仍然是一个在野的宗教、一个可有可无的鸡肋。但也正因为这样一个宗教不会对原有的公共经济制度构成威胁,而且具有鲜明的文化与宗教特点,所以与世无争的佛教才能够和其他文化与宗教和平相处。

赵林认为:"到了宗教时代,文明之间的冲突越来越为一种信仰方面的力量所推动,战争的根源日益由'物质的暴虐'转变为'精神的暴虐',不同宗教之间的不宽容成为文明冲突的主要原因。在宗教时代,文明内部的凝聚力和心理认同由于共同的宗教-伦理价值系统的维系而变得空前牢固,文明之间的不宽容性和排他性也随之加强。"③但事实上真正不能宽容的、真正排他的是公共产品的垄断性,这些凝聚力与心理认同其实都是政治家动员资源与战争的手段而已,这一点与军事专制帝国的战争没有任何两样。如果没有物质回报,没有利益诱惑,没有公共产品的提供,圣战很难打得起来,即使打得起来也很难持久。因为真正的冲突原因是基督教与伊斯兰教都想成为公共产品提供的垄断者,而垄断权力是不能共存的。因此,凡是有公共经济垄断权之争的地方,冲突就惨烈;凡是不涉及现实的公共

① 赵林:《告别洪荒——人类文明的演变》,武汉大学出版社,2005,第200页。
② 赵林:《告别洪荒——人类文明的演变》,第201页。
③ 赵林:《告别洪荒——人类文明的演变》,第209页。

经济垄断权之争,即使宗教教义差异再远,也没有武力冲突,因为无形的彼岸是可以相容共存的。这一点完全可以从东西方价值系统的不同关系看出来。"宗教时代的不宽容性和暴虐程度从西至东逐渐递减:在旧大陆西部是勇悍的穆斯林与不甘示弱的基督徒之间旷日持久的和野蛮酷烈的宗教战争(因为教皇的心中与哈里发的心中都不仅装着自己用作工具的、听自己驱使的上帝,而且还装着垄断了公共产品提供权之后就可以实现的发财致富的梦想,这一点可以从获胜者的奢侈生活中得到印证);在旧大陆中部是迅猛扩张的伊斯兰教对与世无争的佛教徒和软弱无能的印度教徒的驱逐和征服(因为真的相信教义与彼岸的世界,他们拱手将公共产品提供的垄断权交给了贪婪的伊斯兰教后面那些野心勃勃的政治家,或者他们终于找到了可以托付的公共产品提供者);在旧大陆东部则是雍容大度的儒家伦理系统对西域传入的各种宗教思想的兼收并蓄(当然其前提是你千万不要来与我争夺公共产品提供的垄断权,在此前提下,你可以以个人名义参与科举竞争,一旦你试图以宗教的名义来夺取政权或公共产品提供的垄断权,历史上的流血冲突并非没有惨烈地发生过,不管任何方式都不能允许公共产品提供的垄断权受到威胁)"①。

很显然,我们不可能在圣战中看到与帝国征服不同的结果,"巴格达成为当时世界上两个最富丽繁华而气度恢宏的城市之一,它的人口约达100万,具备井然有序的行政管理系统和完善齐全的生活服务设施。关于阿拔斯哈里发们的奢侈豪华的宫廷生活和放荡而又富有文采的娱乐方式,《一千零一夜》中做了形象而生动的描述"②。所有这些描述都表明,阿拉伯帝国的兴起与宗教价值体系并无太大关系,而只是一种新的公共经济制度的尝试。

而在地中海北岸欧洲的基督教世界里,神圣的罗马教皇始终未能很好地解决公共产品的提供与垄断问题,"如同流星一度辉煌的查理曼帝国也没有能够改变基督教世界(在公共产品提供者垄断地位方面)的这种被动局面,(因为)加洛林王朝的这个新帝国缺乏像大唐帝国、阿拔斯帝国和拜占庭帝国那样有效的行政组织和稳定的经济资源(即有效的财政国家或公

① 赵林:《告别洪荒——人类文明的演变》,武汉大学出版社,2005,第209页。

② 赵林:《告别洪荒——人类文明的演变》,第214-215页。

共经济制度，欧洲的这种局面曾让西方的学者误认为财政国家直到中世纪之后的近代才有），它只不过是一个由强力所维系的军事联合体（其实是野蛮落后的原始部落联盟）”①。“新崛起的神圣罗马帝国虽然具有勃勃的政治野心和旺盛的战斗力，但是它很快就陷入到与罗马教廷的漫长而艰苦的权力斗争中。经过长期的较量，骁勇野蛮的日耳曼王侯们最终被罗马教廷这只文质彬彬却又狡猾异常的狐狸弄得疲惫不堪，不得不俯首听命”②。虽然矛盾暂时解决了，但野蛮的日耳曼武士的反复无常不可能让教皇们放心，而外部的公共经济竞争者伊斯兰教又早已逼上门来。因此，狡猾的教皇借刀杀人、一举两得，自然是其竞争公共经济控制权的绝佳策略。

因此，“霍尔巴赫则认为十字军远征是罗马教会有目的地组织的一场祸水东引运动，它‘是根据教皇的命令组织的神圣远征，其目的是把欧洲从大量的虔信坏蛋手中解放出来，这些坏蛋为了获得上天对他们在本国所犯罪刑的宽恕，便不顾一切地走到异邦去犯新的罪行’”③。“这样一来，参加十字军的人就得到了双重的好处，一方面他们在国内的前愆可以不花一分钱而赎清；另一方面他们可以继续到异邦去胡作非为，不仅无须承担任何法律和道德的责任，而且还可以使屠杀和劫掠成为一种善功”④。因此，十字军东征的动机与原因要从发动者与参加者两个角度分别分析：一个是把公共经济垄断权的竞争对手引开，并消灭在与另一个竞争对手的竞争中；一个是参与者的掠夺动机与世俗的自私行为。

但缺乏世俗的制度性保证的基督教并不能靠权宜的策略获得长久的成功，于是基督教提供的公共产品的不完整只得进一步在封建体制中得到补充，农民、牧师与贵族骑士三者在公共产品方面的社会分工甚至上升到理论的高度：“牧师祈祷，骑士防卫，农民劳作。”

确实，伊斯兰教同样始终未能将原始部落社会转化成现代的民族或专制国家，从而未能解决内部矛盾协调的制度化构建问题。然而，与基督教

① 赵林：《告别洪荒——人类文明的演变》，武汉大学出版社，2005，第 217 – 218 页。

② 赵林：《告别洪荒——人类文明的演变》，第 218 页。

③ 赵林：《告别洪荒——人类文明的演变》，第 219 页。

④ 赵林：《告别洪荒——人类文明的演变》，第 220 页。

相反,伊斯兰教能够非常有效地用一个松散的邦联组织提供一个有力的国防公共产品。因此,伊斯兰政教合一的帝国总是成功于对外扩张,却失败于内部合作。特别是作为军事力量源泉的伊斯兰教没有自己的以地域为单位的社会治理结构,因而往往依赖于政府,并通过政府控制着公共产品的提供。

因此,在整个伊斯兰世界,小集团和大信仰一直是忠诚和义务的中心,而民族国家则始终不被重视。正如一位利比亚的学者所说:“在阿拉伯社会和政治体制的社会、经济、文化、政治的发展中,部落主义和宗教(伊斯兰教)曾起过并仍然起着重要的和决定的作用。确实,它们如此交织在一起,以致它们被看作形成和决定阿拉伯政治文化和阿拉伯政治思想的最重要的因素。”部落一直是阿拉伯国家的政治中心,正如塔赫辛·贝希尔所指出的,许多国家不过是有旗帜的部落。在中亚,民族国家一直不被认可。忠诚是对部落、部族和扩大的家庭而言,而不是对国家。在另一个极端,人们确实有共同的语言、宗教、文化和生活方式,伊斯兰教是人们中间最强大的统一力量,比埃米尔(酋长)的权力还要大,但却无法成为一个有效的公共经济制度体系。

直到今天,阿拉伯世界似乎仍十分类似于中世纪的西欧基督教世界,那时的欧洲教皇与世俗权力之争、不同教派之争普遍存在,国家尚未形成,小集团普遍存在,基督世界也普遍得到广泛认可。尽管他们都曾尝试过大一统的帝国体制,但在提供公共产品方面却都未获得成功。他们的国家缺乏中国式的官僚体制,国家始终没有获得重要的心理位置。即使像萨达姆这样一些强权政治家试图建立专制统治,但外部环境已经不能容忍他们进行反复的军事强制尝试。亨廷顿指出,缺少核心国家是伊斯兰内部和外部普遍发生冲突的一个主要原因,也是它的一个特征。没有凝聚力的意识是伊斯兰虚弱的一个根源,也是它对稳定的国际秩序构成威胁的根源。

六、传统农耕文明的发展与制度探索之三:黄河农耕文明的成功与衰落

确实,不论军事强制与社会囚笼带来的集权专制达到了多么惊人的程度,也不论宏大的农耕文明带来的财富堆积曾达到了多么惊世骇俗的地

步，大多数的古代农耕文明都没有在公共经济体制稳定性与持续性提高方面获得进一步的突破。它们中的大多数只是将对公共经济活动的效率关注集中在权力的来源上，而很少能延伸到权力的巩固与具体的执行层面。因此，尽管人类在不同的时间与不同的地点发展出了不同类型的农耕文明，但所有这些农耕文明都无法在内部矛盾与游牧民族的外部冲击中延续下来，文明不断地在前人废墟上重新开始。这极大地限制了人类文明的发展进程，并使古老的埃及文明、印度文明、巴比伦文明与地中海文明都没能为人类社会的进一步发展做出更多的贡献，没能为现代工业文明的发展提供任何制度性帮助。

但独特的地缘政治环境与独创的文官官僚体制却把黄河流域的文明缔造者一再引向公共经济体制变迁的深处。不仅世俗的政治体制早在3000年前就摆脱了精神宗教的影响建立起自已稳固的统治地位，而且在大一统的世俗军事专制帝国出现后的700多年间，黄河流域的文明不仅在与外部的竞争中站稳了脚跟，扩大了影响，而且还在内部统治结构或政府的具体形式上进行了反复的尝试，从贵族封建到士族代理，从军事高压再到儒士治国，特别是科举制度的出现彻底解决了困扰人类数千年的内部分工与外部竞争不能统一的矛盾，实现了代理集团专业化与官僚体系制度化的统一，使统治队伍的新陈代谢与治理权力的和平交接在制度的框架内得以实现，从而将公共经济的效率推升到了农耕文明最大可能性的边界上。

当然，“我们所说的古代中国文明，通常是指春秋战国以后的封建社会，即以儒家思想为主导精神的中国文明。然而在此之前，在黄河流域还曾经存在过一个至今仍然处于扑朔迷离状态中的商代文明（甚至更早的夏代文明），它的文化特征与春秋战国以后的中国封建文明有着很大的差别”①。实际上，尽管相互隔绝，商代黄河流域的文明与世界各地的古代文明（古巴比伦与古埃及）几乎没有什么区别。考古学家在中国的发现与在埃及、中东的考古发现表明，最初的文明都是以巫师与神庙为基本特征的中央集权制国家。真正与西方的文明演变历史有了截然不同特色的是秦汉帝国以后的黄河文明。

① 赵林：《告别洪荒——人类文明的演变》，武汉大学出版社，2005，第80页。

尽管发生在东亚大陆的黄河文明确实是商周文化延续下来的产物,但黄河文明在外部冲击的过程中能一再恢复并顽强地保持传统的文化体系或公共经济制度却并不是文化杂交过程中所谓“米亚德”现象的产物,而是独特的社会囚笼造成的封闭性制度环境长期禁锢的结果。

其实,由于社会囚笼的帮助与军事交通技术的发展,黄河文明早在秦汉时期就建立了十分发达的中央集权的公共经济制度,如世袭君主、统一法制、郡县制地方政府与户籍制基层控制制度,内政外交井然有序,公共产品供给充足有效,文明优势初步显现。然而,这些体制尽管在对外防御方面获得了成功,但在对内秩序稳定方面稍显不足,于是经过魏晋的初步尝试之后,隋唐的统治者发明了今天仍是现代化政府主要制度之一的文官科举选拔制,彻底解决了人才选拔与内部稳定问题。虽然管理者的代理人问题与才能识别问题曾经困扰着领导人,但儒家伦理的渗入很快使中国的公共经济制度趋于完善。当穆罕默德因对犹太教、基督教的公共经济功能不满而创立伊斯兰教时,中国已经完全没有了现世公共产品提供中的问题,因此试图垄断公共经济提供者地位的基督教、伊斯兰教很难在中国获得生存空间。

在用欺骗的方式提供公共产品执行能力这一点上,儒教与基督教、伊斯兰教并无太大区别,而三者的区别在于,儒教把秩序思想体现在内政秩序的制度化体系中,基督教把秩序体现在教会体系中,伊斯兰教则把秩序体现在军事征服体系中。强烈的人世精神和忠君孝亲的伦理意识使中国人始终能保持清醒的头脑和现实的责任感,很少陷入忘我的宗教迷狂状态,因为有政治抱负的社会精英完全有机会、有途径在现有的公共经济体系中一试身手,而不必重新创立一个新的公共经济制度——宗教体系。科举制使公共经济制度的发展与社会精英的出路完美地结合起来。

然而,除了政府的内部治理结构,国家主权垄断权力的和平传承同样是文明变迁或公共经济体制中的一个重要问题。由于在政治主权的传递过程当中,对主权交接的合同来说,长期合同要比短期合同更为有效,①因此以家族世袭制为基础的公共经济体系就因为其独特的合同执行效率而

① 张维迎:《博弈论与信息经济学》,生活·读书·新知三联书店,1996。

成为农耕文明或生存经济体系中最为流行的政体形式①,家族世袭制几乎成为所有文明政体的共同选择。由于家族世袭体制的影响,发端于原始社会末期的这次社会大分工的社会管理与财政职能在私有制的“帮助”下,很快就沦落为早期各种家庭专制统治的工具,公共经济中的原始民主协商机制也就逐步消失了,这些早期的公共经济体制也就渐渐表现为家计财政。尽管形式可能非常凶残、武断、不合理,但与原始社会中的无政府状态相比,它仍因分工的效率而极大地提高了社会生产力。

在这些家计财政制度的运行过程中,世袭的君主们主观上往往只是为自己的家族私利服务,但在客观上却提供了社会发展所需要的公共产品。由于是一种纯粹的不自觉的行为,公共经济的范围界定,不仅是定性的,而且随君主的更替及个人好恶而具有相当大的随意性与不确定性。家族世袭的中央集权帝国体制确实很好地解决了公共产品所需要的执行能力的问题,然而公共产品购买与需求者的偏好显示与执行监督问题却从来没有得到解决,内部的寻租与外部的掠夺成为农业文明与生存经济发展过程中财政体制的一个无法摆脱的痛疾。② 因此,尽管传统的专制政体经历了数千年的发展,但直到产业革命爆发,跳跃式的人类进步始终没有再次出现,即使文明社会的人类也一直深陷于马尔萨斯陷阱并徘徊在生存的边缘。

但在人类社会的生存经济阶段,公共产品的单一性使偏好显示往往是不必要的。正如布坎南、图洛克曾经指出的那样:“如果‘公共利益’或‘公共物品’是某种可以相对容易地加以确定的东西,且如果集体选择中的个体参与者采取增进这种‘公共物品’而不是他们自己的利益的行动,那么,看起来,许多麻烦人的、代价高昂的并且已经成为现代民主过程的特征的制度,也就得不到多少理性的支持了。在这样的情况下,把所有有效的决策权委托给某个特别的决策者,以及某种与之相伴随的等级制,看上去却

① 这正是契约论所强调的在现代的宪政约束机制出现之前世袭制长期流行的经济原因。很多近代革命家与发达国家的政治家不理解这一点,因此在规范的约束机制出现以前摧毁了传统的世袭制度,其结果不是出现了一个民主富强的共和国,而是带来了连续不断的政治动乱与经济停滞。

② 尽管不全面,但早期中国国内的一些学者将中国发展滞后归之于外来侵略的观点与诺斯的制度决定论有异曲同工之妙。参见许涤新、吴承明主编《中国资本主义的萌芽》(中国资本主义发展史第一卷),人民出版社,1985。

可能是完全理性的了。如果可以采取某种手段,以确保独裁者在事实上始终是仁慈的,那么该论点就会变得更强有力。”①正因为如此,面对反复无常、残暴无道的君主,面对征战连年、动乱不已的历史,各个时代的学者们才都会试图从统治者道德约束的角度来寻求文明延续的可能,不仅儒家学说是这种探索的典型结果,而且建立在利他道德基础之上的德国历史学派、各种社会主义道德修养的宣传以及萨缪尔森在讨论公共产品供给时对仁慈的社会计划者的依赖②同样是这种努力的产物。

尽管现代工业文明迟迟没有出现,但所有这些为提供公共产品而进行的财政制度的尝试却从来都没有停止过。人类历史上所有的组织结构,无论是巴勒斯坦的村社、古埃及法老的帝国、苏美尔的城邦,还是中国的夏商周王朝,它们从出现的第一天起就是一个公共经济体制,是公共经济制度不断尝试的表现形式之一。只不过那时的分工与财政制度可能并不是需求者追求效率的制度设计的产物,而是统治者追求个人利益的政治军事活动的客观结果而已。因此,与某些仅仅以欧洲近代史为研究对象的经济史学家的看法相反,财政或税收国家并不是欧洲独有的、近代才出现的政治发展的产物,而是人类历史上早就出现的一种比较规范、比较有效的公共经济制度形式而已。③

由于传统农耕文明中社会大分工与产业大分工的推动,生产技术水平和生产组织水平都有了相当程度的提高,于是生存之外的农业剩余就成为文明社会的一个普遍现象,这些剩余不仅带来了光辉灿烂的文化与令人惊叹的技艺,而且也必然催生亚当·斯密所强调的人类互通有无的本性。正是这个温饱之后的本性不仅铺就了横贯欧亚大陆的丝绸之路,而且早在一千年前就在黄河边上促成了百万人口商业大都市的出现。实际上,除埃及

① 詹姆斯·M. 布坎南、戈登·图洛克:《同意的计算——立宪民主的逻辑基础》,陈光金译,上海人民出版社,2014,第98页。

② MICHAEL P. “Some remarks on self-interest, the historical schools and the evolution of the theory of public goods.” *Journal of economic studies*, 2005,32(3):275-293.

③ SCHUMPETER J A. *The economics and sociology of capitalism*, edited by SWEDBERG R. Princeton: Princeton University Press,1991. HART M. “The emergence and consolidation of the ‘Tax State’ - 17th century.” in *Economic systems* and *state finance* edited by Bonney R. Oxford: Clarendon Press,1995.

文明缺乏足够的考古材料证实外，黄河文明、中东文明、希腊文明都在出现伊始就开始了对市场经济的尝试。① 美索不达米亚地区的贸易、城邦、都市化与独立国家的出现不仅是人类第一次公共财政制度的尝试与选择，而且是市场经济制度的第一次大范围尝试。产权制度受到社会与地域稳定性的鼓励。但当它从那些享有平等权利的村庄与部落混合体的社会中出现时，它采取了扩展的家庭甚至是部落产权的形式，而不是个人产权的形式。② 但即使是这样的产权形式，也鼓励了凤凰城邦与雅典城邦的商业繁荣与市场经济的尝试。而黄河文明作为华夏文明的主流代表，从野蛮原始的炎黄传说到秩序初定的商周封建，从开疆扩土的秦皇汉武到制度完备的唐宗宋祖，一直推动着农耕文明的发展，领导着公共经济体制变迁的方向。然而，宋朝开始的市场经济尝试却从根本上动摇了传统农耕文明的群众信仰基础，农耕文明在自身内部已经没有改进，并在这个空间的条件下日渐衰落。

由于建立在完全不同的文化理念与价值观念的基础之上，市场经济的繁荣与尝试极大地削弱了传统农耕文明的生存能力。一方面，以个人偏好为基础、以个人利益为计算单位的市场交易行为极大地削弱了作为传统公共经济体制基础的集体主义精神，公共经济的效率受到了严重的挑战；另一方面，与市场经济发展相一致的私人产权的发展削弱了公共经济的财力，特别是在面对外部入侵时，人力、物力等资源集中的能力受到了严重的制约，传统农耕文明的国家政权提供公共产品的能力大大下降。

在市场经济尝试以前，在传统农耕文明中，几乎所有的剩余财力都归公共经济体制支配，即使在私有制与私有产权出现以后，除了极少数维持生存的经济资源，大多数的经济资源都归国库或君主支配，这是一个共同接受的信念或原则，因此公共经济活动可以支配的经济资源总以当时的技术为基础而达到最大的可能。正如新古典经济学家指责的那样，国家的预

① HOLE F. "Investigating the origins of Mesopotamian civilization." *Science*, 1966, 153(3736): 605 – 611.

② MANN M. *The sources of social power: volume I. A history of power from the beginning to AD 1760*. New York: Cambridge University Press, 1986.

算最大化是现代政府的一个基本的行为准则①,也是传统农耕文明政府的行为准则,甚至已经成为一个信仰而被广大臣民所接受。但市场经济尝试彻底破坏了这个信仰,个人的收入最大化开始成为普遍的追求,于是尽管商业繁荣的国家拥有足够多的财富总量,但用于公共经济活动的经济资源的相对量甚至绝对量却都大大下降了。缺乏重商主义与公共经济理论指导的荷兰共和国以及中国宋朝的市场经济尝试虽然在市场上获得了成功,却未能在公共经济活动的无效与缺失中幸免于难,传统农耕文明在野蛮民族的军事冲击中风雨飘摇,先后衰落。

此外,不仅市场化的尝试削弱了传统文明的公共经济实力,而且宗教的传播也起了类似的腐蚀作用。由于是作为公共经济体制的尝试与替代者而产生,宗教从它诞生之日起就是国家政权或农耕文明中原有的公共经济体制的天然竞争者。在西欧与中东,基督教、伊斯兰教与犹太教的传播几乎代替了专制国家的功能。一方面它们削弱了军事帝国存在的基础,抑制了传统农耕文明的发展,从而使稳定的专制罗马帝国再也没有出现;另一方面它们提供的公共产品维持了社会的苟延残喘,从而缓解与麻痹了社会动荡带来的痛苦,进而也抑制了新型公共经济体制的尝试与构建。因此,在宗教势力昌盛的南欧地区与中东地区,不仅传统农耕文明很早就衰落了,而且现代工业文明的发展也受到了极大的限制。在东亚,虽然由于传统农耕文明特别成功,宗教的发展一直受到抑制,从来没能成为一个独立的公共经济体制,但道教与佛教仍在传统文明的缝隙中获得了一席之地,并因此而分散了公共经济资源,削弱了农耕文明提供公共产品的效率。总之,所有这些宗教的尝试与发展,从积极的意义上讲,对社会底层人民的公共产品需求提供起到了拾遗补阙的作用,提供了另一个竞争与可能的被选方案,安定了社会秩序,降低了社会变迁成本。但从消极的意义上讲,宗教的出现对公共经济体制来说,既分心又分财。一方面社会囚笼的瓦解使专制政体的公共经济效率有所下降,另一方面社会压力的缓解使公共经济体制变革的动力严重不足。旧的文明衰落了,新的文明却未能及时出现。

不过,需要强调的是,尽管有宗教与市场经济的不利影响,但传统农耕

① MAKRIS M. "Political authority, expertise and government bureaucracies." *Public choice*, 2006(127):275 - 292.

文明的衰落仍是相对的,即是相对于现代工业文明的衰落,而不是相对于自身的绝对下降。因为直到工业革命爆发前夕的 17 世纪,欧亚非大陆上的人口数量仍在持续增加,因此按照传统文明的生存标准,传统农耕文明的公共经济优势仍在进一步发挥作用,甚至马尔萨斯陷阱导致的内乱也还远没有到来。而中国的黄河文明正是其中的佼佼者,不接受黄河文明的元朝失败的教训与接受黄河文明的清朝成功的经验及其带来的人口急剧膨胀再一次表明,传统农耕文明本身仍在缓慢地向前发展着。但公共经济制度的效率始终只能表现为与相邻制度对比的结果,在新的交通技术把全球纳入一个比较体系之后的近代,农耕文明的效率不可避免地要与工业文明的效率相比较。相对于工业文明而言,传统农耕文明提供的公共经济不仅与充满活力的市场经济的要求格格不入,而且不再能确保自己臣民的安全了,因此传统文明的衰落不可避免,公共经济体制的变迁也势所必然。

总之,对衰败的文明而言,无论是提供外部国防,还是维持内部秩序,它相对于另一个将要出现的新公共经济体制而言,往往是无效或低效的,因此在出现新旧文明的比较时,不仅优劣对比一清二楚,而且传统文明的变迁方向也是一目了然的。

七、黄河农耕文明的变迁与公共经济制度的现代化

在传统农耕文明发展的初期,由于公共产品的偏好没有差异,执行能力就成了公共经济效率的唯一决定因素,尽管需求偏好显示机制与监督机制逐渐被人们所淡忘,黄河文明的优势仍然是无与伦比的。但随着市场经济的不断尝试,特别是面对野蛮民族的反复冲击与工业文明的强势竞争,缺乏偏好显示与讨价还价机制的传统文明在公共经济效率方面的劣势就逐渐显现出来,再加上社会囚笼使新制度的尝试成为不可能。于是,在新的条件下,以黄河文明为代表的农耕文明的衰落就不可避免。

相反,在传统文明发展缓慢的地区,由于缺乏武力强制长期持续所必需的自然屏障条件,原始的军事民主制与封建社会的多元政治军事结构得以保留,以民主制与合同制为基础的讨价还价的政治关系才会长期存在,从而为公共产品的偏好显示与执行监督机制的出现提供了基础,但公共产品执行所需要的强制能力却在分权的结构中丧失殆尽。因此,尽管新的以

市场为导向、以分权为基础的公共经济体制带来了多次的商业繁荣与市场扩张,但不仅彻底改变人类文明状态的工业革命仍然没有出现,而且在与农业文明甚至与游牧文明的对抗中商业繁荣也都先后衰落或消失了。

因此,真正的现代工业文明并不是在全球各地反复尝试的市场经济,而是以英美为代表的新型公共财政体制的出现。对于这样一种新型文明来说,它既不可能是希腊、罗马文化的复兴,也不可能是基督教文化的产物,而仅仅是英格兰残存的原始军事民主制度与市场交易制度结合的产物。因此这样一种文明,很难被称之为西方文明或欧洲文明,因为今天被视为西方国家的大多数欧洲国家不仅不是它的发源地,而且也不具有文化上的天然相容性。正如德国学者米勒所说,即使那些在今天看来理所当然是西方文明组成部分的国家,这种文化的认同也曾经历了一个相当漫长的过程。我们以德国为例:20 世纪 20 年代德国的右翼知识分子,主要是以著名杂志 *Die Tat* 为中心的文化圈,他们坚决反对德国的“西化”,把德国文化定位于介于东西方之间的独立体系;而二战后,美国当时的农业部长甚至认为,德国人无法以调和的方式建立一个正常的公民社会以及民主国家制度,因为他们的文化,甚至可能是基因决定了他们不适合西方文明。① 德国传统文化与现代文明的这个冲突历史或许是对孟德斯鸠的血缘论与希特勒的血统论的最大嘲讽。

同样,在 20 世纪 50—60 年代,欧洲学术界曾就欧洲的南部地区是否适合建立西方民主社会制度有过相似的争论。有的观点认为,意大利和伊比利亚半岛(指西班牙和葡萄牙)的天主教国家不具备实现民主的能力,所以对蒸蒸日上的欧洲联盟来说,它们只是一种负担。欧盟核心国之一的法国虽然是个天主教占主流的国家,但是法国的天主教会在建国的关键时刻保持了远离罗马教会的“国教”立场,于是法国成了特例。

如果希腊、意大利、西班牙、葡萄牙、法国与德国都是现代文明的例外,那么现代文明还与希腊、罗马文明有渊源关系吗?现代工业文明还是欧洲文明或西方文明吗?从地图上看,真正的文明发源地不就剩下了北欧海盗统治的英格兰吗?难道这不正是野蛮落后的原始军事民主制的崛起吗?

---

① 哈拉尔德·米勒:《文明的共存——对塞缪尔·亨廷顿“文明冲突论”的批判》,郦红、那滨译,新华出版社,2002。

何况,历史已经告诉我们,公共产品内部协调与供求博弈机制才是文明变迁的真正动力。

历史主义的观点可以帮助我们认清一个重要的事实:受基督教深远影响的西方文化根本没有把现代立宪国家和人权当作“自然的”最终目标。最初基督教文化和其他前现代化的宗教文化一样,倡导集体主义和独裁统治。因为在生存经济中,种群生存才是人类追求的首要目标,所以不仅个人利益是可以牺牲的,而且为了集体的利益,这种牺牲还是所有种群与部落都加以赞扬与宣扬的,几乎所有传统社会都通过文化、道德、思想信仰来确认这一点并不是不合情理的。在生产力水平较低的阶段,没有种群生存就不会有个人的生存,因此种群生存拥有压倒一切的重要性与人类发展的积极意义。

当然,对黄河农耕文明而言,昔日的成功也曾使集体主义信仰不仅固化为日益牢固的政治体制,而且固化为重农抑商的国策思想,同时还体现为灵魂深处的潜意识与小农土地制度。建立于秦汉时期的这套土地制度使得大多数农民成为小规模有产者,帝国得以依赖庞大的小农获得财政收入,小农的权力小但人数众多,由于他们不可能内部协调一致,因此对皇权构不成威胁。而强有力的大贵族与土地所有者,因为拥有挑战皇权的实力与破坏集体主义的愿望,所以他们一再被分拆或消灭就成为中国历史的惯性。这正是中国历史上一再上演的打土豪、分田地策略对统治者的政治与财政意义。①

正是这样一种制度结构与政治策略在生存经济中的有效性,才使文化学者得出结论:“当一种文明体系确立了宗教-伦理价值系统的精神砥柱之后,它就在蛮族的暴力冲击面前(甚至也在后来的‘泛西方化’浪潮的经济渗透和殖民扩张面前)具备了一种顽强的‘文化韧性’,这种‘文化韧性’使得一种文明体系虽然在短期内可能处于异质文化的奴役之下,但是却始终能够保持自己的精神命脉和文化传统。”②然而,真正的历史事实是,成功的传统农耕文明在蛮族面前有韧性是因为落后的蛮族未能带来更好的

① 秦晖:《传统十论——本土社会的制度、文化及其变革》,复旦大学出版社,2004。

② 赵林:《告别洪荒——人类文明的演变》,武汉大学出版社,2005,第262页。

公共经济制度,征服农耕文明的野蛮游牧民族往往并没有自己的文化,它们大多还处于原始部落联盟时期,因此它们往往被有分工的公共经济制度与文化体系所同化。但在7世纪,伊斯兰教的兴起却给我们提供了另外一种历史轨迹,在阿拉伯人武力取胜之后,当更为先进的伊斯兰教文化能够提供一种更为有效的公共经济制度时,不仅大批的基督教徒,而且大批的佛教徒和印度教徒永远改信了伊斯兰教。这也导致了人类历史上宗教版图最大的一次调整,不仅从东南亚、南亚、中亚、西亚到北非全部成为伊斯兰教的天下,而且犹太教与基督教的发源地中东与土耳其也永远成为伊斯兰教的势力范围。因此,在外部入侵造成文化动荡时,旧的文化体系能否维持自己的生存,是否拥有足够的“韧性”,完全取决于新旧文化在提供有效的公共经济制度方面的能力大小。因此,断言一个文明体系能始终保持自己的传统文化,既是武断的,也是一厢情愿的,更是一种无奈的抗争。

我们相信,只要新的文化(当然,肯定不是从未成功过的基督教文化)能够提供足够有效的公共经济制度,能够给相信者带来物质利益的好处,又在精神层面提供足够的心理慰藉,那么新的文化肯定会替代旧的文化,不管这个旧文化曾经多么成功与辉煌。尽管在新文化创造方面我们的起步已经落后了,但民族的脊梁与骨气,还是应更多地体现在新文化的创造与开拓方面,而不是在旧文化的回归上。此外,如果新的现代化带来了更有效的与传统文化不相关的公共经济制度,我们就应该尽快引进现实的公共经济制度,以便在下一次竞争中立于不败之地,保护自己的公共利益。在新型现代文明面前的文化韧性只能是一种惰性。

对此,基督教世界的变迁是可为借鉴的。西方世界的兴起虽然缘起于宗教改革,但最后的成功并不是上帝的功劳,而是改革引起的在现世领域中对上帝的抛弃,用议会制代替宗教体系来提供公共产品,用市场上的资本积累代替教会的财富积累来增加私人经济成果。特别是在公共经济制度领域,工业文明的突出表现就是议会体制中的重商主义。在欧洲,凡是尽快用国家体制代替了宗教体系的公共经济功能的国家都在工业文明的发展中走在了前列,而那些死抱住传统文化不放,特别是深受天主教会对世俗的公共经济干预的国家直到二战之后才开始了它们的现代化过程。

尽管宗教–伦理价值系统确实比原始的自然崇拜提高了一个档次,但其肯定不是人类文化发展的终极形态。特别是,如果我们了解了文明的内涵其实是公共经济制度这个世俗的现世目标之后,我们就能够用一个更好的心态来处理国与国以及文化与文化之间的关系了。实际上,正如国际关系学家所言,国与国之间只有利益之争,而没有文化之争,公共经济制度就是要保护这个利益的,文化是为公共经济制度服务的。我们要尽快引进有效的公共经济制度,其目的就是要与其他国家(当然既包括西方国家,也包括东方国家)争利益。而对于心理慰藉的来世文化,只要不影响现实的公共经济制度,尽可以随它的吸引力大小而自我发展演变。但如果还试图在四书五经中去寻找现实利益的答案就有点过于迂腐了。因为那些关注来世的精神安慰体系主要是针对那些在世俗世界里的失败者的,根本不可能解决现实中主要的公共经济矛盾问题与国际政治问题。面对这些公共利益的争夺问题,我们需要的既不可能是世俗的伦理道德,也不可能是一个心灵的欺骗或慰藉,而只能是一个新的规则与机制。

一个文化与制度成功的关键或存在的必要性在于它提供公共产品的有效性。至于是靠欺骗、强权,还是靠谈判并不重要。但当在市场经济的环境中谈判的公共经济制度已经显示出了巨大的优越性之后,任何试图回归旧的文化与制度体系的尝试恐怕永远也不可能有成功的机会。很多学者不了解文明的对比与演变的公共经济制度本质,总是把目光盯在技术的变迁上,于是才会有对四大文明未能在新文明的转型中继续领先发出一次次的扼腕感叹。

因此,我们认为在国际政治关系中,真正的对垒并不是以文化为界限的东西方之间,而仍然是以国家(目前仍广为接受的公共经济单位)为界限的各个国家之间的利益之争,竞争的核心武器就是公共经济制度。确实,幻想太平盛世固然可笑,但根本不知自己的敌人是谁,不知敌人的武器是什么,而仍然到处挥舞大刀长矛,不是像堂吉诃德一样可笑吗?

总之,对于传统农耕文明典型代表的黄河文明而言,尽快实现向现代化的转变早已是共识,但在转变的过程中如何处理传统文明与现代文明的关系却始终困扰着人们。如果我们认识到,所谓的文明变迁其实是公共经济体制的变迁,是集体主义文明向个人主义文明的变迁;所谓的现代文明并不是雅利安民族的优势种族文明,更不是基督教文化的传播,而是在传统文明中落伍的英格兰人后来居上的现代公共经济制度的尝试,那么我们就会认识到我们既不需要政治上的全盘西化,也不需要文化上的全盘基督教化,我们需要做的仅仅是文化的改造与制度的变迁,而变迁的内容当然是全盘的现代化,是现代公共经济制度——公共财政体系的构建。如果这样来看待黄河文明的发展,我们就可以用更为平稳的心态来推进我们的全盘现代化进程,用更为准确的定位来推动我们的传统文明向以现代公共经济制度为内涵的现代文明变迁。

道光二十一年黄河水灾开封城“银贱钱贵”研究*

孙建国

提要:中国近代开端银钱比价表现为银贵钱贱的趋势,但在非常态背景下也有银贱钱贵的现象存在。道光二十一年(1841年)黄河决口汴梁,大水入城,对汴梁城市经济活动带来极大的影响。在黄河大水灾中,由于物资短缺造成市民生活极其困难,形成特殊的银贱钱贵现象。水灾中物价上涨,“较平时相去倍而又倍,以极难得之钱,买倍贵之物”,水灾特殊环境下“所重者钱,所急者粮”。道光二十一年开封黄河大水非常态背景下出现的银贱钱贵现象,主要是城内钱粮物料缺乏导致的结果。

关键词:道光二十一年;黄河水灾;银贱钱贵;开封

中国近代历史开端之际,地处黄河下游的汴梁古城遭遇了一场黄河大水围城,严重影响了汴梁古城社会经济生活秩序。从道光二十一年(1841年)六月十六日张湾决口大水入城①,到翌年二月林则徐等率众在柳园口

---

* 原载《中国经济史研究》2017年第5期。

① 《祥符县志》记载为“三十一堡”,即今张(家)湾村附近。开封市农林志编辑室编印《开封自然灾害两千年(初稿)》,1983,第2,46页。

堵筑决口①,黄河大水围城达 8 个月之久②。正是由于这次黄河大水对开封周边生态环境和社会经济的影响,造成了银贱钱贵这一非常态下的银钱

① 道光二十一年林则徐遣戍伊犁抵达扬州时,正好赶上黄河决口事情的发生,遂奉旨改赴开封,协助钦差大臣、大学士王鼎办理河工。林则徐于道光二十一年八月十六日抵达开封,住在祥符六堡工地。道光二十二年二月初八河工告竣,他又奉旨仍然遣戍伊犁。参见胡思庸:《林则徐手札十则辑注补证》,《近代史研究》1980 年第 4 期。又,祥符漫堤合龙工程开始于当年十月,据道光二十七年四月《新建大王庙碑记》载:"道光二十一年六月,祥符上汛三十一堡河水漫溢,皇上命大学士王公鼎、侍郎慧公成驻工相度机宜,乘时堵筑。暨河臣朱公襄、抚臣鄂公顺安督率在工文武员弁,购集料物。于是年十月兴作,次年二月合龙。"可见,林则徐于河工事务重点是治理黄河,特别是在道光二十一年黄河大水灾中协助钦差大臣王鼎、侍郎慧成、河臣朱襄、河南巡抚鄂顺安(河南巡抚牛鉴任于道光十九年六月至道光二十一年九月,鄂顺安任于道光二十一年九月至道光二十八年八月)等治理黄河、堵筑决口。引自开封市黄河志编辑室编《开封市黄河志》,1988,第 307 页。

② 道光二十一年十月(农历九月初一人员分工,初七破土动工)开始堵筑张湾决口,林则徐协助大学士、钦差大臣王鼎,"每日五鼓赴工督理,三更始旋寓所"。经过 5 个月的努力,修筑了从马头到小马圈的大堤,大堤总长 8756 米,最后在柳园口实现合龙。为纪念林则徐堵口筑堤之功,开封市人民政府于 1992 年 4 月 1 日将林则徐等率众修筑的这段堤防命名为"林公堤",并在柳园口 42 坝设市级文物保护单位标志。参见开封市郊区黄河志编纂领导组编《开封市郊区黄河志》,1994,第 174,288 页。

比价变化现象。① 本文主要以时人日记——痛定思痛居士《汴梁水灾纪略》②作为基本资料，仅就银贱钱贵的表现及形成原因等做简单分析。

一、选题缘起与学术史回顾

汴梁古城比邻黄河，历年水灾连续不断，及至清道光朝水灾肆虐情况更加严重。③ 清朝开封共发生水灾 34 次，其中河决 18 次，漫溢 16 次。发生水灾的时间主要集中在夏秋季，据详细记载数据，夏季发生水灾 12 次，秋季发生水灾 18 次。④ 道光时期也是自然灾害频发时期，水灾频繁，据史

① 从黄河大水洪水量大小程度来看，道光二十一年的开封黄河大水与之后道光二十三年中牟黄河大水级别不可同日而语，后者堪称是黄河特大洪水，洪水规模达 36000 秒立方米。道光二十一年黄河大水虽然不是特大洪水，但对开封城市造成的危害极大，且时间跨度长。更重要的是开封黄河大水之后有一本完整记录水灾中开封堵筑决口及城市生活的记录，因此本文选择以此为样本进行分析。参见水利部黄河水利委员会《黄河水利史述要》编写组编《黄河水利史述要》，水利出版社，1982，第30－31页。

② 《汴梁水灾纪略》为河南大学图书馆藏手抄本。1981 年，李湍波曾发表《〈汴梁水灾纪略〉著者辨》一文，考证该手抄本作者。2000 年，黄河水利委员会档案馆组织左慧元、张金库、张卫群等 22 人校点整理《道光汴梁水灾》并印刷，其中内容就包括《汴梁水灾纪略》及奏折、谕旨、诗文等。2006 年 7 月河南大学出版社出版李景文、王守忠、李湍波点校《汴梁水灾纪略》，内容大致与黄河水利委员会档案馆校点整理《道光汴梁水灾》相似，多出李湍波对作者考证的论文等内容。关于《汴梁水灾纪略》作者痛定思痛居士的考证，主要有两种观点：一种观点认为痛定思痛居士即是当时亲自参与救灾赈灾的开封绅士常茂徕，该观点最先是张嘉谋在 1914 年提出的；另一种观点则认为不是常茂徕，如王丰研究结果认为“痛定思痛生”“痛定思痛居士”不是常茂徕，李湍波直接指出痛定思痛居士的真实姓名当是王桂而非常茂徕，《汴梁水灾纪略》一书实际上就是王桂的《水灾日记》。不论是常茂徕所写还是王桂所记，《汴梁水灾纪略》是当时人记录当时事无疑，这种日记体例的史料应具有较高的可信度。参见李湍波：《〈汴梁水灾纪略〉著者辨》，《史学月刊》1981 年第 6 期，第 44－46 页；王丰：《“痛定思痛生”质疑》，《河南图书馆学刊》1982 年第 2 期，第 35－37 页；刘益安：《开封学者常茂徕著述考略》，《中州学刊》1982 年第 2 期，第 109－112 页。

③ 关于清代自然灾害的研究，据闵宗殿对清代各种自然灾害发生次数的统计，总共发生自然灾害 5344 次。其中以水灾次数最多，为 2573 次，占总灾数的 48.1%。参见闵宗殿：《关于清代农业自然灾害的一些统计——以〈清实录〉记载为根据》，《古今农业》2001 年第 1 期，第 9－16，38 页。

④ 在水灾时间分布统计方面，有 4 次水灾发生时间不详。参见开封市农林志编辑室编印《开封自然灾害两千年（初稿）》，1983，第 49 页。

料统计道光朝河南省发生较大黄河水灾事故共 12 次,见表 1。

表 1　道光朝河南省发生较大黄河水灾事故统计表

年份		灾情	发生地
1828 年	道光八年	大水	豫东区、鄢陵
1831 年	道光十一年	水	豫东区、开封、尉氏、中牟
1832 年	道光十二年	大水	豫东区、开封、鄢陵、扶沟、睢县、太康
1839 年	道光十九年	水	南乐、武陟
1841 年	道光二十一年	水	祥符、陈留、杞县、太康等,河南、安徽两省共 5 府 23 州县
1842 年	道光二十二年	决溢	桃园
1843 年	道光二十三年	大水	豫东区、尉氏、开封、鄢陵、睢县、泰康
1846 年	道光二十六年	水	新乡、浚县、安阳、汲县
1847 年	道光二十七年	水	豫东区、尉氏、兰考、开封
1848 年	道光二十八年	水	沁阳、武陟、浚县
1849 年	道光二十九年	水	辉县、原阳、豫北
1850 年	道光三十年	水	原阳

资料来源于河南省水文总站编《河南省历代旱涝等水文气候史料(包括旱、涝、蝗、风、雹、霜、大雪、寒、暑)》,1982;开封市农林志编辑室编印《开封自然灾害两千年(初稿)》,1983;开封市水利局编《河南省开封市 1949 年前历年大水大旱史料》,1985;曹志敏:《嘉道年间河费使用问题探析》,《安徽农业科学》2011 年第 32 期;蔡铁山校释《黄河历史研究》,1998;《1841—1938 年黄河下游洪水决溢表》,载水利部黄河水利委员会编《黄河河防词典》,黄河水利出版社,1995,第 268 页。

自然灾害、物价、货币与市场等是学术界研究清代社会经济发展史绕不开的几个重要学术问题。放在全球史研究视角分析,相关问题基本上涉及气候变化与社会动乱、物价波动乃至银钱比价等。国外学者对中国粮食市场整合与气候的关系进行了研究,如凯勒和薛华对 18—20 世纪大米市场整合研究,指出粮食收成、人均收入与气候有一定的关系。① 西方学者

① KELLER W, SHIUE C H. "Market integration and economic development: A long-run comparison." *Centre for economic policy research*,2004.

倡导货币数量论,以此来探讨物价等问题。① 日本学者黑田明伸认为,某种货币供给的增加不一定与总体物价上升有关系,某种货币的减少也不一定会导致物价的下跌。这样就有必要重新审视货币数量的增减与物价涨跌之间呈正相关的线性关系的货币数量论理论了。② 我国台湾地区的学者林满红不认同中国近代的鸦片进口导致白银外流并引发银贵钱贱的观点,指出清代出现钱荒的最重要原因是南美独立战争引发全球金银供应紧张。③ 大陆学者赵红军指出,温度的升高(降低)倾向于减少(增加)社会不稳定程度,降雪异常对社会不稳定的作用是结构性的,二者对社会不稳定均具有较长期的影响。④

现有成果对清朝银钱比价的研究,主流还是从全国财政制度及金融货币发展史的角度进行研究的,也有一些基于政治、社会史视角的分析。将一次灾害事故放在全国银钱比价的整体中进行分析,甚至将一个地方银钱比例关系变化放在更大范围即全球史的角度考察,将银钱比价放在铜的供给、粮价的变化、全球气候变化等相关因素分析中考察,是很有必要的。传统学术观点认为银贵钱贱是鸦片输入、白银外流造成的。19 世纪上半叶,鸦片输入、银贵钱贱、白银外流对我国社会经济产生了重大影响,通常的叙述是鸦片输入导致白银外流,白银外流引发银贵钱贱。朱新夏认为银贵钱贱是由于用纹银购买洋钱的“偷漏”和鸦片输入导致的“漏银”,中外贸易形成的白银大量外流现象,加深了银贵钱贱的严重程度。⑤ 王德泰则指

① 货币数量论认为在货币数量、物价及货币价值变动之间存在着一种因果关系。假定其他因素不变,商品价格水平涨落与货币数量成正比,货币价值的高低与货币数量的多少成反比。美国的米尔顿·弗里德曼于 1956 年在《货币数量论——一个重新表述》中提出了货币需求函数,后来他又将其扩展。

② 黑田明伸:《货币制度的世界史:解读“非对称性”》,何平译,中国人民大学出版社,2007。

③ 林满红:《银线:19 世纪的世界与中国》,詹庆华、林满红等译,江苏人民出版社,2011。

④ 赵红军:《气候变化是否影响了我国过去两千年间的农业社会稳定?——一个基于气候变化重建数据及经济发展历史数据的实证研究》,《经济学(季刊)》2012 年第 2 期,第 691 - 722 页。

⑤ 朱新夏:《鸦片战争前后银贵钱贱的情况和影响》,《历史教学》1956 年第 9 期,第 34 页。

出,白银外流只是加剧了银贵钱贱问题,造成银贵钱贱现象的根本原因是商品市场发展扩大了对白银的需求。① 近年来学术界对清代银贵钱贱问题的探讨逐渐开放视野,越来越多的影响因素被重视。霍晓荣提出了在银贵钱贱诸多影响因素中,只有人口因素的影响是显著的,人口的急剧增加是造成银贵钱贱的主要原因。② 有学者认为直隶宁津数据序列具有可靠性和代表性,利用其制作了白银购买力、制钱购买力及银钱比价变动图,显示了这一时期制钱购买力较平稳的变动及白银购买力与银钱比价同步的变动,说明在这一时期银钱比价变动的主要原因是白银购买力的上升。戴建兵和习永凯对直隶宁津银钱比价及白银购买力数据进行分析,结果显示银钱比价的变动主要是白银购买力变化所致。③ 杨端六将清朝银贱钱贵的原因归结为"钱少",钱少是由于制钱私销,私销又是因为铜价上涨,铜价上涨又是因为银价相对下降。按照杨端六的观点,清代出现银贱钱贵现象的原因主要是"银贱铜贵"。④

现有研究成果对非常态背景下银钱比价关系变化问题的考察主要从灾害和战争等突发因素分析角度进行。王宏斌比较系统地研究了社会动乱时期银钱比价的变动关系,指出发生战乱及自然灾害时流通领域通常会出现银贱钱贵的现象。清代凡是严重自然灾害侵袭或战争爆发常伴随物价的高涨,常会发生银贱钱贵的现象。局部灾害和战争引起局部钱价暴涨,大范围的灾害和战争引起全国性的银价大幅下跌。⑤ 学术界已经有通过灾害案例分析清光绪朝初期银钱比价关系的较新研究成果。韩祥通过考察光绪三年(1877 年)山西"丁戊奇荒"事件时的银钱比价问题,提出灾

① 王德泰:《试论白银外流与鸦片战争前的银贵钱贱问题》,《中国经济史研究》2000 年第 4 期,第 72 – 77 页。

② 霍晓荣:《嘉庆道光年间的银贵钱贱与政府的货币政策》,《北京社会科学》2014 年第 1 期,第 72 – 76 页。

③ 戴建兵、习永凯:《全球视角下嘉道银贵钱贱问题研究》,《近代史研究》2012 年第 6 期,第 105 – 118 页。

④ 杨端六编著《清代货币金融史稿》,生活 · 读书 · 新知三联书店,1962,第 194 – 195页。

⑤ 王宏斌:《清代社会动荡时期银钱比价变化规律之探析》,《河北师范大学学报(哲学社会科学版)》2014 年第 1 期,第 5 – 14 页。

荒时期钱价的涨幅水平与灾情的严重程度呈正相关。灾荒或战争时期社会上货币的流通结构与规模、物资的市场贸易与运输均会出现与平时显著不同的变动,山西"丁戊奇荒"中银钱比价呈现出钱价明显上升的剧烈变动,且灾区钱价的涨幅水平与灾情的严重程度呈正相关性。①

从上述研究成果可以看出,不论是提出银钱数量影响银钱比价,还是提出人口数量或者灾害强度对银钱比价的影响,主要是强调外部因素中相关单个变量因素的影响效果。实际上在非常态背景下银钱比价的变化往往不是一个或数个因素影响,而是因为一个区域内部或一个系统内部出现的不协调性,导致银钱比价运行系统均衡的破坏。因此,要考察灾害发生时银钱比价变化的原因,还是要从其发生变动的内部金融运行机制中去寻找较为恰当。道光二十一年(1841 年)开封大水围城 8 个月之久,传统的社会经济秩序受到破坏,在一个相对封闭的城市环境中出现了局部的银贱钱贵现象,正好给我们考察非常态下银钱比价关系变化及影响因素提供了一个较完整的案例,这也是本文选题的旨意所在。

二、黄河水灾与银贱钱贵现象的表现

道光朝黄河大水数次泛滥,均对黄河中下游地区产生了重要的社会经济影响,但每次水灾对社会经济造成的危害表现有所差异。道光二十一年(1841 年)开封黄河大水灾对开封城市社会经济影响表现在不同的方面,其中对银钱比价变化的影响主要表现在银价的跌落与制钱价格的急剧上升、市场粮食与物料②的短缺、制钱流通困难及对开封城市生态环境的破坏致使交通受阻等方面。

从不同地区银钱比价的水平来看,历次经受黄河水灾之害的河南在银钱比价上是不是表现出很大的差异呢?从现有的研究成果看,对不同地区间银钱比价的横向比较,尚不多见系统的研究,彭信威的清朝制钱市价统计表就是根据不同地区的钱价统计而成的。道光朝不同地区钱价情况如

① 韩祥:《晚清灾荒中的银钱比价变动及其影响——以"丁戊奇荒"中的山西为例》,《史学月刊》2014 年第 5 期,第 79 - 92 页。

② 物料主要包括秸料、石料、麻绳、麻袋、蒲包等 100 多种软硬料。参见水利部黄河水利委员会编《黄河河防词典》,黄河水利出版社,1995,第 250 - 256 页。

表2所示。

表2　道光年间不同地区银钱比价情况

年份	白银一两合制钱数
道光二年(1822年)	2000以上(直隶京钱)
	3000以上(同上)
道光八年(1828年)	2600(山东京钱)
	1300(苏松)
	2550(京钱)
道光九年(1829年)	1400(河南)
道光十年(1830年)	2700(山东京钱)
道光十二年(1832年)	1250(湖州)
道光十八年(1838年)	1650
道光二十二年(1842年)	1650(浙江)
道光二十六年(1846年)	1500(江南)
	1500(河东)
道光二十七年(1847年)	2000(湖广)

资料来源于彭信威:《中国货币史》,上海人民出版社,2007,第614页。

从道光时期河南、陕西、山西、山东等地区的银钱比价看,几个省区的银钱比价差别不是很大,河南的银钱比价也不是最高的。如果按照杨端六所谓银贱钱贵的标准,“如果在一千文以下,那就叫作银贱钱贵”①,河南的银钱比价还算得上是“银贵”。道光二十一年(1841年)开封黄河大水灾期间银价跌落的历史事实却是存在的。其实在清初河南已经出现“银贱”现象,嘉庆八年(1803年)河南每两白银只能兑换“七百二三十文”。“自衡工漫口以后,省城钱价骤昂,每银一两不过易钱七百二三十文”②。道光二十一年黄河在祥符张湾决口,从大水围城之初银价即出现大幅骤降,“自水

① 杨端六编著《清代货币金融史稿》,生活·读书·新知三联书店,1962,第181页。

② 王宏斌:《清代社会动荡时期银钱比价变化规律之探析》,《河北师范大学学报(哲学社会科学版)》2014年第1期,第7页。

围城后，银价骤减，每两易钱一千文，复减至八九百文，较平时几减至大半”①。大水冲破护城堤涌向开封城仅仅几天的时间，即“三五日间，愈降愈下，甚至每两只肯换钱六七百文。是银贱钱贵，较平时相去倍而又倍”②。考察清代银价下跌的历史就会发现，银价跌到六百文乃至以下的水平应该是一个极低的价格，在短时间内银价下跌幅度之大超乎预料。

在一个特殊背景下考察银钱比价关系，当然要考察灾害发生后市场的反应与变化。从非常态下汴梁城内市场对大水灾害的反应来看，粮食和物料的缺乏，导致市场交易行为的停滞，甚至出现了商户罢市的情形。市场变化和钱价的陡然升高并非清代常态下常规经济要素发生了突然的变化，因此应排除人口、亩产、物价等要素突然变化引起局部银贱钱贵的因素。人口、亩产、物价等要素是考察市场变化情况首先要参考的几个方面。经过对道光朝相关问题的分析，发现道光朝人口、亩产、物价等并未发生剧烈的变化。道光二十一年（1841 年）前后河南人口总数基本保持稳定，道光二十年（1840 年）至二十三年（1843 年）人口总数均在 2377 万人左右。③从人均亩数和人均粮食净收入等指标看，相应指标也没有产生剧烈的波动。详情参见表 3。

从表 3 可以看出，乾隆时期是河南人均亩数和人均粮食净收入减少最厉害的时期，道光时期及之后一直到光绪时期并未出现急剧减少的情况。从清道光朝征收地丁银情况看，道光二十一年（1841 年）后几年间地丁银数也没有呈现剧烈波动的情况。道光朝河南实征地丁银数为：道光二十一年 2925524 两，道光二十二年（1842 年）3569294 两，道光二十五年（1845 年）3730213 两，道光二十九年（1849 年）2824703 两。④ 总体来说，清道光朝的田亩收入和实征地丁银每年变化不大，情况相对稳定，并不具备导致物价增减多倍的条件。

① 痛定思痛居士：《汴梁水灾纪略》，李景文、王守忠、李湍波点校，河南大学出版社，2006，第 5 页。

② 痛定思痛居士：《汴梁水灾纪略》，第 12 页。

③ 严中平、徐义生、姚贤镐等编《中国近代经济史统计资料选辑》，科学出版社，1955，第 365 页。

④ 梁方仲编著《中国历代户口、田地、田赋统计》，中华书局，2008，第 573 页。

表3　清朝河南人均亩数和人均粮食净收入

		乾隆十八年(1753年)	乾隆三十一年(1766年)	嘉庆十七年(1812年)	光绪十三年(1887年)
亩产(升)		100.00	100.00	100.00	100.00
田赋	亩均银数(分)	4.60	4.50	4.50	5.25
	亩均粮数(升)	0.34	0.30	0.28	—
田赋总折粮(升)		7.24	7.05	7.03	7.88
地租(60%)(升)		55.66	55.77	55.78	55.27
亩均余粮(升)		37.10	37.18	37.19	36.85
人均亩数(亩)		10.16	4.42	3.13	3.24
人均粮食净收入(升)		376.94	164.34	116.40	119.39
约折合重量(斤)		550	240	170	174

资料来源于王洪瑞:《清代河南农民粮食净收获量的估算》,《南都学坛》2008年第4期,第56—58页。说明:亩产均按1石,即100升计;亩均银数中嘉庆朝为嘉庆二十五年(1820年)数据,光绪朝为光绪十九年(1893年)数据;田赋总折粮按1两银子买1.5石粮食计算;折合重量按1升约等于1.46斤计算。

道光二十一年(1841年)前后,开封地区物价水平与全国物价总水平基本一致,处于一个相对稳定、波动变化不大的状态。这里首先看一个相邻华北地区的价格数据(见表4),从当时河北宁津县(今属山东德州)物价统计情况来看,零售物价总指数和农产品物价指数及手工业产品零售物价指数总体并未出现大幅度上升。

表4　1841年前后河北宁津县物价指数(1821年=100)

年份	零售物价总指数	农产品物价指数	手工业产品零售物价指数
1836年	106.3	111.5	101.2
1843年	99.5	97.7	101.2
1844年	99.9	99.5	100.3
1845年	101.5	98.8	104.2
1850年	116.4	112.2	120.7

资料来源于严中平、徐义生、姚贤镐等编《中国近代经济史统计资料选辑》,科学出版社,1955,第37－39页。

从表4可以看出,开封黄河大水前后华北地区物价相对稳定,没有出现大幅度的涨落情况。道光二十年(1840 年)至道光二十五年(1845 年)物价指数总体处于相对低谷①,表 4 反映出的零售物价变化不大,那同时期河南省开封地区的物价指数情况如何呢?根据现有研究成果,总体上来说道光朝至同治朝是粮价相对稳定时期。② 全国粮价基本稳定、波动不大,但在遭受黄河大水围城之困的开封城内却“粮价腾贵”,主要还是在特定的灾荒时期由于粮食的短缺及商铺趁机抬高价格,最后导致制钱购买粮食、价格上涨。

每逢灾荒时相关灾害地区就会出现商人囤积居奇、变相涨价的现象,道光二十一年(1841 年)开封黄河大水灾发生时同样出现了各商铺钱铺涨价行为。根据《汴梁水灾纪略》记载:汴梁水灾发生时,汴梁城内“街市各铺户转乘危急之际,于市物一切高抬价值”③。相对于平时无灾害时的物价而言,“粮价腾贵,米面俱价增一倍,蔬菜全无,城内几于罢市”④。至于物价的具体数据,根据蒋湘南《辛丑河决大梁守城书事》记载,“城内人多粮少,斗米三千钱,马草一斤钱亦数百”⑤。七月二十七日东门卖蔬菜,“一茄价至十六七文,葱一斤价至十二三文,较平时增三四倍”⑥;八月初八日的物价是“斗麦买至六百余文,斤面买至四十二三文”⑦;九月二十八日,“西门外船上卖米,每斤钱二十六文,居人以其价廉,竞买之,顷刻而尽”⑧。灾害时期换算成白银是一个什么样的变化呢?“口食所急者米面,平时每

① 从嘉庆五年(1800 年)至道光三十年(1850 年)“北直隶宁津县乡镇的零售物价和银钱比价指数图”中物价指数趋势线可以看出,道光二十年至道光二十五年间物价指数总体处于相对低谷。参见严中平、徐义生、姚贤镐等编《中国近代经济史统计资料选辑》,科学出版社,1955,第 39 页。

② 邓玉娜:《清代中后期河南省粮价变化的历史地理学解释》,《陕西师范大学学报(哲学社会科学版)》2012 年第 6 期,第 103 - 111 页。

③ 痛定思痛居士:《汴梁水灾纪略》,李景文、王守忠、李湍波点校,河南大学出版社,2006,第 12 页。

④ 痛定思痛居士:《汴梁水灾纪略》,第 5 页。

⑤ 痛定思痛居士:《汴梁水灾纪略》,第 170 页。

⑥ 痛定思痛居士:《汴梁水灾纪略》,第 49 页。

⑦ 痛定思痛居士:《汴梁水灾纪略》,第 58 页。

⑧ 痛定思痛居士:《汴梁水灾纪略》,第 77 页。

百斤需钱二千数百文,约需银一两五六钱,今银贱粮贵,每百斤约需银八九两”①。由此看来,在将制钱买粮的价格换算成用银计价的情况下,粮食价格仍有上升,米面的物价比平时上升了五六倍。② 上述市场表现可以比喻为“银贱粮贵”,这实际上是“银贱钱贵”的最好注解。

在开封大水围城的危机时刻不仅粮食价格上涨,救灾所需物料也因为供应紧张而价格上涨。按照清制,河工采购物料大规模购买以用银支付为主,一般物料采购仍然采用制钱。在河工经费中,物料占绝大部分。甚至有专门的物料商投机专营,“料贩居奇”,于春季购买物料囤积起来,专伺黄河大水时涨价销售以求暴利,“转利于河工有事,以遂其3倍牟利之心”③。遍阅《汴梁水灾纪略》救灾日记,不难发现到处求购救灾物料的记载,且救灾相关物料价格上涨。以堵口所用的蒲包来说,“此时城内蒲包每个卖至三十余文,较平时价增一倍有余。除曹门局积有储存,他处俱无卖者。是后遂搜买椒包,并人家残破蒲包,其价愈增”④。这些物料的价格一般还是经过救灾管理总局的认可,如救灾用的苇箔不足时,河南巡抚就饬令总局在汴梁城市街道张贴招条,向社会搜买苇箔,开出的价格是“每条给值一百六十文。并于北城设买料厂”⑤。可见,水灾发生后最重要的物资还是与防水堵口密切相关的物料,由于水大工巨,所需物料较多,致使市场上售卖蒲包等物料者不敷用,以至价格上升。

道光二十一年(1841年)开封黄河大水灾中一般铺户趁机使粮食物料涨价,钱铺则趁机提高钱价。“各家钱铺将银价骤至大跌,向银一两换钱一

① 痛定思痛居士:《汴梁水灾纪略》,李景文、王守忠、李湍波点校,河南大学出版社,2006,第12页。

② 与粮食价格上涨相对的工资收入是什么情况呢?《汴梁水灾纪略》日记显示义民助工:“每名日发给钱三百文,至是助工者已二三千人,经费无多,故不许。”“自省城被水围后,委员办工者:候补州县,每员总局日发给薪水钱二千文;佐杂,每员日发给钱一千文;绅士,惟北门买砖局每人日得薪水钱一千文,其巡查五城每处绅士皆十数人,日只发给钱一千五百文。”参见痛定思痛居士:《汴梁水灾纪略》,第50,76页。

③ 曹志敏:《嘉道年间河费使用问题探析》,《安徽农业科学》2011年第32期,第20297页。

④ 痛定思痛居士:《汴梁水灾纪略》,第20页。

⑤ 痛定思痛居士:《汴梁水灾纪略》,第41页。

千六七百文，一被水而跌至一千一二百文”①，在这次黄河大水灾中银价最低的时候甚至降到六百文左右。依据道光十八年（1838 年）重修《山陕牌坊碑记》和同治三年（1864 年）《重修后道院记》，道光朝开封金融机构主要是典当、金铺、钱铺，其中以典当、钱铺为主，同治朝则转变为以平遥票号为主（见表 5）。②

表 5　道光同治时期开封金融机构

<table>
<tr><th colspan="3">道光</th><th colspan="2">同治</th></tr>
<tr><th>行业</th><th>号数（以捐资数为据）</th><th>所占捐资比例（%）</th><th>行业</th><th>所占捐资比例（%）</th></tr>
<tr><td>典当业</td><td>8</td><td>38.95</td><td>平遥票号</td><td>28.76</td></tr>
<tr><td>金店</td><td>5</td><td>5.11</td><td rowspan="2">公茂典</td><td rowspan="2">9.55</td></tr>
<tr><td>钱店</td><td>4</td><td>2.53</td></tr>
</table>

正是由于钱铺在开封这个相对封闭的城市中具有非常重要的意义，钱铺降低银价的影响非常大，这实际上印证了清朝银钱兑换的大权操纵在钱铺之手的观点。乾隆二年（1737 年）户部会同提督衙门奏言当时银钱兑换比率的情况时就说道：“因兑换之柄操于钱铺之手，而官不司其事，故奸商得任意高昂以图厚利。”③

道光二十一年（1841 年）开封大水围城期间，面对物价的上涨及粮食、物料的短缺，河南地方政府想方设法稳定市场，除了上述政府开辟渠道增加粮食、物料的供给，还有设法维护市场秩序，通过临时整合市场，稳定必要的粮食和物料供应。我们从当时河南巡抚发布的告示就可以看出，政府为了稳定市场采取了某些必要的措施。布告称：“在城大小铺户，即同桑梓之亲，且平时赚利以赡身家，亦俱系汴梁所得，见此际流离颠沛，方当咨嗟，仗义量力捐施，作善消灾，正在此日。乃于民生休戚莫不相关，官长训言毫

① 痛定思痛居士：《汴梁水灾纪略》，李景文、王守忠、李湍波点校，河南大学出版社，2006，第 12 页。

② 许檀：《明清时期的开封商业》，《中国史研究》2006 年第 1 期，第 171 页。

③ 杨端六编著《清代货币金融史稿》，生活 · 读书 · 新知三联书店，1962，第 184 页。

不加意,反将粮价倍为增长,银价大为减贱,是乘人之危而劫之。"①河南巡抚晓谕商铺,采取的是动之以情、晓之以理的策略,站在商铺的角度分析:城市陷落与铺户厉害休戚相关,城之不存,家将焉附?"目前剥削之利甚小,亿兆沉落之害甚大。各铺售卖粮食一切,及钱铺易换银两,仍照往时价值公平交易。勿再存乘危网利之私"②。为此地方政府采取相应对策,"急谕铺店,不得高抬市价"③,禁止商铺变相涨价,借灾害发危机财,以稳定物价、保证救灾物资及生活物资供给。由于开封城市内外交通运输唯一可以依赖的是港口码头,对于这一部分影响物价的因素也采取了相应的应对措施。开封对外通航的两处渡口(南郊乡之芦花岗、东郊乡之后台)"船户讹索过甚。每粮一斗,船价钱一百文;葱一捆,船价二百文。故负贩者因以不至"④,这是影响市场物价的不利因素。河南地方政府为了稳定粮食蔬菜供应,令两渡口各派官船20只,往来通商。

按照常理,一个地区出现银贱钱贵的问题必然会导致贩运通货投机套利行为,但通过对《汴梁水灾纪略》及当时人记录开封大水围城事情的史料梳理,尚未见在道光二十一年(1841年)开封大水围城时期,有从城外向城内转贩制钱的投机套利的记载。道光二十一年汴梁城大水期间,为了加强对钱铺银钱兑换价格的管理和控制,地方政府设立了专门的机构——钱局来监督和管理钱铺的交易行为。道光二十一年六月二十四日,在浙江会馆设立钱局,各钱铺出人专门在钱局办理银钱收发事宜,实际上是设立了一个集中处理救灾赈灾相关银钱事务的办事处。《汴梁水灾纪略》称"设钱局于浙江会馆,饬各钱铺每铺出一人在局收发银钱"⑤。在大水危急中,地方政府出面专门设局征收制钱,有效遏制了钱铺变相提高钱价的投机行为。

从生态环境的角度分析,道光二十一年(1841年)开封大水灾破坏了

① 痛定思痛居士:《汴梁水灾纪略》,李景文、王守忠、李湍波点校,河南大学出版社,2006,第12页。

② 痛定思痛居士:《汴梁水灾纪略》,第13页。

③ 痛定思痛居士:《汴梁水灾纪略》,第8-9页。

④ 痛定思痛居士:《汴梁水灾纪略》,第58页。

⑤ 痛定思痛居士:《汴梁水灾纪略》,第19页。

原有的生态环境,人口、交通乃至资源禀赋和要素均发生了变化。道光二十一年开封黄河大水灾影响范围广,造成河南、安徽两省共 5 府受灾。① 开封城内外生态环境被破坏,使得整个城市获得粮食和物料的渠道减少。再加上大水围城的时候正好是“六月禾苗在地,无从抢获”②。

如果考察城内物资短缺和物价变化的情况,其中最重要的正相关因素应该是交通运输的问题。由于开封处于黄河下游的位置,黄河河道经过长年不断淤积抬高,使得河床高出堤外地面。咸丰五年(1855 年)以前的黄河下游河道淤积抬高的速度为年均 6—12.2 厘米,铜瓦厢决口前的黄河下游已和目前黄河下游的形势大体相似。③ 从开封市地理环境看,周围护城堤围绕,“护城堤东、西、北三面去城皆五里,惟南堤去城十里”④。黄河决口或漫溢均容易形成大水冲破护城堤并水围开封城的局面。道光二十一年(1841 年)黄河大水围城阻断了城内外交通,破坏了城市内外的水陆交通条件。开封城市内部的水运、陆路道路也遭到破坏,原有的物流交通体系难以为继。⑤ 开封城市对外水运系统被毁,水患不仅使得近郊的水系紊乱,连贾鲁河也被淤塞,中断了开封城市外部的漕运水道。道光二十一年开封黄河大水灾,阻断了开封城与号称开封城市外港的朱仙镇的重要物资运输通道,这就对开封城内的物资供应造成了很大影响。关于朱仙镇对开封城市商业贸易的关系和重要性,许檀在《明清时期的开封商业》一文中已有重要论述,朱仙镇米商在开封粮食业中占有重要地位,朱仙镇还是绸缎、布匹、糖、纸张、茶叶、瓷器等商品的重要来源地。⑥ 开封黄河大水期

① 曹志敏:《嘉道年间河费使用问题探析》,《安徽农业科学》2011 年第 32 期,第 20297 页。

② “九月二十四日鳞庆奏折”,《再续行水金鉴》卷 82,第 2124 - 2126 页,转引自黄河水利委员会档案馆编《道光汴梁水灾》,2000,第 107 页。

③ 陈志清:《历史时期黄河下游的淤积、决口改道及其与人类活动的关系》,《地理科学进展》2001 年第 1 期,第 45 页。

④ 痛定思痛居士:《汴梁水灾纪略》,李景文、王守忠、李湍波点校,河南大学出版社,2006,第 4 页。

⑤ 相关研究参见程子良、李清银主编《开封城市史》,社会科学文献出版社,1993,第 204 - 205 页。

⑥ 许檀:《明清时期的开封商业》,《中国史研究》2006 年第 1 期,第 172 - 173 页。

间,开封城与朱仙镇交通主要依靠开封城南码头,通过南面芦花岗码头疏通去朱仙镇采买物料的路径。由于黄河大水冲破护城堤使得大水直接围困开封城,开封城交通运输的主要渠道就依赖城南的芦花岗码头和城东的后台码头。

大水围城时期,利用芦花岗码头在朱仙镇之间开辟了一条运输米面粮油和救灾物料的主要通道。开封城内粮食不足时,就近去朱仙镇采买调运。道光二十一年(1841 年)六月二十五日记载有"千总常德胜自朱仙镇乘船运小米至"①等。黄河大水泛滥不仅阻碍了开封城市交通运输的通道,使得城内物资短缺,同时城内生态环境也遭到重大破坏,整体上给开封城市以工代赈、灾难救济等带来一定的困难。大水灾对开封城内外人口环境造成的危害甚大,"人民同鱼鳖之游,村落尽蛟龙之窟"②,"四郊居民淹毙者十之四五"③。开封出现粮食不足、市场制钱不敷,与开封城市人口因灾民聚集而导致的临时性人口增加有密切的关系。关于这一点,《汴梁水灾纪略》有明确的记录,因为四周乡村被淹,每天都有前来避灾的难民,"城外城内避水登城及露栖高阜者,难以数计"④。因此,灾民骤增,粮食不敷,必须要找到解决这个问题的办法,"省城骤添灾民甚众,街市粮食不敷,已发银赴附近之朱仙镇买运接济"⑤。

三、银贱钱贵的原因分析

清代重视河工,河工用银相对充足,市场则严重依赖制钱,市场购买粮食和物料价格与制钱的供给有着密切的关系。道光二十一年(1841 年)黄河大水围困开封城,开封城市救灾费用紧张,主要还是因为工程量巨大、银贱钱贵,以至费用支绌。从道光二十一年六月张湾决堤,到第二年二月堵筑决口,开封"城之在巨浸中已二百余日,屏墉颓毁,积沙壅其外,将谋修

① 痛定思痛居士:《汴梁水灾纪略》,李景文、王守忠、李湍波点校,河南大学出版社,2006,第 20 页。

② 痛定思痛居士:《汴梁水灾纪略》,代前言,第 3 页。

③ 痛定思痛居士:《汴梁水灾纪略》,代前言,第 4 页。

④ 痛定思痛居士:《汴梁水灾纪略》,第 11 页。

⑤ 痛定思痛居士:《汴梁水灾纪略》,第 17 页。

复,工巨非常,费无所出”①。实际上,此次开封黄河大水围城与往常水害不同之处还在于“寻常水旱之以渐而及者”,“此次被水实属猝不及防,家资漂淌,房屋冲塌,即有高阜可避,亦皆水围乏食”。② 这说明由于这次黄河大水来势突然,使得整个城市毫无防备,这就更加造成一种恐惧心理,因此短期内银价持续迅猛下跌。大水期间政府与绅民互动,积极赈灾,在应急处理及赈济市民生活方面比较有效果。从黄河大水发生一开始,通过当时候补县令罗凤仪的态度可见官府态度,正如罗凤仪所云:“民钱恐不敷用,吾当以官钱助之。”③遇有堵门救灾事宜,则派生员杨经畬、杨春锦率众“扛杉木、土袋并缗钱驰往堵御”④。这里值得探讨的是,一方面河工用银较多,但开封城在大水围困之中,虽谋修复还是因工程巨大“费无所出”;另一方面在救灾中购买救灾物料等事均用钱较多,造成制钱需求的增加。为了解释造成银贱钱贵的原因,就必须考察河工用银的供给与市场制钱的需求增加情况。

清朝河工有事或发生水灾时,解决救灾所需粮物钱款缺项的主要方法之一是申请政府补贴。大水灾发生后,“幸赖执事诸君飞章入告,不动声色,另请钱粮”⑤。另据蒋湘南《辛丑河决大梁守城书事》记载,开封大水灾赈济用银申请国库补助,“凡用帑金百八十万,赈恤之费又九十余万”⑥。关于大水灾总共用银数,根据当事人统计,开封大水灾总共用银超过五百万两。开封知府邹鸣鹤的统计数据较具有权威性,《城工善后管见》记载:“查祥工……请帑计至五百万,外加以守城之费八九十万两,三省赈恤之费

---

① 《重修省城碑记》(道光二十四年岁次甲辰十月上),引自开封市黄河志编辑室编《开封市黄河志》,1988,第 305 - 306 页。

② “九月二十四日鳞庆奏折”,《再续行水金鉴》卷 82,第 2124 - 2126 页,转引自黄河水利委员会档案馆编《道光汴梁水灾》,2000,第 106 - 107 页。

③ 痛定思痛居士:《汴梁水灾纪略》,李景文、王守忠、李湍波点校,河南大学出版社,2006,第 3 页。

④ 痛定思痛居士:《汴梁水灾纪略》,第 3 页。

⑤ 《新建大王庙碑记》(道光二十七年四月),引自开封市黄河志编辑室编《开封市黄河志》,1988,第 307 页。

⑥ 这个数字实际上是早期申请帑金的数字。申请河工用银是否按期抵运,也成为考察水灾形成的主要原因之一,按照蒋湘南的记载,早期有厅馆高步月诉于大府,申请用银,“业许发帑,既而复中止,束手待溃而已,此失事之由也”。参见蒋湘南:《辛丑河决大梁守城书事》,载黄河水利委员会档案馆编《道光汴梁水灾》,2000,第 142 页。

约百数十万两。”①

上述用银均为国库拨银,清政府拨银途径一种是由户部直接拨银,另外一种是由地方从藩库、道库、运库中调拨。据《大清宣宗成皇帝实录》记载,道光二十一年(1841 年)开封大水灾申请库银接济:“所请酌拨库银接济,准其于例拨银二十五万两内,酌拨藩库银十五万,以资接济。除划还藩库借款外,余银拨存道库。”②按照清初惯例,“定官员领帑,除夫匠工价外,民间日用,除零星粟布外,概不许用钱”③。《皇朝文献通考·钱币考》载乾隆十年(1745 年)规定:“嗣后官发银两之处,除工部应发钱文者仍用钱外,其支用银两,俱即以银给发,至民间日用,亦当以银为重。”④清政府币制大数用银,小数用钱,但尤重视白银,即“重点是放在白银上,而且有提倡用银的明白表示”⑤。清代财政制度只看重银数的多少,并不看重银价的高低。“国家经理财用,凡一出一入,只论银数之多寡,不问银价之贵贱。即如每季给发官俸、兵饷及一切杂项,按数支放,不必于银贱时而少增,亦未尝于银贵时而少减,其定制然也”⑥。对于黄河大水出现时修复河堤工程,这批银两所起到的作用或效果有必要进行评估。

由于清政府国库拨银只重银数不论贵贱,因此地方政府申请用银数就要依据一定的标准。开封大水堵筑决口被简称为祥工,祥工用银比照仪工用银的办法,“前此马营工用一千二百余万,仪封工用四百七十五万,原议

① 关于 1841 年开封黄河大水用银数,《清史稿》亦载“次年二月,工竣,用帑六百万有奇。……及蒇事,加增百余万”。此处所出祥工用银总数与邹鸣鹤记录数据大致相同,这应该是大水期间用银的总数。参见邹鸣鹤:《城工善后管见》,载黄河水利委员会档案馆编《道光汴梁水灾》,2000,第 150 页。

② 参见《大清宣宗成皇帝实录》卷 354,第 21 页,转引自黄河水利委员会档案馆编《道光汴梁水灾》,2000,第 118 – 119 页。

③ 杨端六编著《清代货币金融史稿》,生活·读书·新知三联书店,1962,第 195 页。

④ 转引自彭信威:《中国货币史》,上海人民出版社,2007,第 592 页。

⑤ 彭信威:《中国货币史》,第 575 页。

⑥ 中国人民银行总行参事室金融史料组编《中国近代货币史资料(第一辑)》,中华书局,1964,第 31 页。

以仪工为率”①。开封黄河大水期间购料摊价方法在王鼎等人的奏折中描写得比较清楚:“所有核定料土价银,仍照历届大工章程,将例价销六赔四加帮各价,摊征归款。”②这也说明地方政府所申请使用库银必须由地方政府按地摊征返还。正如邹鸣鹤《城工善后管见》所言:“查豫省历办成案,每值要工,奏明由司暂垫,分年按地摊征归款。现在善后应即照此办理。而年限加近,至多以三四年为率,期于库款早归,公事亦可得济,此一法也。”王鼎、慧成、朱襄、鄂顺安上奏折也如此言道:“第现在工程俱系抢办,急需银钱应手,方可克期告成,河南藩道库项,早已无可挪垫,惟有仰恳皇上天恩,饬部迅将臣等前次奏请续拨银一百一十万两,照数赶紧筹拨,急速解工。”③虽说清朝历代皇帝对黄河水灾防护比较重视,对地方大员申请经费大多照数拨付,但也要求地方节约财政经费。清政府专门晓谕各省办理军需河工灾赈:“国家经费有常,自应量入为出。现在军需河工灾赈,先后颁发帑金,数已不少。著各将军府尹督抚及漕运河道各总督,于必不可缓之需,力加撙节。并严饬承办各员,毋许丝毫浮滥,事竣核实报销。嗣后遇有请帑事件,务须妥为筹划,不得率听所属详禀。动辄援案声请,以致漫无限制。”④

从上述研究可以看出,在黄河维护工程建设方面,清政府能够做到保证河工用银的供给,这只能说明清政府对黄河维护工程的重视,但从河工银两使用效率来看,却没有重视并处理好银两供给与市场用钱的关系。

在灾害发生的非常时期,市场用钱的需求增加,但政府对钱的供给不足,民间捐输和议摊等就成为解决市场用钱的重要渠道之一。邹鸣鹤《城工善后管见》载:“我国家经费有常,且当海疆事棘,经费支绌之时,凡我臣工,具有天良,断不敢再请帑项,上廑宸衷,则议摊议捐,其亟亟矣……各绅商深知帑项艰难,目击工程紧要,自应首先从厚捐输为通省倡,而八府四直

① 赵尔巽等:《清史稿(下)》卷363,载天津古籍出版社编辑部编《二十四史(附〈清史稿〉)》(第14卷),天津古籍出版社,2000,第386页。

② 《再续行水金鉴》卷81,第2112－2115页,转引自黄河水利委员会档案馆编《道光汴梁水灾》,2000,第103页。

③ 《再续行水金鉴》卷83,第2149－2150页,转引自黄河水利委员会档案馆编《道光汴梁水灾》,2000,第110页。

④ 《清实录》第38册,中华书局,1986,第523页。

隶州……均应竭力捐输,以襄要工,以笃梓谊。"①道光二十一年(1841 年)开封大水围城期间绅商部分捐输情况如表 6 所示。

在开封大水决口堵筑之后修缮城墙时得到捐助,这与大水围城之时捐输是一个性质的内容。史料记载祥符缙绅前襄阳府知府王懿德②(丁忧在籍)、前福建闽县知县张君(张光第)等人集议,"以捐输请",捐资修开封城墙。王、张等缙绅纷纷捐资,成为修城之重要资金来源。"遂以奏上,如所议行。数月而赀大集,乃备物用,兴人徒,百堵偕作"③。

表 6 道光朝开封大水期间绅商部分捐输

时间	捐钱人	钱物数
六月十九日	绅士候选训导张树勋	100 千文
	廪生司文楷	50 千文
	廪生高泽	30 千文
	廪生张绩	20 千文
七月初四	绅士商铺	钱 319 千文、土袋 29 条、秸料 60 束、杉木 5 根、箔 3 条
七月初七	候补县令罗凤仪及绅士	赈济总局办公伙食费用
	缙绅前襄阳府知府王懿德、前福建闽县知县张君(张光第)	捐资修开封城墙

资料来源于黄河水利委员会档案馆编《道光汴梁水灾》,2000。

开封作为河南省省会治所,当遇大水围城时理所应当寻求各地支援。但是由于银贱钱贵,派购物料所领银数与用钱购料所用钱数不相符,各地就出现百姓抗争派购派捐的事件。河南省城被水围困,各地捐输踊跃,但也出现了一些勒捐加派的情况。据鄂顺安奏折引述御史吕贤基上奏内容称:"河南河内、修武、武陟、安阳、汤阴、封丘、浚县七县,因派料勒捐,曾有

① 邹鸣鹤:《城工善后管见》,载黄河水利委员会档案馆编《道光汴梁水灾》,2000,第 150 页。

② 王懿德,字绍甫,河南祥符人。道光三年(1823 年)进士,授礼部主事,再迁郎中。出为湖北襄阳知府,擢山东兖沂曹济道。咸丰元年(1851 年),护巡抚,奏请豁免积年民欠常平仓粮八万余石,擢福建巡抚。

③ 《重修省城碑记》(道光二十四年岁次甲辰十月上),引自开封市黄河志编辑室编《开封市黄河志》,1988,第 306 页。

百姓聚众上堂。”①发生各地捐输上堂事件的原因，按照鄂顺安的解释，是因为银贱钱贵造成的官府发银与百姓购物料之间的比价出现了问题。据鄂顺安奏称：“豫省捐料一事，先将各州县派定垛数，应领价银，逐一胪列，出示晓谕，并无短价勒捐，及河内等七县百姓上堂辱官情事。惟料价昂贵，所发银数不敷。”②百姓上堂事件虽然最后还是由各县由官添购、捐廉帮贴，实现了官民相安的结果，但是这也说明一个问题，即开封黄河水灾事件中银贱钱贵现象影响波及的范围已经在附近各县表现出来。

银贱钱贵问题主要原因之一还要考虑市场对制钱需求的情况，市场用钱需求越广泛，制钱的使用价值就越来越大。根据《汴梁水灾纪略》的总结，“以极难得之钱，买倍贵之物”③，非常准确地解释了市场上制钱的缺乏与稀贵之物的关系，这是分析造成银贱钱贵的原因的主要出发点。

从现有的史料记载来看，官府采买救灾物料也有用银者，但数量有限。据《汴梁水灾纪略》记载，八月二十日“派附近尉氏等三十六州县买办秸料，在百里者，每垛发银一百六十两，远者递加至一百八十两”④。王鼎等奏称：“至估挑引河，查前届马工、仪工各案，挑河抽沟每土一方均给例加价银五钱，其坝工及各项土工，每方给例加价银三钱，此次亦应照办。”⑤再从历次河工采买垛料用银奏准料价来看，“衡工则每秸一垛给银二百两，睢工每垛一百九十两，马工每垛二百五十两。惟仪工每垛一百八十两，其价最为俭省”⑥。总体来说，官府购料价格稳定在一个范围，即“核其购运之难

---

① 《大清宣宗成皇帝实录》卷368，第28－30页，转引自黄河水利委员会档案馆编《道光汴梁水灾》，2000，第133页。

② 《大清宣宗成皇帝实录》卷368，第28－30页，转引自黄河水利委员会档案馆编《道光汴梁水灾》，2000，第133页。

③ 痛定思痛居士：《汴梁水灾纪略》，李景文、王守忠、李湍波点校，河南大学出版社，2006，第12页。

④ 痛定思痛居士：《汴梁水灾纪略》，第69页。

⑤ 《再续行水金鉴》卷81，第2112－2115页，转引自黄河水利委员会档案馆编《道光汴梁水灾》，2000，第102页。

⑥ 《再续行水金鉴》卷81，第2112－2115页，转引自黄河水利委员会档案馆编《道光汴梁水灾》，2000，第101页。

易,以给价银,每垛自一百六十两至一百八十两为止”①。当然,也有根据实际情况发放银两者,主要集中在对倒塌房屋的赈济方面。大水时期就有这样的记载,即在被水侵四乡添设赈厂,以赈济灾民。查证灾害倒塌房屋给予赈济,“倒塌者,每瓦房一间,官给银一两,草房五钱。瓦房不准过三间,草房不准过五间”②。可以看出,官府采买物料用银记价,实际上就是说明核算河工用垛料的方法是按照以银定价的原则进行的。这就和清朝雨雪粮价的定价单位有相同之处,即官府垛料定价以银为单位,实际上在采买过程中并非全部用银支付,也可能是按照当时当地的银钱比价用制钱支付。

按照传统学术观点,清代河工用银较多,加上银钱比较混乱,这就容易出现官吏腐败贪污的现象。③ 河工坚持用银的理由应该还有一个佐证,即地方用银或河工用银,余银存在钱铺生息,这与清代生息银两制度比较一致。大水围城之际,开封府“以城内八家典商旧存官银十五万两,遂传集八家抽取存项,勒限饬缴”④。地方官府喜欢拨费给银,清朝皇帝拨付银两有数,但地方政府将银两交给钱铺借以银两生息无数,这里面就给地方政府掌握银两增值数目以主动权。官府的银两通过钱铺调换成钱文,也有利于面对市场购粮购物的支付手段变化。开封城市救济机构主要用钱,用银者少。史料记载六月二十六日,“曹门局收总局银五百两”,以前计收总局钱九百千文,俱由罗凤仪支领;三十日,“曹门工局领总局钱四百千”。⑤ 以上可以看出,总局分拨银钱给曹门局有银两有制钱,但总体来说以制钱为主。在赈济放粮的过程中,救灾机构也有“改放钱文”之举。因为运粮不便,钱文发放办法也“按粮价折算”。⑥

---

① 《再续行水金鉴》卷 81,第 2112 - 2115 页,转引自黄河水利委员会档案馆编《道光汴梁水灾》,2000,第 101 - 102 页。

② 痛定思痛居士:《汴梁水灾纪略》,李景文、王守忠、李湍波点校,河南大学出版社,2006,第 69 页。

③ 王宏斌:《晚清银钱比价波动与官吏贪污手段》,《中州学刊》1989 年第 4 期,第 111 - 115 页。

④ 痛定思痛居士:《汴梁水灾纪略》,第 72 页。

⑤ 痛定思痛居士:《汴梁水灾纪略》,第 24,26 页。

⑥ 痛定思痛居士:《汴梁水灾纪略》,第 69 页。

市场购买食粮、物料及在途携带货币均以钱文为主。大水灾时购买食粮和个人购买物料大多使用钱文，百姓往来商贩或过路盘缠也使用钱文，由此引发匪类肆劫事件发生。南门外护城堤一带“有匪徒假冒兵役，遇有往来商民携带钱文，阻挠讹诈”①。还原当时汴梁大水期间钱文使用和流通的基本情况，正如日记资料所言，“当此省城被水之后，行人跋涉已属维艰，况钱文全在流通，岂容不法之徒在途扰害”②。“尔等商民携带钱文在途往来，遇有前项不法匪徒借此讹诈”，官府出告示严禁，并表示要“定行尽法严惩，决不稍存宽贷”。③ 为了避免侵财夺钱劫案的发生，总局甚至出告示，告诫百姓不要收藏携带钱文。为了维持市场上现钱的流通，总局公告商铺必须用现钱流通，“在户民既便收藏携带，而钱铺亦得现钱流通”④。从另外一个角度分析，钱铺集中现钱，既可以解决水灾时期城内乏钱之困，又可以做到工赈并举，实乃一举两得的事情。《汴梁水灾纪略》七月初八日记载：“连日城内乏钱，总局出示云……照得省城工赈并举，需用现钱轮转，方能事事应手。今各钱铺于老府门东边路北公所设局收钱，凡城内军民工贾夫役人等，有愿以钱换银者，每钱一千换给碎银一两，每钱一百换给碎银一钱，划一无二。在户民既便收藏携带，而钱铺亦得现钱流通。”⑤虽然在开封大水围城期间钱铺“主动”设局收钱，统一价格，但只是在一定程度上使得钱价暂时稳定在一定的水平，城内钱价远远突破了一千文标准，达到六百文的程度，说明市场对制钱的需求比较旺盛。面对大规模的制钱需求，开封城内绝对不会有相应充足的制钱准备，所以最后只剩下一个结果，就是制钱严重不足。清政府为了控制铜料的生产和流通实行“官治铜政”政策，以使铸币所需的铜料具有稳定、充足的来源。⑥ 清朝虽然允许地方政府铸钱，但由于原料不足，乾隆、嘉庆、道光三朝河南宝河局未开铸钱。

① 痛定思痛居士：《汴梁水灾纪略》，李景文、王守忠、李湍波点校，河南大学出版社，2006，第 31 页。

② 痛定思痛居士：《汴梁水灾纪略》，第 31 页。

③ 痛定思痛居士：《汴梁水灾纪略》，第 31 页。

④ 痛定思痛居士：《汴梁水灾纪略》，第 34 页。

⑤ 痛定思痛居士：《汴梁水灾纪略》，第 34 页。

⑥ 潘向明：《评清代云南的“官治铜政”》，《清史研究通讯》1988 年第 3 期，第 44 – 50页。

根据彭信威的研究,银钱比价的变动对于物价的影响自然是有的,但若要考察影响的程度,当然要看物价是根据什么计算的,是用什么支付的。“如果是用银支付,物价应当有下跌的倾向,至少不会上涨;如果是用铜钱支付,则应当有上涨的趋势。有些物价是以银为标准,而用铜钱支付,这种物价一定会上涨”①。道光年间以银计算的物价,虽然有铜钱私铸及外国钱流入等影响,但总体上来说物价还是有上升的趋势。道光二十一年(1841 年)开封钱价的贵是相对于银的比价而言,而造成钱贵的主要原因之一恰恰是物价计算的标准,即如彭信威所言以银为计算标准的用铜钱支付,则物价一定会上涨。从道光二十一年开封黄河大水期间银贱钱贵的现象来看,非常态背景下,考察社会生活状况应该从“银虚钱实”②的实情出发,考察钱的需求与供给的问题。

四、结论

通过道光二十一年(1841 年)汴梁城黄河水患经历反映出来的经济社会生活,银贱钱贵只是其中一个方面的内容,但是其影响却与清朝金融制度运行有着密切的关系。首先,从近代初期整体的银贵钱贱到道光二十一年汴梁水灾时局部的银贱钱贵,都是清朝金融货币制度运行的一部分。按照清朝银钱比价变动的时段划分来看,道光二十一年处于银价激烈变动时期。③ 在大环境“银贵”的前提下,对出现“钱贵”的个案分析更能考察清

① 彭信威:《中国货币史》,上海人民出版社,2007,第 615 页。

② 彭信威先生辑录《皇朝文献通考 · 钱币考一》载:“大抵自宋迄明,于铜钱之外,皆兼以钞为币。本朝始专以银为币。夫因谷帛而权之以钱,复因钱之艰于赍运,而权之以币。钞与银皆为权钱而起,然钞虚而银实,钞易昏烂,而银可久使;钞难零析,而银可分用;其得失固自判然。前代恐钞法之阻滞,并银与铜钱而禁之,至于用银者,以奸恶论,以钱交易者掠治其罪,亦为不揣其本末矣。”受此资料启发,文中用“银虚钱实”一词,是否妥当值得商榷。参见彭信威:《中国货币史》,上海人民出版社,2007,第 592 页。

③ 杨端六将清朝 268 年间银钱比价变动的情形分为三个时期,即从顺治元年到嘉庆十二年(1644—1807 年)164 年间为长期稳定时期,从嘉庆十三年到咸丰六年(1808—1856 年)49 年间为银价激烈上涨时期,从咸丰七年到宣统三年(1857—1911 年)55 年间为银钱比价回落时期。参见杨端六编著《清代货币金融史稿》,生活 · 读书 · 新知三联书店,1962,第 191 – 192 页。

道光朝金融货币运行机制的效率，应该说清朝货币金融运行体系中缺乏一个货币运行的有效调控机制。其次，汴梁水灾时银贱钱贵的现象引起清朝政府的重视，对以后清朝货币金融制度有一定的影响，这些影响有些是直接的，有些则是间接的。除了官府在之后采取“银钱并用”章程①，在这次大水灾中直接参与防水救灾的绅士看到物料紧张、铜钱不济，甚至有时还要看钱铺的脸色，颇受触动并提出相应的货币金融改革主张。经历汴梁水灾的王懿德深知货币支付手段完善的意义，于咸丰二年（1852 年）向清政府提出改革钞币主张，“奏请用钞”。

非常态下银贱钱贵现象相关因素包括粮食和物料的供给、制钱的供给等问题，如果这些要素短缺就会导致银钱比价关系的变化。经过本文考察分析，在 1841 年开封黄河大水这个非常态背景下出现银贱钱贵现象，主要还是因为城内钱粮物料缺乏，实际上是一种内源性的制钱需求驱动导致的结果。

---

① 道光二十六年（1846 年）时各省已经开始讨论银钱兼用，咸丰元年（1851 年）曾国藩提出的银钱并用章程影响很大，清政府在广泛的讨论之后推广银钱并用章程。参见《礼部侍郎曾国藩折——建议银钱并用（咸丰元年九月二十一日）》，载中国人民银行总行参事室金融史料组编《中国近代货币史资料（第一辑）》（上），中华书局，1964，第 115－118 页。

黄河精神文明

略论汴洛语音的历史地位*

张启焕

河南古为豫州地。《尚书·禹贡》在“禹别九州”下,分全国为冀、兖、青、徐、扬、荆、豫、梁和雍九个州。《尔雅·释地》及《周·夏官·职方氏》亦有九州之别,均曰“河南曰豫州”。故河南今简称“豫”。

由于豫州地处古九州之中心,且多为平原地区,故亦称中州或中原。如:“林不容兮鸣蜩,余何留兮中州?”(《楚辞·九怀·危俊》)“建初孟年,中州颇歉,颍川汝南,民流四散。”(《论衡·对作》)“晋楚治兵,遇于中原,其辟君三舍。”(《左传·僖公二十三年》)“今南方已定,兵甲已足,当奖帅三军,北定中原。”(《出师表》)

中原地区一向为我国历代政治、经济和文化中心,为汉民族的摇篮之一。据《古本竹书纪年》中的传说,夏都阳城,在今郑州市登封县境内;其他书中传说的夏都安邑,位于今山西南都(晋南)的夏邑境内。这两个传说中的夏都,前者在黄河南岸,后者在北岸。但不管其在河之南,还是河之北,都同处中原地区(请参看《中国历史地图集》中的《传说中的夏》图)。就商代来说,它的活动中心,亦在中原一带。据历史记载,商民先居亳(今商丘市),次居嚣(今郑州市),次居相(今内黄县南、濮阳市北),次居邢(今郑州市黄河北岸、武陟县南),次居庇(今山东郓城内),次居奄(今山东曲阜),最后定都殷(今安阳市)。所以在商定都殷前,这一带已是商民的活动中心,定都殷后,则成为全国政治、经济和文化中心。甲骨在殷都安阳小屯的发现,更足以证明这个史实。

商时周居岐山,后居丰(今陕西西安市西咸阳市南)。前 11 世纪,周武

---

* 原载《古汉语研究》1991 年第 1 期。

王伐纣克殷,灭殷,还至镐京,“复都丰、镐。至犬戎败幽王,周乃东徙于洛邑”①。所以中原一带,尤其是安阳、洛阳、开封,逐渐发展成为周代政治、经济、文化中心。正如《史记·封禅书》所载:“昔三代之居皆在河洛之间。”②又说:“自周克殷后十四世,世益衰,礼乐废,诸侯恣行,而幽王为犬戎所败,周东徙洛邑。”③《正义》注曰:“《世本》云:‘夏禹都阳城……’”又说:“《帝王世纪》云:‘殷汤都亳,在梁,又都偃师,至盘庚徙河北,又徙偃师也。周文、武都酆、鄗,至平王徙都河南。’案:三代之居皆在河洛之间也。”④

由此可见,中原一带很早以来就是我国先民繁衍、生息之地,尤其是河南的安阳、洛阳、开封及陕西的西安等。这些城邑,在三代、秦、汉、魏晋、隋、唐以至宋、金,曾先后多次成为帝王定都之所,成为我国政治、经济、文化中心。所以作为这一中心的中原汉语方言,自然便取得了通语或称凡语的资格。因此,这个通语的基础方言——中原语言,尤其是语音,对其他各汉语方言的影响,至深至大。正如斯大林同志在《马克思主义与语言学问题》中用马克思的话所说的:“方言集中为统一的民族语言是由经济和政治的集中来决定的。”

前面提到,据《古本竹书纪年》记载:“夏禹都阳城。”商都殷,周克殷统一中国后,虽徙都酆、鄗,但周本为殷商的诸侯国,且同处在中原这一大区里,因此在政治、经济、文化及语言上,有许多共同点。所以中原一带的汉语方言,随着周王朝的德泽教化,流布四方。各地交往频繁,这样就使得中原的汉语方言,逐步成为全国广大地区人们共同使用的通语,尤其在东周和东汉以后。比如全国各地的文人,都能读懂《诗经》,不管是十五国风中的哪一国风,就是明证。

秦、汉、魏晋(除东晋、南朝)、隋、唐及宋,和西周、东周一样,先后都长安和洛阳、开封。且各城邑相去不远,同处中原地带,历史上又一直是我国政治、经济和文化中心,所以这一带的中原语言,逐渐成为全国性的共同

---

① 司马迁:《史记·周本纪》,中华书局,1959,第170页。

② 司马迁:《史记·封禅书》,中华书局,1959,第1371页。

③ 司马迁:《史记·封禅书》,第1358页。

④ 司马迁:《史记·封禅书》,第1371页。

语，即通语或称凡语。这一点，在汉杨雄的《方言》里以及其他一些注释家的注疏里，都有明显的反映。例如：

娥㜲（yín），好也。秦曰娥，宋魏之间谓之㜲，秦晋之间凡好而轻者谓之娥，自关而东河济之间谓之媌，或谓之姣，赵魏燕代之间曰姝，或曰妦，自关而西秦晋之故都曰妍。好，其通语也。

嫁逝徂适，往也。自家而出谓之嫁，由女而出为嫁也。逝，秦晋语也。徂，齐语也。适，宋鲁语也。往，凡语也。

由此可见，远在汉代，就有通语或凡语之称。这个通语、凡语的基础方言，就是当时政治、经济、文化的中心，即长安、洛阳、开封这一中原地区的方言。所以这一地区的方言，在汉民族共同语的形成和发展过程中，起着十分重要的作用。从历史上看，汉民族的文学语言，也始终是以北方方言为基础的。这个基础方言，也即河洛一带或者说汴洛一带的中原方言。这正如北齐颜之推在他的《颜氏家训·音辞篇》所说的："自兹厥后，音韵蜂出，各有土风，递相非笑，指马之谕，未知孰是。共以帝王都邑，参校方俗，考核古今，为之折中。榷而量之，独金陵与洛下耳。"周祖谟先生在《颜氏家训音辞篇补注》中说："金陵即建康音，为南朝之都城。洛下即洛阳……洛阳为魏、晋、后魏之都城。盖韵书之作，北人多以洛阳音为主，南人则以建康音为主，故曰榷而量之，独金陵与洛下耳。"①按，在颜氏看来，洛阳一带的语音，就是北人的标准音。唐李涪在《切韵刊误》中也曾指出："凡中华之音，莫过东都，盖居天下之中，禀气特正。"②按，李氏所指称的"东都"，即洛阳。宋陆游在《老学庵笔记》卷6中也指出："四方之音有讹者，则一韵尽讹……中原，唯洛阳得天地之中，语音最正。"南宋南阳人陈鹄也认为："乡音是处不同，惟京师天朝得其正。"③陆游系南宋人，他所说的"中原""洛阳"，自应包括宋都开封在内。陈鹄也系南宋人，南宋虽徙都临安（今杭州市），但他所指称的"京师天朝得其正"者，显然指的是北宋都城汴京，而绝不是临安一带的吴语方音。因为从东周、东汉以后，汴洛等地，基本上

① 周祖谟：《问学集》上册，中华书局，1966，第411－412页。

② 《学津讨原》本卷下。

③ 《西唐集·耆旧续闻》卷7。

是历代帝都,为全国政治、经济、文化中心。所以中原一带的中原语音,得到了推广和重视,被认为"语音最正""特正",因而逐渐取得了标准音的独特地位。

在文化事业和文学语言方面,也莫不如此。众所周知,秦并天下后,焚诗书,坑术士,诗书从此散亡日多,六艺亦从此而缺。汉兴,革秦之弊,广征贤良术士,求其能治经书者。不仅如此,还设置五经博士,并给治经者以官禄。由是当时儒者云集京都,六艺五经之学大兴。因此,在西汉时代,长安为政治、经济、文化中心。但王莽之乱,又使礼乐分崩,经文再度残落。至东汉光武中兴,经学始得复振。据《后汉书·儒林传》载:"及光武中兴,爱好经术,未及下车,而先访诸雅,采求阙文,补缀漏逸。"永平元年(58 年)明帝即位,"帝正坐自讲,诸儒执经问难于前"。章帝建初元年(76 年),诏贾逵入北宫白虎观南富之台讲经。建初四年(79 年),章帝又大会诸侯于白虎观,讲习五经同异,作《白虎议奏》,章帝亲临亲制,并诏令高才生授《古文尚书》《毛诗》《谷梁》《左氏春秋》等,经学从此大兴。安帝永初四年(110 年),太后诏刘珍、马融、许慎等人,校书东观,"整齐脱误,是正文安"。这是我国历史上一次重要的古籍整理工作。这个工作是在京都洛阳进行的(在此之前的和帝永元十二年,即 100 年时,许慎还撰写了《说文解字》一书,对汉字的形、音、义做了系统的训释和说解)。因此,继东周之后,洛阳又再次成为当时全国政治、经济、文化中心。后来三国魏、西晋、北魏及隋、唐等九个王朝,亦以洛阳为都。这样,就使得中原地区的文化日益得到繁荣和发展,尤其是隋、唐、宋诸朝。比如唐代的诗歌,宋代的词学、理学,特盛于洛阳、开封一带。正如李健人先生在《洛阳古今谈》中所指出的:"有唐三百年,文学特盛于洛阳。"至于开封,在北宋时,中原宁静,汴京繁荣。词人乐工,云集京都,词学典盛。所以在文学史上,唐、宋两朝均被誉为"黄金时代"。正如方成培在《香研居词尘》一书中所说的:"至于诗馀,则宋之燕乐,所以悦耳目、娱宾客,而南北曲之所从出也。本乎《国风》房中之乐,滥觞于唐,大盛于宋。上自帝王朝廷,下至士庶闾巷,莫不各制新腔,争相酬和。虽理学如朱子、真西山,德业如范文正、司马温公,皆不免染指焉。何其盛也!"①所以如果说中原一带,如汴洛等地为当时学术中心、文化中心,恐不为过。也正由于这样,汴洛一带或者说河洛一带的汉语方言,尤其是语音,引起了学术界的重视。比如我们前引的北齐颜之推的论述。他认为自魏晋以后,"音韵蜂出,各有土风,递相非笑"。在这种情况下,只能"以帝王都邑,参校方俗,考核古今,为之折中"。但取何地之音为标准音?在颜氏看来,"榷而量之,独金陵与洛下耳"。这就是说,有条件作为全国语言的标准音的,当然只有作为"帝王都邑"的金陵和洛阳一带的语音了(这一般大致指《切韵》音系说的)。周祖谟先生有鉴于此,在《宋代汴洛语音考》一文中指出:"夫有宋一代,洛阳文教最盛,风流儒雅,并世而有。"又说:"汴梁去洛未远,车轨交错,冠盖频繁,则其语音亦必相近。及取汴京、畿辅人士之诗文证之,韵类果无以异。"②这与前引唐代李涪之语与宋陆游等人之论,其义并同。就按目前汉语方言的分区来看,语言研究所李荣先生也把西安—洛阳—开封一线划为"北方官话"这一大区中的"中原官话",认为其音系基本上是一致的。

此外,我们还认为,元周德清所著的《中原音韵》一书也是依据汴洛一带的中原音系而作的,是中原语音系统的实录。

周德清,元代音韵学家,生于南宋景炎二年(1277 年),卒于元正元二十五年(1365 年),江西高安人。他工乐府,善音律,长北曲。他于元泰定元年(1324 年)写成《中原音韵》一书,认为"欲作乐府,必正言语,欲正言语,必宗中原之音"。周氏这个观点,与上引唐李涪、宋陆游、宋陈鹄等人的看法是前后相承的。目前语言学界对此虽有不同看法,但正如李新魁先生在《中原音韵音系研究》一书第二章各节所论,河南的中原音系能成为汉民族语言的标准音,有它许多有利条件。所以周氏著《中原音韵》"必宗中原之音""必以中原之音为正"。况此书作于 1324 年,其时元统一中国,定都大都(今北京)不过 53 年(1271—1324 年)。50 余年的帝王都邑,虽可谓政治中心,但元统治者系蒙古族人,他们不懂文言文,对汉语尚处于了解、学习阶段,所以此书对汉族的书面语、文学语言,并无什么影响。著名剧作家关汉卿是大都人,但关氏系金遗民,入元不仕,且金后期亦都开封。

① 刘永济:《词论·通论·宫调》,上海古籍出版社,1981,第 18 页。

② 周祖谟:《问学集》下册,中华书局,1966,第 582 页。

另一大作家白朴,生于1226年(南宋宝庆二年),当他四十来岁时,元王朝才入主中国(1271—1368年,不足100年),而且白氏在文学家元好问家长大,后又一直在河南为官,所以白氏亦系金遗民。至于马致远,虽亦系大都人,生年不详,但他卒于1321年(元至治元年),与周德清的《中原音韵》成书处在同一个时期。所以我们认为,即使依据有些学者的说法,《中原音韵》乃根据四大剧作家的剧作韵律而制的,那亦系中原之音。假如我们查阅一下四大剧作家的剧作,对照一下今汴洛一带的日常用语,还可发现不少宋金词语,有的还可以追溯到先秦。下面仅举二例,以资说明。

[中] 河南方言中的"中",表示"行、好、成、能、可以"等意义。其用法大致有两种:一用于表示肯定之意,二用于表示否定之意,但表示否定时前面应加否定副词"不"来修饰、限制。例如:

①饭做中了(饭做好了)。

②这个办法中(这个办法好)。

③你真中(你真行)。

④这个不中(这个不好,这个不行)。

⑤这样做中不中(这样做好不好/行不行)?

这些用法,在元曲里不乏其例,如:

⑥卜儿云:可是中也不中?正旦云:不妨事,将书来我看。(关汉卿《救风尘》第二折)

⑦诗云:从来女大不中留,马上墙头亦好逑。(白朴《墙头马上》)

⑧王林云:孩儿……你出来递他一盅酒。旦云:父亲,则怕不中么?王林云:不妨事。(李逵)云:不中,则怕误了俺哥哥的将令。(康进之《李逵负荆》)

⑨丑云:此般物件,其实不中。生云:岂有此心,只是这弦不中用。旦云:这弦怎的不中用?(高明《琵琶记》)

这种用法,不仅说明目前汴洛一带的中原方言跟元曲完全一致,而且还可以追溯到先秦、两汉以至唐、宋,例如:

⑩不如听之以却秦兵,不听则秦兵不却,是秦之计中,而齐燕之计过矣。(《战国策·齐策二》)

注:姚本中,得。姚本过,失。笔者按:"得"即行、成之意,与"失"的词

义正相反。属于用以表示肯定之意，为音训。因为“中”与“得”，上古音同属端纽。

⑪礼乐不兴，则刑罚不中；刑罚不中，则民无所措手足。（《论语·子路》）

⑫武帝择宫人，不中用者斥出归之。（《史记·外戚世家》）

⑬美人停玉指，离瑟不中闻。（王建《荆南赠别李肇著作转韵诗》）

“中”，张相《诗词曲语辞汇释》卷4谓：“中，犹堪也，合也，行也。不中，犹云不堪也，不合也，不行也，不好也。”其义与我们上面所引诸例正同。

从这里我们可以领会到，先秦、两汉以至唐、宋，对“中”的这个用法，前后相承，至今天的中原方言，比如汴洛方言，也基本一致。但在今天的普通话里却基本不用，一般只说“这个办法好，这个办法可行”等。至于前加修饰语，后加动词，说成“中用、中听、中看”等，则是古汉语用法的遗留。

[俺]河南方言，比如汴洛方言中的“俺”，为人称代词，表单数，意为“我”“我们”。这种用法，大致始自宋代。虽然许慎的《说文解字》收了“俺”字，但意义与今天的汴洛方言不同。

清郝懿行《尔雅义疏》“卬吾台予朕身甫余言，我也”条下指出：“今方俗语谓我为俺，俺亦声转。但《说文》俺训大，于义又不当自谓也。”作为“大也”之义的“俺”，到了宋代，其义已基本上废而不用。而作为“我”的“俺”，则代之而兴，屡见不鲜，与今天的中原方言基本一致。例如：

⑭说得口干罪过你，且不罪，俺略起，去洗耳。（辛弃疾《夜游宫·苦俗客》）

⑮红云：夫人着俺和姐姐佛殿上闲耍一回去来……。老夫人：俺孩儿父丧未满，未得成合。（王实甫《西厢记》第一本《楔子》）

⑯外旦云：俺孩儿折白道字，顶真续麻，无般不晓，无般不会。（关汉卿《救风尘》第二折）

⑰杨志道：你等小本经纪人，偏俺有大本钱。俺只道是歹人，原来是几个贩卖枣子的客人。（《水浒传·第十六回》）

宋邵雍（1011—1077年）有《皇极经世》一书，凡12卷，卷7至卷10专论声韵。此书在音韵学上具有一定的价值，为考求宋代初期汴洛一带语音系统的重要资料。据李思敬先生的考订，认为可以考求出宋代初期即11

世纪中叶中国开封、洛阳地区的汉语语音系统,也就是当时汉民族准共同语的语音系统;同时他还认为邵雍的时代上距作《切韵》的陆法言400年左右,下距作《中原音韵》的周德清300年左右。《皇极经世》声音唱和图所反映的宋初汴洛音与《切韵》音有相当大的差异而与《中原音韵》音相近。下面我们将李思敬先生所考求的汴洛音的韵母系统与赵荫棠先生在《中原音韵研究》里所拟定的《中原音韵》十九韵部的韵母做一比较,以资说明(见表1)。

表1　宋初汴洛音韵母系统与《中原音韵》韵母系统对比

宋初汴洛音韵母系统				《中原音韵》韵母系统			
a	ia	ua		a	ia	ua	
ï (ɿ、ʅ)	i	ui		ɿ、ʅ	i		
		uei		ei		uei	
		u	y			u	y
				o	io	uo	
				ou	iou		
				ɛ	iɛ		yɛ
ai		uai		ai		uai	
au	iau	(uau)		au	iau		
aŋ	iaŋ	uaŋ		aŋ	iaŋ	uaŋ	
əŋ	iəŋ	uəŋ	yəŋ	eŋ	iŋ	(uəŋ)	(yəŋ)
		uŋ	yŋ			uŋ	yŋ
an	ian	uan	yan	an (æn)	iɛn	uan (uæn)	yɛn
ən	iən	uən	yən	en	in	uen	yn
am	iam			am	iɛm		
	im			em	im		

从表1看,的确是"相近"的。如果从宋词的用韵看,也大致如此,如《醉落魄》(史达祖,开封人):

江痕妥帖。日光熨动黄金叶。阑干直下愁相接。一朵红莲,飞上越人楫。鲤鱼波上丁宁切。诗简如线不曾别。明年好个春风客。五鹗交飞,身在玉皇阙。

史达祖这首词,押的是词韵第十八部(入声韵)。其中的八个韵脚(下带△号者),从今天看,它们的主要元音全是国际音标第三个标准元音[ε];除"阙"的介音为[y]及"客"无介音外,其余六个韵脚的介音全是[i]。所以,我们有理由认为,宋词、元曲都是依据宋代的标准音而写作的。况且这首词的用韵,也和《中原音韵》的韵母系统是一致的。

总结上述论证,我们认为汉民族共同语的形成和发展,其音系始为汴

洛音,也基本定塑于汴洛音,其形成路线可用图 1 表示:

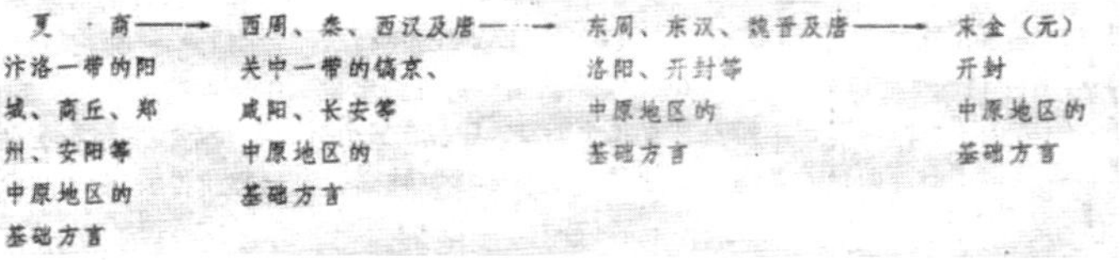

图 1　汉民族共同语的形成和发展示意图

这就是说,除了东晋及南朝的宋、齐、梁、陈都建康及南宋迁都临安,在 13、14 世纪以前,历代帝王一直在今陇海路一线的中原一带建都,因此,这一带一直是我国政治、经济、文化的中心。所以这一地区的汉语方言,是通语或称凡语的基础方言,从语音上说,为标准音,是千余年的历史形成的。因此,在一般文人看来,“必以中原之音为正”。而明清以来形成的“官话”,即今天所称的普通话,如图 1 所示,是在中原音,即汴洛音系的基础上形成的。这就是本文的初步结论。

《清明上河图》与清明上河学*

周宝珠

宋人张择端的"神品"名画——《清明上河图》,在中国绘画史上是一幅具有历史性的代表作,与他的另一幅作品——《金明池争标图》合起来,堪称双璧。前者绘出了北宋东京的繁荣经济,后者真实地显现了东京丰富多彩的文化生活。作者的两幅作品,一幅抓住东京的清明"上河",一幅捕捉东京的"上池"①,高度反映了当时人们经济文化生活的特有神韵。两幅画面,好像两个聚光点,一个定在东京东南部的汴河两岸,一个定在东京西郊的金明池,表现出作者善于选择典型镜头的特有能力。这两幅名画,留给炎黄子孙们一笔极其丰厚的文化精神财富,值得我们认真地去爱护、研究,使之发扬光大,作为振兴我们民族精神的强大动力。

一、宋都东京与《清明上河图》的创作

《清明上河图》产生于我国12世纪初的宋代,这绝不是偶然的。伴随着我国古代城市在北宋所发生的历史性转折变化,它应运而生,鲜明地反映出那个时代城市的历史特征。

北宋首都东京汴梁,亦称东都或汴京,即今之河南省开封市,有着一段极其光辉的历史。

开封在战国时代,曾为魏都大梁所在地,是当时的名都大邑,这里且不去管它。隋唐时代,沟通南北的大运河——通济渠(后又称汴河)开通之后,开封处于大运河的咽喉之地,地理位置日益重要,五代时期,梁、晋、汉、

* 原载《河南大学学报(社会科学版)》1995年第3期。

① 上池,见孟元老:《东京梦华录》卷7《三月一日开金明池琼林苑》;又见刘昌诗:《芦浦笔记》卷10。

周在此建都，逐渐取代了昔日长安、洛阳的城都地位，成为我国封建王朝新的政治中心。后周、北宋除修整汴河外，又开凿五丈河（广济河）、金水河、惠民河和蔡河，遂使东京成为"天下之枢"①"万国咸通"②的交通中心。周世宗时，国力逐步强盛，天下太平有望，都城开封成了人们向往的地方，"工商外至，络绎无穷"③，人口猛增，使得唐代留下的汴州城已无法容纳。因此，周世宗适应形势，对开封进行大规模的扩建与改造，主要措施有二：一是建新城，扩大城址和市区。即在旧城之外，另建一座新城，周围 24 千米有余，比旧城周长扩大一倍以上。二是改造老城，拓宽街道，进行统一规划，允许沿街人户临街掘井、种树、修盖凉棚，以及临街起建楼阁，增强都会的壮观。这样一来，沿街的旧坊墙基本上被拆掉了，既然允许沿街人户盖棚建楼，沿街墙已无必要。随着工商业的发展，店铺面街开设，经管方便，"市"作为交易场所而言，从城市某个狭小的局部，逐步向全城扩展。至宋，全城的坊市分离制度已完全崩溃，原来交易的"市"，如东市和西市，继续交易；原来居住的"坊"，也慢慢变成交易的市区，坊巷街口、桥头河边，凡可以交易的地方，都成为商业交易之所。如果说原来坊市分离之时，各有坊墙围着，这种坊墙对于城墙来说，无疑是大城里边的小城，坊、市都是封闭型的话，那么，宋代坊墙破坏之后，店铺临街开设，面街而居，城市面貌从封闭型变为敞开型了。这一巨大变化，既不以某个帝王的意志为转移，也不是一种偶然的巧合，而是当时商品经济发展的必然结果。

伴随商品经济的发展，城市外貌改观的同时，更主要的是其有许多实质性的变化。市民人口达百万以上，经营工商业的比重大大增加，北宋中期开封有 6400 多家资本可观的工商业者。宋人王旦曾说："京城资产百万者至多，十万而上，比比皆是。"④经营时间方面，白天已经不够用了，"夜禁"被冲破，逐渐形成了繁荣的夜市。马行街一带，"夜市直至三更尽，才五更又复开张。如要闹去处，通晓不绝"。许多酒楼瓦市之所的夜市，"不

① 脱脱等：《宋史》卷 93《河渠志 · 汴河》，中华书局，1977，第 2320 页。

② 孟元老：《东京梦华录 · 序》。

③ 王溥：《五代会要》卷 26《城郭》，中华书局，1985，第 320 页。

④ 李焘：《续资治通鉴长编》卷 85，大中祥符八年十一月己巳。

以风雨寒暑,白昼通夜,骈阗如此”①。可以说达到了空前繁荣的程度。

就手工业而言,东京集中了全国各地的能工巧匠,仅官营手工业就有近10万人。这里有世界上最早、最先进的火药作坊,其他如纺织、印刷、制瓷,无不应有尽有。

经济之外,中国艺苑的百花园地——勾栏瓦子,在东京涌现出来,使城市的文化娱乐生活丰富多彩。其他如学校林立,绘画、音乐、舞蹈等昌盛,又使东京成为全国的文化中心。

城市经济文化发展的同时,各项先进的城市管理制度也相应建立起来,诸如治安上的厢、坊制,专业防火队的建立等,不论在中国还是世界史上,都是有首创之功的。

在宋代城市的这种巨大变化中,当时人怎样看待东京?这颇值得人们重视。宋人柴宗庆曾留下这样的诗句:“曾观大海难为水,除去梁园总是村。”②这显然是说,东京是大海,是商品经济的大海洋,而其他城市与东京相比,还停留在“村”的水平上。元代大作家关汉卿借助于东京一个茶婆之口,有这样的话:“船临汴水休摇棹,马到夷门懒赠鞭。看了大海休夸水,除了梁园总是天。”又说:“俺这里锦片似夷门,天宫般帝城,辏集人烟,骈阗市井,丰谂时年,太平光景。你道是风光好,四海宁,休说那四百座军州,不如这八十里汴京。”③关汉卿所写的前段话,可以看到那些初到汴京的人,船停棹、马住鞭,被那繁花似锦的东京所吸引,看得如痴如醉,这段话后两句则是从柴宗庆的诗句转化过来,意思相同。后段话中的夷门,与前说之梁园,都是开封的代称,除一般地形容城市繁盛外,特别强调“休说那四百座军州,不如这八十里汴京”。北宋时,全国三百多州军,此云四百乃凑个整数,而所谓八十里汴京,乃内外城合而言之。文意很清楚地点明了汴京在全国城市中的地位,这与“除去梁园总是村”是相呼应的。元代人笔下的这些话,当然不无夸张之处,但作为后人对宋东京的美好回忆,或宋人流传下的种种说法,是有一定价值的。这样的东京城市难道不引起画家应

① 关于东京夜市,参考《东京梦华录》卷2、卷3诸条。

② 吴曾:《能改斋漫录》卷9《地理·梁园》,上海古籍出版社,1979,新1版,第272页。

③ 此据隋树森:《元曲选外编·钱大尹智勘绯衣梦》,中华书局,1959。

有的注意吗？

事实证明，宋代城市的巨大发展，深深地影响着从事现实主义创作的画家们，促使他们热爱城市，努力去表现城市生活，故而有市肆画的出现。如宋太宗时，吴人燕文贵入汴，曾画《七夕夜市图》，“状其浩穰之所，至为精备”①。出生于汴京的高元亨，“工画佛道人物，兼长屋木，多状京城市肆车马。有游琼林苑、角抵、夜市等图传于世”②。琼林苑为东京四园苑之一，在城西新郑门外路南，与路北之金明池相对，两者实为一处园林。每年农历三月一日至四月八日，其为东京人游赏的乐园，商贸交易也很活跃。角抵，宋代亦称相扑，为群众最喜爱的运动项目。高元亨的《角抵戏场图》，“写其观者四合如堵，坐立翘企，攀扶仰俯，及富贵贫贱，老幼长少，缁黄技术，外夷之人，莫不备具。至有争怒解挽，千变万状，求真尽得，古未之有也”③。这幅角抵图，可以说是东京各阶层人士及外国人在东京文化生活的一个缩影，如果作者没有对东京城市生活的高度观察能力，那是不可能创作出这样优秀的作品的。另一位画家支选，宋仁宗时为图画院祗候，“工画太平车，又画酒肆边绞缚楼子，有分疏界画之功……”④北宋末年，无名氏画有《夷门市廛图》一幅，“其风物气习，备见政和间流宕浮靡之俗，然非盛极无以臻此……正可与《梦华录》互为之览耳”⑤。

以上所列，都是宋代当时画家从不同的城市侧面，反映城市生活的典型作品。这些作品，表明了以城市为对象的市肆画已初步崭露头角，对张择端《清明上河图》的创作不能不产生一定影响。如果再从宋代全国性的视角来看，不仅东京市肆画不断出现，像东京以外的扬州，亦有《维扬春市图》的问世，如此等等，都预示着城市风俗画的兴起有其深厚的社会基础，必将产生更加优秀的作品。

正是在宋东京城市发展及市肆画兴起的基础上，北宋末年东京达到自身的鼎盛时期，随之出现了市肆画的代表作——张择端的《清明上河图》，

---

① 刘道醇：《宋朝名画评》卷1《人物门·燕文贵》。
② 郭若虚：《图画见闻志》卷3《纪艺》，中华书局，1985，第129页。
③ 刘道醇：《宋朝名画评》卷1《人物门·高元亨》。
④ 夏文彦：《图绘宝鉴》卷3《宋·支选》，商务印书馆，1937，第49页。
⑤ 王恽：《秋涧集》卷73《夷门图后语》。

把这一画派及画风推上了一个时代高潮。

关于张择端的身世,历史不显其名,当代的画史也未载其事,只有在他的神品《清明上河图》跋文里,留有金人张著的几句话:

> 翰林张择端,字正道,东武人也。幼读书,游学于京师,后习绘事,本工其界画,尤嗜于舟车市桥郭径,别成家数也。按向氏《评论图画记》云:《西湖争标图》《清明上河图》,选入神品,藏者宜宝之。大定丙午清明后一日,燕山张著跋。①

金大定丙午,即1186年,上距北宋灭亡整整60年,只有这么一个短短的题跋,世人才能略知张择端的简单身世。东武,即山东之诸城,张择端幼年时在家乡读书,后来游学京师,学习绘画,开始他的画家生涯。最初学习界画,这是宋代的一个画派,多为画工工匠所长,缺乏写意性,不为其他画派所重。他曾在翰林图画院供职,最喜欢画"舟车市桥郭径",与其他市肆画嗜好略同。在市肆画的创作中,他又能跳出界画,"别成家数",自己创出了一条独具风格的绘画道路,因此也就取得了市肆画的最高成就。

北京故宫博物院收藏的《石渠宝笈三编》注录本《清明上河图》,绝大多数学者认为是张择端真笔。图为绢本(25.5厘米×525厘米),共绘各类人物810多个,牲畜94头,船二十几艘,车、轿二十几乘,树170多棵。② 展阅画图,从汴京郊区的菜园风光,到城内闹市区的买卖盛况,其间有汴河上交通繁忙的运输、沿街屋舍的建筑特征、各种车辆的穿梭往返、小摊小贩的沿街叫卖,如此等等,都勾画得入微得体、错落有致、生动和谐,千百件事物画得浑然一体,真乃大手笔之佳作。尤其那画中虹桥的一段,备受世人赞赏。那高大的单孔木结构拱桥,桥身由5排拱骨组成,其桥无柱,又称无脚桥③或飞桥、虹桥④,这是汴河桥的明证。运输货物的船正一艘艘过桥,其中一艘大船在桥前似乎遇到了什么危险,篙工水手正在紧张地拨正船头,

---

① 《石渠宝笈三编》注录《清明上河图》,张著跋文。

② 画中所统计之人物、树木等数字,各家不同。本文据开封汴绣厂《清明上河图》制作时统计。

③ 参见韦骧:《钱塘集》卷5《无脚桥》诗。

④ 飞桥之称,见王辟之:《渑水燕谈录》卷8;又见脱脱等:《宋史》卷298《陈希亮传》。虹桥之称,见孟元老:《东京梦华录》卷1《河道》。

桥上正有人向船上抛绳索准备帮助，岸上的人或周围船上的水手，有的在指呼大叫什么，为大船脱险出主意、想办法，有的虽在围观，也露出非常紧张的神情，将画面推向高潮。图中大型城楼一座，是城外与城内的划分标志，城楼高大巍峨，非常壮观，楼上悬挂大鼓一面，打鼓人的铺席、枕头之类，都清晰可见。可以说，张择端最擅长的“舟车市桥郭径”在画中都一一展现了出来。无怪有人说，看《清明上河图》，“恍然如入汴京，置身流水游龙间，但少香尘扑面耳”①。这样的市肆画，是以前其他同类作品所无法比拟的，非神笔无以臻比。

这里应当特别指出，张择端的《清明上河图》与以前的市肆画有一个最大的不同点，即它不是一般地去追逐对传统民俗节日或市场的描绘，而是紧紧抓住“清明上河”这一主题，使民俗节日或市场的盛况去为这一主题服务，从而绘出北宋东京的时代特色，这是非常成功的。

所谓“上河”，这个“河”应指汴河。“上”，按宋人习惯用语，是“到”或“去”的意思，那么“上河”就是到汴河去，像到金明池游玩被称作“上池”一样。汴河是东京4条河中最重要的交通干线，因此常被人们称为宋王朝的生命线，这绝非虚语。宋人张洎说：

今天下甲卒数十万众，战马数十万匹，并萃京师，悉集七亡国之士民于辇下，比汉、唐京邑，民庶十倍。甸服时有水旱，不至艰歉者，有惠民、金水、五丈、汴水等四渠，派引脉分，咸会天邑，舳舻相接，赡给公私，所以无匮乏。唯汴水横亘中国，首承大河，漕引江、湖，利尽南海，半天下之财赋，并山泽之百货，悉由此路而进。②

这里把汴河在诸运河中的特殊地位讲得非常清楚。宋人张方平又进一步论述汴河与东京之关系：

今日之势，国依兵而立，兵以食为命，食以漕运为本，漕运以河渠为主。国家初浚河渠三道，通京城漕运，自后定立上供年额。汴河斛斗六百万石，广济河六十二万石，惠民河六十万石。广济河所运多是杂色粟豆，但充口食马料。惠民河所运止给太康、咸平、尉氏等县军粮

① 《清明上河图》吴宽跋文。

② 脱脱等：《宋史》卷93《河渠志 · 汴河》，中华书局，1977，第2321页。

而已。唯汴河所运一色粳米,相兼小麦,此乃太仓蓄积之实。今仰食于官廪者,不惟三军,至于京师士庶以亿万计,大半待饱于军稍之余。故国家于漕事,至急至重。京,大也;师,众也,大众所聚,故谓之京师。有食则京师可立,汴河废则大众不可聚,汴河之于京城,乃是建国之本,非可与区区沟洫水利同言也。①

这里,张方平把汴河提到"建国之本"的高度,是根据北宋国、兵、食、漕、河这种相互依赖的关系而言的。这就是说,没有汴河漕运,北宋是不可能在东京建都的。张择端抓住"上河"做文章,是深深懂得汴河与东京这种生死攸关的关系,可谓抓到要害上。

为什么要清明上河?这是研究《清明上河图》者最关心的一个问题,即使普通观众也会首先问及这一点。汴河牵动黄河1/3的流量,一年之中,自农历三月始,至入冬前,均可通航。黄河在冬季进入枯水季节,或者水少断流,或者水浅结冰,都无法保证汴河用水。再者,汴河引用黄河水,泥沙沉积严重,河床日益增高,每年冬季枯水断流之时,都要趁机进行清淤,以保证来年通航,这在宋代已形成一种制度。正由于此,汴河在春季通航时,按宋制规定:"发运司岁发头运粮纲入汴,旧以清明日。"②神宗元丰时,导洛入汴成功,又称清汴工程,目的在于使汴河延长通航时间,头运纲船可以提前到二月初前后。由于洛水流量小,还需要黄河水做补充,老问题依然存在。开封冬季天寒,即如汴河也经常结冰,要通航就得破冰而行,颇多不便,终难使汴河一年四季都可使用,故在北宋末不得不恢复旧制。总而言之,在清明前后纲船到来之时,"汴渠春望漕舟数十里"③,气势非常壮观。物资百货源源不断运到东京,商业贸易顿时活跃起来,甚至一个冬季不曾通信或往来的亲友,也在这个时候接通关系,汴河桥头就成为人们接亲送友的地方。本来,清明节习俗很多,张择端在画中仅用很少的画面去反映上坟、纸马店之类的事物,点明是清明节即可,而用大量篇幅着重描绘"上河",这在东京是时俗,也最能反映东京神韵之所在。可以说,没有

① 张方平:《乐全集》卷27《论汴河利害事》。

② 李焘:《续资治通鉴长编》卷302,元丰三年正月末。

③ 宋庠:《元宪集》卷15。

对东京生活的高度洞察力，那是绝对画不出《清明上河图》来的。

由上述可知，张择端长期生活在东京，他的创作是从东京的实际出发，选择那些最能反映东京关系问题的画面，加以高度的艺术概括。源于生活，而又高于生活，才能发挥出艺术作品的特有魅力。有人总喜欢把《东京梦华录》与《清明上河图》互相比证，这里有个方法问题，历史记载与绘画艺术毕竟不同，不能机械地去对比。从二者对比看，凡是《东京梦华录》记载的那些店铺，《清明上河图》中恰恰没有，这是艺术本身“虚”的一面所应当表现的，但并不妨碍艺术的真实，有人看图“恍然如入汴京”，正是艺术真实的感染力。后来有些所谓“摹本”，其实是伪本，它不是照真本临摹，而是根据《东京梦华录》记载去乱加内容，连原书记载的某些店铺的方位都弄得乱七八糟，企图冒充真本，鱼目混珠，其实是拙劣的。这一切又反过来证明张择端画艺的高超，他根据实际生活去创造艺术，又高于生活，达到了古典市肆画艺术的最高境界。

二、《清明上河图》的绘画热与研究热

宋人张择端的《清明上河图》绘制完成以后，深藏宋宫。金灭北宋，此图乃流入金朝，元、明、清各代，画图数入皇宫，又数次出宫在民间流传，经过许多次的曲折磨难，终于在中国人民伟大的解放战争之中，回到人民手里，新中国成立后，收藏于北京故宫博物院。为了满足人们观赏与研究的需要，人民政府有关部门以多种形式出版发行画图印本，遂使中国和世界广大人民得以目睹这幅皇皇巨制的绘画风采。

这幅画图是一幅大型的历史风俗画，其中事物贴近群众生活，通俗易懂，又揭示出城市生活的种种奥秘。张择端高超的绘画艺术，把画图的内容美和外观美和谐地统一起来，使人们不论文化水平高低、身份贵贱，都喜爱这幅图画，既使人一看便知，又使人百看不厌。因此，《清明上河图》在辗转流传的过程中，凡看到的人，总是爱不释手，尤其是绘画爱好者，看得如醉如痴，想尽各种办法，使尽浑身解数，对画进行临摹，不能直接临摹者，也在看后追忆画上一番。摹中有改，改中有创，借题发挥，以求创新者，也不乏其人。当代流散在国内以及美国、日本、捷克、英国等许多国家的《清明上河图》，已知者有 30 余幅，未知者尚不计在内。最近有些地方还在陆

续发现一些不同样子的图本,那么传世究竟有多少种,谁也无法预计。可以说,元、明、清以来,从多种图本出现的结果来看,实际上已形成了一股仿制《清明上河图》的绘画热,这个热潮中出现的图本,不管其画技优劣,也不论是根据什么本子临摹或改创,大都以张择端真笔的名义出现。这样一来,在相当长的时间里,给研究者造成诸多困难,致使真伪莫辨,各执说词,莫衷一是。近几十年来,在研究过程中探讨图本真伪者,有以下几种主要著作:

(一)董作宾:《清明上河图》,1953 年台湾艺文印书馆印行。董先生所据图本,是美国孟义君得自抗日战争胜利后之北平(今北京),原图装入一木匣中,木匣上刻"张择端清明上河图"。图出版的同时,有董先生的序文、考释、跋文、编后校记等,并定名为"元秘府本",认为此图是张择端真迹。

(二)徐邦达、郑振铎、张安治等一大批学者认为,北京故宫收藏的《石渠宝笈三编》注录本为《清明上河图》真本。徐先生发表有《清明上河图的初步研究》,郑先生写有《〈清明上河图〉的研究》,张先生出版了《张择端清明上河图研究》,①他们对图的真伪、绘画风格等多方面进行研究,成绩斐然。此本卷首有《石渠宝笈三编》印,端印下有标题《宋张择端清明上河图卷》。

(三)刘渊临:《清明上河图之综合研究》,1969 年台湾艺文印书馆印行。该书认为《清明易简图》为张择端真笔,并说张择端是金人。书中收集了各种图本的照片多幅,文字篇幅量是各家有关著作中最多的一种,约 17 万字。此图在《石渠宝笈续编》中有著录,题为《宋张择端清明易简图》,原藏清宫,今藏台北故宫博物院。刘先生在书中承认《石渠宝笈三编》本为一幅宋画,这一点经过严格对比考证,是颇有意义的。②

(四)那志良:《清明上河图》,1977 年台北故宫博物院印行。该书附

① 徐邦达:《清明上河图的初步研究》,《故宫博物院院刊》1958 年第 1 期,第 35 – 49页。郑振铎:《〈清明上河图〉的研究》,载郑尔康编《郑振铎艺术考古文集》,文物出版社,1988,第 202 – 227 页。张安治:《张择端清明上河图研究》,朝花美术出版社,1962。

② 刘渊临:《清明上河图之综合研究》前卷,第 55 – 61 页。

图为清院本,可见其主旨在研究、介绍这个本子的特色成就,但同时对董作宾、徐邦达、刘渊临诸说略加介绍比较。作者虽不敢确认哪个是真本,不过从画法、笔法去研究的话,认为《石渠宝笈三编》本“是比其他为优”。①

在对图本的研究中,一般都认为有两个系统,尽管对两个系统的划分还有不同意见,但实际上大多数研究者认为:一是以《石渠宝笈三编》本为一个系统,这个本子在流传过程中,保密性强,见之者少,故现在所能看到的诸本中,摹此者很少;另一是以元秘府本、东府同观本、白云堂本,以及《清明易简图》等为一个系统,这个系统的各本虽不尽相同,优劣差别亦大,但共同之处却相当多,它们不论出自何代,或出自何人之手,大都标以张择端《清明上河图》。只有一本标有《清明易简图》,这就产生了真本与伪本的区别和争论。

关于怎样确定本子的真伪,各家都提出自己的论据和理由,长期争论不休。其实根据实事求是的原则,确定本子真伪的问题并不难,问题在于必须对画面进行历史的分析。这里有几个关键的地方必须注意:

第一,城墙画得如何?这是一个重要的辨别标准。从这一点看,只有《石渠宝笈三编》本画的是土城,其他各本均为砖城。要知,宋代东京的内城和外城均为土筑,金元时代外城废而不用,只用宋内城,南北两端略有扩展,至明初才改为砖城。这是一个重要的历史事实,只有《石渠宝笈三编》本合乎此,其他则否。显然,艺术需要创造,但总不能离谱太远,把东京土城硬改成砖城吧!

第二,虹桥画得如何?这又是一个重要的辨别标准。关于虹桥,《东京梦华录》有明确记载:“其桥无柱,皆以巨木虚架,饰以丹艭,宛如飞虹。”②这样的桥式在东京汴河上有3座,即东水门外3.5千米之虹桥,及城内之上土桥和下土桥,尽管对图中画的是哪座桥还有争论,但这种桥式是木结构的单孔桥,为宋汴河桥的一大特色。据此而言,只有《石渠宝笈三编》本属于这一桥式,其他图本均为大型单孔石拱桥,孰真孰伪,不言而知。

第三,其他如城楼,《石渠宝笈三编》本仅画城楼,并无瓮门。这符合宋内城之制,而其他本所画之陆行门或水出门,均有瓮城,但不符合东京外

① 那志良:《清明上河图》,第17页。
② 孟元老:《东京梦华录》卷1《河道》。

城之制。树木中的冬季落叶型树,《石渠宝笈三编》本最符合开封清明前后景物,而其他本则无此真实,反映的节令稍晚,或是其他地方的情况。有的图本还在东京郊外作出远山景物,更不符合开封情况,如此等等,以伪充真之处非常明显。

第四,从画风上讲,《石渠宝笈三编》本最符合宋画风格和笔法,这一点在刘渊临先生的著作中充分做了肯定,其他本则否。

以上所举,足以证明《石渠宝笈三编》本为宋画无疑,从而认定它为张择端真笔,那是顺理成章的事。

确定本子真伪,对于研究者来说,只是研究作品之所需,真本固然重要,伪本摹本并非没有价值,这一点必须充分加以重视。例如,各种摹本创作的时代、风格,究竟描绘的是什么地方?画法技巧如何?为什么要冒充真本?弄清这些问题,对各时代的民族风俗、社会心态、文化传统等都有重大意义。弄清了这些本子的真实面貌,真伪本自然清楚之后,应该不再受这个狭小范围的约束,及时把眼光转到东京以外更广阔的世界看问题,那么研究的成果一定会更加丰富。台湾学者金祥恒在看了明仇英临本《清明上河图》后说:

> 图中布局叙事,仿照张择端清明上河图,间有删节增添之处,惟人物、服饰、舟车、屋宇、市招、风俗,有改过去,而写明清以来江南清明时候的社会景物。现在就本期封面戏台一图为例,据董作宾先生所见元秘府本、纽约旧本等,均无戏台,有戏台的只有明清以来的摹本,如纽约新本、日本摹本和清官收藏三本,本图的戏台,用芦扉架盖(芦扉用芦干或竹篾编成,中间实以笋箨或油纸,以防雨水),与北方用布幔的不同。芦扉原是江南产物,常用于船上,作遮太阳、防风雨之用。戏台右旁有看台,观众或集于台前,或分坐看台上,宛然如我小时在乡间清明时节看戏的情景。至于市招有:家机布匹发客,□兴鲜果水菜老行、万顺船行、街内天成号棉花行…… 苏广名席、钱庄……格式名称有些与现在苏杭一带的相似。①

仇英这幅画临自何本,目前尚不清楚,显然不是出自《石渠宝笈三编》本,

① 金祥恒:《记明仇英临本清明上河图》,台湾《大陆杂志》1954 年第 4 期。

这是可以断言的。那志良先生评论说:“仇英是明代江南人,他在这幅临摹的画上,改去了一些宋代旧制,而易以明代江南清明时候的社会景物,我们未始不可以把它视为一幅明代的风俗画。”①当然也谈不上改去宋代旧制,直接看成一股《清明上河图》绘画热的影响下所出现的明代江南风俗画,不是也可以吗?

至于清院本《清明上河图》,乃乾隆元年(1736 年)画院中陈枚、孙祜、金昆、戴洪、程志通 5 人所绘。是时,明代以来各种临摹本流传已久,影响愈大,清乾隆皇帝在文史书画方面的造诣颇深,命画工完成此图。董作宾先生评论清院本说:

> 此图乃清明上河图最为工致完美之作,由宣和至乾隆六百二十余年间,可称后来居上。所异者文不对题而已。但就社会史角度观之,则此卷所取题材,颇足以代表明清之际北平风物(惟衣冠异),而其艺术价值,且较张择端原作有过之无不及。②

那志良先生认为董氏此言是“公平之论”③,本人认为此论未必妥当。要知,董氏未曾见过《石渠宝笈三编》本,他所说的“张择端原作”乃美国孟君义收藏本,如果说清院本工致完美超出其他本之上,那么与《石渠宝笈三编》本相比,除“文不对题”之外,其画面事物亦比较松散,缺乏《石渠宝笈三编》本那种紧凑、生动、要闹的气势,当然也就没有《石渠宝笈三编》本那样强烈的感染力。不过,清院本的祖本,仍可以推至宋人所绘之《清明上河图》。从许多本子中得到启发,又以同样的画题,创作出明清时期北京的社会风物,其艺术价值自然不可低估,应把它放在绘画热中加以比较研究。

由上可知,从宋至清,各种《清明上河图》本子的不断涌现,足见这一题材的绘画在社会上产生了巨大的轰动效应,始自宋都东京开封,渐及江南诸城,再波及北京,都以此题来反映某一历史时期的城市风貌。这一绘画热潮,使市肆画像一条长河,奔腾不息,伴随着我国城市的发展而发展,成为我国绘画艺术的奇葩。图本不论多少、真伪如何,有一共同点可以肯

① 那志良:《清明上河图》编后校记,第 18 页。
② 董作宾:《清明上河图》编后校记,第 18 页。
③ 那志良:《清明上河图》,第 2 页。

定,都起到了宣传《清明上河图》的作用,如果说没有那股绘画热所产生的众多本子,没有那么多本子的广为传播,《清明上河图》的影响是不会有如此巨大魅力的。

由绘画热而带来的研究热,除上述几种专著之外,公开发表的文章有近百篇左右。从发表的文章看,参加研究的人员有文物、历史、绘画、文学、建造技术、医药卫生、饮食服务、民俗、服饰等方面的专家学者,以及社会各界诸多爱好者。他们从不同的角度进行研究,提出了许多新课题,这是需要许多专门知识才能解决的。因此,我们可以毫不夸张地说,这是一股研究热,在这个热潮中还形成了一种专门的学问,应该称之为"清明上河学",这就像我国文学艺术界对《红楼梦》的研究从而形成"红学"一样。

"清明上河学"当前正方兴未艾,除图的真伪在继续研究外,还有画图所绘城市及其方位、季节时令、作者所处时代,以及图中许多内容的争论。这些争论正向纵深发展,使这一学术领域更加活跃,即如有些争论意见看起来很不成熟,但这没有什么关系,只要大家认真研究讨论,暂时不能统一的,应当求同存异,在做学问的道路上,只有"学友",而没有"学敌"。一般来讲,争论双方,一方如果还未口服心服,那对方还是没有提供充分的论据足以驳倒另一方,耐心钻研,多拿出证据是非常重要的。当前,我国学术界关于《清明上河图》的文章不少,但真正较有分量的学术专著不多,我们迫切期望在这一研究热潮中,拿出我国学者的新著作,使"清明上河学"的研究继续向前发展,结出新的硕果。在研究《清明上河图》的热潮中,不少人常常引用两条引人注目的材料,但其真实性如何,尚须考察明白,不然的话,人云亦云,会造成不应有的麻烦。

其一,所谓《清明上河图》"镂板以行"的问题。

邓之诚在《东京梦华录注·自序》中云:"周煇《清波别志》云:绍兴初,故老闲坐必谈京师风物。……《清明上河图》,至镂板以行。"有人据此,大谈该图曾传入南宋,甚至该图为南宋人所作的史证等等。本人多次翻阅周煇《清波别志》,旁及他的《清波杂志》等书,根本找不到是书有以上所引语句。因此,邓之诚先生所指此点,不能信以为据,需再发现其他载籍来证明才可。

其二,是《庚子消夏记》关于"宋人云"的一段记载。该书曾这样说:

"上河圖乃南宋人追忆故京之盛而写清明繁盛之景也。传世者不一而足，以张择端为佳，上有宣和、天历等玺，予于淄川士大夫家见之。宋人云：京师杂卖铺每上河图一卷，定价一金，所作大小繁简不一，大约多画院中人为之，若择端之笔非画院人及也。"①这本书的作者孙承泽，明崇祯时进士，后入仕于清，官至吏部左侍郎，家内收藏书画甚富。他的这段话基本上来自明人李日华的《紫桃轩杂缀》，该书卷2云：

> 徐子扩云：王孤云写《端阳竞渡图》，即《清明上河图》也。不知何据，然余谛视图中，虽作大小舟舫，绝无相竞之意。京师杂卖铺每有上河图一卷，定价一金，所作大小繁简不同，想子扩所睹本有异耳。余友谭梁生一本，是张择端写，有宣和、天历等玺，盖当时画院中，写者非一，惟张择端见赏道君，若孤零乃元处士，余有其村社醉归图，虽入纤细，而极力超胜，非院中人所能及也。

李日华为明神宗万历时进士，官至太仆少卿，较孙承泽为早，他的这段话颇有耐人寻味处。其中所述徐子扩把元代处士王孤云所绘《端阳竞渡图》当成《清明上河图》，应属无稽之谈，这里不用管它。所谓"京师杂卖铺"所卖繁简不一的各本《清明上河图》一事，都冒充张择端所作，这里"京师"应指明代京师北京，所以有徐子扩"所睹本"，有谭梁生藏本等。很可能李日华没有分清这些图本的真伪，推出"盖当时画院中，写者非一，惟张择端见赏道君"的结论，其实没有多少根据。而《庚子消夏记》在"京师杂卖铺"之前，加上三个字"宋人云"，把李日华的话变成宋人的话，这就离题太远，纯属伪造了。他这么一加，有人就根据"宋人云"所语再推论出："可见在南宋时代，《清明上河图》已成为市面流行的商品，它的受欢迎绝不是仅仅由于场面的伟大和景物的动人，应当由于它的内容能使人怀念故都，唤起爱国的情感。这就充分证明了这一作品的人民性和时代意义。因此，许多南宋画院的画家都从事这同一题材的制作，并且内容的繁简、画幅的大小也有所不同（同时说明这些'上河图'并不是直接临摹张择端的作品）……"②这一连串的推论，都没有提供任何可靠的史证，当然也就不可

① 孙承泽：《庚子消夏记》卷6《张择端清明上河图》。

② 张安治：《张择端清明上河图研究》，朝花美术出版社，1962，第31－32页。

能令人信服。因此,在叙述《清明上河图》的历史影响时,既不能缩小,也不可夸大,更不能根据一些并不可靠的说法去大加推论,这不仅无助于解决问题,还会起相反的作用。不过,有一点可以说明,那就是多种本子的《清明上河图》问世以后,在市面上流通,它们像古代的“伪本”“伪书”一样,真作者不留姓名,而托名张择端罢了。如果不了解这一点,那是无法辨别真假的。后人对明代人的作伪手法没有弄清,误认为宋画院中人都从事这一题材的作品,才产生多种本子的《清明上河图》,实在太不应该了。事实证明,除《石渠宝笈三编》本以外,另一个系统的《清明上河图》(包括《清明易简图》在内),还没有一幅画能证明是南宋人的作品。

三、加强对“清明上河学”的研究及其意义

从《清明上河图》的创作到“清明上河学”的形成,其间经历了一个漫长的历史过程。到目前为止,对这门学问的研究越来越细,范围也越来越广,需要许多不同学科的专门知识互相贯通,才能去解释它、理解它,原来单凭直观感觉而欣赏那种繁荣热闹场面的观察已远远不够了。这幅画图的内容实在太丰富了,使许多文学记载性的书籍所不及,不经过长时间的继续研究,是无法全部弄懂画面内容及作者深邃用意的。因此,为了发展这个专门学问,社会各界通力合作尚须从以下几个方面努力。

其一,加强对《石渠宝笈三编》本的出版和研究工作。

这个图本尽管已经出版过,但由于过去印刷条件制约,所印本子的质量存在不少问题,一些画面不清楚,致使研究起来困难重重。一些地方出版的图本,几经反拍,质量更差,只能作一般观赏性用图。因此,希望有关部门,依据原图,利用现代高科技出版技术,出版一批精品,并附上原来题跋,以供研究者使用。画图不清,辨认困难,以至产生不少麻烦。如虹桥脚下有两把遮阳伞,伞沿下挂一个小长方牌,牌上有文字,有的辨认那字是“饺子”①,从而以为伞下是卖食品的;有的辨认为“饮子”②,认为是卖饮料的,前者属于辨误,后者属于释误,都无法对图中这一画面做正确解释。再

① “饺子”之说,参见刘渊临:《清明上河图之综合研究》前卷,第6页。

② “饮子”之说,参见郑振铎:《〈清明上河图〉的研究》,载郑尔康编《郑振铎艺术考古文集》,文物出版社,1988,第202-227页。

如城楼,大多数人说是城门楼,也有人说是蜘蛛楼。① 最近有些单位将这一画面照相放大,发现城楼檐下有牌额,牌上有字,自右向左,末一字为“门”,前边字迹还不清楚,仅据此即可断定这是一座城门楼无疑。这个牌额很可能就是解开城门楼的一把钥匙,而解释这个门是内城门还是外城东水门,都至关重要。因此,没有一个高清晰度的图本,是无法完成研究该图的任务的。随着印刷科技的进步,出版一个好本子,是完全可以实现的。

另外,尽管对《石渠宝笈三编》本的研究已有了很大进展,取得了不少学术成果,但到此为止之论是没有根据的。目前,对该图中的具体画面争论颇多,就连绘的是春景还是秋景、四季景之类,仍有不同意见,更何况其他。② 老问题解决了,新问题还会不断出现,有些老问题似乎解决了,其实并未解决,仍需要进行研究。有不少人仅仅根据图画的直观性,打眼一看,就认为是在歌颂宋徽宗的“太平盛世”“政治清明”③等等,那么作者为何又在城门楼外街市中间画一乞丐正在向过往行人乞讨?还有乞丐在街旁乞食,难道说这仅仅是点缀吗?当宋徽宗大搞什么“居养院”“安济坊”“漏泽园”等慈善事业,宣扬什么皇恩浩荡、恩及泉壤之时,作者那种画龙点睛之笔,难道说就没有揭示繁荣背后的危机吗?研究这些问题,或许可以为揭示作者下落不明找到一些线索或关系。总之,在研究上仍要下大功夫,继续深入下去,进一步探索作者及图本的各种秘密。

其二,对《石渠宝笈三编》本以外各种图,也应加紧出版研究。

从总的方面看,不管图本如何,都可看成“清明上河学”的组成部分。要从这些不同的图本中,一方面探索各本的流传之绪,另一方面弄清各本的创作时代、对象、内容及其反映的社会生活,千万不要受临摹者署名“张择端”三字的影响,而把问题仅集中在本子真伪的狭小范围内。只要各本的真正时代弄清了,《清明上河图》的其他问题就会迎刃而解,它们的社会

---

① 参见孔宪易:《清明上河图的“清明”质疑》,《美术》1981 年第 2 期,第 58 - 60 页。

② “秋景说”除孔宪易先生的文章外,另有邹身城:《〈清明上河图〉为什么不绘春色绘秋景?》,《历史知识》1984 年第 4 期,第 44 - 46 页。“四季景说”,参见徐庆荣:《清明上河图画的哪个季节?》,《贵阳晚报》,1980 年 10 月 30 日。

③ 邹身城:《北望家国——故宫长卷名画〈清明上河图〉考释》,《中州今古》1983 年第 2 期,第 26 页。

意义也会弄个明白。正是由于这个原因,建议有关部门加紧图本的收集,加以出版,以适应学术研究的需要。

由于《清明上河图》绘画热与研究热的持续升温,当前的摹本更多,印本已到数量可观的程度,使这一艺术成果迅速向社会普及,“家喻户晓”已指日可待。正在这个时候,社会上又形成另一个《清明上河图》热潮,即从绘画、研究走上实用,制作出更加丰富多彩的工艺品,积极开发旅游景点,这是以前各代所不曾有过的壮举。

先说开封,这个《清明上河图》的发源地,真是一片艺术的沃土,人们对《清明上河图》有着特别真挚亲昵的情感。自《石渠宝笈三编》本《清明上河图》公之于世以来,开封汴绣厂率先行动,按原作大小,制成汴绣《清明上河图》多幅,有黑白、彩色两种,不仅绣得逼真,更发挥我国刺绣艺术的特长,色泽鲜丽,较绘画更加喜人。绣品长卷曾陈列于人民大会堂河南厅,并出口国外,深受国内外友人、专家、学者、客商的一致好评,也为汴绣大增光彩。接着,开封市文管会组织专家技工,制成沙盘《清明上河图》,把平面画图变成立体模型,沙盘中的主要建筑物则是用木雕成,工艺性相当强。从平面绘画到立体沙盘,这是一个创造,画面中许多看不到的透视部分,要通过立体沙盘一一展现出来,难度很大。制成后,艺术效果极佳,前来参观者络绎不绝,产生了很好的经济效益。开封旅游部门也正在开封城内兴建一座“清明上河园”,虹桥及城门楼的宏伟身影已基本成形,街市部分正在筹建,它的建成将使人们在此参观时“如入汴京,置身流水游龙间”,还有尘土扑面呢。到那时,人们真是身入其境,那游兴滋味是现在人不可以言传的。其他,在开封把画图变成文学故事者有之,变成影视剧本者亦有之。开封人正与一些单位合作,准备拍摄一部几十集的《清明上河图》电视剧,把绘画的静景变成动景,变成生动活泼的人类社会,那将是另一番艺术享受。整个筹备工作早已就绪,进展很快,中宣部已将此列入“五个一工程”计划,设想正在变成现实。开封关于《清明上河图》的其他工作还有很多,不胜枚举,可以看成全国性《清明上河图》新热潮的一个缩影。

当然,热爱关心《清明上河图》的绝不只是开封,这项艺术财富属于全国人民,也属于世界人民。就全国而言,平面木雕《清明上河图》者有之,发雕者亦见之报端,福建武夷 15 米长的烫画《清明上河图》也已问世,立体性的《清明上河图》模型在北京展出，山东、浙江也在仿建《清明上河图》实景，与开封形成鼎立之势。至于香港的“宋城”，也散发着《清明上河图》的芬芳。在中国建设实景之前，世界许多地方也以收藏《清明上河图》的不同本子为荣，如日本新闻界早已把它列入世界名画之林加以报道。如此等等，都可证明《清明上河图》高超的绘画艺术已得到世界各国的公认，成为世界人民优秀的文化遗产之一。

世界上有哪幅名画产生过如此巨大的魅力，有如此诱人的影响？只有这幅《清明上河图》。这幅画是我国绘画艺术的瑰宝，历史证明它有着巨大的生命力，它既像一朵永葆艳丽的鲜花，又像一棵繁衍力极强的大树，派生出许多其他工艺美术作品，实用价值越大，生命力就越强，必将在世界艺术的百花园里永放芳香。

中国历史文化中的汴京元素*

程民生

摘要：北宋开封作为新型、大型都市，辐射功能和集聚功能空前强大，既是北宋全国各地学习的榜样，也对同时代的西夏、后代的金国都城以及南宋杭州的规划建制等起着直接的经典作用，是当时都城的标本。产生、完善于北宋开封的多种历史文化遗产、艺术形式，惠泽元、明、清以及当代。汴京是宋词创作、展示的中心和宋词发展的策源地。对我国历史上饮食业的贡献，主要表现在中国最早的菜系在宋代开封形成以及酒店业的繁荣。北宋开封孕育的众多世家大族为宋代乃至后代做出了重要贡献。以《清明上河图》为具体形象，北宋开封的历史辐射与影响延伸乃至放大至当代世界，是中国历史城市的名片。中华文明中的汴京元素，是宋文化的代表，并成为当今世界上中国传统文化的代表之一。

关键词：北宋；开封；汴京元素

北宋开封，由于地处中原地区的平原以及全国水陆交通的中心，在成为全国政治中心的同时，也成为经济、文化中心，乃是当时世界上人口最多、最繁华的超级城市。由于坊市制的打破，开封成为近代城市的源头和代表，比以往任何都城都更具活力。像现代大都市一样，其集聚功能十分强大，犹如一个巨大的磁场，吸引各种文明百川归海，在此汇集并加以融合提高，集聚成绚丽多姿、博大精深的综合文化。集聚首先是人才的集聚，朝廷的文武百官、官营手工业的能工巧匠、各类艺术精英自不必说，全国的士

* 原载《史学月刊》2014 年第 1 期。

子更是无不向往："四方学者皆弃背乡里，违去二亲，老于京师，不复更归。"①人才聚集优势明显。各地商旅数量更多，故而曾巩指出："京师天下之聚，俗杂五方之民。"②开封是国人会聚辐辏之地，各种奇风异俗均有体现。至于物质文化更是如此，正如孟元老所说："八荒争凑，万国咸通。集四海之珍奇，皆归市易；会寰区之异味，悉在庖厨。"③对此，有关论述甚多，无须赘言。在此需要特别指出的是，作为亚洲各国经济、文化交流中心的开封，大都市的集聚功能同时产生出强大的辐射功能：不仅领袖全国，而且被周边政权学习；不仅影响当时，而且波及后代，在历史上发挥了巨大的带动作用。本文试对其辐射、扩散影响做一论述，揭示中国历史文化中的汴京元素及其贡献。本文所谓汴京，专指北宋时期的开封；所谓元素，专指当时扩散、影响并延续后代的文明。

一、在全国的示范作用

京师开封作为政治中枢，不仅是政令发布之地，还是首善之区，所谓"圣朝祖宗开国，就都于汴，而风俗典礼，四方仰之为师"④，在精神方面号令天下，其文明诸方面是全国各州县效法的榜样。地方对京师文明的学习追求，也即崇敬仰慕，实质上是政治上、文化上向心力的表现。对此，王安石进一步指出："且圣人之化，自近及远，由内及外。是以京师者风俗之枢机也，四方之所面内而依仿也……至于发一端，作一事，衣冠车马之奇，器物服玩之具，旦更奇制，夕染诸夏。"⑤陈舜俞也说："今夫诸夏必取法于京师，所谓京师则何如？百奇之渊，众伪之府，异服奇器，朝新于宫庭，暮仿于

① 司马光：《司马光集》（第二册）卷30《贡院乞逐路取人状》，李文泽、霞绍晖校点，四川大学出版社，2010，第728页。

② 曾巩：《曾巩集》卷25《开封府狱空转官制》，陈杏珍、晁继周点校，中华书局，1984，第391页。

③ 孟元老：《东京梦华录笺注·梦华录序》，伊永文笺注，中华书局，2006，第1页。

④ 耐得翁：《都城纪胜序》，中国商业出版社，1982，第1页。

⑤ 王安石：《王文公文集》（上册）卷32《风俗》，唐武标校，上海人民出版社，1974，第380页。

市井,不几月而满天下。”①京师开封就是新奇事物的渊薮和发源地,辐射强度和速度令人惊讶。典型者如时间性很强的流行时装,总是率先在开封创制,然后迅速流传全国:“宣和之季,京师士庶竞以鹅黄为腹围,谓之腰上黄;妇人便服不施衿纽,束身短制,谓之不制衿。始自宫掖,未几而通国皆服之。”②时尚是一种共性追求,但这个共性却由京师来选择,通常是开封的个性。京师引领着时尚潮流,任何新事物都为全国所关注并很快就模仿起来,中心城市文化的辐射功能和主导作用极为突出。

作为“中原雅音”基础的宋代开封话③,自然得到全国的认可和喜爱。一些南方官员进京到达京城南部郊县陈留时,多敏锐地感到了当地人的口音变化。如江西人孔平仲写道:“青青麦陇鸟相呼,淡淡长空尺霭无。驿道宽平人语好,共知明日到皇都。”④又如两浙人许景衡称:“蔼蔼多佳气,飞飞亦好音。宁辞去家远,魏阙旧驰心。”⑤这里的“人语好”“好音”,就是让人感到尊贵、悦耳的开封口音。范仲淹在睦州(今浙江建德东)任职时,一次在众声嘈杂中被独特的开封话所吸引,遂不耻下问,与那位老兵交谈起来:“江城有卒老且贫,憔悴抱关良苦辛。众中忽闻语声好,知是北来京洛人。我试问云何至是,欲语汍澜堕双泪。斯须收泪始能言,生自东都富贵地。家有城南锦绣园,少年止以花为事。”⑥这位老兵是出生在京师的破落户,其开封口音在南方地区特别有吸引力。他们均认为开封话泠泠入耳,从中得到了快慰和满足。既然如此,模仿、推广开封话自在情理之中,南宋杭州的史实就是典型:“今街市与宅院,往往效京师叫声。”⑦用开封口音叫

① 陈舜俞:《都官集》卷2《敦化五》,文渊阁四库全书第1096册,第425页。

② 岳珂:《桯史》卷5《宣和服妖》,吴企明点校,中华书局,1981,第54页。

③ 元人孔齐云:“北方声音端正,谓之中原雅音,今汴、洛、中山等处是也。南方风气不同,声音亦异,至于读书,字样皆讹,轻重开合亦不辨,所谓不及中原远矣,此南方之不得其正也。”(孔齐:《静斋至正直记》卷1《中原雅音》,上海古籍出版社,1996,第219页)

④ 《孔平仲集·入陈留界》,载孔文仲、孔武仲、孔平仲:《清江三孔集》,孙永选校点,齐鲁书社,2002,第450页。

⑤ 许景衡:《横塘集》卷3《次陈留》,文渊阁四库全书第1127册,第189页。

⑥ 范仲淹:《范仲淹全集》卷3《和葛闳寺丞接花歌》,李勇先、王蓉贵校点,四川大学出版社,2002,第45页。

⑦ 吴自牧:《梦粱录》卷20《妓乐》,浙江人民出版社,1984,第193页。

卖是时尚,显得正统、高贵,有利于推销产品。浸润日久,以至于改变了杭州语音,近代著名语言文字学家黄侃即指出:“杭州语本与苏、常同,今则同于汴、洛,以宋之南迁也。”①至少在古代确实如此。例如,南宋鄞县(今浙江宁波)人楼钥,于汴京沦陷42年后的乾道五年(1169年)出使北国,在开封听到当地人“语音亦有微带燕音者,尤使人伤叹”②。作为一个江南人第一次到开封,“居然敢断定胡人统治下的汴京人说话‘有微带燕音者’”③,我们可据此推测,楼钥长期生活在开封话的语境中,所以才能敏锐地听出开封话中细微的燕京口音,至少他应会说开封话。语音是语言符号系统的载体,代表着一定的语义,具有“社会性”。开封语音作为京师官话,拥有强势,是汴京文明在宋代的软实力。

二、对西夏、金朝都城的影响

北宋与契丹、西夏政权三足鼎立,既有政治上的对立、军事上的冲突,也有经济上的交流、文化上的渗透。强大的农耕文明、礼乐文明或汉文化自然居于中心地位和主导地位,作为汉文化的代表,开封文明的辐射力穿透国界,进一步表现在对周边国家和政权的深刻影响上。其中以对西夏的影响最明显,特别是在都城名称以及建设方面,西夏公然模仿开封。

西夏最强悍的君主李元昊曾顽固地排斥汉文化,扬言:“衣皮毛,事畜牧,蕃姓所便。英雄之生,当王霸耳,何锦绮为!”④他继位后,西夏与宋朝分庭抗礼,但在都城建设方面却竭力模仿宋朝。他升都城兴州为兴庆府,“其名号悉仿中国故事”⑤。具体而言,就是仿照宋朝都城开封府的名称,以此来提升西夏正统的政治地位。这一点得到学界的广泛认可。如有西

① 黄侃述,黄焯编《文字声韵训诂笔记》,上海古籍出版社,1983,第137页。

② 楼钥:《楼钥集》(第6册)卷119《北行日录上》,顾大明点校,浙江古籍出版社,2010,第2094页。

③ 平田昌司:《回望中原夕霭时——失陷汴洛后的“雅音”想象》,载陈平原、王德威、关爱和编《开封:都市想象与文化记忆》,北京大学出版社,2013,第292页。

④ 李焘:《续资治通鉴长编》卷111,明道元年十一月壬辰,中华书局,1993,第2594页。

⑤ 吴广成:《西夏书事校证》卷11,明道二年五月,龚世俊、胡玉冰、陈广恩等校证,甘肃文化出版社,1995,第133页。

夏史学者认为:“西夏立都兴庆府之时,曾先后多次对都城进行了大规模建设,‘构门阙宫殿,及宗社籍田’,‘广宫城,营殿宇’……成为东西长,南北短的长方形城廓,这是借鉴了北宋东京(开封)内城形制的营造方法。”①宋史学者也指出:“就都城布局而言,兴庆之外城东西长而南北短,元昊宫位外城中央而略偏西北,这与宋开封宫城与外城的关系相一致,其受开封建设之影响,于此可见一斑……宋都开封称东京,而以洛阳为西京,东西方位明确。而夏称兴庆亦号东京,而以西平府(灵州)为西京,其方位似以南北相称为好,却非要东西两京对称。”②其不按方位称南京、北京,而采取东、西两京对称,就是为了与宋朝对应。

更令人惊异的是,西夏政权连兴庆府的管理机构也叫开封府:“其官分文武班,曰中书,曰枢密,曰三司,曰御史台,曰开封府。”③“曰开封府,掌尹正畿甸之事,属有六曹、左右军巡使、判官、左右厢公事干当等官。”④开封是自西汉开始延续了千余年的地名,开封府是五代至宋朝行政区划的名称和管理机构的名称,西夏却直接照搬西去,如“京师”一般当作了都城地区管理衙门的名称,可见在其心目中,仿佛只有称开封府才是都城,才有正统的权威性,开封府成了都城的代名词。无独有偶,灭掉北宋的金国虽然在军事、政治方面蔑视宋朝,但对宋朝的经济文化和东京却是崇敬有加,其京城也是竭力仿照东京而建造的。率先仿照开封改造的是其首都上京。在东京沦陷 19 年之后的乱世中,在开封以北 4 千米之外的白山黑水间,东京开封的形象赫然显现。皇统六年(1146 年),金熙宗完颜亶决定重建都城上京(今黑龙江阿城):“以上京会(宁)府旧内太狭,才如郡治,遂役五路工匠,撤而新之。规模虽仿汴京,然仅得十之二三而已。”⑤新兴的金朝,首都

① 马文明:《西夏建筑艺术与中原建筑文化的关系》,载中国古都学会、银川古都学会编《中国古都研究》第 9 辑,三秦出版社,1994,第 130 页。

② 周宝珠:《北宋西夏间贡赐交往中的开封与兴庆(银川)》,《史学月刊》2000 年第 1 期,第 43 页。

③ 脱脱等:《宋史》卷 485《夏国传》,中华书局,1977,第 13993 页。

④ 吴广成:《西夏书事校证》卷 11,明道二年五月,龚世俊、胡玉冰、陈广恩等校证,甘肃文化出版社,1995,第 133 页。

⑤ 宇文懋昭:《大金国志校证》(上)卷 12《熙宗孝成皇帝四》,崔文印校证,中华书局,1986,第 174 页。

偏远,简陋狭小如同一个州郡所在地,与已经强盛的金朝不相适应,皇帝于是征发5路民工拆除旧建筑,建设新都城。新都城的规划设计方案就是模仿汴京,但毕竟地理环境、经济文化背景以及基础差距较大,技术力量有限,上京的规模不足开封的三分之一。

后来居上的是其新首都燕京。天德三年(1151年),篡位不久的完颜亮营造燕京,两年后迁都于此并改为中京。最初,有关部门提供了一套按照传统理念设计的宫室建筑方案:"有司图上燕城宫室制度,营建阴阳五姓所宜。"①但遭到完颜亮的否决。之所以不接受全新的规划,是因为他的理想规划是照搬汴京。"金主亮稍习经史,慕中国朝署之尊,密有迁都意……乃遣尚书左丞相张浩、右丞相张通古、左丞蔡松年调诸路夫匠,筑燕京公[宫]室……其制度一以汴京为准,凡三年乃成"②。新燕京的宫室设计完全依照汴京模样:"亮欲都燕,遣画工写京师宫室制度,至于阔狭修短,曲尽其数,授之左相张浩辈,按图以修之。城之四围九里有三十步,自天津桥之北曰宣阳门(如京师朱雀门)。"③派画工到开封图写建筑形制,连具体尺寸也一丝不苟,带回后由皇帝交给宰相按图建造,不做任何修改。"金主稍习经史,慕中国朝著[署]之尊……遂遣左丞相张浩、右丞相张通古等,调诸路夫匠筑燕京宫室。城周九里三十步,其宫室一依汴京制度。运一木之费至二千万,牵一车之力至五百人,宫殿之饰,遍傅黄金,而后间以五采,金屑飞空如落雪。一殿之费以亿万计,成而复毁,务极华丽焉"④。完颜亮仰慕汉文化,艳羡开封的繁华,不计代价地按照汴京建制打造金碧辉煌的燕京。为了达到形似和神似,甚至还从汴京皇宫拆掉了一批雕刻精美的门窗,千里迢迢运往北方,安装在燕京皇宫:"及金海陵修燕都,择汴宫窗户刻镂工巧以往。"⑤燕京为辽国中京,是一座辽国经营多年的老都城,金国却一点也看不上,彻底推倒,在原址上按汴京的建制重建。如果北宋皇室有人到

① 脱脱等:《金史》卷5《海陵本纪》,中华书局,1975,第97页。

② 李心传:《建炎以来系年要录》卷161,绍兴二十年十二月末,中华书局,1988,第2625页。"宫室"原作"公室",据文渊阁四库全书本(第327册第259页)校正。

③ 徐梦莘:《三朝北盟会编》(下)卷244,引张棣《金虏图经》,上海古籍出版社,1987,第1751页。

④ 陈桱:《通鉴续编》卷17,绍兴二十一年,文渊阁四库全书第332册,第796页。

⑤ 周密:《癸辛杂识》别集卷上《燕用》,吴企明点校,中华书局,1988,第258页。

此,一定会以为回到了熟悉的老家。

后来,完颜亮正隆年间和金宣宗贞祐以降,金朝两次迁都汴京,所修建的京师基本沿袭北宋东京建制。“汴京制度:宣宗所迁,大概依宋之旧……(开封)宫室制度,金国时有更改,大抵皆宋朝之旧也”①。在王朝、国家象征的宫城建设方面,金朝从未考虑过另起炉灶,而一直痴迷于北宋东京形象,显然与西夏一样,是把东京当成了京师的标本,都认为只有开封才是中国正统的京师。

三、对南宋杭州的影响

随着徽、钦二帝被掳走,北宋灭亡,宋室南渡,开封沦入金朝境内。尽管辉煌不再,但是开封依然是宋朝的东京、名义上的京师,杭州一直是临时都城——行在,也即由于东京的存在,南宋一直没有在南方定都。因此,开封对南宋仍产生着重要影响,其中以杭州最为典型。政治制度、经济政策等自不必说,在社会风尚、节日习俗、文艺、饮食乃至叫卖口音等方面,杭州无不以模仿开封为荣,竭力按照东京样式建设、改造杭州,正所谓“直把杭州当汴州”,全盘“汴化”。对此,徐吉军先生以及笔者曾多有论述②,不再赘言,在此仅稍作补充。

其一,按照汴京制度,建立都城必需的礼乐设施和制度。如计时仪器土圭,通过杆影移动规律、影的长短以定冬至、夏至日,北宋时“测景在浚仪之岳台……中兴后,清台亦立晷圭,如汴京之制”③。每年举行三次的大朝会,到南宋时仍依照东京惯例,只是遇到特殊情况时才有所调整,如绍兴十三年(1143年)阁门报告:“依汴京故事,遇行大礼,则冬至及次年正旦朝会皆罢。”④这些都是南渡后以汴京旧制名义重建的朝制。朝制是笼统的,开封旧制则是具体的,便于落实。

① 宇文懋昭:《大金国志校证》(下)卷33《汴京制度》,崔文印校证,中华书局,1986,第471-473页。

② 徐吉军:《论汴京对临安都市文化的影响》,载中国古都学会编《中国古都研究(第5、6合辑)》,北京古籍出版社,1993,第201-213页。程民生:《汴京文明对南宋杭州的影响》,《河南大学学报(社会科学版)》1992年第4期,第15-19页。

③ 脱脱等:《宋史》卷48《天文志一》,中华书局,1977,第969页。

④ 脱脱等:《宋史》卷116《礼志十九》,第2750页。

其二,并非朝廷、都城必需,开封文明的顽强延续。一个政权在新地区重建,一般都是因地制宜,不能事事处处全盘模仿旧都,以免水土不服。南宋杭州却是例外,连明代杭州人都明显地感到:"宋南渡都杭,百凡俱仿汴京立市。"①例如,寺庙通常都有较强的地域性,但开封的寺庙大多随着宋廷南迁杭州:"宋南渡时,凡汴京有庙者,皆得祀于杭。"②明人对杭州有不少外地土神祠庙感到不解,经考证深思,找到南宋时期的根源:"必其自汴南渡之后,既已建都于杭,凡汴京素奉之香火有十三,悉立庙崇祀。"又如艮山门南供奉三国东海人的糜相公庙,神主与杭州毫无关系,"予想汴京尝立有此祠,高宗南渡建都后亦封为此处土神,以奉故都香火"③。为何供奉?理由很简单:因为是东京供奉的神祠。

其三,文体传承反映的开封情结。孟元老回忆东京的《东京梦华录》一书问世后,成为"梦华体"而风行于南宋。南宋以降的学者多仿其体例记述城市,如耐得翁的《都城纪胜》、西湖老人的《繁胜录》、吴自牧的《梦粱录》、周密的《武林旧事》、陶宗仪的《元氏掖庭记》、费著的《岁华纪丽谱》、刘一清的《钱塘遗事》等。例如《梦粱录》,清代四库馆臣即指出:"是书全仿《东京梦华录》之体,所纪南宋郊庙、宫殿,下至百工杂戏之事,委曲琐屑,无不备载。"④非但如此,虽然南宋后继者写的是杭州,书中却念念不忘东京,如耐得翁的《都城纪胜》,"文本中提及开封的次数甚至多于杭州……提及杭州有25次,而提及开封的有26处"⑤。足见南宋杭州人有着浓厚的开封情结。

四、对饮食业的历史贡献

北宋开封对我国饮食业发展的历史贡献,主要表现在最早形成了中国

---

① 嘉靖《仁和县志》卷1,清光绪年间所刻武林掌故丛编本,第29页。

② 田汝成:《西湖游览志》卷16《南山分脉城内胜迹》,浙江人民出版社,1980,第191页。

③ 嘉靖《仁和县志》卷7,第30页。

④ 永瑢、纪昀编《四库全书总目》卷70《梦粱录》,中华书局,1965,第625-626页。

⑤ 沙敦如:《都城背后的都城——试论开封都市生活于〈都城纪胜〉的写作意义》,载陈平原、王德威、关爱和编《开封:都市想象与文化记忆》,北京大学出版社,2013,第132页。

菜系以及酒店业的繁荣,并有一些名吃流传至今。

其一,中国最早的菜系在宋代开封正式形成。孟元老指出,开封“会寰区之异味,悉在庖厨”①。为适应大量高消费人群和各地不同口味人群的需要,高档饭店和各地菜系发展起来,形成北馔、南食、川饭三大菜系:“大凡食店,大者谓之‘分茶’,则有头羹、石髓羹、白肉、胡饼、软羊、大小骨、角炙犒腰子、石肚羹、入炉羊、罨生软羊面、桐皮面、姜泼刀回刀、冷淘棋子、寄炉面饭之类……更有川饭店,则有插肉面、大燠面、大小抹肉淘、煎燠肉、杂煎事件、生熟烧饭。更有南食店,鱼兜子、桐皮熟脍面、煎鱼饭。”②主要以食材划分,第一类菜肴就是北方菜的代表开封菜,以羊肉为特色;第二类是川菜,以面食为特色;第三类是东南菜的南食店,以鱼为特色。吴自牧的记载更明确:“向者汴京开南食面店,川饭分茶,以备江南往来士夫,谓其不便北食故耳。”③为南方各地进京官员、士人服务的商业饭店,开创了各具特色的菜系。素菜系也随之出现,即“素分茶,如寺院斋食也”④。如此看来,汴京形成了四大菜系。

其二,繁荣的酒店业影响深远。宋代开封的酒店数量多、规模大,新特点是主要酒楼门面都朝向大街。如《东京梦华录》中的主要酒楼,“都是朝着大街,建筑着堂堂的重叠的高楼的……酒楼向大街上发展,甚至设在皇城南面的大街上,连街名也用酒楼来定名,这些情况是宋代才发生的现象”⑤。饮食业的繁盛和酒店业的形成,在世界历史上也有着重大意义。1997 年,美国《生活杂志》(*Life magazine*,秋季刊)回顾 1000 年来最深远影响人类生活的 100 件大事,中国有 6 件,排第 56 位的是宋代开封的饭馆和小吃:

> 很久以前,小旅馆就已经向远离自家厨房的出门人出售食品饮

---

① 孟元老:《东京梦华录笺注·梦华录序》,伊永文笺注,中华书局,2007,第 2 版,第 1 页。

② 孟元老:《东京梦华录笺注》卷 4《食店》,第 430 页。

③ 吴自牧:《梦粱录》卷 16《面食店》,浙江人民出版社,1984,第 145 页。

④ 孟元老:《东京梦华录笺注》卷 4《食店》,第 431 页。

⑤ 加藤繁:《中国经济史考证》(第 1 册),吴杰译,商务印书馆,1959,第 274 - 277 页。

料，小吃铺就已经提供外卖，人们也已经在特别场合举办排场的宴会了。然而一直要到1120年，才有了能被称作“饭馆”的场所。在饭馆里，人们可以买一餐饭，坐下来享用。饭馆首要满足的是人们社交和美食的需要。

12世纪的中国官员孟元老可以说是史上第一位饭馆评论家。他的笔录详细描述了北宋(960—1126年)都城开封渐渐兴起的饭馆文化……据孟的笔录记载，从1120年左右起，上夜班的还可以在夜市吃牛肚、血冻、炸猪肝和炸鹅肉。小甜水巷的许多饭店专做南方菜，这也是最早的地方菜系之一。开封人还对服务质量相当挑剔。①

至少对当代西方人而言，宋代开封的饮食业让他们惊奇。显然，他们没有在其他国家看到过类似情况。

北宋开封饮食是时代的精华，其中许多延续到后代，在此仅举流传到当代的两例。

宋嫂鱼羹，现今是杭州的一款传统名肴，并推广于上海、北京、广州等地，其源头却是北宋开封。袁褧载：“旧京工伎，固多奇妙，即烹煮槃案，亦复擅名……若南迁，湖上鱼羹宋五嫂，羊肉李七儿，奶房王家，血肚羹宋小巴之类，皆当行不数者。宋五嫂，余家苍头嫂也，每过湖上，时进肆慰谈，亦它乡寒故也。悲夫！”②北宋末年开封人宋五嫂，原本是袁家佣人，南渡后流落在杭州以卖鱼羹为生。她的鱼羹很快成为名吃，连皇家也经常购买品尝。淳熙年间，太上皇宋高宗经常在西湖游玩，对西湖上的民间饮食“时有宣唤赐予，如宋五嫂鱼羹，尝经御赏，人所共趋，遂成富媪”③。在开封时，其手艺并不出名，来到杭州却风云际会，并得到太上皇的赏赐，宋嫂鱼羹遂成名牌佳肴，其人也因此致富。

现今北京等地的糖炒栗子久负盛名，其始自北宋开封。北宋后期开封

---

① 此为委托郑州轻工业学院教师黄亚娟在美国亚特兰大从事对外汉语教学时代为查找和翻译的，特此致谢。

② 袁褧：《枫窗小牍》卷下，丛书集成初编本，中华书局，1985，第17页。

③ 周密：《武林旧事》卷3《西湖游幸·都人游赏》，浙江人民出版社，1984，第37页。

名产有“旋炒栗子”①“炒栗”,其中以“李和炒栗”名气最大。据陆游记载:“故都李和炒栗,名闻四方。他人百计效之,终不可及。绍兴中,陈福公及钱上阁恺出使虏庭,至燕山,忽有两人持炒栗各十裹来献,三节人亦人得一裹,自赞曰:‘李和儿也。’挥涕而去。”②名闻天下的李和炒栗拥有绝技,所炒栗子的品味其他同行无论如何模仿也不能企及。李和及其家人作为能工巧匠被金人掳到燕京后,将其技术延续下来。清代史学家赵翼记载:“今京师炒栗最佳,四方皆不能及。按宋人小说:汴京李和炒栗,名闻四方……然则今京师炒栗,是其遗法耶。”③明确指出清朝北京的炒栗传自开封名家李和,并保持着优良传统,与宋代开封一样,依然为全国最好的炒栗。清人祝德麟之《糖炒栗》诗也指出:“礓砂黑似铁,崖蜜渐渍之。和栗入翠釜,翻覆搅不疲。生熟均子母,光泽含肤肌。黄中遂通理,解脱无黏皮。谁能传其秘?汴州李和儿。燕蓟产最美,方法今未隳。”④同样认为这种大小均熟且便于剥离的技术源自北宋开封的李和。当年陆游之所以记载下开封的李和炒栗,是因为他早年在开封曾有幸品尝,留有深刻的印象。其晚年在临安作《夜食炒栗有感》云:“齿根浮动叹吾衰,山栗炮燔疗夜饥。唤起少年京辇梦,和宁门外早朝来。”⑤由此可见,炒栗工艺还南下传到了杭州,成为朝廷百官早朝前的早点,引起了陆游的回忆。

五、对传统文化的创新与影响

在非物质文化遗产以及文艺方面,北宋开封的历史影响更加巨大、更加深远。其荦荦大者就有官瓷、皮影以及杂剧、说书等。

北宋官瓷是宋徽宗时期在东京创制的青瓷的巅峰之作,代表着中国青瓷艺术的最高成就,是中国最优秀的陶瓷文化遗产。南宋叶寘《坦斋笔

① 孟元老:《东京梦华录笺注》卷6《十六日》,伊永文笺注,中华书局,2007,第2版,第597页。

② 陆游:《老学庵笔记》卷2,李剑雄、刘德权点校,中华书局,1979,第23页。

③ 赵翼:《陔余丛考》卷33《京师炒栗》,商务印书馆,1957,第717-718页。

④ 祝德麟:《悦亲楼诗集》卷16《糖炒栗》,续修四库全书第1462册,第690-691页。

⑤ 陆游:《陆游集·剑南诗稿》卷5,中华书局,1976,第154页。

衡》云:“政和间,京师自置窑烧造,名曰官窑。”①有学者认为,官窑瓷器“宋大观、政和间在汴京所造。体薄色青,有带粉红色者,浓淡不一,有色带白而釉薄如纸者。大观中,尚月白、粉青、大绿三种。有蟹爪文、紫口铁足,盖其胎本紫色也。然宋官窑有数种,南渡后,邵成章于修内司烧造,曰内窑,亦名官窑。其后,郊坛下别立新窑,亦曰官窑。是宋时已有旧京、修内司、郊坛下三种。唐氏秉钧谓:旧京著时未久,当以修内司所造为上,新窑为下。当时已分差等矣。南宋余姚秘色瓷,后人亦目之为官窑,大抵皆仿汴京遗制,递衍递嬗也”②。汴京官瓷创造了素烧和多次上釉相结合的新工艺,使青瓷产品的质量更精美,釉色更滋润,釉层更丰厚。北宋官窑历时短暂,产量极少,传世品早已成为稀世珍宝,价值连城。其技术直接传承至南宋官瓷以及余姚秘色瓷,至现代各地仍在努力仿制,但仅得其仿佛而已。

宋代开封是最早的市民城市,正式登上历史舞台的市民阶层随即产生了市民文艺,开启了我国文学艺术的新纪元。③ 开封是市井文明的渊薮。

影戏作为一种艺术形式起源于唐,原先一直用白纸雕制人物形象,单调且脆弱。至北宋开封改造为羊皮影具,既经久耐用、便于传承,又便于涂饰色彩,使黑白纸影升级为彩色皮影,艺术魅力增强。南宋吴自牧载:“更有弄影戏者,元汴京初以素纸雕簇,自后人巧工精,以羊皮雕形,用以彩色妆饰,不致损坏。”④影戏在开封形成一种独立的艺术形式,当时开封有许多专业的影戏班子和戏迷:“仁宗时,市人有能谈三国事者,或采其说,加缘饰作影人,始为魏、吴、蜀三分战争之像。”⑤也正因为可以用皮影表现长篇历史剧,戏迷因而产生:“京师有富家子,少孤,专财,群无赖百方诱导之。而此子甚好看弄影戏,每弄至斩关羽,辄为之泣下,嘱弄者且缓之。一日弄者曰:‘云长古猛将,今斩之,其鬼或能祟,请既斩而祭之。’此子闻甚喜,弄者乃求酒肉之费。此子出银器数十,至日斩罢,大陈饮食如祭者,群无赖聚

① 陶宗仪:《南村辍耕录》卷29《窑器》,中华书局,1959,第363页。

② 许之衡:《饮流斋说瓷·说窑第二》,杜斌校注,山东画报出版社,2010,第23页。

③ 参见程民生《略论宋代市民文艺的特点》(《史学月刊》1998年第6期,第107-111页)一文。

④ 吴自牧:《梦粱录》卷20《百戏伎艺》,浙江人民出版社,1984,第194页。

⑤ 高承:《事物纪原》卷9《影戏》,中华书局,1989,第495页。

享之。乃白此子,请遂散此器,此子不敢逆,于是共分焉。"①足见影戏连本剧的诱惑力。到了重大节日,官方则在各坊巷路口遍设影戏棚子,以招徕、安置挤丢的儿童:"每一坊巷口,无乐棚去处,多设小影戏棚子,以防本坊游人小儿相失,以引聚之。"②由此大大普及并发展了皮影艺术。北宋灭亡后,皮影随着南下的朝廷、流民传播到南方各地,得到普及与发展。另一部分皮影艺人则被金兵掳到北方,如靖康二年(1127 年)正月二十五日,"金人来索御前祇候方脉医人、教坊乐人、内侍官四十五人……杂剧、说话、弄影戏、小说、嘌唱、弄傀儡、打筋斗、弹筝、琵琶、吹笙等艺人一百五十余家,令开封府押赴军前"③。他们成为北方皮影的传播源头,并逐渐形成各地的地方特征。

宋、金两代是我国戏曲的形成时期,宋杂剧是宋代各种歌舞、杂戏的统称,也是中国戏曲的最早形式。最为典型的是杂扮,以剧情简单、逗人喜笑著称,为杂剧之散段。其源头有二,均离不开东京开封这一城市。一是宫廷优伶表演的政治色彩浓郁的喜剧小品:"俳优侏儒,固伎之最下且贱者,然亦能因戏语而箴讽时政,有合于古蒙诵工谏之义,世目为杂剧者是已。"④王国维《宋元戏曲史》⑤第 2 章"宋之滑稽戏"所列举的北宋事例 16 则,全是宫廷优伶作品,因此说其必定形成、完善于京师开封。二是民间杂扮,内容基本是以市民眼光嘲笑农民:"又有杂扮……即杂剧之后散段也。顷在汴京时,村落野夫,罕得入城,遂撰此端。多是借装为山东、河北村叟,以资笑端。"⑥杂扮的特点是丑化农民,表演市民眼中的乡野农民之拙朴,也即杂扮是市民文艺的一种,起源于最早的市民城市宋代汴京。这一艺术形式后由宫廷走向民间:开封东角楼"街南桑家瓦子,近北则中瓦,次里瓦,其中大小勾栏五十余座……自丁先现、王团子、张七圣辈,后来可有人于此

① 张耒:《明道杂志》,丛书集成初编本,中华书局,1985,第 14 – 15 页。

② 孟元老:《东京梦华录笺注》卷 6《十六日》,伊永文笺注,中华书局,2007,第 2 版,第 596 页。

③ 徐梦莘:《三朝北盟会编》(上)卷 77,靖康二年正月二十五日,上海古籍出版社,1987,第 583 页。

④ 洪迈:《夷坚志·支乙》卷 4《优伶箴戏》,中华书局,2006,第 822 页。

⑤ 东方出版社 1996 年版。

⑥ 吴自牧:《梦粱录》卷 20《妓乐》,浙江人民出版社,1984,第 192 页。

作场”①。其中丁先现是宋代最著名的戏剧艺人即宫廷优伶，在北宋中后期担任教坊使数十年，后在瓦子象棚中从事商业演出，带动了民间戏剧的发展。至少在宋徽宗时的开封，就有大型连本戏演出：“构肆乐人自过七夕，便般《目连救母》杂剧，直至十五日止，观者增倍。”②连演七八日的大戏，场次、情节之繁复可想而知。“中国戏剧史的崭新篇章是从宋代杂剧开始的”③。在汴京酝酿形成的宋杂剧，开启了元、明、清杂戏及现代戏剧的先河。

再看另一源头诸宫调。诸宫调是大型说唱文学，由多种宫调组合成一个完整的长曲，为后世戏曲音乐开辟了道路，也是戏剧的源头之一。北宋已用诸宫调的曲调来演唱宋杂剧。据宋人记载，泽州人“孔三传者，首创诸宫调古传，士大夫皆能诵之”④。地点正是开封，吴自牧言：“说唱诸宫调，昨汴京有孔三传编成传奇灵怪，入曲说唱。”⑤耐得翁也指出：“诸宫调本京师孔三传编撰传奇灵怪，入曲说唱。”⑥时间是在宋徽宗时期。据孟元老记载，崇宁、大观以来在京瓦肆伎艺中，就有“孔三传耍秀才诸宫调”⑦。说唱诸宫调至元代渐趋衰落，但其曲调等重要艺术手段都为北方元杂剧所吸收。

与戏剧产生相配套的是固定的民间大型剧场涌现。此即瓦子勾栏，最早在宋代开封诞生。瓦子是综合性的娱乐场所，其中以勾栏为主，包括饮食、占卜、赌博、买药、剃剪纸、画令曲等商业、艺术活动。游客、观众来去自由，来时会集一起，有如瓦合；离去散布四方，有如瓦解，因而称之为瓦子。据《东京梦华录》记载，开封城内外至少遍布着 9 处瓦子。瓦子中的勾栏，即用栏杆、幕幛等物封闭的剧场。开封的桑家瓦子、中瓦、里瓦 3 处，内有

① 孟元老：《东京梦华录笺注》卷 2《东角楼街巷》，伊永文笺注，中华书局，2007，第 2 版，第 144 – 145 页。

② 孟元老：《东京梦华录笺注》卷 8《中元节》，第 795 页。

③ 薛瑞兆：《宋金戏剧史稿》，生活 · 读书 · 新知三联书店，2005，第 24 页。

④ 王灼：《碧鸡漫志校正》卷 2，岳珍校正，巴蜀书社，2000，第 35 页。

⑤ 吴自牧：《梦粱录》卷 20《妓乐》，浙江人民出版社，1984，第 193 页。

⑥ 参见耐得翁：《都城纪胜 · 瓦舍众伎》，中国商业出版社，1982，第 9 页。原标点为：“诸宫调本京师孔三传编撰，传奇、灵怪、八曲、说唱。”今不取。

⑦ 孟元老：《东京梦华录笺注》卷 5《京瓦伎艺》，第 461 – 462 页。

大大小小的勾栏50余座。勾栏以棚为号,各有独具特色的名称,如“中瓦子莲花棚、牡丹棚;里瓦子夜叉棚、象棚最大,可容数千人”①。居然能容纳数千名观众,其演出时的热闹场面可想而知。中国戏剧、小说等市民文艺就是在这里孕育的。

宋元话本崛起于北宋开封,成为白话小说的源头。古代说书讲故事的“说话”起源很早,但真正成为一门独立的艺术形式并职业化、普及化,则是在宋代开封,其土壤正是东京独特的瓦子勾栏。北宋后期开封的瓦肆伎艺,关于说话的记载有:“孙宽、孙十五、曾无党、高恕、李孝详,讲史。李慥、杨中立、张十一、徐明、赵世亨、贾九,小说……张山人说诨话……孙三神鬼,霍四究说三分,尹常卖五代史。”②话本就是说话人说话的底本,主要包括讲史和小说两大类。如鲁迅所说,“总之,宋人之‘说话’的影响是非常之大,后来的小说,十分之九是本于话本的”③。有学者称作是“‘市井细民’的文学革命”④。在文学史上大放异彩的元明清白话历史小说,主要就是在宋代话本基础上发展起来的,《水浒传》《三国演义》《西游记》等文学名著都是宋元话本发展的产物。如大约成书于北宋中后期的《大唐三藏取经诗话》,是《西游记》的雏形;北宋有专说“三分”即专门说三国故事的艺人,其话本《三分事略》《三国志平话》当为《三国演义》的蓝本;《大宋宣和遗事》则是《水浒传》的先声。至于以东京为故事发生场景、以东京人事为题材的宋元“东京话本”就有16篇,“在文学史上又有着重要的文学价值”⑤。以开封为中心的北宋故事《七侠五义》,自清光绪年间盛行于世,改编者是清末著名学者、文学家俞樾。他记述道:“前年从潘伯寅尚书处借得《三侠五义平话》,戏为改定,易其名曰《七侠五义》,今沪上已排印成书,盛

---

① 孟元老:《东京梦华录笺注》卷2《东角楼街巷》,伊永文笺注,中华书局,2007,第2版,第144页。

② 孟元老:《东京梦华录笺注》卷5《京瓦伎艺》,第461－462页。

③ 鲁迅:《鲁迅全集》卷9《中国小说史略》,人民文学出版社,1981,第322页。

④ 陈敏直:《“市井细民”的文学革命——简论宋代话本小说》,《人文杂志》1998年第4期,第154－156页。

⑤ 张进德、李会芹:《宋元东京话本价值初探》,载陈平原、王德威、关爱和编《开封:都市想象与文化记忆》,北京大学出版社,2013,第158－159页。

行于时矣。淘真亦作陶真，乃平话小说之类，宋时有此名目，汴京旧俗也。”①这部小说不但内容是以开封为中心的北宋故事，连其形式也出自开封。小说在宋代开封走向平民化，其影响力大大增强，开辟了中国文学发展的新格局。

六、宋词发展的策源地

宋词是我国古典文学瑰宝之一。正像词兴起于唐代却称宋词一样，开封不是宋词的发源地，却是宋词创作、展示的中心和宋词发展的策源地。都市生活为词人提供了肥沃的艺术土壤，养育了大批“都市词人”，并使宋词走向高峰。特殊的环境推动，改变了词的意境、形式。具体表现有：一是改造了李煜的词风，使之成为“千古词帝”；二是孕育了慢曲以及柳永；三是汴京意象成为宋词不可分割的一部分。

南唐后主李煜前期的词基本上是宫廷生活的写照，系南唐宫体和花间词风。南唐被北宋统一后，他被囚禁在开封的两年多的时间内，个人地位、感情发生了翻天覆地的变化，创作了一批哀怨凄凉的词反映亡国之痛，意境深远，感情真挚，极富艺术感染力，将词的创作向前推进了一大步，被誉为“千古词帝”。正如王国维所言，“词至李后主而眼界始大，感慨遂深，遂变伶工之词而为士大夫之词”，所列举的名句是“自是人生长恨水长东”和“流水落花春去也，天上人间”。② 其代表作《虞美人》“问君能有几多愁，恰似一江春水向东流”，实为千古绝唱，更是脍炙人口。这些名篇名句都是开封的产物。而且其后期词的凄凉悲壮、意境深远，也为柳永等“婉约派”的出现埋下了伏笔。

慢词是宋词的主要体式之一，与小令一起成为宋人最为常用的曲调样式。慢词的兴起，是北宋前期百余年词史发展繁盛的一个里程碑。“词自南唐以后，但有小令。其慢词盖起宋仁宗朝。中原息兵，汴京繁庶，歌台舞席，竞赌新声。耆卿失意无俚，流连坊曲，遂尽收俚俗言语，编入词中，以便伎人传习。一时动听，散播四方。其后东坡、少游、山谷辈，相继有作，慢词

① 俞樾：《春在堂诗编 · 西湖杂诗》，载氏著《春在堂全书》第 5 册，凤凰出版社，2010，第 175 页。

② 王国维：《人间词话》，吉林文史出版社，1999，第 25 页。

遂胜"①。可见慢词是在开封这一特殊环境中兴起的,其中的市民情调和俚俗语言更是开封的特产。柳永积极创作慢词,从根本上改变了唐五代以来词坛上小令一统天下的格局,使慢词与小令两种体式齐头并进,极大地丰富了词的表现形式。柳永7岁时随其父来过开封,宋真宗大中祥符元年(1008年)25岁的柳永再次来到开封,一直到宋仁宗天圣二年(1024年)41岁时才离开,在汴京生活了16年。② 其间虽名为求学应举,实际上多流连于花街柳巷,醉心于创作新词:"耆卿为举子时,多游狎邪,善为歌辞。教坊乐工每得新腔,必求永为辞,始行于世,于是声传一时。"③他擅长的都市词、歌妓词,是在开封熏陶的结果。柳永等人的词史地位是由开封奠定的。

作为宋词发展的策源地,开封更是宋词的主要题材之一。有学者指出:"《全宋词》提及汴京的词句共有284处,其中北宋占86.1%,南宋不足14%。以汴京直接入词且达到这样高的出现频率,的确是值得我们研究的。可以肯定地说,'长安'在唐诗中的出现频率绝对要比这一频率低。由此可见,汴京已成为宋代词人经常吟咏的内容……汴京意象已成为宋词不可分割的一部分。"④这是因为,宋词的灵魂和形式都与开封血肉相连。如此这般,汴京在中国词学史上便具有极为重要的地位与意义:"汴京对宋词产生了巨大的影响,它是北宋词生存、生长的背景,是北宋词曲传播—消费的枢纽,为词艺的发展、成熟起到了推进作用,尤其是汴京意识为补救宋词内容上的先天不足起到了良好的作用。汴京具有显赫的词学史地位……没有汴京,词也不可能达到北宋的极致。汴京已成为中国词学史中不可抹杀的构成要素。"⑤"汴京培育了一批'能词能吏'的词学主体,其人文经济是北宋词的生存根基,其书斋美学造就了北宋词向雅避俗的发展格

① 宋翔凤:《乐府余论》,载唐圭璋编《词话丛编》(第3册),中华书局,2005,第2499页。

② 刘天文:《柳永年谱稿》(上),《成都大学学报(社会科学版)》1992年第1期,第58-64页。

③ 叶梦得:《石林避暑录话》卷3,上海书店出版社,1990,第1页。

④ 蒴伯象:《论汴京意象》,《贵州民族学院学报(哲学社会科学版)》2004年第2期,第67页。

⑤ 蒴伯象:《汴京的词学史地位》,《中州学刊》2005年第2期,第176页。

局，其地域文化孕育了北宋词的特种生命基因。”①需要补充的是，词不像诗那样可以出自田野山间等任何地方，词需要音乐或依附于音乐。词是一种音乐文学，又称曲子词、乐府、乐章，其产生、发展以及创作、流传都与音乐直接相关。这就意味着，越是大城市也即越是音乐发达的地方，越适合词的创作和发展，显然，没有音乐这个“框”就无处“填词”。因而，当时文化最发达的开封必然是词发展的圣地。宋词是宋代文学的时代特色和成就，也是开封的时代特色和成就。

七、培育的名门望族及其影响

宋都167年的辉煌历史，如同老蚌生珠，孕育了众多世家大族。其中，三槐王氏、昭德晁氏、吕氏家族以及珠玑巷移民最为典型。他们源远流长，根深枝茂，为宋代乃至后代均做出了重要贡献。

三槐王氏是当今王氏中名气最大的一支，得名于北宋开封城东北曹门外的三槐堂：“王旦字子明，大名人。祖彻，进士及第，官至左拾遗。父祜，以文学介直知名，知制诰二十余年，官至兵部侍郎，风鉴精审。旦少时，祜尝明以语人，谓旦必至公辅，手植三槐于庭以识之。”②宋初著名官员王祜，在其家的庭院中亲手种植了三棵槐树。三槐象征朝廷中职位最高的三公。王祜认为其子王旦一定能官至宰相。后来王旦果然在宋真宗朝担任宰相18年，辅佐皇帝维护了天下太平的局面。王旦的孙子王巩在翻修故居、建立三槐堂时，专门请苏轼撰写《三槐堂铭》，以勉励王氏后人效仿祖先。从此“天下谓之三槐王氏”③。三槐王氏之名由此不胫而走，“代有人才，入南宋，仍有不少优秀子弟。其余绪直至明清，产生过不少官僚、文人、学者。至今还有大量的后人定居全国各地甚至海外。是宋代少见的大家族之一”④。三槐王氏遂成望族，在中国王姓21望之外别立一名派，后代无不以此为荣，至今各地多有三槐堂家族和建筑。

昭德晁氏家族也是在北宋开封诞生并得名的宋代著名家族。“宋兴，

① 翦伯象：《汴京的词学史地位》，《中州学刊》2005年第2期，第171页。

② 司马光：《涑水记闻》卷7，邓广铭、张希清点校，中华书局，1989，第141页。

③ 邵伯温：《邵氏闻见录》卷6，李剑雄、刘德权点校，中华书局，1983，第54页。

④ 李贵录：《北宋三槐王氏家族研究》，齐鲁书社，2004，第17－18页。

而翰林文元公讳迥、参政文庄公讳宗(悫),父子以文章德业被遇真宗、仁宗,继掌内外制,赐第京师昭德坊。子孙蕃衍,分东西眷,散处汴、郑、澶、济间,皆以昭德为称”①。晁氏祖籍澶州(今河南濮阳),宋真宗时,晁迥起家为一代名臣,又是著名的文学家、藏书家,开封皇宫宣德门前天街东的昭德坊,是晁氏世居之地。② 位居核心地带,自然钟灵毓秀。从宋初的晁迥,经晁宗悫、晁补之、晁说之等到南宋的晁公武等,昭德晁氏作为宋代文化世家的杰出代表,具有很高的文化修养,家族人才辈出,是宋代文化繁兴的最好体现。③ 靖康南渡后,他们来到巴渝大地,积极进行文化建设和文化创造,又为三峡文化的建构做出了重要的贡献。④ 得益于家传藏书,晁公武成为南宋著名的目录学家、藏书家,人称“昭德先生”,所著《郡斋读书志》(一称《昭德先生郡斋读书志》)是我国现存最早、具有提要内容的私藏书目,对于后世目录学影响极大。

吕氏家族由宰相而学术传家,形成中原文献学派。其特点除了博学多识、注重文献、学以致用外,还有两大特点:一是家学渊源,世代相承,大家辈出。吕氏自宋仁宗朝宰相吕夷简以来,吕公著、吕希哲、吕好问、吕本中、吕祖谦等后人世代为官,前几代在北宋时长期居住在京师开封,饱受丰富多彩、博大精深的京华文明陶冶,成为文史传家的书香门第。南渡后,吕好问移居两浙婺州(今浙江金华),家学在新的环境中继续流传,声势更加浩大,“中原文献之传独归吕氏,其余大儒弗及也”⑤。“婺学”“金华学”之名确立于南宋,显赫于天下。二是不偏不倚,融会贯通,综合性强。吕氏中原

① 周必大:《文忠集》卷75《迪功郎致仕晁子与墓志铭》,文渊阁四库全书第1147册,第786页。

② 王应麟:《困学纪闻全校本》(下)卷20《杂识》,翁元圻等注,栾保群、田松青、吕宗力校点,上海古籍出版社,2008,第2175页。

③ 何新所:《宋代昭德晁氏家族文化传统研究》,《中州学刊》2006年第1期,第213－217页。关于昭德晁氏的研究,近年来成果颇丰,仅专著就见到两种,一是何新所的《昭德晁氏家族研究》(上海古籍出版社2006年版),一是张剑的《宋代家族与文学——以澶州晁氏为中心》(北京出版社2006年版)。

④ 曾超:《宋代昭德晁氏家族与三峡文化的建构》,《重庆三峡学院学报》2012年第2期,第7－14页。

⑤ 黄宗羲著,全祖望补修:《宋元学案》卷36《紫微学案》,中华书局,1986,第1234页。

文献学起源于京师开封，是京师文化综合性特点的一个结晶，至南宋仍继续发扬。吕祖谦即是其典型："祖谦之学本之家庭，有中原文献之传。长从林之奇、汪应辰、胡宪游，既又友张栻、朱熹，讲索益精……祖谦学以关、洛为宗，而旁稽载籍，不见涯涘。心平气和，不立崖异，一时英伟卓荦之士皆归心焉。"①家传的中原文献学原本就是综合性的，历代相传只能是愈来愈广博，愈吸收其他学派精华而日益壮大。该派不以标新立异取胜，"平心易气，不欲逞口舌以与诸公角，大约在陶铸同类以渐化其偏，宰相之量也"②。吕氏家族担任宰执者，从吕夷简起，还有吕公著、吕公弼、吕好问等人，宰相世家地位及风范，加以百余年居住京师的历史，使之比较全面地看待事物，胸襟宽广，气魄宏大，以陶铸天下学者为己任。即使到了南方，也不为地域所左右，这一特点反而更加明显，受到士大夫的普遍尊重。宋孝宗以后，该学派成为南宋三大学派之一，与朱熹、陆九渊学派鼎足而立。③ 吕氏载入《宋元学案》者有 7 世 17 人之多，宋末学者王应麟、黄东发，明清著名思想家、教育家黄宗羲、全祖望等都是这一学派的传人，对中国学术的卓越贡献可想而知。

最典型的是有"十大寻根圣地"之称的珠玑巷移民。广东南雄珠玑巷"是中原人开拓南疆的一个中转站，它因此也成为联系中原和岭南，具有民族南迁的象征意义的地方"④。岭南地区许多世家大族都以珠玑巷为祖居地，其象征意义类似于山西洪洞县的大槐树。这个珠玑巷传说的源头，正是北宋开封。明末清初著名学者、有"岭南三大家"之誉的屈大均言："吾广故家望族，其先多从南雄珠玑巷而来。盖祥符有珠玑巷，宋南渡时诸朝臣从驾入岭，至止南雄，不忘枌榆所自，亦号其地为珠玑巷，如汉之新丰，以志故乡之思也。"⑤屈大均也自认为来自珠玑巷："予与翁同祖翰林诚斋公，

① 脱脱等：《宋史》卷 434《吕祖谦传》，中华书局，1977，第 12872 – 12874 页。

② 黄宗羲著，全祖望补修：《宋元学案》卷 51《东莱学案》，中华书局，1986，第 1652 页。

③ 参见程民生：《宋代地域文化》，河南大学出版社，1997，第 308 – 309 页。

④ 李权时、李明华、韩强主编《岭南文化》（修订本），广东人民出版社，2010，第 182 页。

⑤ 屈大均：《广东新语》卷 2《珠玑巷》，中华书局，1985，第 49 页。

当宋南渡时,公从祥符珠玑巷来,止南雄,其巷亦名珠玑。”①北宋京城分两县管理,一是西城的开封县,一是东城的祥符县。珠玑巷原是祥符县的一个里巷,开封人南迁时把这一地名带到岭南,使自己与故乡永远相连。“在两宋南迁高潮中,中原人‘至止南雄’,对珠玑巷产生一种特殊的感情,除了地理方面的原因之外,也因为故乡京城有同一地名的里巷,这对于南雄珠玑巷之所以能聚居大批中原人并名扬天下,是一个十分重要的因素。不仅南雄有珠玑巷,广州、潮汕一带也有珠玑巷地名,显然是入粤者‘以旧居名其里甬’,表明了南迁的中原人眷恋故土的情感”②。在现存宋代史料中,未见北宋开封有珠玑巷的记载,毕竟只是一条小巷,容易被当时忽略,后代、现代开封也没有这一地名。屈大均所言“宋南渡时诸朝臣从驾入岭”也有失误,因为宋皇室当时并未入粤,当为南迁的开封居民之后代故意炫耀所致。即使以上后代回顾的记载不是开封真实的地址,至少也是他们的精神归宿、心灵家园。

八、永恒的历史名片——《清明上河图》

张择端《清明上河图》为北宋风俗画作品,作为国宝现存于北京故宫博物院。该图以长卷形式,生动地再现了北宋开封城市生活的面貌,具有很高的历史价值和艺术水平。《简明不列颠百科全书》认为《清明上河图》“是一幅具有重要历史价值的风俗画长卷……画家成功地描绘出汴京城内及近郊在清明时节社会上各阶层的生活景象。主要表现的对象是劳动者和小市民……此后历代绘制的都市风俗画,无不受其影响”③。评价可谓中肯。

该图深受世人的喜爱,因而自古以来临摹之风大盛,形成一股《清明上河图》热。临摹中许多本子有所创新,将市肆风俗画不断推向高潮。早在明代,沈德符就说:“今《上河图》临本最多。”④晚明李日华在《紫桃轩又

---

① 屈大均:《翁山文外》卷2《存耕堂稿序》,载欧初、王贵忱主编《屈大均全集》(第3册),人民文学出版社,1996,第67页。

② 李权时、李明华、韩强主编《岭南文化》(修订本),广东人民出版社,2010,第183页。

③ 《简明不列颠百科全书》(第9卷),中国大百科全书出版社,1986,第377页。

④ 沈德符:《万历野获编》补遗卷2《伪画致祸》,中华书局,1959,第827页。

缀》中提及:“京师杂卖铺,每《上河图》一卷,定价一金,所作大小繁简不同。”①这是当时北京市场的记录,足证临摹《清明上河图》已经产业化、商业化。众多仿本中,最著名的有两种:一是号称“明四家”的明代著名画家仇英本,采用青绿重彩工笔,重新创作了一幅全新画卷,风格与宋本迥异,描绘了明代苏州热闹的市井生活和民俗风情,被称作后世众仿作的鼻祖,现藏于辽宁省博物馆;二是清院本,由清宫画院的五位画家在乾隆元年(1736 年)合作画成,是清廷官方按照各朝的仿本,集各家所长之作品,现存于台北故宫博物院。现今流传在世界各地的《清明上河图》多达数十种,仅 2000 年北京故宫博物院举办的“《清明上河图》特展”上,就有 7 件藏品一同呈现在观众面前。该题材的绘画在社会上产生的轰动效应可见一斑。

《清明上河图》还成为风俗长卷的代表。清人阮元在欣赏王振鹏《江山胜览图》时写道:“山水云树极多,其中又多人物布景,仿佛《清明上河图》,而山水多耳。”②市井繁华景象也常用《清明上河图》来形容。清人震钧在北京东便门内太平宫游览时写道,“地近河堧,了无市聒。春波泻绿,堧土铺红。百戏竞陈,大堤入曲。衣香人影,摇飏春风,凡三里余。余与续耻庵游此,辄叹曰:‘一幅活《清明上河图》也。’”③。《清明上河图》早已不再是一幅图画的名称,而是风俗画和长卷的代称,甚至成为市井繁华的别称、形容词。有学者指出:中国城市审美文化的真正产生是在宋代,“以《清明上河图》为代表的描摹世情的民间风俗画也创举性地登上画坛,其纯朴生动的内容、细腻写实的手法,不仅是宋代城市生活的艺术再现,而且是宋代城市审美文化物化产品的典型”④。也即中国城市审美文化诞生于汴京。

---

① 李日华:《紫桃轩又缀》卷 2,载氏著《六研斋笔记 紫桃轩杂缀》,凤凰出版社,2010,第 353 页。

② 阮元:《石渠随笔》卷 4,钱伟彊、顾大朋点校,浙江人民美术出版社,2011,第 81 页。

③ 震钧:《天咫偶闻》卷 6《外城东》,北京古籍出版社,1982,第 153 页。

④ 罗筠筠:《从宋代城市审美文化的产生看士大夫与市民艺术的不同》,《文史哲》1997 年第 2 期,第 27 页。

《清明上河图》热在当代更加火爆。

表现之一,代表国家走向世界。以“城市让生活更美好”为主题的2010年上海世博会,其中国馆以“城市发展中的中华智慧”为主题,中心展厅正是动画版的“智慧的长河”——张择端《清明上河图》,并成为最热门的镇馆之宝,闭馆后至今在世界各地巡展,无不引起轰动。河南馆的镇馆之宝则是大型根雕《清明上河图》。2012年1月,“中日邦交正常化40周年纪念展”之“国宝观澜——故宫博物院文物精华展”在日本东京国立博物馆举行,其中张择端《清明上河图》是首次在国外展出,参观者超过10万人。据闻观众参观时,排队等待时间长达5个小时。①《清明上河图》已成为中国的文化符号和历史城市符号。以上事例,充分反映了北宋开封的历史地位和深远的世界影响。

表现之二,衍生品层出不穷,形成文化产业。如前文所言,早在明代,绘制、销售《清明上河图》就已经产业化,现代更加红火。各种材质、各种表现形式的《清明上河图》不断涌现,既有邮票、火花、电话卡等,又有微雕、木雕、根雕、铜雕、剪纸、沙盘、刺绣、烙画、麦秸秆、钱钞等,更有至少三处实景主题文化公园(香港、开封、杭州),已成为一种系统的文化产业,源源不断地创造出巨大财富。在中国绘画史上,一幅图画能有如此众多衍生物的现象是绝无仅有的。

表现之三,学术研究持续不断。自该图问世以来,对其进行研究就一直是学术界的一个热门话题,在美术界、史学界都有大量论著,《河南大学学报》还专门开辟了《〈清明上河图〉研究》专栏。凡此种种,周宝珠先生将其称之为“清明上河学”②。

表现之四,在海外成为城市发展的榜样。著名的美国城市史学家刘易斯·芒福德在《城市发展史——起源、演变和前景》一书中,特别引用了《清明上河图》作为未来城市理想的说明图,并做说明:“如果生命得胜了,未来的城市将有(当然只有极少几个城市具有的)这张中国画《清明上河图》所显示的那种质量:各种各样的景观,各种各样的职业,各种各样的文

---

① 伊原弘:《宋代绘画的“解剖学”——从艺术史角度解读宋代都市与社会》,《河南大学学报(社会科学版)》2013年第2期,第76页。

② 周宝珠:《〈清明上河图〉与清明上河学》,河南大学出版社,1997。

化活动，各种各样人物的特有属性——所有这些能组成的无穷的组合，排列和变化。不是完善的蜂窝而是充满生气的城市。”①这种充满生气的城市就是和谐城市的代表。《清明上河图》犹如一朵永不凋谢的鲜花，千年之前的城市建制、景观，居然仍是未来城市神往的模本，其生命力之强大出乎意料。

要之，《清明上河图》热不仅是热在其艺术性，支持这种热度的根源恐怕还是其所反映的宋代开封那种自由自在的生活状态和商业的繁华。

九、结语

一座汴京城，引出多少话题！如同光芒四射，如同喷珠吐玉。本文仅仅概括了汴京文明对周边以及后代的辐射，至于其在北宋时期的众多创建以及其他历史时期的影响并未列举。虽非挂一漏万，终难面面俱到，仅如提取一滴脐血。

在中国城市史中，北宋开封是一大转折，即由封闭的古典城市转为开放的近代城市，形成崭新的都市人文景观，商业高度发达，市民阶层正式登上历史舞台，市井文化随之应运而生，并成为引导民俗文化的主体。城市发展史上的这一拐点，走出一条新路，激起众多历史新现象，为历史提供了一种新的、舒适的生活方式。历史文化中的汴京元素，由地域文化扩展为时代文化，是宋文化的代表，是宋以降传统文化的重要组成部分，并成为当今世界上中国传统文化的代表之一。其中，有的已成为历史的“舍利”，有的仍闪耀于当代。

如果说宋代是我国历史上经济、文化、城市发展的黄金时代，那么汴京元素就是那耀眼的光斑。概括而言，汴京元素的内容，主要包括都城建筑、文学艺术、市井文明、吃喝玩乐、人才培育；其特点，主要包括京师气派、创新精神、市民风格、享乐主义以及生命力强、具有世界性。汴京元素使城市建设人性化、城市生活舒适化、社会文化平民化，使人民生活有了更多的精神、物质享受，核心价值是城市的解放、人性的解放。

中华文明如滚滚洪流奔腾不息，有赖于在数千年的历史中不断有新的

---

① 刘易斯·芒福德：《城市发展史——起源、演变和前景》，倪文彦、宋俊岭译，中国建筑工业出版社，1989，附图 64《蜂窝还是城市》，附第 33 页。

支流充实、更新。汴京元素就是支流之一,北宋开封是该支流的源头。北宋开封创造、完善、传播了先进文明,生命力极强的汴京元素为历史文化添注了新内容、新活力,开辟了新时代,更新了传统文化,为中华文明的发展做出了重要贡献,是中华文明的一个重要组成部分。

黄河流域农耕文化述论*

李玉洁

摘要：古代中华民族是一个农业民族，农耕文化是中华文化的重要内涵。本文论述了黄河流域农耕文化的起源与发展。中华民族在黄河流域这块美丽富饶的土地上，用辛勤顽强的劳动，不断地改善生存环境，改革生产工具，培育丰富的农作物，创造了造福全球的蚕桑文化。中华民族有自己的农神崇拜，总结出了完整的农业生产理论和经验，创造了辉煌的农耕文化。本文还论述了中国封建王朝的农业管理及税收政策以及所形成的农业思想对中国古代社会的重大影响。

关键词：黄河流域；农耕文化；农业思想

黄河文明是中华文明的源头和核心。远古时期，黄河流域气候温暖湿润，土地肥沃，适合种植农作物，也是适合古人类生存的理想沃土。华夏民族的祖先在这片沃土上生息繁衍，进行了艰苦卓绝、顽强辛勤的劳动和工作，用他们的智慧和聪明才智，创造了辉煌的农耕文化，在人类文明史上写下了绚丽的篇章。

"农业是整个古代世界的决定性的生产部门。"黄河文明的主要特征之一是农耕文明，研究黄河农耕文明的形成及特征以及黄河文明的变迁发展历史，能够深入了解环境变迁与历史发展、文明进程、文化兴衰的关系，了解这种文明系统中农民的精神世界等，对于认识和指导当今农村的社会变革和稳定发展等有现实意义。

---

* 原载《黄河文明与可持续发展》2008 年第 1 期。

一、黄河流域农耕文化的起源

黄河是大自然献给中华民族的赠礼,是我们伟大民族的母亲河。黄河发源于巴颜喀拉山脉北麓约的古宗列盆地,从青海高原奔腾而下,经青海、四川、甘肃、宁夏、内蒙古、陕西、山西、河南、山东九省区,汇入大海,流经5464千米,在黄河的中下游地区形成宽广美丽而富饶的冲积大平原,为华夏文明的诞生提供了优越的地理环境。

在一万七千多年以前,黄河流域就有人类生存其间了。北京猿人的发现曾经震动了世界,开辟了人类学研究的新纪元。黄河流域发现了蓝田猿人、大荔人、丁村人、许家窑人、河套人、山顶洞人、峙峪人等大量的古人类化石。这些古人类化石的发现,使我们仿佛看到华夏民族的祖先勇敢顽强地开拓大自然的身影。他们在这里创造了举世闻名的磁山文化、裴李岗文化、仰韶文化、大汶口文化、龙山文化、马家窑文化、齐家文化等。通过对这些远古文化的研究发现,农业是其主要的内涵。自新石器时期开始,华夏民族已经成为农业定居的民族。华夏民族的祖先在黄河流域的大平原上选择向阳、临水的地方,用土筑起高台,在高台上建立起邑居,即作"邑"、作"丘"、作"冈"、作"京"、作"台"、筑城、作邦,就这样建立起自己的家园。

华夏民族的祖先英勇顽强地劳动,发明了耒、耜、锸、铚、镰、枷、钱、镈、艾、镢、斧(斤)、锛、犁等生产工具;从野草中培育出麻、黍、稷、麦、豆统称为五谷的农作物;培育出葵、枣、瓜、郁、薁、苴麻、荼菜、芥菜、白菜等农副产品;从野兽中驯养出家畜,如猪、牛、羊、马、鸡、狗六畜;发明了蚕桑丝绸之业,发明了农业。河北磁山遗址中发现了大量的粮食窖穴,出土大量的农作物粟,据有关学者考证,"磁山遗址窖穴中粟米的储存量可以十万计"①。该遗址还有较多的粮食生产工具和加工工具出土,如石斧、石铲、石镰、石磨盘、石磨棒等,充分说明黄河流域农业的发达和进步。就这样,伟大的中华民族所创造的农耕文化在黄河流域形成了。黄河流域是世界上最早也是最重要的农业发源地之一。

---

① 佟伟华:《磁山遗址的原始农业遗存及其相关的问题》,《农业考古》1984年第1期,第197页。

二、黄河流域农耕文化的辉煌

华夏民族的祖先用自己辛勤的劳动,使黄河流域农耕文化辉煌灿烂,绽放出绚丽的光彩。

在艰苦的劳动中,华夏民族祖先手中的生产工具不断地改善,完成了木、石器—青铜器—铁器的巨大变革。春秋战国时期,铁器出现。铁制农具逐渐取代木、石、骨、蚌等非金属农具乃至青铜农具,成为主要的农业生产工具,普遍地应用在农业生产中。

铁器时代是英雄的时代。在铁器出现的同时,人们把驯养的家畜也运用在农业生产中,换言之,牛耕出现了。铁器、牛耕的普遍应用,使农业生产得到了前所未有的大发展。

首先,大量的荒地被垦辟。《左传·昭公十六年》记载:春秋初年,郑人“庸次比耦,以艾杀此地,斩之蓬蒿藜藋,而共处之”①。杜预注曰:“庸,用也。用次更相从耦耕。”②也就是说郑人用农具进行耦耕,开垦出这片农田。《左传·襄公三十年》载:“子产使都鄙有章,上下有服,田有封洫,庐井有伍。”③子产从政三年,郑人诵之曰:“我有子弟,子产诲之。我有田畴,子产殖之。子产而死,谁其嗣之?”④通过子产对郑国的土地的整治,土地已经大量开垦,并且有了可以贮藏的粮食。

春秋时期,晋有“南鄙之田,狐狸所居,豺狼所嗥”,以赐“诸戎”,于是“诸戎除翦其荆棘,驱其狐狸豺狼,以为先君不侵不叛之臣”。⑤ 宋林尧叟注曰:“言其地荒秽,皆狐狸所居,处其地辟野,皆豺狼所嗥啸。我诸戎除刻划翦削其荆棘而耕种之,驱逐其狐狸豺狼而居处之,以臣事晋之先君,不内侵亦不外叛,至于今日,不敢携贰。”⑥这些荒地也变成了良田。又《左传·襄公四年》记载魏绛和戎之事,“戎狄荐居贵货易土,土可贾焉,一也。

---

① 《春秋左传集解·昭公十六年》,上海人民出版社,1977,第 1410 页。

② 《春秋左传集解·昭公十六年》,第 1413 页。

③ 《春秋左传集解·襄公三十年》,第 1147 页。

④ 《春秋左传集解·襄公三十年》,第 1148 页。

⑤ 王道焜、赵如源编《左传杜林合注·襄公十四年》,台湾商务印书馆景印本文渊阁四库全书,1986。

⑥ 王道焜、赵如源编《左传杜林合注·襄公十四年》。

边鄙不耸,民狎其野,穑人成功,二也”①。林尧叟注曰:“晋之边鄙,与戎为和,更不恐惧。民皆狎习于其田野,耕曰农,敛曰穑,收敛之人成其岁功。”②晋国用买土地的方式把戎狄的土地买过来,让晋国之民进行开垦,以成农穑之功。

春秋战国时期,由于农具的进步,各诸侯国都开始了垦荒的高潮。韩非子在谈到战国时期韩国的垦荒时说:“今上急耕田垦草,以厚民产。”又说:“不能辟草生粟,而劝贷施赏赐,不能为富民者也。”垦荒的结果是,黄河流域凡是当时具备条件的全部开垦。当时诸侯国之间一般有一个缓冲地带,如宋、郑两国间原来有“隙地”,这里原来是无居民的荒芜之地。春秋后期,这片荒地已被垦辟,后来史书上再也见不到这块“隙地”了。是时,在黄河流域凡是具备可耕种条件的土地几乎全部开垦。

自西周时期始,在休耕地的基础上逐渐地发展到自觉的农肥耕作。农夫把杂草或用铲子铲除,或用火烧,或使其被炎夏的雨水浇,这样杂草就可以腐朽成为沃地的农肥,即灾杀草木而积肥。《尔雅·释地》孙炎注云:“菑,始灾杀其草木也。”《左传·隐公六年》载:“农夫之务去草焉,芟夷蕴崇之,绝其本根,勿使能殖。”《礼记·月令》于夏月下云:“是月也,土润溽暑,大雨时行,烧雉行水,利以杀草,如以热汤,可以粪田畴,可以美土疆。”这是一种利用夏日溽暑时湿度热度以加速堆肥腐化的措施。《周礼·地官·草人》曰:“掌土化之法,以物地,相其宜而为之种。凡粪种,骍(色赤)刚(土强)用牛,赤缇(赤黄色)用羊,坟(润)壤用麋,渴(涸)泽用鹿,咸潟用貆,勃(粉解)壤用狐,埴垆(黏疏者)用豕,强槛(强坚者)用蕡,轻爂(轻脆者)用犬。”这是利用各种不同畜类粪便来改变不同土壤的土质的经验。③

周代,较为整齐划一的沟洫制度在黄土高原地区逐步出现。《周礼·地官·遂人》:“凡治野,夫间有遂,遂上有径;十夫有沟,沟上有畛;百

① 王道焜、赵如源编《左传杜林合注·襄公四年》,台湾商务印书馆景印本文渊阁四库全书,1986。

② 王道焜、赵如源编《左传杜林合注·襄公四年》。

③ 徐中舒:《试论周代田制及其社会性质》,载历史研究编辑部编《中国的奴隶制与封建制分期问题论文选集》,生活·读书·新知三联书店,1956,第459-460页。

夫有洫，洫上有涂；千夫有浍，浍上有道；万夫有川，川上有路。"《考工记·匠人》与其所载的沟洫制度是一致的。在衍沃肥美的平原地区实行井田制，称为"井衍沃"。耕字偏旁从井，《说文》云："耕从耒、井，古者井田，故从井。"耒是殷、周两代主要的生产工具，用于刺土深耕。耕从耒、井，说明井田是古代平原低地沃土普遍存在的制度，也说明古代井田存在的事实。

春秋战国时期，水利工程的灌溉已广泛地为人们所利用。各诸侯国都开始了开挖、建设大型水利工程的工作。如魏国"西门豹引漳水溉邺，以富魏之河内"①。秦国开凿郑国渠、筑都江堰等。同时，各国均开始了对黄河的治理，大量地修筑堤防。铁制工具在开挖河渠施工方面的便利条件，成就了大型水利工程，而水利工程又为黄河流域的农业生产，尤其是为粮食作物的抗灾稳产乃至高产提供了有力的支持。

铁农具和畜力犁耕的应用为土地深耕创造了条件，对农田的整治和田间管理都是农业技术提高、产量提高的重要手段。《庄子·则阳》记载："深其耕而熟耰之，其禾繁以滋。"《吕氏春秋·任地》亦记载：深耕以后，"大草不生，又无螟蜮。今兹美禾，来兹美麦"。土地的深耕，使农田得到大大的改善，可以不生杂草，不生害虫，又可以使庄稼禾苗繁滋旺盛生长。荀子说："今是土之生五谷也，人善治之，则亩数盆，一岁而再获之。"②一盆等于二石，此外，这里的亩制应是大亩，石也是大石。③"一岁而再获之"，是说一年可以收成两次。

《孟子·万章下》云："耕者之所获，一夫百亩，百亩之粪。上，农夫食九人；上次，食八人；中，食七人；中次，食六人；下，食五人。庶人在官者，其禄以是为差。"宋代孙奭《音义》云："盖耕者所得，一夫一妇佃田百亩。而百亩之田，加之以粪，是为上，农夫其所得之谷，足以食养其九口；上次，则食八人；中，食七人；中次，则食六人；下，食五人。其庶人在官者，食禄之等差亦如农夫，有上、中、下之次，有此五等矣，若今之斗食佐史属吏是也。"《吕氏春秋·上农》则称："上田，夫食九人。下田，夫食五人。可以益，不

① 司马迁：《史记·河渠书》，中华书局，1959，第1408页。

② 梁启雄：《荀子简释》，中华书局，1983，第125页。

③ 沈长云、杨善群：《战国史与战国文明》，上海科学技术文献出版社，2007，第33页。

可以损。一人治之,十人食之,六畜皆在其中矣。”春秋战国时期,由于农业技术的提高,粮食产量大大增加,是时,赵国、韩国、楚国、燕国都是可以“粟支十年”①的诸侯国。一人生产的粮食可供5至10人用,这样就可以解放大量的劳动力去从事其他行业的劳动。

春秋战国时期,随着农业的发展,社会人口迅猛增加。与此同时,黄河流域出现了许多大城市。如魏国的大梁(今河南开封)是人文荟萃之地,“人民之众,车马之多,日夜行不休已,无以异于三军之众”②。齐国的都城临淄(今山东淄博),“甚富而实,其民无不吹竽、鼓瑟、击筑、弹琴、斗鸡、走犬、六博、蹹鞠者;临淄之途,车毂击,人肩摩,连衽成帷,举袂成幕,挥汗成雨”③。据说临淄有7万户人家,能征21万兵卒。有学者估计,秦统一中国时,华夏人口达到了2000万人左右。④ 黄河流域农业的辉煌成就,带来了社会的繁荣和进步。我国自先秦、两汉、魏晋、隋、唐、宋、元、明、清,各个朝代的都城基本都建在黄河流域,这与黄河流域农业经济的发展与辉煌有密切的关系。

三、黄河流域的农书与农业技术理论

我国自古就是一个以农为本的国家。自夏、商、西周至春秋战国,直至明清,历代王朝皆设有农官。农官在管理农民、治理土地方面有成熟的思想和经验。自石器时代起,中华民族就开始了对天文、天象的观测,创造了科学的历法。先秦时期的《尚书·禹贡》《礼记·月令》《吕氏春秋·上农》等文,包含丰富的农业知识,对后世产生了深远影响。

《尚书·禹贡》分天下为九州:冀州、兖州、青州、徐州、扬州、荆州、豫州、梁州、雍州,按照九州的区域划分对土壤进行分类,并分别介绍了九州适宜生长的植物。

《礼记·月令》是以阴阳五行思想为指导、论述一年十二个月应如何

---

① 刘向集录《战国策·赵策二》,上海古籍出版社,1985,第638页。

② 刘向集录《战国策·魏策一》,第787页。

③ 刘向集录《战国策·齐策一》,第337页。

④ 范文澜:《中国通史简编》(修订本)第2编,人民出版社,1964年第4版,第18页。

适时安排农事的著作,是月令书的代表作。《礼记·月令》中有丰富的农时、物候等思想,按照时序把自然现象和人的社会活动与农业生产相联系,并以此为依据来发布政令,显示出一种农业社会的管理体系的理论。《礼记·月令》重视农时,强调按照农时发布政令。农业生产在很大程度上要受自然条件的制约,所以重视农时是保证农业丰收的前提。

《吕氏春秋》中的《任地》《辩土》《审时》所介绍的是古代农业生产经验和技术,当是古代农官思想的总结。《任地》记载了整理土的技术,如耕地的深度必须达到润泽之土等,还记载了耕地所用耜的宽度、施肥的情况、怎样殖稼等。《辩土》记载了辨别土地及耕种、间苗等技术。《审时》篇提出,种稼者必审以时,然后为之,这样才能得到丰收,而且所得果实亦美好;又分别介绍了麻、菽、麦等种植技术。《审时》云:"得时之稼兴,失时之稼约。茎相若称之,得时者重,粟之多。量粟相若而舂之,得时者多米。量米相若而食之,得时者忍饥。是故得时之稼,其臭香,其味甘,其气章,百日食之,耳目聪明,心意睿智,四卫变强,凶气不入,身无苛殃。"

《管子》的《地员》《小匡》《山国轨》亦是介绍农业生产经验的篇章。《地员》把土壤分成五种成分,并分别介绍了什么样的土壤宜种什么庄稼,对树木做了分析介绍。《小匡》对农时进行了详细的介绍,曰:"审其四时权节,具备其械器用,比耒耜谷芨。及寒,击槁除田,以待时乃耕,深耕、均种、疾耰,先雨芸耨,以待时雨。时雨既至,挟其枪刈耨镈,以旦暮从事于田野。税衣就功,别苗莠,列疏遬。"《山国轨》云:"春十日,害耕事;夏十日,不害芸事;秋十日,不害敛实;冬二十日,不害除田,此之谓时作。"

《管子》中的农业知识以《地员》篇为代表,《四时》《五行》《度地》等篇中也记载着各种农业生产经验。在《管子》中,以农为本的思想贯穿全书,同时对农时、土壤、农作物栽培、农田水利、家禽牲畜饲养等多方面的关注,使《管子》形成了比较完整的农学知识体系,在先秦农书中有独到的特点。

《吕氏春秋》《管子》中许多篇都提到农业与治国为政的关系,反映了封建统治者对农业生产经验和技术进行总结,形成理论,又反过来指导农业生产的重视。他们把农业看成治国之根本。

后代,我国又出现一些农书,如(宋)陈旉撰写的《农书》、(宋)秦观撰写的《蚕书》、(元)司农司撰写的《农桑辑要》、(元)鲁明善撰写的《农桑衣食撮要》、(元)王祯撰写的《农书》、(明)周王朱橚撰写的《救荒本草》、(明)徐光启撰写的《农政全书》、(明)熊三拔撰写的《泰西水法》、(明)鲍山撰写的《野菜博录》、清朝皇帝下令编写的《御制授时通考》等。这些农书皆是在先秦农书的基础上写成。先秦农书是对先代农业生产经验的继承与总结,又为以后各代农学思想的发展成熟奠定了基础,奠定了中国农业的基础理论和农学体系,是中国古代农学体系形成之初的重要参考依据。黄河流域中下游地区的农耕文明在华夏文明发展史上有重要的地位。

四、黄河流域的农业管理与赋税政策

农业管理与赋税政策是农耕文化的重要组成部分,这些管理与政策虽然是属于人为的,但它又常常决定着农业的发展和进步。自国家形成之后,统治者视农业如自己的生命线,对农业管理与赋税政策都是非常重视的。商代卜辞记载,商王武丁每年春耕前或秋收前都要举行"求年"的祭祀,以祈求农业的丰收;经常卜问是否"受年"。武丁还经常派大臣去看视农田、猎地和边区的情况,卜辞中叫作"省田"或"省鄙"("鄙"指王都以外的田野)。

西周时期,周天子为了维护自己的统治,采取分封制度,即"授民授疆土",把土地和人民分封给贵族做采邑。采邑主拥有采邑上的一切政治、经济、军事大权,容易形成"尾大不掉"之弊,对天子、国君形成威胁。如春秋时期的三家分晋、田氏代齐就是由于采邑主的势力膨胀以后,对国君取而代之的后果。

春秋后期,各个诸侯国普遍实行了郡县制度。县邑制的建立是地方行政制度的革新,其政治机构、军事组织、赋税制度、土地占有形式等都发生了巨大的变化。县公、县尹不是世袭之官,虽然偶有父子相继的情况,但绝非世代相袭。县公、县尹是诸侯国君可以随时调遣的地方官吏,从而突破世袭贵族政治的限制。县制的建立,使诸侯国的军事组织也发生了变化。县制建立之前,其军队主要是公卒和私卒,即由卿大夫采邑上的族人组成,带有浓厚的宗族色彩。县制建立之后,诸侯国向县邑直接征兵,以县邑地区为单位建立起直属国君的正规军,从而开辟了新的兵源。县邑制的建立,使广大野人与国人一样被征用从军,不仅扩大了兵源,而且打破了国与野的界线,促进了社会的进步。

战国初年,三晋和田齐正式列为诸侯。这些新建的诸侯国君接受晋国和姜齐覆灭的教训,在政治方面进行改革。为了防止军功、事功权贵势力的膨胀,各国都进行改革变法。如魏国的李悝变法、楚国的吴起变法、秦国的商鞅变法等,废除世袭制,采取任用贤能的政策。

战国以后,边地逐渐重要,郡多设在边境。在边地战争紧张时,又联县为郡,故郡的组织开始高于县,并统属县邑。于是产生了郡、县二级制的组织。郡县制度可以有效地防止地方上的"尾大不掉"之弊端,加强诸侯国君的专制权力。

赋税制度也是统治者最关心的问题。西周至春秋前期实行的是劳役地租形式。当时的田制是井田制和爰田制。《孟子·滕文公上》云:"夏后氏五十而贡,殷人七十而助,周人百亩而彻,其实皆什一也。彻者,彻也;助者,藉也。""方里而井,井九百亩(1 亩约等于 0.067 公顷),其中为公田。八家皆私百亩,同养公田,公事毕,然后敢治私事。"意思为,方一里为一井,每井九百亩,在中间的一百亩为公田,其他八家,每家一百亩。公田为八家共同耕种,待公田上的农事做完后,才开始做私田上的农活。爰田制,也是采取"一夫百亩"的形式,每个农夫再无偿地为国家统治者耕种十分之一的土地,称为"籍田"。《诗·周颂·载芟序》郑氏笺云:"籍,之言借也,借民力治之,故谓之籍田。"《风俗通·祀典》云:"古者使民如借,故曰籍田。"《礼记·月令》云:"藏帝籍之收于神仓。"称籍田为"帝籍",称曰廪为"神仓"。"籍田",就是借民力耕种的田地,这是统治者赖以生存的经济基础。

春秋以后,由于生产工具的改进,大量的农田得到垦辟。不是国家分配的,而是农夫个人开垦的私田出现了。这使国家很难完全掌握土地的情况。另外自西周后期至春秋以来连年的战争把人民拖到战场上,从而使大片土地荒芜,周王室的"公田"无法得到预期的收成,于是春秋时期的土地与赋税的改制开始了。春秋时期,齐国的"相地而衰征"、晋国的"作爰田"、鲁国的"初税亩"、郑国的"作丘赋"、秦国的"初租禾"、楚国的"量入修赋"等皆是按土地的多少和好坏而收取赋税。这是对赋税制度的改革,是一种从劳役地租向实物地租转变的形式。

春秋战国时期地方行政制度机构的形式和赋税政策,基本上奠定了我国几千年封建社会乡村地方行政制度机构和管理体制的雏形。

五、黄河流域的农神崇拜

中国古代是一个农业社会,农业的收成是人们赖以生存的基础。希望消除灾害、祈求丰收、祈福、报答祖先之恩,是农业社会人们的共同心理,在黄河流域这样一个农业为主的社会环境中,自然产生了农神崇拜。农神崇拜是社会学的大问题,也是农耕文化的重要内容。

中国最早出现的农神是神农氏和后稷。《周易・系辞下》云:“包牺氏没,神农氏作,斫木为耜,揉木为耒。耒耨之利,以教天下盖取诸益。炎帝为耒耜耕耨,以教民粒食,故号神农。”所谓神农,就是炎帝,故炎帝又称为炎帝神农氏。《白虎通・号》云:“古之人民皆食禽兽肉。至于神农,人民众多,禽兽不足,于是神农因天之时,分地之利,制耒耜,教民农作,神而化之,使民宜之,故谓之神农也。”宋郑樵《通志・三皇纪》记载:远古时期,“民有疾病,未知药石,乃味草木之滋,察寒温之性,而知君臣佐使之义,皆口尝而身试之,一日之间而遇七十毒。或云神农尝百药之时,一日百死百生,其所得三百六十物,以应周天之数。后世承传为书,谓之《神农本草》”。

神农氏不仅发明农业,还亲尝百草,对植物进行分辨,辨认哪些是可以食用的植物、哪些是有毒的植物。有关神农氏的记载,表现了我国古代人民与大自然斗争的艰辛、在文明的道路上所付出的努力和表现出来的百折不挠的精神。

后稷是我国古代尊崇的又一重要的农神。后稷是周人的始祖,兼有祖先神的性质。后稷是西周“社稷”的神主,同时配食郊天。“后稷教民稼穑,树艺五谷,五谷熟而人民育”①。他教民种植,教民稼穑,即“使民知稼穑之道”。传说中的农神后稷,曾为早期种植业的发展做出了巨大贡献,因此被世代供奉歌颂,享祀于国典。对农神的崇拜歌颂是一切农耕民族文化的核心特征。

中国古代对农神要举行隆重的祭祀仪式,每年春天,天子要行亲耕之

① 焦循:《孟子正义・滕文公下》,中华书局,1987,第383页。

礼。先秦至唐朝前期,祭先农(即神农)是立坛于籍田之中。“立坛于田,所祠之其制度如社之坛”,“坛或祭先农或祭社祭,或以太牢或以羊,此历代之礼所尚异也”,并且坛祭时天子举行亲耕之礼。①《国语·周语上》云:“司空除坛于籍……王乃淳醴飨濯。……王耕一墢,班三之,庶民终于千亩。”就是周天子要在籍田上设坛,亲自以酒醴敬献农神;然后亲自耕田一墢。一墢,一耜之墢也。王耕一墢,公卿、九大夫要耕三墢,而“庶民终于千亩”。“庶民”才是籍田的真正耕作者,但这也表现出贵族统治者对农耕的重视。

先秦时期,农神祭祀还包括蜡祭。蜡祭是报谢万物诸神及庆祝丰收的节日,祭祀的对象是:先啬——神农氏;司啬——后稷;农官田畯神,即所谓的“农”;田间设施诸神,所谓“邮表畷”,“邮”是亭舍;农业益虫神,如猫、虎之类;水利设施神,所谓“坊与水庸”。《郊特牲》“天子大蜡八”,不仅是指蜡祭八神,而是“合祭万物而索飨之”,所指万物之神。

自武则天开始,筑先农坛以祭祀神农。“武后改籍田坛为先农坛”②。先农坛还曾经被改为“帝社”。从先秦时期的祭祀籍田,“立坛于田”,到筑先农坛、帝社,直至清王朝时期在帝都北京建筑的祈年殿,表现出历代帝王对农业的重视,对农神的崇拜。

中国是闻名世界的丝绸之国,勤劳智慧的中华民族用蚕丝制成美丽的绫罗丝绸,是蚕桑业的发明者。中华民族把蚕桑的发明者尊为蚕神。蚕神在中国古代又叫先蚕。中国古代农业往往又被说成农桑,也就是说农业包括蚕桑,黄河流域也盛行蚕神崇拜。黄帝元妃西陵氏嫘祖,被尊为先蚕,也就是蚕神,历代因之。中国史书承认西陵氏嫘祖是古代正统的蚕神。除此之外,菀窳妇人、寓氏公主、蜀蚕丛帝、蚕女马头娘等,是民间祭祀的蚕神。

古代帝王对先蚕,即蚕神的祭祀是非常隆重的:要堆筑先蚕坛,奉安先蚕神位,皇后要身穿祭服,带领百官夫人躬亲蚕桑。晋代以后开始出现了先蚕坛。先蚕西陵氏受后齐、后周、隋、唐、宋、元、明、清等中国历代朝廷的祭祀。

中国古代对农神、蚕神的祭祀与崇拜,表现出农业社会的重要特征。

---

① 陈祥道:《礼书》卷29,台湾商务印书馆景印本文渊阁四库全书,1986。

② 陈祥道:《礼书》卷29。

农神崇拜是农耕文化的重要内容。

六、黄河流域产生的农商思想对中国古代社会的影响

思想意识属于上层建筑领域的范畴。一种思想意识形态往往决定了社会发展的方向。黄河流域的农业思想,特别是关于农商关系的思想和政策对中国古代社会有重要的影响。

春秋战国时期,在百家争鸣的大背景下所产生的农商思想主要分为两支流派:一支是农商并重思想,另一支是重农抑商思想。其中重农抑商思想是中国古代社会历代王朝的指导思想。

夏、商、周、春秋直至战国初年,我国最早形成的关于农商关系的思想是农商并重的思想。如齐国太公望、管仲是最早的重农业又重商业的政治家。他们采取的农商并重、通关利商的政策使齐国受益无穷。《史记·货殖列传》云:“太公望封于营丘,地潟卤,人民寡,于是太公劝其女功,极技巧,通鱼盐,则人物归之,襁至而辐凑。故齐冠带衣履天下,海岱之间敛袂而往朝焉。其后齐中衰,管子修之,设轻重九府,则桓公以霸,九合诸侯,一匡天下;而管氏亦有三归,位在陪臣,富于列国之君。是以齐富强至于威、宣也。”《正义》云:“轻重,谓钱也。”齐国因发展商业而建立霸业,成为一个强大的诸侯国,并成为春秋时期第一个霸主。

春秋后期,范蠡的经济思想也是农商并重的思想。《史记·货殖列传》记载:范蠡认为,“夫粜,二十病农,九十病末。末病则财不出,农病则草不辟矣。上不过八十,下不减三十,则农末俱利,平粜齐物,关市不乏,治国之道也”。范蠡主张“农末俱利”。

战国初年的政治家李悝也主张农商并重。李悝提出“尽地力之教”的同时,又认为粮贵则对士民工商不利,谷贱则伤农。李悝说:“籴甚贵伤民,甚贱伤农;民伤则离散,农伤则国贫。故甚贵与甚贱,其伤一也。善为国者,使民毋伤而农益劝。”①韦昭注曰:“此民,谓士、工、商也。”②

农商并重的思想对社会的发展是有好处的。司马迁在《史记·货殖列传》中说:“被服饮食,奉生送死之具也。故待农而食之,虞而出之,工而成

① 班固:《汉书·食货志上》,中华书局,1962,第1124-1125页。

② 班固:《汉书·食货志上》,第1125页。

之，商而通之。”又云：“《周书》曰：‘农不出则乏其食，工不出则乏其事，商不出则三宝绝，虞不出则财匮少。’财匮少而山泽不辟矣。此四者，民所衣食之原也。原大则饶，原小则鲜。上则富国，下则富家。贫富之道，莫之夺予。”但《货殖列传》所引《周书》之论点，在今本《周书》《逸周书》中皆不存在了。《四库全书》总纂官纪昀在《逸周书提要》中说：“今本皆无之，盖皆所佚。”但是司马迁的《货殖列传》把古代的农商并重的思想保留了下来，从而使我们更加了解和明白古代对农商关系的观点和思想。

战国时期自商鞅开始，提出重农抑商的思想和政策。《史记·商君列传》记载：商鞅变法令规定，“戮力本业耕织致粟帛多者，复其身，事末利及怠而贫者，举以为收孥”。“本业”指的是农业生产，“末利”指的是商业和手工业。这是最早的关于重农抑商的法令和政策。

法家学说的集大成者韩非子主张耕战为上。他所著的《五蠹》篇把诸侯国中五种很活跃的人（即儒、侠、纵横游说之士、商、工）称为五蠹。蠹，木中之虫也。五蠹，就是五种损害诸侯国利益的人。《五蠹》篇集中地表现出韩非子的重农抑商思想。

《管子》虽假托管仲所做，其实与管仲的经济思想是不一样的。《管子》成书于战国，是齐国稷下学者的集体创作。其中的某些篇章则更系统地阐述了重农抑商思想。《管子·治国》云：“夫富国多粟，生于农，故先王贵之。凡为国之急者，必先禁末作文巧。末作文巧禁，则民无所游食。民无所游食，则必农。民事农，则田垦。田垦，则粟多。粟多，则国富。”

诸侯国为什么采取重农抑商的政策呢？《管子·轻重甲》记载：“管子曰：万乘之国必有万金之贾，千乘之国必有千金之贾，百乘之国必有百金之贾。非君之所赖也。君之所与，故为人君而不审其号令，则中一国而二君二王也。”《管子·国蓄》云：“利出于一孔者，其国无敌；出二孔者，其兵不诎；出三孔者，不可以举兵；出四孔者，其国必亡。先王知其然，故塞民之养，隘其利途，故予之在君，夺之在君，贫之在君，富之在君，故民之戴上如日月，亲君若父母……国多失利，则臣不尽其忠，士不尽其死矣。”

限制商贾、实施国家专卖才能使利润皆归与国君，国君才能掌握生杀之大权。臣民的一切生活来源全在于国君，这样才能全部依赖国君，对国君“亲君如父母”，反之，如果利归商贾，国多失利，臣就不会尽其忠，士也不会尽其力,“其国必亡”。重农抑商是为了加强专制主义的集权制度。

战国以来的重农抑商思想对中国封建社会产生了极大的影响。西汉初年开始限制商贾。《汉书·高帝纪》记载,汉高祖八年(前199年)下诏令:“贾人毋得衣锦绣绮縠絺纻罽,操兵,乘骑马。”至汉武帝时期,西汉王朝以更加严厉的手段打击商人。《汉书·武帝纪》记载:天汉四年(前97年),汉武帝“发天下七科谪”,前去征战边疆。颜师古引张晏注曰:“吏有罪一,亡(人)(命)二,赘婿三,贾人四,故有市籍五,父母有市籍六,大父母有市籍七,凡七科也。”汉武帝要发配的七种贬谪之人,其中有四种属商人。

汉武帝时期的告缗令彻底地摧毁了商人的经济基础。元狩四年(前119年),汉武帝令“初算缗钱”。颜师古注曰:“谓有储积钱者,计其缗贯而税之。”这就是算缗令。由于汉武帝所令收的税特别重,因此许多人隐瞒财产,以求少交算税。

《汉书·武帝纪》载,元鼎三年(前114年)汉武帝诏令:“令民告缗者以其半与之。”孟康注曰:“有不输税,令民得告言,以半与之。”这就是告缗令。此令一下,“告缗遍天下,中家以上大抵皆遇告。……得民财物以亿计,奴婢以千万数,田大县数百顷,小县百余顷,宅亦加之。于是商贾中家以上大率破”①。汉武帝残酷地打击了商人,并对盐、铁等实行官府专卖,限制商人经营。汉王朝打击商人的政策,对我国后世有深远的影响。我国整个封建社会时期,基本上都实施重农抑商的政策,自汉武帝以后至明清以前中国几千年的封建社会几乎没出现过著名的大商人。

中国封建王朝推行重农抑商政策,其目的在于巩固加强其专制统治。但商业被限制,客观上也束缚了农业的发展,阻碍了中国社会的发展和进步,是中国封建社会长期停滞不前的重要原因之一。

① 司马迁:《史记·平准书》,中华书局,1959,第1435页。

也谈早期夏文化*

魏继印

近年来,在二里头文化一至四期都是夏文化的观点为学术界所普遍接受之后,对早期夏文化的探讨又成为夏文化研究一个新的焦点。笔者在认真学习各家观点之后,对此问题也产生一些粗略的认识和想法。因此,在这里也就早期夏文化问题谈一谈自己的看法,以求教于学界同人。

一、早期夏文化问题的缘起

早夏文化问题是与夏文化的研究息息相关的。夏文化问题是我国学术界的一个重大课题。利用考古学进行夏文化探索大致可以追溯到20世纪30年代初,当时梁思永在安阳后岗发现了仰韶文化、龙山文化和殷墟文化从早到晚依次相叠压的三叠层,徐中舒据此提出仰韶文化为夏文化一说①。四五十年代,又出现山东龙山文化为夏文化说。② 50到60年代,有学者开始将探索夏文化的目光投向介于龙山文化和二里岗文化之间的“洛达庙类型”,或提出“洛达庙期”文化遗存“最可能是夏代的”③,或认为“洛达庙层”是探索夏文化值得注意的线索或对象④。70年代,随着田野工作

---

* 原载《考古与文物》2011年第3期。

① 徐中舒:《再论小屯与仰韶》,《安阳发掘报告》1931年第3期,第523-557页。

② 范文澜:《中国通史简编》(修订本),第一编,人民出版社,1964年第4版。

③ 李学勤:《近年考古发现与中国早期奴隶制社会》,《新建设》1958年第8期,第47-53页。

④ 安志敏:《试论黄河流域新石器时代文化》,《考古》1959年第10期,第559-565页。石兴邦:《黄河流域原始社会考古研究上的若干问题》,《考古》1959年第10期,第566-570页。

的不断开展,尤其是二里头遗址的发现,使此后一段时间的夏文化探索达到了高潮,出现了百家争鸣的局面。20 世纪 70—90 年代,学术界曾有"河南龙山文化晚期阶段与二里头一期为夏文化说"①、"河南龙山文化晚期与二里头文化一至二期为夏文化说"②、"二里头一至二期为夏文化说"③、"河南龙山文化晚期与二里头一至三期为夏文化说"④、"河南龙山晚期、新砦期、二里头一至四期为夏文化说"⑤、"二里头一至三期为夏文化说"⑥、"河南龙山文化晚期和二里头一至四期为夏文化说"⑦、"二里头文化一至四期为夏文化说"⑧、"'陶寺类型'文化为夏文化说"⑨、"典型龙山文化为

---

① 郑光:《二里头遗址与夏文化》,载田昌五主编《华夏文明(第一集)》,北京大学出版社,1987,第 212－223 页。杨宝成:《二里头文化试析》,《中原文物》1986 年第 3 期,第 60－63,93 页。

② 安金槐:《豫西夏代文化初探》,《中原文物》1978 年第 2 期,第 38－39,41 页。安金槐:《豫西颍河上游在探索夏文化遗存中的重要地位》,《考古与文物》1997 年第 3 期,第 54－60 页。李仰松:《从河南龙山文化的几个类型谈夏文化的若干问题》,载中国考古学会编辑《中国考古学会第一次年会论文集(1979)》,文物出版社,1980,第 32－49页。杜金鹏:《商汤伐桀之史实与其历史地理问题》,《史学月刊》1988 年第 1 期,第 6－11 页。杜金鹏:《夏商文化断代新探》,《中原文物》1993 年第 1 期,第 12－18 页。

③ 殷玮璋:《二里头文化探讨》,《考古》1978 年第 1 期,第 1－5 页。

④ 方酉生:《论二里头遗址的文化性质——兼论夏代国家的形成》,《华夏考古》1994 年第 1 期,第 60－67 页。

⑤ 赵芝荃:《试论二里头文化的源流》,《考古学报》1986 年第 1 期,第 1－19 页。方酉生:《偃师二里头遗址第一期文化应比新砦期二里头文化为晚》,《江汉考古》2005 年第 1 期,第 50－54 页。

⑥ 孙华:《关于二里头文化》,《考古》1980 年第 6 期,第 521－525 页。

⑦ 吴汝祚:《关于夏文化及其来源的初步探索》,《文物》1978 年第 9 期,第 70－73 页。李伯谦:《二里头类型的文化性质与族属问题》,《文物》1986 年第 6 期,第 41－47 页。赵春青:《中原龙山文化王湾类型再分析》,载洛阳市文物工作队编《洛阳考古四十年——1992 年洛阳考古学术研讨会论文集》,科学出版社,1996,第 95－115 页。

⑧ 邹衡:《试论夏文化》,载氏著《夏商周考古学论文集》,文物出版社,1980,第 95－182 页。

⑨ 高炜、张岱海、高天麟:《陶寺遗址的发掘与夏文化的探索》,载中国考古学会编辑《中国考古学会第四次年会论文集(1983)》,文物出版社,1985,第 25－33 页。

夏文化说”①、“大汶口至典型龙山文化和二里头文化为夏文化说”②、“良渚文化为夏文化说”③等 10 余种观点和看法。1986 年以来,偃师商城的发现与研究推动了夏文化的研究,自此之后,“二里头文化一至四期都是夏文化”的观点渐成主流。1996—2000 年的夏商周断代工程明确地采用了二里头文化一至四期都是夏文化的观点。进入 21 世纪以来,随着二里头遗址新发现的不断增多,尤其是二里头三、四期时的众多宫殿基址和一些重要的手工业作坊遗址的发现,说明二里头文化在其第三和第四期时仍然繁荣,从而更加证明了这一论断的正确性。

虽然“二里头文化一至四期都是夏文化”这一观点已基本为学术界共识,但它能不能涵盖全部的夏文化这一问题仍存在争议。历史文献中关于夏积年的记载主要有 471 年、432 年和 431 年三种说法。而目前二里头遗址一至四期的^{14}C 年代仅有 300 多年,与文献记载中最少的夏积年还相差 100 多年。因此一些学者据此认为二里头文化一至四期并不是全部的夏文化。又由于目前学术界对二里头文化第四期是最晚的夏文化这一认识较为一致,因此他们认为夏文化应该在二里头文化的基础上再向前推一段时间。这就是早期夏文化问题重新被提出来的前提。

二、早期夏文化的主要观点

关于早期夏文化,其实在 20 世纪七八十年代,在探讨什么是夏文化问题时就有学者进行过明确的区分。如 1978 年吴汝祚撰文认为,二里头一至四期都是夏文化,后岗二期文化的煤山类型(即现在所说的王湾三期文化)为早期夏文化。④ 1986 年李伯谦根据文献记载的夏积年、二里头遗址的^{14}C 测年数据以及一些典型文化因素,认为二里头文化是“太康失国”

① 程德祺:《夏为东夷说》,《中央民族大学学报(哲学社会科学版)》1979 年第 4 期,第 17 – 23 页。

② 杜在忠:《边线王龙山文化城堡试析——兼述我国早期国家诞生、文化融合等有关问题》,《中原文物》1995 年第 2 期,第 31 – 37 页。

③ 陈剩勇:《东南地区:夏文化的萌生与崛起——从中国新石器时代晚期主要文化圈的比较研究探寻夏文化》,《东南文化》1991 年第 1 期,第 1 – 22 页。

④ 吴汝祚:《关于夏文化及其来源的初步探索》,《文物》1978 年第 9 期,第 70 – 73 页。

“后羿代夏”以后的夏文化,而以临汝煤山二期为代表的由王湾三期文化到二里头文化的过渡类型遗存,很可能就是夏代初期的文化。① 赵芝荃于1986年发文认为河南龙山晚期和新砦期二里头文化属于夏代早期②。80年代后期,杜在忠则认为大汶口文化为夏代早期的文化遗存。③

纵观近年来学术界对早夏文化问题的研究,主要存在三种观点:

第一种观点是“二里头一期说”。主张此说者认为,二里头文化是夏文化④,而二里头文化一期和四期分别是二里头文化的首和尾⑤,显然认为二里头一期文化为最早的夏文化。

第二种观点是“龙山晚期说”。主张此说者认为,二里头一至四期都是夏文化,但它只是后羿、寒浞代夏以后的夏中晚期文化,王湾三期文化晚期是早期夏文化。⑥ 2008年,在郑州召开的“早期夏文化学术研讨会”上也有许多学者主张此观点。

第三种观点是“新砦期说”。主张“新砦期说”者,其提法也有一些差别。如有学者认为,二里头文化包括新砦二期、二里头一期、二里头二期、二里头三期、二里头四期5期文化遗存,其中二里头文化一至四期是太康至桀期间的文化遗存,新砦二期是最早的二里头文化,也是最早的夏文

---

① 李伯谦:《二里头类型的文化性质与族属问题》,《文物》1986年第6期,第41-47页。

② 赵芝荃:《试论二里头文化的源流》,《考古学报》1986年第1期,第1-19页。

③ 杜在忠:《边线王龙山文化城堡试析——兼述我国早期国家诞生、文化融合等有关问题》,《中原文物》1995年第2期,第31-37页。

④ 邹衡:《试论夏文化》,载氏著《夏商周考古学论文集》,文物出版社,1980,第95-182页。

⑤ 邹衡:《关于夏文化的上限问题——与李伯谦先生商讨》,《考古与文物》1999年第5期,第50-55页。邹衡:《二里头文化的首和尾》,《中国历史文物》2006年第2期,第4-5页。

⑥ 夏商周断代工程专家组编著《夏商周断代工程1996—2000年阶段成果报告·简本》,世界图书出版公司北京公司,2000。赵芝荃:《试论二里头文化的源流》,《考古学报》1986年第1期,第1-19页。方酉生:《偃师二里头遗址第一期文化应比新砦期二里头文化为晚》,《江汉考古》2005年第1期,第50-54页。李伯谦:《夏文化探索与中国古代文明形成研究——在国家图书馆部级历史文化讲座上的讲演》,《古代文明研究通讯》2008年第6期。

化。① 也有学者把“新砦期”后段遗存界定为二里头文化一期早段的范畴，称为二里头文化一期遗存“新砦型”，认为它是对二里头文化一期遗存文化内涵的丰富和补充，最后指出二里头文化一期为最早的夏文化。②

除了以上三种主要观点，还有个别学者认为早期夏文化应包括大禹所处的河南龙山文化末期和夏启至少康中兴以前的二里头一期文化。③

其实，在上述观点中，在坚持第一种观点的邹衡过世之后，目前争议主要存在于第二和第三种观点之间。因此，这里笔者对这两种观点做一辨析，来谈一下自己的看法。

三、早期夏文化应在“新砦期”遗存中去寻找

笔者在认真学习这两种观点之后，认为早期夏文化应该在所谓的“新砦期”遗存中去寻找，而不能涉及年代更早的王湾三期文化。在此，本文在前人研究的基础之上，着重从以下几个方面对早期夏文化问题阐述一下自己的看法。

（一）关于夏始年和夏积年

夏代始于大禹还是夏启，是一个存在争议的问题。战国和汉代学者很明确地将大禹定为夏王。战国、汉代的“五帝”说有五种不同观点，其中只有王莽的一说才将大禹同帝喾、尧、舜、汤一起并为“五帝”，而更多的学者是将大禹同商汤、周武王并称为“三王”。20 世纪不少历史学家辨别出大禹和夏启是不同时代的人物，认为夏代实际始于夏启，而不是大禹。吕思勉《先秦史》、吕振羽《史前期中国社会研究》、范文澜《中国通史简编》、金景芳《中国奴隶社会史》、李学勤主编《中国古代文明与国家形成研究》等都认为夏代自夏启始。

我们认为夏代应始于夏启。禹是舜时人，曾担任司空之职，主平水土。由于禹治水有功，舜死后，禅位于他。禹继任“帝”位，实际上同尧和舜一

---

① 张国硕：《夏纪年与夏文化遗存刍议》，《中国文物报》，2001 年 6 月 20 日。

② 李维明：《二里头文化一期遗存与夏文化初始》，《中原文物》2002 年第 1 期，第 33 – 42 页。陈旭：《二里头文化一期文化是早期夏文化》，《中国历史文物》2009 年第 1 期，第 9 – 16 页。

③ 程平山：《关于早期夏文化问题》，《中国文物报》，2001 年 1 月 24 日。

样是中原酋邦联盟的首领,并没有过渡到真正意义上的“王”。禹死后,禅位于益。实际上还是维护了“禅让制”的传统。范文澜《中国通史简编》第一编云:“照《礼记·礼运篇》所说,禹以前是没有阶级,没有剥削,财产公有的大同社会;禹以后是财产私有的阶级社会。禹不曾废除‘禅让’制度,是大同时代最后的大酋长。小康时代应从启开始。”并且指出:“战国以前书,从不称夏禹,只称禹、大禹、帝禹;称启为夏启、夏后启。这种区别,还保存两人时代不同的意义。”夏代的世系自大禹排起,仅仅是夏启杀益夺得帝位,继大禹而为天子。大禹为帝乃是举贤与能之举,夏后帝启之“帝”与王同义,表示王位世袭制与“家天下”。夏启假大禹威名夺天下,又假大禹威名统治天下①。把禹定为夏代第一王,定为宗,是一种政治需要。夏启死后,又破坏了传统的“禅让”制度,改为传子制,把王位传给了自己的儿子,而不是像禹一样传位于益,这本身就标志着一个新的时代的来临。夏启是中国历史上第一个世袭君主,对此,吕思勉②、吕振羽③、范文澜④、金景芳⑤、李学勤⑥、孙淼⑦、郑杰祥⑧等都已进行了充分论证。程平山⑨、张国硕等⑩最近又有论述,皆认为夏代应从夏启开始。我们对此表示认同。

“龙山晚期为早期夏文化说”的立论基础是二里头文化一至四期不能涵盖整个夏纪年。我们认为,目前关于夏代积年,还是一个悬而未决的问题,所以他们的立论基础并不坚实。关于夏积年,文献上说法众多,其中有两种主要的说法。一说是470余年,如《太平御览》卷82引《竹书纪年》:“自禹至桀十七世,有王与无王,用岁四百七十一年。”《路史·后纪》卷13

---

① 程平山:《关于早期夏文化问题》,《中国文物报》,2001年1月24日。

② 吕思勉:《先秦史》,上海古籍出版社,1982。

③ 吕振羽:《史前期中国社会研究》,生活·读书·新知三联书店,1961。

④ 范文澜:《中国通史简编》(修订本),第一编,人民出版社,1964年第4版。

⑤ 金景芳:《中国奴隶社会史》,上海人民出版社,1983。

⑥ 李学勤主编《中国古代文明与国家形成研究》,云南人民出版社,1997。

⑦ 孙淼:《夏商史稿》,文物出版社,1987。

⑧ 郑杰祥:《夏史初探》,中州古籍出版社,1988。

⑨ 程平山:《关于早期夏文化问题》,《中国文物报》,2001年1月24日。

⑩ 张国硕:《夏纪年与夏文化遗存刍议》,《中国文物报》,2001年6月20日。果美侠、李维明:《夏年新证》,《首都师范大学学报(社会科学版)》2001年第2期,第1-8页。

下注引《汲冢纪年》:“并穷寒四百七十二年。”《竹书纪年》和《汲冢纪年》实为一书,成于战国。另一说是430余年,如《易纬稽览图》:“禹四百三十一年。”《世经》:“伯禹,……天下号曰夏后氏,继世十七王,四百三十二岁。”《帝王世纪》继承了《世经》的说法,并明确指出夏代的432年是自禹至桀并包括羿、浞在内的十九王。这两种说法所使用的都是战国文献,距夏代均超过千年以上,这些文献的具体依据是什么,我们不得而知,所以其是否准确,还是值得怀疑的。古文献中虽然对夏代具体积年有不同的记载,但对禹至桀共十七世(王)或十七王十四世的说法还是较为一致的,因此,具有较高的可靠性。

关于“王湾三期文化晚期为早期夏文化说”者和“夏商周断代工程”所采用的夏积年达470多年,可能过长。对此,已有学者提出质疑①。这里,我们可以利用模糊数学的方法根据每代人的平均年数,大致推算一下夏积年。我们先从有明确纪年的并且延续时间较长的朝代开始计算。周代若按夏商周断代工程提供的年表,从前1046年到前256年,共790年,共历38王30世,平均每世约26年。两汉时期,从刘邦建汉的前206年至汉献帝的220年共426年,如果算上王莽约25帝,平均每帝不足18年。唐代从618年到907年共289年,历约23帝,平均每帝不到13年。两宋从960年至1279年,共319年,历18帝16世,平均每世约20年。明代从1368年到1644年,共276年,历16帝11世,平均每世约25年。清代若从入关的1644年到1911年,共267年,历10帝10代,平均每代约27年。各朝代总积年2367年,共历帝王115世,平均每世约21年。夏代除去禹,共13世16王,若按平均每世21年,夏代总积年约273年。清代的康熙和乾隆分别在位61年和60年,是我国历史上在位时间最长的两个皇帝,其和约占整个清王朝的一半,因此,清代平均每代的时间也最长,约27年。夏代,文献中记载在位时间较长的王也有2位,即帝芒在位58年、帝不降在位59年,其整体情况和清代差不多。因此,若按清代每代27年计算,夏代总积年约351年。按两种方法所计算的结果,均与文献所记的471年或431年出入较大。若按夏积年431年,夏代每世平均达33年,与其他各朝代相比,应

① 张国硕:《夏纪年与夏文化遗存刍议》,《中国文物报》,2001年6月20日。

该是中国历史之最。因此,我们认为夏积年达431年之久也不足信。

夏代从禹至桀共471年的说法来自《竹书纪年》,但实际上,在《竹书纪年》中,夏代从禹至桀各王的在位年数之和仅有363年,①与471年相差近100多年。我们现在所说的《竹书纪年》是战国时期魏国的史书,是用所谓的"蝌蚪文"古文字(即秦统一文字前的晋系文字,和侯马盟书可能属同一体系)写成的,这种文字体系是由甲骨文经西周金文发展而来的。甲骨文和金文当中,"三"字写法是由三横组成,"四"字写法是由四横组成;而表示百位数字的"三百"或"四百"有单体写法和合文写法两种表示方法。"三百"如果用单体文字表示就是三横下面写一个"百"字,②如果用合文写法表示就是在三横下面加一个"白"字。而"四百"的合文写法则是四横下面写一个"白"字③。这样一来,"四百"的合文写法实际上跟"三百"的单体写法完全相同,很容易混淆。因此,我们怀疑晋人在整理《竹书纪年》竹简时把夏积年的371年给误释为471年了,而实际上可能是371年。

夏代从禹到桀,若为371年,就跟《竹书纪年》中各王在位年数之和的363年基本接近,而且每代人约为28.5年的平均值和清代27年接近,也更为合理。

另外,关于夏始年问题,在以往的天文学研究中已经取得了重要成果,但并没有引起学界足够的重视。《太平御览》卷7引《孝经钩命诀》:"禹时五星累累如贯珠,炳炳若连璧。"这种现象被称为"五星聚会"。目前,已有学者对此现象进行了计算,测算出前1953年2月中旬至3月初,在黎明时分的东方地平线上,土星、木星、水星、火星和金星排成一列,在2月26日,五大行星之间的角距离小于4度。这次"五星聚会"是迄今最难得的一次。这种奇异壮观的天象,很可能在古人记忆中流传下来。④ 随着科学技术的

① 王国维:《今本竹书纪年疏证》,载方诗铭、王修龄辑录《古本竹书纪年辑证》,上海古籍出版社,1981,第215页。

② 参见王宇信、杨升南、聂玉海主编《甲骨文精粹释译》,云南人民出版社,2004,第1138－1139页。

③ 参见高明、涂白奎编著《古文字类编》(增订本),上海古籍出版社,2008,第1468页。

④ 夏商周断代工程专家组编著《夏商周断代工程1996—2000年阶段成果报告·简本》,世界图书出版公司北京公司,2000,第80页。

突飞猛进,目前的现代天文学能够精确地测算出比如日食、月食等天文现象的发生时间,具有较高的精度,并且这一次“五星聚会”为五千年一遇,更应准确。因此,我们认为天文学家对这一“五星聚会”的推算具有较高的可信度,对于确定夏始年具有极其重要的参考价值。若禹时的“五星聚会”发生在前1953年,那么夏代从启开始的年代,当在前1953年以后的一段时间。

通过以上分析,我们认为夏代当开始于前20世纪的50年代以后,从启到桀的夏代积年也不会超过370年。

(二)关于二里头文化的绝对年代

以上我们通过对文献等的分析,明确了夏积年和夏始年的问题。另外,二里头文化一至四期属于夏文化这一观点也基本为学术界所共识。那么,二里头文化究竟能不能包括整个夏文化呢?这一问题在目前来说,恐怕只能依靠^{14}C测年技术来参照。

关于二里头文化的绝对年代,《夏商周断代工程1996—2000年阶段成果报告·简本》把以往公布的^{14}C测年数据和考古学文化分期整合起来,界定出了各期的大致年代范围。其中二里头遗址一期的年代约在前1880—前1730年①,也即其最早的年代不超过前1880年。但是,以往公布的二里头一期^{14}C测年数据还有3组,其树轮校正年代分别是前1940、1920、1900年。② 这3组数据不知为什么没有被夏商周断代工程采用。总的来看,二里头遗址的这些^{14}C测年数据大都落在前1950年至前16世纪这一年代范围之内。^{14}C测年数据表明二里头文化的年代也大致落在发生“五星聚会”的前1953年到商王朝建立的前1600年之间。这些情况说明,二里头文化一至四期应是夏文化的主体,即使它不能涵盖全部的夏文化,其缺环也不应太大。

(三)关于夏启的活动地域和“新砦期”遗存

关于夏人的活动地域,徐旭生对先秦文献中涉及夏代并包含地名的约

① 夏商周断代工程专家组编著《夏商周断代工程1996—2000年阶段成果报告·简本》,世界图书出版公司北京公司,2000,第76页。

② 中国社会科学院考古研究所编著《中国考古学中碳十四年代数据集(1965—1981)》,文物出版社,1983,第73页。

80 条史料进行了分析,认为应特别注意两个区域,第一是河南中部的洛阳平原及其附近,尤其是颍水谷的上游登封、禹县一带;第二是山西西南部的汾水下游一带。① 而且,关于晋南地区,文献则以“夏墟”为主。“夏墟”从词义上理解当是夏人活动的旧地,而不是最早的活动地,因此,禹和启的活动地可以排除这一地区。豫西地区大致可以以嵩山为界分为以北的洛阳盆地和以南的颍汝河上游。而文献中对禹、启活动地域的记载大多集中在颍汝河流域。文献中有关禹、启活动的地方主要有阳城、阳翟、钧台、黄台、夏邑、涂山等,这几个地点均在颍汝河流域或淮河流域。关于阳城,古本《竹书纪年》载“禹居阳城”;《世本》载“禹都阳城”;《孟子·万章上》说“禹避舜之子于阳城”;《史记·夏本纪》云“禹辞辟舜之子商均于阳城”等。关于阳城的地望,如前所说当在今登封告城镇。关于阳翟的记载也很多,如《史记·周本纪·集解》引徐广曰:“夏居河南,初在阳城,后居阳翟。”《史记·夏本纪·正义》引《帝王纪》说:“阳翟县本夏所都,春秋时郑之栎邑,韩自宜阳徙都于此。”《汉书·地理志》颍川郡阳翟条下班固自注曰:“夏禹国。”《帝世纪》曰:“禹受封为夏伯,在豫州外方之南,今河南阳翟是也。”《水经·颍水注》云:“又西南流经夏亭城西……颍水自堨东经阳翟县故城北,夏禹始封于此,为夏国。”《史记·夏本纪·正义》引《括地志》云:“夏亭故城在汝州郏城东北五十四里,盖夏后启所封也。”郏城即今郏县,在禹州西南,夏亭故城亦在古阳翟境内。根据这些文献记载和各家注解,阳翟当在今禹州市境内。关于钧台,《竹书纪年》说启“元年癸亥,帝即位于夏邑,大飨诸侯于钧台。”《左传·昭公四年》云:“夏启有钧台之享。”杜预注曰:“河南阳翟县南有钧台陂,盖启享诸侯于此。”《帝王纪》曰:“阳翟有钧台,在县西。”可见钧台当在阳翟县境内,也在今禹州市。文献中还有启居黄台的说法,《穆天子传》云:“丙辰,天子南游于黄台之丘,以观夏后启之所居,乃□于启室。”丁山考证黄台之地望应在今新密和新郑之间,“在洧水与黄水之间”的“黄台冈”。史念海也认为:“禹之后,启居黄台之丘,在今河南

① 徐旭生:《1959 年夏豫西调查“夏墟”的初步报告》,《考古》1959 年第 11 期,第 592－600 页。

郑州和密县之间。”①张国硕认为新发现的新砦城址当与启居黄台有关②。关于夏邑的文献记载也较多,《尚书·汤誓》云:“夏王率遏众力,率割夏邑。”《书经·多方》又云:“亦惟有夏之民叨懫日钦,劓割夏邑。”今本《竹书纪年》载:“元年癸亥,帝即位于夏邑。”林春溥《古史纪年》也有此说。注引《统笺》:“《郡国志》颍川阳翟禹所都,盖禹始封于此,为夏伯。启即位居此,故曰夏邑。”《吴越春秋》云:“启遂即天子之位,治国于夏。”《史记·夏本纪·正义》云:“夏者,帝禹封国号也。”对于夏邑的地望,多数人认为是在今禹州境内。禹州地处颍河上游,属于煤山类型分布区。由此可见,文献记载的这些地方均在煤山类型分布区内或与其相关,而伊洛河流域则很少有禹、启的传说和记载。《逸周书·度邑解》和《史记·周本纪》中有相同的记载,都说:“自洛汭延于伊汭,居易无固,其有夏之居。”《史记·封禅书》云:“昔三代之居,皆在河洛之间。”这种说法,并没有明确说是禹或者是启时的有夏之居,因此,很可能是夏代中后期的夏人之居。

目前所说的二里头文化一期的分布范围主要在洛阳盆地一带,在嵩山以南发现较少。这与文献中记载的启主要活动在嵩山以南地区存在着矛盾,说明二里头遗址的一期或其同类遗存很可能不包括启。夏启的遗存要到嵩山以南地区去寻找。

从目前的考古材料看,嵩山以南地区主要分布着“新砦期”遗存和比其稍早的王湾三期文化的煤山类型。“新砦期”遗存是由煤山类型直接发展而来的。

“新砦期”遗存是20世纪80年代中期,有学者依据密县新砦遗址的发掘提出来的③,认为它是介于王湾三期文化晚期与二里头文化一期的一种过渡性遗存,并称之为“新砦期二里头文化”④。近年来,为了验证“新砦期”成立与否,北京大学古代文明研究中心等单位对新砦遗址再度进行了

---

① 史念海:《中国古都和文化》,中华书局,1998,第43页。

② 张国硕:《夏纪年与夏文化遗存刍议》,《中国文物报》,2001年6月20日。

③ 中国社会科学院考古研究所河南二队:《河南密县新砦遗址的试掘》,《考古》1981年第5期,第398-408页。

④ 赵芝荃:《略论新砦期二里头文化》,载中国考古学会编辑《中国考古学会第四次年会论文集(1983)》,文物出版社,1985,第13-17页。

较大规模的发掘,据简报所言,发掘证明"新砦期"是确实存在的①,它属于最早的二里头文化②,并把它分为相对早晚的两期。对此,靳松安认为,所谓"新砦期"早段具有王湾三期文化晚期的特征,仍属于王湾三期文化最晚阶段的遗存;其晚段则更接近于二里头一期文化特征,应属二里头文化一期偏早阶段的遗存。③

"新砦期"遗存的晚段跟二里头一期文化面貌较为一致,主要分布于嵩山以南的颍汝河上游一带,与文献记载中启的主要活动地域相当。

(四)关于王湾三期文化的扩张和禹征三苗

三苗是居于长江中游地区的一个大族团。其所对应的考古学文化应是大溪文化、屈家岭文化和石家河文化。文献记载中反映尧、舜、禹时都对三苗进行过征伐。而在考古学文化中,豫南和鄂北地区常是中原文化和三苗文化相互争夺的地区,在不同的时期互有消长。如这一地区在仰韶文化早中期尤其是庙底沟文化时期,主要是中原文化的分布区。到仰韶晚期时,屈家岭文化开始向北扩张,曾占领了这一地区;至庙底沟二期时,它和其后继文化——石家河文化的势力曾一度达到豫中地区,其影响更是广泛,到达中原文化的核心区,即豫陕晋交界一带。尧、舜、禹对三苗的战争也许就是在这种"三苗作乱"的情况下发生的。禹征三苗是华夏族与三苗族进行的最后一场战争,彻底清除了三苗对中原的威胁。我们知道,二里头文化最主要的来源是煤山类型龙山文化。煤山类型早期是以嵩山以南的颍、汝河上游地区为中心分布区的,到中、晚期逐渐向外扩张,其中,向南是其最主要的发展方向。豫南、鄂北地区在煤山类型晚期时重新被中原文化占领。这一现象在这一地区的遗址石家河文化地层上普遍叠压着煤山类型文化层得到证明。考古学上所反映的煤山类型文化的南渐应与"禹征三苗"有关。如果把河南龙山晚期归入启以后的夏文化的话,就产生了一

---

① 北京大学考古文博院、郑州市文物考古研究所:《河南新密市新砦遗址1999年试掘简报》,《华夏考古》2000年第4期,第3－10页。北京大学古代文明研究中心:《河南省新密市新砦遗址2000年发掘简报》,《文物》2004年第3期,第4－20页。

② 赵春青:《新砦期的确认及其意义》,《中原文物》2002年第1期,第21－23,27页。

③ 靳松安:《王湾三期文化的南渐及其相关问题》,《中原文物》2010年第1期,第31－38页。

定的矛盾。因为,自启建夏以后,文献中就没有反映过和三苗的战争了。因此,我们认为煤山类型(包括“新砦期”的早段)必属禹以前的先夏文化,而非启以后的夏文化。

(五) 关于后羿代夏

对此,主张“龙山晚期为早期夏文化说”者认为:“二里头文化常见的觚、鬶、盉等器物,在大汶口文化中早已出现,论渊源由大汶口文化传至中原是可以肯定的,其中有些器物经由王湾三期文化又演变延续至二里头类型也是可能的。但比较器形,大部分则与王湾三期文化的同类器物有别,而具有更多山东龙山文化的特点……尤其值得注意的是,二里头类型墓葬的随葬陶器组合中常见的觚、鬶、盉等酒器和三足盘、平底盘、豆等盛食器,在王湾三期文化墓葬中较为罕见,而在山东龙山文化的墓葬中却常可见到。这正说明二里头类型居民所使用的某些礼制以及风俗习惯是由东方主要是山东龙山文化传来的……据碳十四测定,山东龙山文化的年代约在公元前 2035 ± 115—公元前 2405 ± 170 年,其晚期基本上与夏代初期相当。”①根据这些理由,他认为二里头文化是“后羿代夏”以后的夏文化。也就是说山东龙山文化为后羿的文化,二里头文化为夏文化。不难看出,这里出现了材料和观点之间的矛盾。二里头遗址的 ^{14}C 测年数据,大都在前 1950 年到前 1600 年。这些 ^{14}C 测年数据,远远不够 471 年的整个夏代,也正是其提出早期夏文化问题的前提。所以据此认为与二里头文化紧密相连的新砦期遗存和王湾三期文化晚期是早期夏文化。山东龙山文化结束的年代是前 2035 年,二里头文化开始的年代则在前 1950 年,也就是说二里头文化开始的时候,山东龙山文化早已经结束了。试想,两种文化根本就不处在同一时代,后羿又怎能携带山东龙山文化来到中原代替夏代的二里头文化呢? 事实上,王湾三期文化晚期和新砦期遗存中也存在上述所谓的山东龙山文化因素,而且比二里头文化中的东方因素更为典型。照其说法,至迟在王湾三期文化的晚期就已经后羿代夏了。

另外,同二里头文化时代相当的山东地区考古学文化是岳石文化而非

---

① 李伯谦:《二里头类型的文化性质与族属问题》,《文物》1986 年第 6 期,第 45 – 46页。

山东龙山文化。根据^{14}C测年数据,二里头文化是在前1950年至前1600年,岳石文化是在前1950至前1400年。① 后羿是夏代东方东夷族的首领。东夷的势力非常强大,他们时叛时服,始终是夏商王朝的劲敌。“东夷”的本意是东方之人。在考古学文化上,山东地区从后李文化开始经北辛文化、大汶口文化、山东龙山文化,一脉相承,不曾中断,从族属上讲应是同一族属的文化遗存。但是,在以山东为中心的东方,山东龙山文化之后继之而起的是岳石文化,其文化面貌与山东龙山文化相比,产生了较大的变化,不像是山东龙山文化的自然延续。这些变化是根本性的,也就是其核心文化因素发生了改变。如上述属于山东龙山文化的觚、鬶、盉等酒器和三足盘、平底盘、豆等盛食器,在岳石文化中不见踪迹。对此,多数学者认为是一种文化中断或取代。因此,我们认为岳石文化时期的东夷族很可能已不同于山东龙山文化及其以前的东夷了,其族属应发生了改变。也就是说,夏商时代的东夷族已非史前时期的东夷族了。根据文献中的“太康失国”和“后羿代夏”的记载,可以认定后羿和太康是同一时代的人。因此,我们认为,史前时期的东夷族主要是太昊和少昊族团,而夏商时期的东夷族主要是后羿族团。夏商时期的东夷族非常强大,直到商代后期才逐渐衰落,到周代时为中原文化所融合。因此,以后羿为首领的东夷族所对应的考古学文化是岳石文化而不是山东龙山文化;同样,“后羿代夏”为夏所带来的应是岳石文化因素,而不是山东龙山文化因素。二里头文化中的东方因素是山东龙山文化的主体因素,而不是岳石文化的主体因素,二里头文化和岳石文化始终并存,在二里头文化中也确实存在岳石文化因素。对此,靳松安曾进行过详细的比较分析②。从他的分析中可知,二里头文化所见具有岳石文化因素的陶器,主要有三足盂、子母口钵、单耳鼎、圈足簋、斜腹盆等。其中除1件圈足簋出于朱岗遗址外,余皆见于二里头遗址。这些陶器,属于二里头二期的有2件,属于三期的有2件,属于四期的有1件,没有发现属于二里头一期的。我们据此认为,如果“后羿代夏”确实存在,其应当发生在二里头文化一期之后,而不是之前。

---

① 靳松安:《河洛与海岱地区考古学文化的交流与融合》,科学出版社,2006,第122页。

② 靳松安:《河洛与海岱地区考古学文化的交流与融合》,第122页。

通过以上分析，我们认为夏文化的主体是二里头文化一至四期，它似可再向前追溯一段时期，但非常有限，当在所谓的“新砦期”遗存之中，但不是其全部，更不能溯及年代更早的王湾三期文化。鉴于“新砦期”的前段与王湾三期文化最晚阶段的面貌较为接近，后段与二里头一期最早阶段的面貌较为接近，我们认为“新砦期”的后段是最早的夏文化，其前段仍为王湾三期文化。既然如此，与其把所谓的“新砦期”文化遗存独立出来单独称呼，还不如把它分开，把其前段归入王湾三期文化，把其后段归入二里头文化。这样，既符合考古学文化命名的逻辑和规则，便于称呼，又能轻易区分其不同的文化性质，即王湾三期文化为龙山时代的先夏文化，二里头文化为夏代的夏文化。

明代黄河下游的河道治理与河神信仰*

牛建强

摘要：由于政治中心和经济中心的分离，明代江南地区的粮食和其他物资须借助于运河输送到北京，保证运河畅通便成为国家治理黄河的前提，因此黄河的分流、堵筑以及堤防修建并非按黄河自身的规律进行，这便酿成黄河下游的严重灾害。当治理难度超越了人们的能力极限，便引发治河河神信仰的产生。从景泰二年（1451 年）起，突破了明太祖神灵至上、不能加封的原则，首次加封河神为"朝宗顺正惠通灵显广济河伯之神"，继而建祠；到弘治八年（1495 年），由明孝宗赐额建"昭应"庙；到天启六年（1626 年），第二次加封河神为"护国济运龙王通济元帅"，河神遂演变为含有部分人格化因素的自然神形态。从本质上讲，明代的治河河神是民间神向国家神的上升和转换，具有极强的功利性，有别于传统、例行的河渎祭祀，同时河神封号的演变和祠庙的修建也是明代黄河严重灾害发生的时段坐标。

关键词：明代；黄河治理；河神信仰

有关黄河灾害及其治理的研究，《黄河变迁史》①第 13 节、《黄河水利史述要》②第 8 章皆有集中论述；另有代表性论文，如姚汉源的《明代山东、河南的借黄行运——济宁西河及沙颍运道》③《明代的引黄济运》④等。上

---

* 基金项目：教育部人文社科重点研究基地重大研究项目"明清以来河南基层社会转型研究"（06JJD770010）。原载《史学月刊》2011 年第 9 期。

① 人民出版社 1957 年版。

② 水利出版社 1982 年版。

③ 收入氏著《黄河水利史研究》，黄河水利出版社，2003，第 382－397 页。

④ 收入氏著《黄河水利史研究》，第 398－422 页。

述论著或因论题侧重不同,对黄河治理与治河河神信仰关系皆未涉及。笔者利用新材料,在相对细致勾勒黄河治理相关史实的基础上,对有别于传统河神祭祀的明代治河河神信仰做了系统探讨。明代治河河神信仰是黄河治理史上值得重视的特殊精神现象,既反映了当时在河道治理过程中面临技术困境背景下民间信仰向官方祭祀的过渡,也是黄河严重灾害的时段坐标。不足之处,敬请方家指正。

一、明代黄河灾害之表现

从华北平原地质年代的构造和黄河灌溉、水运等利用角度来讲,黄河是条利河,然从具体历史时段对具体地域的破坏而言,它又是条令人恐惧的害河。明成化末年丘浚的议论颇具代表性。他说:"天地间利于民者莫大乎水,害于民者亦莫大于水……中国四大水,惟河之来为最远,其为害亦最大……自汉以来,屡为中国害……今日为中原民害之大者,莫甚于河。"①由于黄河源远流长,所经地域广大,不少支流汇入其中,加上它穿越黄土高原,水体浑浊且携带大量泥沙,至下游时便沉积并抬升河床,自然就在中原地区酿成决溢灾害。他还从预防角度讲,旱灾和涝灾只要"先事为备",防患在前,在某种程度上是可以预防的。而大河、大海就不同了,因其破坏力强大,一旦遭际,人力则相形见绌,所谓"若夫河海之患,则有非人力所能为者矣"②。对黄河的这一看法其实并不始于明代,在宋、元时期即已出现,这是与当时黄河危害不断加重的情形相联系的。自北宋仁宗时起,黄河从较早的河道南徙,形成二支,其南派由南清河(即徐州至邳州一线运河,所谓泗沂故道)入淮。到金、元时,形成了黄河大致在今河南东北部和山东西南部范围内滚动的格局,给这一地区带来灾难和破坏,以致当时人发出"今河之害可谓大矣"③"河之为中国患久矣"④的感叹。明代河患变

① 丘浚:《大学衍义补》卷17《治国平天下之要·固邦本·除民之害》,文渊阁四库全书本。

② 丘浚:《大学衍义补》卷17《治国平天下之要·固邦本·除民之害》。

③ 出自北宋中期孔武仲之口(见氏著《清江三孔集》卷15《送顾子敦使河北序》,文渊阁四库全书本)。

④ 出自北宋中期苏轼和元人余阙之口(苏轼:《东坡全集》卷37《奖谕敕记》,文渊阁四库全书本。万历《兖州府志》卷21《黄河》,天一阁藏明代方志选刊续编本)。

得愈形剧烈的因素较为复杂,除了自然因素,作为人为因素的治河方略的作用尤其值得关注。

(一) 黄河灾害的自然因素

河南东部和山东西南部成为黄河泛滥的主要区域,这有地貌等方面的自然因素。黄河自孟津以降,地势平衍,河面展阔,流速减缓,河床淤垫,加上土质疏松,堤防极易溃决。元武宗至大三年(1310 年)十一月,河北河南道廉访司就曾言:

> 大抵黄河伏槽之时,水势似缓,观之不足为害,一遇霖潦,湍浪迅猛。自孟津以东,土性疏薄,兼带沙卤,又失导泄之方,崩溃决溢,可翘足而待。①

明景泰六年(1455 年),被委以治理张秋决口重任的徐有贞曾说:

> 河自雍而豫,出险固而之夷斥,其水之势既肆。又由豫而兖,土益疏,水益肆。②

万历十六年(1588 年)二月,工部在复议工科都给事中常居敬和河南抚按的集议时奏道:

> 黄河为患自古已然,而治河之难中州为甚。何也?其地沙壅土疏,修筑既难。平原多旷,一望千里,无崇山复岭之束,独恃卷埽以列防自为悍蔽,故功难就而费亦滋。③

稍后,曾 4 次受命治水并有 27 年治河经历的潘季驯也在一份奏疏中说:

> 黄河防御甚难,而中州为尤难。盖河自昆仑,历关陕以至河南,则伊、洛、渭、沁谓[诸]水合焉。水愈多,势愈盛。而自三门、七律[津]以下,地皆浮沙,最易汕刷。故自汉迄今,东冲西决,未有不始自河南

---

① 宋濂等:《元史·河渠志二·黄河》,中华书局,1976,第 1620 页。

② 徐有贞:《敕修河道工完之碑》,载黄训编《名臣经济录》卷 50《工部》,文渊阁四库全书本。

③ 《明神宗实录》卷 195,万历十六年二月丁丑,台湾中研院史语所影校本。以下所引明代实录皆出自该本,不再注出。

者也。①

众口一词，可见平缓地势确实是中原地区屡遭河患的重要因素。在如此区域内，即使黄河不发生决口之事，若连续霖雨，也会积水成湖，引发内涝；若是碰上数十年一遇的大水年份，黄河河道的溃决就难以避免了。

（二）黄河治理中漕运与治河间的纠结

元时，作为全国经济中心的江南地区乃是京师粮食的依赖之地。“元都于燕，去江南极远，而百司庶府之繁，卫士编民之众，无不仰给于江南”②。元初，南方物资北运采用的是陆运和河运联运的方式，即“自浙西涉江入淮，由黄河逆水至中滦旱站③，陆运至淇门，入御河（即卫河），以达于京”④。不过，由于元朝的开拓性格以及海运成本低廉和每次运载数量庞大等优势，海运渐成为主导的运输方式，“终元之世，海运不罢”。到了元末，海上漂溺损失和海口沙壅迫使朝廷寻求内河漕运的新途径。至正二十六年（1366 年）开凿会通河，只是“河道初开，岸狭水浅，不能负重载，每岁运不过数十万石，不若海运之多也”⑤。

明代经济上对江南地区的依赖程度较元远为过之。明初，起先是出于防御北方蒙古势力对北边威胁的需要；稍后到了永乐十四年（1416 年），因政治中心北移，漕粮等物资皆需从南方调集，以苏州府为中心的江南地区的赋税成为国家的命脉。明前期有人道，“苏，畿内重郡也，粮赋居天下之半。国用所需，多于苏焉取之”⑥。到了明后期，这种看法更成通识，如云“国朝定鼎金台（指北京），官饩、军饷仰给东南，岁输粟四百万石”⑦。“国

① 潘季驯：《河防一览》卷 11《申明河南修守疏》，中国史学丛书本。按：“谓”字据文渊阁四库全书本改，“律”字据《河防一览》卷 1《全河图说》中标示文字改。

② 宋濂等：《元史·食货志一·海运》，中华书局，1976，第 2364 页。

③ 按：此“滦”字在实录中常写作“栾”，误。据明洪武间所修《寰宇通衢·至河南其路有二·至卫辉其路有二》（续修四库全书本）载，中滦驿在大梁驿北 25 千米，故知应为“滦”字。此地后因黄河河道滚动而被淹没。

④ 宋濂等：《元史·食货志一·海运》，第 2364 页。

⑤ 宋礼：《会通河记》，载万历《兖州府志》卷 20《漕河》附。

⑥ 徐有贞：《武功集》卷 3《史馆稿·送太守况侯述职诗序》，文渊阁四库全书本。

⑦ 万历《兖州府志》卷 20《漕河》。

家都燕,西北地皆硗瘠,财赋不得不仰给东南"①。这些议论充分道出了江南地区对京师北京的价值和意义。

洪武二十四年(1391 年),河南原武县黄河决口,流向东北方向,漫过山东安山湖,致使会通河(自济宁至临清运河的称谓)淤塞,漕运功能丧失。永乐元年(1403 年),明成祖改北平为北京,因运河淤阻,物资北运只得采用类似于元初的河运和陆运结合的联运模式:先是由江浮淮,通过黄河南支(即南直颍州→河南陈州→中牟县),经黄河混流区(荥泽县和原武县)运抵阳武县或者新乡县的八柳树,经陆路运至卫辉,在淇口入卫河,然后运抵北京。在山东境内似也存在着陆运的方式,共设八处递运所,"每所用民丁三千、车二百余辆"②用以转输。此时,海运仍是主要的运输方式③,而会通河和卫河只是"以浅河船相兼转运"④,但"海险陆费,耗财溺舟,不可胜数,官民皆畏之"⑤。在这种大背景下,山东济宁州同知潘叔正说,会通河长 225 千米多,而其淤塞河段只有三分之一,"浚而通之,非惟山东之民免转输之劳,实国家无穷之利"⑥。在工部尚书宋礼和都督周长考察后,永乐九年(1411 年)二月兴工。命刑部侍郎金纯先后征发山东、徐州以及应天、镇江等地民丁共 10 余万人开浚⑦,八月完工。会通河开浚后不久,到了永乐十三年(1415 年)便下令停罢海运,这样漕粮等物资的北运从根本上说进入了依赖运河的时代,运河作为沟通南北物资通道的地位和作用也就凸显了出来。弘治时倪岳曾说:

> 我国家建都北京,上而宗庙、朝廷之奉,下而百官、万姓之给,皆漕于东南,借运河一水以达京师,故河堤决则运舟阻,运舟阻则上供缺,

---

① 徐三重:《采芹录》卷 3,文渊阁四库全书本。

② 《明太宗实录》卷 113,永乐九年二月己未。

③ 按:直到会通河贯通之初,海运仍占相对优势地位。据永乐十三年闰九月初三日行在户部奏,每年海运遮洋船 1100 余只,运粮 80 余万石到北京。而会通河浅船 1300 余只,每年可运三次,累计运粮 60 余万石,赶不上海运的总量。参见席书等:《漕船志》卷 6《法例》,玄览堂丛书本。

④ 王在晋:《通漕类编》卷 9《国朝海运考》,四库全书存目丛书本。

⑤ 宋礼:《会通河记》,载万历《兖州府志》卷 20《漕河》附。

⑥ 《明太宗实录》卷 113,永乐九年二月己未。

⑦ 宋礼:《会通河记》,载万历《兖州府志》卷 20《漕河》附。

> 军国之计奚赖焉？圣天子之所以注意者在是，群工之所以建议者在是，固亦宜然哉。①

弘治六年(1493年)十二月，河南巡按涂升也有类似议论：

> 河之为患，或决而南则其患在河南，或决而北则其患在山东……今京师在北，专借会通一河漕东南之粟，以供军国之需。若河决而北则漕河受患，其害有不可胜言者。②

我们还可以从当时运输繁忙的景象中感受到运河举足轻重的地位和所担负的重要使命。在山东济宁州城东南五十步左右的运道上，有名为“会源”的重要闸门，元时已建，明初相沿，改称“天井闸”。正统十三年(1448年)前后，陈文在一篇碑记中记载了舟楫通过该闸时的情形：“凡江浙、江西、两广、八闽、湖广、云南、贵州及江南直隶苏松、常镇、扬淮、太平、宁国诸郡军卫、有司岁时贡赋之物，道此闸趋京师。往来舟楫，日不下千百。”③既然运河对国家具有如此重大的意义，那么对其无条件地加以保障自然就成为铁律。这里讲的是国家存在与运河的关系，即运河关乎着国家机器正常运转的基础。

还有一层与此相关且是同样重要的关系，乃是黄河和运河的关系。“漕为天下重务，而其通塞恒视乎河。河安则漕安，河变则漕危。漕之安危，国计民生系焉”④。也即是说，黄河的通塞和安危关系着运河的通塞和安危。

由于北方政治中心对南方经济中心的依赖，明代江南地区粮食等物资须通过运河输送。为了保证运道的畅通，黄河治理常常不能按照客观的步骤和计划实施，这样必然导致黄河治理路径的畸形，从而加重黄河下游地区灾害的范围和程度。诚如《山居赘论》的作者所云：“大河东，则会通河废；会通河不废，则大河不可得而东矣，两者不并立。此终明之世，大河所

---

① 倪岳：《青溪漫稿》卷19《送大总戎平江陈公总督治河诗序》，文渊阁四库全书本。

② 《明孝宗实录》卷83，弘治六年十二月丁亥。

③ 陈文：《重建会通河天井闸龙王庙碑记》，载谢肇淛：《北河纪》卷8《河灵纪》，文渊阁四库全书本。

④ 孙承泽：《河纪》卷末《自跋》，续修四库全书本。

以屡决而东,终抑之使南也与。”①这是严重困扰黄河正常治理的人为因素。

通过对明代黄河变迁资料的综合分析,大体可以获知:在明初洪武至弘治之前,黄河在下游的南、中、北三个分支一直并存。每个分支在不同年份因其水量差异而呈现出不同的变化,也因水量和泥沙淤积量的变化而导致流经路线的迁移,表现出极大的不稳定性。在这个阶段相当长的时间内,从荥泽→新乡南部→胙城和延津之间→长垣的北支和从荥泽→中牟→项城的南支的水量是丰盈的,而从原武、阳武→祥符的中支不是经兰阳、仪封和考城一线东流,而是从开封东南附近便南折入淮了。这样相对混乱的水网是元末紊乱水系的继续和恶化。这即是明前期黄河下游水系的基本状况。基于这种水系状况,当时欲实现漕运安全畅通的目标,主要面临以下两个难题。

第一个难题是:人们隐约意识到,豫东和鲁西之间南高北下,故河道决后通常北流,破坏运道。早在元代即有如此看法。元贞元年(1295 年)秋,河决蒲口(在今杞县境),元成宗命廉访使尚文相度形势,为久利之策。尚氏发现:

> 河自陈留抵睢,东西百余里,南岸视水高六七尺或四五尺;北岸故堤,水视田高三四尺。南高北下,堤安得不坏,水安得不北哉?为今之计,河北郡县宜顺水性筑长堤以御泛滥;河南退滩以为业,归德、徐、邳之民任择所便,避其冲突,不然河北桑田尽为鱼鳖之区矣。②

在他看来,从陈留县到睢州的黄河河段,南岸比水面高六七尺或四五尺,而水面又比北岸田地高三四尺,这样累计起来,南岸比北岸整体高出八九尺,甚至更多。所以,他建议黄河以北郡县注意修筑堤防,以免沦为鱼鳖之区。

弘治六年(1493 年)十月,河道总理刘大夏在上奏中道,河南、山东和南直接壤区域,“西南高阜,东北低下。黄河大势,日渐东注。究其下流,俱

① 顾祖禹:《读史方舆纪要》卷 126《川渎三 · 大河下》,商务印书馆,1937,第 4937 页。

② 嘉靖《长垣县志》卷 1《地理 · 山川》,天一阁藏明代方志选刊本。

妨运道”①。次年九月，礼科给事中孙孺也提出过类似看法。不过，他认为南高北低的情况非始于明初，而是到了成化年间才出现的：

> 黄河自国初以来，虽迁徙不常，然其势北高南下。至成化间，始南高而北下，以至贻今日之患。②

孙氏的解释倒是隐含了一种变化和转化的思想。其实，黄河迁移的这种情况在任何时候都是存在的，这和它富含泥沙的特性有关。由于河南境内分流过多，导致水速减缓，最易淤积，经过一个阶段，流经区域的地表就会抬升，从而发生河道朝较低方向滚动的现象。

为了保证山东境内的运河不被冲决，当时惯常的做法是，或在豫东地区的黄河北岸筑堤，逼河南流；或在河道冲决时为了及时堵塞，在稍微靠上的河南境内河段开凿支河，表现出不兼顾漕河与黄河、不兼顾上段和下段河道的严重弊病，这样就使豫东和鲁西南的一些地方成了汪洋之区。

在黄河北岸筑堤逼河南下是保漕而抑黄的最赤裸的表现。弘治七年（1494 年）十月到次年二月，在堵塞河南诸决口时，唯有黄陵冈屡合屡决，最难堵塞。为防以后溃决，“特筑堤三重以护之。其高各七丈，厚半之”③。并“筑长堤，起胙城历东明、长垣抵徐州，亘三百六十里”④。嘉靖十三年（1534 年）前后，仪封人郭维藩在《观河涨歌》诗中特别提到，“军储漕挽须运河，无令此水北胜波。千谋万虑驱南向，数城不惜随漩涡”⑤。为保护运河，驱使黄河南向，不惜牺牲他处利益，虽说不是明言的国策，但至少也是朝廷默许的。如时人有言，“国家都燕，挽江南之粟，上下咸寄命焉”⑥。“粟至稍后，举国困惫”，而“一邑一郡之灾不暇恤矣”。⑦ 弘治六年（1493 年）二月，孝宗任命刘大夏全面强固运河时，给他的敕命中有段话说得最为

① 刘大夏：《议疏黄河、筑决口状》，载黄训编《名臣经济录》卷 50《工部》，文渊阁四库全书本。

② 《明孝宗实录》卷 92，弘治七年九月丁酉。

③ 刘健：《黄陵冈塞河功完之碑》，载黄训编《名臣经济录》卷 50《工部》，文渊阁四库全书本。

④ 张廷玉等：《明史 · 刘大夏传》，中华书局，1974，第 4844 页。

⑤ 嘉靖《仪封县志》卷下《艺文志》，天一阁藏明代方志选刊续编本。

⑥ 崔铣：《洹词》卷 7《治河总考序》，文渊阁四库全书本。

⑦ 崔铣：《洹词》卷 7《治河总考序》。

露骨:“古人治河,只是除民之害。今日治河,乃是恐妨运道,致误国计。”① 这种只管运河而无视黄河的偏颇思路决定了当时的黄河治理不可能兼顾两者、综合地和客观地施治。从发生在弘治七年的一个极端事件中也能清楚地看出这种政策的危害性。该年十月,在堵塞仪封县黄陵冈决口后,山东委官派民夫在贾鲁河北岸构筑大堤,当地的“河南之民不欲黄河入境,但见山东委官往彼增筑贾鲁堤,即谋欲杀之”②,以致惊动了明孝宗。孝宗命工部会同其他部门商议,认为河南之民阻筑河堤,河南巡抚等官应严行禁约,“该管有司不行禁止者,一体治以重罪”③。在这种绝对命令之下,地方利益只有牺牲的资格了。

保漕而抑黄的另一个表现是,在治理中目光短浅,只顾及黄、运河重叠的河段,而不考虑稍上段的河南。自刘大夏弘治七年(1494 年)治理后,归德至徐州段黄河经历短暂稳定后开始向北摆动。继弘治十八年(1505 年)、正德三年(1508 年)两次北移后,正德四年(1509 年)六月又北徙 60 千米,在沛县飞云桥进入漕河。因山东单县至南直丰县的河道狭窄,无法容纳过多水量,致使河水横流,泥沙停滞,造成“故道淤塞”,个别地方甚至“两岸相对阔百余里”,上游来水严重受阻,宣泄不畅,泛滥范围上移,又造成稍微靠上的豫东段新的决口。④ 到了嘉靖年间,这一带依然如此,“漫流平地,无渠可归。深者不过数尺,浅则尺余耳”⑤。人们一般认为,河南段与运河不直接相关,不会有何威胁,因而往往将其忽视。万历六年(1578 年)八月,富有卓见的潘季驯曾提出开复河南归德府新集至徐州 125 千米的黄河故道,但因工程浩大、花费颇巨终被否决。⑥ 直到万历十六年(1588 年)他第四次治河时对此仍耿耿于怀,提出强烈批评:

黄河并合汴、沁诸水,万里湍流,势若奔马,陡然遇浅,形如槛限,

---

① 《明孝宗实录》卷 72,弘治六年二月丁巳。

② 《明孝宗实录》卷 93,弘治七年十月甲戌。

③ 《明孝宗实录》卷 93,弘治七年十月甲戌。

④ 《明武宗实录》卷 56,正德四年十月癸卯。

⑤ 潘季驯:《河防一览》卷 11《申明河南修守疏》。

⑥ 《明神宗实录》卷 78,万历六年八月己亥。潘季驯:《河防一览》卷 11《申明河南修守疏》。

其性必怒，奔溃决裂之祸，臣恐不在徐、邳，而在河南、山东也。缘非运道经行之处，耳目所不及见，人遂以为无虞，而岂知水从上源决出，运道必伤，往年黄陵冈、孙家渡、赵皮寨之故辙可鉴乎。①

潘季驯所批评的这一狭隘的视野也是黄河不能得到较好治理的根源之一。

尚须特别指出的是，明代治河理念和与此相关的技术经历了一个发展过程。在明前期，因尚未摸索到对付黄河携带大量泥沙的较好办法，一味开挖支河或疏浚河道成为当时的常见做法。如弘治七年(1494 年)下半年，为了堵塞山东境内运河旁的张秋堤决口和河南境内的荆隆口、黄陵冈等决口，“凿荥泽孙家渡河道七十余里、浚祥符四府营淤河二十余里以达淮，疏贾鲁旧河四十余里由曹县梁靖口出徐州运河”②。嘉靖七年(1528 年)，在开封府兰阳县治北 1.5 千米、黄河南岸的赵皮寨开挖支河，南下宁陵，至亳入涡，以分水势。嘉靖二十二年(1543 年)，在兰阳县治北 5 千米的李景高口开挖支河，东“达丁家道口，至徐入淮，以分水势”③。其结果仍是不旋踵又淤，造成河道屡决的危害。又如，弘治七年，为配合荆隆口等决口的堵筑，河道总理刘大夏让河南布政司右参议张鼐和右参政朱瑄督兵民七千人，从开封府郑州荥泽县孙家渡开河，南流朱仙镇、项城县入淮，以分杀水势。可是，次年河道便“渐壅弗泄，奔流横溃”④，可见河道壅淤速度之快。这种消极的做法在当时治河的过程中收效甚微，危害甚大。诚如嘉靖十二年(1533 年)初崔铣所评论的，“夫浚故道、分横流而后安，舍是无策矣。然沙积地高，道然后塞；升沙并岸，水至复然，万人之功付于乌有”⑤。从总体上看，这种表面上看颇合情理的治河思路是当时治河理念和技术的表现。只是到了万历时期，潘季驯提出“修堤束水、使之归槽、用水刷沙、以水攻水”相对成熟的思路后，通过修筑缕堤、遥堤和与之辅助的月堤、格堤

① 潘季驯：《河防一览》卷 11《申明河南修守疏》。

② 刘健：《黄陵冈塞河功完之碑》，载黄训编《名臣经济录》卷 50《工部》，文渊阁四库全书本。

③ 嘉靖《兰阳县志》卷 1《地理志 · 河渎》，天一阁藏明代方志选刊本。

④ 佚名：《孙家渡神祠记》，载黄训编《名臣经济录》卷 50《工部》，文渊阁四库全书本。

⑤ 崔铣：《洹词》卷 7《治河总序》，文渊阁四库全书本。

的手段,找到了相对科学的治理途径,使随修随淤的问题得到了一定程度的缓解。①

第二个难题是:山东境内运河河段东侧山地的泉流微细,张秋、沙湾水量不足;在南直运河段的徐州、吕梁二洪缺乏水源,也常枯水,不能满足运河运输正常所需。为了解决运河的水源问题,开挖或利用河南境内黄河支流在明前期是惯常的做法。而这样则导致了水系紊乱、支流淤浅、在大水来临时无法吞纳而致溃决横流的现象。如宣德十年(1435 年)九月,攒运粮储总兵官和各处巡抚以及廷臣举行会议,讨论次年即正统元年(1436 年)的合行事宜,其中一款道:“沙湾、张秋运河,旧引黄河支流自金龙口入焉。今年久沙聚,河水壅塞,而运河几绝,宜加疏凿。”②从这则材料可知,在宣德十年之前相当长的时间内,沙湾至张秋的运河用水是从流经封丘县金龙口(即荆隆口)的黄河支河引去的,由于年久沙积,引河壅塞,无法正常给运河供水,因此政府才决定把这段河道的疏通列入正统元年的工作计划。景泰六年(1455 年),徐有贞堵塞了沙湾决口后,“犹于开封金龙口、桶(铜)瓦厢开渠三十里,引黄河水东北入漕河以济运”③。而这却为弘治二年(1489 年)荆隆口河决埋下了隐患。

徐州、吕梁二洪,在正统时也“皆分黄河水以通舟楫”,其分水处在开封府祥符县泰(太)黄寺和陈留县东北 17.5 千米的巴河,也因“年久淤塞,水脉微细”。④ 正统十二年(1447 年)冬,都督同知武兴曾奏请疏浚,“以冬

① 按:潘季驯在长期治河经历中摸索和总结出了体系性的经验。他批评开挖支流解决河水暴涨的做法,说“分流诚能杀势,然可行于清水耳。黄水沙居其六,分则势缓沙停”,因此主张黄河治理只能采取合水的办法,“借势行沙,合之所以杀之也”。(《明神宗实录》卷 247,万历二十年四月己亥)他对挖新河胜于复故道的认识进行了辨正,说“水行则沙行,旧亦新也。水溃则沙塞,新亦旧也。河无择于新、旧也。借水攻沙,以水治水。但当防水之溃,毋虑沙之塞也”[潘季驯:《刻河防一览引》(万历庚寅年嘉平月,即十八年十二月),载氏著《河防一览》卷首]。潘氏批评的这两种认识和做法在当时和后来一直存在。

② 《明英宗实录》卷 9,宣德十年九月壬辰。

③ 万历《兖州府志》卷 21《黄河》。

④ 《明英宗实录》卷 163,正统十三年二月乙巳。

寒土坚而止”①。次年二月，他再次奏请，于是命有司发军夫疏浚②。这段自祥符县通往徐州的支河被河南巡抚王暹称为“小黄河”。正统十三年(1448 年)六月，黄河泛涨，北支“从黑洋山后径趋沙湾入海”③，一部分入南支。中支水量减少，所谓“小黄河”的水量因而受到影响，“岸高水低，随浚随塞，以是徐州之南不得饱水”④。景泰二年(1451 年)七月，河南巡抚王暹不得不遵圣谕，“自黑洋山东南直至徐州，督同河南三司疏浚”⑤，以保证徐州段运河的用水。景泰四年(1453 年)八月，河南巡按张澜又上奏：原在开封府原武县的黄河东岸开有二河，与黑洋山旧河道的下游相合，以供应徐、吕二洪用水。自河决而北后，新开的二河淤塞不通，恐徐、吕乏水，有妨漕运，请求在黑洋山北面的黄河迂回处开一缺口，改挑一河，以接旧道，用灌徐、吕。据其估算，大约需工二万人，一个月可以完成。得到允准。看来景泰二年王暹负责疏浚的黑洋山至徐州的河道并未完成，所以才有后来张澜的上奏。景泰六年(1455 年)八月，管河主事李蕃上奏：初因徐、吕二洪水浅，曾从阳武县东南 15 千米的脾沙冈凿引黄河水以通舟楫；近又发现在封丘县新集等处起夫浚河，分脾沙冈的外水以济沙湾。他反对分水以济沙湾的做法，认为“脾沙冈水微细，不能兼济二处，恐沙湾得水，而徐、吕干涩。得一失一，非计之善”⑥。从这则材料可知，景泰六年已实现了从阳武县境内开凿支河以供给南直徐州的用水，但山东境内的张秋运河用水也希望从这条支河得到补给。脾沙冈应是从阳武县黑洋山到徐州这条支流的起点，而这条支流已为此后天顺五年(1461 年)七月开封城的溃决埋下了祸根。

“既赖河以利舟楫，亦恐其遂啮漕渠”⑦。漕运既依赖黄河之水，又恐惧黄河冲决，这是对矛盾，有点类似饮鸩止渴的做法。黄河决口造成运河淤塞只是黄河下游灾害的一个方面，而另一方面(这点往往被人们忽略)

---

① 《明英宗实录》卷 163，正统十三年二月乙巳。

② 《明英宗实录》卷 163，正统十三年二月乙巳。

③ 《明英宗实录》卷 206，景泰二年七月庚申。

④ 《明英宗实录》卷 206，景泰二年七月庚申。

⑤ 《明英宗实录》卷 206，景泰二年七月庚申。

⑥ 《明英宗实录》卷 257，景泰六年八月丁巳。

⑦ 崔铣：《洹词》卷 7《治河总考序》，文渊阁四库全书本。

则是由上述畸形治河方略造成的对包括河南省会开封在内的豫东地区屡屡被黄河冲决的灾难。此前人们习惯认为,黄河在豫东地区的多次决口只是自然因素作用的结果,而研究提醒我们,当时国家根本不可能更改的错误政策应该承担重要责任。这种无数次冲决、堵筑、开凿、疏浚的结果,逐渐塑造了今日豫东和鲁西南地区的地貌和水生态环境格局,而明代前期则是豫东平原生态系构造过程的重要阶段。

(三)弘治以后豫东地区始成黄河泛滥之区

弘治八年(1495年)后,因开封府所属封丘县荆隆口、兰阳县铜瓦厢等决口的堵筑以及从祥符县于家店到归德州虞城县一线黄河北岸两重堤防的构建,黄河决溢范围开始在豫东和鲁西南一带游移,此前河患未甚的兰阳、仪封、考城、归德、虞城等州县逐渐成为严重泛滥的区域,"其筑堤、卷埽、浚浅、疏塞,殆无旷岁。而送往迎来、遣官差吏亦无遗力矣"①。如兰阳县,"弘治初,自东山刘公大夏塞黄陵口以筑巨坝,然后吾邑之地河役滋兴,丁夫签派洊至,而民无余力矣。迩来设法招募,阳为顾役,而实驱之"②。这一转折点对河南如此,对山东也是如此。犹诉讼之两造,一方受损,而另一方获益。如万历《兖州府志》所说:"弘治初年,(鲁西南十一州县)屡被河水冲决,运道为梗。自金龙口、黄陵冈筑塞以来,黄流阻绝,郓(郓城县)、定(定陶县)等州、县俱各安居食力,有乐土之风。"③这种情形只是相对的,其实山东南部地区也未能幸免。在正德、嘉靖时期,和河南归德府的情形一样,山东曹县、单县到南直丰县、沛县之间的广大地区都是黄河泛滥的重灾区。如从弘治中期到正德初年,黄河河道不断北徙,正德四年(1509年)六月从南直沛县的飞云桥入漕。河道不断滚动,造成泥沙大量淤积,使这一带河水浅涩、河道甚阔,影响了上游来水的宣泄,从而造成更大范围的决口和泛滥。继考城县黄陵冈决口后,曹县的梁靖口又决,从曹县到丰县之间,"田庐实多淹没","人畜死者、房屋冲塌者甚众"。④

弘治之后,豫东州县护城堤防开始修筑和不断加固。弘治六年(1493

① 嘉靖《兰阳县志》卷4《署制志·河道》。
② 嘉靖《兰阳县志》卷2《田赋志·河夫》。
③ 万历《兖州府志》卷21《黄河》。
④ 《明武宗实录》卷56,正德四年十月癸卯。

年)，兰阳县始筑护城堤，周长 3 千米，高 1.7 米，宽 2.3 米；设四郭门，并在上面筑墙。正德五年(1510 年)七月，“河水溢，围(兰阳)县(今兰考县西部)，护城堤几溃”①。嘉靖二年(1523 年)，加固护城堤和堤墙。嘉靖十三年(1534 年)，增宽、增高护城堤，至高 4 米，宽 8.3 米；并在堤上重新筑墙。② 保护县城的护城堤不断升级，表明河患加重的趋向。嘉靖中期所修《兰阳县志》记述了当时洪水肆虐的情形，“吾邑重承其害，崩我土地，决我城郭，溺我人畜，倾圮我墙屋，淹没我禾稼，为患有不可胜言者矣”③。其东邻仪封县的情况与之相同。仪封人郭维藩在给总河刘天和[嘉靖十三年闰二月至嘉靖十四年(1535 年)九月任]的《观河涨歌》中表达了遭受河决的苦难，兹节引如下：

> 中原土性疏更弱，孟津东下恣喷薄。角亢之野四十城，十城九城遭其虐(开封府境属角、亢分野，河自孟津入府境，始为大患)。仪封为邑当下流，三河包络如小洲(邑境内大河并二挑河在焉)。南北东西接水涯，村落时时集鹳鸥。顷来河涨疑海势，树杪悬沙注平地。没禾杀木未须言，决墓浮棺苦作祟。须臾四野即江湖，村墟漂荡人号呼。浮尸随浪委丛树，怪蛟争食切长鯃。绝[数]日怀[坏]城来往绝，无食无薪忧惙惙。城中万命悬一堤，人家咫尺邻鱼鳖。军储漕挽须运河，无令此水北胜波。千谋万虑驱南向，数城不惜随漩涡。皇仁如天重物命，匹夫匹妇安常性。九重万里应未知，忍使无辜堕深阱?④

黄河灾害在该区不断趋重的情况，还可从豫东地区普遍添设管河官员和朝廷固定设置总理河道官员一职的侧面窥出。为了有效地应对河患和保证组织上的得力，设置各个层次的管理专员势在必行。在省级层面，设置专门的治河官员。弘治八年(1495 年)二月，张秋筑塞工毕后行赏，河南布政司参议张鼐升为按察司副使，“专治河道”⑤，表明河南开始出现专门负责治河的省级官员。为方便管河道副使查勘河堤工程和及时处理河务，

① 嘉靖《兰阳县志》卷 1《地理志·河渎》。

② 嘉靖《兰阳县志》卷 3《建置志·堤防》。

③ 嘉靖《兰阳县志》卷 1《地理志·河渎》。

④ 嘉靖《仪封县志》卷下《艺文志》。

⑤ 《明孝宗实录》卷 98，弘治八年三月壬辰。

嘉靖二十一年(1542 年)在兰阳县西北的铜瓦厢建造管河宪副衙门,即按察河道分司。① 在跨地区协调层面,正德四年(1509 年)设置总理河道衙门,驻扎济宁。将衙署设在济宁恐怕出于以下考虑:一是距鲁西南黄河泛区较近;二是“凡漕、河事,悉听总河区处”②,治河、漕运同为其工作侧重。这样就不难理解为何将其设在运河边上了,这也反映出国家重漕轻河的一贯思路。不管其重点在漕运上还是治河上,总河一职在弘治后不久即出现表明黄河问题的严重和朝廷对此的关切。后来,随着治河思路的变化,人们对总河一职的弱点也有了深入认识:与巡抚责任关系不明,意见抵牾,推诿卸责;总河位处下游,不能快捷应对上游和大范围内瞬间出现的河患。对此,万历七年(1579 年)七月南直巡按姜璧即指出,总河“驻扎济宁,而南北直隶、河南、山东皆为统辖之地……然延袤五六千里之间,足不及遍,目不及睹。形势要害,东西南北,俱若梦寐,岂能遥制?”③因此建议撤销总河。到了万历十六年(1588 年)十一月,河南巡按王世扬对总河一职的存在虽未全然否定,但基于“河流虽经数省,乃所经于中州者实则居半”④和河南巡抚“利害之切,见闻之近”⑤、“驻扎河干,未决先防,随决即塞,且与管河各官群聚一城,面相可否,无烦文檄,不费日时”⑥的优势,主张扩大河南巡抚权限,在敕书内增加“兼理河道”内容,以弥补总河之不逮。⑦ 这则当属另外一个问题了,在此暂不讨论。在府级层面,增设管河通判或同知。弘治九年(1496 年)十月,户部会议巡抚所奏事宜后,提议增设开封府管河通判一员。⑧ 正德十一年(1516 年)五月,总理河道赵璜建议,把开封府同知中的一员变换功用,“专理河道”⑨。管河同知衙门设在府属兰阳县。据

① 嘉靖《兰阳县志》卷 4《署制志·河道》。

② 《万历会典》卷 209《都察院一·督抚建置》,广陵书社,2007,影印本。

③ 潘季驯:《河防一览》卷 13《条陈治安疏》,文渊阁四库全书本。

④ 潘季驯:《河防一览》卷 13《中州河防为要疏》。

⑤ 《明神宗实录》卷 205,万历十六年十一月甲子。

⑥ 潘季驯:《河防一览》卷 13《中州河防为要疏》。

⑦ 按:姜璧的《条陈治安疏》和王世扬的《中州河防为要疏》收入潘季驯《河防一览》卷 13。其奏疏观点收入《明神宗实录》卷 89“万历七年七月戊申”条和同书卷 205“万历十六年十一月甲子”条。两条建议均未被采纳,实录中云“皆从之”是错误的。

⑧ 《明孝宗实录》卷 118,弘治九年十月丙戌。

⑨ 《明武宗实录》卷 137,正德十一年五月丙戌。

载，“嘉靖元年，总理（河道）者题奏，添设开封府管河官衙门于县内，凡河道事务于此听处焉”①。嘉靖二年（1523 年），兰阳县知县邓鋐［正德十五年（1520 年）任］负责建署，位置在县预备仓西的旧养济院地。嘉靖三年（1524 年），首任管河同知赵华赴任，继任者有桑仟、潘国臣、王景明、王诏、杨煦、张完等人。② 根据万历十三年（1585 年）纂修的《开封府志》载，当时开封府职官的设置中只有两名同知，且题名中皆有上面开列的治河同知的名字。③ 到万历十六年（1588 年）底，在潘季驯第四次担任总理河道期间，认为河南实运道上流，关系甚重，因而注意上、下河段的综合治理，并对与徐州段直接相关的河南段黄河的防护给予了颇多关注。他亲自考察，看到河南境内几乎所有的危险河段都在开封府境内，“歧分两岸，延袤千里”，险要颇多，而管河同知却只有一员，“平时修守已难周遍，若遇河涨风涛，两岸相隔，顾此失彼”，于是接受河南管河道和分守、分巡大梁道官员的合议意见，奏请依照淮安府和兖州府各设二员管河同知的事例为开封添设一员，驻扎黄河北岸的封丘县荆隆口，“专管河务”，兼理捕务，得到允准。④ 在县级层面增设管河主簿。如弘治年间，兰阳县添设主簿一员，“专治河事”⑤。嘉靖十四年（1535 年）二月，复设兰阳、封丘、仪封、夏邑等县管河主簿各一员。⑥

---

① 嘉靖《兰阳县志》卷 4《署制志 · 河道》。

② 嘉靖《兰阳县志》卷 4《署制志 · 河道》。

③ 万历《开封府志》卷 7《官师志》，四库全书存目丛书补编本。

④ 潘季驯：《河防一览》卷 11《添设管河官员疏》。《明神宗实录》卷 206，万历十六年十二月甲申。按：明清时期，沿黄地区如山东兖州府、南直淮安府以及河南开封府皆设置两名治河同知，显然这是这些地区河患风险严重存在的反映。从开封府万历十七年又增添一名治河同知起，两名治河同知的体制便已形成。驻省会者为南河同知，驻封丘荆隆口者为北河同知。其中，北河同知衙署因顺治九年圮于水而移驻祥符县陈桥镇。从康熙《开封府志》（康熙三十三年刻本）卷 20《职官志》的题名可知，清代沿袭了这一制度。据文渊阁四库全书本雍正《河南通志》卷 36《职官七》载，雍正二年又将南河同知和北河同知各分为上、下，等于说又增加了两员，其中上南河同知驻扎在中牟县阳桥镇，上北河同知驻扎在阳武县太平镇，显示出对河南河务的关切和重视。现存乾隆十三年《大清缙绅新书》和乾隆二十五年《大清缙绅全本》（清代缙绅录集成本）开封府部分皆标为“要缺”或“最要缺”，可见其治河任务綦重。

⑤ 嘉靖《兰阳县志》卷 6《官师志 · 主簿》。

⑥ 《明世宗实录》卷 172，嘉靖十四年二月戊申。

上述诸处皆属于开封府的范围,皆系豫东之地,说明自弘治以后,黄河及其灾害开始和豫东地区产生紧密的关联,不得不设置各类专门的管河官员以处理和应对与河道相关的事务。

（四）直接性和次生性黄河灾害的呈现

就明代黄河造成的灾害而言,有直接性的,也有间接性的或说是次生性的。黄河决溢,田地淹没,庐舍冲毁,人畜伤亡,这些皆属于直接性的灾害。如正统十三年(1448 年),发生了自明初以来罕见的大水,黄河河道分为两支,分别于北面的卫辉府新乡县八柳树和南面的开封府荥泽县境内决口。前者朝东北方向直冲山东沙湾运河;后者漫流附近的原武县后,朝东、南两个方向的更大区域蔓延,淹没的州县包括祥符、通许、太康、陈州、尉氏、扶沟、西华、商水和项城等,“没田数十万顷”①。灾害持续久,波及范围广,给开封府的广大地区造成了严重破坏。

荥泽县和原武县地处黄河分岔处,常遭河决之苦。天顺元年(1457 年)六月到十月,“天雨连绵,黄河泛滥,田禾俱被淹没”②。成化十三年(1477 年)初春又发生了“黄河水溢”事件,“淹没民居,弥漫田野”,到四月春耕时积水尚未消退,百姓“不得播种”,在这青黄不接之时,河南巡抚张瑄不得不请求将上纳的王府禄米改作赈恤被灾军民之用。③

河南省城开封是黄河下游泛滥区域内唯一的省城。作为地域政治中心,加上其为皇族周王的藩府所在,对黄河灾害的防护更加重视,比如建有较高规格的护城堤和坚固城池,还有数量不少的军队可以随时调集,可它在天顺五年(1461 年)七月初却遭受了黄河冲决后的灭顶之灾。该年六月底,霖雨不停,黄河溢涨。到七月初四日,河决土城,人们赶紧筑塞 5 个城门。至初六日(一说初九日),砖城北门溃决,水入城中。据河南巡按陈璧(天顺五年任)奏,“城中稍低之处水深丈余,官舍民居漂没过半,公帑私积荡然一空。周府宫眷并臣等各乘舟筏,避于城外高处”④。尽管邻近州县

① 《明英宗实录》卷 230,景泰四年六月己丑。

② 《明英宗实录》卷 283,天顺元年十月庚子。

③ 《明宪宗实录》卷 165,成化十三年四月乙卯。

④ 《明英宗实录》卷 330,天顺五年七月丁巳。

也多率舟筏来救,“然死者已不可胜纪”①。

黄河灾害有时还成为迫使州县治所迁移的直接原因,反映了灾害的烈度。如仪封县(今兰考县东部)县治原在沙沟村西、鬼张营东,因圮于河,洪武二十二年(1389 年)二月,知县于敬祖将县治改迁到西南 15 里的通安乡白楼村。② 大约在正统十三年(1448 年),黄河在原武县和新乡县一带决口后,直奔山东张秋,中间穿过山东东昌府濮州(今河南范县南),结果濮州州治被淹,直到景泰七年(1456 年)七月情况稍有好转时方才徙至王村③。正统十三年决口漫流范围广大,南支、北支交汇处犹如汪洋,直到五年后的景泰四年(1453 年),北自黑洋山界、南到陈桥铺界相去 25 千米的区域依然浸泡在水中。原武县治也未能幸免,城垣和学舍俱皆沦没。“男欲耕而无高燥之地,女欲织而无蚕桑之所。束手愁叹,坐待其毙”④。后在河南巡抚王暹的奏请下,县治迁到 5 千米外“地颇高爽”的古卷县旧址。⑤ 出于同样原因,西华县治因地处卑洼,“累遭水害”,在得到上方同意后,景泰三年徙建于高阜之地。⑥ 成化十五年(1479 年)正月,为“避黄河水患”,荥泽县治迁到了北丁铺。⑦ 弘治十五年(1502 年)六月,黄河决口,归德州(今商丘)治所遭到严重破坏。河水“流入沙河溃堤,积与城平。自女墙灌入,公私廨舍屋庐荡然无遗,人民溺死无算”⑧。城墙大部圮坏,只有西、南两面“尚存其址”。正德六年(1511 年),经河南抚、按会奏,迁移到稍北的“城北高地”⑨。上述县治或州治的迁移,都是在黄河大水逼临之下不得已而为之。有些城址在遭受毁坏后 6 年或 9 年才重新修建,这固然与水灾未彻底平复有关,但迁移时所伴随的大量公私建筑、街道等设施建设所需浩

① 《明英宗实录》卷 330,天顺五年七月丁巳。

② 《明太祖实录》卷 195,洪武二十二年二月癸亥。嘉靖《仪封县志》卷上《建置沿革·县治》、卷下《古迹》。

③ 《明英宗实录》卷 268,景泰七年七月己巳。

④ 《明英宗实录》卷 232,景泰四年八月乙酉朔。

⑤ 《明英宗实录》卷 215,景泰三年四月丙子。

⑥ 《明英宗实录》卷 221,景泰三年闰九月丁亥。

⑦ 《明宪宗实录》卷 186,成化十五年正月戊寅。

⑧ 嘉靖《归德志》卷 8《杂述志·祥异》,天一阁藏明代方志选刊续编本。

⑨ 嘉靖《归德志》卷 2《建置志·城池》。

大费用筹措的艰难,恐怕是主要原因。

至于次生性灾害也有多种,如国家为堵筑决口和加固堤防投入了大量资金,百姓被征发筑堤、疏浚,有时田庐淹没了还要承担赋税等。嘉靖时兰阳县知县李应虞在诗中写道:“千金卷埽徒为尔,万里奔泻可奈何?”县人许廷弼[正德三年(1508年)进士]用同韵和道:“国赋岁修诚费矣,土民时役奈如何?”①这些诗句皆道出了国家治理河道的庞大财政投入情况。每项大的堵决工程过后,则有为奏销而开列的庞大的物料和用工清单。兹就修筑堤防的夫役征发情况略举几例。永乐九年(1411年)前后,开封境内“河水累岁为患,修筑堤防,民用困弊”,然仍未解决根本问题,终致“河决,坏民田庐益甚”。② 事闻,朝廷派遣工部侍郎张信前往考察。经过访查获知,从祥符县鱼王口至封丘县中滦有段长达10多千米的旧黄河,“岸与今河面平”,若疏浚后“俾循故道,则水势可杀”,并绘图上进。③ 于是,诏发河南民丁,命兴安伯徐亨、工部侍郎蒋廷瓒率运木夫与侍郎金纯一道相度开浚。这一工程因与当时开挖的会通河相通,且同时施工,故命督工开凿会通河的工部尚书宋礼兼理。六月动工,月余而毕,役使民丁十一万零四百多人。④ 其他大的工程,役用夫力莫不在一二十万人之上,小的工程也常达数万人。征用夫力是沿河百姓最为沉重的负担之一。特别是在豫东地区,由于问题的恶性循环,黄河渐成习惯性决溢现象,筑堤出夫随而成为经常性的负担。弘治八年(1495年)八月兵部尚书马文升曾云,“今天下之民,河南者因黄河迁徙不常,岁起夫五六万……逐年挑塞以为常”⑤。再如,正德十年(1515年)六月,赵璜由山东巡抚升为工部右侍郎兼都察院左佥都御史总理河道。次年三月,他曾作《次壁间韵》律诗一首:

汴水西头几度过,忧民恨不为吞河。
当春膏雨年年少,障日妖霾处处多。
望极阆瀛空有梦,缘疏诗酒幸无魔。

① 嘉靖《兰阳县志》卷1《地理志·河渎》。
② 《明太宗实录》卷114,永乐九年三月壬午。
③ 《明太宗实录》卷114,永乐九年三月壬午。
④ 《明太宗实录》卷117,永乐九年七月乙酉。
⑤ 《明孝宗实录》卷103,弘治八年八月丁丑。

苍生岂独黄河害,不尽疏排奈若何?

并为诗作注道:“修河不易事也,乃以属予,非其才矣。既承上命,敢不勉为之?于是浚南渠、增北堤、塞下流决口,往来汴水之上,岁至再三。时经春不雨,连日风霾,问其民则病于征求者十室而九,为之恻然。兹作盖有所激耳。”①除了黄河之害和被征筑堤,百姓无有收成,还要负担赋税。

黄河决溢,庄稼无收,比较廉明的官员上疏为百姓求免②,而事实上依然征比的情形却不时发生。如弘治六年(1493年)闰五月,北直巡按曹凤奏道:

近者,南北直隶及河南地方俱被灾伤,州县申报,所司不与准理,催征如故。臣自今岁二月过山东,抵凤阳等处,见饥民流移者众,可为痛心。然当此荒旱之时,又修理黄河,劳费甚巨,未即成功,乃可忧之大者。乞谕被伤处所,量减赋税,仍命工部会议,暂停修河工役。③

这里反映的是百姓处于灾伤之中,赋税未减而河工照征的情形。

二、治河工程中河神庇佑的诉求和治河河神的产生

黄河浩渺广大,浊浪滔天,无束无羁,奔泻而下。只有置身于这样的气势中,才会对以上所述黄河灾难造成的剧烈伤痛产生形象理解和深切感受。濒河而生的兰阳县人许廷弼在《次渡黄河有感韵》诗中这样描述道:“排空猛浪飞危巘,震地威声起浩波。”④北直大名府长垣县知县张治道[正德十年(1515年)任]在登临大堤时记下了他的感受:“每一临眺,见其巨浪洪浸,骇心眩目。时日之间,盈缩百变。其来无御,其去无迹,若神灵为之者焉。”⑤黄河除了颇具威慑力的气势外,其瞬息变幻和不可捉摸更增加了它的灵性和神秘。在超越人力不知多少倍的大自然面前,充斥人们脑际的

① 嘉靖《长垣县志》卷9《文章·诗》,天一阁藏明代方志选刊本。

② 如弘治六年(1493年)六月,以黄河水患,免河南兰阳、仪封、考城三县夏税麦4670余石、丝2640余两、秋粮11640余石、草15700余束。参见《明孝宗实录》卷77,弘治六年六月癸未。

③ 《明孝宗实录》卷76,弘治六年闰五月丁酉。

④ 嘉靖《兰阳县志》卷1《地理志·河渎》。

⑤ 嘉靖《长垣县志》卷1《地理·山川》。

只有渺小、无奈和恐惧。而这种感受一旦生发,就像幽灵一样挥之不去。在人类认识水平和治河技术还未达到相对控制自然力所带来的灾害的时候,换言之,当人类还不能基本掌握自身命运的时候,对异化的自然力的膜拜就成为必然选择,治河河神崇拜的产生也是如此道理。

明代在治河过程中,于遭受冲决地方,或于施工前,或在合龙后,为了祈祷或答谢河神的佑助,大多要举行祭祀活动。这种祭祀行为往往是和黄河决溢的持续时间以及某项具体治河工程的施工难度联系在一起的。也即是说,出于对黄河灾害的深度恐惧和治河技术的限制,黄河表现出强大威力。这两者间的反差愈大,人们乞灵于河神的活动也就愈为突出,因此这种和治河紧密联系的河神信仰,带有民间信仰普遍具有的强烈的功利性,和长期形成的例行的或者说纯粹礼仪性的河渎神祭祀显然有别(详见第三部分)。为了区别两者,我们称与治河相伴而生的河神信仰为“治河河神”信仰。

就明代治河河神而言,经历了一个演变过程。最初只是把它当作专司河道的神祇做一般性祭祀。如永乐九年(1411 年)三月,开封一带河决,“坏民田庐益甚”①。明成祖遣工部侍郎张信进行实地调查。之后,明廷决定于开封城西北 15 千米黄河北岸的鱼王口开挖新河,至封丘县中滦东入黄河故道,长 10 多千米。当时共征河南民夫 11 万多人。为确保工程顺利,施工前遣定国公徐景昌用太牢祭祀河神。此时的河神祭祀,给人的感受是和民间从事较大活动前所做的祈祷活动没有太大区别。宣德、正统之际,河南、山西巡抚于谦的做法同样能够说明这个问题。在他的文集中存有 2 篇祭河神文。据此不难推想,处在普遍信奉神灵的时代,在黄河泛滥之时,除了积极应对,借助于冥冥之力唤起百姓响应的做法是很常见的。此时,其祭祀河神的称谓也很朴素,径称之为河神。②

到了景泰年间,治河河神之祭祀发生了较大的变化,具体体现在给河神加封和建祠上。这与黄河泛滥程度的加重和治理难度的增大有关。正

---

① 《明太宗实录》卷 114,永乐九年三月壬午;卷 117,永乐九年七月己卯。李濂:《汴京遗迹志》卷 5《河渠一 · 黄河》,文渊阁四库全书本。

② 牛建强:《于谦与明宣德、正统年间的河南地方社会》,载朱诚如、王天有主编《明清论丛》第 7 辑,紫禁城出版社,2006。

统十三年(1448 年)六月,河决荥阳,从开封城北,经山东曹、濮等州,直冲从阳谷县张秋镇到寿张县沙湾一线的运河西岸,溃决运河而东趋大海,致使运河浅涸,漕船被阻。到景泰二年(1451 年),时间已过三年,问题仍未解决。在开封府境内,因东南入淮河道的淤浅而致河水漫流,溃决后直奔东北,冲垮了山东境内的漕运堤岸,于是景帝命工部尚书石璞等前往堵塞。当时“水势湍急,石铁沉下若羽,非人力可为”①,甚至有人建议让有戒行的僧道设醮祈禳。自然力远超出人力之外,严峻形势可见一斑,所以景帝封河神为“朝宗顺正惠通灵显广济河伯之神”,希图获得河神庇佑,使问题得到解决。②

早在唐、宋、元时,便给予河神不同封号,而且不断升级。如唐天宝六年(747 年)正月初八日,玄宗在五岳既封王位的基础上将四渎升以公位,河渎被封为灵源公。③ 北宋真宗曾车驾澶州,致祭于河渎庙,在唐代的基础上诏封河渎为显圣灵源公,并遣右谏议大夫薛映到河中府祭告。④ 康定元年(1040 年),宋仁宗将四渎由公升格为王,河渎被封为显圣灵源王。⑤ 元至正十一年(1351 年)四月初七日,顺帝下诏加封河渎神为灵源神佑弘济王,并重建河渎神庙。⑥ 到了明初,随着国家秩序的确立,洪武三年(1370 年)六月初三日,明太祖对国家祀典做了规范,包括岳、镇、海、渎诸神的称谓。他在诏书中说,“永惟为治之道,必本于礼。考诸祀典,知五岳、五镇、四海、四渎之封起自唐世,崇名美号历代有加”。在他看来,这种做法是有问题的,“夫岳、镇、海、渎,皆高山广水,自天地开辟以至于今,英灵之气萃而为神,必皆受命于上帝,幽微莫测,岂国家封号之所可加?渎礼不经,莫此为甚”。故命令“依古定制”,取消前代给岳、镇、海、渎所封各种名号,“止以山水本名称其神”。这样,作为传统河神祭祀的西渎便改称“西

① 《明英宗实录》卷 216,景泰三年五月丙申。
② 《明英宗实录》卷 216,景泰三年五月丙申。
③ 刘昫等:《旧唐书·玄宗纪下》,中华书局,1975,第 221 页。
④ 脱脱等:《宋史·礼志五·吉礼五·岳渎》,中华书局,1977,第 2486 页。
⑤ 脱脱等:《宋史·礼志五·吉礼五·岳渎》,第 2488 页。
⑥ 宋濂等:《元史·顺帝纪五》,中华书局,1976,第 891 页。

渎大河之神",简称河渎之神。①

可能受明初祖制的限制,景泰间的这次加封只敢称"河伯之神",而不像唐、宋那样加封公、王之号,然通盘来看,这毕竟是一个转折和变化,事实上它已背离了明太祖神灵至上、不应加封的精神,在某种程度上已突破了祖制。此时敢于采取这种稍微大胆的折中做法,恐是出于对神灵的新的认识和理解,即可能认为加封能够取悦于神而使神灵更加主动地发挥作用。也即是说,人们在处于无奈之时,极易在心灵深处泛起这种宗教情思。

石璞看到山东沙湾决口不易堵筑,试图利用从原武县黑洋山至徐州的河道"以通漕舟"代替山东运道,以解决转漕问题,但最终无果。到景泰三年(1452 年)四月(或五月),在内官黎贤、阮落和御史彭谊的协助下,开月河二道引水以补益运河,且杀决势,而此时的水流也渐细微,决口才侥幸堵塞,在沙湾筑了石堤。② 石璞觉得这是神佑之功,便奏请在黑洋山和沙湾为河伯之神建两新庙,景帝同意并命河南、山东两布政司在每年的春秋仲月择日祭祀。③ 赋予河神以灵性,将神体从水体中分离出来,幽微莫测的神灵获得了无边神力,反过来又左右着人们的心灵和行为。山东沙湾的河神庙,即是稍后徐有贞所说的"大河祠"。河南黑洋山的河神庙,位于黑洋山西北的河北之滨,在原武县东北 10 千米,在阳武县西 10 千米,因其恰处两县交界,故"责令原、阳二县春秋轮祀"④,以配合布政司官员或上方来员的祭祀活动。此庙建成后,渐因周围淹没淤塞,陷入低洼之地,"其地形下,周围水聚,祭时病涉,规制狭窄,兼被淹塌",成化四年(1468 年),河南布政司参议王汝霖督令地方有司迁至高阜之处。⑤

---

① 此处引文均据日本京都大学人文科学研究所所藏《历代碑刻文字拓本》中编号为 MIN0004X 的立于陕西华岳庙中之洪武三年六月初三日所颁诏书碑拓片。按:《明太祖实录》卷 53"洪武三年六月癸亥"条记,发布诏书的时间为该年六月初六日,现存河南济源市济渎庙中之诏书碑有月无日,应以华岳庙碑拓为准。又,实录中部分文字不见于华岳庙碑拓和现存原碑,应为纂修者所加。

② 《明英宗实录》卷 216,景泰三年五月丙申。

③ 《明英宗实录》卷 217,景泰三年六月乙丑。

④ 吴英:《黑洋山河渎庙碑记》,载乾隆《怀庆府志》卷 6《河渠 · 河防》,清乾隆五十四年刻本。

⑤ 嘉靖《阳武县志》卷 1《祠祀》,天一阁藏明代方志选刊续编本。

在河神庙建成的次年，即景泰四年（1453 年），河南地方官员确实按照景帝诏令在仲春举行了祭祀活动。实施这次祭祀的是河南巡抚王暹，级别比布政司官员高。时间是在二月二十九日，符合春仲月的要求。其御祭文为：

维景泰四年岁次癸酉二月戊子朔，二十九日丙辰，皇帝谨遣都察院右都御史王暹致祭于朝宗顺正惠通灵显广济河伯之神曰：惟神奠镇兹土，以庇利为职。比闻连岁伏阴，雨雪过多，农事艰举，人民乏食，困毙不胜，朕心悯恻。此固朕之不德所致，然念朕与神受育民之责于天，其任惟钧。而神则又独司阴阳阖辟之机、物理变化之运，忍令此沴为民病乎？咎固当归于朕，神亦焉得而辞？故敢以告，尚冀神休。大布阳和之惠，溥成发育之功。专俟感通，以慰舆望。谨告。①

秋季又有祭祀，只不过时间不在仲秋，提前了一个月，在七月十七日；祭祀官员不是地方官员，而是朝廷派来的给事中。前此因石璞敷衍了事，未治根本，加之当时水势太盛，所以三年"四月修完"，五月沙湾复决。② 九月，景帝不得不遣都察院左都御史王文再来治理。他在给王文的敕谕中说，"往因黄河奔溃，北流散漫，冲决漕河堤岸，阻滞官民运输。虽尝遣人修浚，尚未有经久计"③，此即是指石璞所修工程脆弱。王文来到沙湾后，在祭祀河神的祭文中道：

景泰三年岁次壬申，九月庚申[寅]朔，初三日壬辰，皇帝谨遣太子太保兼都察院左都御史王文祇捧香帛，以太牢致祭于朝宗顺正惠通灵显广济河伯之神曰：兹者河流泛滥，自济宁州以南至于淮北，民居农亩皆被垫溺，所在救死不赡，朕实伤切于怀。夫朕为民牧，神为河伯，皆帝所命。今河水为患，民不聊生，伊谁之责？固朕不德所致，神亦岂能独辞？必使河循故道，民以为利而不以为患，然后各得其职，仰无所负而俯无所愧。专候感通，以慰悬切。谨告。④

① 嘉靖《阳武县志》卷 1《祠祀》，天一阁藏明代方志选刊续编本。

② 《明英宗实录》卷 219，景泰三年八月甲子。

③ 《明英宗实录》卷 220，景泰三年九月辛卯。

④ 谢肇淛：《北河纪》卷 8《河灵纪》。

从这段文字的字里行间,既可看到景帝出民垫溺的焦虑心情,又可看到他对河神不助的巧妙责怪。王文来后,效果似乎不佳。河伯神祭祀后的效果既然不甚显著,那就不妨试试其他神灵的收效,甚至连铁牛也搬了出来,真是病急乱投医。景泰四年二月初一日,命山东巡抚薛希琏、河南巡抚王暹分祭东岳泰山神和境内应祀的河渎诸神,希望对治河有所帮助。① 十一日,景帝命"京厂给铁牛十八、铁牌十二"②。铁牛于治河有何作用? 古人认为:牛,黄色,属土,可克水,故铁牛被用来镇水。宣德、正统年间,于谦在任河南、山西巡抚时,就曾采用过这种包含五行生克理论的做法,当时铸了两个铁牛,背上铸有镇水铭文,其中一个铁牛至今仍存。③ 景帝命造的铁牌,大概是河神的令牌。从这些祭祀做法中可以看出,河神从一开始即是作为功用神来对待的;在利用河神的同时,也不放弃其他神祇。说明此时的河神并非独尊至上,只是享有较之一般神灵稍高的地位,因为河神毕竟是专业神祇,所以河神还是照祭不误。如,同月二十一日,又命山东巡抚薛希琏以太牢祭祀河神。④ 御祭文如下:

> 景泰四年岁次癸酉,二月戊子朔,二十一日戊申,皇帝遣刑部尚书薛希琏以太牢致祭于朝宗顺正惠通灵显广济河伯之神曰:兹者漕河东注,不循故道,遣人修筑,屡见颓决,民徒用力而不得济,神视其患忍不恤乎? 兹特加封神为朝宗顺正惠通灵显广济大河之神,尚翼神休,顺正河道,民得享无穷之利,神亦着莫大之勋。专候感孚,以慰虔祷。尚飨。⑤

从正统十三年(1448 年)夏开始的这次黄河泛滥,近乎百年一遇,水流旺盛,规模超前。据山东东昌府、兖州府的耄耋老人讲,"今兹之水,盖洪武以来所未尝有,而大耋之人所未尝见也"⑥。景泰四年(1453 年)十月十一

① 《明英宗实录》卷 226,景泰四年二月戊子。

② 《明英宗实录》卷 226,景泰四年二月戊戌。

③ 牛建强:《于谦与明宣德、正统年间的河南地方社会》,载朱诚如、王天有主编《明清论丛》第 7 辑,紫禁城出版社,2006。

④ 《明英宗实录》卷 226,景泰四年二月乙未。

⑤ 谢肇淛:《北河纪》卷 8《河灵纪》。

⑥ 徐有贞:《治水功成题名记》,载黄训编《名臣经济录》卷 50《工部》。

日，在河决沙湾持续6年无解的情况下，景帝召集大臣在文渊阁议举人选，最后推左佥都御史徐有贞前往治理。景帝在敕书中提到了当时的严峻形势，“惟河决于今七年（应为六年），东方之民，厄于昏垫，劳于堙筑，靡有宁居。既屡遣治，而弗即功。转漕道阻，国计是虞”①。徐氏抵达山东后，并未骤然堵塞，而是“戒吏饬工，抚用士众，咨询群策”，并从东至西，“逾济涉汶，沿卫及沁，循大河道范以还”，亲自沿河巡视，“究厥源流”，“度地行水”，找寻规律，最后决定从上游的河、沁之地，经开州、濮州到张秋金堤，修渠筑闸，上下协调，适时节宣，“河、沁之水过则害，微则利，故遏其过而导其微”。② 此次工程从景泰五年（1454年）春动工，至六年（1455年）夏收功，秋天告成。工程包括正堤、副堤、护堤、水门大堰、泄水渠、制水闸、放水闸等设施，总称为广济渠，称其闸为通源闸。工程不仅解决了沙湾运河的决堤问题，而且使运河西岸的许多田地露出，可以耕作。“阿（东阿）西、鄄（鄄城）东、曹（曹州）南、郓（郓城）北之区，出余波而资灌溉者，为顷百数十万”③。据称，“自始告祭兴工，至于毕工，凡五百五十有五日”④，说明在兴工前首先祭祀了河神。徐有贞在《治水功成题名记》中说，“铸玄金而作法象之器，建之堤表大河、感应二祠之中以为悠久之镇”。此感应祠应为此次功成之后在沙湾敕建之河神祠。对此，万历末年担任北河管理之任的工部郎中谢肇淛曾有记载：“感应祠，在沙湾，祀大河之神。景泰间敕建。仍加封朝宗顺正惠通灵显广济大河之神。其左祀护国金龙四大王及平浪侯晏公、英佑侯萧公。以春、秋二仲及起运、运毕凡四祭。北河郎中主之。”⑤

景泰六年（1455年）六月初三日，在工程接近尾声时，徐有贞又代皇帝祭祀河神，祭祀活动应是在感应祠中举行。祭文对这次河神转患为福的功劳给予了高度评价：

> 恭承大命，重付眇躬。民社所依，灾祥攸系。志恒内省，政每外乖。兹者雨泽不敷，河流灾泆，舟船浅滞，禾稼焦萎，疾患由臻，公私所

---

① 徐有贞：《敕修河道工完之碑》，载黄训编《名臣经济录》卷50《工部》。
② 徐有贞：《敕修河道工完之碑》，载黄训编《名臣经济录》卷50《工部》。
③ 徐有贞：《敕修河道工完之碑》，载黄训编《名臣经济录》卷50《工部》。
④ 谢肇淛：《北河纪》卷8《河灵纪》，文渊阁四库全书本。
⑤ 谢肇淛：《北河纪》卷8《河灵纪》。

病。究惟所自,良有在兹。然因咎致灾,固朕躬罔避。而转患为福,实神职当专。夫有咎无勤,过将惟壹。而转患为福,功孰与均?特致恳祈,幸副悬望,谨告。①

从上面的叙述可以看出,从景泰二年(1451 年)首次给河神加封,到景泰三年(1452 年)六月工部尚书石璞奏请在黑洋山和沙湾为河神建祠,再到景泰六年(1455 年)六月左佥都御史徐有贞在沙湾奉敕建感应祠,皆表明官方在治河河神信仰上所迈出的不断推进的实质性步骤。

弘治年间河道和漕运治理的时间跨度长达 7 年,在时间上和正统末到景泰六年(1455 年)的那次治理恰合,也是明代治河史上的关键时段。此期问题的症结和前者稍异,即不单纯是水量的丰盈,还有河南境内众多支流在一段时间后出现严重淤塞和排泄不畅,从而引发溃决、威胁运道的问题。弘治二年(1489 年)五月,开封境内黄沙冈、苏村等处河道决溢,“所经郡县多被害,而汴梁尤甚”②。河道自荆隆口等溃决后分为二股,其中一股经北直大名府南境流入山东,直接威胁张秋至沙湾段运河,“所过闸座间有淹没,堤岸多被冲塌”,有人担心降水若增,“必至溃决旁出”,冲毁运河,“有妨漕运”。③ 于是九月升南京兵部左侍郎白昂为户部左侍郎修治河道。白氏在河南境内踏勘调查后,在三年正月的上疏中披露了他的治理方案,即采取“南北分治”的办法:对黄河北分支,“于北流所经七县,筑为堤岸,以卫张秋”;对黄河南分支,“东南则以疏为主”,但问题并未得到解决。④弘治五年(1492 年)八月,又命工部左侍郎陈政总理河南等处水道。孝宗在敕书中分析了当时的河道形势,“黄河流经河南、山东、南北直隶平旷之地,迁徙不常,为患久矣,近者颇甚。盖旧自开封东南入淮,今故道淤浅,渐徙而北,与沁水合流,势益奔放。河南兰阳、考城,山东曹县、郓城等处,俱被淹没,势逼张秋运道。潦水一盛,难保无虞”⑤。陈政到后,历山东、河南进行调查,发现河南境内原来入淮的南支、中支的几条分支河道“今已淤

① 谢肇淛:《北河纪》卷 8《河灵纪》,文渊阁四库全书本。

② 《明孝宗实录》卷 26,弘治二年五月庚申。

③ 《明孝宗实录》卷 30,弘治二年九月庚辰。

④ 张廷玉等:《明史·河渠志一·黄河上》,中华书局,1974,第 2021 – 2022 页。

⑤ 《明孝宗实录》卷 66,弘治五年八月庚戌。

塞，因致上流冲激，势尽北趋”，并在祥符县孙家口、杨家口、车船口，兰阳县铜瓦厢等处决为数道，俱入运河，以致张秋一带“势甚危急”，故打算“浚旧河以杀上流之势，塞决河以防下流之患。修筑堤岸，增广闸座。已集河南丁夫八万人，山东丁夫五万人，凤阳大名二府丁夫二万人，随地兴工，分官督役”。① 可是不久陈政病故，吏部尚书王恕等推举刘大夏接任。

弘治六年（1493 年）二月，升浙江布政司左布政使刘大夏为都察院右副都御史，修治河道。孝宗心情急切，见大夏未有成功，弘治七年（1494 年）五月，又命内官监太监李兴、平江伯陈锐前往，与刘大夏协同治理。敕书中道：“今河既中决，运渠干浅。京储不继，事莫急焉。”②说明运河此时已经溃决。三人商议，首先在运河西挖月河一道三里许，使漕舟畅通。接着确定了先疏浚分流，夺上游之势，继而堵筑决口、复筑大堤的方策。弘治七年十二月，堵筑了张秋决堤，改张秋镇名为“安平镇”，以求永远平安之意。并从太监李兴等人之请，赐额建庙，额曰“显惠”，祀真武、龙王和天妃。③ 弘治八年（1495 年）二月前堵塞了铜瓦厢、黄陵冈等六处决口，在薄弱环节黄陵冈外筑堤坝三重，“又筑长堤：荆隆口之东西各二百余里，黄陵冈之东西各三百余里，直抵徐州，俾河流恒南行故道，而下流张秋可无溃决之患矣”④。此后黄河决口北流的情况消失了，这对黄河及其支流的走向影响颇大。

值得注意的是，在这次治河活动中出现了祭祀多种神灵的现象。这样做或许是出于获得诸神合力的考虑，但河神祭祀仍是其中的重头。弘治七年（1494 年）十月，山东按察司副使杨茂元担心令出多头、责任不专，在建议撤回太监李兴和总兵陈锐的上奏中道：“各官初祭河神，天气阴晦，帛不能燃。久之，似焚不焚之处宛然人面，耳目口鼻皆具。万目盛见，众口骇叹。”⑤说明在动工之前各官曾举行了隆重的河神祭祀典礼。八年（1495 年）三月在黄陵冈功成之后，太监李兴等为祈冥佑，奏请为河神赐额建祠，

---

① 《明孝宗实录》卷 72，弘治六年二月丁巳。

② 《明孝宗实录》卷 88，弘治七年五月甲辰。

③ 《明孝宗实录》卷 95，弘治七年十二月庚午。

④ 刘健：《黄陵冈塞河功完之碑》，载黄训编《名臣经济录》卷 50《工部》。

⑤ 《明孝宗实录》卷 93，弘治七年十月甲戌。

孝宗赐额“昭应”,令有司春秋致祭。① 在祭祀的功用上似与安平镇的显惠庙有所分工。从一般建庙到赐额建庙,表明官方河神祭祀又行升格,开启了明清时期国家河神祭祀中皇帝赐额建庙的先河,明后期和清雍正、乾隆时期对河神的赐额建庙(观)都可在此找到源头。

此后,河道总理莅任或实施河工之时,皆伴有祭祀河神的活动,成为治河中一种特殊的文化景观。如正德十一年(1516 年)前后,河决山东曹县梁靖口,黄陵冈昭应神祠“荡覆无余,祀礼久缺”②。九月治河功成,总河赵璜建议,“今宜答神贶,乞重造祠宇,令有司以时致祭”③,得到同意。南直沛县为黄河与运河交汇之处。嘉靖六年(1527 年)六月,因漕河重新畅通,议者以为神助。工部为请,诏建河神祠,春秋致祀。④ 隆庆四年(1570 年)八月,下诏于南直沛县夏镇和山东的梁山各建河神祠,分别赐名“洪济”“昭灵”,命夏镇闸、徐州洪主事春秋致祭。⑤

万历二十四年(1596 年)八月,河道总督杨一魁条议分黄导淮事宜,在第八款“议建庙宇以答灵贶”中云:“盖河之有神所从来(久)矣。而自建功以至竣役,河伯效顺,酬报宜隆。除岔庙及五港口立庙外,议于黄坝、周庄处所各建庙祀,请赐庙额以示崇报。”⑥岔庙、五港口、黄坝、周庄庙均位于南直境内的黄、运、淮交汇区域。

自万历三十三年(1605 年)十一月始,至次年四月止,河道总督曹时聘征夫 50 万人,花费 80 万两银子,费时 5 个月,对南直砀山县朱旺口到徐州北小浮桥之间 85 千米的河道进行了大挑,使黄河溃流复归故道。曹氏在工毕报闻时,恳请“建祠赐祭,以旌河神”⑦。

天启六年(1626 年)九月,以南直淮安府清河县清口涨水而“粮船速济”,总漕苏茂相请求加封河神,⑧后被加封为“护国济运龙王通济元帅”。

① 《明孝宗实录》卷 103,弘治八年三月壬辰。
② 《明武宗实录》卷 141,正德十一年九月己亥。
③ 《明武宗实录》卷 141,正德十一年九月己亥。
④ 《明世宗实录》卷 77,嘉靖六年六月癸亥。
⑤ 《明穆宗实录》卷 48,隆庆四年八月庚戌。
⑥ 《明神宗实录》卷 300,万历二十四年八月壬寅。
⑦ 《明神宗实录》卷 420,万历三十四年四月癸亥。
⑧ 《明熹宗实录》卷 76,天启六年九月乙酉。

此时已近明亡,边疆危机,农军渐兴,地方动荡,运河沿岸不稳定因素增加,漕粮运输紧迫艰难,而国家财政捉襟见肘,在治河和治运上不可能有太多的投入,在这种情势下,某些偶发因素的作用更容易被视为河神庇佑的结果。这是明廷给河神的第二次加封,清楚地显示出河神人格化的特点。这虽不能代表整个明代河神信仰的形态特征,但却反映出河神信仰新的走向,即逐渐游离出明初祖制的困缚,远汲唐、宋河渎神的人格化资源,开启了治河河神人格化的进程。

三、明代治河河神信仰之特征

(一) 具有鲜明的功利性

传统的大河祭祀,即河渎祭祀,是对上古自然崇拜观念的继承和延续。在远古或上古时,出于对名山大川力量的敬畏和对其聚云生雨、润泽大地、降祥造福的感戴以及人们有限的自然认识,便产生了自然神崇拜现象。五岳四渎的祭祀体系确切形成的时间虽无法确定①,但至迟在秦代就有了相关的祭祀记录。秦并天下后,"令祠官所常奉天地名山大川鬼神可得而序也",且明确地把临晋作为河神的祭祀地。② 西汉高祖刘邦二年(前205年)冬下诏,说他"甚重祠而敬祭",对上帝和山川诸神以时礼祀之。③ 到了宣帝神爵元年(前61年)三月,为祈天下年丰,补全江海缺典,祭祀体系趋于规范,自此五岳四渎"皆有常礼"。河渎祭祀的对象为大河,它是河神的具体指征。当时,"唯泰山与河岁五祠"④。河渎仍于临晋祭祀。按唐人张守节的说法,秦汉时代的临晋应在河西,非后来位于河东的同名之地。⑤

---

① 《礼记·王制》(十三经注疏本)载,"天子祭天下名山、大川,五岳视三公,四渎视诸侯。诸侯祭名山、大川之在其地者"。即是说,基于天子、诸侯间的等差,天子祭祀名山大川,即五岳四渎。其中的四渎,即江、河、淮、济。而地方诸侯祭祀所在地的山川。大部分学者认为《礼记》成于西汉,所以这段材料并不能说明周代即有这种山川祭祀制度,它反映的应是汉代的情况。

② 司马迁:《史记·封禅书》,中华书局,1959,第1371-1372页。

③ 班固:《汉书·郊祀志上》,中华书局,1962,第1210页。

④ 班固:《汉书·郊祀志下》,中华书局,1962,第1249页。

⑤ 张守节在注释《史记·封禅书》中"水曰河,祠临晋"句中的临晋时说,"即同州冯翊县,本汉临晋县,故大荔,秦获之更名"。即是说,该地初称大荔,秦获此地后更名临晋,即唐代冯翊县。

两地位置有异,但距离不远,盖因不同阶段京师所在地不同,为方便祭祀而做出的不同调整。到了唐、宋、元时期,作为河神的河渎不断被加封公、王等号,显示了其阶段变化和逐渐人格化的走向。

到了明初,太祖朱元璋认为神灵与天地同存,所来久远,神力广大,人莫能测,所以采取自然主义态度,下令取消先前朝代给神的各种王、公封号,以本名称之。河神因之改为“西渎大河之神”,简称“河渎之神”,但仍延续了元之前历代作为河神信仰的河渎祭祀活动,宣德时奏修河渎庙的事情即是其明证。宣德九年(1434 年)四月,山西蒲州临晋县题奏:境内的西渎大河神庙朽坏,请求让临晋等五县民夫修治,得到允准。① 明初太祖的诸神祭祀改革使河神人格化的进程中断,然从河渎神的祭祀地、祭祀时间和性质看,与先代未有差别,仍属于因沿袭而形成的纯粹的祭祀类型,即国家祀典中如同天地、社稷和风云雷雨祭祀一样的例行祭祀的组成部分。

这种属于常例性的河渎祭祀,在表象上虽与治河河神有着高度的一致性,但两者其实是属于完全不同的祭祀体系。

首先,河渎祭祀并未因治河河神的出现而中断或是被替代。景泰四年(1453 年)七月初七日,景帝遣太保宁阳侯陈懋祭告昊天上帝、厚土地祇,让安远侯柳溥祭告太社、太稷之神,让礼部侍郎姚夔等赍香币、牲醴,分别祭告在京东岳庙、都城隍、大小青龙、西南龙宫山、龙潭、北岳恒山、北镇医巫闾山、东岳泰山、东镇沂山、中岳嵩山、济渎北海、淮渎、西海、东海、大河、河伯等神。② 在这里,大河(河渎)之神是和其他岳、镇、海、渎诸神祇并列的,都是例行的国家祀典中的祭祀对象。值得注意的是,其中还增加了刚封不久的河伯神这一新成员。它与大河神同列,说明两者是平行祭祀的。不仅如此,我们还可找到在这次祭祀活动中它们同时祭祀的证据。

景泰四年(1453 年)重七日的这次祭祀京师内外众神的御祭文在实录中有载,内容如次:

> 国以兵民为本,兵民以食为天。仁政所先,孰加于此。方秋百谷将实,重以漕运方殷,雨泽罕敷,河流多决。兵民所望,畴当副之。夫

① 《明宣宗实录》卷 110,宣德九年夏四月丙申。

② 《明英宗实录》卷 231,景泰四年七月壬戌。

朕为国子民,而神为民捍患,实皆天职。然有司存朕所能为,岂敢畏难于朝夕?神之易举,讵可辞劳于指麾。沛膏雨以作丰年,助顺流而为之通道。愿有祷也,冀无负焉。①

前已有述,在这次祭祀活动前一年的景泰三年(1452年)五月,在山东阳谷县张秋和河南原武、阳武二县间的黑洋山皆建河伯神庙。河伯神和大河神因为都在祀典之列,所以自然也成为这次活动的祭祀对象。景泰四年七月,刑科给事中姚旭来黑洋山代行祭祀,他在祭文的引子中说,"维景泰四年岁次癸酉,七月丙辰朔,十七日乙未,皇帝谨遣刑科给事中姚旭以香币、牲醴祭告于朝宗顺正惠通灵显广济河伯之神曰"②。祭祀时间在七月十七日,祭文内容与上引实录相同。同年七月,吏科给事中萧斌来山西临晋县河渎大河神庙代行祭祀,他在祭文的引子中说,"维景泰四年岁次癸酉,七月丙辰朔,皇帝谨遣吏科给事中萧斌以香帛、牲醴祭告于河渎之神曰"③。这段文字或有点小差池,因为京师的祭祀活动是在该月初七日,萧斌远道来山西祭祀不可能早于初七日。又,按祭祀文的书写格式,先写朔日,即七月初一,后写祭祀日,因此该祭文应是遗漏了祭祀日。其祭文也同实录内容。此外,值得注意的是,在河渎庙志书《西渎大河志》的有关门类中,保留着从天顺至弘治间祭祀河渎神的御祭文。这些事实皆表明,明代治河河神祭祀与例行的河渎祭祀有异,属于另一祭祀类型或祭祀系统。

其次,治河河神具有治河的针对性,且具有与民间神相同的很强的功用性。前述治河河神的产生和祭祀地或建庙处的选择皆体现着这些特征,这是与河渎神的不同之处。最初,河渎神或许也被人们赋予了担负庇护治河的功能,但当具有专业性的治河河神出现之后,河渎神原先的这一功能便被淡化或渐丧失。

治河河神祭祀因治理黄河而生,随着治理的进展而渐行完善。从景泰年间的给予封号,到治水工程奏功后的建祠,再到赐额建祠和新的加封,这一过程不仅是祭祀要素的完善,还是祭祀空间的扩展。所以,治河河神与

---

① 《明英宗实录》卷231,景泰四年七月壬戌。

② 嘉靖《阳武县志》卷1《祠祀》。按:七月初一日为丙辰日,那么十七日应为壬申日,文中乙未日误。

③ 张光孝:《西渎大河志》卷5《大河祀典》,四库全书存目丛书本。

黄河治理以及与之密切联系的治漕直接相关,是出于祈求河神庇佑的功用性考虑的产物。从其所拥有的明显针对性和功用性来看,河神形象是对民间神的借用和翻版,其纳入国家祀典,从本质上说,是民间神的上升和转换。

(二)属于含有部分人格化因素的自然神形态

有明一代,治河河神几乎以“河伯之神”相称,虽有封号,但称谓朴素。直接以河神或河伯之神相称,表明治河河神是以自然神的形象呈现的,这与洪武三年(1370 年)国家祀典调整时所规定的不得加封神祇基调的潜在影响不无关系。说治河河神包含人格化因素,是指自景泰后的加封中无论如何竭力保留河神的原始形态,但其结果毕竟是被加封了。特别是到了天启六年(1626 年)九月,当河神被加上“护国济运龙王通济元帅”封号时,其人格化特征更加昭著。但这一封号为时甚短,且具有地方性,不能视为长达 200 多年的明代治河河神主体特征的代表。

当步入清朝时,治河河神的躯壳被作为人神的金龙四大王所填充,四大王成为河神的化身和内涵。金龙四大王是实实在在的人神,原名谢绪,南宋末谢太后之侄,元陷没杭州后,入水殉国,而后成神。神力广大,被人崇奉。据和四大王同乡的明代文士徐渭在嘉、万时所撰碑记称:

> 王姓谢,名绪。宋会稽诸生。晋太傅安之裔。祖达,父某。有兄三人,曰纪,曰纲,曰统。王最少,行第四。居钱塘之安溪,后隐金龙山白云亭,素有壮志,知宋鼎将移,每慷慨愤激。甲戌秋八月,大雨,天目山颓,王会众泣曰:天目乃临安之镇,苕水长流,昔人称为龙飞凤舞,今颓,宋其危乎?未几,宋鼎移,王昼夜泣,语其徒曰:吾将以死报国。其徒泣曰:先生之志果难挽矣,殁而不泯,得伸素志,将何以为验?曰:异日黄河北流,是予遂志之日也。遂赴水死,时水势高丈余,汹汹若怒,人咸异之。寻得其尸,葬金龙山之麓,立祠于旁。元末,我太祖与元将蛮子海牙战于吕梁,元师顺流而下,我师将溃,太祖忽见空中有神披甲执鞭,驱涛涌浪,河忽北流,遏截敌舟,震动颠撼,旌旗闪烁,阴相协助,元师大败。太祖异之。是夜梦一儒生披帏语曰:余,有宋会稽谢绪也,宋亡赴水死,行间相助,用纾宿愤。太祖嘉其忠义,诏封为金龙四大王。金龙者,因其所葬地也。四大王者,从其生时行列也。自洪武迄

今,江淮河汉四渎之间屡著灵异。商舶、粮艘,舳舻千里,风高浪恶,往来无恙,佥曰王赐,敬奉弗懈。各于河滨建庙以祀,报赛无虚日。九月十七日为其诞辰,祭赛尤盛。①

在明前期,因运河的南北孔道作用和南方人士的往来,这一信仰沿运河向北传播,成为北方沿运河一线民间甚或官方的信奉神之一②,具有一定的影响力。据载,在济宁州城南东去五十步的运道上,“旧有金龙四大王庙,凡舟楫往来之人皆祈祷之,以求利益”③。该庙岁久颓毁,漕运总督石璞、参将汤节让卫、州僚属及义士捐资更新。正统十三年(1448 年)十月三日动工,至腊月庙成。后来这一信仰逐渐扩展,以至从淮北到山东北部临清的整个运道上皆建祠崇祀,“自吕梁、徐州以达临清,凡两岸有祠,皆祀金龙四大王之神”④。它不仅是漕运水手、过往商人的奉祀对象,还被纳入了国家祀典。如景泰七年(1456 年)十二月,明英宗接受左副都御史徐有贞奏请,在沙湾建金龙四大王祠,命有司春秋致祭。⑤ 一直到明中期后,这一信仰仍在不断强化,如隆庆六年(1572 年)六月,朝廷还遣总河万恭代为祭祀。有祭文为证:

隆庆六年六月癸亥,敕遣总河佥都御史万恭致祭敕封金龙四大王之神曰:兹者漕河横溢,运道阻艰,特命大臣总司开浚,惟神职主灵源、功存默相,式用遣官,备申祭告。伏望鉴兹重计,纾予至怀,急竭洪澜,佑成群役,俾运储以通济,永康阜于无疆。谨告。⑥

① 雍正《河南通志》卷 48《祠祀·开封府》,广陵刻印社,1987,影印本。

② 《明孝宗实录》卷 95“弘治七年十二月庚午”条载,该年十二月,张秋漕河溃决堵塞功成,改张秋为安平镇,建庙祭祀,其中供奉真武、龙王等众多神祇。

③ 陈文:《重建会通河天井闸龙王庙碑记》,载谢肇浙:《北河纪》卷 8《河灵纪》。

④ 陈文:《重建会通河天井闸龙王庙碑记》,载谢肇浙:《北河纪》卷 8《河灵纪》。

⑤ 《明英宗实录》卷 273,景泰七年十二月戊申。

⑥ 谢肇浙:《北河纪》卷 8《河灵纪》。

这说明,明后期金龙四大王在北方的影响不断扩大①。不仅是运河沿岸,即便是河南的黄河沿岸也是如此。下面通过余继登亲历的一件事情来做说明:万历十六年(1588 年)五月,余氏受命赴周藩行册封礼,二十一日抵达开封,二十三日礼毕后拟取道陈桥北旋,及抵河滨,日已近暮。次日诘旦,舟发,余氏"闻波涛撼舟,舟与水敌,涛然有声。声渐猛,如铁骑千群衔枚而疾趋也,如万章之松怒飙吼而为涛也,又如雷霆震发而岩崖摧裂也"②,舟随胶,舵已折。舟人求余氏祷神,"舟设神所",余氏看到神所中的"神可尺许,为武夫状而容甚雅",有顷,"舟忽震动,座几倾",余氏以为舟破,其实是舟始动,"舟果望陈桥行,如有挽之者"。③ 舟中老人兴出意外,跪着向余氏道:"适祷于大王。大王有灵,舟今果不操而发。"④余氏亲自感受了大王的灵应,急问大王为何神,舟人答曰金龙四大王。所以,万历末年谢肇浙曾说:"北方河道多祀真武及金龙四大王,南方海上则祀天妃云。"⑤这是有一定道理的。同时,他又详载了运河旁沙湾感应祠的神位布列情况:该祠祭祀主神仍是大河之神,其配祀神灵有平浪侯晏公和英佑侯萧公,

① 按:关于金龙四大王在运河一线的影响,到万历初年已超出淮北和山东的范围,北限已达京师。浙人徐渭在一首为金龙四大王祠的题联中道:"灵满江湖,万里波涛平如掌;神游燕越,两方庙貌俨如生。"(徐渭:《徐文长佚草》卷7《榜联·金龙四大王祠》,载氏著《徐渭集》,中华书局,1983)四大王信仰在越地流行可以理解,因为它本来就是南方的信仰。万历初其祠庙已达燕地,说明此信仰的北传。特别须指出的是,四大王信仰在淮北一带的流行与吕梁洪、徐州洪等运河的危险地段是有联系的,商人为了船货平安,不得不祈求神佑。据万历初徐渭说,"吾乡北贾者日益盛,茗荈之利甲天下",看来浙江北贩的商人以经营茶叶为主,他们在帆樯往来洪间之时,提心吊胆,心中默祷。后来为了讨好四大王神,干脆将流行于徐州洪的四大王金身请回了四大王的老家,于万历元年五月到十月建立洪神行祠,并于次年四月十五日将神的塑像移入。(徐渭:《徐文长三集》卷23《记·洪神行祠记》,载氏著《徐渭集》,中华书局,1983)这种情况和前面正统十三年吕梁洪至临清运河两岸祠祀四大王的记载是可印证的。但徐渭讲,他仔细翻阅了徐州洪的志书,发现四大王信仰也不是始终的信仰,起初供奉的是灵源弘济王,而后改为金龙四大王,后来又变成了"非男子"的"圣女"(估计是妈祖),由此也可窥出民间信仰的功利性和易变性。

② 余继登:《淡然轩集》卷5《杂著·金龙四大王灵应记》,文渊阁四库全书本。

③ 余继登:《淡然轩集》卷5《杂著·金龙四大王灵应记》。

④ 余继登:《淡然轩集》卷5《杂著·金龙四大王灵应记》。

⑤ 谢肇浙:《五杂组》卷15《事部三》。

此外从祀的还有金龙四大王。关于萧公和晏公,据载:“江河之神多祀萧公、晏公,此皆著有灵、应受朝廷敕封者。”①金龙四大王的配祀情形表明:尽管四大王也是敕封神祇,且在万历末影响不断增强,然其地位仍逊于河神,在祭祀体制内仍处于从属位置。清顺治二年(1645 年)底,金龙四大王地位骤变,被封为黄河之神,成为河神实体和化身,这应是明中期后这一民间信仰不断积聚的必然结果。必然性往往通过偶然性来实现。该年十二月,流经河南怀庆府孟县境的一段黄河数日清澈,被视为祥瑞之兆,河神因而被封为“显佑通济金龙四大王之神”,命河道总督致祭。② 后来又被加封为“显佑通济昭灵效顺金龙四大王之神”。河神和人神叠合,治河河神实现了由自然神形态到彻底人格化的过渡。再后来,河神又和黄大王联系起来,称为“灵佑襄济之神”③。其实都是河神躯壳与地方人神结合的结果。这些皆表明治河河神不断人格化的走向。把明代治河河神信仰的变化放置到较长时段的历史过程中观照,可以发现,它具有包含部分人格化因素的自然神性质。

对这种治河河神信仰现象做客观的理解,应是当河工难度超越了人们的能力极限而深陷无奈窘境时,从内心深处生发出的祈求冥冥力量佑助的结果。某些决口得到堵塞、大溜顺利导入引河等,也会碰到一些回风和顺畅的偶然情况,与人们最初的祈愿相合,则会强化他们对固有信仰的笃信,因此从本质上说,这是当时人们认识能力和水平的反映。在某个阶段,由于社会还未达到足以使人们理解某个方面问题的时候,人们就只会在那个阶段打转而不能有所突破,这是正常的。或许以为,拥持了这种信仰,人们即放弃了全部的主动和努力,把希望完全寄托于河神,这是表面上的和非历史的看法。实际上,在面临险工时,把河神抬出,因其在人们心灵中的无比威力,可以使人们获得某种慰藉和依仗,暂时缓解心中的恐惧,增强某些信心,摆脱望河兴叹、无助失望的被动和消极。必须从精神角度剖析这种现象,才能理解它长久存在的深层原因。同时,明代治理河神演变轨迹,也反映出明代不同时段黄河灾害日渐严重的史实。

① 谢肇淛:《五杂组》卷 15《事部三》。

② 《清世祖实录》卷 22,顺治二年十二月甲辰,中华书局,1986,影印本。

③ 清代的黄河治理与河神信仰将另外撰文。

黄河社会文明

开封市的衰落与振兴*

王发曾

开封市位于郑州以东72千米的陇海铁路线上，北距黄河10千米，人口61.92万人，其中非农业人口44.78万人（1984年）。自1983年始，开封市辖杞县、兰考、通许、尉氏、开封五县，总领人口368.13万人，土地面积6444平方千米。

开封是一座古老的历史文化名城，与北京、西安、洛阳、南京、杭州共称“六大文化古都”。自春秋郑庄公筑城以屯粮储粟以来，开封在2700多年的漫长历史中阅尽沧桑、几经盛衰——盛极则曾为全国的政治、经济、文化中心，“八荒争凑，万国咸通”；衰败以至于被黄水吞噬，“黄沙白草，一望丘墟”。值得注意的是，开封市于北宋达鼎盛之后的800多年来一而再，再而三地衰落、沉沦，进入20世纪80年代后，却令人振奋地显示出复兴的征兆与潜力。开封的兴衰是我国许多老城市的缩影，其振兴之道对于发展古老的中等城市具有一定的现实意义。

一、衰落的根源与衰败之象

北宋以前，开封虽然盛衰迭见，但其总的发展方向是为跃居全国第一大都市奠定基础、创造条件。

北宋的168年是开封（称东京开封府）城市发展史上最为辉煌的一段，它不仅取代了长安、洛阳的地位成为全国行政、军事、外交中心，而且其经济实力、人口与城市建设也获得长足发展。手工业部门多而分工细，生产规模与从业人员超过了前朝历代首都。商业贸易发达，市场繁荣，商税最

---

* 原载《城市问题》1986年第2期。

多时达55万贯,居全国第一。人口增长速度很快,到崇宁年间(1102—1106年)已拥有26万户,加上常驻军队,共约有人口140万—170万人。城市建设设计完善,筑三城,分五区,街巷纵横,建筑宏伟,充分体现了我国古代都市建设的不朽成就。

北宋以后,尤其是金以后,开封江河日下,无可挽回地衰落下去。明、清时虽有复苏,但总的趋势是走下坡路——这种情况甚至波及解放后的开封。归纳起来,开封衰落的根源有五:

其一,政治中心地位的下降。宋靖康二年(1127年),金灭北宋,改称东京为汴京。贞元元年(1153年),金迁都燕京,开封(称南京开封府)与中京(燕京)大兴府、北京大定府(今内蒙古宁城)、东京辽阳府、西京大同府在北部中国齐名,政治中心地位已大打折扣。贞祐二年(1214年),出于回避蒙古进攻的战略考虑,金不得已再次迁都开封,但此时金已成强弩之末,开封的政治中心地位并未显见提高。蒙古灭金以后在开封设南京路(后又改为汴梁路),仅治祥符、开封两个县。元朝立国后建都于大都(今北京),于至元二十八年(1291年)以汴梁为河南江北行省省会,从此,开封永远降格为地方行政中心。明、清设开封府,政治地位未变。民国始年(1912年)废府置县,开封为河南省会。解放前夕(1948年)置开封市,仍为河南省会。但到了1954年,省会迁郑州,开封由省级行政中心降格为地区级行政中心。开封市行政职能的一再弱化,大大缩小了城市的影响范围,经济、文化中心地位亦随之下降。

其二,交通运输条件的改变。北宋时东京为全国水运枢纽,有"四水贯都"之称。汴河是四水中最为重要的一条,它沟通黄、淮、江三大水系,"横亘中国,首承大河,漕引江、湖,利尽南海,半天下之财赋,并山泽之百货,悉由此路而进"①。1008—1016年,汴河发运粮米700万石,委实是东京乃至整个宋王朝的生命线。

北宋以后,由于黄河多次泛滥改道,开封附近水系受到严重破坏,东京四水渐次淤没,水运之利丧失殆尽。在金与南宋对峙时期,汴河尚能部分通航,但漕运规模大减。元以后,联系京畿与江淮的大运河不再以中原为

① 脱脱等:《宋史》卷93,中华书局,1977,第2321页。

中心，汴河水系遭彻底破坏，河、淮间水运联系被完全隔断。至明万历年间，开封已成为不通航城市，至清初，贾鲁河（其航运起点在开封南20多千米的朱仙镇）也终被淤塞，开封赖以繁荣的生命线几近枯萎。20世纪初，京汉、陇海铁路通车，陇海线傍开封城南而过，开封的交通条件得到改善。但距其不远的郑州因位于两条铁路大动脉的交会处，城市中心作用逐渐增强，开封多年保有的省内相对优势也最终失去了。

其三，黄水与兵火的破坏。北宋以前，黄河西出邙山径向东北奔流，开封远离黄河，受害不大。金明昌五年（1194年），黄河在阳武光禄（原阳县境）决口，改道东南，夺淮由山东入海。此后的数百年间，黄河河道频繁地在开封城北、城南摆动，极不稳定，开封成为黄水首当其冲的受害者。据志书记载，从金明昌五年至清光绪十三年（1887年）的近700年间，黄河在开封附近决口110多次，形成泛滥之灾的50多次，侵入开封城7次，其中有4次将全城淹没，给开封造成极为惨重的损失。一次次的黄水洗劫使城内财富付之东流，兵、民大批丧生（1642年全城37.8万人中十之八九被黄水吞没），古代建筑所剩无几（明以前的古建筑现仅余铁塔、繁塔、延庆观三处）。黄河泛滥给环境造成的危害更是触目惊心。附近水系逐渐淤没，城内形成一低洼盆地，积水不泻。郊外沙丘沙地遍布，气候恶化，旱涝、风沙、盐碱灾害频仍，自然景观宛如沙漠。

北宋统一全国，结束了五代十国的混乱局面——这无疑是东京开封昌盛的基础。但自北宋以后中国再度陷于分裂，女真、蒙古等少数民族相继南下，逐鹿中原，开封屡遭战火破坏。这次战乱历时200余年，最甚的一次是1126年，金人攻陷东京，纵火焚城三日，锦绣东京永不复见。明末，李自成前后三次围攻开封，最后一次官军扒黄河大堤水淹义军，结果开封又一次遭受空前的大破坏。

其四，城市经济基础的局限性。开封早期的形成与发展主要不是得自于工商业的自然聚集，因而城市的政治与文化职能强于经济职能，消费性重于生产性。古代开封的工商业是在城市发生之后逐渐聚集的，并主要为统治阶层服务。北宋东京的手工业以官营为主，军器、纺织、制茶、酿酒、印刷等行业多以宫廷贵族与官吏为服务对象。纺织业虽然发达，但产品多是高级奢侈品，仅锦饰一类就有数十种。近现代开封工商业的殖民色彩颇为浓重。一方面,官僚买办及帝国主义代理人到处设置农产品收购站,将开封作为他们掠夺原料的基地;另一方面,开封又是外路商品倾销的市场和集散地,民族工商业势力很单薄。官僚、贵族和各类消费者构成城市居民的主体,“有闲阶层”占很大比重,开封完全是一座典型的消费城市。经济基础薄弱使开封动荡无定,自组织能力差,一旦受了创伤就较难恢复。

其五,城市影响范围的局限性。开封市北临黄河,与河北地区的联系仅靠河渡,交通十分不便,影响范围仅及封丘县南部沿河地区。开封市西面的郑州市是我国重要的铁路枢纽和河南省会,辐射力和吸引力很强,影响范围不断扩大。而开封市向西的作用力却不断逆向收缩,其影响范围仅及紧邻的中牟县。区域是城市成长的基础,开封市影响范围两面受阻,显然对城市发展很不利。

以上五种原因共同导致了开封800年的衰落。至解放前夕,古老的开封死气沉沉,衰败之象到处可见。城郊荒沙遍野,斥卤遍地,城内道路狭窄,污水横溢,名胜古迹残破不堪。郊区农业生产水平很低,粮食单产仅百十斤。市内工业设备原始,技术落后,仅能生产面粉、卷烟等低档日用品。百人以上的工厂仅4个,加上小厂和手工作坊,全部职工不足3000人,产值仅3000万元。市政设施极为简陋,全市铺设道路仅15.24千米(其中只有20%为硬路面),下水道17.25千米。偌大个城市,只有800盏路灯,且昏暗不明,时常断电。

解放后,开封市的前进步伐仍然很慢。截至1980年底,开封市解放30年完成的基本建设投资和城建投资均低于省内同类城市。铺装道路虽已达155.18千米,但全市无畅通干道,且路面普遍狭窄,旧城区交通拥挤,经常堵塞的路口达十几处。排水管道虽已增至113.8千米,但管径小,排向不合理,且全为雨水、污水合流。再加上城内低洼,积水排泄更加不畅。1977年7月一次阵雨162毫米,城外雨水倒灌入城,堵城门一月有余。全市无房户、拥挤户共约17000户,40年以上的老房占60%。

二、振兴的契机与振兴之道

良好的历史基础、解放后的新生以及20世纪80年代的奋进给开封市的振兴创造了条件。

首先,开封本身有两个固有的优势。第一,开封历史悠久,人文荟萃,文化教育素质好,商业、服务业有特色,待开发的人文资源极为丰富,这是豫东其他城市无法比拟的。且近现代中原人物精华多与开封有渊源,这对于开封和外界经济、文化的交往,信息的交流和人才、技术、资金的引进十分有利。良好的投资环境使开封具有争取国家投资与外资的较强吸引力。第二,自金以后,开封在数百年间一直是中原地区的中心城市,在与区域共生共长的长期发展过程中,开封和豫东平原的城镇、乡村形成了较牢固的经济、社会联系。这种联系格局被行政隶属关系和人们行为习惯的空间倾向性加固,使开封市在豫东的影响范围具有一定的稳定性。

其次,解放以后开封已由消费城市逐步成为以食品、纺织、化工、机械、电子等部门为主的工业城市。以大中型企业为骨干,全市 638 个企业已初步形成了有一定生产能力、比较协调的工业生产综合体。有 80 多种产品曾获全国或全省名优,一些产品在省内具有重要地位,如硫酸产量占全省 60% 以上,化学药品占 40% 以上,呢绒约占 40%,电视机占 50% 以上,其他如发电量、烧碱、化肥、卷烟等占 10% 以上。现在本市已初步定为全省的毛纺织基地和天然气化工基地,还有可能成为汽车工业中心。良好的经济效益使开封市工业具备了潜在的优势,1983 年全民所有制企业全员劳动生产率为 12395 元(全省平均 10542 元),固定资产产出系数为 1.28(全省平均 0.84),资金利税率为 23.35%(全省平均 19.22%),百元产值提供税利 21.24 元(全省平均 16.07 元)。工业的发展是我国现代城市成长的主导机制。开封正处在工业化水平大幅提高、工业聚集效应十分明显的上升阶段,无疑对城市的振兴极为有利。

再次,市辖县管理体制给开封市带来了新活力。市辖县后,开封市由一个相对孤立的“点”成为区域的生产聚集中心,成为开封经济区(属省内二级经济区)生产分工协作网的中心和技术开发、经济调节的中枢。这种城乡经济网络在统一计划下的有序成长是开封市振兴的重要契机。五县给开封市提供了新的资源基础,粮食、棉花、油料、瓜果、羊毛和牛羊奶产量均居全省各经济区前列,石油、天然气资源质量好、潜力大。五县的资源与开封市的实力相结合,很快显现出一定的优势:开封经济区面积占全省 3%,人口占 4.8%,但 1984 年工农业总产值占全省 6.6%,工业总产值占

7.0%,经济发展水平高于全省平均,更高于豫东另外两个二级经济区——商丘和周口。(见表1)

表1　1984年开封与商丘、周口及河南省经济发展状况对比表

项目	开封	河南省	商丘	周口
人均农业产值(元)	880	639	385	419
人均工业产值(元)	492	337	120	108
工业产值占工农业产值比重(%)	55.85	52.76	31.06	25.73
1983年人均国民收入(元)	421	356	—	—
人均商品零售额(元)	297	235	186	195

最后,"六五"期间,开封市经济社会与城建发展快,势头良好,充分显示了在中、短期内可望有较大提高的潜力。"六五"计划已全面胜利完成,农业与工业总产值分别提前两年和一年完成指标,平均增长速度分别为13.4%和8.7%。1985年财政收入比"六五"以前的几年平均增收50%—70%,职工年平均工资逾千元,农民人均纯收入超过350元。"六五"期间,城市建设取得显著成绩。截至1984年底,铺装道路比"六五"前增加31%,公交营运线路长度增加75%,高级与次高级路面的比重已达87%,下水道长度增加64%,路灯盏数增加13%,人均居住面积增加19%,日供自来水能力增加41%,自来水普及率达90%以上,供电量增加114%,民用液化石油气开始起步。1985年,《开封市城市规划》正式获得批准,城市建设已纳入科学轨道。

综上所述,振兴开封的条件已日臻成熟。在20世纪内,开封经济社会发展水平达到战略目标,市区建成既有宋代特色,又有当代风格的社会主义工业城市是没有问题的;开封市跃居全国中等城市先进行列,成为整个豫东实力雄厚的多功能中心城市也是可能的。另外,开封城北黄河大桥和北京—九江铁路(经过商丘)、周口—阜阳铁路的修建,将大大改善豫东的交通状况,为开封市扩大区域影响范围创造新的条件。

振兴开封的关键在于紧紧把握时机,明确战略方向,采取有力措施,对城市发展进行科学的宏观控制。

开封市的城市性质是"历史文化名城,以发展轻纺工业为主的社会主义工业城市”。因此，开封城市建设要走城市现代化与保持古城风貌相结合、新区建设和旧城改造相结合、明确功能分区与小区相对独立相结合、重点工程建设与普遍改善基础设施相结合的道路。

开封市受北面黄河与南面陇海铁路的制约，城市建设应主要向东、向西发展，逐步形成沿东西向主轴展布的带状开放型地域结构。三个主要功能分区应各具特色、相对独立，逐步向综合区发展。旧城区以行政、生活居住、商业服务和旅游为主，兼容污染轻微的小型工业企业。要控制人口密度，保存和发展宋代历史特色。东、西区分别是以机械电子和轻纺工业为主的新型工业区，但要注重生活居住与商业小区的建设，以避免功能过于单一。旧城区是历史文化名城的精华，保护与改造的任务十分繁重。要全面控制旧城区的人口、用地、建筑密度和环境污染；重点保护九大古迹、古城墙、古老的商业街和河湖水系；适当改造破旧建筑、道路系统和给排水设施，并努力发掘文化资源，逐步重现历史上的“汴京八景”。近期内要抓好宋城一条街、科学会堂、青少年活动中心、东京饭店和龙亭湖风景区的建设。《开封市城市规划》是城市建设的准则和依据，必须坚决杜绝一切与规划相悖的无政府现象。

合理的产业结构，是城市系统优化整体功能的基本保证。由于开封市与乡村经济联系密切，工业生产以地方企业为主，其产业结构应该是以城乡一体化为基础的、开放的主体型结构。

开封市要形成以轻纺、机械、电子工业为主体的部门结构。主体部门还应有更高层次的主体，如轻纺工业应重点发展毛纺、食品、日用化工。经济振兴的突破口是两工业基地（毛纺、石油天然气化工）和一个新兴部门（汽车工业），前者的条件是附近地区丰富的羊毛、油气（中原油田至开封的输气管已建成）资源，后者的基础是本市有相当实力的汽车工业配套企业群。

国土规划是中长期宏观战略规划。开封经济区在豫东有明显的优势，如能尽早开展市域国土规划工作，对区域内资源的合理开发，生产力、人口的合理布局，城镇体系的发展，以及认识开封市在豫东的地位和发展方向都是非常必要的。

黄河经济带中心城市服务能力的空间格局*

王海江　苗长虹　乔旭宁

摘要：在综合分析全国区域经济空间发展格局的基础上，本文初步提出了黄河经济带的空间划分方案。进而，以黄河经济带地级以上中心城市为样本，通过中心城市服务能力的时空格局分析，并与城市间的空间经济联系进行对比，深入解析了黄河经济带中心城市服务能力的规模等级、职能定位及空间体系分布特征。研究认为，黄河经济带中心城市服务能力的空间分布较为不平衡，总体上呈现大区域京津双核吸引，小区域省会中心带动的空间格局。区域中心城市服务能力与空间经济联系之间呈现高度的空间耦合关系，说明中心城市服务能力是其对外经济联系的综合反映。京津两市的全域性中心服务能力尚有很大不足，服务辐射较多局限在邻近的周边区域，对中、西部广大中小城市的辐射带动作用小。与长江经济带相比较，黄河经济带协同发展的最大问题在于黄河航运功能不足，东西横向经济联系相对较弱，横向陆桥通道建设对黄河经济带长足发展起着至关重要的作用。

关键词：黄河经济带；中心城市；服务能力；空间经济联系；空间格局

中国经济发展日益融入世界经济体系之中，国家发展潜力获得巨大释放。由于中国各区域的发展阶段与水平不同，参与全球化程度不一，地方经济发展的区域落差极大。将中国划分出不同类型的经济区，按照地域优

* 基金项目：国家自然科学基金项目（41371133、41430637），河南省高校哲学研究优秀学者资助项目（2016－YXXZ－19），河南省高校科技创新人才（人文社科类）支持计划（2017－CXRC－013），河南省高校哲学社科创新团队支持计划（2016－CXTD－04）。原载《经济地理》2017 年第 7 期。

势,分工合作,分类引导,形成了不同层次和各具特色的地域经济体系,流域经济区即为其中的一种区划类型。2016 年长江经济带规划出台①,这是国家主动适应把握引领经济发展新常态,科学谋划中国经济新格局而做出的重大部署,其与海岸经济带共同构成全国国土开发与经济布局的"T"字形空间格局。② 长江经济带已出,黄河经济带是否也可以随之建立?

对比长江经济带,黄河流域的自然环境、流域特征、人口分布、经济发展水平等与之差异较大。长江的航运功能强大,足以借此沟通并支撑流域经济的长足发展。黄河的水文、航运等条件不能与之相比,但是河道航运只是众多交通运输方式中的一种,现代化的铁路、公路、航空等运输方式,特别是高铁与高速公路的普适化应用,可以极大改善或替代流域内的航运功能。另外,黄河流域本身历史发展悠久,人文经济荟萃,内在联系密切,黄河经济带构想并非不切实际,在现代化的交通、通信、网络等综合技术条件的支撑下,黄河经济带可以成为现实。

一、黄河经济带的空间范围划分方案

综合全国区域经济空间发展新格局,以自然形成的黄河流域为主体,考虑到黄河历史上的多次改道因素,如向北夺海河由天津入渤海,向南夺淮河入黄海,且因淮河流域的江苏(苏北地区)已经归入长江经济带,东四盟③为传统的东北地区,故将黄河经济带空间范围划定为北京、天津、河北、山东、山西、河南、陕西、内蒙古(不含东四盟)、宁夏、甘肃、青海共 11 个省(区、市)。本区域国土面积约 285.6 万平方千米,2014 年实现 GDP 21.5 万亿元,年末总人口 4.28 亿人,分别占全国的 29.8%、33.9%、31.3%。黄河经济带承东启西、连南接北,地理区位与区域优势突出,在全国区域发展格局中占有极其重要的地位。

历史上,黄河流域在内陆流域经济支持下,特别是黄河干流及其重要

① 新华社:《长江经济带发展规划纲要》正式印发。http://news.xinhuanet.com/politics/2016-09/11/c_1119547221.htm.

② 陆大道:《建设经济带是经济发展布局的最佳选择——长江经济带经济发展的巨大潜力》,《地理科学》2014 年第 7 期,第 769-772 页。

③ 东四盟:内蒙古东部的赤峰市、通辽市、呼伦贝尔市和兴安盟,归属广义上的东北地区。

支流孕育出了华夏文明的重要承载区,如河西走廊上的河西四郡①及兰州,湟水谷地的西宁,河套地区的银川,汾渭流域的西安,伊洛河流域的洛阳,黄河中游的开封、郑州,海河流域的北京。近现代,在海洋商贸经济支持下,天津、青岛等沿海港口逐渐崛起。新时期,海洋港口、高速铁路及公路等现代化交通方式对中心城市的集聚与辐射能力提升较大,如铁路拉来的城市郑州、石家庄,新兴的沿海港口城市烟台、威海、日照。在"一带一路"倡议拉动下,陆桥通道上的连云港、徐州、郑州、洛阳、西安、兰州等重要综合交通运输节点城市获得了新一轮的增长动力与发展空间。

目前,国家已明确北京、天津、上海、重庆、广州、深圳、成都建设国家中心城市,并在《促进中部地区崛起"十三五"规划》中明确支持武汉、郑州两座中部城市建设国家中心城市。武汉、郑州分别位于长江经济带、黄河经济带的腹地,这将使国家中心城市布局趋向协调均衡。武汉是取利于长江航运,而郑州则是长期受害于黄河水患。郑州在国家中心城市布局中突出,重要原因在于其地处国家"两横三纵"城镇化战略格局中陆桥通道和京哈京广通道交会处,是中原城市群核心城市,是我国陆路与航空的重要综合交通枢纽。可见,现代化的陆空等综合交通推动着黄河经济带内部的空间联系日益多样化、综合化,空间格局也趋向多中心、网络化。

二、中心城市服务能力的测度模型

"城市经济基础理论按照'外向'和'内向'功能把城市全部经济活动分成基本和非基本经济活动两部分。基本经济活动主要为城市以外的地区服务,通过产品和劳务的输出,为城市带来收入,并以'乘数效应'推动城市经济的增长与扩张,因此成为城市存在和发展的经济基础"②。城市流是城市具有对外服务能力的部门在与该城市区域以外地区进行社会经济联系时产生的要素流动,描述了城市的基本活动部分,体现了中心城市

① 河西四郡,指西汉政府在河西走廊设置的四郡,即武威郡、张掖郡、酒泉郡、敦煌郡,行政范围大致包括今甘肃省西部的武威市、金昌市、张掖市、酒泉市、嘉峪关市及内蒙古自治区西部的阿拉善盟一带。

② 阎小培、许学强:《广州城市基本—非基本经济活动的变化分析》,《地理学报》1999 年第 4 期,第 299 页。

的对外服务功能。① 量化描述城市流的指标为城市流强度，指一城市在区域城市体系中向其他城市输出的经济流量，表征了该城市对外服务的能力（简称为服务能力）。其公式为：

$$F = NE \tag{1}$$

式中：F 为城市流强度；N 为城市功能效益，即一城市单位外向服务功能量所产生的实际影响；E 为城市外向服务功能量。②

E_{ij}表示 i 城市 j 部门的外向功能量，借助于区位熵可以计算出来。N_{ij}为 i 城市 j 部门的外向功能效率，用 i 城市 j 部门从业人员人均 GDP 表示。i 城市全部具有向外功能的产业部门的城市流强度，即中心城市服务能力 F_i 为：

$$F_i = \sum_{j=1}^{m} N_{ij}E_{ij} \text{ ③} \tag{2}$$

测度的产业部门为第二产业的制造业，电力、热力、燃气及水生产和供应业，建筑业以及第三产业的交通运输、仓储和邮政业，信息传输、软件和信息技术服务业，批发和零售业，住宿和餐饮业，金融业，房地产业，租赁和商务服务业，科学研究和技术服务业，水利、环境和公共设施管理业，教育，卫生和社会工作，文化、体育和娱乐业，共计 15 个指标。

三、黄河经济带中心城市服务能力空间格局

总体上，黄河经济带中心城市服务能力的空间分布较为不平衡。北京、天津两市为区域服务能力的极化中心，北京的服务能力区域占比为31.69%，天津为12.20%，两市合计区域占比为43.89%，几乎占了整个区域的半壁江山。经济发展相对较好的山东济南、青岛两市服务能力的区域占比分别为4.51%、4.21%。河北和其他中西部省区中心城市的对外服务

① 朱英明、于念文：《沪宁杭城市密集区城市流研究》，《城市规划汇刊》2002 年第 1 期，第 31 – 33，44 页。王海江、苗长虹：《我国中心城市对外服务能力的空间格局》，《地理研究》2009 年第 4 期，第 957 – 967 页。

② 中国城市规划设计研究院《陇海—兰新地带城镇发展研究》课题组：《陇海—兰新地带城镇发展研究》，中国建筑工业出版社，1994，第 62 – 63 页。

③ 王海江、苗长虹：《城市群对外服务功能量化解析——以山东半岛、中原、关中三城市群为例》，《人文地理》2008 年第 4 期，第 52 页。

能力相对较弱,并且绝大部分服务功能都集中在省会城市。黄河流域诸省区的各级中心城市,一方面接受京津两市的区域中心服务辐射,另一方面还主要接受所在区域的省会中心城市的服务辐射。黄河经济带呈现出大区域京津双核强力吸引,小区域省会城市中心带动的空间格局,区域城市空间体系等级分化相对有序。

细分产业部门来看,各级中心城市的职能定位分化明显。北京的对外服务能力全部集中在了第三产业,且近80%集中在了生产性服务业部门,而北京的第二产业没有对外的区域性服务功能。天津则相反,对外服务能力的90%集中在第二产业,并且二产服务仅存在于制造业部门。可见,北京为黄河经济带的生产性服务中心,天津为制造业服务中心。

济南、青岛对比,济南三产占优,青岛二产占优,且济南的生产性服务能力远大于青岛。济南为山东省的综合性服务中心,青岛为二产制造业服务中心,此情形和京津类似,为区域中心与对外门户的双核协同关系。

其他省区三产服务业占比较高的为石家庄、太原、西安、呼和浩特、银川等,其中西安、银川、石家庄服务能力90%以上集中在三产,尤其是其省域生产性服务能力较强。郑州、兰州则二产服务能力相对占优。

同时,相对河南较多的人口、较大的经济规模,省会郑州的区域中心性不强,其区域服务能力与济南、西安、呼和浩特比较还相对较弱。石家庄的服务能力也不强,虽然邻近京津与山东等发展较好的区域,但其区域服务能力与北京、天津和济南差距非常大。如何增强郑州、石家庄的区域中心性,提升其区域服务能力,分别成为中原经济区、京津冀协同发展的重大课题。(见表1)

表 1　黄河经济带重要中心城市服务能力及区域占比（2014）

单位：亿元、%

重要中心城市		服务能力				区域占比			
		总量	第二产业	第三产业	生产性服务业	总量	第二产业	第三产业	生产性服务业
京津冀	北京	6590	0	6590	5205	31.69	0.00	49.97	61.47
	天津	2538	2088	450	244	12.20	27.43	3.41	2.88
	石家庄	444	25	418	251	2.13	0.33	3.17	2.96
山东	济南	939	406	533	302	4.51	5.34	4.04	3.57
	青岛	876	568	309	149	4.21	7.46	2.34	1.75
河南	郑州	429	270	159	41	2.06	3.55	1.21	0.48
山西	太原	348	62	286	211	1.67	0.81	2.17	2.49
陕西	西安	542	2	540	391	2.61	0.03	4.09	4.61
甘肃	兰州	339	190	149	71	1.63	2.49	1.13	0.84
内蒙古	呼和浩特	581	80	501	244	2.79	1.05	3.80	2.88
宁夏	银川	328	10	318	62	1.58	0.13	2.41	0.73
青海	西宁	183	60	124	29	0.88	0.78	0.94	0.34

四、黄河经济带中心城市对外服务能力的等级体系

依照黄河经济带各中心城市服务能力的强弱及其在不同产业部门中的分布情况，可以区分出区域性服务中心、省域服务中心、生产性服务中心、金融服务中心等，见表2、表3。

表 2　黄河经济带中心城市服务能力的等级体系（2014）

服务类别	区域性服务中心	省域服务中心
综合服务	北京、天津	济南、青岛、烟台、呼和浩特、西安、包头、石家庄、郑州、太原、兰州、银川、鄂尔多斯、西宁
二产服务	天津	青岛、烟台、济南、威海、包头、郑州、淄博、兰州、潍坊、呼和浩特、太原、西宁
三产服务	北京	西安、济南、呼和浩特、天津、石家庄、银川、青岛、太原、鄂尔多斯、郑州、兰州、西宁
生产性服务	北京	西安、济南、石家庄、天津、呼和浩特、太原、东营、青岛、鄂尔多斯、日照、兰州、秦皇岛、银川、唐山、郑州、西宁

表3　黄河经济带中心城市服务能力分部门职能定位(2014)

产业部门	区域性服务中心	省域服务中心
制造业	天津	青岛、烟台、威海、包头、淄博、郑州、潍坊、漯河
批发和零售业	北京	济南、潍坊、青岛、西宁、呼和浩特、石家庄
交通运输、仓储和邮政业	北京	太原、西安、青岛、石家庄、呼和浩特、日照、秦皇岛、鄂尔多斯、天津、唐山
信息传输、软件和信息技术服务业	北京	济南、西安、银川、廊坊、呼和浩特
金融业	北京	济南、石家庄、呼和浩特
房地产业	北京	烟台、兰州、西安、呼和浩特、济南、郑州、青岛
科学研究和技术服务业	北京	天津、西安、呼和浩特、石家庄、兰州、洛阳、郑州、西宁、太原
教育	北京	天津、西安、济南、青岛、石家庄、郑州、呼和浩特、太原、兰州
文化、体育和娱乐业	北京	呼和浩特、郑州、石家庄、济南、太原、兰州、西宁、银川

注:此表不包括电力、热力、燃气及水生产和供应业,建筑业,住宿和餐饮业,租赁和商务服务业,水利、环境和公共设施管理业,卫生和社会工作6个行业,因这些行业在区域城市体系中的空间分布相对均衡,等级分化不明显。

黄河经济带的区域性服务中心城市为北京、天津。省域服务中心城市除各省区的省会中心城市之外,还包括青岛、烟台、包头和鄂尔多斯。其他地级以上中心城市为地方性服务中心。

从第二产业服务能力来看,天津为区域性二产服务中心,青岛、烟台、济南、威海、包头、郑州、淄博、兰州、潍坊、呼和浩特、太原、西宁为各自省域二产服务中心。

从第三产业服务能力来看,北京为区域性三产服务中心,也是区域生产性服务中心。西安、济南、呼和浩特、天津、石家庄、银川、青岛、太原、鄂尔多斯、郑州、兰州、西宁为各自省域三产服务中心,西安、济南、石家庄、天津、呼和浩特、太原、东营、青岛、鄂尔多斯、日照、兰州、秦皇岛、银川、唐山、郑州、西宁为省域生产性服务中心。

黄河经济带的制造业服务中心为天津,其余几乎所有行业的区域性服务中心皆为北京。也就是说,北京为本区域的金融中心、科技中心、教育中心、交通运输中心、信息传输中心、文体娱乐中心、批发零售中心,这彰显了北京在黄河经济带中强大的中心集聚能力,北京成为区域中心服务的集聚核心和辐射源头。

相比较而言,各省会及其他中心城市,因自身产业发展规模与结构差异,呈现出不一样的地域职能分工。如省域制造业服务中心有青岛、烟台、威海、包头、淄博、郑州、潍坊和漯河,省域交通运输、仓储和邮政业服务中心有太原、西安、青岛、石家庄、呼和浩特、日照、秦皇岛、鄂尔多斯、天津和唐山,省域信息传输、软件和信息技术服务业服务中心有济南、西安、银川、廊坊及呼和浩特,省域金融业服务中心有济南、石家庄和呼和浩特,省域科学研究和技术服务业服务中心有天津、西安、呼和浩特、石家庄、兰州、洛阳、郑州、西宁和太原,省域教育服务中心有天津、西安、济南、青岛、石家庄、郑州、呼和浩特、太原和兰州。

另外,除区域及省域各中心之外,其他地市也依据自身发展水平与产业特点,分别承担地方性服务中心职能,一般以其行政管理区为服务范围。

五、黄河经济带的空间经济联系格局

对外服务能力是中心城市与城市区域以外地区进行社会经济活动过程中产生的中心服务职能,是中心城市对外经济联系的综合表征。区域空间经济联系在一定程度上反映了各中心城市服务能力的空间分布与空间联系状况。为此,将区域内各地级中心城市之间交互式的空间经济联系通过空间相互作用模型计算出来,并通过 ArcGIS 进行空间展现。考虑到研究对象主要是区域中的城市经济联系,选取如下模型方案:

$$R_{ij} = (\sqrt{P_i G_i} \times \sqrt{P_j G_j}) / D_{ij}^2 \qquad (3)$$

式中:R_{ij}为两城市经济联系强度,P_i、P_j 为两城市市区人口数,G_i、G_j 为两城市市区的 GDP,D_{ij}为两城市的距离。①

黄河经济带中心城市服务能力与其经济联系的强度空间分布特性高度吻合,这一空间耦合关系反映出区域中心城市对外服务能力与空间经济

① 苗长虹、王海江:《河南省城市的经济联系方向与强度——兼论中原城市群的形成与对外联系》,《地理研究》2006 年第 2 期,第 223 页。

联系两个概念之间的强关联性,说明中心城市服务能力是其空间经济联系的综合反映,中心城市服务能力的大小可以从其对外经济联系的强弱方面进行表征。

黄河经济带京津冀之间的经济联系最为密切,其次为京津冀与山东之间的联系,京津冀与山西、内蒙古、河南之间的经济联系也相对较强。对于西部较远地区的青海、宁夏、陕西及甘肃,除其省会中心城市与京津有一定的联系外,其余地市则是以与各省会中心城市之间的省内经济联系为主,形成相对独立的省域经济联系体系。

整体上,黄河经济带以京津为区域联系核心,以济南、郑州、西安、兰州等省会城市为省域联系中心,呈现大区域京津集聚,小区域省会集聚的区域经济联系空间格局,联系强度从西到东梯次增强,反映出区域经济发展的巨大落差。如陇海—兰新轴线上,由西部的青海、甘肃、陕西,经中部的河南,到东部的山东及京津地区,区域经济联系强度及其紧密程度梯次增强,并且这种由西到东逐次递变的区域发展阶段性变化极其明显,非常清晰地展现了区域发展从不发达、欠发达到发达这样一个完整的演进变化过程。

黄河经济带大城市区域极化作用较强,而中小城市集聚发展能力不足,尤其是广大中西部地区的中小城市自身发展能力较弱。提升石家庄、郑州、西安、兰州、银川、西宁等区域性中心城市的集聚辐射能力成为本区域均衡发展的中心任务。

北京、天津的全域性服务辐射带动能力尚有很大不足,表现在:①服务辐射较多局限在周边区域。如京津两核心与近域的河北、山东、山西和内蒙古四省区的经济联系较为紧密,与距离相对较远的河南、陕西、宁夏、甘肃及青海之间的经济联系较弱,尤其是西部省区。②京津与中西部的经济联系以与省会大城市之间的联系为主,与其他中小城市联系较弱。这反映出中西部地区发展的实情,即省会城市的区域集聚与对外联系作用相对较强,而其他中小城市的集聚与对外交往能力较弱,且以接受其省域中心城市的区域辐射作用为主,发展相对滞缓。

六、黄河经济带服务能力的时空变化

为考察黄河经济带中心城市服务能力的时序变化情况,将 2014 年与

2005 年的服务能力进行比较,如表 4 所示。

表 4　黄河经济带省会中心城市服务能力增长情况(2014)

单位:%

省会中心城市	绝对增长率				相对区域平均增长率的差额			
	总服务能力	二产	三产	生产性服务	总服务能力	二产	三产	生产性服务
北京	4.10	0.00	4.10	4.58	0.13	-3.42	-0.28	-0.39
天津	7.00	7.68	4.98	8.08	3.04	4.25	0.60	3.11
石家庄	4.42	0.87	5.84	10.62	0.45	-2.55	1.46	5.64
青岛	2.65	2.01	6.32	8.84	-1.32	-1.41	1.93	3.86
济南	3.58	3.14	4.01	16.04	-0.39	-0.29	-0.37	11.07
郑州	3.19	3.46	2.81	2.59	-0.78	0.04	-1.58	-2.38
太原	5.22	4.40	5.43	7.55	1.25	0.98	1.05	2.57
兰州	4.16	5.81	3.05	2.08	0.19	2.39	-1.33	-2.90
呼和浩特	5.95	7.17	5.79	7.74	1.98	3.75	1.41	2.77
银川	12.76	0.70	27.72	10.65	8.79	-2.72	23.34	5.68
西宁	4.98	8.89	4.11	1.45	1.01	5.46	-0.27	-3.52
西安	3.10	0.05	4.42	6.47	-0.87	-3.38	0.03	1.50
区域平均	3.97	3.42	4.39	4.97	0.00	0.00	0.00	0.00

从整个区域角度来看,相对 2005 年,2014 年黄河经济带中心城市总的服务能力增长了 3.97 倍,其中第二产业、第三产业及生产性服务能力分别增长 3.42、4.39 和 4.97 倍,生产性服务能力增长快于三产,三产服务能力增长又远快于二产,说明区域产业结构调整的方向是努力提升三产服务业发展水平。

从空间分布上来看,东、中、西部省区市均有较快的同步发展势头,如服务能力增长较快的地区有京津及其邻近的石家庄、廊坊、沧州、承德,山东东营、威海、日照、菏泽、聊城、临沂,山西太原、晋中,河南开封、平顶山、周口,西部呼包鄂榆地区,晋陕豫交界的三门峡、临汾、运城、渭南及铜川地区,宁夏银川,青海西宁,甘肃兰州、天水、定西、武威、酒泉,等等。但是总体上,东部地区的增长势头依然大于中西部。

从省域空间尺度上来看,服务能力增长较快的有宁夏、天津、青海,同时内蒙古、河北及北京也有高出区域平均水平的增长。其中天津增长主要体现在二产及生产性服务上,宁夏增长主要体现在三产及生产性服务上,青海、河北则主要集中在二产,山东、内蒙古和陕西服务能力增长优势为其生产性服务领域。

从省会中心城市角度来看,服务能力增幅较大的为银川、天津、呼和浩特、太原、西宁、石家庄、兰州等。其中二产服务能力增长突出的为西宁、天津、呼和浩特、兰州、太原,三产增长较快的为银川、呼和浩特、青岛、石家庄和太原。单从生产性服务来看,济南、银川、石家庄、青岛、太原、呼和浩特、西安增长较快,而北京、郑州、兰州、西宁增长相对较慢。

七、结论

本文从区域中心城市服务能力时空格局角度对黄河经济带进行探索性分析,得出以下结论:

第一,以自然形成的黄河流域为主体,下游延及京津,将东、中、西部共11个省区市划入黄河经济带,其地理区位与发展优势突出,在全国区域发展格局中占有极其重要的地位。

第二,黄河经济带中心城市服务能力空间分布较为不平衡,总体上呈现大区域京津双核强力吸引,小区域省会城市中心带动的空间格局。依照各中心城市服务能力的强弱及其在不同产业部门中的分布情况,可以区分出区域性服务中心、省域服务中心、生产性服务中心、金融服务中心等,区域城市空间体系等级分化相对有序。

第三,区域中心城市服务能力与其经济联系空间分布特性呈现高度的空间耦合关系,说明中心城市服务能力是其空间经济联系的综合反映。黄河经济带以京津为区域经济联系核心,以省会大城市为省域经济联系中心,并且从西到东,联系强度梯次增强,清晰地展现了区域经济发展由不发达到发达的完整演进过程。

第四,区域核心京津两市的全域性中心服务能力尚有很大不足,其服务辐射较多局限在邻近区域。区域中心城市整体上生产性服务能力增长快于三产,三产服务能力增长快于二产,区域第三产业及其生产性服务业发展水平日益提升。

黄河经济带真正形成尚待时日。与长江经济带相比较,黄河经济带形成发展的最大障碍在于黄河航运功能不足，东西横向联系相对较弱。为此，可用现代化的陆路及航空等交通运输方式来支撑或替代。依托并提升已有的陇海—兰新陆桥通道、京包—包兰通道，加快建设青岛—济南—石家庄—银川—兰州横向通道，三大横向通道东西贯通、南北交会，对黄河经济带未来的长足发展至关重要。

沿黄黄金旅游带质性特征及理性存在*

陈玉英　程遂营

摘要:区域科学理论每次创新均存在市场竞争状态、区域关键要素、市场均衡机制、产业布局环境的显著变化。将此规律置于旅游经济区的休闲、信息和知识叠加的发展环境中分析,可以发现黄金旅游带属于垄断竞争下供需矛盾弱,旅游城市、支配型旅游企业与特色旅游线路共同塑造核心竞争力,品牌战略、区域旅游政策与知识型信息协同调控市场均衡,由电子商务主导旅游经济活动的均质旅游经济区。黄河流域旅游经济发展呈现显著的文化旅游主导、支配型旅游企业引领、优秀旅游城市遍布、品牌战略与政府政策双重驱动、各类电子商务链接而成在线旅游业务价值链等黄金旅游带特征。黄河流域适合构建沿黄黄金旅游带,以推动黄河国际旅游目的地的建设。

关键词:黄金旅游带;旅游经济区;区位论;黄河流域

2016年国家旅游局出台的"十三五"旅游业发展规划提出打造黄河华夏文明国家旅游精品带和长江国际黄金旅游带的战略决策。顺应这一旅游产业发展战略需求,关于沿黄黄金旅游带的研究将成为中国区域旅游经济研究的重要课题。

---

* 教育部人文社会科学重点研究基地重大项目"沿黄黄金旅游带构建及其可持续发展研究"(12JJD790005)阶段性成果,国家社会科学基金青年项目"大型节事举办后中国旅游形象演变机理及和谐发展战略研究"(12CGL057)阶段性成果,国家社会科学基金项目"我国城镇公共休闲服务供给方式及基本公共休闲服务均等化研究"(13BGL095)阶段性成果,国家留学基金项目"Visiting the California State University, Long Beach"[(2015)5104]阶段性成果。原载《河南大学学报(社会科学版)》2017年第5期。

沿黄黄金旅游带的首要属性为经济属性，即沿黄黄金旅游带属于经济区，是以旅游产业为核心的旅游经济区，它既具有一般经济区的内涵属性及特征，也有显著的旅游经济发达区域属性。从理论视角思考，旅游科学、区域科学、区域经济学、经济地理学以及历史学等不同学科理论，可以给沿黄黄金旅游带的质性分析以多元化启示；而区域科学和旅游科学的双重视角则能透视黄金旅游的质性特征和理性存在。本文将借鉴区域科学理论要素及其思维逻辑，尝试梳理经典经济区位理论的构建思路，以演绎构建黄金旅游带理论假设的思路框架，并以黄河流域为研究区域，识别其黄金旅游带的客观存在，解析黄河流域的黄金旅游带质性特征及理性存在。

一、区域科学理论要素及思维逻辑

19 世纪初，当德国面临庄园式农业向自由式农业转变时，关于种植业和畜牧业的土地利用与市场的关系问题成为农业空间分布的关键环节，此时杜能根据地租的区位差异规律，提出农业按照市场分布的杜能环，为德国的农业转型发展提供了有效理论指导。① 19 世纪后期，西欧规模生产，特别是钢铁生产的区位选择成为企业主投资开发的困惑，关于劳动力成本的区位因子和最小运费的区位讨论成为焦点，德国经济学家龙哈德（W. Launhaldt）因此提出由原料、燃料和市场地构成的“区位三角形”。② 19 世纪末 20 世纪初，德国受益于工业革命而出现高速城镇化，随之而来的是大规模人口流动和规模生产，此时大量钢铁生产需求产生的同时，由于快速城镇化引起大量劳动力集中流向城市。在这一时代背景下，从企业主选择厂址角度，以区域微观经济要素为核心，通过实践调查和理论演绎，韦伯（A. Weber）发现运费、劳动力和规模市场三要素的指向共同决定了工业生产的区位选择。孤立国理论和工业区位论，均以单一产业为研究对象，建立在自由市场竞争基础上，并围绕追求地租、劳动力、运输费用等生产成本的最小化，以及获得生产收益最大化，即成本 - 效益机制驱动企业发展的

① PAELINCK J H P, NIJKAMP P. *Operational theory and method in regional economics*. London：Saxon House，1975：41 – 43.

② 杨吾扬：《经济地理学、空间经济学与区域科学》，《地理学报》1992 年第 6 期，第 565 页。

假设前提下,演绎推理企业区位选择及空间布局规律。

西方经济发展进入20世纪后,工业革命引起的物质生产规范化和高速城镇化,带来了产品市场交易的高度垄断,已有的古典区位论难以解释和指导此垄断市场竞争中的企业区位布局。特别是市场的垄断驱使企业的成本-效益竞争机制转变成为市场-价格竞争机制,这一规模经济运行机制和高度城市化的产生,生产要素集聚于城市,导致已有古典区位论的适用条件已不存在,这使得理论演绎探寻经济规律的经济学失灵于规模经济的区位选择研究。瓦尔特·克里斯塔勒(Walter Christaller)顺应这一经济和城市发展的需要,提出集聚了各类经济要素的中心地概念,并运用经济学和地理学理论同时推论出“中心地理论”,之后,这一理论被廖什通过量化解析运用于区域的工业布局而获得进一步的发展与完善。20世纪60年代前后,这一理论成为数量运动在地理学中广泛推进的重要工具。中心地理论和廖什的市场区位论,有别于孤立国和韦伯工业区位论,以多元产业集聚或区域间商品交流的农村市场为研究对象,建立在垄断市场竞争和规模经济基础上的区域概念,区域间界限的存在有赖于经济量化分析;在区域内或区域间企业和行业组织上,廖什则以均质区域和均衡系统思想,构建了一个纯粹的以市场-价格机制驱动区域静态均衡状态下的产业布局。①

古典区位论和新古典区位论给出了解释个体经济空间分布的重要思路,但由于其假设条件理想化、研究对象抽象化、研究方法单一化,而使得其难以按照农业区位论—工业区位论—中心地理论—市场区位论的逻辑继续发展,特别是在理论指导实践层面则表现出其对充满与空间联系有关的经济过程等区域问题解释乏力。在古典区位论到区域理论转变需求的经济研究阶段,沃尔特·艾萨德(Walter Isard)顺应区域经济发展实践需求,在区位论的理论基础上,增加了集聚经济的假设分析,提出了区域科学的研究范式。“区域科学从区域市场的活动方式、空间分布、要素流动、区域经济结构、私人和公共决策等多个方面对区域经济进行分析,远远突破

① PAELINCK J H P, NIJKAMP P, Nijkamp P. *Operational theory and method in regional economics*. London:Saxon House,1975:60.

了区位的研究范围”①,对经济空间发展实践更具解释力。区域是个功能体,是对空间的填充物,经济作用是其重要的空间填充物,因此,与空间联系有关的经济过程便成为区域科学的核心。② 第二次世界大战后,由于全球范围内的经济复苏,特别是西方经济发达国家对经济增长和经济稳定的日益关注,产生了大量城市和区域综合的研究需要,引起了经济学、地理学、社会学、区域规划等学科领域的学者对城市和区域发展问题的关注及重视。③ 区域科学从对区域内的核心区域要素的研究开始,从感性到理想的认识所研究的区域,并对区域开发和发展愿景规划提出决策建议。④ 20 世纪 60 年代以前,区域科学主要运用一般均衡理论,研究经济成本最小化或利润最大化前提下的区域经济结构优化;60—80 年代,则主要运用运筹学和数理统计,建立一套区域定量分析方法,定量研究区域经济属性、特征与结构,如空间相互作用理论、增长极理论、核心 - 外围理论等;80 年代以后,则强调区域是复杂的开放系统。⑤

在区域科学理论发展演变过程中,每次演变创新均伴随商品市场竞争、经济发展的关键生产资料要素、供需市场均衡机制或区域协调发展机制,以及产业布局环境的显著变化。古典区位论向新古典区位论创新发展的主要驱动力为大量劳动力迁移,以及围绕种植业或工业衍生的商业,甚至信息服务等产业多元化。而新古典区位论向现代区域科学理论创新发展主要是受因生产集聚而形成的规模经济,以及区域熵存在而引起政府制定相关政策以协调区域发展的影响,特别是二战后的 20 世纪 50—60 年代,西方经济发达国家实现经济全面复苏的区域经济发展需求催生了现代区域科学理论的产生、形成与发展。(见图 1)

---

① 梅冠群、陈伟博:《从传统区位论到区域科学的逻辑演变脉络透视》,《商业经济研究》2015 年第 25 期,第 128 页。

② 王铮:《区域科学——地理学的重要分支》,《人文地理》1991 年第 4 期,第 9 - 15 页。

③ 刘妙龙:《区域科学回顾与展望》,《经济地理》1991 年第 1 期,第 26 - 30 页。

④ ISARD W. *Introduction to regional science*. Englewood:Prentice-Hall,1975:4 - 7.

⑤ 杨开忠、薛领:《复杂区域科学:21 世纪的区域科学》,《地球科学进展》2002 年第 1 期,第 5 - 11 页。

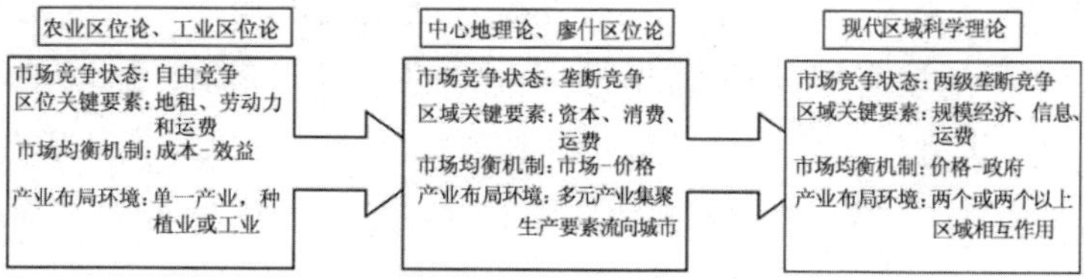

图 1　区域科学理论思维逻辑示意图

如果运用上文分析所得区域科学理论发展演变规律审视旅游经济区，则可从旅游经济区的市场竞争状态、旅游经济运行的关键要素、旅游市场运行机制、旅游产业布局环境 4 个方面进行理论假设分析。目前，旅游经济区处于复杂多元社会经济环境中，信息（互联网）、知识（人才）、闲暇等经济运行的外部因素共同作用于旅游产业发展，因此，本文解析旅游产业要素高度集聚的旅游经济区，即黄金旅游带，遵循时代区域发展实践需求—判断时代背景下旅游经济区的市场竞争特征—选择旅游经济区发展的关键要素—假设黄金旅游带的理论范畴—推理演绎黄金旅游带运行机制—假设黄金旅游带理想状态的解析思路，同时考虑信息、知识和闲暇对旅游产业发展的作用，即将图 2 中的四个理论假设解析维度置于图 3 的旅游经济区发展环境中进行解析，结果如图 4 所示。

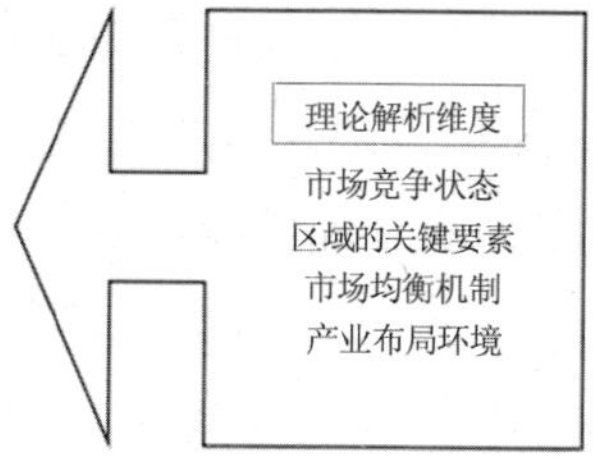

图 2　旅游经济区的理论假设解析维度

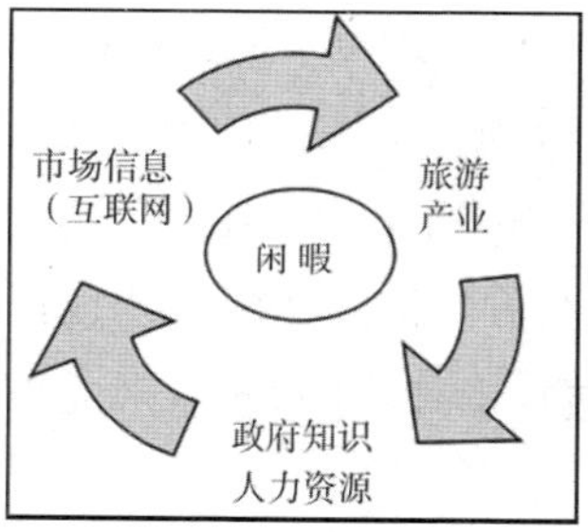

图 3　旅游经济区的发展环境

二、黄金旅游带的质性理论假设框架

在休闲时代、信息时代和知识经济叠加的人类社会发展阶段，大量闲暇时间引起人们度过闲暇的困惑，这将促使人们借助于信息技术智慧化选择休闲活动。当人们将行万里路以获取知识、实现自我价值、赢得社会地位作为休闲活动方式时，旅游经济活动将围绕旅游者的空间足迹集聚，同时旅游产业链以旅行代理商或旅游者对旅游产品要素的消费需求扩展。旅游经济活动的空间集聚与旅游产业链的部门扩展在区域内的相互作用，及其引起的区域旅游生产资料供需的矛盾运动，协同区域旅游规划的实施

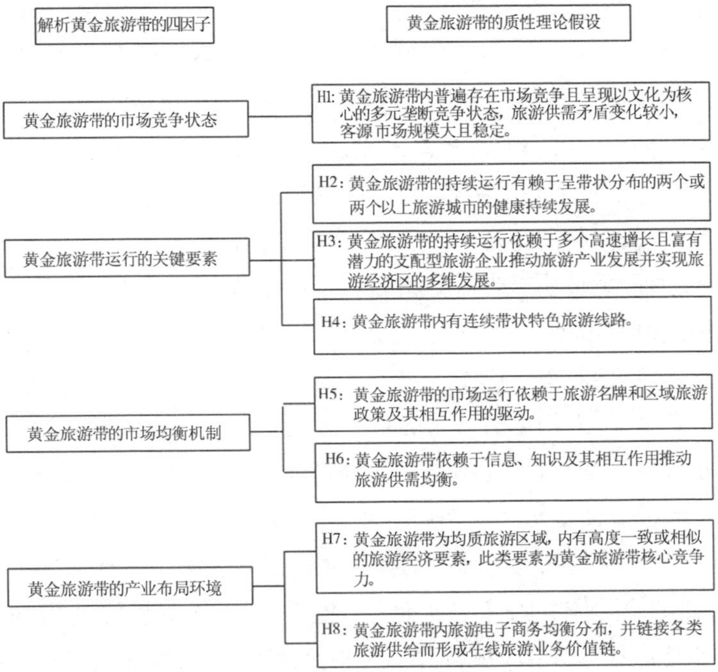

图 4　黄金旅游带的质性理论假设框架

等自组织和人为动力机制的存在时，区域旅游经济区特征将显性化。根据旅游经济区的这一形成机理，借鉴图 1 中的区域科学理论演进规律和图 3 的理论解析维度，本文提出如下黄金旅游带的质性理论假设。

三、黄金旅游带的质性理论假设解析

（一）假设一：黄金旅游带内普遍存在市场竞争且呈现以文化为核心的多元垄断竞争状态，旅游供需矛盾变化较小，客源市场规模大且稳定。

市场竞争是市场经济的基本特征之一,区域旅游竞争也普遍存在。① 黄金旅游带属于市场经济环境中的旅游经济区,各类旅游企业通过市场化运作实现区域旅游资源优化配置,其旅游企业均遵守市场经济规律,因此市场竞争不可避免。在全球经济一体化的当代,许多经济体面临区域整合或者被整合的市场竞争,特别是互联网技术使得信息公开化、消费者自媒体以及知识普适性和人才特殊性同时作用于全球市场经济,这使得旅游市场竞争更为普遍。又因旅游经济的复杂性、开放性和外向性与全球经济一体化的世界经济特征高度融合,那些备受客源市场偏爱且旅游经济高度发达的地区,不仅面临同行竞争,还面临全球范围内的相关行业的市场竞争。因此,本文假设黄金旅游带内普遍存在市场竞争。

在物质财富富足之际,文化创新或传承便深入人心,同时,又成为经济发展的新领域、新对象。旅游经济活动是社会经济发展的高级阶段,建立在物质财富丰富、人们生活富裕的基础之上。深入体验旅游活动的人们常常开启非理性消费模式,这不是违背经济学家的理性人假设,而是旅游体验的文化传承或创新使然。在旅游体验过程中,人与自然的交融、人与人的碰撞、人与文明的共鸣等体验活动伴生的潜意识常常主导游客的旅游消费行为,此类旅游体验潜意识正是旅游学科所倡导的旅游活动的社会属性——审美愉悦与忘情释放自我。对旅游者而言,旅游活动过程中社会属性体验越深,其非理性消费行为将越显著;对旅游经营者而言,则会获得更好的旅游经济收益;对旅游活动的经济属性而言,这一社会属性便是其存在或优化的基础。不难理解,伴随着旅游体验质量的提升,旅游消费增加的可能性也会提升,为此,旅游企业为获得更多客源市场份额不得不将文化创新或传承融入旅游产品,从而提升市场竞争能力。一般来讲,经济附加值高的奢侈品,其文化附加值也很高。旅游产品虽然不是奢侈品,但其需求处于马斯洛需求塔尖和客源群体生活富裕的特征,均对其文化附加值有较高要求。鉴于此,本文假设黄金旅游带的市场竞争呈现以文化为核心的自由竞争与寡头(或作坊特色)垄断竞争并存、品牌竞争与价值竞争并存、产业内部与跨行业竞争并存等多元化垄断竞争状态。

① 窦文章、杨开忠、杨新军:《区域旅游竞争研究进展》,《人文地理》2000 年第 3 期,第 22 - 27 页。

黄金旅游带属于区域旅游经济高度集聚区，是区域旅游发展的精品和中心，需要具有健康持续稳定的发展条件和市场环境。因此，本文在假设黄金旅游带内普遍存在市场竞争且呈现以文化为核心的多元化垄断竞争状态的同时，为区域旅游发展中心假设稳定的消费市场规模，即旅游供需市场基本均衡，供需矛盾变化较小，客源市场规模大而且稳定，以确保黄金旅游带的健康持续发展。

（二）假设二：黄金旅游带的持续运行有赖于呈带状分布的两个或两个以上旅游城市的健康持续发展。

根据克里斯塔勒的中心地理论推理，如果旅游经济区内存在客源市场规模大且稳定、旅游电子商务网络完善和旅游行政管理明确等基础条件，则会出现旅游经济规模等级不同的旅游城市，能够充分展现旅游经济区内旅游产业的实力、潜力以及发展水平的强度和高度，以此可以识别黄金旅游带与一般旅游经济区的质性差异。在旅游经济区内，城市高度集聚了旅游企业和旅游接待设施，能为城市旅游及其周边旅游景区（点）提供系统旅游服务。克鲁格曼的中心－外围理论认为，任何一个经济区都是由核心区域和外围区域构成的，集聚了各类旅游要素和旅游经济发展实力的城市与旅游经济区的空间关系，这同样可以解释旅游经济区中的旅游中心城市及其所辐射的外围区域的客观存在。此外，旅游经济区内旅游接待设施和基础设施建设的城市依赖，以及城市基本游憩功能，均表明城市具有成为旅游经济区的高等级旅游服务中心并服务于其周围旅游市场的优势和潜力。

根据中心地理论和中心－外围理论的推理分析，本文假设旅游城市是黄金旅游带存在的前提基础，且需有两个或者两个以上的可以作为旅游服务中心且具有较强旅游经济辐射功能的旅游城市作为黄金旅游带生存发展的基本保障。假设这类旅游服务中心应具备以下条件：年旅游总收入占其 GDP 的 15% 或以上，具有较强的旅游辐射带动作用，旅游乘数效应显著，旅游经济区各旅游城市的空间相互作用能够引致其旅游产业价值链的形成。

（三）假设三：黄金旅游带的持续运行依赖于多个高速增长且富有潜力的支配型旅游企业推动旅游产业发展并实现旅游经济区的多维发展。

佩鲁在1950年发表的《经济空间:理论与应用》一文中首次提出增长极概念,后经发展形成增长极理论,多个国家和地区以增长极理论指导区域经济发展,使其备受学界和业界的关注并得到不断的完善发展及理论衍生。佩鲁的增长极理论认为,经济空间是存在于经济要素之间的关系而非地域空间,区域经济发展的驱动力是产业创新和技术进步,创新常常集中于高速增长且富有活力的经济单元,这一经济单元即增长极能够创造自身决策和调控空间,产生推进效应并推动区域经济的多维发展。这种经济单元在区域经济发展中一般表现为支配型企业,佩鲁认为这种支配型企业是区域经济发展中的积极因素,它在提高经济效益的同时通过乘数效应和连锁效应带动全区域的经济发展,这一支配型企业在经济区中是绝对必要的。① 根据佩鲁增长极理论思想推理旅游经济区中存在支配型旅游企业是绝对必要的,那么,对黄金旅游带而言,这类支配型旅游企业意义非凡,将成为其发展的绝对驱动力。因此,本文假设高速增长且富有潜力的支配型旅游企业是黄金旅游带的必要元素,它可以通过推动和支配作用充分发挥旅游产业乘数效应并实现黄金旅游带多维发展。

(四)假设四:黄金旅游带内有连续带状特色旅游线路。

我国著名地理学家陆大道院士基于中心地理论、空间扩散理论和增长极理论,深入归纳宏观区域经济发展战略,提出区域经济发展的点－轴理论,认为区域经济发展过程中,经济要素在各级中心城市集聚,并由交通干线或自然江河或能源通道等连接起来形成经济吸引力和凝聚力。② 这一理论较适合于推理演绎旅游经济区的带状空间布局。这一理论思想能有力解释经济带的形成与发展规律,而本文所指黄金旅游带的首要属性是经济属性且属于经济带的特殊类型。由此分析,运用点－轴理论思想解释旅游线路对黄金旅游带存在的必要性是合理的,而且旅游线路串联旅游城市或旅游企业的本质特征与点－轴理论思想也是一致的。基于此,本文假设黄金旅游带内有连续带状特色旅游线路,这一连续带状的特色旅游线路便是黄金旅游带生存发展的区域旅游要素高集聚强引力轴线,由多家旅行社

① 安虎森:《增长极理论评述》,《南开经济研究》1997年第1期,第31－37页。

② 陆大道:《关于“点－轴”空间结构系统的形成机理分析》,《地理科学》2002年第1期,第1－6页。

共同经营的旅游精品,属于旅游经济区内沿江河山脉或交通干线或游径高度集聚旅游要素的市场发展或政府干预的产物。

（五）假设五:黄金旅游带的市场运行依赖于旅游名牌和区域旅游政策及其相互作用的驱动。

西方国家自20世纪30年代开始进行区域规划,目的是解决高速城市化问题。二战后,美国田纳西河流域的公共设施建设引起学者普遍关注,同时瑞典采取区域经济政策解决失业率问题。自此,西方政府对区域经济发展的政策干预不断加强,区位经济理论逐渐成为政府决策的理论依据。① 而西方经济稳定后的20世纪末,虽然一些西方经济发达国家由于政府疏于区域问题管理,减弱了学者们的研究兴趣,②但在区域发展备受关注的欧盟国家以及中国、日本等国家和地区的学者却以极大的热情,融合系统论、复杂科学等学科理论,产生了诸多研究成果,完善并推动着区域经济发展。③ 这些国家和地区的区域科学发展差异存在的重要原因之一是区域政府对区域发展的重视,这一差异的存在也是区域制度和政策对区域科学研究的重要推动作用的重要表现。鉴于此,结合区域旅游经济的政府主导特征,本文假设构建黄金旅游带时,政府的区域旅游经济制度的完善、国家或区域政策的支持,应成为其发展的重要动力之一。区域科学视野下的区域经济发展动力机制为市场自组织和政府制度政策双重驱动。④政府予以黄金旅游带相关政策支持,以充分发挥其文化传承创新或区域经济强乘数效应优势,在此基础上,黄金旅游带内的吸引力强且由支配型旅游企业经营的旅游产品较易形成旅游品牌,甚至旅游名牌;旅游品牌战略运营旅游名牌会促进黄金旅游带的高速健康发展。因此,本文假设黄金旅游带的市场运行有赖于旅游名牌和区域旅游政策及其相互作用的驱动。

---

① 韩秀云:《国外有关经济区理论的评介》,《南开经济研究》1986年第1期,第55页。

② 张可云:《区域科学的兴衰、新经济地理学争论与区域经济学的未来方向》,《经济学动态》2013年第3期,第9-22页。

③ 杨开忠、薛领:《复杂区域科学:21世纪的区域科学》,《地球科学进展》2002年第1期,第5-11页。

④ SIEBERT H. *Regional economic growth: theory and policy*. Scranton: International Textbook Company, 1969: 84-119, 159-203.

(六) 假设六:黄金旅游带依赖于信息、知识及其相互作用推动旅游供需均衡。

尽管传统意义上多数旅游企业的成功取决于它们追求游客服务质量、接待设施创新及其产品的区域差异化,但信息时代和知识经济共同作用的大数据时代,这些成功经验运作旅游市场是远远不够的,旅游企业的市场竞争战略需由专业技术人员从大数据中发现。① 因此,由大数据和互联网技术的支持,旅游企业通过游客管理、客源市场调研以及与游客间的信息互动可以获得相对完整的市场信息,以此提供最大限度满足旅游需求的旅游产品,实现旅游供需均衡。此外,互联网技术和知识经济的发展,促进了世界经济合作,跨国技术转移和互联网通信加速了区域经济的全球化。旅游经济,特别是国际旅游属于开放性贸易,其全球化速度不断加快,客源市场的国际化范围不断扩展,因此,对旅游目的地而言,其旅游产品、支配型企业、中心旅游城市等黄金旅游带的核心供给,通过旅游大数据、知识创新、旅游创意等实现旅游供给的多样化、个性化、全球化,能够更好地适应全球化客源市场的多样化需求。基于上述分析,本文假设黄金旅游带依赖于信息、知识及其相互作用推动旅游供需均衡。

(七) 假设七:黄金旅游带为均质旅游区域,内有高度一致或相似的旅游经济要素,此类要素为黄金旅游带核心竞争力。

均质区域是一个相对的概念,具有相应的均质判断标准,即均质区域内存在高度一致或相似的要素,如城市化程度、人口密度、人均收入等。② 均质区域的均质虽然是相对的,但对旅游经济区而言,区域内如果具有这样属性特征的旅游经济要素,其旅游特色和均质属性可能会增强其旅游竞争力或旅游经济发展潜力。从均质要素对旅游经济区发展的价值意义方面分析,具有高度一致或相似的旅游经济要素,能够促进旅游经济区实施集中投资、重点开发、品牌经营,形成旅游品牌或旅游胜地。由此分析,本文假设黄金旅游带具有均质性,即黄金旅游带内具有高度一致或相似的旅

① MCGUIRE K A. *The analytic hospitality executive*: *implementing data analytics in hotels and casinos*. Hoboken, New Jersey: Wiley, 2017: 168 – 192.

② PAELINCK J H P, NIJKAMP P. *Operational theory and method in regional economics*. London: Saxon House, 1975: 169 – 170.

游经济要素,如旅游资源、旅游服务、旅游品牌、人均旅游消费等。这类要素能带动黄金旅游带的整体发展,可为其健康持续发展组织旅游线路、配置旅游接待设施,为形成旅游产业价值链提供资源和原动力。

(八) 假设八:黄金旅游带内旅游电子商务均衡分布,并链接各类旅游供给而形成在线旅游业务价值链。

在互联网技术的全球化背景下,旅游电子商务遍及世界各类旅游商务活动,成为旅游经济区发展的基本要素。在游客个体高度自媒体化的过程中,由于旅游信息共享的及时性和普遍性,旅游供需的网络交易规模日益增长,且不受时间和空间的限制。自 21 世纪以来,旅游电子商务不断膨胀,在线旅游收益规模不断增长,在区域旅游经济发达的国家和地区,在线旅游收益已超越实体旅游,成为区域旅游经济的主导业务。游客已经习惯了通过网络自主搜索旅游信息并预订旅游线路,①这也正是旅游电子商务规模增长并超过实体旅游交易的重要原因。事实上,旅游电子商务因不受时空限制的高效率而高速发展,特别是在线旅游业务呈现超常规规模性增长特征,且促成了旅游经济发达国家和地区的旅游电子商务的均质化,旅游供需市场交易基本全部依赖电子商务。鉴于此,本文假设黄金旅游带内旅游电子商务均衡分布并链接各类旅游供给而形成在线旅游业务价值链。

四、黄河流域的黄金旅游带质性特征

根据水文和地理特征的显著差异,黄河流域分为上游、中游和下游,集水面积75.2 万平方千米,占全国陆地面积的7.8% 。中国水利部黄河水利委员会根据中国2006 年行政区划确定的自然黄河流域范围包括青海、四川、甘肃、宁夏、内蒙古、山西、陕西、河南和山东 9 个省级行政区,涉及西宁市、阿坝州、兰州市、银川市、呼和浩特市、太原市、西安市、郑州市、济南市等 70 个地区级行政区。黄河流域旅游发展初期即受国家重视,国际旅游不断发展。从 1996—2010 年的入境旅游面板数据分析,其省域尺度的旅

① BUHALIS D, LICATA M C. "The future eTourism intermediaries." *Tourism Management*,2002,23(3):207 –220.

游经济空间分异显著且有逐年增大趋势,山东、陕西、内蒙古、河南相对发达。① 从黄金旅游带理论假设思路框架分析,黄河流域存在显著的黄金旅游带质性特征。

(一)旅游市场内存在以黄河文明为核心的多元垄断竞争。

在自然黄河流域范围内,以黄河文明为核心的旅游线路有黄河之旅、丝绸之路旅游线路、三国旅游线路、儒道文化之旅等不同视角的旅游产品共享黄河文明客源市场,呈现出文化旅游产品多元竞争状态。2012 年沿黄 9 省区共同推出大黄河旅游线路,包括黄河文明之旅、古都之旅、寻祖之旅、红色之旅、美食之旅、名胜之旅、峡谷之旅等 10 条旅游精品线路,展开了省域旅游的垄断性合作竞争。在旅游景区开发建设层面,沿黄所开发的“黄河游览区”上、中、下游各具特色,却分享着相同的黄河文明客源市场,也呈现出传播黄河文明的多元竞争态势。

(二)多个旅游城市的旅游产业呈主导产业态势,5A 级景区、大型旅游企业集团、垄断经营的旅行社等支配型旅游企业颇具竞争力。

黄河流域内带状分布的 70 座城市,均发展有旅游产业,其中优秀旅游城市 45 座。据国家旅游局统计,2004—2012 年西安市、泰安市、郑州市、太原市、洛阳市、济宁市 6 个城市国际旅游收入达到 1 亿美元以上,并有 31 个城市的国际旅游收入在 1000 万美元以上,足见黄河流域存在多个中心旅游城市。如表 1 所示,2004—2012 年 9 年黄河流域有 17 座城市的旅游收入占 GDP 比重的平均值超过 10%,最高的阿坝高达 59.14%;高于 15% 的有 3 座城市;14%—15% 的有 3 座城市,呈现显著的中心旅游城市,且有显著的旅游主导产业态势。至 2012 年底,黄河流域通过国家评定的 5A 级景区有 30 个。至 2016 年 7 月,中国共有世界文化与自然遗产 50 处,其中的曲阜孔庙—孔林—孔府、泰山、登封天地之中历史古迹、安阳殷墟、洛阳龙门石窟、平遥古城、云冈石窟、五台山、青城山—都江堰、峨眉山—乐山大佛、黄龙风景名胜区、九寨沟、四川大熊猫基地、华山、秦始皇兵马俑、敦煌莫高窟、元上都遗址、丝绸之路(长安—天山廊道)的路网等 19 处分布在黄河流域 9 省区的范围内,占全国总量的 38%,另有长城的一大部分分布在

① 王开泳、张鹏岩、丁旭生:《黄河流域旅游经济的时空分异与 R/S 分析》,《地理科学》2014 年第 3 期,第 295 - 301 页。

黄河流域,大运河的一部分分布在山东和河南两省。自 2015 年国家旅游局开展中国旅游产业杰出贡献奖评选以来,至 2017 年 5 月,共有三届 30 家获奖企业,其中山东龙冈旅游集团、陕西汉中文化旅游投资集团、山东省坤河旅游开发有限公司、河南天瑞集团旅游发展有限公司、山东蓝海股份有限公司、四川建川实业集团和华夏文化旅游集团 7 家位于黄河流域,占全国总量的 23.3%。这些旅游企业是维持黄河流域旅游经济健康持续运行的区域旅游经济的支配型企业,能够推动黄河流域旅游产业发展并实现旅游经济的多维发展。另,据国家旅游局统计数据显示,2015 年山东省旅行社国内旅游组织人次位于全国第 4 位,占全国总量的 8%;至 2015 年底山东旅行社总数为 2109 家,其数量规模仅次于江苏,排全国第 2 位;2015 年山东省旅行社营业收入 158.56 亿元,位于全国第 5 位。2015 年全国星级饭店主要经济指标显示,陕西省星级饭店客房平均出租率为 56.75%,位于全国第 8 位;山东省每间客房平摊营业收入 13.38 万元,居全国第 10 位;甘肃省实现人均利润 710 元,位居全国第 7 位。这些数据同样显示了黄河流域旅游经济发展的全国垄断性竞争实力。

表 1　沿黄 9 省区主要旅游城市基本情况一览表

省级行政区	地区级行政区	占 GDP 比重(%)	5A 级景区数量(个)	A 级景区数量(个)
青海	西宁	8.05	1	25
	海东	5.94	0	12
	海北	5.24	0	3
	黄南	8.83	0	1
	海南	4.16	0	7
	果洛	4.51	0	15
四川	阿坝	59.14	3	10
甘肃	兰州	5.32	0	24
	白银	2.84	0	4
	天水	11.40	1	32
	平凉	7.52	1	14
	临夏	7.38	0	12
	甘南	12.31	0	16

续表

省级行政区	地区级行政区	占 GDP 比重(%)	5A 级景区数量(个)	A 级景区数量(个)
宁夏	银川	4.61	1	24
	石嘴山	2.33	1	3
	吴忠	3.12	0	6
	中卫	5.73	1	5
内蒙古	呼和浩特	8.08	0	21
	包头	4.22	0	20
	鄂尔多斯	2.97	2	40
	巴彦淖尔	1.77	0	31
山西	太原	11.77	0	14
	大同	13.95	1	5
	阳泉	12.96	0	10
	长治	9.54	0	14
	晋城	10.60	1	17
	朔州	5.05	0	3
	晋中	13.69	0	18
	运城	10.78	0	18
	忻州	21.97	1	9
	吕梁	6.07	0	12
陕西	西安	11.62	3	83
	铜川	6.70	0	14
	宝鸡	11.59	0	51
	咸阳	7.87	0	17
	渭南	9.29	1	30
	延安	7.81	1	43
	榆林	1.65	0	47
	商洛	14.37	0	33

续表

省级行政区	地区级行政区	占 GDP 比重(%)	5A 级景区数量(个)	A 级景区数量(个)
河南	郑州	14.01	1	24
	开封	17.47	1	14
	洛阳	14.84	2	35
	安阳	8.02	1	22
	鹤壁	5.56	0	8
	新乡	5.97	0	16
	焦作	9.69	3	15
	濮阳	6.52	0	11
	三门峡	9.47	0	16
	济源	5.17	0	7
山东	济南	7.74	1	30
	东营	1.66	0	24
	济宁	8.31	1	44
	泰安	11.21	1	31
	德州	2.61	0	41
	聊城	3.20	0	25
	滨州	2.67	0	22
	菏泽	2.88	0	21
	淄博	6.59	0	44

注:数据来源于2005—2013年中国旅游统计年鉴。各地区旅游收入占其GDP的比重为2004—2012年共9年的平均值,A级和5A级景区数量根据国家旅游局颁布的历年A级和5A级景区目录整理而得。

(三)黄河旅游及其相关旅游线路已发展成为国家旅游精品项目。

黄河流域内旅游业的发展早期主要表现在9省区世界遗产级别的景区的入境旅游,同时黄河旅游也成为国家旅游局重点推出的旅游项目之一。随着中国旅游业由事业型转变为产业型、由计划体制转变为“计划+市场”体制,黄河流域的旅游经济开始步入发展阶段,国家层面、沿黄9省区,甚至国内其他省区市的旅游代理商都在经营黄河旅游及其相关旅游线路。早在“七五”期间,黄河流域的重点旅游城市西安就被列入国家重点建设的7个旅游城市。“九五”期间,旅游经济区域发展和规划被列为重点建设领域,黄河流域的旅游经济区建设也因此受到重视。2016年,黄河华夏文明旅游带被列入国家旅游业“十三五”发展规划的国家精品旅游带,同样位于黄河流域的丝绸之路旅游带和中原文化旅游区分别作为国家精品旅游带和新型旅游功能区列入国家旅游业“十三五”发展规划。

(四)品牌战略与政府调控并行,信息、知识共享互动共促旅游供需均衡。

黄河流域的旅游发展伴随中国旅游事业、旅游经济、人民满意的战略性支柱产业转型升级,但黄河旅游一直是其各个旅游城市、旅游企业或知名旅游目的地的旅游品牌,不同旅游城市和旅游企业一直以黄河文明为核心实施旅游品牌战略。不论是下游的孔子文化旅游、中游的黄帝文化旅游,还是上游的丝绸之路文化旅游,都是黄河文明不可分割的部分,国家旅游局和各地市旅游局也因此不断加强对黄河文明的旅游开发和相应的政策支持,共同促进黄河文明的旅游发展。自旅游业发展“七五”计划以来,每个国家旅游产业发展的五年计划,从重点建设旅游城市、科学编制旅游经济区发展规划以及打造国家旅游精品带等不同角度对黄河流域的旅游业发展给予政策支持。目前,黄河流域的旅游发展已成为国家“十三五”旅游业发展规划的蓝图之一,下游蓝色经济带、中游中原经济区以及上游的西部地区共同实现华夏文明传承创新的使命。

品牌战略与政府调控并行在很大程度上促进了黄河流域的旅游繁荣与发展,但是黄河流域的旅游经济存在显著空间分异,需要以点带线和点轴带面的区域合作,特别是借助于互联网技术,在黄河文明旅游资源共享的基础上实施信息、知识共享互动,能够更好地完善其市场运行机制,通过信息、知识共享互动提供更流畅的旅游供需交流,减缓旅游供需矛盾,以推动旅游供需均衡。

(五)文化旅游和旅游电子商务均质分布,各类电子旅游交易链接成在线旅游业务价值链。

根据均质区域概念分析,黄河流域的上中下游旅游产品形象高度一致,文化旅游开发均处于初级开发阶段,旅游线路共享度高,这些特征均可表明黄河流域内有高度一致或相似的文化旅游经济要素，即呈现一定的均质文化旅游区域特征。而且国家关于黄河流域旅游发展的政策和各类旅游企业所经营的品牌旅游产品均聚焦于黄河文明之旅，这表明黄河流域内的此类黄河文明支撑的文化旅游要素已成为其旅游发展的核心竞争力。

旅游电子商务是信息时代的重要旅游经营方式，是实现资源、信息、知识共享的有效平台。目前，黄河流域的支配型旅游企业和45个优秀旅游城市均高效运营旅游电子商务，其旅游电子商务成熟度很高，而旅游电子商务成熟度是影响在线旅游业务的重要因素，相对完善的为游客服务的理念、网络交易机制、旅游服务反馈响应以及旅游信息质量等方面会对游客信任和参与态度产生显著影响。① 旅游电子商务的高度发达，有效促成了旅游经营者与游客价值、旅游产品要素供应商的在线链接，也促使中小型旅游企业在线业务的有效连接，形成在线旅游业务价值链。

五、结论：黄河流域的黄金旅游带质性特征显著，适合构建沿黄黄金旅游带

依据上述黄金旅游带质性分析框架，审视黄河流域的旅游发展，发现黄河流域已有的旅游产业发展状态呈现旅游市场内存在以黄河文明为核心的多元垄断竞争；多个旅游城市的旅游产业呈主导产业态势，5A级景区、大型旅游企业集团、垄断经营的旅行社等支配型旅游企业颇具竞争力；黄河旅游及其相关旅游线路已发展成为国家旅游精品；品牌战略与政府调控并行，信息、知识共享互动共促旅游供需均衡；文化旅游和旅游电子商务均质分布，各类电子旅游交易链接成在线旅游业务价值链5个方面的质性特征。其中，文化旅游均质区域、支配型旅游企业、优秀旅游城市、品牌战略与政府政策双驱动力以及普遍存在的旅游电子商务等方面已发展成熟，其他黄金旅游带特征已显现且继续发展，这表明黄河流域的黄金旅游带质性特征显著，适合构建沿黄黄金旅游带。

① 江金波、梁方方：《旅游电子商务成熟度对在线旅游预订意向的影响——以携程旅行网为例》，《旅游学刊》2014年第2期，第75－83页。

河南省黄河滩区景观变化研究*

梁国付

摘要:本文运用景观生态学的基本原理,分析1975—2000年黄河滩区景观格局的演变特征。结果表明,旱地、滩涂、建设用地和河流景观类型为占优势的景观类型。1975—2000年,景观格局动态变化显著:旱地景观类型面积增大,滩涂和河流景观类型面积缩减,建设用地景观类型面积持续增加,草地和沙地景观类型的面积随着河流景观类型的变化和人类活动的影响而变化。景观空间特征表现为景观多样性在前两个阶段减小,在最后一个阶段略有增大。景观空间构型明显,基本上是以大斑块为主,呈聚集型分布。人类活动对黄河滩区景观的变化有重要的影响。

关键词:景观格局;滩区;黄河;河南省

黄河滩区的研究多集中在黄河下游滩区现状及存在问题分析、黄河滩区安全问题研究、黄河滩区综合治理和滩区防洪运用补偿问题等方面。国内外对河流沿岸景观格局变化研究较多,且多集中在河流沿岸植被制图、河流沿岸土地利用变化以及在不同尺度上分析引起土地利用变化的驱动因素,而对黄河滩区这样受人类活动影响深远地区的景观格局演变过程研究还比较少。笔者通过利用黄河滩区1975年地形图及1986年、1995年和2000年土地利用数据,研究引起黄河滩区景观格局演变的驱动因素,分析黄河滩区景观格局变化的自然生态过程和社会经济活动之间的关系,进而为区域可持续发展等提供科学依据。

---

* 河南大学资源与环境研究所基金资助项目(HD-ZHS-06)。原载《河南科学》2008年第2期。

一、研究区域概况

黄河滩区是黄河下游河道的重要组成部分，黄河下游河道形态复杂，河槽因长年泥沙淤积而抬高，形成“悬河”。黄河滩区由3部分组成：高滩、低滩和嫩滩。黄河滩区年平均气温在12.0—14.8℃，年平均降水量为550—650mm，6—9月份降水量占全年降水量的60%—68%。土壤类型主要有褐土、潮土、盐碱土、沙土。黄河滩区面积近395600hm²，滩区涉及河南、山东两省15个市43个县（区）。滩区内现有村庄2052个，耕地250300hm²，人口约180.94万人。①

本文研究区域为黄河滩区典型地区（花园口到高村），地理坐标在北纬34°50′—35°21′，东经113°40′—115°03′（见图1）。研究区面积约157130hm²，研究区内黄河长18325hm，滩内有530个自然村，耕地114700hm²。

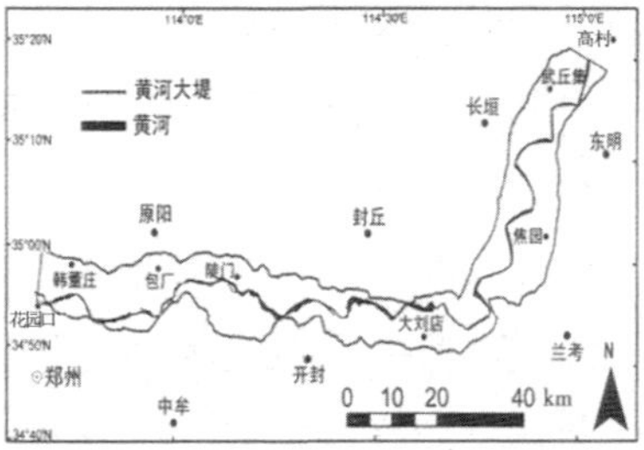

图1　研究区域

二、研究方法

（一）数据源与数据处理平台

本文选取的数据源为研究区1975年1∶5万数字栅格地形图，国家科学数据共享工程——地球系统科学数据共享网提供的1986年、1995年和2000年的研究区土地利用数据（1∶10万）。结合研究区特点，将景观类型划分为河流、坑塘、草地、滩涂、沙地、林地、建设用地、水田和旱地9种。此外，还包括野外调查获取的滩区景观变化资料。数据处理平台包括ERDAS IMAGINE和ArcGIS。

（二）分时段景观制图研究和GIS技术应用

将研究区域投影变换后的1975年1∶5万栅格地形图矢量化，提取主要的景观类型信息，对1986年、1995年和2000年的研究区土地利用数据进行修改、编辑，分别制成4个时期的景观类型分布图。利用ArcGIS的空

① 张宝森、张厚玉、马卫东：《黄河下游滩区现状及存在问题分析》，《国土资源科技管理》2005年第5期，第63页。

间分析功能,对不同时期的景观格局数据进行计算,做出 3 个时间段的转移矩阵,并获得属性数据,对滩区景观格局变化过程进行分析。

(三) 景观格局变化过程表征模型

1. 景观多样性指数(H)

反映景观要素的多少和各景观类型所占比例的大小。当景观由单一要素构成时,景观是均质的,其多样性指数为 0;当各景观由 2 个以上的要素构成且各类型所占比例相等时,景观的多样性最高;各景观类型所占比例差异增大,则景观的多样性下降。计算方法为:

$$H = -\sum_{i=1}^{m} P_i \ln P_i$$

式中 P_i 为景观类型 i 占所有景观类型总面积的比例,m 为景观类型的数目。①

2. 土地利用偏好指数($LUPI$)

反映某一种景观类型转化为别的景观类型的程度及在转变过程中居民的偏好程度②。土地利用偏好指数越大,居民把该种景观类型转变为别的景观类型的偏好程度越大。计算方法为:

$$LUPI = (\triangle LC_i)/(\sum \triangle LC_i/n)$$

式中 $\triangle LC_i$ 为土地类型 i 转化为土地类型 X 的面积,$\sum \triangle LC_i/n$ 为所有土地类型转化为土地类型 X 的面积平均值,n 为土地利用总数目。

三、景观格局动态变化

(一) 景观镶嵌体动态变化

在过去的 25 年中,黄河滩区景观以旱地、滩涂、建设用地和河流景观类型为主(见表 1)。由居民耕种形成斑块面积较大的旱地景观类型将在长时间内存在。其次是河流、草地、沙地,还有随着河流水量、河道的变化

① 张金屯、邱扬、郑凤英:《景观格局的数量研究方法》,《山地学报》2000 年第 4 期,第 350 页。

② REID R S, KRUSKA R L, MUTHUI N, et al. "Land-use and land-cover dynamics in response to changes in climatic, biological and socio-political forces: the case of southwestern Ethiopia." *Landscape Ecology*, 2000, 15(4): 339 – 355.

而不断变化、沿河流两岸分布的滩涂景观类型,其斑块面积也较大。散布在这些斑块面积较大的景观类型中的是斑块平均面积较小的坑塘、林地、稻田和建设用地景观类型。1975—2000 年,旱地景观类型面积增加,滩涂和河流景观类型面积缩减,建设用地景观类型面积持续增加,草地和沙地景观类型的面积随着河流景观类型的变化和人类活动的影响而变化较大,林地和水田景观类型的面积基本不变。

表 1　1975—2000 年黄河滩地景观动态变化

单位:hm^2

景观类型	1975 年面积	1986 年面积	1995 年面积	2000 年面积
河流	17150	22041	3325	10792
坑塘	27	301	403	213
草地	4950	2218	878	1642
滩涂	24430	26779	22275	8643
沙地	—	4723	53	2167
林地	3201	1669	4111	3066
建设用地	7033	15592	13339	15843
水田	—	575	836	665
旱地	100338	83232	111910	114099
总计	157129	157130	157130	157130

注:“—”表示在 1975 年没有报取出该景观类型。

各个研究阶段的景观类型也变化显著。1975—1986 年,河流、滩涂和建设用地面积分别增加了 28.52%、9.62% 和 121.70%,旱地、草地和林地面积分别减少了 17.05%、55.19% 和 47.86%。1986—1995 年,旱地、水田和林地景观类型面积分别增加了 34.46%、45.39% 和 146.32%,河流、滩涂、草地和沙地景观类型面积分别减少了 84.91%、16.82%、60.41% 和 98.88%。1995 年以后的 5 年中,旱地景观类型面积只增加了 1.96%;河流、建设用地和草地景观类型面积增加幅度较大,分别为 224.57%、18.77% 和 87.02%;滩涂和林地面积分别减少 61.20% 和 25.42%。

(二) 景观镶嵌体空间结构变化

1975 年、1986 年、1995 年和 2000 年黄河滩区景观镶嵌体景观多样性指数分别为 1.1464、1.3385、0.9798 和 1.0228,在给定丰富度的条件下,其景观多样性指数与景观最大可能的多样性指数相差约 0.7996、0.8587、1.2174 和 1.1744,说明在所确定的黄河滩区景观类型体系情况下,各景观类型所占比例有一定差异,多样性比较低。1975—2000 年,景观多样性在前两个阶段减小,而在最后一个阶段略有增大,表明各景观类型所占比例差异在前两个阶段逐渐增大,在第 3 阶段又略有减小,各景观类型分布先趋向集中,再趋向于均匀。

(三) 单一景观要素分析

河流景观类型面积在第 1 和第 3 阶段分别增加了 $4891hm^2$ 和 $7467hm^2$,而在第 2 阶段减少了 18716 hm^2。滩涂景观类型到河流景观类型的土地利用偏好指数在 3 个阶段都大于 1,旱地景观类型到河流景观类型的土地利用偏好指数在第 1 和第 3 阶段大于 1,表明滩涂和旱地景观类型(第 1 和第 3 阶段)比其他景观类型转变为河流景观类型的面积要大(见表 2)。从转移矩阵上分析可知,3 个阶段中,由滩涂景观类型转化为河流景观类型的面积分别占河流景观类型面积的 38.10%($8398hm^2$)、30.22%($1005hm^2$)和 61.41%($6627hm^2$);旱地景观类型在第 1 和第 3 阶段转化为河流景观类型的面积分别占河流景观类型面积的 23.23%($5120hm^2$)、18.69%($2017hm^2$)。

表 2 1975—2000 年土地利用偏好指数动态变化

景观类型	河流景观			滩涂景观			建设用地			旱地景观		
	1 阶段	2 阶段	3 阶段	1 阶段	2 阶段	3 阶段	1 阶段	2 阶段	3 阶段	1 阶段	2 阶段	3 阶段
河流景观	<u>1.93</u>	<u>3.03</u>	<u>1.45</u>	1.65	3.02	0.54	0.02	0.04	—	0.19	0.81	0.05
坑塘景观	—	—	—	—	—	—	—	—	—	—	—	0.01
草地景观	0.37	0.25	0.01	0.66	0.25	0.45	—	—	—	0.05	0.10	0.02
滩涂景观	2.29	1.51	4.91	<u>2.10</u>	<u>3.16</u>	<u>4.93</u>	0.03	0.04	0.01	0.40	1.16	0.55
沙地景观	—	—	0.03	—	0.09	0.01	—	—	—	—	0.34	—
林地景观	—	—	0.06	0.01	0.02	0.32	0.23	0.01	0.18	0.17	0.04	0.15
建设用地	0.02	—	0.01	0.01	0.01	—	<u>2.17</u>	<u>5.43</u>	<u>4.60</u>	0.09	0.24	0.08
水田景观	—	—	0.03	—	—	0.01	—	—	0.02	—	—	0.01
旱地景观	1.39	0.20	1.50	1.57	0.45	1.73	3.55	0.48	1.19	<u>6.09</u>	<u>6.32</u>	<u>7.14</u>

注:“—”表示土地利用偏好指数太小,即景观类型间没有相互转化;有下划线的数值表示由自身景观类型转化而来,在文章中不做分析。

滩涂景观类型面积在第 1 阶段略有增加，而在第 2 和第 3 阶段却持续减少。河流景观类型到滩涂景观类型的土地利用偏好指数在第 1 和第 2 阶段大于 1，旱地景观类型到滩涂景观类型的土地利用偏好指数在第 1 和第 3 阶段大于 1，表明河流和旱地景观类型比其他景观类型转变为滩涂景观类型的面积要大。从转移矩阵上分析可知，在第 1 和第 2 阶段中，由河流景观类型转化为滩涂景观类型面积分别占滩涂景观类型面积的 27.45%（$7351hm^2$）和 43.08%（$9596hm^2$）；第 1 和第 3 阶段中，旱地景观类型转化为滩涂景观类型的面积分别占滩涂景观类型面积的 26.14%（$7000hm^2$）、21.62%（$1869hm^2$）。

旱地景观类型面积在第 1 阶段略有减少，在后两个阶段增加。土地利用偏好指数在 3 个阶段中除本类型之间的相互转化比较大，其他景观类型到旱地景观类型的土地利用偏好指数除第 2 阶段滩涂景观类型大于 1 外，其余的都比较小。从转移矩阵上分析可知，在第 2 阶段中，由滩涂景观类型转化为旱地景观类型面积占旱地景观类型面积的 12.86%（$14392hm^2$）。

建设用地景观类型面积持续增加，土地利用偏好指数在本类型之间的相互转化比较大，其他景观类型到建设用地景观类型的土地利用偏好指数除旱地景观类型在第 1 和第 3 阶段大于 1 外，其余的都比较小。从转移矩阵上分析可知，这两个阶段中，由旱地景观类型转化为建设用地景观类型的面积分别占旱地景观类型面积的 5.73%（$4769hm^2$）和 6.86%（$7827hm^2$）。在各个阶段，建设用地景观类型转化为其他景观类型的土地利用偏好指数都比较小，表明建设用地景观类型与其他景观类型之间的相互转化比较少，景观保持相对的稳定性，这和实际是相符的，建设用地景观类型转变的可逆性较小。

草地景观类型主要分布在河流景观类型附近，由河流出露的嫩滩形成，因此草地景观类型与河流景观类型和滩涂景观类型之间的相互转化关系密切。对于坑塘景观类型和水田景观类型来说，由于滩地地势高，地下水位低，因此这两种景观类型面积较小，也比较稳定。

四、结果分析

(一)农业政策的影响

宏观政策上主要表现为随着农业政策的改变、种植业结构的调整和经济水平的提高,各景观类型的分布面积和空间结构等也发生了变化。在研究区域尺度上,黄河滩区在20世纪70年代前,景观没有多大变化。70年代早期,河道宽阔,滩涂宽广,在中牟和开封地区有大面积的草地存在,随处可见成片的林地。

20世纪70年代后期,联产承包责任制开始实行的前几年,河流景观和滩涂景观面积也没有很大变化,但这两种景观类型的空间位置发生了很大变化,这主要是黄河主流摆动的缘故。这一时期最主要的变化是建设用地景观类型面积有所增加,但主要是在黄河大堤附近砍伐了一些护堤林,使得林地景观类型面积减少,但滩区主要的景观类型还是旱地景观类型。1975—1986年,由于黄河主流摆动出露的滩涂未能及时开垦而转变为沙地或是由于耕种不当而沙化、建设用地景观类型面积增加以及其他如坑塘和水田等景观类型面积增加,使得此阶段旱地面积减少。

(二)引黄灌溉的影响

1949年以后,开始全面利用黄河水资源,利用便利的引黄灌溉条件,黄河沿岸地区和黄河滩区水田景观类型面积不断增加,而河流景观类型面积却不断减少。随着工农业生产的不断发展,各地需水量迅速增加。一方面,用水量增加;另一方面,来水量减少。黄河上中游的来水量在20世纪70年代以后,距平基本上处于负值状态,90年代以后更甚,其均值仅为70年代的75%—85%。此外,水资源浪费仍很严重。在研究区域尺度上,1986—1995年,河流景观类型面积逐渐减少,这与大量引用黄河水灌溉,特别是滩区外居民引黄灌溉有紧密的相互关系,河流景观类型一部分转化为滩涂景观类型,另一部分转化为旱地景观类型。此外,居民把大面积的沙地、草地景观类型等也开垦成为农业用地。

(三)滩区建设的影响

中华人民共和国成立初期,在黄河下游实行“宽河固堤”的治黄方针,为了保护大堤安全,多沿大堤两侧种植护堤林。1988—1990年,水利部安排滩区水利建设,自此开始了有计划的滩区建设,滩区环境明显改善。在低凹之处和条件便利的地方,发展坑塘渔业,且随着人民生活水平的提高,坑塘面积逐渐增加。政策上,国家和省政府每年都安排一定数量的水产发展专项资金用于渔业基础设施建设。随着滩区治理的开展,林地景观类型面积逐渐增加。1995 年以后,靠近主河槽的滩地种植林木逐渐减少,不少林木被砍伐,滩区森林面积呈逐渐减少的趋势。

(四)生产堤建设的影响

黄河滩区农业生产结构单一,粮食产量低而且不稳定。20 世纪中期以来,滩区普遍修筑了生产堤,使得农业生产有所保障。但从长远看,生产堤割断了滩槽间水沙交换的通道,在生产堤两侧形成了新的临背差,加大了主槽和滩地之间的横比降。生产堤的存在阻碍了黄河在滩区的自由摆动,一旦生产堤被冲垮,滩区景观就会在短时间内突变。当地居民对生产堤的危害和拆除也能理解,很多人也希望迁出黄河滩区、拆除生产堤,但涉及生计问题,在短时间内还不能全部迁出。

五、结论

在河南黄河滩区景观中,占主导地位的是旱地、滩涂、建设用地和河流景观类型。1975—2000 年,旱地景观类型面积增大,滩涂和河流景观类型面积缩减,建设用地景观类型面积持续增加,林地和水田景观类型的面积基本不变。随着人类活动的频繁,景观多样性在前两个阶段减少,而在最后一个阶段略有增加,各景观类型分布先趋向集中,后趋向均匀。黄河滩区景观格局的演变是区域自然变化过程和人类活动共同作用的结果,在不同时空表现出不同的特点。

中原经济区县际经济联系网络结构及其演化特征*

李亚婷　潘少奇　苗长虹

摘要:以中原经济区县级行政单元为网络节点,利用重力模型分别测算1996年、2010年226个节点间的经济联系强度。先设定同一阈值筛选有效连接,分析网络连通能力变化;再设定不同阈值,分析网络结构及其演化特征。研究发现:(1)中原经济区经济网络连通能力大幅提高,经济发展和交通改善是网络稠密化和便捷化的主要原因。(2)节点连通能力差异很大,少数节点掌握着绝对的网络权力,郑州市等5个核心节点的地位尤其突出,其连线呈横向"T"字形状,建设"十"字形发展轴需要提升东部节点的连通能力。(3)网络呈明显的核心—外围结构并有极化趋势,核心区影响力和辐射力进一步增强,中原经济区只有提高边缘"洼地"节点连通能力才能加强与毗邻区的融合发展。(4)网络节点集聚现象明显,围绕次级核心节点形成了多个轴—辐结构子网络,"十"字形发展轴和"米"字形发展带的构建与发展,将有利于形成多重轴—辐结构嵌套的经济联系网络。(5)郑州市等高度值节点因较强的连通能力成为网络中的中介节点,一些度值不高的节点因处于"结构洞"位置上也具有较强的中介作用,在提高中介节点连通能力的同时,需要改善低度值中介节点所在小区域的经济和交通状况。

关键词:经济联系网络;空间格局;中原经济区

---

* 基金项目:国家自然科学基金项目(41329001,41001359)。原载《地理研究》2014年第7期。

一、引言

在经济全球化与区域经济一体化进程不断加快的背景下，区域间不断进行的物质、能量、信息交换使区域不再是一个个的“孤立国”，而是相互联系、相互作用的复杂的区域经济网络。区域经济网络的时空格局及演化是区域经济学、经济地理学研究的重点范畴①。区域间经济联系往往用相互作用强度来测度，重力模型是比较常用的一种具体测度方法。② 1929年，赖利(W. J. Reilly)将牛顿力学重力模型引入地理学中提出了“零售引力定律”，为定量分析区域空间联系奠定了理论基础。③ 20世纪90年代开始，以重力模型测算区域间经济联系强度的方法在国内得到广泛应用，杜国庆、苗长虹等、顾朝林等、孟德友等、冷炳荣等分别用重力模型分析了全国或省域的经济网络结构。④ 在实际应用中，学者们也提出了很多关于重力模型的修正方法，比如在区域质量计算中引入“复合人口”概念⑤，用综

---

① 李春芬：《区际联系——区域地理学的近期前沿》，《地理学报》1995年第6期，第491-496页。

② 陈睿山、叶超、蔡运龙：《区域经济联系测度方法述评》，《人文地理》2013年第1期，第43-47页。王欣、吴殿廷、王红强：《城市间经济联系的定量计算》，《城市发展研究》2006年第3期，第55-59页。

③ REILLY W J. *Methods for the study of retail relationships*. University of Texas, 1929, Bulletin (2944): 1-9.

④ 杜国庆：《发展中国家的城市体系空间结构研究——以中国为例》，《南京大学学报(自然科学版)》2006年第3期，第225-241页。苗长虹、王海江：《河南省城市的经济联系方向与强度——兼论中原城市群的形成与对外联系》，《地理研究》2006年第2期，第222-232页。顾朝林、庞海峰：《基于重力模型的中国城市体系空间联系与层域划分》，《地理研究》2008年第1期，第1-12页。孟德友、陆玉麒：《基于引力模型的江苏区域经济联系强度与方向》，《地理科学进展》2009年第5期，第697-704页。冷炳荣、杨永春、李英杰等：《中国城市经济网络结构空间特征及其复杂性分析》，《地理学报》2011年第2期，第199-211页。

⑤ 赵雪雁、江进德、张丽等：《皖江城市带城市经济联系与中心城市辐射范围分析》，《经济地理》2011年第2期，第218-223页。

合评估方法获得区域综合质量①,用对外经济服务量作为区域质量②,用通勤时间或时间与货币成本平方根替代节点距离③,在模型中引入同业影响因子和空间滞后因子④等。进入 21 世纪后,虽然有越来越多的学者开始通过区域投入产出表⑤、区域物资流量⑥或利用航空网⑦、铁路网⑧、互

---

① 段七零、毛建明:《基于引力模型与 0 - 1 规划模型的省域经济区划——以江苏省为例》,《经济地理》2011 年第 8 期,第 1239 - 1245 页。

② 冷炳荣、杨永春、李英杰等:《中国城市经济网络结构空间特征及其复杂性分析》,《地理学报》2011 年第 2 期,第 199 - 211 页。

③ 孟德友、陆玉麒:《基于引力模型的江苏区域经济联系强度与方向》,《地理科学进展》2009 年第 5 期,第 697 - 704 页。段七零、毛建明:《基于引力模型与 0 - 1 规划模型的省域经济区划——以江苏省为例》,《经济地理》2011 年第 8 期,第 1239 - 1245 页。

④ 刘卫东、刘红光、范晓梅等:《地区间贸易流量的产业——空间模型构建与应用》,《地理学报》2012 年第 2 期,第 147 - 156 页。

⑤ 吕康娟、付旻杰:《我国区域间产业空间网络的构造与结构测度》,《经济地理》2010 年第 11 期,第 1785 - 1791 页。

⑥ 王茂军、田丽英、杨学春:《山东省城镇网络结构与城镇网络角色识别——基于民国时期土货/洋货流通网络的分析》,《地理研究》2011 年第 9 期,第 1621 - 1636 页。

⑦ AMARAL L A N, SCALA A, BARTHÉLÉMY M, et al. "Classes of small-world networks." *Proceedings of the National Academy of Sciences of the USA*, 2000, 97(21): 11149 - 11152. BAGLER G. "Analysis of the airport network of India as a complex weighted network." *Physica A*, 2008, 387(12): 2972 - 2980. 金凤君:《我国航空客流网络发展及其地域系统研究》,《地理研究》2001 年第 1 期,第 31 - 39 页。于涛方、顾朝林、李志刚:《1995 年以来中国城市体系格局与演变——基于航空流视角》,《地理研究》2008 年第 6 期,第 1407 - 1418 页。王姣娥、莫辉辉、金凤君:《中国航空网络空间结构的复杂性》,《地理学报》2009 年第 8 期,第 899 - 910 页。武文杰、董正斌、张文忠等:《中国城市空间关联网络结构的时空演变》,《地理学报》2011 年第 4 期,第 435 - 445 页。薛俊菲:《基于航空网络的中国城市体系等级结构与分布格局》,《地理研究》2008 年第 1 期,第 23 - 32 页。

⑧ 孟德友、陆玉麒:《基于铁路客运网络的省际可达性及经济联系格局》,《地理研究》2012 年第 1 期,第 107 - 122 页。SASAKI K, OHASHI T, ANDO A. "High-speed rail transit impact on regional systems: does the Shinkansen contribute to dispersion?" *The annals of regional science*, 1997, 31(1): 77 - 98.

联网①、跨国公司联系网②进行区域经济网络研究,但重力模型因其原理清晰、数据易获取且比较适用于均质平原上核心—外围结构研究而依然广为应用。

基于重力模型的经济联系测度和基于物质流、交通流、信息流的网络模拟是两种目前比较流行且有效的区域经济网络研究方法。已有研究多以地市级行政单元或城市为节点,在分析全国范围经济网络时,这种尺度的节点可以保证研究精度,但在经济区、省域或城市群范围的研究中,地市级节点往往只有十几个甚至几个,过少的节点和连接可能使网络比较稀疏,不能很好地反映区域经济网络结构特征。在构建网络时,许多研究通过设定经济联系强度阈值,将大于阈值的连线视为有效连接,实现对节点间联系的[0,1]二值化。③ 这种方法存在的问题是,在研究期内如果采用同一阈值建立不同时间断面上的经济联系网络,可以清晰地发现网络连通能力变化,但不易进行网络结构和节点角色分析;如果在不同时间断面按同一指标分别确定阈值,则方便进行网络结构和节点角色分析,却难以发现网络连通能力变化。从研究区域看,已有研究主要关注全国或长三

① 汪明峰、宁越敏:《城市的网络优势——中国互联网骨干网络结构与节点可达性分析》,《地理研究》2006 年第 2 期,第 193 - 203 页。WHEELER D C, O′ KELLY M E. "Network topology and city accessibility of the commercial Internet." *The professional geographer*, 1999, 51(3): 327 - 339. GORMAN S P, KULKARNI R. "Spatial small worlds: new geographic patterns for an information economy." *Environment and planning B: planning and design*, 2004, 31(2): 273 - 296.

② TAYLOR P J, DERUDDER B, WITLOX F. "Comparing airline passenger destinations with global service connectivities: A worldwide empirical study of 214 cities." *Urban geography*, 2007, 28(3): 232 - 248. TAYLOR P J. "Leading world cities: empirical evaluations of urban nodes in multiple networks." *Urban studies*, 2005, 42(9):1593 - 1608.

③ 王茂军、杨雪春:《四川省制造产业关联网络的结构特征分析》,《地理学报》2011 年第 2 期,第 212 - 222 页。

角①、珠三角②、山东半岛③、辽中南④等经济比较发达、网络相对密集的区域,对于经济发展能力不强、网络发育不够完善的区域关注较少。

中原经济区地处黄河中下游地区,位居我国中部地带,涵盖了河南全域及山西的运城、晋城、长治,河北的邯郸、邢台,山东的菏泽、聊城,安徽的蚌埠、阜阳、宿州、淮北、亳州,共计30个省辖市201个县,区域面积为28.9万平方千米,2011年末总人口为1.79亿人,地区生产总值为4.2万亿元,分别占全国的3%、13.3%和9%。

中原经济区是中部崛起战略的重要引擎,也是全国区域经济协调发展的战略支点,加强区内不同县(市)间的经济合作,构建科学合理的区域经济联系网络,是中原经济区建设的重要内容。《国务院关于支持河南省加快建设中原经济区的指导意见》提出,中原经济区要按照"核心带动、轴带发展、节点提升、对接周边"的原则,形成放射状、网络化空间开发格局。系统分析中原经济区经济联系网络结构及其演化特征,对中原经济区空间开发格局的塑造和优化具有指导作用。本文以中原经济区为研究对象,以县级行政单元(含市区)为网络节点,利用重力模型测算1996年、2010年两个时间断面上节点间经济联系强度:先设定同一强度阈值筛选有效连接,绘制区域经济联系网络并分析网络连通能力变化;再设定同一指标的不同阈值,来分析经济联系网络的空间结构及其演化特征。

二、研究方法与数据来源

(一)研究方法

本研究主要包括网络绘制和网络分析两个环节,研究框架如图1所

---

① 朱英明、于念文:《沪宁杭城市密集区城市流研究》,《城市规划汇刊》2002年第1期,第31-44页。

② 张虹鸥、叶玉瑶、罗晓云等:《珠江三角洲城市群城市流强度研究》,《地域研究与开发》2004年第6期,第53-56页。

③ 姜博、修春亮、赵映慧:《环渤海地区三大城市群外向服务功能测度与比较》,《人文地理》2009年第4期,第62-65页。

④ 姜博、修春亮、陈才:《辽中南城市群城市流分析与模型阐释》,《经济地理》2008年第5期,第853-856,861页。

示。采用重力模型①计算节点间的经济联系强度，并以此绘制区域经济联系网络。模型中区域质量通过求各节点人口与GDP的几何平均数得到；节点间的距离用公路最短旅行时间(即可达性)表示。计算得到1996年所有节点间经济联系强度平均值为 I_{1996}，2010年所有节点间经济联系强度平均值为 I_{2010}。首先均以 $(I_{1996}+I_{2010})/2$ 为阈值，筛选有效连接并绘制两个年份经济联系网络，对比分析网络连通能力变化；再分别以 $2\times I_{1996}$、$2\times I_{2010}$ 为阈值绘制网络，进行网络结构及其演变分析。

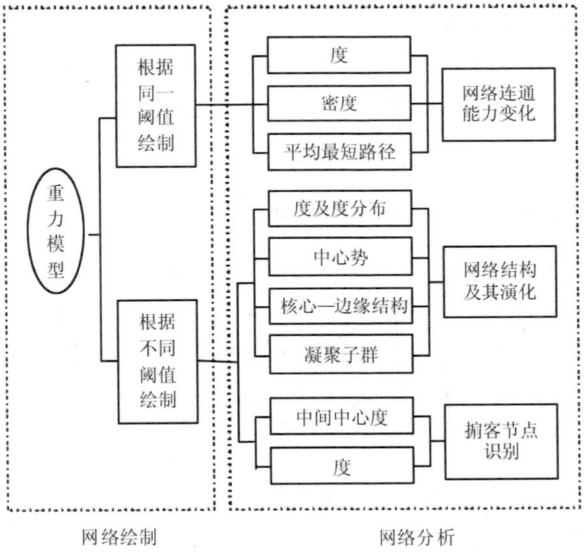

图1　研究框架

区域经济联系网络研究的重点是考察网络内部通达性、分析组团结构和识别重要节点。测度网络通达性，主要基于节点度、网络密度、网络平均最短路径等指标。分析组团结构及其演化，则通过分析节点度和度分布规律、进行核心—边缘结构和凝聚子群划分，来判定网络发育是否均匀，是否存在核心—边缘结构，哪些是网络的核心节点和集聚区，并通过对比节点度值基尼系数、集中度指数和网络中心势来分析网络演化趋势。重要节点

① 苗长虹、王海江：《河南省城市的经济联系方向与强度——兼论中原城市群的形成与对外联系》，《地理研究》2006年第2期，第222－232页。

的识别主要基于节点的中间中心度。

上述指标中,节点度是指与该节点直接连通的节点个数;网络密度是网络中现有连接数与理论最大连接数的比值,该指标越大(最大值为1),说明网络连通性能越好;网络平均最短路径是网络任意两节点间最短路径的平均值,该指标数值越小(最小值为1),说明网络连通性越好;网络中心势主要用来测度网络对核心节点的依赖程度,单核心星形网络中心势为1,全连通网络中心势为0;节点的中间中心度为网络中任意非邻接点对间最短路径通过该节点的概率之和与理论最大概率值的比值。

(二)数据来源及处理

以1997年测绘出版社出版的《中国公路交通地图册》和2011年中国地图出版社出版的《中国区域交通旅游详图》两个时间断面交通图为资料来源,将中原经济区30个地级市和196个县(市)①抽象为道路网络中的节点,构建中原经济区公路网络体系,利用ArcGIS网络分析功能获得任意两节点间的最短通行时间,建立时间距离矩阵。鉴于在经济区尺度上公路是其主要的连通方式,计算中仅考虑了高速公路、国道和省道三级公路。根据中华人民共和国行业标准《公路工程技术标准》(JTG B01—2003),设定高速公路、国道、省道行车速度分别为:100 km/h、70 km/h、50 km/h。文中涉及的其他属性数据主要来源于1997年、2011年的河南、河北、山西、山东、安徽统计年鉴和《中国区域经济统计年鉴—2011》,其中2010年的GDP平减至1996年价格水平。

三、结果分析

(一)网络连通能力明显增强

1996年、2010年中原经济区经济联系网络所有节点间联系强度的平均值为850,以其为阈值筛选保留有效连接并分析网络连通能力变化。在1996年经济联系网络中,联系强度超过850的连线共有1079条,其中1万以内的有1025条,1万到2万之间的有33条,2万到3万之间的有18条,3

① 注:县、市行政单元共231个,由于安阳县、濮阳县、邯郸县、濉溪县、泽州县分别与安阳市、濮阳市、邯郸市、淮北市、晋城市存在同城情况,因此与邻近市级节点合并。

万到4万之间的有2条,4万以上的仅有1条;新县等17个节点所有对外经济联系强度均小于850,成为游离于经济联系网络之外的孤立点。在2010年经济联系网络中,联系强度超过850的连线共有7317条,其中1万以内的有6716条,1万到5万之间的有539条,5万到10万之间的有44条,10万到15万之间的有10条,超过15万的有8条。从1996年到2010年,中原经济区经济联系网络节点间有效连接的强度总和由331万增长到3210万,网络所有节点度值总和由2158增长到14634,网络密度由0.042增加到0.288。这说明,2010年中原经济区节点间经济联系总量和联系频度与1996年相比大幅提升。

经济联系网络的稠密化明显提高了区域内部联系的便捷程度。研究期内网络平均最短路径由3.196减少到了1.722,网络连通便捷程度提高了近50%。经济联系网络稠密化和便捷化源于区域经济发展和交通条件改善。1996年,中原经济区总人口为1.55亿人,GDP总量为6032.78亿元,任意两节点间的平均可达时间为5.45h;2010年,区域总人口达到了1.67亿人,GDP总量为23250.70亿元,任意两节点间的平均可达时间为4.03h。其间区域总人口和GDP分别增长了7.74%和285.41%,而节点间平均可达时间则减少了26.06%。

(二)网络发育不平衡,呈现核心—边缘结构

从节点度值分布概率(见图2)来看,两年经济联系网络节点度值均呈现分层结构,具有较明显的"右倾斜长尾分布"特征。度值在中位数以下的节点数量分别占节点总数的77.43%和76.11%,表明中原经济区经济联系网络中大多数节点的度值较小,居于网络边缘;少数关键节点度值很大,掌握着绝对的网络权力。其中,郑州市度值在两个年份中都居于首位且明显高于其他节点,说明郑州市一直是中原经济区经济联系网络的首要核心;安阳市、洛阳市、邯郸市、漯河市也都具有较高的度值,可以视为网络的副中心。从现有网络格局看,五个核心节点主要分布在经济联系网络中部,其连线呈横向的"T"字形状,网络东部缺少连通能力较强的核心节点;中原经济区要想建设"十"字形发展轴,还需对商丘市、周口市、菏泽市等东部节点给予更多的支持和帮助。

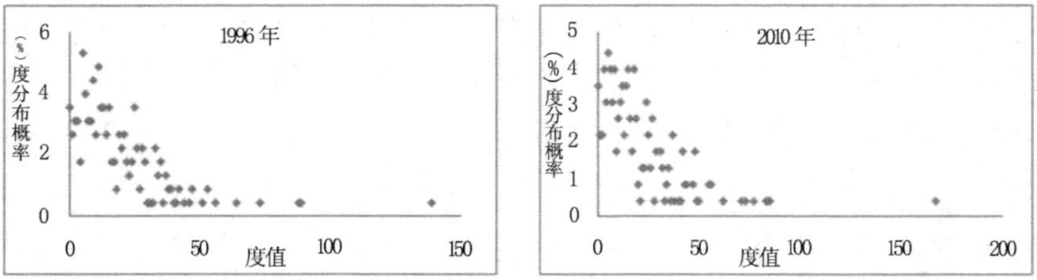

图 2　节点度值分布概率

分析节点度值高低原因可以发现，高度值节点不仅具有相对较高的区域质量，在交通网络中往往也发挥着连南贯北、承东启西的作用，在对外交通可达性方面具有明显优势（见图 3）。比如，中原经济区高速公路的飞速发展（见图 4）使平顶山市和濮阳市的交通条件得到极大改善，1996 年平顶山市和濮阳市到中原经济区其他县市的平均最短时间分别为 5. 22h 和 5. 27h，2010 年则缩短到 3. 11h 和 3. 17h。同样，东平县 2010 年的区域质量排名较 1996 年明显提高，但由于交通相对落后，目前尚无高速公路通过，因此该县与其他县市的经济联系相对较弱。而在交通发展轴线上的荥阳市、长葛市和中牟县，由于快速的工业化以及政府投资倾斜，区域经济迅速发展，区域质量得到极大提高。

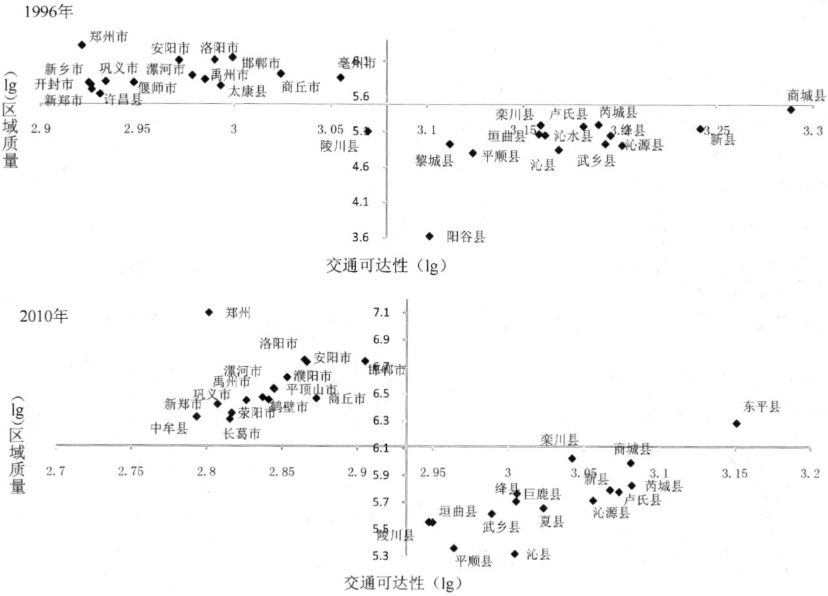

图 3　度值排名前 15 位和后 15 位节点的区域质量和交通可达性

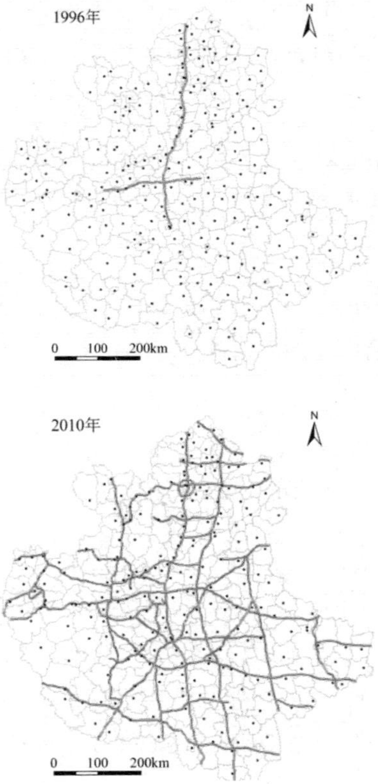

图 4　中原经济区高速公路网

网络核心—边缘结构显示,1996 年经济联系网络中处于核心区的节点有 85 个,处于边缘区的节点有 141 个;2010 年经济联系网络中处于核心区的节点有 87 个,处于边缘区的节点有 139 个。1996 年网络核心区和边缘区的密度分别为 0. 289、0. 036,核心区与边缘区之间的联系密度为 0. 058;2010 年网络核心区和边缘区的密度分别为 0. 317、0. 030,核心区与边缘区之间的联系密度为 0. 069。核心区、边缘区密度差距十分明显,且核心区与边缘区之间的联系密度远远小于核心区的网络密度。这说明,中原经济区经济联系网络呈现明显的核心—边缘结构,多数节点居于联系密度较低的边缘区。2010 年与 1996 年相比,网络核心区的密度略有增加而边缘区密度略有减少。在 30 个地级市节点中,由边缘区进入核心区的有蚌埠市、南阳市、邢台市,说明这 3 个节点在网络整体连通中的带动作用正逐步增强;三门峡市、信阳市、宿州市、运城市、长治市、周口市、驻马店市 7

个节点则一直处于网络边缘区,成为经济联系网络中的“洼地”(见表1)。

表1　30个地级市节点的核心—边缘分布

时间	区域	节点
1996年	核心区	安阳市、亳州市、阜阳市、邯郸市、菏泽市、鹤壁市、淮北市、济源市、焦作市、晋城市、开封市、聊城市、洛阳市、漯河市、平顶山市、濮阳市、商丘市、新乡市、许昌市、郑州市
	边缘区	蚌埠市、南阳市、三门峡市、信阳市、邢台市、宿州市、运城市、长治市、周口市、驻马店市
2010年	核心区	安阳市、蚌埠市、亳州市、阜阳市、邯郸市、菏泽市、鹤壁市、淮北市、济源市、焦作市、晋城市、开封市、聊城市、洛阳市、漯河市、南阳市、平顶山市、濮阳市、商丘市、新乡市、邢台市、许昌市、郑州市
	边缘区	三门峡市、信阳市、宿州市、运城市、长治市、周口市、驻马店市

2010年与1996年相比,度值增大的节点有116个,不变的有20个,减少的有90个。节点度值的此消彼长会导致网络结构的演变。1996年、2010年节点度值的基尼系数分别为0.447、0.465,说明2010年节点连通能力间的差距比1996年略有增加;2010年节点度值的前1、10、20位集中指数比1996年分别增加了8.72%、6.74%、0.97%;且研究期内网络中心势由42.01%增加到45.07%。由此可以看出中原经济区经济联系网络正处于极化阶段,网络核心的影响力和辐射力正在逐步增强。

(三)网络呈现不同等级的轴—辐结构

采用Ucinet的Concor对中原经济区经济联系网络进行凝聚子群分析(见图5、表2、表3),旨在根据节点联系的亲疏程度对网络集聚区进行识别。为了避免干扰,排除了度值为0的节点。1996年划分出的4个子群在空间上大体呈现“东—西—南—北”的分布特征。第一子群主要包括豫中及豫西北地区,包含郑州市、洛阳市、安阳市等重要节点。该子群以郑州市为核心,在四个子群中密度最高,是中原经济区经济联系网络发育最好的区域。第二子群主要包括冀南地区,以邯郸市为区域核心。第三子群主要包括豫东、皖西、鲁东南交界地区,由商丘市和亳州市共同组成区域核心。第四子群主要包括豫西南地区,节点数量少,网络发育较差。2010年划分出的4个子群大体呈现“东—西—中—北”的分布特征。第一子群主要包括豫北、晋东南地区，以安阳市为区域核心。第二、三子群与1996年相比变化不大，且仍分别以邯郸市以及商丘市—亳州市为区域核心。第四子群则涵盖了豫中、豫西南地区，在4个子群中节点数量最多且网络密度最大，说明研究期内豫中地区同豫西南地区间的经济联系有了较大幅度的增强。

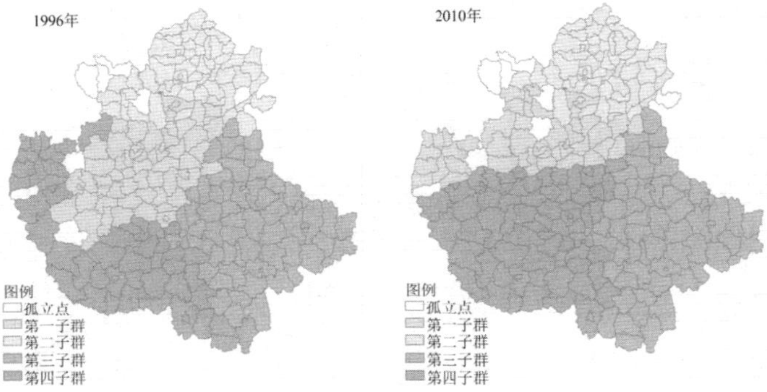

图5　中原经济区经济联系网络凝聚子群

从子群密度看，1996年4个子群内的网络密度均大于全网密度0.088，2010年4个子群内的密度也大于全网密度0.097，但子群间联系都很弱。除了2010年第一子群同第四子群间联系稍强外，其余子群间的联系密度均远低于网络平均水平。这说明，中原经济区经济联系网络存在区域“抱团”现象，在以郑州市为首位核心的轴—辐结构整体网络中，围绕次级核心节点洛阳市、邯郸市、安阳市、平顶山市等还形成了多个轴—辐结构的子网络，这些子网络通过或强或弱的连接，组成了庞大复杂的整体经济联系网络。

表 2　中原经济区经济联系网络凝聚子群情况

年度	子群	节点数	占全网比例(%)	度值总和	占全网比例(%)	核心节点
1996 年	1	56	25.69	1638	39.30	郑州市
	2	55	25.23	834	20.01	邯郸市
	3	57	26.15	1199	28.77	商丘市—亳州市
	4	50	22.94	497	11.92	平顶山市—南阳市
2010 年	1	40	18.35	906	19.67	安阳市
	2	50	22.94	739	16.04	邯郸市
	3	57	26.15	1030	22.36	商丘市—亳州市
	4	71	32.57	1931	41.92	郑州市

表 3　中原经济区经济联系网络凝聚子群密度表

1996 年	子群 1	子群 2	子群 3	子群 4	2010 年	子群 1	子群 2	子群 3	子群 4
子群 1	0.386	0.046	0.057	0.036	子群 1	0.262	0.068	0.014	0.102
子群 2	0.046	0.228	0.005	0.000	子群 2	0.068	0.229	0.001	0.011
子群 3	0.057	0.005	0.229	0.025	子群 3	0.014	0.001	0.238	0.061
子群 4	0.036	0.000	0.025	0.131	子群 4	0.102	0.011	0.061	0.278

(四)中介节点在网络连通中发挥着重要作用

节点在经济联系网络中的重要性不仅与其度值相关,更与其在网络中的中介作用密切相关。中间中心度是描述节点中介作用的参数,中间中心度高的节点往往居于其他节点的最短连接线上,发挥着不可或缺的中介作用。研究期内,郑州市、邯郸市、安阳市、洛阳市、漯河市、信阳市的中间中心度一直名列前茅,说明它们始终是网络中重要的中介节点。比如郑州市的相对中间中心度均大于 45%,也即网络所有点对最短连接通道中将近一半都要通过该市,由此可见郑州市是网络连通最重要的枢纽。

对比节点中间中心度和度值(见表 4)可以发现,节点在网络中的中介作用与度值并不绝对正相关。中间中心度排名前10位的节点中,1996年的运城市、长治市、信阳市、晋城市和2010年的淮北市、信阳市、河津市的度值排名都比较靠后,说明虽然与这些节点直接连接的节点数目不是特别多,但它们却扼守在局部高密区相互联系的最短通道上,扮演着"结构洞"的角色,也是全网连通中不可或缺的重要节点。如1996年经济联系网络中运城市度值仅为11,但位于其西部的临猗县、闻喜县、夏县、永济市、河津市、稷山县、新绛县对外连通情况更差,这些节点要与东部节点相连,绝大部分最短连接通道都要经过该市,因此运城市成了西北一隅对外连通的门户。

表4　中原经济区经济联系网络中介节点

1996年	中间中心度(%)	度值	度值排名	2010年	中间中心度(%)	度值	度值排名
郑州市	45.64	139	1	郑州市	48.81	167	1
邯郸市	11.63	88	3	邯郸市	12.70	83	4
安阳市	8.33	89	2	安阳市	5.10	84	3
运城市	7.69	11	133	洛阳市	4.67	85	2
洛阳市	6.34	73	4	漯河市	3.31	77	5
长治市	4.48	14	111	濮阳市	2.92	73	6
漯河市	4.31	64	5	平顶山市	2.14	71	7
信阳市	3.38	21	76	淮北市	2.13	34	41
晋城市	3.35	24	65	信阳市	1.86	20	84
商丘市	2.95	53	7	河津市	1.80	7	167

注:分析时未涵盖度值为0的节点。

从节点中间中心度和度值的变化(见表5)来看,在30个地级市节点中,二者均增大的节点有13个,这些节点对外连通能力提升明显,中介作用也显著增强;中间中心度减小但度值增大的节点有10个,这些节点网络连通能力虽得到了提升,但中介作用受到了分流和弱化,因此中间中心度有不同程度的下降;中间中心度增大但度值减小的节点仅有邯郸市1个,其连通能力虽略有下降,但由于周边节点在与南部节点连通时对其依赖性增强,因此邯郸市中介作用不降反升;中间中心度与度值均减小的节点有

6 个,这类节点的网络连通能力和中介作用都有下降趋势。

表 5　30 个地级市节点中间中心度与度值变化分类表

	度值增大	度值减小或不变
中间中心度增大	郑州市、濮阳市、平顶山市、菏泽市、邢台市、鹤壁市、蚌埠市、淮北市、焦作市、驻马店市、济源市、许昌市、周口市	邯郸市
中间中心度减小	长治市、晋城市、商丘市、洛阳市、漯河市、阜阳市、南阳市、聊城市、亳州市、三门峡市	运城市、安阳市、信阳市、宿州市、新乡市、开封市

中介节点在区域连通中发挥着重要作用,需要在经济发展和交通建设中予以更多的关注。对于低度值的中介节点,除了继续保持、加强其中介作用外,还要着重改善其所在小区域的经济和交通状况,提升周边节点的对外连通能力。

四、结论

中原经济区是中原崛起战略的重要引擎,也是全国区域协调发展的战略支点。针对国家对该区域实施“核心带动、轴带发展、节点提升、对接周边”空间布局的发展要求,本文基于重力模型测算了中原经济区县际经济联系强度,分别描绘了 1996 年、2010 年的区域经济联系网络。通过对网络格局及其演化特征的分析,得出如下结论:

(一)中原经济区经济联系网络连通能力在研究期内得到了极大提高。节点间联系的数量和质量都有大幅度提升,网络表现出明显的稠密化趋势,连通更加便捷。区域经济发展和交通条件改善是中原经济区经济联系网络连通能力提高的主要原因。

(二)中原经济区经济联系网络发育不平衡,节点度值呈分层结构并呈现“右倾斜长尾”分布特征,少数节点掌握着绝对的网络权力,经济发展、交通建设存在区域差异是导致网络发育不均衡的主要原因。郑州市为网络的首要核心,安阳市、洛阳市、邯郸市、漯河市为次级核心。五个网络核心节点主要分布在网络中部,连线呈横向的“T”字形状,网络东部缺少连通能力较强的核心节点。因此,中原经济区要建设“十”字形发展轴和

"米"字形发展地带,就必须对商丘市、周口市、菏泽市等东部节点给予更多的支持和帮助。

(三)中原经济区经济联系网络呈现明显的核心—边缘结构,核心区、边缘区网络密度差距明显,边缘区较弱的经济联系影响了网络的对外连通能力。核心节点的影响力和辐射力进一步增强,但边缘区节点连通能力相对弱化。中原经济区要"对接周边",加强与毗邻经济区的互动发展,就需要提高处于区域边缘的"洼地"节点的连通能力。

(四)中原经济区经济联系网络包含局部连接较强的凝聚子群,但子群间的联系很弱,在以郑州市为首位核心的整个轴—辐结构网络中,还有多个围绕次级核心节点形成的轴—辐结构子网络。中原经济区"十"字形发展轴和"米"字形发展带的构建与发展,将有利于形成多重轴—辐结构嵌套的经济联系网络。

(五)郑州市、邯郸市、安阳市、洛阳市、漯河市等是中原经济区经济联系网络中重要的中介节点。多数中介节点的度值都很高,而一部分度值不太高的节点因扮演"结构洞"角色,也发挥着重要的中介作用。中原经济区不仅要进一步提高中介节点的连通能力,还要着重改善低度值中介节点所在小区域的经济和交通状况。

基于重力模型测算出的经济联系强度只是对现实世界的近似模拟,区域间的经济联系强度不仅取决于区域质量和交通通达性,还与行政区划、经济结构、历史传统、政府政策等因素密切相关。同时,人为划定"封闭研究区域"强化了中心区位节点的中介作用,而明显弱化了与研究区域以外存在大量经济联系的边缘区位节点的连通能力。此外,由于节点质量存在非常大的差异,同样的联系强度对不同节点具有不同的意义,通过确定阈值筛选有效连接并对节点间联系进行[0,1]二值化的方法,虽大大简化了计算和分析,但也会对网络结构分析的准确性造成一定影响。

短论

河洛文化笔谈*

朱绍侯　丁毅华　王子今

河洛文化研究之展望（河南大学教授　朱绍侯）

我在《河洛文化与河洛人、客家人》一文中，曾谈到了河洛区域、河洛文化圈的范围问题，认为河洛地域“即指以洛阳为中心，西至潼关、华阴，东至荥阳、郑州，南至汝颍，北跨黄河而至晋南、济源一带地区”，认为河洛文化圈“应该涵盖目前河南省全部地区”，并说明“河洛文化就是狭义的中原文化”。（见《文史知识》1994 年第 3 期）对于以上认识，我至今基本没变，只是认为河洛区域的东边，应该延至开封。这绝不是因为我居住在开封，就想挤进河洛区域，而是因为在开封市禹王台御书楼上有康熙皇帝亲笔写的“功存河洛”的四字匾额。这四字匾额主要是赞颂大禹在河洛治水的历史功绩，但这四字匾额既然挂在开封市禹王台的御书楼上，说明最晚在清初，人们已经认为开封属于河洛区域，况且这又是康熙皇帝御笔亲封，我们不该有什么疑义。笔者认为把开封包括在河洛区域范围之内也是有道理的。所谓河洛区域，就应该包括黄河、洛河的主要段落，而开封正是在黄河的主要段落之内。

关于什么叫河洛文化，我在该文中说：“河洛文化博大精深，任何人都难于用一句话把它说清楚。简言之，河洛文化应是产生于河洛地区的，包括原始社会的彩陶文化（仰韶文化）和河南黑陶文化以及神秘而代表河洛人智慧的《河图》《洛书》；应包括夏商周三代的史官文化，及集夏商周文化之大成的周公制礼作乐的礼乐制度；还应包括综合儒、道、法、兵、农、阴阳

---

* 原载《洛阳工学院学报（社会科学版）》2001 年第 3 期。

五行各家学说而形成的汉代经学、魏晋玄学、宋明理学以及与儒、道思想互相融合的佛教文化等等,以上各种文化的总和就是河洛文化。”以上所表述的河洛文化,实际是各种文化分门别类的总括,现在想来这种表述方法,即对各种文化分门别类总括的表述方法,越具体越难全面,而抽象的表述倒可以包括一切内容。如把河洛文化抽象概括为是河洛人民所创造的精神文明、物质文明的总和,这样除了涵盖前面引文所说的各种内容,河洛地区的文物古迹、诗文辞赋、戏剧音乐、技艺评弹以及饮食、服饰、建筑等文化,都可以包括在河洛文化的范畴之内。总之,河洛文化是河洛人创造的包罗万象的大课题,它蕴藏着无限宝藏,等待着人们去开发、研究并加以弘扬光大。

河洛文化的研究课题,首先是由洛阳市提出来的,洛阳市的学术界对河洛文化研究的贡献也很突出。1994 年洛阳市地方史志办公室牵头,在《文史知识》办了个《河洛文化》专号,为河洛文化研究带了个好头。由洛阳市地方史志编纂委员会组织编辑的十八卷本《洛阳市志》,实际是宣传、弘扬河洛文化的“百科全书”。其中尤以《文物志》《白马寺志》《龙门石窟志》《牡丹志》《建置沿革志》最精彩、最有特色,在宣传光辉夺目的河洛文化方面起着无可替代的作用。特别是《龙门石窟志》为洛阳市申报龙门石窟为世界文化遗产的成功,提供了丰富、翔实的资料,从此龙门石窟作为世界文化遗产得到世界人民的公认,它标志着河洛文化已走向世界。《牡丹志》对洛阳市来说,具有品牌性的标志。它也使河洛文化在世界享有盛名。另外,洛阳大学吴少珉教授主编的《辉煌的洛阳》、史善刚撰写的《河洛文化论纲》也是河洛文化研究中具有代表性的专著,《洛阳大学学报》《洛阳工学院学报》都开辟了《河洛文化》专栏,洛阳市历史学会原来主办的《河洛春秋》、洛阳市地方史志办公室办的《河洛史志》都是河洛文化研究的重要阵地,对河洛文化研究都起到了积极作用。河南各县(市)及教育、科研机构对河洛文化研究也多有贡献,硕果累累,实难一一介绍。

河南在河洛文化研究方面,虽然已经取得可喜的成就,但实际也是刚刚起步,还有许许多多的问题需要进一步深入研究。展望未来,河洛文化研究领域非常广阔。如随着海内外寻根热的发展,河洛文化与姓氏寻根的研究已蓬蓬勃勃开展起来。据姓氏专家研究考证,中国有 100 多个大姓,其中有70%以上根在河洛或郡望在河洛，如荥阳郑氏、陈郡谢氏、颍川陈氏以及张氏、林氏、李氏、叶氏、罗氏、赖氏等等，都与河洛有密不可分的关系，很多姓氏都有研究成果问世。据最近召开的“荥阳郑氏历史文化研讨会”传出的信息，荥阳已决定编纂一套6部11卷600万字的《郑氏族系大典》。该大典的编辑出版，不仅是对荥阳郑氏一个族姓的贡献，而且对河洛文化研究也是一项辉煌的成就。当然，没有必要每个族姓都要编出一部大典，仅就族源、郡望、迁徙、区域分布、历史名人等问题进行研究，也就相当可观了。

随着旅游事业的发展，河洛文化研究更有了新的广阔天地。在旅游中，除了自然景观，游人最欣赏的就是文物古迹。中国号称有七大古都，其中有三大古都在河南，即洛阳、开封和安阳。这三大古都占尽了古河洛文化的风流。夏商周是河洛文化的源头，汉唐是河洛文化的兴盛期，北宋是河洛文化发展的顶峰，并由此而衰落下去。其他如南阳、信阳、平顶山、许昌、商丘、三门峡、焦作、鹤壁、濮阳……可以说中原到处都有文物古迹，都有河洛文化的精华。南阳的汉画像石、信阳楚墓、商丘永城的芒砀山、鹤壁浚县的大石佛、濮阳的中华第一龙、三门峡的中华第一剑等都是河洛文化的精髓，可以说到目前为止对这些文物古迹并没有研究深、研究透，大有开发的余地。

刚刚结束的“夏商周断代工程”，其中有些专题也是河洛文化研究成果。夏商周年代的推定，离开洛阳（含偃师、登封）、安阳就是解不开的谜团。“夏商周断代工程”已把中国的信史推到了前2070年，距今仅有4000余年，而中华五千年的文明还没有落实，所以有的学者又提出开展“五帝断代工程”的建议。可以想见，“五帝断代工程”比“夏商周断代工程”不知要难上多少倍，但随着考古学、历史学、天文学及相关学科的进步与发展，“五帝断代工程”是终会提到日程上来的。根据古文献记载，一般认为五帝是指黄帝、颛顼、帝喾、帝尧、帝舜。而五帝的活动区域，主要也在河洛区域和河洛文化圈范围内，因此河洛文化研究就可以先行一步，为“五帝断代工程”做些准备工作，如新郑市于1996年就出版了《黄帝故里文献录》（中州古籍出版社出版），濮阳县最近又编印《舜帝故里》（内部印刷）。这两本书之所以先编印出来，大概是因为黄帝是五帝之首，是中国人公认的人文始祖,其传说记录较多,而帝舜为五帝之末,连接夏代,其年代较易推断,故较早地引起人们的关注,其他三帝颛顼、帝喾、帝尧的历史记载更为朦胧,研究起来困难自然更多,但作为河洛文化研究项目,也大有文章可作。

当然,研究河洛文化没有必要赶时髦、趁浪头,完全可以潜心研究自己所选定的课题。不论是宏观的还是微观的,或是理论探讨,或是史实考证,只要抓住自己选定的课题,坚持下去就一定能出成果。如探讨河洛文化是不是中华民族文化源头问题,河洛文化与邻区文化的关系问题,河洛文化的兴起与衰落及其原因问题,河洛文化发展阶段问题。可以写河洛文化通史,也可以写断代史,还可以研究河洛文化的各种专门课题。总之,河洛文化博大精深,选题多多,使有各种专长、特长的研究者都可以大显身手。当河洛文化研究能引起广泛的注意,并取得丰硕成果的时候,肯定会对河南经济、文化事业的发展起到推动作用,会大大提高河南的知名度和荣誉。当我们展望河洛文化研究的前景之时,令人豪情满怀,兴奋不已。

河洛文化研究要向深度和广度拓进(华中师范大学教授　丁毅华)

近年来,河洛文化的研究正越来越受到人们的重视,这是中国当前史学和文化研究发展的一个令人可喜的现象。

河洛文化内涵十分丰富,有待深入研究的问题很多。对于内容如此丰富的一种文化,我们需要做出基本的界定。笔者认为,河洛文化最基本的层面是两个:其一,单独地看,它是一种区域文化;其二,全面地看,河洛文化是中国传统文化中最基本的构成因素,对于中国历史的发展和文化的形成,长期发挥着十分独特的作用。

“河洛”,本是一个地域概念,因河流而得名,因河流而扬名。众所周知,由中国古代的语言习惯所决定,“河洛”之“河”,并非普通名词,而是专有名词,特指黄河。洛,即洛河,是黄河的一条支流。但河有同名者,黄河就有两条支流均名洛河。“河洛”之“洛”是专指从陕西发源而主要流经河南境内的洛河,因与伊水汇合,故亦称伊洛河,即古称雒水、洛水者,而不是源出陕北定边的又称北洛河的洛河。这条洛河是黄河潼关以下最大的支流,由于它流经地区独特的自然条件和在中国历史地理上的特殊位置,使它成为在中华民族发展过程中起着独特作用的一条河流。

河洛文化,从一个意义上说,就是一种地域文化——在黄河和它的支流洛水交汇地区形成、发展的一种区域文化。因为是在黄河流域,所以它又是中国北方的中原文化的一种亚文化。北方还有其他多种类似的亚文化,像齐鲁文化等。有人认为,春秋战国间黄河中游地区的魏、韩、赵文化上相似,遂有“三晋文化”之命名。三晋文化也可以算是北方中原文化的亚文化,如果这样来看,那河洛文化甚至还是三晋文化的一个分支。

如果河洛文化仅限于此,那么,它的意义也就是一种地区性文化。但是,河洛文化的意义绝不限于此。河洛文化是因为特殊的历史地位和历史原因得到广泛传播、产生深远影响的一种古老文化。正因为这样,河洛文化远远超出了地理的界线,而成为对中国传统文化有深远影响的文化。

自古及今,中国由于幅员辽阔,各地差异大,因此形成过很多地域文化,其中很多至今仍然存在,并且具有鲜明的特色。这种全国政治上大一统,而文化上存在着很大的地域差异的现象,在世界上是不多见的。

河洛文化之所以会有那么大的作用和影响,是因为产生它的土壤——河洛地区在历史上的独特地位,也由于在中国历史的发展过程中出现了特殊的条件,为河洛文化的大扩散提供了机遇。

在中国文明形成的早期,历史和传说并存的夏代,河洛地区就已发展起当时最先进的文化,从而使河洛地区成为当时中国的文明基地。虽然实际上夏朝的统治区域估计不会超出以今洛阳为中心的半径1000千米的范围,但是提及那段历史,中国人久已形成牢固的历史观念:夏朝是中国的中心——政治中心和文明中心。

现代考古发现证实,河洛地区亦是早商文化的源头或源头之一。在商朝建立后,河洛地区是其西部重镇。西周定都于渭水之滨的丰、镐,但一直把以成周为据点的河洛地区视为统治东方的基地。前770年平王东迁后,雒邑(后称洛阳)成为周王室的所在地。秦和西汉相继建都关中,河洛地区则是关中的东厢辅翼。东汉建都于洛阳,随着西部、北部内迁各族的压力,中原以汉族为主的社会面临一次大规模的文化重构。终于,随着西晋的内乱,中原发生了巨变,大批北人的南迁,给中国历史一次通过人口大迁徙达到文化大传播的机会。

在历史上多次北人南迁过程中,河洛一带南下人口所占比例应当是最高的,原因是这里在北方社会稳定而繁荣时人口最为集中,一旦发生动乱,这里的破坏又往往最为严重,而由于聚集了较多的世家豪族,凝聚力强,向远方迁徙也较易进行。正因为这样,现在散居于各地的客家人——历史上各个时期南迁北方人的后裔,大多有最早来自河洛地区的依据或传说。

如果把河洛文化比作一棵大树,那么其主根是牢牢深扎于黄河中游、洛水之滨,其极为发达的根系,深扎广伸,在中国的大地上分布极广。作为一种文化,连旅居海外的中国人也无不受其影响。

因此,河洛文化的研究,既要研究其起源地的文化,即把它作为一种区域文化来研究,又要研究其对中国传统文化及其各个分支的影响。一句话,河洛文化的研究要向深度和广度拓进,其相当一部分研究内容,是不能仅仅把河洛文化作为一种普通的区域文化来研究的。

这样一种应当向深度和广度不断拓进的研究,究竟应当怎样进行,还需要我们深思熟虑,进行全局性的谋划,提出富于创意的方案和办法。例如,笔者想到,应当尽可能地采用寻根法或溯源法,即除了对河洛文化发源地的历史、文化的重点研究外,还须对历代史书、各地方志以及各类碑铭中凡有迹可寻的源自河洛地区的人物、家族进行研究,尽可能地弄清他们因何而来,来到新居地区后,对当地的社会、文化产生了什么影响,以便从中追寻河洛文化在各地、各种地域文化中所产生的影响。由此也能追根寻源,看清早期河洛文化的原始面貌。这样的研究,势必带动各地的地方史研究和客家学等一些专门学问的研究,而河洛文化的研究,也能因此而得到扎扎实实的推进。

总之,河洛文化研究的进一步发展,必须开阔思路,努力向深度和广度拓进。究竟如何做好,望与各地同志相互切磋,多多交流,以期常有新的启示、新的发现、新的进展。

河洛地区生态史与河洛文化发育的自然条件(中共中央党校教授　王子今)

历史本来就包括自然史和人类史两部分的内容。而人类的生产和生活、文化的发生和发展,当然也不能离开人与自然的关系。记史论史,总结历史与文化,如果脱离对自然生态因素的考虑和分析,不能不使人感觉到一种缺憾。正是因为如此,近来史学研究对生态史和历史的自然环境的重视,成为一种具有积极意义的倾向。

河洛文化是中华文化总体构成中在许多方面具有典型意义的部分。河洛文化从其初生起,就具有极适合文明发育的自然条件方面的优势。这里因此长期成为文化发展的先进地区。历史上一些重要王朝在洛阳定都,当然有政治军事战略方面的考虑,然而自然生态方面的因素也不宜忽视。

就周平王东迁而言,《史记·秦本纪》说:"周避犬戎难,东徙雒邑,襄公以兵送周平王。平王封襄公为诸侯,赐之岐以西之地。曰:'戎无道,侵夺我岐、丰之地,秦能攻逐戎,即有其地。'与誓,封爵之。襄公于是始国,与诸侯通使聘享之礼,乃用骝驹、黄牛、羝羊各三,祠上帝西畤。十二年,伐戎而至岐,卒。生文公。文公元年,居西垂宫。三年,文公以兵七百人东猎。四年,至汧渭之会。曰:'昔周邑我先秦嬴于此,后卒获为诸侯。'乃卜居之,占曰吉,即营邑之。十年,初为鄜畤,用三牢。十三年,初有史以纪事,民多化者。十六年,文公以兵伐戎,戎败走。于是文公遂收周余民有之,地至岐,岐以东献之周。"对于这一历史过程,也可以理解为,以畜牧为主体经济形式的犬戎和秦人,共同压迫以农耕为主的周文化向东退却。这一变化,自有生态史的背景。而秦"收周余民有之",逐步改变了"好马及畜"的传统经济形式,开始发展农耕,其实是后来的事。周王朝确定以河洛地区为中心的这一历史转折,应当是以自然生态条件的变化为条件的。

竺可桢先生曾经在发表于1972年的《中国近五千年来气候变迁的初步研究》一文中指出:"在战国时期,气候比现在温暖得多。到了秦朝和前汉(前221—23年)气候继续温和……司马迁时亚热带植物的北界比现时推向北方……到东汉时代即公元之初,我国天气有趋于寒冷的趋势。"据竺可桢绘制的《五千年来中国温度变迁图》,秦及西汉时,平均气温较现今大约高1.5℃,东汉时平均气温较现今大约低0.7℃。① 平均气温上下摆动的幅度超过2℃。而东汉王朝定都洛阳,也正是以生态环境的这一变化为背景的。

① 竺可桢:《中国近五千年来气候变迁的初步研究》,载氏著《竺可桢文集》,科学出版社,1979。

北魏孝文帝迁都洛阳,有占据河洛地区这一黄河流域典型的生态区,以成功地适应和领导北方经济文化的动机。而确定这一决策的诸多因素中,包括平城因自然条件所决定经常受到北方游牧民族的军事威胁,气候的严寒也使得最高统治集团集聚大批中原士人的期望难以实现等。拓跋贵族“雁臣”的故事,也说明这一改革行为的生态史的意义值得重视。

有关河洛文化的生态史背景的许多资料尚待认真研究。以汉魏时期的文献资料为例,《四民月令》的研究、《续汉书 · 五行志》的研究、这一时期大量诗赋中的有关资料的研究,都还有许多有意义的工作有待深入进行。

《三国志》中多见曹魏贵族猎鹿的记载,其中许多是发生在洛阳地区的。又如《三国志 · 魏书 · 高柔传》:“是时,杀禁地鹿者身死,财产没官,有能觉告者厚加赏赐。柔上疏曰:‘圣王之御世,莫不以广农为务,俭用为资。夫农广则谷积,用俭则财畜,畜财积谷而有忧患之虞者,未之有也。古者,一夫不耕,或为之饥;一妇不织,或为之寒。中间已来,百姓供给众役,亲田者既减,加顷复有猎禁,群鹿犯暴,残食生苗,处处为害,所伤不赀。民虽障防,力不能御。至如荥阳左右,周数百里,岁略不收,元元之命,实可矜伤。方今天下生财者甚少,而麋鹿之损者甚多。卒有兵戎之役,凶年之灾,将无以待之。惟陛下览先圣之所念,愍稼穑之艰难,宽放民闻,使得捕鹿,遂除其禁,则众庶久济,莫不悦豫矣。’”又裴松之注引《魏名臣奏》载高柔上疏曰:“臣深思陛下所以不早取此鹿者,诚欲使极蕃息,然后大取以为军国之用。然臣窃以为今鹿但有日耗,终无从得多也。何以知之?今禁地广轮且千余里,臣下计无虑其中有虎大小六百头,狼有五百头,狐万头。使大虎一头三日食一鹿,一虎一岁百二十鹿,是为六百头虎一岁食七万二千头鹿也。使十狼日共食一鹿,是为五百头狼一岁共食万八千头鹿。鹿子始生,未能善走,使十狐一日共食一子,比至健走一月之间,是为万狐一月共食鹿子三万头也。大凡一岁所食十二万头。其雕鹗所害,臣置不计。以此推之,终无从得多,不如早取之为便也。”高柔的言论,体现出较早的关于生态平衡的认识,在动物学史上和生态学史上都有值得重视的意义。而这段言论,就是在洛阳发表的。所说禁苑,以荥阳为中心,然而“禁地广轮且千余里”,必然涉及河洛地区。对于高柔的生态学思想以及相关的历史事实,也还有必要进行深入的理解和准确的评价。

洛阳又以牡丹知名。古人多有咏洛阳牡丹的名句,如文彦博“洛城花品多奇绝”(《寄酬洛阳曾端明孝宽》),司马光“洛阳春日最繁华”(《看花四绝句呈尧夫》),范纯仁“洛城花美四方归”(《和君实姚黄玉玲珑二品牡丹二首》),邵雍“洛阳花木夸天下”(《和君实端明洛阳看花》),徐凝“疑是洛川神女作”(《牡丹》),郑獬“第一名花洛下开”(《次韵程丞相观牡丹》),朱翌“天下花王都洛京”(《园中开牡丹一枝》),江莘“独占洛阳春气足”(《浣溪沙》),等等。这些历代名士骚人对洛阳名花的赞叹,也使得我们今天回顾河洛地区历史上的生态条件时,可以看到生动多彩的画面。回顾洛阳牡丹的历史,一方面是追述洛阳人爱美、育美、创造美、传播美的历史,河洛文化的一个重要侧面于是得到总结;另一方面,也可以由此深化对于河洛地区生态史的认识。

谈黄河文明的变革精神*

李振宏

黄河文明是人类文明史上和两河流域文明、尼罗河文明、印度河文明齐名于世的大河文明或农业文明。而其古老而绵延不绝的生命力、求新求变的文化精神，更使它在人类古文明史的比较中独树一帜，分外靓丽。以往，变革精神这个黄河文明的显著特色，一直未被人们所重视，即人们总是给这种平原流域文明冠以保守性的特征，这种认识误区，在确凿的历史事实面前，应该得到扭转。

过分强调大河流域文化、平原文化或农业文明的保守属性，主要是源自黑格尔的影响。黑格尔在其名著《历史哲学》中提出了一个"历史的地理基础"概念，并按照地理特征把世界区分为三种类型：一种是干燥的高地同广阔的草原和平原；一种是平原流域，是巨川大江流过的地方；一种是跟海相连的海岸区域。在这三种不同地域生活着的人们，塑造了不同的文化精神：高地居民的性格是好客和掠夺，平原居民的特性是守旧、呆板和孤僻，海岸居民的性格是勇敢、沉着和机智。"平凡的土地、平凡的平原流域把人类束缚在土壤上，把他卷入无穷的依赖性里边"①。这便是将平原流域的农业文化或农业文明打上保守性特征的基础性论证。

人类早期文明受到地理环境很深的影响，这是没有异议的；平原流域文化或文明有其保守性的一面，也可以找到不少例证。但是，我们也必须明白一个道理，地理环境的影响作用不是绝对的；在类似地理环境中生存发展的不同民族，其文明道路也不是千篇一律的。对一种文化或文明的研

---

* 原载《今参考(历史)》2018 年第 2 期。

① 黑格尔：《历史哲学》，王造时译，生活·读书·新知三联书店，1956，第 134 页。

究,对其历史属性的判断,最根本的还是要回到实证的历史中。而一旦回到实证的研究领域,我们就会发现一个明显的事实,那就是在中国黄河文明的古老基因中,持续活跃着一个求新求变的思想要素。

黄河文明的经典之作《周易》六十四卦中,第四十九卦是《革》卦,经文曰:“革:已日乃孚,元亨,利贞,悔亡。”意思是说,《革》卦象征变革,在“已日”(祭祀的日期)推行变革并取信于民众,前景就至为亨通。《革》卦的《彖传》曰:“天地革而四时成;汤武革命,顺乎天而应乎人:革之时大矣哉!”不仅求变,而且倡导顺乎天而应乎人的革命性变革。

后世对《革》卦及其传文的阐释,也都强调了变革、革命的正当性和合法性。《周易正义》说:“‘汤武革命,顺乎天而应乎人’者,以明人革也。夏桀、殷纣,凶狂无度,天既震怒,人亦叛亡。殷汤、周武,聪明睿智,上顺天命,下应人心,放桀鸣条,诛纣牧野,革其王命,改其恶俗,故曰‘汤武革命,顺乎天而应乎人’。计王者相承,改正易服,皆有变革,而独举汤、武者,盖舜、禹禅让,犹或因循,汤、武干戈,极其损益,故取相变甚者,以明人革也。‘革之时大矣哉’者,备论革道之广讫,总结叹其大,故曰‘大矣哉’也。”《周易正义》的阐释强调了革命、变革的重大意义,释“革之时大矣哉”是“备论革道之广讫”,还创造了“人革”和“革道”概念,以强调历史的变革之道。

朱熹解释《革》卦时说:“革,是更革之谓,到这里须尽翻转更变一番。”“须彻底重新铸造一番,非止补苴罅漏而已。”①朱熹的话也强调了《革》卦所隐喻的激烈变革意义。

不仅社会的变革如此,对于人的基本素质的培育也是如此,要求个体的修养、成长也要日日求新。同是孕育于黄河文明的典籍《大学》,就反复教诲人们要去创造、去求新。《大学》云:“汤之盘铭曰:‘苟日新,日日新,又日新。’《康诰》曰:‘作新民。’《诗》曰:‘周虽旧邦,其命惟新。’是故君子无所不用其极。”汤盘的铭文说,假如一天自新,就能天天自新,每天自新;《康诰》说,鼓舞人们自新;《诗》说,周虽然是个旧邦国,国运则是新的,因此,君子应该无处不竭力自新。

这样一种强调求新求变的思想,既是历史本身的观念反映,也反过来

① 《朱子语类》第5册,中华书局,1986,第1847页。

催生了历史的变革和发展。中国早期文明道路,就证实了这种历史的变革。三代文明的发展就是如此。夏商周(西周)三代只有千余年的历史,这对于早期文明的历史过程来说并不算长,但却经历了多次重大的变迁。就三代的历史沿革而言,具有明显的文明变迁意义。

《礼记·表记》中有一段话集中表述了夏商周三代文化精神的重大变迁:“子曰:夏道尊命,事鬼敬神而远之,近人而忠焉,先禄而后威,先赏而后罚,亲而不尊。其民之敝,惷而愚,乔而野,朴而不文。殷人尊神,率民以事神,先鬼而后礼,先罚而后赏,尊而不亲,其民之敝。荡而不静,胜而无耻。周人尊礼尚施,事鬼敬神而远之,近人而忠焉,其赏罚用爵列,亲而不尊,其民之敝,利而巧,文而不惭,贼而蔽。”夏道尊命,殷人尊神,周人尊礼,夏商周既是王朝的变革,同时也是文化精神的变革,三代文明各有特点。夏代的核心观念是尊崇君主,殷代的观念是尊崇鬼神,周代的观念是尊崇礼法,三代各有不同的治国原则,文化观念的变迁清晰可见。这反映了历史本身的深刻变化。

黄河文明的变革精神,与人类早期文明史上著名的几大文明相比是较为突出的。譬如古埃及文明的基本标志之一——象形文字,在长达数千年的历史中没有大的进展。有学者指出:“古埃及的象形文字从公元前4000年代后半叶开始出现,是世界上最古老的文字之一,一直使用到公元4世纪末,大约流行了三四千年之久。”①由多名美国历史学家集体撰写的《世界文明史》一书,在谈到古埃及象形文字时说:“早在古王国时期,埃及象形文字就以三种书写符号为基础:象形,音节,以及字母。前两种已是楔形文字的组成部分,后一种却是一个极其重要的发明。假如埃及人采取措施把其字母符号——24个音符,每一个代表人类语声的辅音——与非字母符号区分开来,在其文字交流中只使用字母符号,那么他们就会发明一种完全现代的文字体系。遗憾的是,保守性阻碍了埃及人,以致第一种单一的字母体系要等到公元前1400年左右由地中海东岸的一支闪族语系人即

① 刘文鹏、令狐若明:《论古埃及文明的特性》,《史学理论研究》2000年第1期,第101页。

腓尼基人去发明。"①而与此不同,作为黄河文明主要标志的汉字,从殷商的甲骨文,经过金文、大篆、小篆到隶书,即从类似象形文字的甲骨文,发展到接近今天汉字形态的隶书,也只有千余年的时间。黄河文明文化形态中文字的变化、沿革,成为这种文明变革精神、创造精神的又一个鲜明例证。

黄河文明的变革精神,深深影响了政治文明的进程及其特点,春秋战国时期的历史变革,就是这种文明内生性的历史巨变。中国历史的这场深刻变革,既是黄河文化区域内的政治变革,也在思想层面上受到"天地革而四时成"变革精神的支撑。春秋战国时期各诸侯国内的变法运动,大都继承这样清晰的变革思想。《商君书·更法》中关于变法的名言:"三代不同礼而王,五霸不同法而霸。""礼、法以时而定,制、令各顺其宜。""汤、武之王也,不循古而兴;殷、夏之灭也,不易礼而亡。"都是"天地革而四时成"变革思想的展开和实践。正是这样强烈的变革思想,支撑了长达数百年的变法运动,终于把行之千余年的贵族制推进到专制主义的中央集权制度,完成了翻天覆地的历史巨变。时人用"高岸为谷,深谷为陵"来形容这场历史剧变,是对这个大变革时代的真切感受。

即使在秦统一中国开辟了新的历史时代之后,中国的政治体制也不是一成不变的,不管是其政治体制的核心官僚制度,还是经济制度、选官制度、文化思想等各个方面,从秦到清发展变化的脉络也清晰可循。以往有一个所谓"中国封建社会长期延续"的说法,说中国古代社会长期迟滞或停滞不前,较之欧洲的封建时代要显得特别漫长,这可以看作是黄河文明保守性的例证。其实,这完全是一个认识误区,而且也是一种并不恰当的历史比较。这种比较首先假设了欧洲封建社会的典型性、普遍性或代表性;其次毫无分析地把中国秦至清的帝制时代类同于欧洲的封建社会,缺乏对中国帝制时代社会形态的具体分析;最后,严重忽略了中国这两千年社会的重大变迁。这种所谓中国封建社会长期延续、超级稳定、迟滞发展的说法,完全无法解释中国在长达千余年的时间里毫无争议地走在世界前列的历史事实。事实上,古代中国并没有传统所理解的农业社会那种无限依赖于土地所造成的孤僻、呆板和保守,而是在平原流域丰厚的土壤条件

① 菲利普·李·拉尔夫、罗伯特·E. 勒纳、斯坦迪什·米查姆等:《世界文明史》(上卷),赵丰等译,商务印书馆,1998,第95页。

上,创造了早于西方千余年的中央集权制度,创造了体现社会公平的选拔人才的科举制度,创造了取代贵族世袭的官僚制度,更是创造了直接影响西方政治进程的举世闻名的四大发明。马克思曾说:“火药、指南针、印刷术——这是预告资产阶级社会到来的三大发明。火药把骑士阶层炸得粉碎,指南针打开了世界市场并建立了殖民地,而印刷术则变成新教的工具,总的来说变成科学复兴的手段,变成对精神发展创造必要前提的最强大的杠杆。”①这无疑是对黄河文明求新求变及其创造能力的最高褒扬!

黄河文明作为一种农业文明,相对于工业文明和商业文明来说,没有保守性的文化因素是不可能的,但一种显示了巨大创造力的文化,只注意到它保守性的一面,显然是不客观、不公允的。黄河流域历史,进而包括整体中国历史的文明进程,提示我们要特别重视黄河文明中求新求变的思想要素。这是这种具有鲜明地域特色的大河文明的独特之处,也是身处新的大变革时代的当代中国人需要从先民身上汲取的思想营养和宝贵品格。

---

① 《马克思恩格斯全集》(第47卷),中共中央马克思恩格斯列宁斯大林著作编译局译,人民出版社,1979,第427页。

黄河流域发展机遇前所未有*

苗长虹　艾少伟

习近平总书记在郑州主持召开的黄河流域生态保护和高质量发展座谈会上明确提出，黄河流域生态保护和高质量发展是重大国家战略。这一重大国家战略的提出，为黄河流域乃至整个北方地区的可持续发展提供了前所未有的战略机遇，必将开创黄河流域生态保护和高质量发展新局面。

从历史看，我国5000多年文明史中，黄河流域有3300多年长期居于中国政治、经济和文化的中心地位。从现实看，黄河流域9省区总人口3.4亿人，地区生产总值约20万亿元，分别占全国的1/4和1/5，在我国生态安全和经济社会发展中具有重要的全局性和战略性地位。可以说，中华文明的伟大复兴，黄河文明居于核心的地位；中华民族的伟大复兴，离不开黄河流域的核心支撑。在这个意义上，把黄河流域生态保护和高质量发展放在与京津冀协同发展、长江经济带发展、粤港澳大湾区建设和长三角一体化发展同等重要的位置，为黄河流域乃至整个北方地区的可持续发展提供了前所未有的战略机遇。

推进黄河流域生态保护和高质量发展，亟须把全流域、上下联动和协调推进生态、文化和经济一体化建设作为重要的战略支撑。

黄河流域是我国重要的生态屏障和生态脆弱区、我国重要的农牧业生产基地和能源基地，也是我国区域经济发展极不平衡的区域。可以说，黄河流域地区面临着绿色转型发展、新旧动能转换、缩小区域发展差异和增强发展的可持续性等诸多亟须解决的重大问题。

对于黄河的认识，既要强调黄河的自然河流本身及其具有的重要生态

＊ 原载《河南日报》，2019年9月20日。

功能,也要突出黄河所孕育的文明形态及其所展现的文化价值,更要强调黄河所流经区域的经济社会发展以及受黄河影响所产生的区域差异。基于此,要实现黄河流域生态保护和高质量发展,就必须对黄河生态、文化和经济进行一体化的统筹考虑。一方面需强调大河流域生态保育修复和国家生态安全功能,夯实黄河流域经济高质量发展的生态基础。另一方面要强化黄河流域资源及产业优势,突出沿黄地区及北方地区经济高质量发展和跨区域协调发展,同时也应注重彰显黄河文化对于增强国家发展道路和提升文化自信的价值,注重黄河文明的传承创新和中华民族共同体意识的构筑。

河南在黄河流域中居于承东启西的战略枢纽位置,可以在黄河流域生态保护和高质量发展中发挥重要作用。河南省以比较稀缺的水资源和黄河塑造的华北平原,承载了1亿多人口、全国1/4的小麦产量和全国1/10的粮食产量,居全国前五位的经济总量,承担着保障国家粮食安全的重大任务。在推进黄河流域生态保护和高质量发展中,河南要抓好水土保持和污染治理,实施河道和滩区综合提升治理工程,减缓黄河下游淤积,确保黄河沿岸安全,以郑州大都市区建设为引领,以中原城市群为依托进行集约发展,大力推进节水农业、节水产业和节水城市建设,构建中原特色的现代产业体系,探索中原特色的高质量发展之路,把以中原地区为核心的黄河文化保护好、传承好和弘扬好,推动中原地区在黄河流域生态保护和高质量发展的道路上更加出彩。

抓住保护、传承和弘扬黄河文化新的历史机遇*

牛建强

2019年9月18日上午，习近平总书记在郑州主持召开黄河流域生态保护和高质量发展座谈会，并发表重要讲话。他在讲话中把黄河流域的生态保护和高质量发展，同京津冀协同发展、长江经济带发展、粤港澳大湾区建设、长三角一体化发展一样，上升为重大国家战略。这是新的历史时期党中央基于国家发展做出的重要布局和关键谋划，不仅为黄河流域发展指明了目标和方向，还提出了相应的实施原则和方法，对黄河流域生态、经济、社会建设将产生重大影响，同样也为黄河文化的大发展带来了新的历史机遇。

习近平总书记在关于保护、传承和弘扬黄河文化的论述中指出："黄河文化是中华文明的重要组成部分，是中华民族的根和魂。要推进黄河文化遗产的系统保护……深入挖掘黄河文化蕴含的时代价值……为实现中华民族伟大复兴的中国梦凝聚精神力量。"这里不仅指出了作为中华文明组成部分的黄河文化的历史地位，而且强调了黄河文化时代价值的挖掘对中华民族伟大复兴的重要作用。中华文化源远流长，博大精深，丰富多彩，而黄河文化在其中则拥有"根"的地位和"魂"的作用。习近平总书记对黄河文化的这一定位是建立在学者大量学术研究基础之上的科学论断。

在早期中国，由于各自地域环境条件的塑造，各个区域产生了具有地域性的文明。随着区域文明的往来、交流和互动，加之黄河流域所具有的适应较低生产力水平的疏松土壤和适宜气候条件，黄河文化不断吸纳、集聚周边文化而得到滋养，并迅速成长，从而由局部的地域文化跃升为中华

---

* 原载《人民黄河》2019年第10期。

文化的核心。通常我们所说的炎黄文化,其实是反映了这种不同类型地域文化互相渗透、最终凝聚的历史过程的概念。因此,海纳百川、博大包容、求同存异、民胞物与、共生共荣等成为黄河文化的精神内涵。在中国的史前时期、王朝时期和帝国时期,黄河流域为中华文化的形成贡献了地域力量。在黄河中下游地区,因不同时期的全国性政治中心的存在,创造了辉煌的物质文明,也创造了灿烂的制度文明和精神文明。在物质层面,黄河流域广布着体现黄河文化的物质载体,诸如各式民居、宗教设施、民谣歌舞、服饰餐饮、生产和交通工具等。在制度层面,由于相对独立的大陆地理环境、各式大规模工程的协调、幅员辽阔地区的管理,产生了具有东方大国风格的权力相对集中的政治体制和制度体系。这是历史的选择,"凝聚力"和"大一统"的概念早已渗入中华文化的传统之中,并且在新的历史时期经由结构性改造和转换,已经体现出"集中力量办大事"的体制优势。在黄河流域生态治理中,实现上下游、干支流和左右岸的协调,突破地方行政界线的阻隔,同样需要仰赖这种体制的强有力支撑。在精神层面,如上所谈及的黄河文化丰富的精神内容,由于其超越时空的特征,不仅在中国生态、社会、经济、文化的协调发展中发挥作用,也将为人类命运共同体目标的达成和重大国际问题的解决贡献智慧,因此将其明确为中华文化的根与魂,不仅是就其形成和地位而言,同样也是就其当下的作用而言。认真发掘和总结黄河文化的精神内涵,使之在中华民族伟大复兴的历史进程中发挥作用,是我们应该认真思考和担当的历史责任。

生态、经济和文化的建设是一体的。没有文化的民族是没有希望的,其经济发展也不可能持续和长远。习近平总书记的重要指示也包含这样的认识,即生态、经济和文化建设应是一盘棋,应具全局性。前面已提及黄河文化的制度遗产对各方面建设的作用。黄河流域的生态、经济建设皆离不开黄河文化的制约,要使黄河文化的积极内容为其所用。同样,黄河流域生态、经济建设也为新时期黄河文化内涵的充实、发展提供物质动力和实践基础。黄河文化不是独立的和空泛的,而是扎根于黄河流域深厚的实践土壤之中、具有丰富内涵的。在黄河流域生态保护中所提及的因地制宜原则,即符合黄河文化求真务实、尊重自然的精神。据笔者的多次调研,豫西北太行山南麓的一些山根坡地缺乏水源,基本是靠天收的状况,历史上曾经草木茂盛，因人口增长或人们认识的局限，从明清迄今一直处于开发状态，表面上看似在增加耕地，实则扰乱和破坏了草木涵养水源的条件，使小的生态环境越来越恶化。这种状况的延续，结果便是干旱趋重、收获量日减。类似的区域，应该采取如习近平总书记所说的“以自然恢复为主，减少人为干扰”的办法恢复其植被生态。这就是笔者在这里试图申明的：黄河文化和生态、经济建设是同步和一体的。只有依靠文化的支持和科学认识的指导，才能保障生态文明和经济建设的健康发展。因此，黄河文化的发掘、传承和弘扬，与生态、经济建设不是“两层皮”，而是互相为用的密切关系。我们必须上升到这样的高度来认识黄河文化所扮演的时代角色，这样才能充分发挥其历史价值和使命担当。

黄河文化遇到了空前大发展的良机，在中华民族复兴的历史进程中必将迸发出璀璨光芒和精神力量，同时自身也将更具旺盛活力和生命力。

黄河文明是中华文明的核心和主体*

闵祥鹏　马屯富

黄河是中华民族的母亲河,是亿万华夏儿女心目中的圣河,这里孕育出与尼罗河文明、两河文明、恒河文明等一样璀璨夺目的黄河文明。在中国古代文明的发展中,黄河文明是最有代表性、最具影响力的主体文明。

但近年来,红山文化、良渚文化等众多考古新发现,却让学者将探索文明起源的目光更多地投向黄河以外的地区,以致"满天星斗"说成为当前研究文明起源的流行观点,各地都强调本区域文明的特色性与先进性,突出其在中华文明起源中的重要作用,而忽视了中华文明形成后的相对统一性,模糊了中华文明核心的一致性以及主体的一元性。其实,中华文明在长达数千年的历史长河中,主体与核心一直是无可置疑的,那就是黄河文明。黄河文明的传承是中华民族集体记忆的延续,其主要体现在以下三个方面。

一、中华文明的传承主要来自黄河文明

黄河文明不仅是东亚地区,也是世界上唯一延续至今的文明。虽然史前时代曾经有过许多高度发达的区域文明,但大多消失在了历史的长河中,即便是良渚文化、红山文化等也都未能延续至今。我国的许多历史记载与文化传承都来自黄河文明,其中既有真实的历史史实,也有真伪难辨的古史传说。但这些都是一代代远古先民记忆的缩影,里面包含了华夏民族的形成、氏族部落的兴衰、农耕技术的发展、王权社会的建立、历法制度的滥觞、宗教礼制的出现。尤其是"万姓同根,万宗同源"的根亲观念,使

* 原载《河南日报》,2014 年 11 月 14 日。

得诞生伏羲、黄帝、炎帝等华夏先祖的黄河流域,成为海内外亿万华人心目中姓氏、宗族、家庭的根脉之地。即使将古史传说中三皇五帝的英雄时代、略显模糊的夏代排除在外,裴李岗文化、大地湾文化、仰韶文化、马家窑文化、龙山文化、二里头文化等在时间与文化序列上仍然保持了毋庸置疑的连续性与关联性。商周以来的甲骨文、金文、城址遗存、宫殿基址、青铜铸造等文明产生的标志性要素也无可辩驳地证明着黄河文明的真实性与先进性。因此,让中华千年文明传承至今的并非长江文明、珠江文明、辽河文明,而是黄河文明。黄河文明的传承既是整个中华民族历史的传承,也是华夏民族集体记忆的延续。

二、黄河文明是中华民族集体记忆的核心与主体

自商周至唐宋,黄河流域在中华文明的历史长河中一直是政治、经济和文化的中心。在承载民族记忆的史书典籍中,黄河文明始终引领着中华文明的发展方向。在三千年文明历程里,法、道、墨、儒、阴阳、名、杂、农、纵横等百家争鸣在此展开,汉赋、唐诗、宋词的许多不朽篇章在此诞生,两汉经学、魏晋玄学、宋明理学等在此孕育,天文历法、中医中药、农田水利、陶瓷、丝绸、造纸、活字印刷等古代科技由此传向世界。汉语汉字、工笔绘画、雕塑建筑,甚至中华文明中独特的国家体系、宗法制度、社会习俗等都在这里形成,并根植于整个民族集体的血脉之中。安作璋、王克奇先生曾说:“由于其(黄河文化)本身具有经济上的先进性、政治上的正统性、学术上的包容性及所处的特殊的地理位置,黄河文化长期居于中国古代多元文化的领导地位,成为当时多元文化的凝聚中心和中华古代文明当之无愧的代表,并且不断给予周围的多元文化以深刻的影响,最终形成了以黄河文化为核心的、统一的、不可分割的‘多元一体’的文化体系——中华文明。”①即便是“满天星斗”说的倡导者苏秉琦先生也从来没有否认过黄河流域在中华文明发展中的地位,反而指出:“六千年到四五千年间中华大地如满天星斗的诸文明火花,这里(黄河流域)是升起最早也是最光亮的地带,所以,它也是中国文化总根系中一个最重要的直根系。”②中华民族的历史记

① 安作璋、王克奇:《黄河文化与中华文明》,《文史哲》1992 年第 4 期,第 3 页。
② 苏秉琦:《中国文明起源新探》,生活·读书·新知三联书店,1999,第 126 页。

忆大都是源于最重要的直根系——黄河文明,黄河文明是中华民族集体记忆的核心与主体,也是整个中华民族凝聚力与向心力的根基。

三、黄河文明的包容性与整合性塑造了中华民族相对一体的文明主轴

黄河文明在其形成演进过程中,一直具有独特而鲜明的文化类型与文明形式。但借鉴、包容其他域外文明,同样对黄河文明演进与传承起着至关重要的作用。黄河文明也正是以自身文明为基础,结合其他域外文明成果,整合、创新并最终形成了具有鲜明特色的华夏主流文明。这里所谈及的域外文明不仅是指我国其他地域文明,而且包括中亚、北亚、西亚等世界范围内其他地区的文明成果。黄河流域地处东亚大陆的核心,是东西方文明交流的主要通道——南北丝绸之路的起点,也是史前东西方人类大迁徙的必由之路,独特的地理位置使得黄河流域在中国文化史上曾是一个最活跃的民族大熔炉。从陶器、青铜器、车马技术、原始宗教、社会习俗中,可以发现黄河文明与周边文明存在某些共性,甚至具有与世界其他文明相似的类型。这些文明的相似性固然可以用人类学家 Bastian(巴斯蒂安)所言的“人类精神的同质性”来解释,但也不能忽视世界范围内文明交流所起到的重要甚至是关键作用。中国社科院彭卫先生曾说过:“任何文明的形成、发展、兴盛都离不开与其他文明的交流,而任何文明交流的产生都是历史时期人口流动与迁移下的结果。”或者是战争,或者是贸易,或者是文化的交流,使得一群群古老的部族或者个体从黄河流域出发到达中亚、北亚、西亚、东欧、北非,也有另外的人群从中亚、南亚甚至欧洲来到黄河流域,在流动与迁移中他们把世界其他文明与文化带到了中国,也将中华文明传播到世界。因此,东、西方文明之间的互动交流使得黄河文明得以包容与整合域内外文明的优秀成果,形成多样但一体的文明主轴。

确立黄河文明在中华文明中的核心与主体地位,不仅是事关中华文明传承与现代中国民族集体记忆延续的重大问题,而且对于增强中华文明的核心价值观、提升民族的向心力与凝聚力具有重要的理论意义与现实价值。所以,黄河文明的主体性与核心性是中华文明的统一性和不可分割性的具体表现,是维护国家统一和民族团结的精神支柱与文化主轴。

"黄河学"学科构建刍议*

吴朋飞

摘要:"黄河学"研究分为三个发展阶段:倡议始于20世纪80年代,21世纪初期有新的发展,2009年跨入新的阶段。黄河学的研究对象应为时空演进中的黄河及其流域和影响区;黄河学二级学科可分为黄河学理论、黄河自然科学学、黄河人文科学学、黄河社会科学学、黄河工程学和黄河综合学。河南大学黄河文明与可持续发展研究中心为"黄河学"研究和创建"黄河学"学科体系做了大量的工作,"黄河学"研究大有可为。

关键词:黄河学;黄河;黄河研究

一、"黄河学"研究现状

"黄河学",顾名思义就是研究黄河的学问。中华上下五千年的文明史,从某种程度上讲,就是在与水旱灾害不断抗争中求发展的文明史。自古及今,言黄治黄者代有其人,但都很难制服这条桀骜不驯的大河。古代社会,黄河沿岸民众得益于黄河,亦受苦于黄河。新中国成立60年来,在党和人民的共同努力下,黄河溃决泛滥的问题基本得到了遏制,确保了60年黄河的岁岁安澜。不过,诸如黄河断流、污染、凌汛等新的问题却不断出现。实践证明,单靠某个领域、一两个学科根本无法解决黄河问题,这需要多学科、多领域综合集成。在新的形势下,适时提出"黄河学"学科构建,是非常有必要的。提出建立"黄河学"科学体系,不是凭空构想的,学术界

* 基金项目:教育部人文社科重点研究基地2008年度重点课题(YRCSD08A14)。原载《天中学刊》2010年第4期。

是有充分学术基础的。

20 世纪 80 年代就有人开始倡议建立“黄学”。《人民黄河》1985 年第 6 期设专栏研讨建立“黄学”的必要性和可能性。一辈子治黄的黄河水利委员会原主任王化云晚年积极倡议开展“黄学”研究,坚持撰写治黄文章。他从黄河在我国政治、经济、文化等方面所处的重要地位,黄河的治理与开发在国民经济建设中的作用和价值以及黄河本身的特殊性、复杂性出发,阐述了建立专门研究黄河的学问——“黄学”的必要性,希望有关方面的专家、学者和关心黄河治理与建设的人们,从各自不同的领域,共同探索黄河的规律,寻求全面治理和开发黄河的途径。①

同年,钱宁亦指出“黄河流域是中国民族的摇篮,在这里,孕育形成了世界上最光辉灿烂的文化”,“长期以来黄河又成了中国人民的灾难”,“世界上任何一条河流也没有像黄河那样保存有如此浩瀚的历史背景材料,这是列祖列宗传给我们的一份珍贵的遗产”,“要充分利用近代科学的知识”来进行总结,并把它“提高到哲学的高度”,由此他提出了创建“黄学”的理想。② “如果是在自然科学领域里,大家都来研究黄河,形成一门‘黄学’,从此‘红学’‘黄学’相互媲美。今天提出这样的希望,也许还不是没有一点基础吧”③。显然,“黄河流域的开发利用在国民经济建设中所起的重要作用,以及黄河由于含泥沙多所带来的举世无双的特殊性,决定了“黄学”的研究有其广阔的远景”④。刘善建则从洪水泥沙、兴利除害、整治重点与整治战略等方面阐述了黄河的水沙特点和治理开发的特殊性,说明了“黄学”研究的必要性和迫切性。⑤

黄河区域包括黄河流域以及古今与黄河关系十分密切的黄淮海平原等地域,是个有着漫长演化历史的极其复杂的综合体,是个自然与人文、现实与传统、广阔地域与悠久历史相结合的巨系统。1989 年 10 月宋正海、高

---

① 王化云:《大家来研究“黄学”》,《人民黄河》1985 年第 6 期,第 3 – 5 页。

② 钱宁:《“黄学”研究前景广阔》,《人民黄河》1985 年第 6 期,第 6 – 8 页。

③ 钱宁:《“黄学”研究前景广阔》,《人民黄河》1985 年第 6 期,第 8 页。

④ 钱宁:《“黄学”研究前景广阔》,《人民黄河》1985 年第 6 期,第 6 页。

⑤ 刘善建:《从黄河治理的特殊性看黄学研究的必要性》,《人民黄河》1986 年第 3 期,第 55 – 57 页。

建国等8人在陕西宝鸡举行的全国黄河流域重大灾害及其综合研究会议上，以及同年12月宋正海、陈瑞平、高建国等11人在北京举行的第三届全国天地生相互关系学术讨论会上，提出建立"黄河学"，并从"黄河学"的研究对象、结构、社会功能、方法、历史必然性等方面全面论证了"黄河学"存在的合理性及其在当时中国产生的必然性。此时期提出"黄河学"的主要论著有《黄河区域的综合研究》①、《黄河学纲要》和《黄河区域问题综合研究的发生发展——试论黄河学在中国崛起的历史必然性》②。在陕西宝鸡举行的全国黄河流域重大灾害及其综合研究会议，是涉及"黄河学"研讨的第一次学术会议，在"黄河学"发展史上功不可没。

20世纪90年代，揭曾佑认为："黄学者，根治黄河的学问也。根治者，从根本上对黄河进行综合治理之谓也，具体地说，就是针对黄河成灾，及全流域的水土资源和其他自然资源不能充分发挥综合经济效益的根本原因，采取多种措施，进行综合治理的意思；也可以叫'治本'。"③

2001年，在全国政协九届四次会议上，中国残联主席张海迪和清华大学教授张红武建议创立"黄河学"：创立"黄河学"，使黄河文化发扬光大，推动中华民族的团结和统一，"我们都是黄河的儿女，了解黄河、研究黄河是我们应尽的义务，让我们共同为黄河文化的辉煌尽力吧"。

2009年11月21日，在河南大学黄河文明与可持续发展研究中心（本文以下简称"中心"）召开的"黄河学"高层论坛上，张红武再次呼吁："黄河问题绝不是单纯的水利、防洪等工程问题，而是具有深刻的文化内涵，关系到社会政治、经济、国力等。研究黄河，单靠水利学科远远不够，需要经济学、哲学、社会学、史学、考古学、地学、农学、气象学等多学科的参与和渗透，通过研究黄河学为黄河文化贡献力量。"

21世纪初的前后10年，黄河流域人口迅速增长，经济社会迅猛发展，

---

① 宋正海：《黄河区域的综合研究》，《科学学研究》1989年第4期，第30－36，19页。

② 陈瑞平、宋正海、艾素珍等：《黄河区域问题综合研究的发生发展——试论黄河学在中国崛起的历史必然性》，载中国科学技术协会学会工作部编《天地生综合研究进展》，中国科学技术出版社，1989，第169－173页。

③ 揭曾佑：《解放思想　研究黄学》，《林业资源管理》1995年第3期，第43页。

水资源供需矛盾十分突出,水污染日趋严重,水土流失尚未得到有效遏制。因此,研究“黄河学”,不得不从治理黄河入手。2004 年初,黄河水利委员会的李国英主任等人从反思河流治理的终极目标入手,以人水和谐为宗旨,确立了“维持黄河健康生命”的治河新理念,提出了“河流伦理”的新概念。

近年来,侯全亮、魏世祥也呼吁建立“黄河学”,他们认为,黄河早已不只是一条地理河、水利河,更不是一条工程河,它还是一条政治的河、经济的河、历史的河、文化的河、军事的河、生态的河、人文的河……而且这些学科中的黄河,既有着某种共同的属性,更有其密切的内在联系。若在现有基础上,采取相互交叉、相互渗透的研究方法,将有关黄河的各种学科联结起来,既能萌发新的成果,也必将使原学科得到充实与深化。面对当今黄河日益艰困的流动,各种新旧矛盾的纵横交织,将“黄河学”的研究引向深入,并与实践相结合,已经显得十分迫切。因此,他们认为创立一门“黄河学”,不仅是可行的,也是急需的。① 他们长期生活和工作在开发和治理黄河的第一线,对黄河问题有着比较深刻的认识,他们倡议建立“黄学”也就不足为怪。

黄河是中华民族的母亲河,文史学工作者多从文明、文化角度对“黄河学”体系进行丰富。

侯仁之主编的《黄河文化》,从地理环境与文明发展的关系研究出发,简明扼要地叙述了上古三代的黄河文明之后,提纲挈领地以城市作为黄河文化发展变迁的主线加以论述。② 全书 100 多万字,是国内学术界第一部系统论述黄河文化的著作。侯甬坚对黄河与中国古代文明发生的关系问题也进行了相关思考和研究③。

许平等主编的《黄河文化丛书》,将黄河文化分为宗教、民食、艺术、服饰、住行、民俗、黄河史、黄河人等多卷,将五千年来黄河流域所呈现的全部文明成果都列入研究范畴。李学勤、徐吉军主编的《黄河文化史》将黄河文化的发展分为史前、夏商西周、东周、秦、汉、魏晋南北朝、隋唐、五代、北

① 侯全亮、魏世祥:《天生一条黄河》,黄河水利出版社,2003。

② 侯仁之主编《黄河文化》,华艺出版社,1994。

③ 侯甬坚:《朝宗——黄河与中华文化》,陕西人民教育出版社,1991。

宋、辽夏金元、明清、近代12个时期,从发展历程、主要成就、与其他文化的交流等视角,叙述了不同时期黄河文化的发展面貌。① 徐吉军还撰文将黄河文化细分为广义文化、狭义文化,并将黄河文化区分为三秦文化区、中州文化区、齐鲁文化区、燕赵文化区、三晋文化区、河湟文化区等②。

安作璋、王克奇认为:“在中华古代文明的多元文化中,黄河文化是最有代表性、最具影响力的主体文化。作为一种植根于黄河流域的地域性文化,它产生于新石器时代,经过长期的发展和文化交流,在明清以后逐渐融入统一的中华文明之中。由于其本身具有经济上的先进性、政治上的正统性、学术上的包容性及所处的特殊的地理位置,黄河文化长期居于中国古代多元文化的领导地位,成为当时多元文化的凝聚中心和中华古代文明当之无愧的代表,并且不断给予周围的多元文化以深刻的影响,最终形成了以黄河文化为核心的、统一的、不可分割的‘多元一体’的文化体系——中华文明。中华文明的统一性和不可分割性,是我们维护国家统一和民族团结的精神文化支柱。”③

李振宏、周雁认为,黄河是旱地农业文化,是黄河流域人民在长期的历史发展过程中形成的文化体系。它具有起源早、成熟快,政治色彩鲜明,同化能力强等文化特色。其历史发展过程可分为5个阶段:从仰韶文化到河南龙山文化的原始发展时期,夏商周三代独立文化系统的形成时期,从春秋战国到唐宋的鼎盛繁荣时期,元代以后的迟滞与衰落时期,近代以来的挑战与再生时期。④ 另外,于希贤、李民等对黄河文化的传播和影响进行了很好的论述⑤。

2009年11月,在“黄河学”高层论坛上,张新斌在系统梳理60年来黄河变迁、黄河文化研究成果的基础上,指出黄河研究涉及人文、自然等方

---

① 李学勤、徐吉军主编《黄河文化史》,江西教育出版社,2003。

② 徐吉军:《论黄河文化的概念和黄河文化区的划分》,《浙江学刊》1999年第6期,第134-139页。

③ 安作璋、王克奇:《黄河文化与中华文明》,《文史哲》1992年第4期,第3页。

④ 李振宏、周雁:《黄河文化论纲》,《史学月刊》1997年第6期,第76-84页。

⑤ 于希贤、陈梧桐:《黄河文化——一个自强不息的伟大生命》,《北京大学学报(哲学社会科学版)》1994年第6期,第31-43页。李民、史道祥:《黄河文化的历史价值》,《郑州大学学报(哲学社会科学版)》1994年第6期,第5-11页。

面,不是单一学科所能包容的,因此应建立与黄河有关的“黄河学”,以适应这种研究的需要。“黄河学”建立十分迫切,也十分必要。他认为:“黄河学,有广义与狭义之分。广义的黄河学,包括与黄河有关的所有学问,包括从古到今,从自然、工程到社会、人文等方方面面。狭义的黄河学,主要指与黄河变迁、黄河水利、黄河文化相关联的学问。狭义的黄河学所涉及的学科,有属于历史地理学范畴的黄河变迁、黄河演变史;有属于交叉学科的黄河环境、黄河生态史;有属于科技史范畴的黄河水利史;有属于文化学内容的黄河文化史、黄河文明史。”①牛建强提出,黄河文化应是黄河学的基本内容,黄河文化在现代社会中的变化和黄河文明可持续发展是研究的重点。他特别强调“不能以现代黄河流域的划定作为研究对象的绝对分界标准”“注意黄河流域文化和其他区域间的比较分析”是在黄河文明的具体研究中不可忽视的两个问题。② 王星光认为,“黄河学的构建,应当把生态环境与社会发展的关系作为重中之重”③。

地理学工作者也积极为创建“黄河学”学科体系理论贡献智慧。2005年,管华、张大丽在《“黄河学”论纲》④一文中,系统而全面地论述了“黄河学”的内容和性质以及建立“黄河学”的意义和可能性。该文指出:“黄河和黄土高原是世界上独一无二的自然地理单元,黄河流域是中华文明的发祥地,建立和发展以黄河及其流域为研究对象的‘黄河学’,具有固植黄河根源、发扬黄河精神、发展黄河文化、弘扬黄河文明、促进黄河综合研究、推动黄河开发整治等多方面的重大意义,并且有着研究对象、研究视角和研究基础方面的可能性。‘黄河学’应是建立在自然科学、社会人文科学、文学艺术科学及技术科学之上的综合学科,具有综合性、区域性和具象性特征,包括自身基本理论、黄河及其流域自然规律、社会发展规律、文化艺术、自然－社会系统和研究方法6个方面的研究内容。”在“黄河学”高层论坛

---

① 张新斌:《六十年来黄河变迁、黄河文化的研究与黄河学的建立》,“黄河学”高层论坛交流材料,2009。

② 牛建强:《关于黄河学与黄河文化研究的思考》,“黄河学”高层论坛交流材料,2009。

③ 王星光:《环境视野与黄河学的构建》,“黄河学”高层论坛交流材料,2009。

④ 管华、张大丽:《“黄河学”论纲》,《人民黄河》2005年第11期,第5－7页。

上,管华又对"黄河学"学科概念进行了释义,使学术界对"黄河学"的科学认识趋于清晰。

刘涛认为:"以黄河为题材的文学作品即黄河文学也应该属于'黄河学'的一个有机组成部分,研究'黄河学'必然要涉及黄河文学……对黄河文学的研究,就是认识'黄河'、构建'黄河学'的一条必由之径。"①

诚然,不同学科的"黄河学"研究,可以有多种"黄河学"研究范式存在。当前要建立的"黄河学"必然要突破这样的学科畛域,我们力图建立的"黄河学"是与黄河有关的一切学术的总称,是水利、工程、地理、历史、文学、环境、生态等多学科交叉综合的一门学科。"黄河学"学科发展历程,大致分为三个阶段:一是20世纪80、90年代,站在黄河治理第一线的水利和治黄专家倡议建立"黄学",着眼于黄河的治理与开发,为现代化建设服务。80年代末,自然科学工作者从区域系统论提出"黄河学"综合研究。90年代略显沉寂。二是21世纪最初的五六年,反思治河思路,提出"维持黄河健康生命"的治河新理念,将"黄河学"认识水平提高到新的哲学高度,"黄河学"学科建设进入了新的发展阶段。地理、史学、文学、水利学等不同学科领域,纷纷从自身专业角度提出"黄河学"构建框架。黄河文化一直是"黄河学"研究的核心主题之一。三是2008—2009年"黄河学"学科构建,成为"黄河学"深入研究的首要任务。2009年11月"中心"召开"黄河学"高层论坛,来自全国各地的专家学者就"黄河学"建设的意义、学科属性、学科内涵、研究思路与方法进行了深入而广泛的探讨。这是全国第一个关于"黄河学"学科创建研究的学术论坛,在"黄河学"学科建设史上具有划时代的里程碑式意义。

二、"黄河学"的研究对象、内容和方法

"黄河学"是以黄河为对象,研究特殊流域综合体的产生、发展演化规律的多学科交叉的综合性学科。

"黄河学"的研究对象,我们认为至少分三个层次:首先是现实中的地理实体上的一条大河,包括提供养分的支流和流域,这是通常认识的第一

① 刘涛:《黄河文学研究绪论》,载牛玉国主编《黄河与河南论坛·黄河文化专题研讨会文集》,黄河水利出版社,2009,第203页。

个层次。其次,还应当包括它曾经流淌过的区域,即广大黄淮海平原、黄河故道、黄泛区等,这是第二层次。最后,在此基础上还应该包括黄河的影响区(黄河文化),如“引黄济青”“引黄济津”,即青岛和京津冀地区等。将来南水北调东、中、西三线成功实施,到那时“黄河学”的研究对象也将扩展到长江流域。显然,“黄河学”的研究对象是不断发展的。我们要树立大黄河、时空黄河的概念,用发展变化的眼光看待“黄河”,只有这样“黄河学”的研究对象才更为明确、具体,让研究者容易做到有章可循。概括而言,“黄河学”的研究对象为:时空演进中的黄河及其流域和影响区。

过去我们研究黄河,多从解决具体问题和文化、文明等单一角度进行研究,研究边界十分广泛,内容庞杂,没有上升到学科层次,仍属于现象层次。如今提出时空交织的大黄河,那么,“黄河学”就成为一个时空交织的多层次、多维度的综合学科,其研究内容应该更加系统和条理化。有研究指出,“黄河学”至少包含以下研究内容:学科自身基本理论研究、黄河及其流域自然规律研究、黄河及其流域社会发展规律研究、黄河流域文化艺术研究、黄河流域自然 - 社会系统综合研究、黄河学研究方法研究。① 这可作为本学科目前暂用的初步的研究内容,随着研究的深入、认识的不断深化,还可以丰富和完善研究内容。

“黄河学”的研究对象和研究内容界定十分明确。作为新学科,它需要建立概念、术语、范畴、体系,描述历史发展,论证学科体系,揭示学科规律,阐明学科的功能和应用等,最终建立“黄河学”的理论体系。既然“黄河学”是一门独立的多层次、多维度、综合性的学科,其下有没有二级、三级学科? 我想应该存在,而这必须遵循科学体系原则进行构建。20 世纪以来,西方学界基本认同人类社会三大类型科学:自然科学、社会科学、人文科学。此外,从科学体系来划分,与这三种综合性科学并列的还有工程科学等。这样,对“黄河学”这一学科理论体系进行架构,目前而言至少包括以下研究方面:“黄河学”基本理论和方法、黄河自然科学学、黄河人文科学学、黄河社会科学学、黄河工程学、综合“黄河学”。在这一理论框架下,凡是在“黄河”舞台上演绎的类型各异的人类活动,都可以纳入这一研究

① 管华、张大丽:《“黄河学”论纲》,《人民黄河》2005 年第 11 期,第 6 - 7 页。

领域。政治、经济、文化、民俗、生态、环境、人种、民族等无所不包，某一分支研究异常发达，时机成熟，就可以相应形成三级学科，如黄河水利学、黄河文明学、黄河文化学、黄河地质学、黄河历史地理学等。另外，按照功能或职能划分，可以分为理论黄河学和应用黄河学。搞黄河河道、泥沙、洪水治理和工程建设的，可纳入应用黄河学范畴。当然，学科建设就是理论体系建设，“黄河学”经过近30年的发展，仍处于初生萌发阶段，相对于其他学科而言，“黄河学”是一门新兴学科，需要进一步深入探讨。

“黄河学”是一门跨自然、人文学科的多范式综合性学科，在发展过程中不要过分拘泥于某种固定的研究范式，可根据研究主题选择合适的研究方法。如探讨黄河人文社会科学问题，可采用人文社会科学研究方法；如研究内容属于人文社会科学和自然科学交叉领域，可采取跨领域跨学科“综合集成”研究方法。

三、“中心”——“黄河学”学科建设平台的建立

“中心”是教育部人文社科重点研究基地，创建的出发点就是通过扎实的科研来复兴伟大的黄河文明、促进黄河沿岸经济社会的可持续发展。为此，“中心”建立了4个特色方向的研究所：制度变迁与经济发展研究所、生态与可持续发展研究所、黄河文明研究所、中原文化与民俗研究所。2010年1月9日又添建古汉字研究所，从不同角度对文明传承与经济社会可持续发展展开“黄河学”学术研究。

在“中心”编制的“十一五”发展规划中，列有以下三类重点研究规划课题：

第一，黄河文明形成与发展研究系列。主要包括黄河文明形成与变迁的综合集成研究、黄河旅游文化及其历史变迁研究、明清以来河南基层社会转型研究、河南经济通史研究、河南民间文化资源数据库建设等。

第二，制度、文化与黄河流域经济发展研究系列。主要包括黄河下游农区工业化与社会转型路径研究，黄河沿岸地区文化、农户行为与农区发展研究，社会嵌入与黄河流域区域创新模式研究等。

第三，黄河流域可持续发展研究系列。主要包括黄河流域中心城市经济转型动力、过程与可持续发展模式研究，黄河流域城市群地区城市化与

生态空间格局演变互动机理研究,黄河流域区域经济协调发展研究,黄河流域农村劳动力转移与城乡协调发展研究。

在“文明与可持续发展”的框架下,“黄河文明的形成与发展”学术研讨会于2005年9月召开。会议主要围绕“黄河文明与中国早期国家的形成”“黄河、长江流域古城堡的性质与文明的起源”“黄河流域的农耕文化”“儒学与中国政治”“黄河流域的社会风俗”等议题展开讨论。

2008年10月,河南大学顺利进入省部共建高校行列,“中心”领导苗长虹等抓住省部课题的契机,适时提出了“黄河学”哲学社会科学建设平台。根据当时的设想,平台建设主要有5个方面的内容,即黄河文明的演进与发展、黄河文化典籍与民间文化遗产、黄河生态与可持续发展、黄河中下游地区社会经济转型与现代化、黄河流域地理信息集成与空间综合。目前,“黄河学”平台已获批“基于地层分析法的开封‘城摞城’奇观与黄河水患关系研究”等15项省部共建项目,为“黄河学”进一步深入研究奠定了基础。

2008年,“中心”编辑出版了《黄河文明与可持续发展》集刊,是对“黄河学”建设的贡献。集刊刊登的高质量论文,都紧扣“黄河学”建设,且在“卷首语”和“征稿简则”中,都充分体现了创建“黄河学”的决心和信心。如“卷首语”中有这样的话语:“开展黄河文明及沿岸地区可持续发展研究,创建以黄河为对象的‘黄河学’,是实现中华民族伟大复兴和中华文明绵延传承的应有之义。”“我们相信,有广大学者的鼎力支持和我们的不懈努力,她一定会茁壮成长,为黄河文明的伟大复兴和‘黄河学’走向全国乃至世界,发挥她应有的作用。”①“征稿简则”中说:“为推动黄河文明的伟大复兴和‘黄河学’研究,特向学界同人征稿。”②可见,集刊的编辑单位已对“黄河学”的建构有了自己的想法,并在行动中一步步落实。

李玉洁主编的《黄河文明的历史变迁》系列丛书,已于2010年初由科学出版社出版发行。丛书包括《黄河流域的青铜》《殷商甲骨文研究》《黄

① 苗长虹主编《黄河文明与可持续发展》(第1卷第1期),河南大学出版社,2008。

② 苗长虹主编《黄河文明与可持续发展》(第1卷第1期),第230页。

河流域史前聚落与城址研究》《秦汉魏晋南北朝黄河文化与草原文化的交融》《唐宋时期黄河流域的外来文明》《黄河文化与西风东渐》《中国古史传说的英雄时代》《黄河流域的农耕文明》《儒学与中国政治》，这是对黄河文明形成和发展史的重要梳理，显然是对“黄河学”的重要贡献。

2009 年 2 月 18 日，“中心”召开“黄河学”哲学社会科学创新基地论证会。会议就“黄河学”的内涵、研究对象、学科体系建设及目标等问题进行了深入探讨，河南大学副校长赵国祥和“中心”全体专兼职研究人员建议就“黄河学”的近期目标、远期目标以及人才培养等方面做进一步的思考和科学规划。

2009 年 10 月，适逢伟大的新中国 60 华诞庆典，“中心”承担了《辉煌历程——庆祝新中国成立 60 周年重点书系》中 52 种图书之一的“黄河开发与治理 60 年成果展现”的撰写任务，顺利完成并出版了《黄河开发与治理 60 年》①一书。正如作者在前言中所言：本书的编写，体现了“中心”为创建和发展“黄河学”所做出的努力。

2009 年 11 月 21—22 日“黄河学”高层论坛研讨会召开，国内外学界同人齐聚古都开封贡献智慧，是“中心”为“黄河学”学科理论体系的创建，向全国乃至世界同人发出共同参与、共同努力的号召。这次会议的成功召开，为“黄河学”学科发展打下了扎实基础，是“黄河学”发展历史上的里程碑。

从“中心”开展的一系列工作来看，“黄河学”学科创建工作明显分为三个阶段：一是 2002 年“中心”成立和发展建设以来，以“黄河文明与可持续发展”为研究主旨，开展了一系列研究，这是“中心”基地建设的需要，也为“黄河学”的提出和进一步开展工作打下了基础。二是 2008 年以来，“黄河学”的发展雏形已在“中心”全体同人头脑中有了大致框架，有些已经成熟，有些还在探索中，这从《黄河文明与可持续发展》集刊、“黄河学”哲学社会科学平台建设、《黄河开发与治理 60 年》出版等工作中得到了充分体现。三是 2009 年“黄河学”高层论坛的圆满召开，标志着“黄河学”研究工作跨入了新的发展阶段。

① “中心”编著《黄河开发与治理 60 年》，科学出版社，2009。

四、"黄河学"研究展望

自古及今,言黄治黄者,代有其人。黄河研究文献海量,都设法解决黄河的根本问题。我们站在时代的高度,从大黄河复杂巨系统着眼,提出创建"黄河学"学科,非常具有紧迫性和现实意义。

一门新兴学科的构建,是需要时间检验的,"黄河学"能不能成为一门学科,这是大家需要思量的。吴传钧院士在给《中国人文地理丛书》作序时,曾引用竺可桢先生提出的五个标准来衡量一个学科是否成熟:一要有一大批高素质的专业科学家;二要有学科本身的理论体系;三要应用具有本门学科特点的方法;四要在为国民经济服务中发挥非其他学科所能替代的作用;五要有大量本门学科的成果资料的积累。这五方面的尺度是相互联系的,其中成果出版发行的数量和质量显然是最具体的衡量。①

对照这五个标准,显然目前所做的工作还远远不够,甚望学界同人共同努力,多出高质量成果,一起朝着这一伟大目标迈进。

"中心"领导苗长虹认为:"黄河学"是关于黄河生命的学问,研究它能够促进人地、人水、人河和谐相处,为社会经济和自然和谐发展提供强有力的理论支持,使我们对自然生态系统得到进一步的认识。其在"黄河学"高层论坛会议总结时,还表示:"中心"正在考虑成立"黄河学"研究会,联合国内外研究黄河方面的专家学者,为研究"黄河学"而努力;尽快组织编写《黄河学概论》,为"黄河学"科学研究和发展指明方向;今后每年会举办一次这样的高规格论坛,着手解决"黄河学"创建过程中遇到的难题。

"黄河学"的创立是黄河学术研究中的一个新突破,我们有理由相信,"黄河学"的产生和成长有着天时、地利、人和的条件,其必将在学术风雨中茁壮成长、最终得到学术界的广泛认可。"中心"将坚持不渝地朝着既定目标前进,为"黄河学"学科建设提供平台、贡献智慧。

---

① 邹逸麟主编《中国历史人文地理》,科学出版社,2001。

何谓“黄河学”？如何“黄河学”？*

——一种学术史的回顾与反思

王洪伟

摘要：本文从学术史的视角梳理了“黄河学”学科化努力的过程、时代背景和理论动力，提出“黄河学”是近年来黄河流域各学科学者基于黄河文明重要性及当代区域发展严重滞后景况的文化自觉和理论自觉。“黄河学”学科建设从这种“内在”的学术反省肇始，以相关科研机构构建和学术研讨为起点。在反思和回顾既往“黄河学”研究的基础上，本文强调提出，“黄河学”学科化建设的突破或当务之急是以“问题意识”为着眼点推动方法论创新，着意推动“黄河学”研究的“社会科学”转向、“当代”转向、“田野”转向和“发展”转向。

关键词：黄河学；学科建设；理论自觉

“黄河学”学科化建设，是近年来黄河流域“在地”高校科研机构及其学者面对极具文明重要性的区域发展严重滞后乃至“塌陷”背景下的理论自觉，本文旨在梳理“黄河学”学科研究的缘起、学科性质、理论和实践动力及学科方法论等知识生产和建构的基本方面。本文从“黄河学”学科化努力的历史过程研究起步，探索了“黄河学”学科化的历史现实背景和理论动力，在既往相关研究的基础上，着重提出了“黄河学”研究须认真对待的几个研究“转向”，为“黄河学”研究提供一些新思维，以此推动“黄河学”研究或学科化建设的深化。

一、学科史线索：“黄河学”的来龙去脉

在“黄河学”学科化倡导之前，早在20世纪80年代，首先是水利学者

---

* 原载《黄河文明与可持续发展》2013年第2期。

及实际工作者提出建立“黄学”的设想。水利部黄河水利委员会主办的《人民黄河》1985 年第 6 期曾开设专栏研讨“黄学”设想的必要性和可能性。水利部黄河水利委员会原主任王化云先生从黄河在我国政治、经济、文化等方面所处的重要地位,黄河的治理与开发在国民经济建设中的作用和价值以及黄河本身的特殊性、复杂性出发,讲述建立专门研究黄河的学问——“黄学”的必要性、重要性,呼吁学者从各自不同的领域共同探索黄河的规律,寻求全面治理和开发黄河的途径。① 王化云先生倡导的“黄学”研究,侧重于黄河的治理、建设与开发。

国际著名泥沙专家、清华大学教授钱宁先生从黄河“多沙”的泥沙问题出发,阐述在自然科学领域里把“黄学”作为一门专门学科来进行研究的广阔前景。他甚至设想,在人文科学领域里,基于曹雪芹的《红楼梦》出现了大量有关作者生平考据及艺术价值研究的论著,形成了一门脍炙人口的“红学”;若在自然科学领域里形成研究黄河的一门“黄学”,从此“红学”“黄学”可以相互媲美。②

综之,水利学者的“黄学”研究对象实际上主要侧重“黄河水利”,带有浓郁的自然科学性质和味道。

1989 年,中国科学院自然科学史研究所研究员宋正海③首次提出构建“黄河学”的学科构想,系统地从“黄河学”的研究对象、结构、社会功能、研究方法和历史必然性等方面全面论证了“黄河学”存在的合理性和在当前中国产生的必然性。④ 宋正海的“黄河学”设想曾于 1989 年 10 月在陕西

① 王化云:《大家来研究“黄学”》,《人民黄河》1985 年第 6 期,第 3 - 5 页。

② 钱宁:《“黄学”研究前景广阔》,《人民黄河》1985 年第 6 期,第 6 - 8 页。

③ 宋正海(1938—),浙江海宁人,中国科学院自然科学史研究所研究员。1964 年北京大学地质地理系毕业后分配至中国科学院自然科学史研究所从事科研工作,直到 1998 年退休。曾任该所生物学史地学史室主任,兼所科技史综合研究中心(组)主任、中国科技史学会地学史专业委员会主任,主要从事地球科学史、海洋学史与海洋文化、科学史理论、历史自然学、自然国学、天地生人综合研究等。

④ 宋正海:《黄河区域的综合研究》,《科学学研究》1989 年第 4 期,第 30 - 36,19 页。

宝鸡举办的全国黄河流域重大灾害及其综合研究会议上公开提出,①初为学界认知,其对“黄河学”学科化努力的开创性不言自喻。宋正海等的“黄河学”构想,以“黄河区域”为研究对象,带有学科综合的倾向。

2001 年,在全国政协九届四次会议上,全国政协委员、清华大学黄河研究中心主任张红武联合中国残联主席张海迪建议创立“黄河学”。在其看来,黄河不仅仅是一条伟大的河流,更代表着一种渊博的文化;黄河问题绝不是单纯的工程问题,而是具有深刻的文化内涵,关系到社会政治、经济、国力等。研究黄河,单靠水利学科远远不够,需要经济学、哲学、社会学、史学、考古学、地学、农学、气象学等多学科参与和渗透。创建“黄河学”,将从更高层面上系统地弘扬黄河文化,有助于中华民族传统道德体系在新世纪的进一步加固。学术研究通过政治性议案提出显然是一种操作上的策略。尽管这种大综合的“黄河学”构想还缺乏学理上的深度分析,但是对“黄学”水利思维的一种反动,为后来的“黄河学”学科构想和建设提供了舆论先声。②

2005 年,有河南大学地理学背景的徐州师范大学城市与环境学院管华教授等发表《“黄河学”论纲》③一文,系统而全面地论述了“黄河学”的内容和性质以及建立“黄河学”的意义和可能性。该文指出:“黄河和黄土高原是世界上独一无二的自然地理单元,黄河流域是中华文明的发祥地,建立和发展以黄河及其流域为研究对象的‘黄河学’,具有固植黄河根源、发扬黄河精神、发展黄河文化、弘扬黄河文明、促进黄河综合研究、推动黄河开发整治等多方面的重大意义,并且有着研究对象、研究视角和研究基

---

①　吴朋飞认为,1989 年 10 月宋正海、高建国等 8 人在陕西宝鸡举行的全国黄河流域重大灾害及其综合研究会议上,以及同年 12 月宋正海、陈瑞平、高建国等 11 人在北京举行的第三届全国天地生相互关系学术讨论会上,首次提出建立“黄河学”。另参见陈瑞平、宋正海、艾素珍等:《黄河区域问题综合研究的发生发展——试论黄河学在中国崛起的历史必然性》,载中国科学技术协会学会工作部编《天地生综合研究进展》,中国科学技术出版社,1989,第 169 – 173 页。

②　2009 年 11 月 21 日在河南大学黄河文明与可持续发展研究中心举办的首届“黄河学”高层论坛上,张红武再次呼吁通过各方力量尽快创立“黄河学”,为弘扬黄河文化贡献中华儿女自己的力量。另参见苗长虹、李谢辉:《第二届“黄河学”高层论坛暨沿黄经济区发展学术研讨会在开封举行》,《地理研究》2010 年第 11 期。

③　管华、张大丽:《“黄河学”论纲》,《人民黄河》2005 年第 11 期,第 5 – 7 页。

础方面的可能性。‘黄河学’应是建立在自然科学、社会人文科学、文学艺术科学及技术科学之上的综合学科,具有综合性、区域性和具象性特征,包括自身基本理论、黄河及其流域自然规律、社会发展规律、文化艺术、自然–社会系统和研究方法6个方面的研究内容。”管华教授的“黄河学”学科设想对后来学科化建设影响深远。

2009年11月21—22日,在教育部人文社会科学重点研究基地河南大学黄河文明与可持续发展研究中心举办的首届“黄河学”高层论坛上,河南省社会科学院考古研究所所长张新斌研究员在系统梳理60年来黄河变迁、黄河文化研究成果的基础上,指出黄河研究涉及人文、自然等方面,不是单一学科所能包容的,因此应建立与黄河有关的“黄河学”,以适应这种研究的需要。“黄河学”的建立十分迫切,也十分必要。其一,黄河相关的研究涉及跨学科研究,但目前的研究力量较为分散,缺少更大的平台整合研究力量,统筹研究力量,无法形成研究的合力,无法形成较有实力的、有影响的研究团队。其二,黄河相关的研究成果较为散乱,缺少规划,重要的议题无法突出;缺少较有影响的学术成果以及代表性作品,在综合利用相关成果、深入全面研究方面有待加强。其三,对于黄河变迁与治理方面的重大学术问题的研究,当代最新的科技推论与演示尚无法与历史问题进行有效对接,使相关研究难以深入。其四,黄河人文资源的利用缺少规划,没有形成系统与龙头,与黄河在历史上所占的地位不相适应;黄河自然资源的利用与开发也属于薄弱环节。张新斌由此提出“黄河学”学科建设的必要性、迫切性①。明清史学家、河南大学黄河文明与可持续发展研究中心副主任牛建强教授则认为,黄河文化应是“黄河学”的基本内容,黄河文化在现代社会中的变化和黄河文明可持续发展是研究的重点;不能以现代黄河流域的划定作为研究对象的绝对分界标准,要注意黄河流域文化和其他区域文化的比较分析。② 郑州大学科技史研究中心主任王星光教授认为,

① 张新斌:《六十年来黄河变迁、黄河文化的研究与黄河学的建立》,“黄河学”高层论坛交流材料 ,2009。

② 牛建强:《关于黄河学与黄河文化研究的思考》,“黄河学”高层论坛交流材料,2009。

"黄河学的构建,应当把生态环境与社会发展的关系作为重中之重"①。不同学科的学者关注"黄河学"都带有其鲜明的学科背景,为科学的"黄河学"学科建设提供了相近或迥异的学术思维。

2010 年,河南大学黄河文明与可持续发展研究中心年轻的历史地理学者吴朋飞在梳理了"黄河学"研究的三个发展阶段之后提出,"黄河学"是以黄河为对象研究特殊流域综合体的产生、发展演化规律的多学科交叉的综合性学科,"黄河学"的研究对象应为时空演进中的黄河及其流域和影响区。黄河学二级学科可分为黄河学理论、黄河自然科学学、黄河人文科学学、黄河社会科学学、黄河工程学和黄河综合学。② 在其前的研究上做了进一步的学理细化,颇具启发意义。

二、"黄河学"学科平台的构建

一门学科的兴起,不仅仅是学科内涵的学理建构,更重要的是需要依托具有一定学术群体、学术能力的科研机构平台,这样一门学科的成长和发展才会持久和有效。20 世纪 70 年代末中国社会学重建之初,费孝通先生曾用"五脏六腑"形象地比喻学科必备的五个部门(学会、科研机构、学系、图书资料、出版)和六门基本课程。在这里,我们首先从"黄河学"科研机构或学科建设平台的构建谈起。

2002 年,自然、人文、社会科学综合性研究基地——河南大学黄河文明与可持续发展研究中心宣告成立,这个学科机构起始的"综合性"与前述学者关于"黄河学"研究对象、研究方法的"综合性"似乎具有天然的一致性。2004 年,河南大学黄河文明与可持续发展研究中心获批为教育部普通高校人文社科重点研究基地,是中国唯一以黄河文明及黄河流域经济社会可持续发展为研究对象的国家级综合性研究机构。基地宗旨宣告:将黄河文明的伟大复兴与沿岸地区可持续发展作为研究目标,把黄河文明的传承与发展、沿黄地区制度变迁与经济发展、黄河生态与可持续发展作为主攻研究方向,通过整合经济、地理、历史、文学等优势研究力量,构建文理

① 王星光:《环境视野与黄河学的构建》,"黄河学"高层论坛交流材料,2009。

② 吴朋飞:《"黄河学"学科构建刍议》,《天中学刊》2010 年第 4 期,第 114 - 119 页。

交叉、多学科整合的研究平台——“黄河学”哲学社会科学创新基地。一个综合性的人文社科研究机构正式公开宣布以“黄河学”学科建设为学术目标,无疑将会对既往“游兵散勇”式的“黄河学”设想提供更宽广的发展平台。从河南大学黄河文明与可持续发展研究中心建设宗旨所见,“黄河学”中关于黄河文明历史线索的研究落脚点为黄河流域的“可持续发展”,其学术关怀不仅仅是“历史的”,更是“当下的”。

省部共建是指在没有教育部直属高校的省份,由教育部、财政部、省政府共同建设一所高校。教育部于 2004 年启动省部共建地方高校工程,当年全国省部共建高校共有 18 所,位于黄河流域中游河南省会的郑州大学是全国第一所省部共建高校。4 年之后,在 2008 年 10 月 17 日,河南省人民政府与教育部签署共建河南大学协议,河南大学进入省部共建高校行列,河南大学由此提出未来 8 年省部共建河南大学学科建设规划:建立和发展以黄河及其流域人地系统为研究对象的“黄河学”哲学社会科学创新基地、区域发展与中部崛起哲学与社会科学研究基地、环境健康与环境医学科技创新平台等七大重点项目。河南大学从自身学科建设提出,黄河流域是中华民族的摇篮,黄河治理与健康事关我国经济建设,沿黄地区当前面临着极为突出的资源、环境与发展问题,探讨黄河文明形成、发展、演变规律和现代化道路,研究其资源、环境、生态问题与可持续发展途径,建立和发展以黄河及其流域人地系统为研究对象的“黄河学”,是加快黄河沿岸地区建设的迫切需要。2004 年河南大学黄河文明与可持续发展研究中心获批为教育部普通高校人文社科重点研究基地后,整合河南大学地理、历史、经济等多学科开展综合的“黄河学”研究,“黄河学”学科建设已经列入一所综合性大学的学术目标,为“黄河学”的学科发展前景提供了更多更大的可能性和广阔性。

2009 年制订的百年名校河南大学振兴计划,进一步提出重点建设“黄河学”等三个具有创新性、交叉性、跨学科、开放性的哲学与社会科学研究基地,努力解决具有全局性、战略性、前瞻性,制约河南经济社会发展的重大理论及现实问题,使河南大学成为省委、省政府的智库,为省委、省政府决策提供咨询服务,为中原崛起提供智力支撑。从学术理论上,“黄河学”依托的主管研究机构给“黄河学”的定位即在于创新性、交叉性、跨学科、开放性的哲学与社会科学研究基地；从历史现实角度，即地方发展的“智库”功能，由此明确了“黄河学”学科建构的两大动因。

特别是近年来，河南大学黄河文明与可持续发展研究中心的“黄河学”学科意识日益清晰化，并以“黄河学”为主题先后召开了数次大型学术研讨会，在国内外学术界引起强烈反响。

其一，2009 年 11 月 21—22 日，由河南大学黄河文明与可持续发展研究中心主办的“黄河学”高层论坛在河南大学召开，围绕“黄河学”建设的理论实践意义、学科属性、学科内涵、研究思路与方法以及黄河文明及沿岸地区可持续发展等重大问题进行交流与研讨，不少与会专家学者呼吁加快构建“黄河学”学科体系的步伐。这是一次宣示“黄河学”创建的高端学术论坛。尽管在论坛上，来自全国各地的专家学者大多还是就各自学科背景“就事论事”，但自是次学术论坛肇始，创建“黄河学”的声音终于传递开来，特别是在黄河流域的学术界渐渐引起共识。① 截至 2012 年底，河南大学黄河文明与可持续发展研究中心已经连续举办了四届“黄河学”高层论坛，围绕黄河流域自然或人文社会的不同视角展开论述和研究。

其二，2010 年 1 月 19 日，河南大学黄河文明与可持续发展研究中心举办古汉字研究所成立仪式暨专家座谈会，“黄河学”团队再添新成员，黄河文明与可持续发展研究中心执行主任苗长虹教授认为，在创建“黄河学”的过程中，黄河文明的研究是“黄河学”的重头戏，而汉字研究则是黄河文明研究中不可或缺的重要组成部分。② 2012 年 9 月 20 日，为了隆重庆祝河大百年华诞和有力推动中原陶瓷学理论实证研究体系的建设，推动中国陶瓷文化的跨学科研究，一批中原陶瓷文化艺术研究学者，依托河南大学黄河文明与可持续发展研究中心举办“中国陶瓷文化研究所挂牌仪式暨中原陶瓷学理论建设研讨会”，以“中原陶瓷”为切入点或方法，探究中原文明、华夏文明或黄河文明历史演变的历史逻辑和学理逻辑。文字和陶瓷作为“黄河学”学科内涵最为重要的两个侧面渐次展开。

---

① 谭永江、唐田：《多学科视角下的“黄河学”》，《科学时报》，2009 年 12 月 14 日。

② 贾亲亲、刘洋：《河南大学成立古汉字研究所　“黄河学”家族添新成员》，转自中国新闻网，2010 年 1 月 23 日。

其三,为深化探索"黄河学"学科建设的学术路径,2010 年 6 月 19 日河南大学黄河文明与可持续发展研究中心专门举办"黄河文明研究与'黄河学'建设"研讨会。研讨会上,专家学者们一致认为,"黄河学"的建设是很有必要、很有意义的;部分学者认为,"黄河学"还处于发展、建设时期,研究者应该抱着开放的心态,不应过早地对它进行限定,对这门交叉学科强行进行限定反而不利于"黄河学"学科的建设和发展。①

"黄河学"是一个全新的学科,河南大学黄河文明与可持续发展研究中心通过学术研讨平台的构建,使其成为"黄河学"学科建设的重要开荒者及研究重镇。毋庸置疑,近年来"黄河学"渐次为学术界乃至社会各界初步认知和了解,河南大学黄河文明与可持续发展研究中心功不可没。不过,"黄河学"的学科内涵、研究对象、研究方法等学科化努力要获得学界认可尚需以待时日。

三、时代动因和理论觉醒:"黄河学"缘起分析

在笔者看来,20 世纪 80 年代以降渐渐兴起的"黄河学"学科化呼声,存在深刻的历史现实背景和学术动力,主要基于:(1)黄河区域发展日益边缘化乃至"继续塌陷"的历史、现实背景下的"再度崛起"的实践冲动;(2)黄河流域文明形态原生重要性翻转趋势背景下文化自觉蕴含激发的理论自觉。

(一)发展落势下的"再崛起"冲动

从历史和现实背景的角度来看,宋代以来,黄河流域在国家整体发展战略中一直处于逐渐边缘化的落势。中华人民共和国成立的 60 余年来,黄河流域也一直处于国家发展战略的"拉空"地位,特别是改革开放以降,随着东部沿海开放政策的深化实施、国家"振兴东北""西部大开发"政策的推行,以及以武汉为中心城市的"中部崛起"战略的逐步推进,作为中国文化或中华民族的"守墓人"角色的黄河流域面临着深度边缘化乃至"继续塌陷"的尴尬境地,这种在国家整体发展战略中的进一步边缘化无疑唤起了"在地"学者的服务区域发展的理论自觉意识。

正如"汉学"以及当前"中国学"的学术史发展一样,"黄河学"提法的

① 邱文艺:《专家学者研讨黄河文明与"黄河学"》,《光明日报》,2010 年 6 月 29 日。

缘起,首先基于黄河、黄河文化、黄河文明甚或黄河流域在华夏文明或中国历史区域的独特地位,“黄河学”的勃兴有助于凝练黄河流域自然环境、社会文化环境发生、发展规律及其现代性转型研究的系统化、精练化、具体化。更重要的是,“黄河学”构建,不仅出于地域性的发展考虑,实际上更包含一种更大地域的甚至超越地域的国家发展战略指向。

从实践上来说,南宋以降,随着政治、经济中心的北上、南移,黄河流域作为华夏文明创始以来的政治、军事、文化、经济中心地位不再,元明清自不待言,即使新中国成立后至今,黄河流域一直处于中国政治、经济、军事、文化的边缘和“被帮扶”地带,一蹶不振,长期发展滞后,历史上繁盛一时的华夏文明核心地带一直处于国家发展战略的边缘地带。无独有偶,20世纪70年代末国家启动社会主义市场化运动以来,由于国家政策向东部沿海、东北、西部倾斜,黄河流域似乎成为被国家遗忘的“弃儿”,在发展的暗河里挣扎前行。特别是近年来,随着东北再开发、西部大开发乃至长株潭经济圈、川渝经济圈、武汉经济圈获中央首肯重视,位于中国中部地区的河南、陕西、山西、安徽、河北、宁夏等传统黄河流域自然文化圈的发展失落感愈加不堪。①

以笔者所见,“黄河学”学科创建的冲动正是这种现实发展实际遭遇的“弃儿”困境在学术上的反照,这种学术反照能否对国家发展战略上给予主要位于发展落势的阔大黄河流域以援手或重视当是另说,但这种学术上的逆势建构则有可能强势推动黄河流域自然环境、文化形态、社会结构及其现代性转向的深度、精细和凝练的研究领域的新开拓。由于崭新的前沿学术理论和研究方法的涉入,无疑将从黄河流域的自然、社会、文化历史和实际中提炼出更多独特别致的知识宝藏,其理论意义一点不次于实践价值。

综之,“黄河学”的萌生可能更多是黄河学者基于国家这种发展政策

① 近年来,国家区域经济发展规划不断深化,长三角、环渤海等“八大经济圈”陆续划定。2009年以来,13个区域发展规划相继上升为国家战略,但在这诸多国家经济发展战略中,位于黄河流域中游腹地地带的中原地区面临被日益边缘化和“继续塌陷”的危险,引起当地学者的惊觉。参见王倩:《呼吁在河南设立“中原经济区”》,《大河报》,2010年6月9日。

落差的直观的学术反应。“黄河学者”能否为黄河流域的科学发展提供一剂能够影响乃至左右国家发展决策高层的“良方”,而不是跟在发达国家的学术、发达地区的实践后面的“跟屁虫”,能不能深刻地认识和反思黄河流域的自然资源境况、文明史序、人地关系、问题障碍,能不能从学理上有理、有据并切合实际提出纠正这种滞后发展的学术理论方案,都直接关切着“黄河学”能否勃兴发展的前景或潜质。

（二）文化自觉背景下的理论自觉

从理论的向度来看,“黄河学”的兴起,是黄河流域发展塌陷下的文化自觉①,是文化自觉背景下的理论自觉②,是黄河文明研究从解读传统侧

① “文化自觉”这一概念,由费孝通先生于1997年1月在北京大学重点学科汇报会上的讲话中首次提出。费孝通认为,“文化自觉”意指生活在一定文化历史圈子的人对其文化有自知之明,并对其发展历程和未来有充分的认识,明白它的来历、形成过程、所具有的特色和发展趋向。换言之,是文化的自我觉醒、自我反省、自我创建。文化自觉是一个艰巨的过程,只有在认识自己的文化以及所接触到的其他多种文化的基础上,才有条件在多元文化中确立自己的位置,然后经过自主的适应,和其他文化和平共处,取长补短,联手发展。“文化自觉”旨在加强对文化转型的自主能力,不断适应新环境。参见费孝通:《从反思到文化自觉和交流》,载氏著《费孝通文集》(第14卷),群言出版社,1999,第377页;《完成“文化自觉”使命　创造现代中华文化》,载氏著《费孝通文集》(第14卷),第340页。另见费宗惠、张荣华编《费孝通论文化自觉》,内蒙古人民出版社,2009;费孝通:《论人类学与文化自觉》,华夏出版社,2004。

② “理论自觉”是我国著名社会学家郑杭生在费孝通先生“文化自觉”基础上针对中国社会学的发展历史现状提出来的。郑杭生认为,“理论自觉”也是当今时代的要求,是当前形势提出的急迫问题,也只有遵循“实证的态度、实事求是的精神”才能达到,既不能看轻自己、抬高他人,也不能反过来看高自己、看轻别人,特别是不能只承认外国人的理论是理论,不认可中国人的理论也是理论。他认为,理论自觉与文化自觉相比,又有自己的特殊性,因为理论是文化的系统化形态,是对文化现象的提炼、概括,理论自觉不能没有自己的特殊内容、特殊表现和特殊要求。郑杭生从中国社会学的理论自觉角度认为,中国社会学需要的是对西方社会学的借鉴,并主要根据中国社会发展和社会转型的实际,结合中国社会历史悠久的丰富传统学术资源,进行原创性的或有原创意义的理论创新,而不是在西方社会学理论或社会理论的笼子里跳舞,使自己的理论研究或经验研究成为西方社会学理论或社会理论的一个案例、一个验证。(参见郑杭生:《促进中国社会学的“理论自觉”——我们需要什么样的中国社会学?》,《江苏社会科学》2009年第5期,第1-7页)从理论的角度,郑杭生关于中国社会学的理论自觉的反思分析,适用于“黄河学”学科化努力的考量。

重向解释传统侧重的转向①;“黄河学”的学科化努力,是“在地”学者不甘于黄河文明继续边缘化实践的文化自觉和理论自觉,动力源自其关于黄河流域历史、自然、社会发展脉络的综合性研究成果能够促使黄河流域的“崛起”发展战略列入国家重要发展战略框架内的学术考量。

一般而言,学科发展的目标是知识的发现和创新,以知识形态的成果服务于社会。学科包含两种含义,首先,学科是科学知识体系的分类,不同的学科即不同的科学知识体系。构成一门独立学科的基本要素包括:其一,研究对象或研究领域,即独特的、不可替代的研究对象;其二,理论体系,即特有的概念、原理、命题、规律等所构成的逻辑严谨的知识系统;其三,方法论,即学科知识的生产方式。学科是与知识相联系的一个学术概念,是自然科学、社会科学两大知识系统(或自然、社会、人文“三分说”)内知识子系统的集合概念,学科是其下分化的科学子概念。其次,学科指高校教学、科研等功能单位对高校人才培养、教师教学、科研业务隶属范围的相对界定。学科建设中“学科”的含义侧重后者,但与第一个含义也有关联。在中国人的传统中处事讲究的是“名正言顺”,即首先想到为学科正名,近现代以来特别是近年来,中国学术研究的学科化,与国家的“被现代化”到一个与自身传统文化不太一致的世界学术规范体系中的现实是息息相关的。

历史以来,尽管作为一个内质极其近似的重要文明连续体,黄河流域却一直未能形成基于自身演化发展实际的相对独立的专门性理论体系或研究方法。经验研究无法取代理论建构,对于生活世界的认识和改造需要知识的整体性与知识体系的分门别类,二者是互相关联的两个方面。就各

① 赵鼎新认为,社会科学的认识方法有解释传统和解读传统,解读传统之目的不在于寻求事物的内在逻辑关系,而在于理解与弄懂人类活动在特定文化条件下的内在含义或意义;解释传统之目的则在于试图寻找一个具体事物或事件中的因果联系。在具体的研究中,研究者要明了解读传统和解释传统的优劣,克服“理论短视”和“方法固执”,使研究的逻辑和结论更具有理性上的说服力和经验上的有效性。(参见赵鼎新:《解释传统还是解读传统?——当代人文社会科学出路何在》,《社会观察》2004 年第 6 期,第 32 - 33 页)在关于黄河文明或黄河文化的传统研究中,由于对应理论的匮乏,一直淹没在人文历史研究的陈潭里,对黄河文明内在流变的逻辑肌理缺乏深度到位的理论“解释”。

种知识方案的运作而言,学科化是一个重要条件,即使是人为地为学科划界。① 从这样的角度看起来,“黄河学”的学科化建设便于从特殊的视角发现新的知识系统的生产机制或逻辑。职是之故,从理论上来说,“黄河学”实际上是对黄河文明或黄河文化泛化研究的凝练化、精练化;“黄河学”的提出,旨在以现代自然科学、现代人文社会科学的手段加深对黄河文明研究的科学化程度,以求探究黄河文明内在的逻辑机制和运转规律。

四、何谓“黄河学”:研究回顾和反思

“黄河学”是一门新兴的、远远尚未成熟的学术领域,作为学科意识的“黄河学”还并未贯彻到那些实际上即是“黄河学”学科范畴的研究者的研究实践中,作为学科的“黄河学”建设需要假以时日在一定的学术研究领域引起一定的理论共识。

最早真正提出创建“黄河学”学科的宋正海曾相对系统地论述了“黄河学”的研究对象、结构、功能历史和方法框架体系。其一,从研究对象上说,宋正海认为,“黄河学”的独立的研究对象是统一的黄河区域问题,“黄河学”不是“黄河文化学”,也不是“黄河区域综合地理学”,而是从自然与人文结合的高层次上研究黄河区域这一具有较大时空结构的复杂系统的状况、发展及其规律的一门综合科学。宋正海自称其所云的“黄河区域”包括现今和历史上的整个黄河流域及黄淮海平原。其二,从“黄河学”的学科结构上来说,在宋正海看来,由于黄河区域是由地理环境、经济、政治、意识形态等形成的一个变化着的彼此相互依存和相互制约的复杂系统,在考察“黄河学”的主要结构时,从黄河区域各个不同侧面的综合学科研究对象的基本属性出发,“黄河学”体系可分为自然科学和社会科学两大类,每一类又可按研究对象的时段分成历史学、现代学和未来学。其三,从科学功能上说,“黄河学”是一门关于黄河区域问题的高层次综合基础理论,有着多方面的功能,如黄河的综合治理的论证、黄河区域综合开发战略问题的论证、黄河区域灾害的预测和对策、传统黄河文化与中国现代关系的论证等。其四,从研究方法上来说,“黄河学”是内容十分广博、层次也较

---

① 胡鸿保:《当前中国的社会学/人类学学科建设——从学科史和互为学科性角度谈起》,《华中理工大学学报(社会科学版)》2000 年第 2 期,第 56 - 59 页。

高的综合性学科，这就决定了“黄河学”强调要运用综合研究方法，如综合地学方法、历史学方法、自然科学与社会科学综合研究方法等。宋正海还提出具体的成立“黄河学”研究会、创办《黄河学》学术杂志的学术构想①。不得不说，宋正海先生的“黄河学”构想在当时具有一定的开创性和前沿性。尽管其学科定义还不够清晰，而且更多倾向于“黄河学”学科的应用价值，也缺乏关于“黄河学”的连贯性研究，但毕竟率先提供出一个“黄河学”框架体系，对于后来“黄河学”研究者启蒙意义很大。

管华在《“黄河学”论纲》一文中指出，黄河和黄土高原是世界上独一无二的自然地理单元，黄河流域是中华文明的发祥地，建立和发展以黄河及其流域为研究对象的“黄河学”，具有固植黄河根源、发扬黄河精神、发展黄河文化、弘扬黄河文明、促进黄河综合研究、推动黄河开发整治、促进黄河流域发展、解决黄河及其流域内重大问题等多方面的重大意义。“黄河学”应以黄河及其流域为研究对象，以黄河文明为核心研究内容，以黄河流域人地关系为重点研究问题，是一门边缘性、“国学”性的学科，具有综合性、区域性、具象性的特点。在管华、张大丽看来，“黄河学”重点研究黄河及其流域由自然、社会和文化等要素所组成的综合实体系统，研究内容包括这一系统的现象特征、演变规律和成因，旨在探讨区域自然环境，社会、经济、文化、艺术等各项事业发展建设的途径和措施，把黄河流域建设成为更适宜于人类生存和发展的优良的自然、社会和文化环境系统。同时“黄河学”应是一门建立在自然科学、社会人文科学、文学艺术科学及技术科学之上的综合学科，包括自身基本理论、黄河及其流域自然规律、社会发展规律、文化艺术、自然－社会系统和研究方法 6 个方面的研究内容。具体而言，“黄河学”的科学体系应由理论与方法研究、区域综合研究、专项研究、应用研究所构成。“黄河学”研究的重大问题，在基本理论问题方面，应有“黄河学”的研究对象、内容、学科性质、科学体系、研究方法论等；在“黄河学”综合问题方面，应有黄河流域人地关系、文明起源、嬗变与特征、上中下游和谐关系等；在“黄河学”专题研究方面，应有属于黄河和黄河流域自然科学基本问题的黄土与黄土高原成因与演化、黄河下游河道变

① 宋正海：《黄河区域的综合研究》，《科学学研究》1989 年第 4 期，第 30－36，19 页。

迁、黄淮海平原成因与演化、河流水沙关系等,属于黄河和黄河流域人文社会科学基本问题的黄河流域文化、复兴、开发与整治、文学艺术特质、民风民俗等,属于应用问题的黄河河道治理、黄土高原整治、黄河源区生态环境保护与修复、黄淮海平原综合开发、黄淮海平原地下水开发与保护、黄河流域考古与典籍考证、文物保护等。在研究方法上,管华、张大丽认为,“黄河学”具有突出的综合性特征,应用自然科学、社会和人文科学的研究方法,综合多种学科的研究技术和手段,对有关问题进行综合研究;在具体研究方法上,“黄河学”要实现定性和定量研究方法、分析和实验研究手段、历史考证和现代资料分析途径、归纳和演绎思维方式的结合,是自然科学和社会人文科学研究方法的“综合集成”。管华、张大丽从“黄河学”的研究对象、研究内容、研究方法、学科性质、学科价值等诸多方面深入论证了“黄河学”学科化的建构框架。但是必须指出的是,与宋正海先生庞大的“黄河学”构想一样,管华、张大丽的“黄河学”学科构想很大程度上并非基于自己研究的理论提炼和升华,关于“黄河学”的学科理论化研究也只停留在这一篇论文上,没有继续深化、细化“黄河学”的内涵和外延,也并没有身体力行地以其搭建的“黄河学”框架体系展开细致入微的进一步研究。

牛建强教授首先从“黄河学”科研平台的建设上反思说,作为人文社会科学综合性研究基地的河南大学黄河文明与可持续发展研究中心,包含历史、民俗、经济和地理诸构成部分,这样的结构有利于学科之间的借鉴和互补,实现新的组合和跨越,同时学科之间也有分异和区别,在具体磨合过程中也会遇到实际的困难。他进而指出,关于“黄河学”含义的讨论,其实关系到所涉诸学科间关系的认识,具体来说,应该以哪些学科为基本轴心,实现诸学科间的协调发展?由此出发,牛建强教授提出,黄河文化应是“黄河学”的基本内容,大体上应包括历史时期黄河流域及其邻接地区的社会、经济和文化等方面,涉及城乡村落及其环境、家族、生产、贸易、生活、习俗、信仰等内容。① 牛建强将黄河文化作为“黄河学”的基本研究内容,提出了“黄河学”研究方向上跨学科凝练性问题,带有学科构建的策略性意义。

张新斌先生由黄河变迁、黄河文化的研究所面临的问题出发提出“广

① 牛建强:《关于黄河学与黄河文化研究的思考》,“黄河学”高层论坛交流材料,2009。

义黄河学”和“狭义黄河学”的概念。在其看来，“黄河学”有广义、狭义之分。广义的“黄河学”包括黄河有关的所有学问，包括从古到今，从自然、工程到社会、人文等方方面面。狭义的“黄河学”主要指与黄河变迁、黄河水利、黄河文化相关联的学问。狭义的“黄河学”所涉及的学科有属于历史地理学范畴的黄河变迁、黄河演变史；有属于交叉学科的黄河环境、黄河生态史；有属于科技史范畴的黄河水利史；有属于文化学内容的黄河文化史、黄河文明史。狭义“黄河学”依托的研究资料，主要有以《尚书·禹贡》《水经注》《行水金鉴》等为代表的古代水利文献，二十四史中相关的记载，近百年来黄河流域的考古发现，以及累积的考古文献；地理、地质、地貌等地学方面积累的与黄河有关的资料与研究成果；水利工程技术以及其他有关的黄河人文的成果等。① 广义、狭义之分的“黄河学”学科设想，表达了张新斌先生在庞大的“黄河学”研究对象范围之内的精细化结构性划分的努力，总体上还属于人文性的“史”学的范畴，作者为人文学科与社会科学、自然科学与人文社会科学等“黄河学”研究方法论进一步提供学术见解。

综之，“黄河学”创建的呼声主要源自黄河流域区域内学者的内生性“自省”，这些学者大多从自身从事的本学科出发就“黄河学”学科自身的定位以及发展趋势做了有益探讨。但是，考察既往的“黄河学”研究，我们会发现，多数学者大都基于自身所属学科背景，从自身学科的视角期待“单向度”突破地建构起他们所理解的“黄河学”体系和研究方法。大多“黄河学”论者关于“黄河学”框架体系的提出并非源自其自身研究的提炼和升华，也并未沿着其自身提供的“黄河学”结构框架进一步延伸研究。以至于至今“黄河学”的学科构想还停留在呼吁阶段，其学术团体、流派或学派远远并未形成，还未形成像“徽学”“江南学”等带有鲜明地域历史文化色彩的学术流派。或者换而言之，与“徽学”“江南学”一样，“黄河学”的学科化努力或许就是一种错误的学术方向，“黄河学”的学科化梦想毋宁说是黄河流域“在地”学者群体“划界标识”的一种学术“流派”或“学派”的地方性学术想象，而这种“地方性”划界标识实际上也蕴含着其学术研究及

① 张新斌：《六十年来黄河变迁、黄河文化的研究与黄河学的建立》，“黄河学”高层论坛交流材料，2009。

成就能够获得宏观范围的学术认可,而非自娱自乐的学术向往或期待。

当然,尽管先驱学者提出的诸多"黄河学"研究方案存在这样那样的不足,但是"黄河学"学科化努力毕竟是"在地"学者基于传统学术研究松散的、无章的研究思路的理论自觉行动,黄河流域"在地"学者的这种理论自觉或"自省"显得意义非凡。进而言之,由于"黄河学"研究对象的庞杂性,也许要构建凝练的、专业的学科化"黄河学"尚待诸多努力和时间。

在笔者看来,黄河流域"在地"学者的"黄河学"学科化设想是"在地"学者一种理论自觉意识的觉醒,但面对这样一个具有深厚历史性和现实性的研究实体或研究对象,我们不能一味地沉陷于学科性的研究对象、研究内涵的学理设定上而滞步不前,不妨从历史和当下的"问题意识"出发,进行独特的"黄河学"方法论建设突破,这不啻为一种更有成效、更接近学科设想的迂回策略。

五、作为方法的"黄河学"

如上所述,"黄河学"是一种文化区域内部学者和科研机构乃至地方执政实践者自生的文化自觉和理论自觉,也是"黄河学者"不甘中国文明或华夏文化"守墓人"角色定位的发展转向的学术觉醒。但是"生产"或"制造"理论不仅需要一定的科研机构或学术平台的搭建,需要科学、合理、有效的生产机制做依托,更需要在研究方法论上的创新。进而言之,所谓的"黄河学"学科化建设毋宁说是一种关于黄河文明研究的崭新研究方法论的呈现。

就黄河文明研究而言,尚未形成系统性的学术理论和方法论,传统理论的保守性和理论本身对深刻性的追求,以及社会转型期实践对创新理论的需求,使理论创新成为迫切的时代任务。特别地,就新兴的"黄河学"学科而言,亟待打破学科壁垒,在边缘学科、交叉学科的穿梭中进行理论创新。

"黄河学"学科建构如何可能?结合自身的学术实践和研究经验,笔者认为,要强调"黄河学"研究的跨学科性。单科研究面对庞大繁杂的"黄河学"内容无疑会得出独特的知识见解,但是这种"精进"的研究无疑是偏颇的"一家之言",面对宽阔的"黄河学"无疑更需要单科精进与跨学科研究的结合,才能真正实现对文化实际或文明内核的深度、全面、客观的认识。故而,“黄河学”研究应当吸收人文社会科学和自然科学的前沿成果,结合黄河流域历史实际,验证、修正和完善这些理论解释形式,紧跟学术前沿,从“输入理论”到“输出理论”,参与世界前沿学术理论对话。

笔者甚至认为,在定义、研究对象、研究范围不能完全清晰的背景下,以“问题取向”推动“黄河学”研究的深化,也不妨是一种学科建设的策略。为了解决历史和现实中出现的种种实际问题,可以不去区分什么学科界限,只求以“问题”为中心,做所谓“问题取向的研究”,作为黄河流域的区域研究更应该如此。这方面费孝通先生是一个成功的范例。他自言是“一匹不受学术领域中各科边界约束、四处乱闯的野马”,结果既取得了个人的成功,也推动了其从事的社会学、人类学及民族学学科的成功。在中华人民共和国成立初期,由于特殊国情,或者是出于历史原因,老一辈学科带头人注重的大多是现实中国的“问题”,而非像现在所说的单一学科的定位划界。当然,“问题取向”的研究方法实际上含有所谓科际整合的做法,仅仅是一种行之有效的应用研究取向或研究方法,并不利于发展一门独立的社会学或人类学学科,至少从学理上讲是如此。①

不过,作为“黄河学”的构建者或创始者,我们既是研究者,也是被凝视者,更是“黄河学”研究者的研究对象,即是一种自我的学术观照。要使我们的理论自觉真正达到求真求实、求理求解的理论高度,笔者认为“黄河学”研究要在传统黄河文明研究的基础上做下述几方面的学术思维调整。

(一)“社会科学”转向。传统黄河文明研究侧重历史梳理,在求真求实上下了不少的功夫,取得了一定的成果和成效。但是在还原历史真相或历史事实的同时,我们现在更需要从解读历史传统向解释历史传统转向,探索这种文明体或文明类型内在运行的逻辑机理和运转规则,探索这种文明形态“为什么”而不仅仅“是什么”。同时我们不仅是解释历史传统,还是解释当代当下;不仅是解读历史和当下,更要解释历史和当下,为这种文化类型或文明形态的未来走向寻求内在的契机。自然科学、人文社会学研究的结合,其中重要的是加强黄河文明或黄河文化的社会科学研究。我们

① 胡鸿保:《当前中国的社会学/人类学学科建设——从学科史和互为学科性角度谈起》,《华中理工大学学报(社会科学版)》2000 年第 2 期,第 58 页。

知道,历史研究是“求实求真”,但是如果对历史内在逻辑、机理不能做到真正的“求解”,对文化或文明内在的“理”一知半解,历史梳理只能在低水平的层面重复,难以达到对历史的完整理解和解释,也从根本上无助于历史真实真相的复原和建构。所以既往过于“历史的”“文明的”“文化的”的“准黄河学”研究应该更多地结合自然科学和社会科学的新成就、新理论加深对“黄河文明实体”内在肌理和运作逻辑机制的研究。

(二)“当代”转向。接续第一种转向,“黄河学”研究应该更关注当下,关注当下不是无视历史,任何当下都是历史传统在当代的累积和沉淀,只有关注当下才能更深刻地反思历史,更深刻地解读和解释历史,并为黄河文明的未来走向寻求破茧而出的科学路径。

(三)“田野”转向。与上述两点密切相关,“黄河学”研究应该走近、贴近“田野”,历史和当代都层层叠压地堆积在“田野”里,“田野”里有内涵丰富的历史信息和文化视点。历史文献是“死文化”,只有“田野”才是“死文化”和“活文化”的练兵场。研究“田野”不仅需要当下的思维,更需要历史的视野,彻底颠覆传统上历史研究就是文献梳理、发现的旧思维。关注“田野”更需要横跨自然科学、人文科学、社会科学进行跨学科的纵深性研究,这样才能更真切地把握黄河文明的本质和内核。

(四)“发展”转向。因为提出“黄河学”的背景就是黄河流域发展及其研究的“塌陷”,“黄河学”研究不过是黄河流域振兴计划的一个重要组成部分。不过,作为地域性很强的“黄河学”研究,应该特别注意研究内容和理论导向与地方发展的距离问题。“黄河学”的研究内容和研究者的地域性是很显而易见的,而且“黄河学”研究的“发展性转向”也需要“黄河学”研究者与地方执政的政府的靠近性,但是如何在发展应用研究(“干预性”研究)与科学客观知识发现(科学研究)、学术研究的“距离感”和“靠近性”之间保持一定的平衡,这对“黄河学”研究者来说也是一种颇具学术素养的考量。